AUTODESK

INVENTOR
PROFESSIONAL
2019

Master Book
송정식 지음

Vol.2
Intermediate

Preface

이 책은 주변 분들의 많은 관심과 지원이 없었다면 출간하기가 어려웠을 것이라고 사료됩니다. 먼저 ED&C 조주경 대표님과 Autodesk 사업부 동료들에게 특별한 감사를 드립니다. 그리고 주말에도 책을 집필하는 저에게 큰 불평을 하지 않고 이해를 해준 나의 아내와 쌍둥이 남매한테 고마움을 전합니다. Autodesk사의 3차원 설계 CAD인 Inventor &Inventor Professional 프로그램은 친숙한 Autodesk사의 2D 범용 설계 툴인 AutoCAD 소프트웨어 프로그래밍 아키텍처가 아닌 야심적인 3D 파라메트릭 모델링 툴로 1999년에 처음 탄생되었지만, 완전한 3D 설계 기능을 갖춘 전문적 3D CAD로 성장할 수 있게 별도의 아키텍처를 토대로 개발을 해오고 있습니다. 거의 20년 가까이 발전해 온 Autodesk Inventor & Inventor Professional은 향상된 모델링 기법, DWG 만큼 쉽고 정밀한 도면, 빠르고 직관적인 조립품 및 사실적인 시각화 도구 등을 확장하여 설계자에게 매우 유용한 기능들을 지속적으로 업데이트와 개발을 통해 가장 이른 시간에 발전을 이루고 있는 3차원 설계 소프트웨어입니다.

이 책의 기준이 되는 Autodesk Inventor & Inventor Professional 2019 버전은 Autodesk사에서 새로운 도구를 추가할 때와 마찬가지로 기존 도구 및 기능을 개선하는데 많은 시간과 노력을 기울여서 개선하였습니다. 이 책은 Autodesk Inventor 2019 및 Autodesk Inventor Professional 2019 전반적인 내용에 대한 설명과 연습 문제를 기반으로 학습할 수 있도록 작성하였습니다. 특히, 이 책에서는 그동안 다루기가 어렵거나 잘 사용하지 않은 모델링 도구의 특성, Professional의 모듈에 대한 설명 및 파라메트릭설계 기법의 원리에 대해 보다 더 자세한 정보를 제공하고자 하였습니다.

보통 일부 독자들은 책을 선택하는데 있어서 쉽게 따라서 할 수 있는 예제가 많은 책을 선호하지만, 또 다른 독자들은 주로 단계별 자습서처럼 활용할 수 있는 내용과 설명, 그리고 샘플 예제가 담긴 책을 선호합니다. 이에 필자는 이 두 유형의 독자 분들을 위해서, 많은 참고 자료 및 이론들에서 얻은 지식을 혼합하여 이 책의 내용을 구성하고자 하였습니다.

"이 책을 필요로 하고 읽어 보아야 할 사람들은 누구일까?"라는 질문을 스스로 해보고, 내린 결론은 Autodesk Inventor를 사용해 오시거나, 앞으로 사용하고자 하시는 분들.즉, 초급 사용자부터 중, 고급 사용자들까지 다양한 Autodesk Inventor 사용자들을 염두에 두고 책을 쓰게 되었습니다.

- 1st 전통적인 2D AutoCAD 설계에서 Autodesk Inventor 2019로 옮겨가는 초보자, Autodesk Inventor 기 사용자, AutoCAD 사용 경험이 있는 독자는 기본 설계 및 엔지니어링 개념을 이해하고 환경 설정 및 기존 유지를 원하는 사용자를 대상으로 합니다.
- 2nd 회사 내의 Autodesk Inventor 초기 구현 과정에서 독학을 하거나 정식 Autodesk Inventor 교육을 받고 Autodesk Inventor의 특정 모듈에 대한 추가 정보를 찾고 있는 중급 Autodesk Inventor 사용자를 대상으로 합니다.

Preface

- 3rd 일상적으로 사용되는 Autodesk Inventor의 솔리드 모델링 도구는 마스터했지만, 설계 작업 중에 활용하지 못하는 프로그램의 다양한 부분을 정복하고자하는 고급 Autodesk Inventor 사용자 및 현재 회사 내에서 본인만의 경쟁력을 갖추거나 자신의 기술적 가치를 인정받고자 하는 고급 사용자를 대상으로 합니다.

필자는 이 전에 아래와 같이 Autodesk Inventor에 관한 두 권의 책을 집필하여 출간하였습니다.

 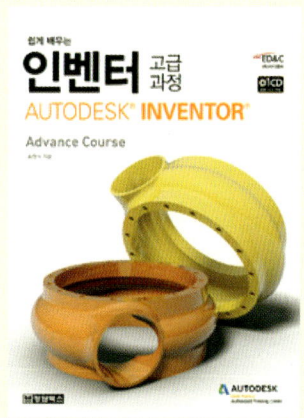

이 때 미비했던 부분을 이번 책에서 보완하고자 노력하였습니다. 그래서 저는 이 책을 보시는 여러분들이 이 책에서 언급한 모든 내용들을 자세하게 읽어 주시길 바랍니다.

이 책에서 기술적인 오류를 발견했다고 생각되면, js.song@ednc.com으로 이 메일을 보내주셔서 귀하의 의견을 전해 주시면 감사하겠습니다. 독자 분들의 피드백은 저에게 있어서 매우 중요한 것입니다.

감사합니다.

Contents

Chapter 11 프리젠테이션과 분해 뷰

01 프리젠테이션 뷰를 활용하여 분해도 만들기 ········· 10
02 프리젠테이션 도구들의 기능 ········· 11
03 새로운 프리젠테이션 파일 시작하기 ········· 16

Chapter 12 2D 도면 작성

01 템플릿 및 스타일 만들기 ········· 33
02 AutoCAD 파일을 활용하여 템플릿 및 스타일 만들기 ········· 33
03 템플릿 위치에 대해 정확히 이해하기 ········· 36
04 표준 템플릿 ········· 37
05 도면 자원 활용하기 ········· 38
06 시트 크기 ········· 39
07 다중 시트 ········· 40
08 경계 만들기 ········· 40
09 제목 블록(표제란) 만들기 ········· 42
10 iProperties 및 제목 블록 ········· 49
11 모형 및 도면 iProperties 연결 ········· 49
12 스케치된 기호 ········· 51
13 AutoCAD 블록 ········· 52
14 새로운 사용자 정의를 활용하여 템플릿 만들기 ········· 53
15 도면 뷰 유형 ········· 62
16 SJS_Sample_12-5.ipt모델링 파일을 이용한 도면 작성에 다양한 표현하기 ········· 81

Chapter 13 기타 도구와 응용프로그램 옵션

01 객체 가시성 ········· 126
02 모델의 무게 중심 ········· 127
03 분석 활용하기 ········· 129

04 Zebra 활용하기 ·· 130
05 기울기 활용하기 ·· 133
06 단면 활용하기 ··· 137
07 곡률 활용하기 ··· 140
08 간섭 분석 활용하기 ·· 142
09 부품 모델 단순화 ··· 144
10 자동 제어 사용하기 ·· 149
11 응용프로그램 옵션 ··· 154
12 문서 설정 ·· 206
13 사용자화 ··· 226
14 변환 설정 ·· 230
15 애드인 ··· 231
16 자유도 ··· 233
17 비주얼 스타일 ·· 233
18 그림자 ··· 237
19 반사 ·· 238
20 직교와 원근 ·· 242

Chapter 14 다른 3D CAD시스템과의 데이터 교환

01 외부 데이터의 가져오기를 통한 파일 변환 ············ 246
02 DWG 및 DXF 파일 변환 ······································ 248
03 STEP 및 IGES ·· 254
04 복구 도구 ·· 259

Chapter 15 응력 해석

01 응력 해석 소개 ·· 264
02 왜 FEA인가? ··· 266
03 연성 재료(Ductile Material) ································· 271
04 취성 재료(Brittle Material) ·································· 272

Contents

05 선형 정적 해석 vs 모달 해석 ·········· 276
06 응력 해석 환경 ·········· 277
07 시뮬레이션 안내 ·········· 282
08 응력 해석 설정 적용 ·········· 283
09 재질 지정 ·········· 285
10 구속 조건 ·········· 287
11 하중 적용 ·········· 289
12 접촉 조건 ·········· 298
13 얇은 본체 ·········· 301
14 구성요소 메쉬 ·········· 303
15 시뮬레이트 ·········· 309
16 후처리 솔루션 ·········· 310
17 결과 해석 ·········· 313
18 연습 문제-1 ·········· 316
19 연습 문제-2 ·········· 324
20 연습 문제-3 ·········· 332
21 연습 문제-4 ·········· 339
22 연습 문제-5 ·········· 346
23 연습 문제-6 ·········· 354

Chapter 16 프레임 해석

01 프레임 해석 소개 ·········· 368
02 프레임 해석 작업 순서 ·········· 370
03 프레임 해석 환경 ·········· 370
04 관리 패널 ·········· 371
05 빔 패널 ·········· 372
06 구속 조건 패널 ·········· 375
07 하중 조건 패널 ·········· 380
08 예제1 ·········· 384
09 예제2 ·········· 385
10 예제3 ·········· 387

11 예제4	392
12 결과 패널	395
13 화면 표시 패널	398
14 게시 패널	405

Chapter 17 다이나믹 시뮬레이션

01 다이나믹 시뮬레이션 소개	418
02 다이나믹 시뮬레이션 환경	422
03 접합의 종류	425
04 접합 작업에 대한 추가 정보	431
05 예제1	433
06 Cam Valve 조립품을 이용한 다이나믹 시뮬레이션 소개	448

Chapter 18 라우팅 시스템

01 라우팅 시스템 소개	474
02 튜브 및 파이프	474
03 제작 튜브 및 파이프 구성 요소	480
04 배치 부속품	483
05 루트 만들기	484
06 기존 스케치에서 루트 작성	489
07 3D 직교 루트 도구를 사용하여 루트 만들기	494
08 플렉시블 호스 경로 만들기	499
09 ISOGEN 파일 내보내기	504
10 전체 객체 표시와 루트만 표시	506
11 BOM	507
12 케이블 및 하네스	507
13 하네스 만들기	516

Chapter 19 플라스틱 부품 (소성 부품) 설계

01 플라스틱 부품 설계상의 특징 ……………………………………………… 548
02 두껍게 하기/ 간격 띄우기 기능 활용하기 ………………………………… 548

Chapter 20 인벤터 스튜디오

01 Inventor Studio 환경 탐색하기 …………………………………………… 598
02 스타일 생성 및 관리 ………………………………………………………… 599
03 조명 및 조명 스타일 탐색 …………………………………………………… 605
04 카메라 생성 및 사용 ………………………………………………………… 609
05 Inventor Studio로 애니메이션 하기 ……………………………………… 611

Chapter 11

프리젠테이션과 분해 뷰

Autodesk Inventor Professional 2019

01 프리젠테이션 뷰를 활용하여 분해도 만들기

조립 과정 지침, 제품 수리 매뉴얼 및 카탈로그 교체 부품 다이어그램에 사용하기 위해서 부품 및 조립품을 분해하거나 분해한 뷰로 표시하는 것이 매우 유용합니다. Inventor는 이미 생성한 조립품 파일을 사용하여 3D로 이러한 뷰를 생성할 수 있는 특정 환경 및 파일 형식을 제공하고 있습니다. 디자인의 조립 및 분해)를 애니메이션으로 만들고 비디오 파일을 작성하거나 DWF 파일을 애니메이션으로 만들 수도 있습니다.

이 장에서는
- 프레젠테이션을 만들어 분해 된 조립품 뷰 만들기
- 기본적인 선형 이동 만들기
- 회전 비틀기 만들기
- 미세 조정 그룹화, 순서 변경을 통한 재정렬 및 애니메이션 만들기
- 프레젠테이션 파일 게시

프레젠테이션 환경에서 작업하기

프레젠테이션은 일반적으로 조립품 모델을 함께 결합하거나 분리하는 방법을 문서화하는데 사용합니다. 최종 결과는 그림에서 2D보기를 생성하는데 사용하는 정적 폭발처럼 간단할 수도 있고 애니메이션을 통해 디자인을 조립하거나 분해하는 동적 비디오일 수도 있습니다. 프레젠테이션 도구에 액세스하려면 파일 확장 명이 Standard.ipn인 새 파일 템플릿을 사용합니다. 이를 Autodesk Inventor Professional 2019에서는 프리젠테이션 파일이라고 합니다. 새로운 프리젠테이션 파일을 처음 만들면 환경이 다른 부품 및 조립품 모델링 환경과 비슷하게 보이지만 상당히 줄어든 도구 세트가 있다는 것을 알 수 있습니다. 이 책의 앞 부분에 설명된 3D 탐색 도구 (Orbit 및 ViewCube 도구)는 프리젠테이션 및 3D 모델링 환경에서도 사용됩니다. 다음 페이지에서 기본적인 분해 조립품을 만들고 비틀기, 애니메이션 및 조립품 지시를 만드는 방법에 대해 설명할 것입니다.

프리젠테이션 모듈

앞에서 언급했듯이 Autodesk Inventor Professional 2019에서는 조립품 모듈에서 생성된 조립품에 애니메이션을 적용할 수 있습니다. 애니메이션을 사용하여 일부 조립품을 볼 수 있습니다. 프레젠테이션 모듈에서 조립품의 애니메이션을 만들 수 있습니다. 프리젠테이션 모듈을 사용하여 조립품의 분해 뷰를 생성할 수 있습니다. 분해도는 조립된 구성 요소가 원래 위치에서 정의된 거리로 이동하는 뷰입니다. 프레젠테이션 모듈을 호출하려면 새 파일 만들기 대화 상자의 메트릭 템플릿에서 Standard.ipn 파일을 두 번 클릭하거나 선택 후 작성 버튼을 클릭합니다.

프리젠테이션 뷰 (IPN VIEW) 만들기

　조립품 분해도를 만드는 첫 번째 단계는 조립품 파일을 참조하는 것입니다. 프레젠테이션 파일은 한 번에 하나의 조립품 파일만 참조할 수 있지만, 조립품을 사용하여 설계를 올바르게 문서화하는데 필요한 만큼의 분해를 할 수 있습니다. 예를 들어 2D 도면 뷰로 사용할 분해도를 작성하고 애니메이션으로 사용할 다른 분해도를 작성할 수 있습니다. 또한 각 부분 조립품을 일괄적으로 분해시킬 수도 있습니다.

> **Note**
> Autodesk Inventor의 모든 모듈은 양방향 연관입니다. 따라서 조립품이나 조립품의 구성 요소를 수정하면 변경 내용이 자동으로 프레젠테이션 모듈에 반영됩니다. 프레젠테이션 모듈에서 조립품 또는 해당 구성 요소 부품을 수정할 수 없습니다.

　조립품 분해도를 만들기를 익히기 위해서 아래와 같이 순서대로 단계를 따라 해봅니다.
　이 과정에서는 조립품에 대한 분해 뷰를 작성할 것입니다. 쉽게 설명하면 조립품은 구속 조건을 부여하여 떨어져 있는 부품들을 모아주는 것이라 말할 수 있고, 분해 뷰는 조립품 파일을 거리 값을 주어 떨어지게 만들어 주는 것입니다.

02 프리젠테이션 도구들의 기능

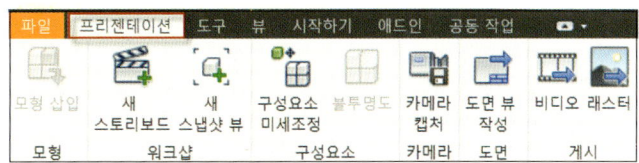

모형 삽입

리본 메뉴/ 프리젠테이션 탭/ 모형 패널/ 모형 삽입

　　모형을 현재 프리젠테이션 모드 그래픽 창 안으로 삽입하는 것입니다. 분해도에서 사용할 모형의 설계 뷰, 위치 및 세부 수준 표현을 선택하여 삽입할 수 있습니다.
　　이 도구는 수동으로 모형을 삽입하고자 할 경우에만 활성화 됩니다.

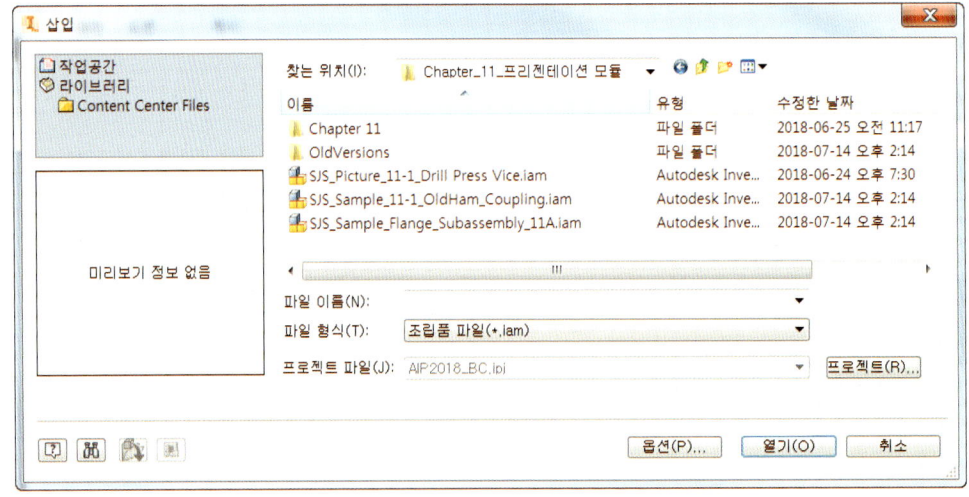

새 스토리 보드

리본 메뉴/ 프리젠테이션 탭/ 워크 샵 패널/ 새 스토리 보드

애니메이션은 하나 이상의 스토리보드 시간 표시 막대에 정렬된 작업으로 구성됩니다. 애니메이션은 비디오를 게시하거나 스냅샷 뷰의 순서를 작성하는데 사용됩니다. 구성요소 이동 또는 회전, 구성요소 가시성 또는 불투명도 변경, 카메라 위치 변경 등의 작업을 작성할 수 있습니다. 스토리보드 시간 표시 막대의 플레이 헤드 위치에 작업이 추가됩니다.

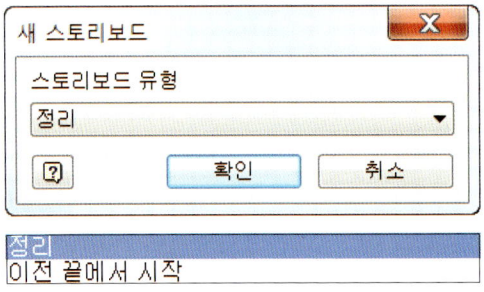

- **정리**
  현재 전개도에 사용된 설계 뷰 표현을 기준으로 하는 모형 및 카메라 설정으로 스토리보드를 시작합니다. 작업은 상속되지 않습니다. 스토리보드 리스트 끝에 새 스토리보드 탭이 추가됩니다.
- **시작 끝 이전**
  새 스토리보드가 선택한 스토리보드 다음에 삽입됩니다. 원본 스토리보드 끝에 있는 구성요소 위치, 가시성, 불투명도 및 카메라 설정이 새 스토리보드의 초기 상태를 설정합니다.

새 스냅샷 뷰

리본 메뉴/ 프리젠테이션 탭/ 워크 샵 패널/ 새 스냅샷 뷰

모형과 카메라의 현재 상태를 스냅 샷 뷰로 저장합니다. 스토리 보드에 링크된 스냅샷 뷰를 작성하려면 플레이 헤드를 시간 표시 막대의 원하는 위치로 이동한 후 뷰를 저장합니다. 도릭 스냅샷 뷰를 작성하려면 플레이 헤드를 스크래치 영역으로 이동한 후 뷰를 저장합니다.

스냅샷 뷰는 구성요소 위치, 가시성, 불투명도 및 카메라 설정을 저장합니다. 스냅샷 뷰의 독립적이거나 스토리보드 시간 표시 막대와 연결되어 있습니다. 스냅샷 뷰를 사용하여 Inventor 모형에 대한 도면 뷰 또는 래스터 이미지를 작성합니다.

구성 요소 미세조정

리본 메뉴/ 프리젠테이션 탭/ 구성 요소 패널/ 구성 요소 미세조정

선택한 구성 요소를 이동 또는 회전시킵니다. 미세조정은 현재 스토리 보드와 검색기에 저장됩니다. 미세조정을 작성할 때, 플레이 헤드 위치와 작업 지속 시간에 따라 스토리 보드 시간 표시 막대에 추가된 미세조정 작업의 시작 및 종료 시간이 결정됩니다.

불투명도

리본 메뉴/ 프리젠테이션 탭/ 구성 요소 패널/ 불투명도

선택한 구성 요소에 대한 불투명도를 설정합니다. 불투명도 작업을 스토리 보드에 추가하려면 플레이 헤드를 시간 표시 막대의 원하는 위치로 이동한 후 구성 요소 불투명도를 설정합니다.

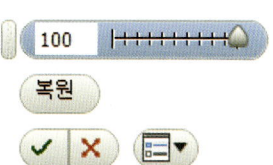

카메라 캡처

리본 메뉴/ 프리젠테이션 탭/ 카메라 패널/ 카메라 캡처

 현재 카메라 위치를 저장합니다. 스토리 보드에 대한 초기 카메라 위치를 설정하려면 플레이 헤드를 스크래치 영역으로 이동한 후 카메라를 변경하고 캡처합니다. 카메라 작업을 작성하려면 먼저 플레이 헤드를 스토리보드 시간 표시 막대의 원하는 위치로 이동한 후 작업을 작성합니다.

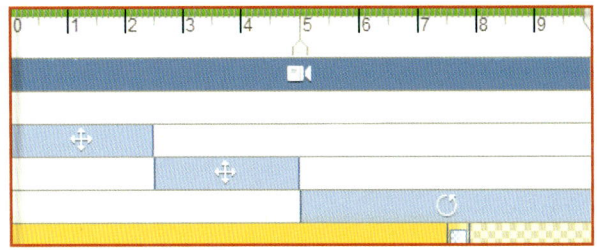

도면 뷰 작성

리본 메뉴/ 프리젠테이션 탭/ 도면 패널/ 도면 뷰 작성

 프리젠테이션 파일에 저장된 스냅샷 뷰를 기반으로 도면 뷰를 작성합니다. 새 도면 뷰는 새 도면 파일에 배치됩니다. 도면 뷰에는 스냅샷 뷰에 대한 링크가 유지되므로 스냅샷 뷰가 변경되면 도면 뷰도 업데이트가 됩니다.

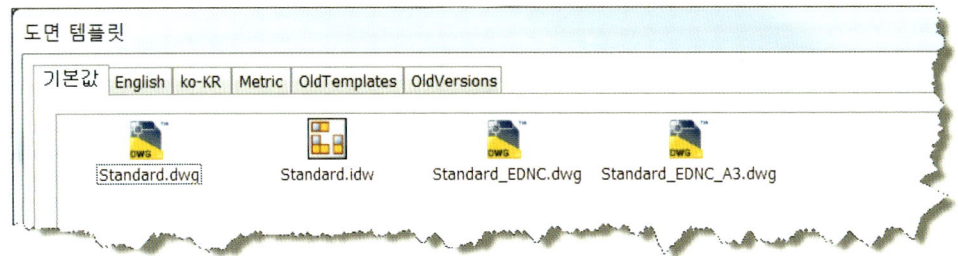

비디오

리본 메뉴/ 프리젠테이션 탭/ 게시 패널/ 비디오

 프리젠테이션 파일에 포함된 애니메이션 스토리보드를 기반으로 비디오 파일을 작성합니다. 출력 파일의 특성 및 게시 범위를 지정할 수 있습니다.
　　　파일 형식은 WMV 파일과 AVI 파일 두 가지입니다.

chapter 11 프리젠테이션과 분해 뷰

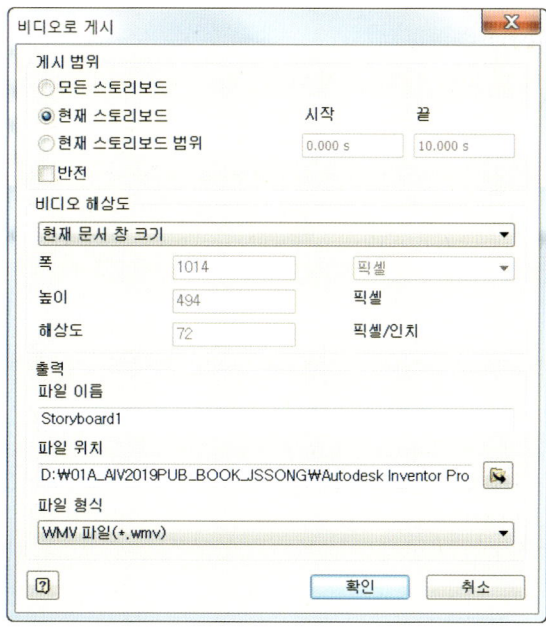

래스터

리본 메뉴/ 프리젠테이션 탭/ 게시 패널/ 래스터

스냅샷 뷰를 기반으로 이미지 파일을 작성하는 것입니다. 게시 범위 및 기타 출력 특성을 지정합니다. BMP, GIF, JPG, PNG 및 TIFF유형의 출력 파일이 지원됩니다.

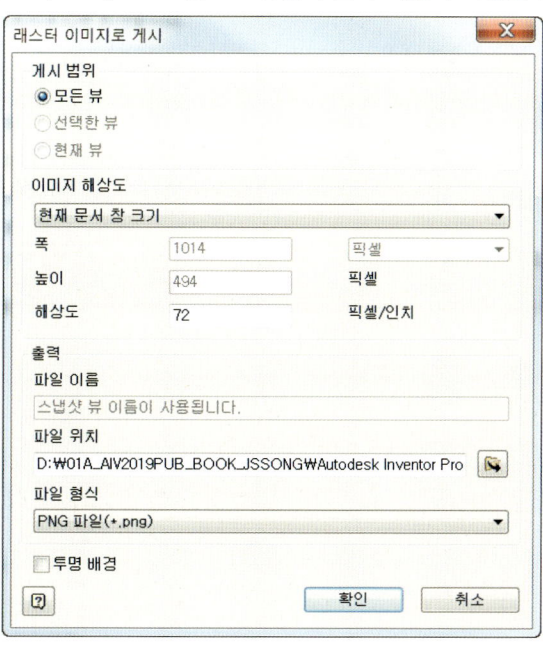

15

03 새로운 프리젠테이션 파일 시작하기

1. 시작하기 탭/ 시작 패널/ 새로 만들기를 클릭합니다.

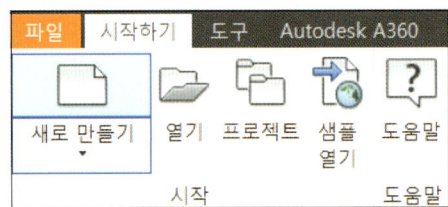

2. 새로 만들기 대화 사장에서 Standart.ipn 파일을 선택하고 작성 버튼을 클릭합니다.

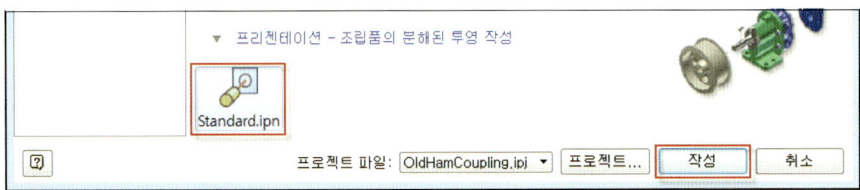

새로운 프리젠테이션 모델링 모드가 윈도우상에 나타날 것입니다.

3. 자동으로 뜨는 삽입 대화상자에서 SJS_Sample_11-1_OldHam_Coupling.iam 파일을 선택하고, 옵션 버튼을 누릅니다.

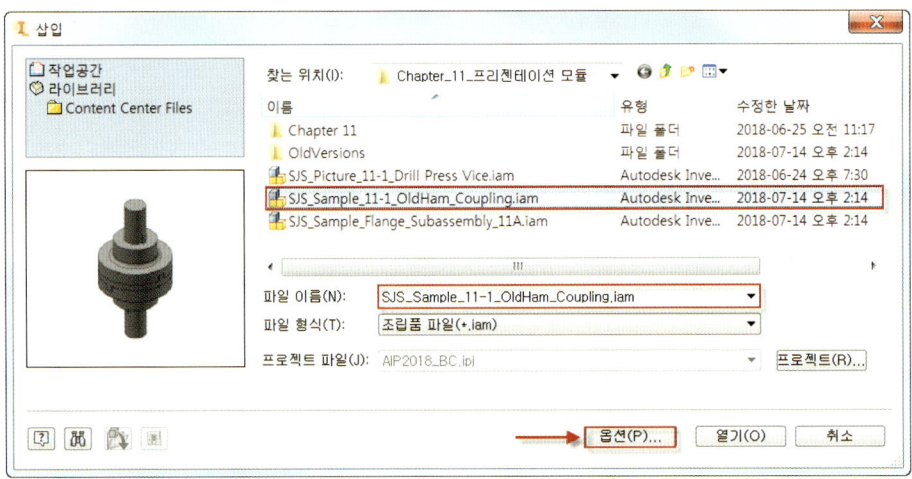

chapter 11 프리젠테이션과 분해 뷰

4 아래와 같이 파일 열기 옵션 대화 상자가 나타나면 설계 뷰 표현에 대한 정의를 아래와 같이 합니다.

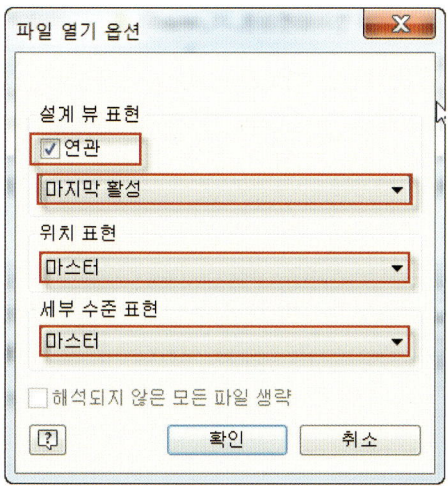

◆ **설계 뷰 표현**

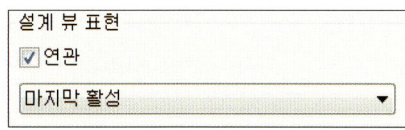

열기를 하려는 조립품 파일의 설계 뷰 표현이 포함된 파일을 지정합니다.

- **연관**

모형 파일에서 설계 뷰 표현과의 연관성을 제어합니다. 연관을 선택하면 모형 파일에서 설계 뷰 표현에 대한 링크가 유지됩니다. 모형에서 설계 뷰 표현을 편집하면 편집 내용에 따라 프리젠테이션 뷰가 업데이트됩니다. 연관을 지워 프리젠테이션 뷰에서 초기 또는 현재 설계 뷰 표현을 유지합니다.

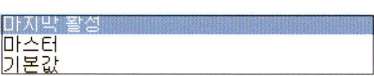

- **마지막 활성**: 조립품 파일과 함께 마지막으로 저장한 설계 뷰 표현을 로드하는 것입니다.
- **마스터**: 마지막으로 저장한 설계 뷰 표현을 무시하고 마스터를 로드하는 것입니다.

- **위치 표현**

열기를 하려는 조립품 파일의 위치 표현이 포함된 파일을 지정합니다. 이 표현에는 대체 구속조건 값, 구성요소 위치 또는 기타 속성이 포함되어 있습니다.

- **세부 수준 표현**

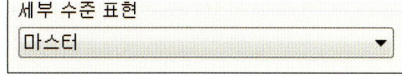

메모리 관리에 사용할 세부 수준(LOD) 표현을 지정합니다. 구성요소 억제가 포함될 수 있습니다.

- **마스터:** 마지막으로 저장한 세부 수준(LOD) 표현을 무시하고 마스터를 로드하는 것입니다.
- **모든 구성요소가 억제됨, 모든 부품이 억제됨:** 해당하는 세부 수준(LOD) 표현을 로드하는 것입니다.
- **마지막 활성:** 조립품 파일과 함께 마지막으로 저장한 세부 수준(LOD) 표현을 로드하는 것입니다.
- **해석되지 않은 모든 파일 건너뛰기**

찾을 수 없는 파일에 대한 해석 작업을 연기하고 계속해서 지정된 파일을 엽니다. 검색기에서 해석되지 않은 파일 옆에는 아이콘이 표시됩니다. 해석되지 않은 파일이 포함된 파일의 맨 위 검색기 노드를 마우스 오른쪽 버튼으로 클릭하여 파일 해석 명령을 시작합니다. 파일을 열 때 링크를 해석하려면 확인란의 선택을 취소합니다.

5 파일 열기 옵션 대화 상자의 확인 버튼을 클릭합니다.

6 삽입 대화 상자에서 열기 버튼을 클릭합니다.

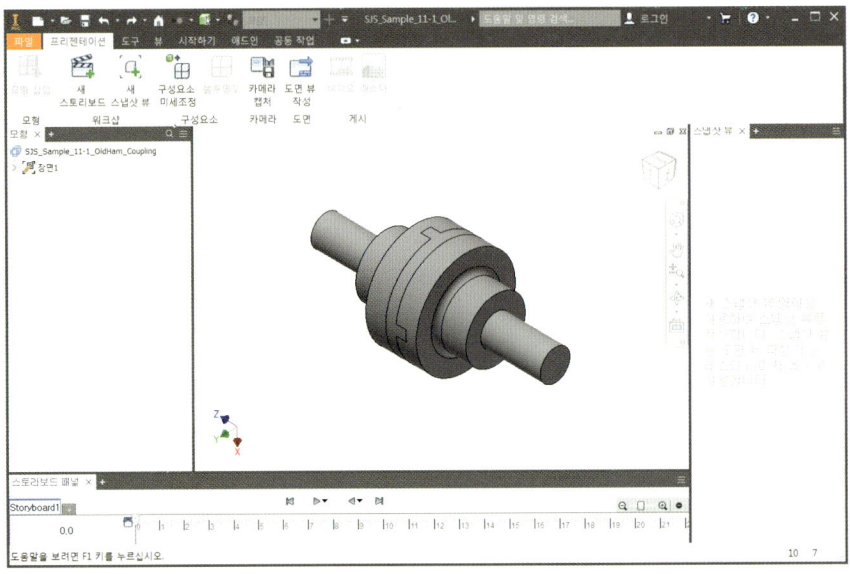

7 리본 메뉴/ 프리젠테이션 탭/ 워크샵 패널/ 새 스냅샷 뷰 도구를 클릭합니다.

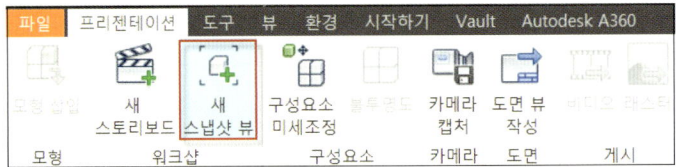

그러면 아래와 같이 게시 패널의 래스터 명령어가 활성화 되면서 스냅샷 뷰 막대에 이미지가 추가됩니다.

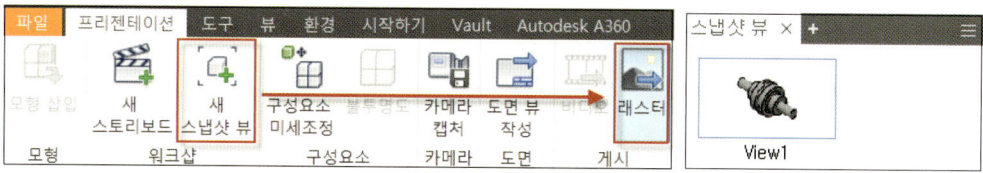

8 리본 메뉴/ 프리젠테이션 탭/ 구성요소 패널/ 구성요소 미세조정 도구를 클릭합니다.

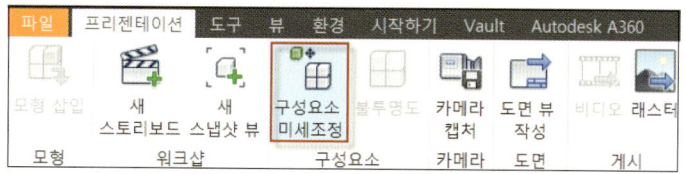

9 아래와 같이 검색기 막대에서 모든 구성요소를 확장해 놓고SJS_Sample_Flange_Subassembly_11A: 2를 선택합니다.

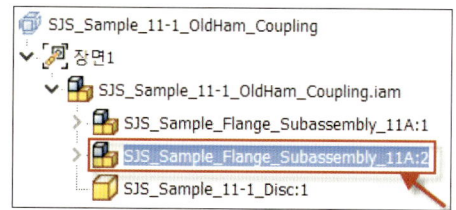

10 그래픽 창의 미세 조정 도구 미니 막대에서 아래와 같이 선택하고 아래와 같이 끌어서 구성요소를 이동 시킵니다. → **이동, 부품, 트레일 없음, 지속시간: 2.5s**

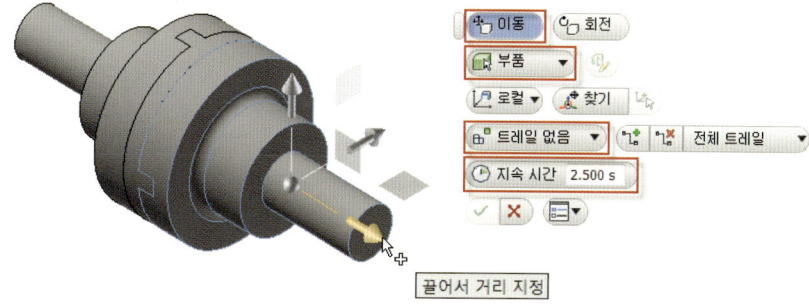

11 Z: 100 mm 입력하고 확인 버튼을 클릭합니다.

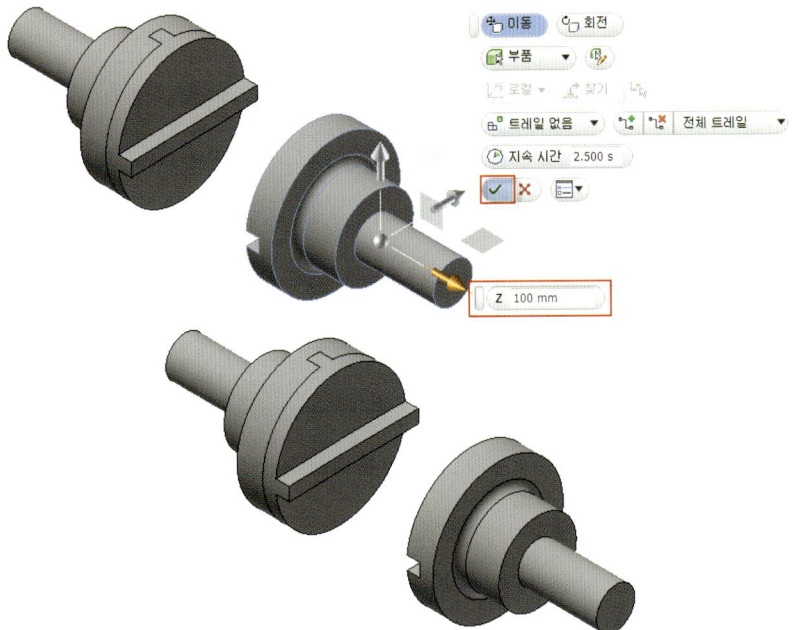

12 아래와 같이 확장된 검색기 막대에서 SJS_Sample_Flange_Subassembly_11A: 1을 선택합니다.

13 그래픽 창의 미세 조정 도구 미니 막대에서 아래와 같이 선택하고 아래와 같이 끌어서 구성요소를 이동 시킵니다. → **이동, 부품, 트레일 없음, 지속시간: 2.5s**

14 Z: 100 mm 입력하고 확인 버튼을 클릭합니다.

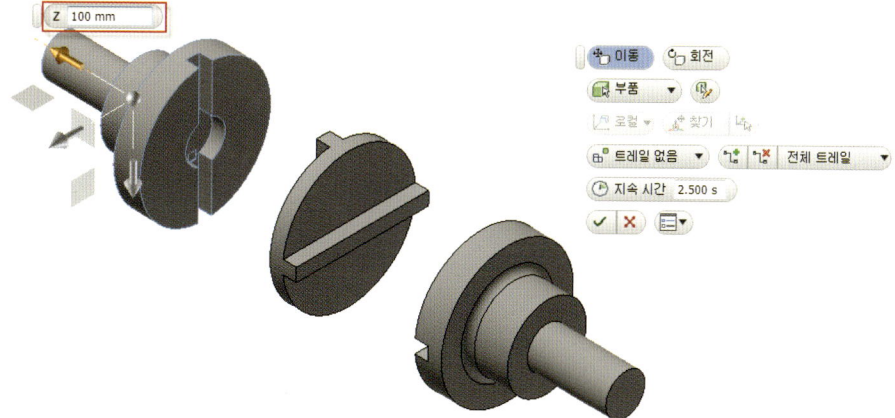

15 리본 메뉴/ 프리젠테이션 탭/ 워크샵 패널/ 새 스냅샷 뷰 도구를 클릭합니다.

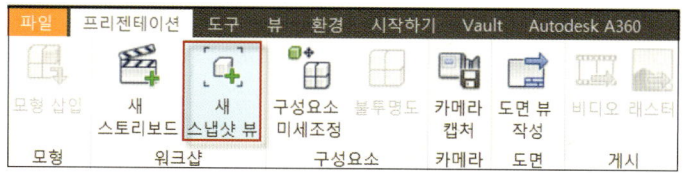

그러면 아래와 같이 게시 패널의 래스터 명령어가 활성화 되면서 스냅샷 뷰 막대에 이미지가 추가됩니다.

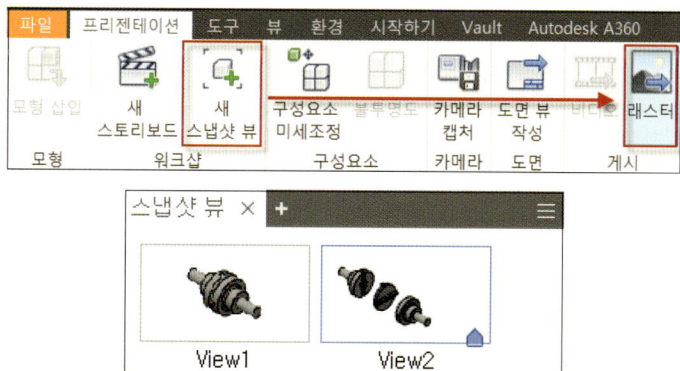

16 리본 메뉴/ 프리젠테이션 탭/ 구성요소 패널/ 구성요소 미세조정 도구를 클릭합니다.

17 아래와 같이 확장된 검색기 막대에서 SJS_Sample_11-1_Disc: 1을 선택합니다.

18 그래픽 창의 미세 조정 도구 미니 막대에서 아래와 같이 선택하고 아래와 같이 끌어서 구성요소를 회전 시킵니다. → **회전, 부품, 트레일 없음, 지속시간: 5s**

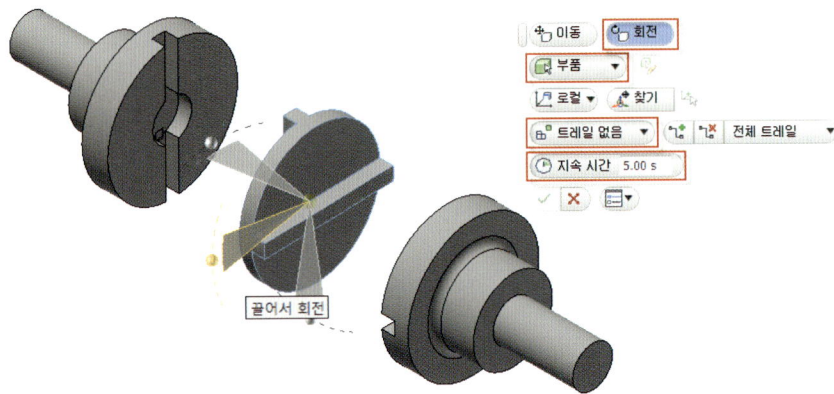

19 **각도: 360도**를 입력하고 확인 버튼을 클릭합니다.

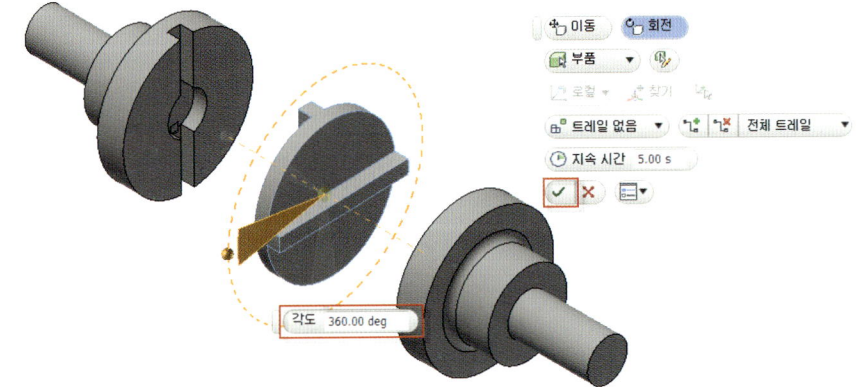

chapter 11 프리젠테이션과 분해 뷰

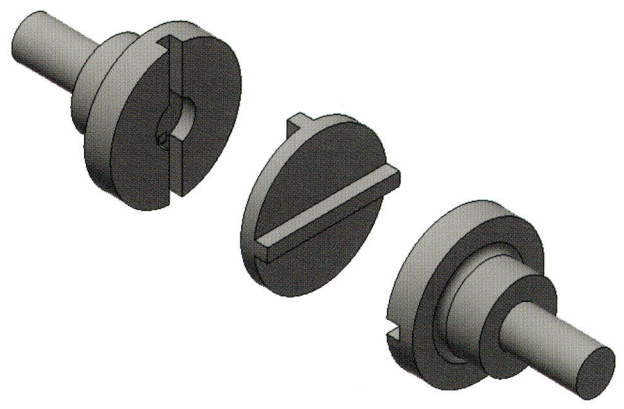

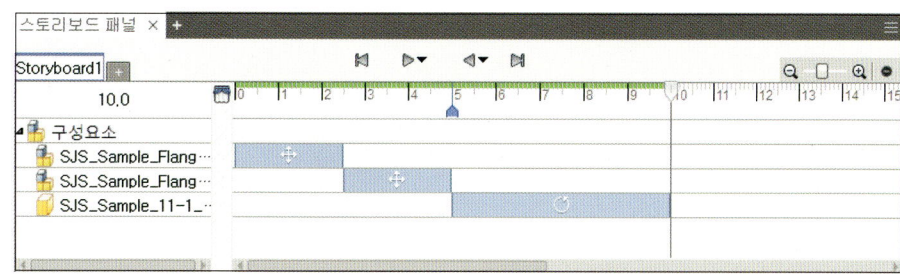

20 아래와 같이 확장된 검색기 막대에서 SJS_Sample_11-1_Disc: 1을 선택합니다.

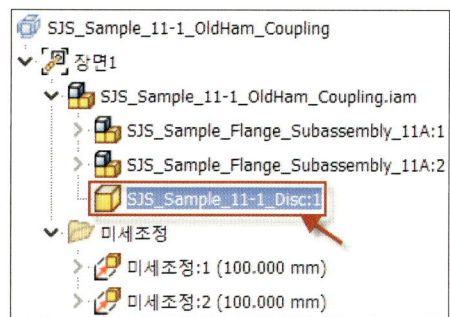

21 리본 메뉴/ 프리젠테이션 탭/ 구성요소 패널/ 불투명도 도구를 클릭합니다.

22 재지정 버튼을 클릭합니다.

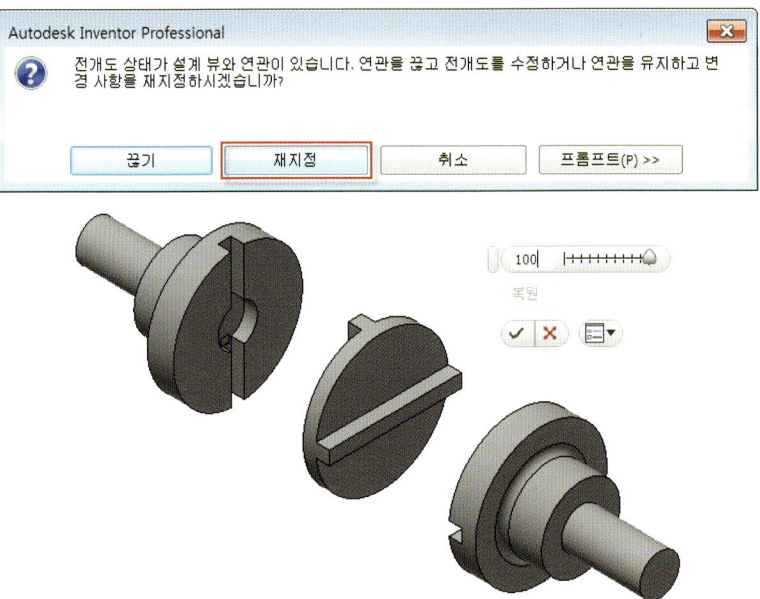

23 불투명도 값을 아래와 같이 20으로 조정하고 확인 버튼을 클릭합니다.

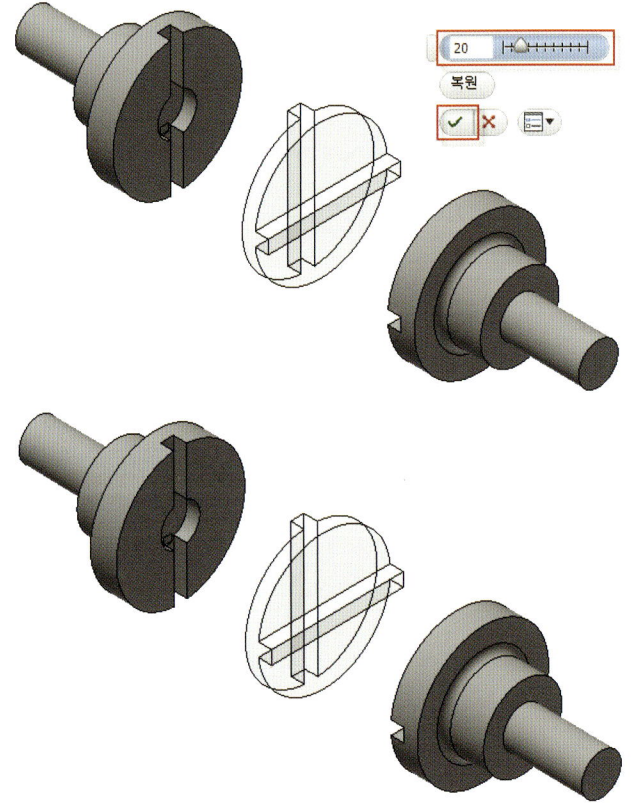

chapter 11 프리젠테이션과 분해 뷰

24 아래 스토리 보드에서 SJS_Sample_11-1_Disc: 1를 확장하여 불투명도 부분을 7.5까지 조정합니다.

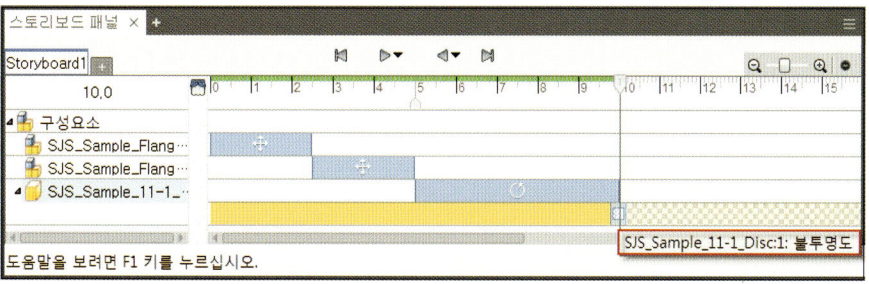

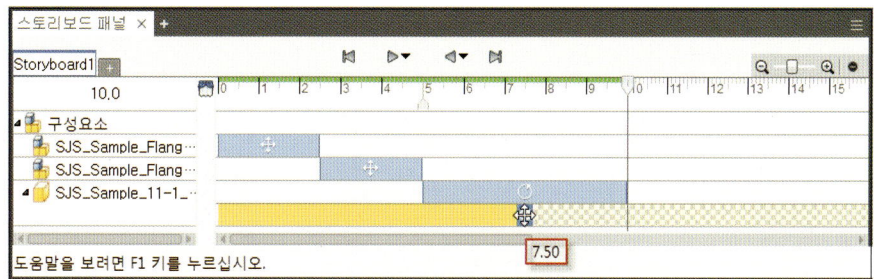

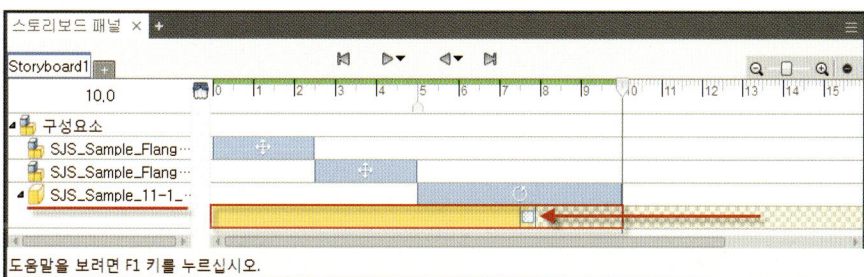

25 리본 메뉴/ 프리젠테이션 탭/ 게시 패널/ 비디오 도구를 클릭합니다.

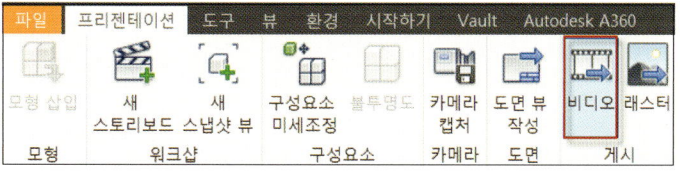

26 아래와 같이 설정을 한 다음 확인 버튼을 클릭합니다.

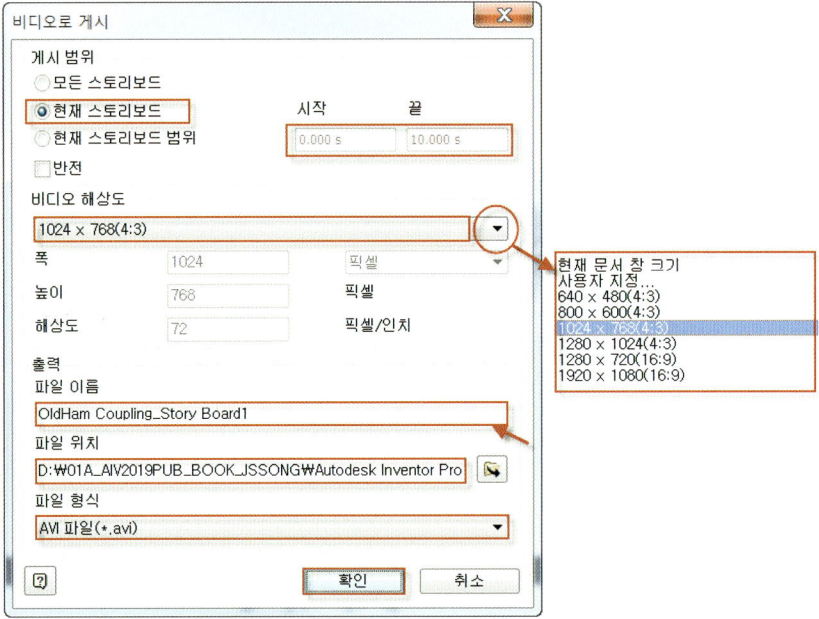

27 전체 프레임 (압축 안 함)을 선택하고 확인 버튼을 클릭합니다.

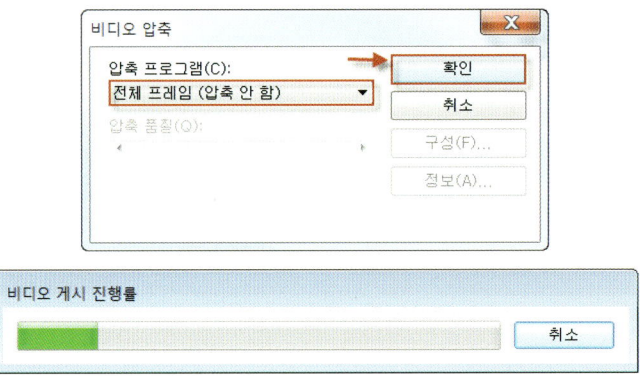

28 확인 버튼을 클릭합니다.

chapter 11 프리젠테이션과 분해 뷰

㉙ 접속 도구 막대에서 저장 버튼을 클릭하여 파일 이름을 조립품 이름이 자동으로 인식되어 표현되는 SJS_Sample_11-1_OldHam_Coupling.ipn으로 하고 저장 버튼을 클릭합니다.

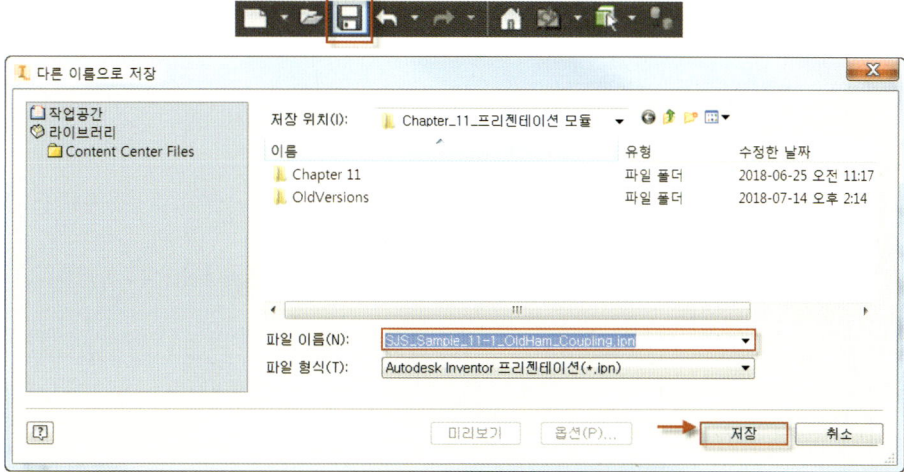

㉚ 윈도우 탐색기를 열어 저장 폴더를 보시면 아래와 같이 프리젠테이션 파일과 동영상 파일을 확인해 보실 수 있습니다.

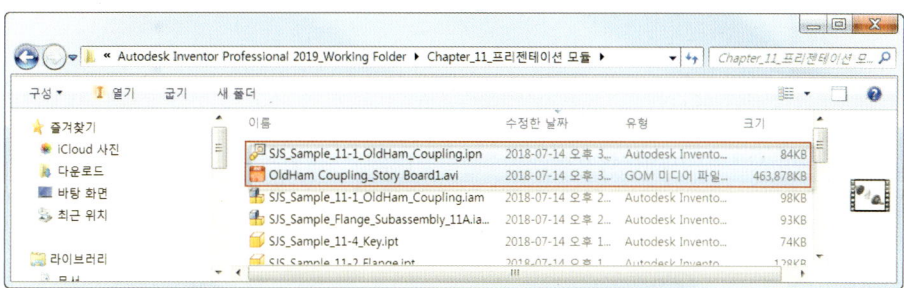

㉛ 리본 메뉴/ 프리젠테이션 탭/ 도면 패널/ 도면 뷰 작성 도구를 클릭합니다.

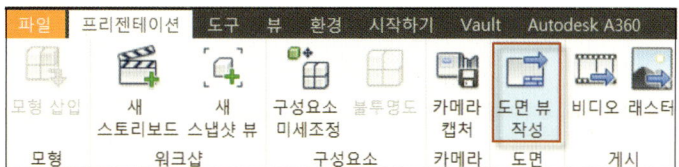

㉜ 아래와 같이 도면 템플릿을 선택한 다음 확인 버튼을 클릭합니다.

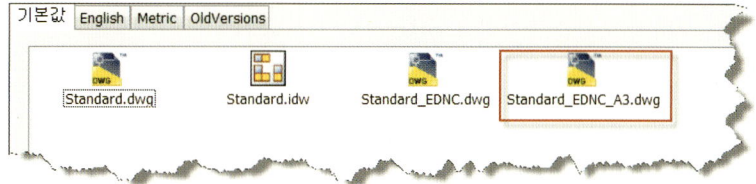

스냅 샷 뷰1과 뷰2 중에서 선택하여 도면을 만들 수 있습니다.

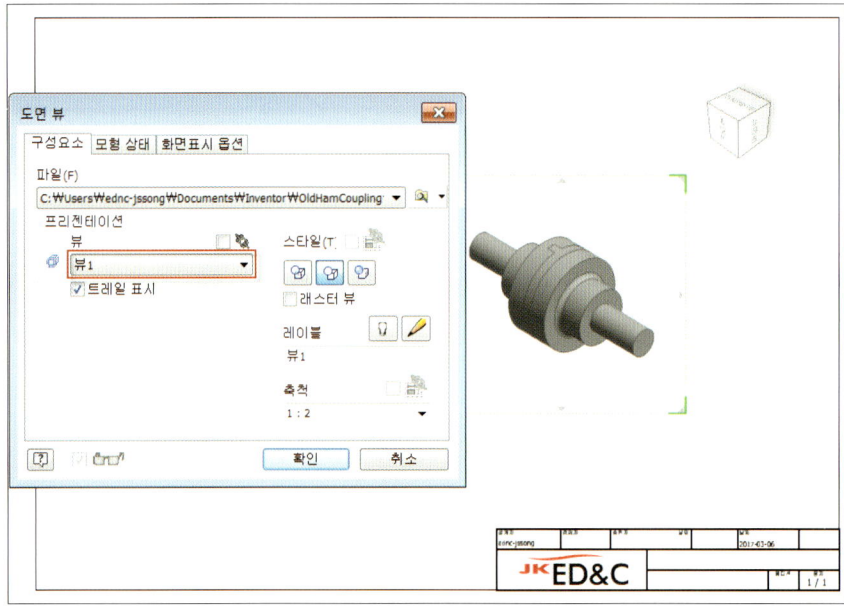

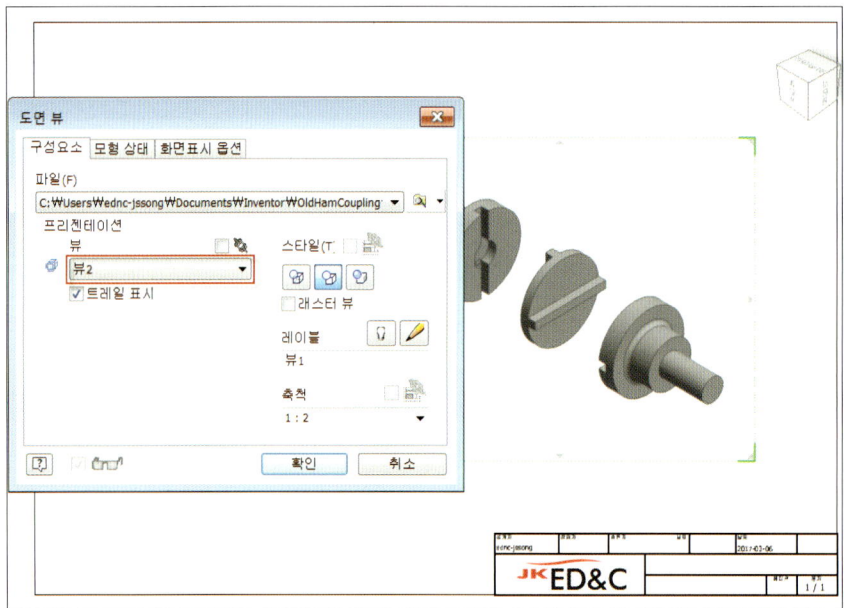

chapter 11 프리젠테이션과 분해 뷰

> **Note**
>
> ❏ **프리젠테이션 파일에서 단위 정의하기**

Autodesk Inventor & Inventor Professional 2019에서는 프리젠테이션 (.ipn) 파일에 단위를 정의할 수 있습니다. 프리젠테이션 파일에 단위를 정의하여 비틀기를 지정하면서 거리와 각도를 제어할 수 있습니다. 프레젠테이션 파일에서 단위를 정의하려면 <mark>리본 메뉴/ 도구 탭/ 옵션 패널/ 문서 설정</mark> 도구를 선택합니다. 문서 설정 대화 상자가 표시됩니다. 단위 탭을 선택하고 길이와 각도 단위를 지정합니다.

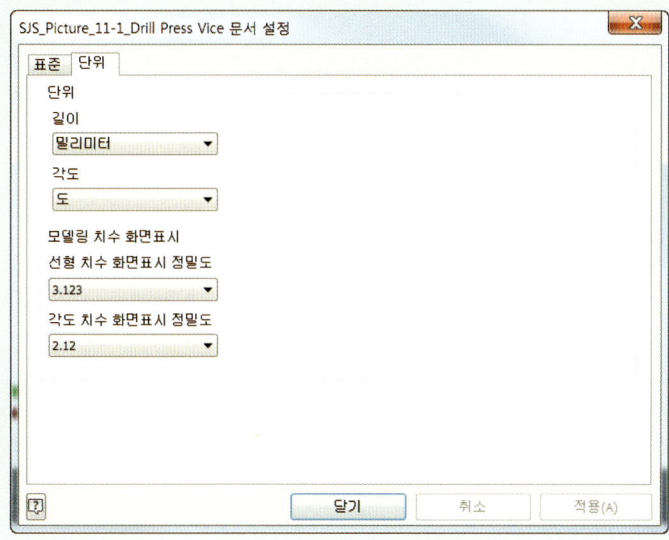

Chapter **12**

2D 도면 작성

설계 프로세스의 마지막 단계에서 Autodesk Inventor Professional 2019 프로그램을 사용하여 설계 데이터를 도면화할 수 있습니다. 도면 생성은 전통적으로 설계가 완전히 완료 될 때까지 기다려야 했지만 Autodesk Inventor에서는 순서에 제한이 없습니다. 설계 프로세스의 어느 지점에서나 주석이 달린 2D 도면 파일을 작성할 수 있습니다. 그러나 일반적으로 설계에서 가능한 한 늦게 도면화를 시작하는 것이 좋다고 할 수 있습니다. 이 장의 궁극적인 목표는 Autodesk Inventor에서 도면 작성 모듈을 사용하여 전통적인 2D 주석 도면을 생성하는 방법을 설명하고자 하는 것입니다. 그런 다음 DWF 및 PDF를 포함한 다양한 문서 파일 형식으로 도면 관련 설명서를 출력할 수 있는 방법을 배울 것입니다.

이 장에서는
- 도면 템플릿, 표준 및 스타일 생성 및 유지 보수
- 부품, **조립 품** 및 프리젠테이션에 대한 2D 도면 뷰 생성하기
- 3D 모델의 도면 뷰에 주석 달기

도면 관리자 사용

3D 설계 데이터를 만든 후에는 기존 2D 직교 도면 뷰 및 기존 제도 도구로 문서화할 수 있습니다. 이러한 종류의 문서는 도면 관리자 환경에서 작성됩니다.

이 고급 도면 관리자 작업은 다음 단원에서 설명할 것입니다.
- 템플릿 및 스타일 만들기
- 도면 자원 활용
- 스타일 및 표준 편집
- 도면 뷰 생성하기
- 부품 도면 작성하기
- 조립품 도면 작성하기
- 판금 도면 작성하기
- 용접물 도면 작성하기
- iPart 및 iAssembly 도면 작성하기
- 작업 그룹 외부에서 도면 공유하기

chapter 12 2D 도면 작성

01 템플릿 및 스타일 만들기

Autodesk Inventor에서 여러 도면 템플릿을 설치하더라도 자신만의 디자인과 모델을 도면화하기 전에 사용자의 요구 사항에 가장 적합한 템플릿을 직접 만들어야 합니다. 이는 대부분의 사용자가 회사, 고객 또는 공급 업체 사양에 따라 지정된 특정 제도 표준을 고수해야 하기 때문입니다. 이러한 표준은 일반적으로 ANSI, ISO 또는 DIN과 같은 여러 국제 제도 표준 중에서 하나를 선택하여 생성하는 것입니다. 따라서 Autodesk Inventor는 다음 국제 표준에 맞게 구성된 템플릿 및 제도 표준 규격 스타일 라이브러리 세트로 설치가 됩니다.

- ANSI (영국 단위 및 미터법 단위)
- BSI
- DIN
- GB
- GOST
- ISO
- JIS

자신 만의 맞춤 템플릿을 만들 때, 때로는 요구 사항을 철저하게 충족시키는 표준 템플릿으로 시작하여 필요에 따라 이미 존재하고 있는 스타일을 수정하는 것이 가장 좋습니다. 어떤 경우에는 스타일이 없는 "깨끗한" 템플릿 파일로부터 템플릿을 생성하고 직접 생성하는 것이 가장 좋습니다. 도면 관리자에서 템플릿을 만드는 것은 다른 응용 프로그램에서 템플릿을 만드는 것과 다릅니다. 가장 큰 차이점은 많은 응용 프로그램이 템플릿 파일에 특별한 파일 형식을 사용하는 반면 Autodesk Inventor는 동일한 파일 형식을 사용하지만 폴더 위치를 사용하여 템플릿 위치 내의 모든 파일을 템플릿으로 지정한다는 것입니다. 따라서 모든 IDW 또는 DWG 파일을 도면 템플릿으로 사용할 수 있습니다. 템플릿 위치에 저장하면 됩니다. 기존 Autodesk Inventor에서 제공하는 템플릿에서 도면 템플릿을 만들려면 다음과 같이 하면 됩니다.

02 AutoCAD 파일을 활용하여 템플릿 및 스타일 만들기

1 리본 메뉴/ 시작하기 탭/ 시작 패널/ 새로 만들기 도구를 클릭합니다.

2 새 파일 작성 대화 상자에서 Standard.dwg 또는 Standard.idw 중에서 원하는 파일을 선택한 후 작성 버튼을 클릭합니다.

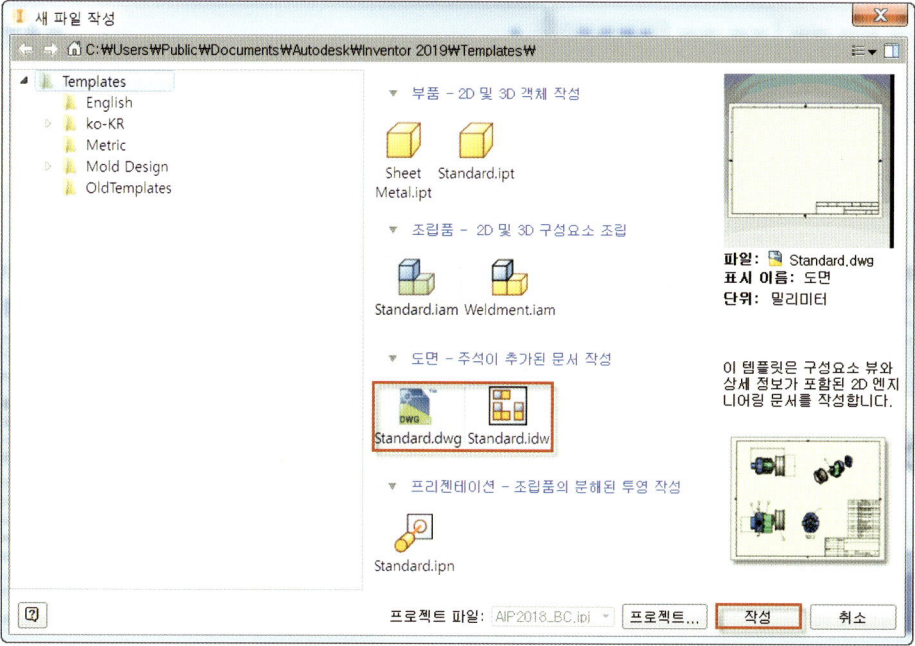

3 여기서는 Standard.dwg 파일을 선택하여 작성해 봅니다.

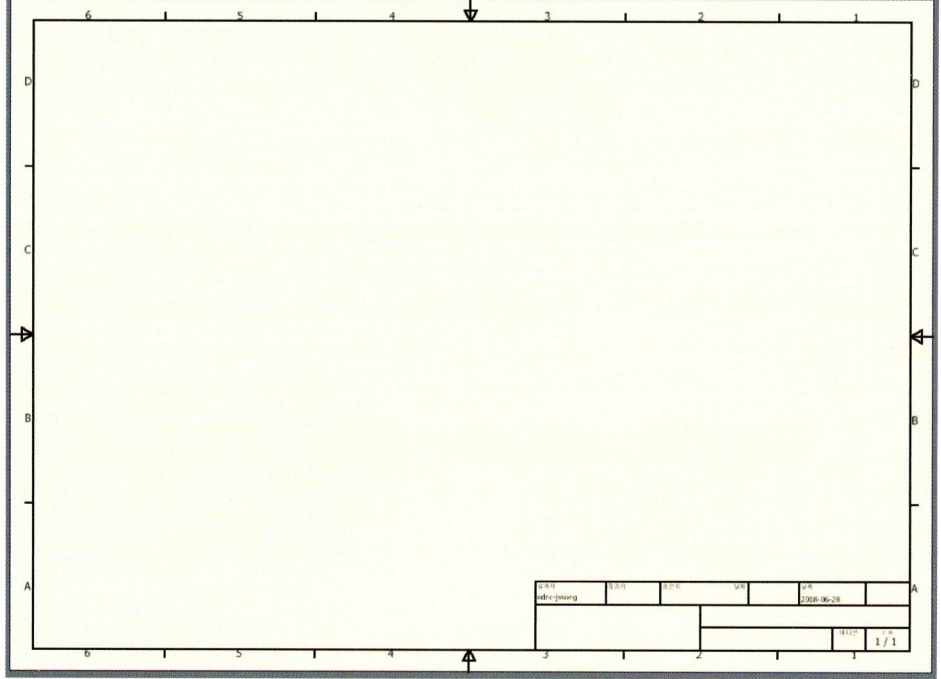

4 파일/ 다른 이름으로 저장/ 템플릿으로 사본 저장 도구를 클릭합니다.

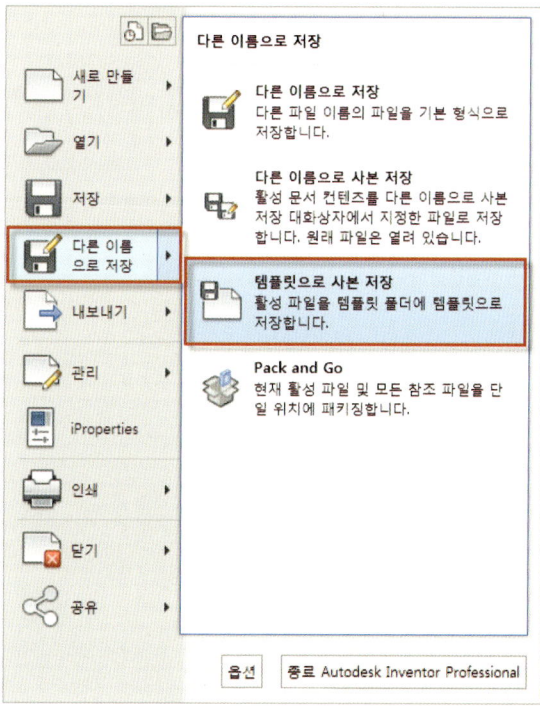

5 사용자 지정 서식 파일 위치에 사용자 지정 서식 파일의 이름을 지정하여 저장합니다.

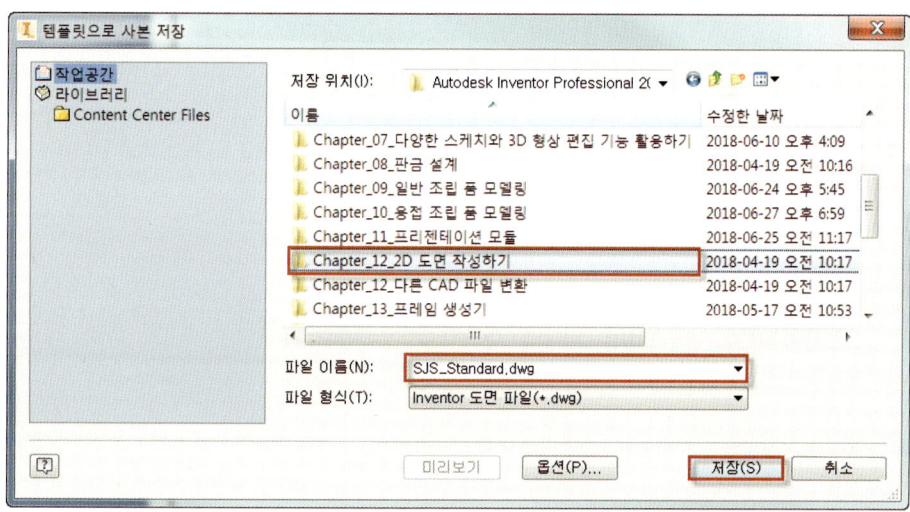

필요에 따라 스타일과 표준을 변경 한 다음 템플릿으로 사본 저장 옵션을 사용하여 템플릿 파일을 업데이트합니다.

스타일이 없는 "깨끗한"템플릿 파일에서 도면 템플릿을 만들려면 다음과 같이 하면 됩니다.
• Ctrl 및 Shift 키를 누른 상태에서 시작하기 탭/ 새 파일 버튼을 클릭합니다. 새로 만들기 대화 상

자에서 도면을 선택한 다음 확인 버튼을 클릭합니다.

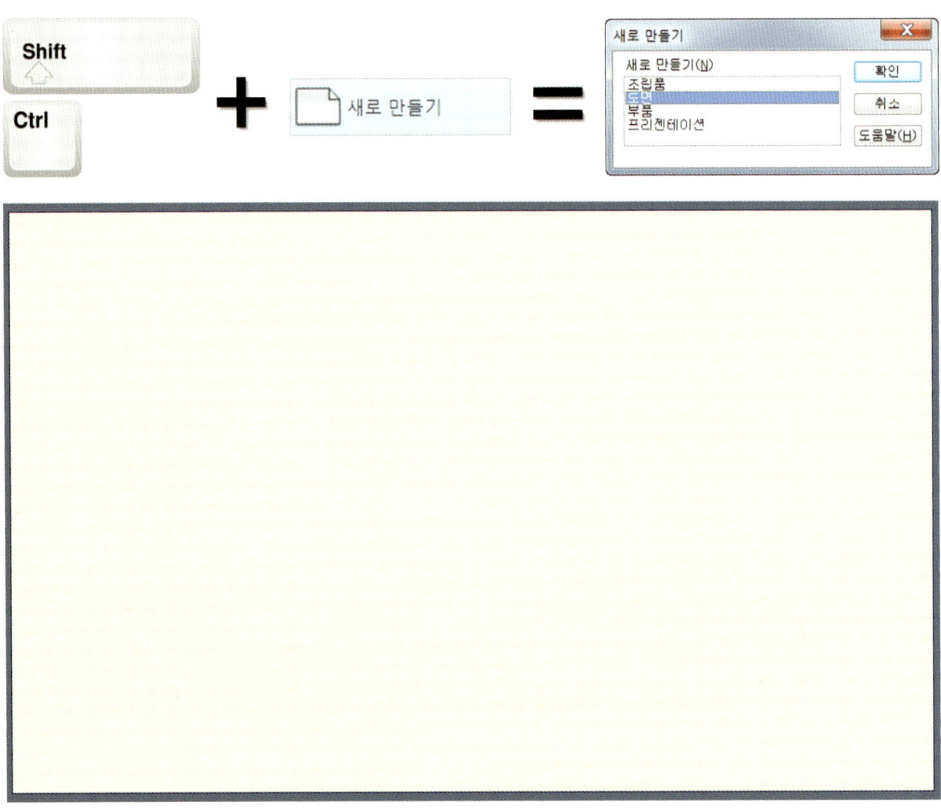

- 파일 메뉴/ 다른 이름으로 저장/ 템플릿으로 사본 저장을 선택합니다.
- 사용자 지정 서식 파일 위치에 사용자 지정 서식 파일의 이름을 지정하여 저장합니다.
- 필요에 따라 스타일과 표준을 변경 한 다음 템플릿으로 사본 저장 옵션을 사용하여 템플릿 파일을 업데이트합니다.

03 템플릿 위치에 대해 정확히 이해하기

기본적으로 Autodesk Inventor 템플릿의 위치는 다음과 같은 경로에 설치되어서 설정되어 있습니다. C:\사용자(Users) \공용(Public)\공용문서(Documents)\Autodesk \Inventor 2019\Templates 에 저장되어 있습니다. 리본 메뉴/ 도구 탭/ 응용 프로그램 옵션 버튼을 클릭한 다음 파일 탭을 선택하고 기본 서식 파일 상자에 폴더 위치를 입력하여 기본 위치를 처음에 설정합니다. 로컬 드라이브에서 작업하는 독립 실행 형 사용자의 경우 템플릿 파일 위치에 대한 디자인 프로젝트를 저장하는 위치와 동일한 위치를 사용하는 것이 좋습니다. 네트워크 디자인 그룹에 속한 경우 공유 네트워크 드라이브에 템플릿 폴더를 만들고 이에 따라 기본 템플릿 경로를 변경해야 합니다. 기본 템플릿 위치는 프로젝트 파일 구성에서 템플릿 위치를 설정하여 프로젝트 단위로 겹쳐서 사용할 수 있습니다. 응용 프로그램 옵션에서 템플릿 위치를 설정하고 프로젝트 파일에서 다른 위치를 설정하면 프로젝트 파일이 항상 우선 순위를 갖습니다. 프로젝트에서 템플릿 경로를 설정하고 모든 사람이 동일한 프로젝트 파일을 사용하도록 하면 디자인 그룹의 모든 구성원이 동일한 템플릿을 사용하는 가장 좋은 방법이 될 수 있습니다.

04 표준 템플릿

새 파일 만들기의 드롭-다운 메뉴를 사용하여 Autodesk Inventor의 템플릿 파일에 접근하는 경우에는 이러한 템플릿 파일들은 Standard.ipt, Standard.iam, Standard.ipn 및 Standard.idw (또는 Standard.dwg) 파일을 사용하도록 하드코딩이 되어 있음을 알아야 합니다. 템플릿 위치 경로에서, 표준이라는 파일을 제거하거나 이름을 바꾸면 드롭-다운 메뉴가 작동하지 않습니다. 불행히도 드롭-다운 메뉴에서 다른 이름으로 되어 있는 템플릿을 사용하도록 가리키는 방법은 없습니다. 그러나 템플릿 파일의 사본을 작성하여 템플릿 경로의 루트에 놓고 표준 이름을 지정하면 표준 드롭-다운 메뉴를 사용하여 사용자 정의된 템플릿에 접근할 수 있습니다.

파일 형식 선택

Autodesk Inventor 2008 이전에는 IDW 파일 형식이 Inventor에서 인식한 유일한 기본 2D 파일 형식이었습니다. Inventor 2008에 도입된 DWG True Connect를 사용하면 DWG 및 IDW를 모두 도면 관리자에서 유효한 파일 형식으로 사용할 수 있습니다. 파일 형식으로 DWG를 사용하면 변환 프로세스를 거치지 않고도 AutoCAD 또는 AutoCAD Mechanical과 같은 AutoCAD의 버티컬 제품에서 Inventor DWG 파일을 열 수 있습니다. Inventor에서 직접 생성한 데이터는 AutoCAD에서 직접 조작 할 수는 없지만, 모든 Inventor 데이터는 기존 AutoCAD 명령을 사용하여 보고 측정하고 인쇄할 수는 있습니다. DWG를 기본 파일 형식으로 선택하면 디자인의 다운 스트림 사용자가 Inventor를 구매 또는 설치하거나 Inventor 파일 뷰어를 다운로드를 할 필요없이 AutoCAD에서 2D 도면 문서를 볼 수 있습니다. 공급 업체, 고객 또는 기타 내부 인력은 기본 Inventor DWG 파일을 열어 Inventor 데이터를 보고, 측정하고 인쇄하거나 AutoCAD 데이터를 파일에 추가하여 하이브리드 문서를 작성하여 신속하고 효율적으로 볼 수 있습니다.

> **Note**

❏ 도면 파일 크기에 대해 정확하게 숙지하기

많은 설계 부서에서 Inventor 도면을 DWG 형식으로 편리하게 사용할 수 있다는 장점이 있지만 Inventor DWG 파일이 Inventor IDW 파일보다 클 수 있음을 이해해야 합니다. 크기의 차이는 내용에 따라 다를 수 있지만 최대 3배까지 차이가 있을 수 있습니다. 대략 10개 정도의 부품 도면 및 조립품 도면과 같은 일반적인 도면 파일을 Inventor DWG 및 IDW로 저장하고 크기를 직접 비교하여 어떤 것이 적합한 지에 대한 것은 직접 경험해 보고 판단한 다음 선택을 해야 합니다.

Autodesk Inventor 사용자에게는 Inventor DWG 사용과 전통적인 Inventor IDW 파일 형식의 사용간에 근본적인 차이가 없습니다. 기본 DWG 파일에는 도면 층 목록에 도면 층 0이 포함되고 도면 자원에는 AutoCAD 블록 폴더가 포함되어 있습니다. 이 두 가지 파일 형식 간의 유일한 차이점은 다음과 같습니다. IDW 파일은 항상 데이터의 손실이 없이 Inventor DWG로 저장할 수 있으며, 그 반대의 경우도 마찬가지입니다. Inventor 파일의 DWG 버전을 보고 싶은 사람이 있으면 기본 파일 형식으로 DWG를 선택하는 것이 좋습니다. Inventor의 작업 스케쥴러를 사용하여 일련의 IDW 파일을 DWG 파일로 일괄 변환 할 수 있습니다.

05 도면 자원 활용하기

선택한 제도 표준 및 개인 기본 설정 (도면 자원, 문서 설정 및 스타일 및 표준)을 준수하도록 템플릿의 세 영역을 사용자에 맞게 정의해야 합니다. 도면 자원은 단순히 도면 파일에 저장된 재사용 가능한 스케치 및 형식의 모음집일 뿐입니다. 도면 자원에는 시트 형식, 경계, 제목 블록 및 스케치 기호의 네 가지 유형이 있습니다. DWG를 템플릿 형식으로 사용하기로 결정한 경우 AutoCAD 블록도 Inventor 도면 자원으로 관리됩니다. 도면 자원은 도면 자원 폴더 아래의 도면 검색기에서 접근할 수 있습니다. 도면 자원 노드를 확장하면 나열된 각 도면 자원 유형에 대한 폴더가 표시되며 각 하위 폴더에 포함된 도면 자원의 정의가 표시됩니다. 도면 자원의 내용을 도면에 배치하려면 선택한 도면 자원을 두 번 클릭하거나 선택 후 마우스 오른쪽 버튼을 클릭하여 삽입하면 됩니다.

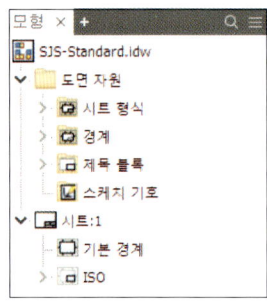

템플릿, 시트 크기, 경계 및 제목 블록과 관련하여 여러 가지 문서 관리 기법을 사용할 수 있습니다. 필요한 각 시트 크기 및 제목 블록에 대해 별도의 도면 템플릿을 만들고, 유지 관리를 할 수 있지만 일반적으로 단일 구성 템플릿을 사용하여 각기 다른 구성을 유지 관리하는 것이 좋습니다.

06 시트 크기

Autodesk Inventor와 함께 설치된 템플릿 중 하나에서 새 도면을 시작하면 경계 및 제목 블록이 시트에 이미 있고 시트가 기본 크기로 설정됩니다. 검색기에서 시트를 선택 후 마우스 오른쪽 버튼을 클릭하고 컨텍스트 메뉴에서 시트 편집을 선택하여 기본 시트 크기를 변경할 수 있습니다.

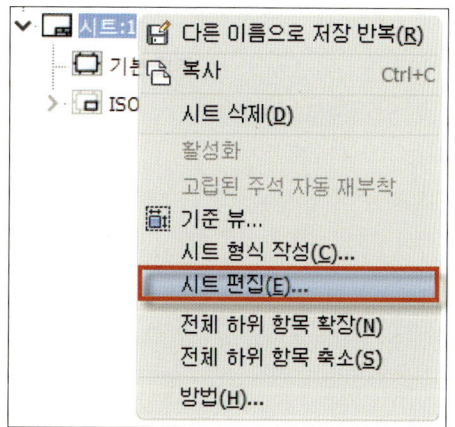

예를 들어, ISO(mm)템플릿을 사용하는 경우 기본 시트 크기는 A3입니다. 시트 크기를 A4로 변경하면 시트의 테두리가 자동으로 업데이트되어 시트 크기의 변경 사항을 수용할 수 있습니다.

템플릿을 다른 용지 크기로 기본 설정하려면 다음과 같이 하면 됩니다.
1. 시작하기 탭에서 열기 버튼을 클릭합니다.
2. 템플릿 위치로 이동하여 Standard.idw와 같은 도면 파일을 엽니다.
3. 검색기에서 시트를 선택한 다음 마우스 오른쪽 버튼을 클릭하고 시트 편집을 선택합니다.
4. 드롭-다운 상자에서 화살표를 클릭하고 목록에서 크기 또는 시트 형식을 선택합니다.
5. Inventor 버튼을 클릭하고 저장을 선택합니다. (또는 키보드에서 Ctrl + S를 누릅니다.)

이제 템플릿에서 새 파일을 시작하면 이 새 시트 크기가 활성화될 것입니다.

07 다중 시트

필요한 경우 대부분의 설계 도면에서 두 장 이상의 시트가 필요한 경우가 있습니다. 이 때 권장되는 시트에 템플릿을 추가할 수 있습니다. 도면에 새 시트를 삽입하려면 다음과 같이하면 됩니다.

1. 페이지의 빈 영역을 마우스 오른쪽 버튼으로 클릭하고 새 시트를 선택하거나, 리본 메뉴/ 뷰 배치 탭/ 시트 패널/ 새 시트 도구를 클릭합니다.

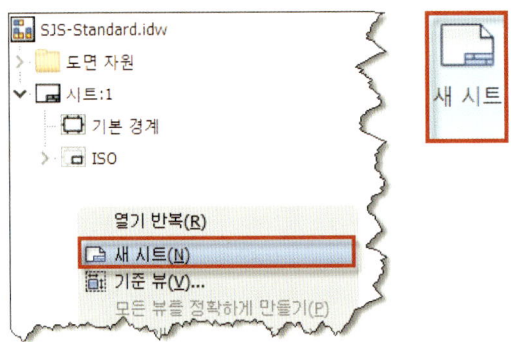

2. 경계 및 제목 블록과 활성 크기 시트와 같은 크기의 시트가 추가됩니다.
3. 시트를 전환하려면 검색기에서 시트 노드를 두 번 클릭합니다.

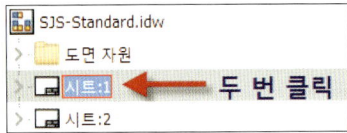
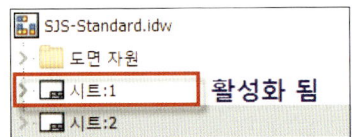

Note

❑ 다중 시트 도면 파일

자세히 설명하는 모델의 크기와 복잡성에 따라 성능이 저하될 수 있으므로 많은 수량의 시트 세트를 여러 개 만들 때는 주의해야 합니다. 하나의 도면 파일에 조립품의 전체 도면 세트를 관리하지 않고 조립품의 각 부품 번호에 대해 단일 도면을 작성하는 것이 가장 좋습니다.

08 경계 만들기

Autodesk Inventor 템플릿에 사용되는 기본 경계가 사용자의 요구를 충족하지 못할 수 있습니다.

chapter 12 2D 도면 작성

새 경계를 만들려면 먼저 다음 단계를 수행하여 이전 경계로 삽입된 객체를 제거합니다.

1. 검색기 막대에서 시트 노드를 확장합니다.
2. 경계선 객체를 선택한 다음 마우스 오른쪽 버튼으로 클릭하고 삭제를 선택합니다.

이렇게 하면 시트에서 경계 객체가 제거됩니다. 경계 정의는 여전히 도면 자원 노드의 경계 폴더에 저장됩니다. 템플릿에 새 사용자 지정 경계를 만들려면 다음과 같이합니다.

1. 템플릿 파일에서 검색기의 도면 자원 노드를 확장합니다.
2. 경계 폴더를 선택한 다음 마우스 오른쪽 버튼을 클릭하고 새 경계 정의를 선택합니다. 새 영역 경계를 정의 할 수 있는 옵션을 선택할 수도 있지만 여기서는 간단한 경계를 사용하여 필요한 단계를 탐색할 것입니다. 다음은 두 가지 경계 유형에 대한 간략한 설명입니다.
   - **새 영역 경계 정의:** 가로 및 세로 영역 수, 알파벳 또는 숫자 영역 레이블, 글꼴 및 글꼴 크기 및 여백 간격을 지정할 수 있는 입력 대화 상자를 표시합니다. 스케치는 입력 내용에서 자동으로 작성됩니다.
   - **새 경계 정의:** 시트의 네 모서리가 투영된 스케치를 만듭니다. 사각형을 스케치하여 간단한 사용자 정의 경계를 만들고 치수를 사용하여 시트 모서리에서 여백을 지정할 수 있습니다. 시트 모서리 치수를 지정하면 지정된 여백을 유지하면서 경계가 자동으로 모든 시트 크기로 조정됩니다. 경계는 필요한 만큼 간단하거나 복잡 할 수 있지만, 스케치는 항상 완전히 제한되어 있어야 합니다.
3. 스케치 탭에서 두 점 사각형 도구를 선택합니다.
4. 화면에 작은 사각형을 스케치합니다. 직사각형을 구석으로 제한할 수 있으므로 시트 모서리에 스케치하지 않도록 합니다.
5. 스케치 탭에서 치수 도구를 선택합니다.
6. 직사각형 모서리의 치수를 시트의 돌출된 모서리 점에 배치하여 직사각형의 모서리가 시트의 모서리에서 10mm가 되도록 합니다.

> **Note**
>
> ❑ **경계 스케치에서 색 및 선 두께 서식 지정**
>
> 기본적으로 경계에 작성된 모든 지오메트리는 경계라는 도면 층에 설정됩니다. 해당 도면 층의 색상 및 선 두께를 변경하여 경계의 모든 요소를 수정하거나 필요에 따라 개별 요소의 속성을 재정의 할 수 있습니다. 후자를 수행하려면 수정할 개체를 마우스 오른쪽 버튼으로 클릭하고 속성을 선택합니다.

7. 경계 스케치가 완료되면 마우스 오른쪽 버튼을 클릭하고 경계 저장을 선택하거나 스케치 탭에서 스케치 완료 버튼을 클릭합니다.
8. 경계 정의의 이름을 입력합니다.
9. 저장을 클릭합니다.

⑩ 검색기 막대에서 도면 자원 노드의 경계 폴더를 보고 새 경계 정의를 찾습니다.
⑪ 경계를 마우스 오른쪽 버튼으로 클릭하고 삽입을 선택하여 현재 시트에 객체를 배치합니다.
⑫ 경계 정의를 수정해야 하는 경우 도면 객체에서 경계 객체나 정의를 마우스 오른쪽 버튼으로 클릭하고 정의 편집 또는 편집을 선택합니다.

경계선은 시트의 모서리에 맞춰지기 때문에 시트 크기를 편집하면 여백 거리 (이 예제에서는 10 mm)를 유지하면서 필요에 따라 경계선의 크기가 자동으로 조정됩니다.

09 제목 블록(표제란) 만들기

제목 블록은 경계를 사용자 정의하는 것과 같은 방식으로 사용자 정의를 할 수 있습니다. 제목 블록에는 일반적으로 경계보다 텍스트 기반 정보가 더 많으므로 이 섹션에서는 스케치 텍스트를 만드는 데 중점을 둘 것입니다. 맞춤형 제목 블록을 만드는 방법에는 다음과 같이 세 가지의 일반적인 방법이 있습니다.
- 원래 AutoCAD에서 그린 기존 제목 블록을 사용하는 방법
- 기본 Inventor 제목 블록을 수정하는 방법
- Autodesk Inventor에서 처음부터 완전히 선을 그려서 선 작업과 텍스트 필드를 삽입하는 방법

이 장에서는 기존 AutoCAD 제목 블록을 가져 와서 Inventor에서 수정하여 활용할 것입니다. 이렇게 하면 언급된 다른 제목 블록 작성 방법에 사용되는 제목 블록을 만드는 데 사용되는 도구를 살펴볼 수 있습니다. 혼동을 줄이기 위해 새로운 제목 블록을 만들기 전에 현재 시트에서 기본 제목 블록을 먼저 삭제해야 합니다.

❶ 템플릿 파일 (또는 표준 Inventor 도면 파일)에서 검색기 막대의 시트 노드를 확장합니다.

❷ 제목 블록 객체를 선택한 다음 마우스 오른쪽 버튼을 클릭하여 삭제를 선택합니다.

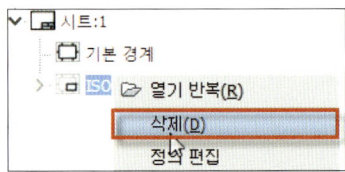

3 시작하기 탭에서 열기 단추를 클릭합니다.

4 Chapter 12_2D 도면 작성하기 폴더에서 SJS_AutoCAD_TB.dwg를 찾습니다. 해당 파일을 찾으려면 파일 형식 드롭-다운을 모든 파일 또는 AutoCAD 도면 (* .dwg)으로 변경해야 할 수 있습니다.

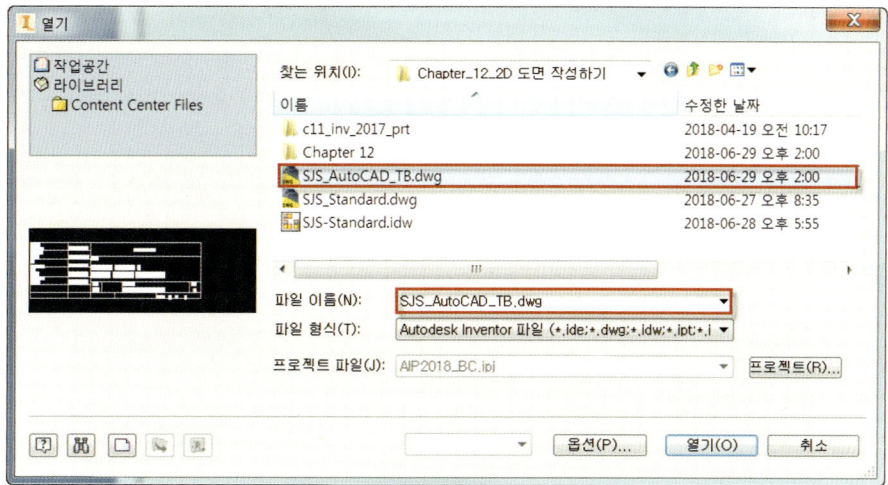

5 열기 대화 상자에서 옵션 버튼을 누릅니다. 옵션(P)...
6 열기가 선택되었는지 확인합니다. 그렇지 않으면 Inventor가 DWG / DXF 파일 마법사로 이동합니다.

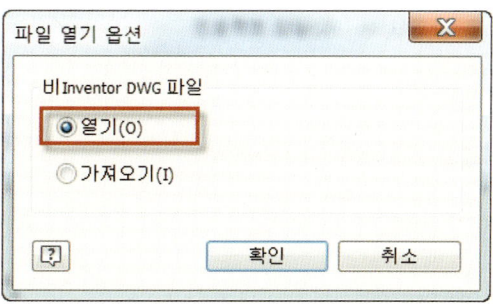

7 확인 버튼을 클릭합니다. 확인
8 열기 버튼을 클릭합니다. 열기(O)

9 Autodesk Inventor에서 AutoCAD 도면을 열면 파일을 보고 측정할 수 있습니다. 검정색 배경이 보일 것입니다. 검색기 막대를 확인하면 파일의 모델 공간 환경을 보고 있는 것입니다.

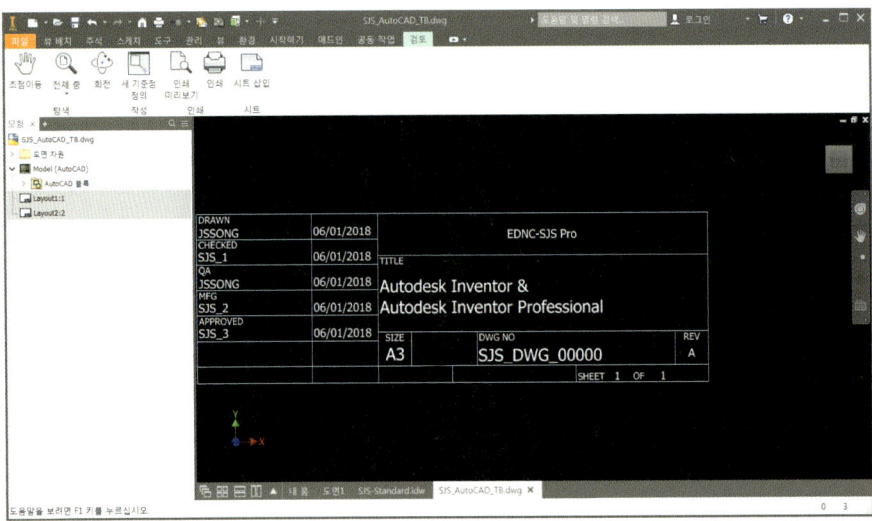

10 제목 블록을 마우스 오른쪽 버튼으로 클릭하고 복사를 선택합니다.

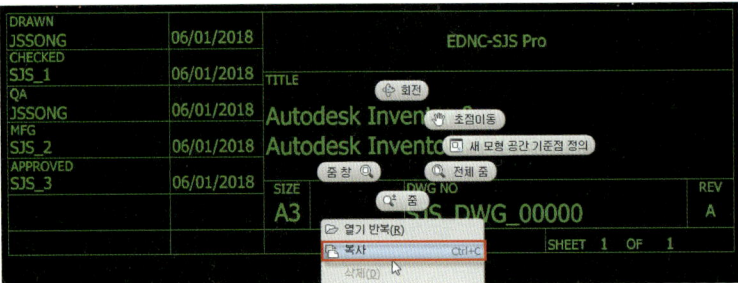

11 화면 하단의 문서 열기 탭을 사용하여 템플릿 파일로 다시 전환하거나 키보드에서 Ctrl + Tab을 누릅니다.

12 검색기 막대의 도면 자원 폴더에서 제목 블록 폴더를 마우스 오른쪽 버튼으로 클릭하고 새 제목 블록 정의를 선택합니다. 그러면 스케치 환경에 배치됩니다.

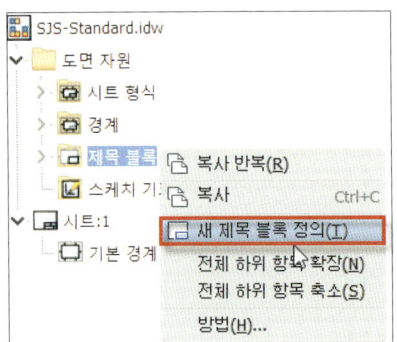

13 그래픽 영역을 마우스 오른쪽 버튼으로 클릭하고 붙여 넣기를 선택합니다.

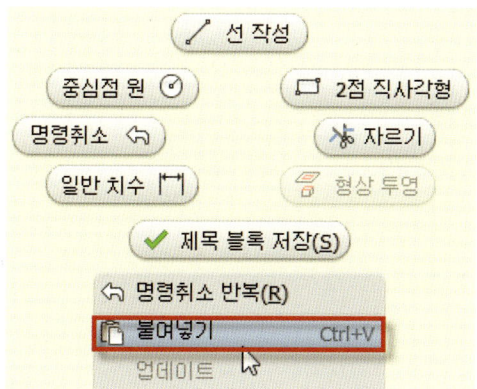

14 시트 가운데를 클릭하여 제목 블록을 배치합니다.

15 선 작업은 제한되지 않고 전혀 치수가 지정되지 않은 것을 알 수 있습니다. 원하는 경우 크기를 지정하는 데 시간을 할애할 수 있지만 블록 상태의 정적 요소로 되어 있기 때문에 그렇게 할 필요가 없습니다.

16 JSSONG가 포함된 텍스트 필드를 마우스 오른쪽 단추로 클릭하고 텍스트 편집을 선택합니다.

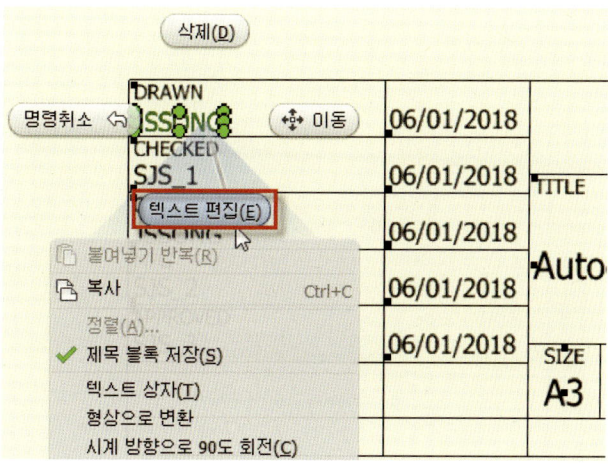

17 텍스트 서식 대화 상자에서 텍스트를 선택하고 키보드에서 Delete 키를 누릅니다.

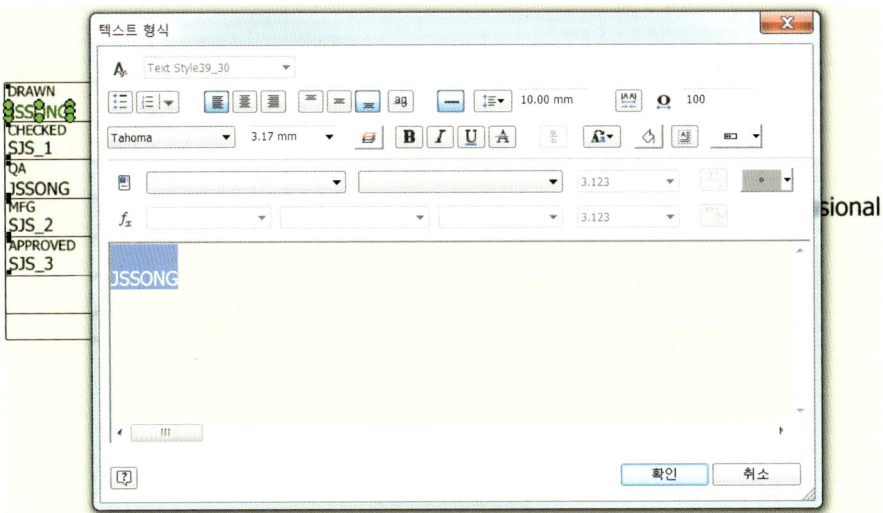

18 아래와 같이 특성-도면/ 설계자를 선택한 다음 매개 변수 추가 버튼을 클릭합니다.

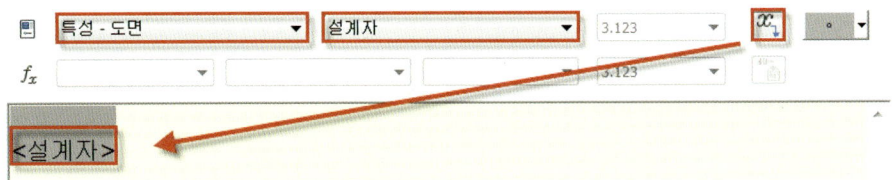

19 확인 버튼을 클릭합니다.
20 방금 편집한 필드의 오른쪽에 있는 날짜 필드에 대해 16-19 단계를 반복하여 수정합니다.
21 마우스 오른쪽 버튼을 클릭하고 제목 블록 저장을 선택하거나 스케치 탭에서 스케치 완료 버튼을 클릭합니다.

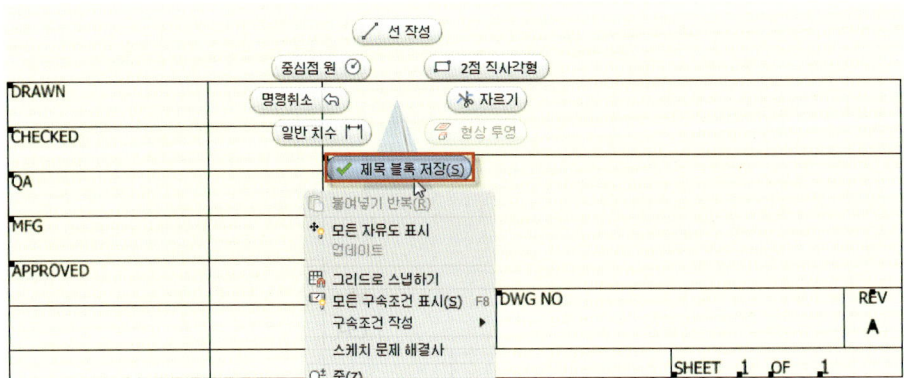

22 내 제목 블록과 같은 새 제목 블록 정의의 이름을 입력합니다.

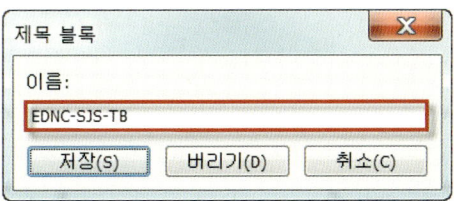

23 새 제목 블록 정의에 대해 검색기 막대에서 도면 자원 노드의 제목 블록 폴더를 찾습니다.

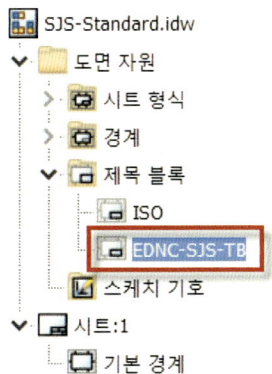

24 제목 블록을 선택 후 마우스 오른쪽 버튼을 클릭하고 현재 시트에 객체를 배치하려면 삽입을 선택합니다.

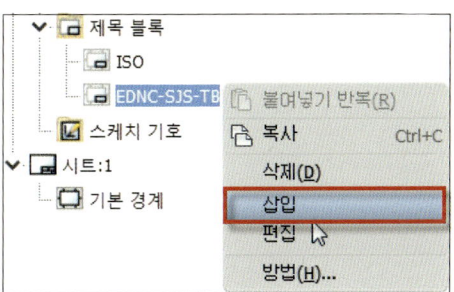

25 제목 블록 정의를 수정해야 하는 경우 도면 블록 객체 또는 도면 자원에서 정의를 마우스 오른쪽 버튼으로 클릭하고 정의 편집 또는 편집을 선택합니다.

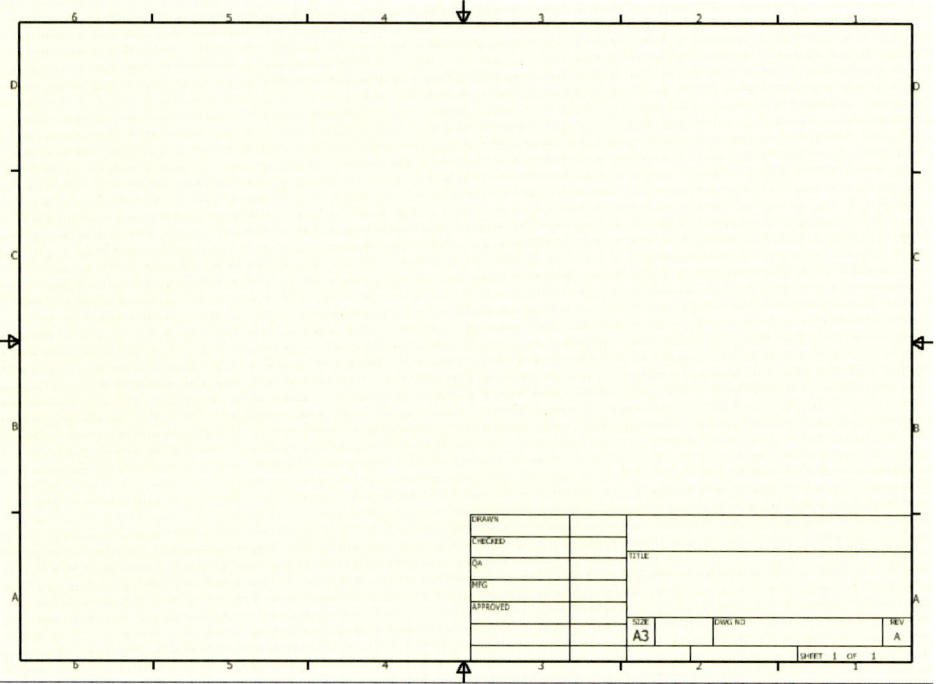

분명한 것은 이 시점에서 전체 제목 블록을 구성하지 않지만, 더 이상 진행하기 전에 제목 블록 텍스트 필드에 링크된 속성이 어디서 오는지 이해하는 것이 가장 중요한 것입니다. 이러한 등록 정보는 iProperties 파일에서 찾을 수 있습니다. 그림 파일에서 iProperty를 변경하고 제목 블록에 변경 사항이 표시되는지 확인하려면 아래와 같이 해봅니다.

1 iProperties를 선택합니다.

2 iProperties 프로젝트 탭에서 디자이너 입력을 테스트 디자이너로 변경합니다.
3 Creation Date 입력 필드를 2015년 1월 1일로 변경하십시오.
4 변경 사항을 적용하고 iProperties 대화 상자를 닫으려면 확인 버튼을 클릭합니다.

제목 블록은 iProperty 변경 사항을 기반으로 두 필드를 자동으로 업데이트하여 해당 필드를 이 특정 도면 파일의 iProperties에 연결했음을 보여줍니다. 이 제목 블록을 도면 템플릿으로 사용하려는 경우 iProperties를 업데이트하여 모든 필드가 자동으로 채워질 때까지 제목 블록을 구성하여 필요한 iProperties를 계속 검색해야 합니다.

10 iProperties 및 제목 블록

각 Inventor 파일에는 iProperties 세트가 있으므로 파일의 정보를 제목 블록으로 가져올 수 있습니다. 제목 블록으로 iProperties를 검색하는 데 사용할 수 있는 두 가지 방법은 다음과 같습니다.
- 첫 번째는 도면 파일에서 iProperties를 검색하는 방법입니다.
- 두 번째는 도면 파일에서 참조되는 모형 파일에서 iProperties를 검색하는 방법입니다.

다음은 사용 가능한 표준 iProperties 목록입니다. 이들 각각은 이전 단계에서 설명한 것처럼 텍스트 형식 대화 상자의 유형 드롭-다운에서 접근할 수 있습니다.

11 모형 및 도면 iProperties 연결

종종 모델 파일과 도면 파일의 iProperties가 일치해야 합니다. 모델 iProperty 설정 복사 옵션을 사용하여 자동으로 이 작업을 수행할 수 있습니다. 이렇게 하려면 도면 템플릿을 열고 도구 탭/ 문서 설정 도구를 클릭하고 열리는 대화 상자에서 도면 탭을 선택한 다음 하단에 있는 모델 iProperty 복사 설정 버튼을 클릭합니다.

모형 iProperty 복사 설정(P)...

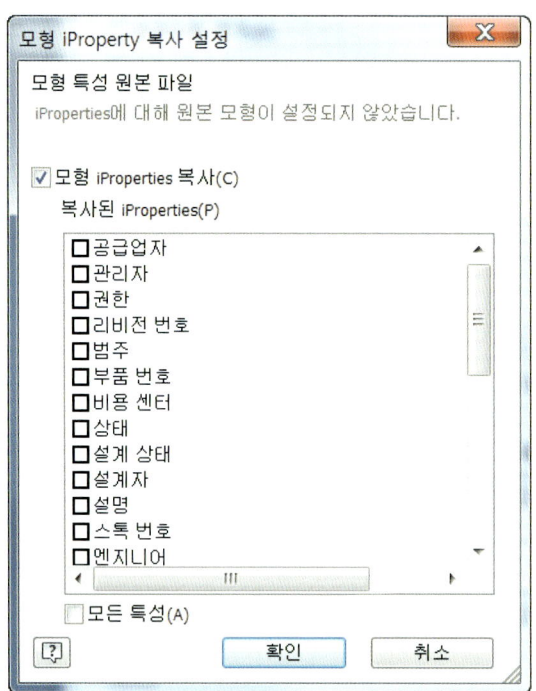

　모델 속성의 일부 또는 전체를 도면에 복사할 수 있습니다. 한 번 복사하면 모델에서 변경될 때 속성이 자동으로 업데이트되지 않습니다. 업데이트하려면 관리 탭/ 업데이트 패널/ 복사한 특성 업데이트 도구를 클릭하여 복사된 모델 iProperties 업데이트를 합니다.

🔹 일반 파일 속성 및 제목 블록

　iProperties 외에도 다른 표준 파일 속성을 사용하여 제목 블록을 자동으로 채울 수 있습니다. iProperties를 수행한 것처럼 텍스트 형식 대화 상자의 유형 드롭-다운에서 접근할 수 있습니다.

🔹 프롬프트된 항목

　제목 블록에 필드를 만들어 프롬프트된 항목을 사용하여 수동으로 정보를 입력할 수도 있습니다. 프롬프트된 항목의 입력 텍스트는 사용자가 입력하며 iProperties와 같은 방식으로 파일 속성에서 검색되지 않습니다. 이 때문에 오랫동안 Inventor를 사용해왔던 사용자는 다음과 두 가지 이유로 프롬프트된 항목보다 iProperties를 선호한다고 말합니다. 첫 번째로 프롬프트된 항목 입력 필드에 입력된 정보는 하나의 제목 블록 객체와 다른 곳에 저장됩니다. 나중에 어느 시점에서 전체 도면 라이브러리의 제목 블록을 업데이트를 해야 하는 경우 도면 자원 전송 마법사를 사용하여 기존 제목 블록 정의를 한 번에 바꿀 수 있습니다. 이 정보는 제목 블록이 아닌 파일에 정보가 있기 때문에, 제목 블록이 iProperties로 채워진 경우에 효과적입니다. 그러나 프롬프트된 항목이 사용된 경우 해당 정보는 이전 제목 블록 객체에만 있기 때문에 그대로 가져오지 않습니다. 두 번째로 iProperties가 파일에 저장되기 때문에 다음과 같이 수행할 수 있는 몇 가지 중요한 작업이 있습니다.

- iProperties는 찾기, 설계 보조 도구 및 Vault와 같은 여러 도구를 사용하여 쉽게 조회, 검색 및 복사할 수 있습니다.
- Inventor가 아닌 사용자는 Inventor에서 파일을 열지 않고도 iProperties를 사용하여 도면에서 서명할 수 있습니다.

12 스케치된 기호

스케치된 기호는 다른 도면 자원처럼 작성, 편집, 배치 및 관리되지만 시트에 배치할 수 있는 스케치 기호 객체의 수에는 제한이 없습니다. 다른 도면 자원 정의와 마찬가지로 검색기에서 정의 노드를 두 번 클릭하거나 리본 메뉴/ 주석 탭/ 심볼 패널/ 사용자 심볼 도구를 사용하여 스케치된 심볼을 배치합니다. 스케치된 기호에는 선택적으로 지시선이 포함될 수 있습니다. 지시선을 사용하여 모형에 특성을 표시할 수 있도록 스케치 기호를 모형과 연관시킬 수 있습니다. 예를 들어, 구성 요소의 질량을 호출하는 스케치 기호를 작성할 수도 있는 것입니다.

텍스트의 중심을 사용자 기호로 맞추기

일반적으로 텍스트 개체는 중간 중심 이외의 다른 설정으로 생성됩니다. 그러나 중간 중심 맞춤법을 사용하면 스케치 구속 조건을 사용하여 기호 기하 형상의 중심을 지정할 수 있습니다. 다음은 기억해야 할 스케치 심볼 포인트입니다.

- 스케치된 기호는 종종 텍스트 노트의 표준 블록을 만드는 데 사용됩니다.
- 필요에 따라 스케치된 기호를 새 문서에 배치하거나 템플릿 자체에 배치할 수 있습니다. 이는 모든 도면에 배치되는 표준 도면 노트에 유용할 수 있습니다.
- 스케치 기호에 필드 텍스트가 있는 경우 새 도면을 작성할 때 제목 블록 필드 텍스트처럼 채워집니다.
- 모형에 대한 기호 참조를 설정해야 하지만 지시선을 보지 않으려면 기호를 편집한 다음 기호의 상황에 맞는 메뉴에서 기호 편집을 두 번 클릭하거나 기호 편집을 선택하고 지시선 가시성 옵션을 선택 해제합니다.

- 고정된 스케치 기호는 정적이 아닌 기호처럼 그래픽 방식으로 회전하거나 배율을 조정할 수 없습니다. 정의를 두 번 클릭하여 배치한 스케치 기호는 기본적으로 정적으로 설정됩니다. 주석 탭의 기호 패널에서 사용자 버튼을 클릭하면 배치 전에 이 옵션을 설정할 수 있습니다.
- 주석을 마우스 오른쪽 버튼으로 클릭하고 심볼을 선택하거나 주석 탭의 심볼 패널에서 사용자 버튼을 클릭하여 배치한 스케치 심볼은 초기에 정적 심볼보다 많은 제어를 갖도록 설정됩니다.
- 정적 심볼을 마우스 오른쪽 버튼으로 클릭하고 심볼 편집을 선택하여 정적이 아닌 정적 심볼을 전환할 수 있습니다.
- 고정되어 있지 않은 스케치 기호에 마우스를 올리면 기호의 가운데 상단에 파란색 점 하나가 표시되고 기호 네 모서리에는 노란색 점 4 개가 표시됩니다.
- 파란색 포인트를 클릭하고 드래그하면 심볼이 회전하지만 노란색 포인트를 클릭하고 드래그하면 동적 확장이 가능합니다.
- 스케치에 점을 추가한 다음 삽입 점, 그립 설정 버튼을 사용하여 점을 삽입 점으로 표시하여 스케치 된 기호의 삽입 점을 변경할 수 있습니다. 이 버튼은 스케치 탭/ 형식 패널/ 구동 치수 도구 버튼 옆에 있습니다.
- 스케치된 심볼은 심볼의 객체를 오른쪽 클릭하고 패턴 심볼을 선택하여 패턴화할 수 있습니다.
- 스케치된 기호는 프롬프트된 항목 입력 텍스트를 사용하기에 좋습니다.

13 AutoCAD 블록

AutoCAD에서 작성된 블록은 스케치된 기호가 사용되는 것과 같은 방법으로 Inventor에서 사용할 수 있습니다. 그러나 이들이 생성되고 사용되는 방식에는 차이가 있습니다. AutoCAD 블록은 Inventor DWG 파일을 사용하는 경우에만 사용할 수 있으며 Inventor IDW 파일에서는 사용할 수 없습니다. 또한 Inventor에서 AutoCAD 블록을 작성하거나 편집할 수 없습니다. 블록을 Inventor DWG 파일로 가져 오는 방식에는 두 가지 방법이 있습니다.
- AutoCAD에서 객체를 복사하여 붙여 넣기를 합니다.
- 도면 자원 폴더에 있는 AutoCAD Blocks 폴더를 마우스 오른쪽 버튼으로 클릭하고 AutoCAD 가져 오기를 선택합니다.

다음은 블록에 대해 기억해야 할 몇 가지 다른 점입니다.
- 블록을 가져 오면 블록 객체를 마우스 오른쪽 버튼으로 클릭하여 크기 조절, 회전 및 패턴을 지정할 수 있습니다.
- 속성이 포함된 블록은 블록 객체를 마우스 오른쪽 버튼으로 클릭하고 속성 편집을 선택하여 수정할 수 있습니다.
- 색상 및 도면 층 속성은 블록 객체를 마우스 오른쪽 버튼으로 클릭하고 속성을 선택하여 수정할

수 있습니다.
- 뷰의 검색기 노드를 마우스 오른쪽 버튼으로 클릭하고 상황 별 메뉴에서 모형 공간에 삽입을 선택하여 도면 뷰에서 블록을 생성 할 수 있습니다.

시트 형식

시트 형식은 미리 설정된 도면 시트, 경계, 제목 블록, 스케치 기호 및 기본 및 투영된 뷰의 모음입니다. 기본적으로 단일 모델 파일을 참조하여 다중 뷰 도면을 신속하게 생성 할 수 있습니다.

Note

도면 뷰와 연관된 스케치를 작성하려면 도면 시트에서 도면 뷰를 선택한 다음 뷰 배치 탭/ 스케치 패널/ 스케치 시작 도구를 선택합니다. 이렇게 하면 스케치 환경이 호출됩니다. 또한 이 환경에서 그릴 스케치는 도면 뷰와 연관됩니다.

14 새로운 사용자 정의를 활용하여 템플릿 만들기

이 과정에서는 새로운 사용자 도면 파일 포맷을 만들어 향 후 이 포맷 양식을 가지고 도면 제작을 해 볼 것입니다.

1 리본 메뉴/ 시작하기 탭/ 시작 패널/ 새로 만들기 도구 버튼을 클릭합니다.

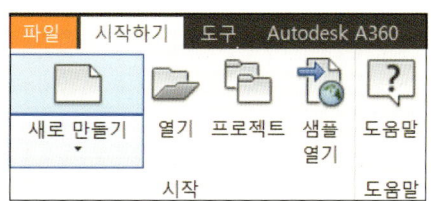

2 새로 만들기 대화 사장에서 Standart.dwg 파일을 선택하고 작성 버튼을 클릭합니다.

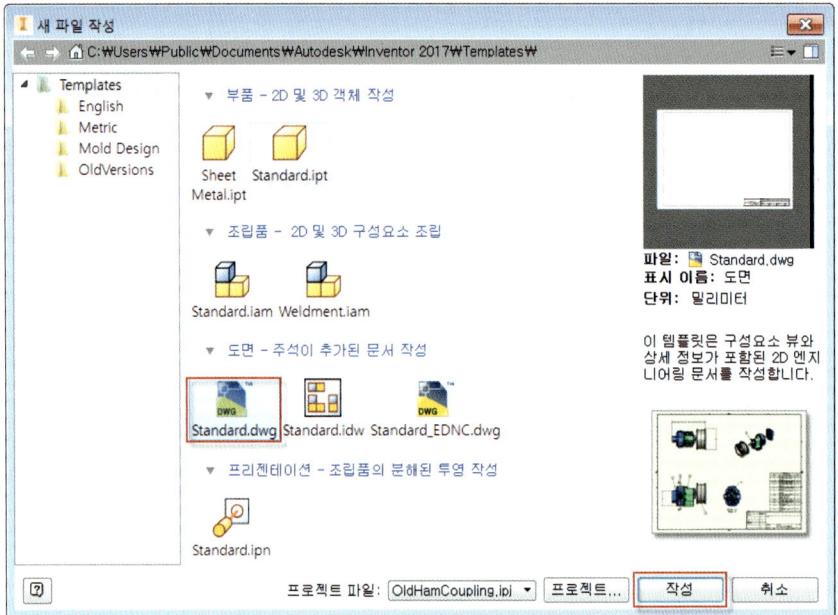

3 검색기 막대의 시트: 1을 선택하고 마우스 오른쪽 버튼을 클릭하여 시트 편집에서 이름에 EDNC_UT 크기: A3 로 하고 확인 버튼을 클릭합니다.

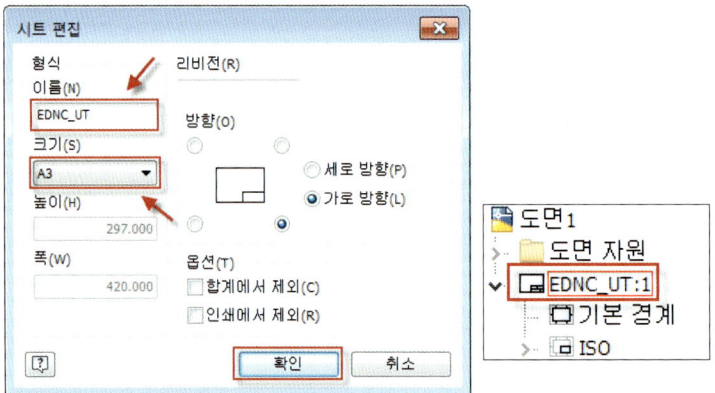

검색기 막대/ 도면 자원/ 시트 형식 폴더를 확장해 보면 사용해 볼 수 있는 다양한 형태의 시트 형식을 확인해 볼 수 있습니다.

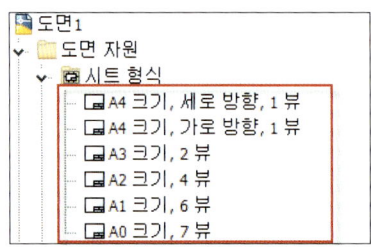

4 만들어진 EDNC_UT 시트 아래에 있는 기본 경계와 ISO를 선택한 다음 마우스 오른쪽 버튼을 클릭하여 삭제를 선택합니다.

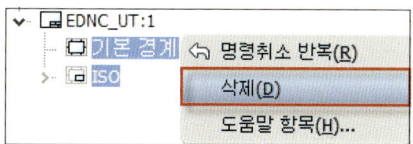

그러면 그래픽 창의 도면에 아무것도 없는 형태가 보여질 것입니다.

5 검색기 막대/ 도면 자원 폴더/ 경계 폴더를 선택한 후 마우스 오른쪽 버튼을 클릭하여 새 경계 정의를 클릭합니다.

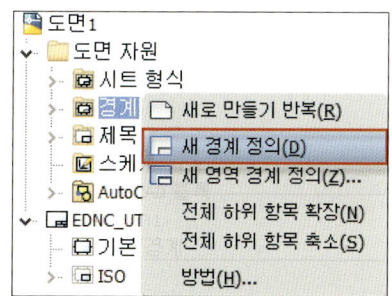

이제 스케치 스케치 탭에 있는 스케치 도구를 사용하여 새 경계를 만들 수 있습니다.

6 리본 메뉴/ 스케치 탭/ 작성 패널/ 직사각형 명령어를 클릭합니다.

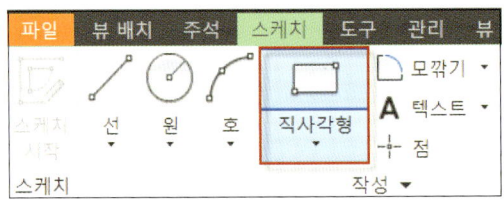

아래와 같이 가로: 400mm, 세로: 277mm를 입력하고 Enter키를 누릅니다.

7 리본 메뉴/ 스케치 탭/ 종료 패널/ 스케치 마무리 명령어를 클릭합니다.

8 경계 대화 상자가 나타나는데, 이름을 EDNC_TB을 입력하고 저장 버튼을 클릭합니다.

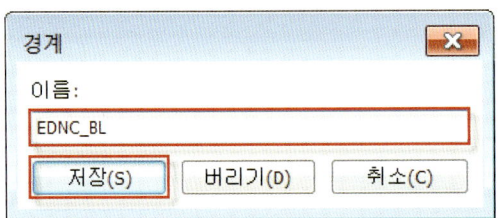

9 검색기 막대에서 경계 폴더를 확장해 보면 아래와 같이 EDNC_TB이 추가된 것을 확인할 수 있습니다.

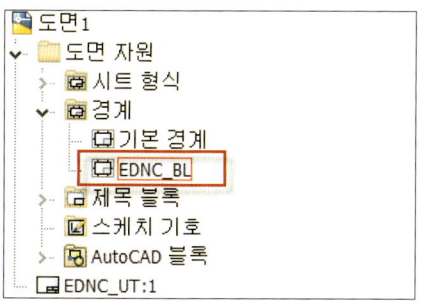

10 제목 블록 폴더를 확장해서 ISO를 선택한 다음 마우스 오른쪽 버튼을 클릭하여 편집을 클릭합니다.

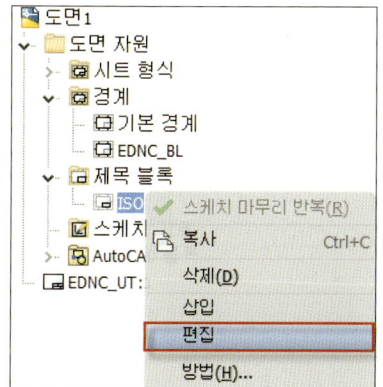

11 리본 메뉴/ 스케치 탭/ 삽입 패널/ 이미지 도구 버튼을 클릭합니다. 그리로 아래와 같이 회사 부분에 직사각형 형태로 드래그를 합니다.

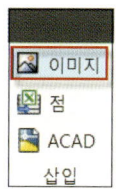 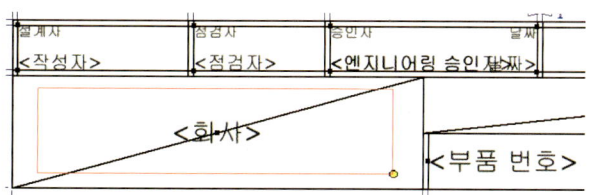

12 이디앤씨 로고를 선택하고 열기 버튼을 누릅니다. 여기서 링크 부분은 해제합니다.

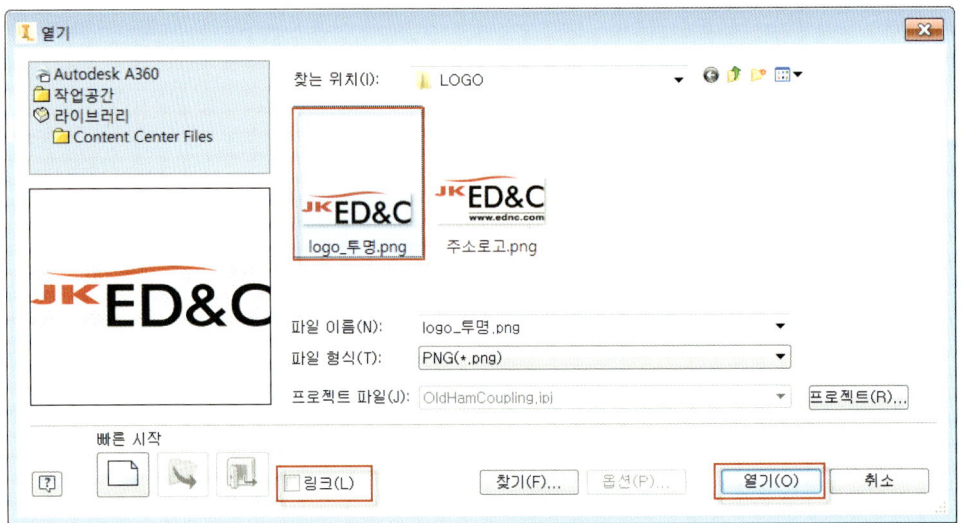

13 <회사>를 선택해서 삭제를 합니다.

14 아래와 같이 로고가 삽입된 형태로 제목 블록이 변경됨을 확인할 수 있습니다.

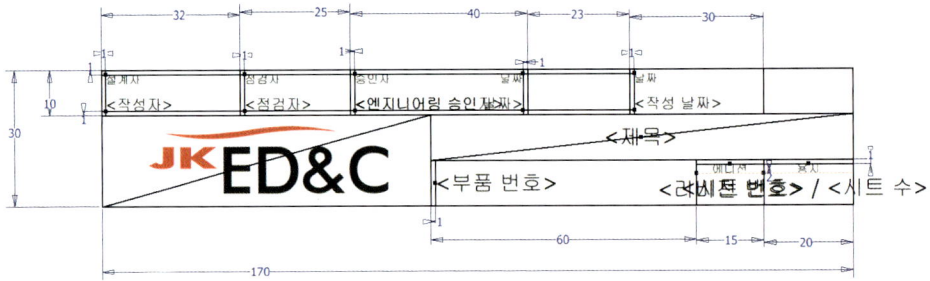

15 리본 메뉴/ 스케치 탭/ 종료 패널/ 스케치 마무리 도구 버튼을 클릭합니다.

16 편집사항 저장 대화 상자에서 다른 이름으로 저장 버튼을 클릭합니다.

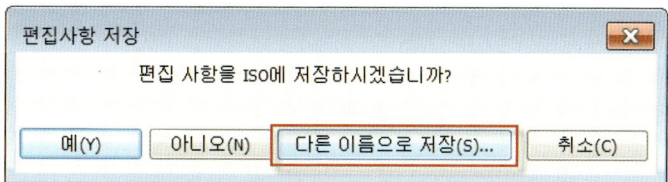

17 제목 블록 대화 상자가 나타나는데, 이름을 EDNC_TB을 입력하고 저장 버튼을 클릭합니다.

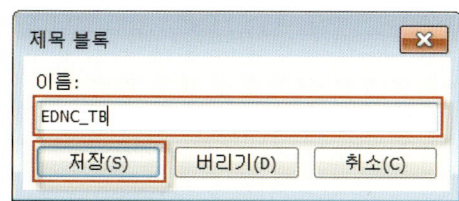

18 검색기 막대에서 아래와 같이 생성한 EDNC_BL을 선택하고 마우스 오른쪽 버튼을 클릭하여 삽입을 선택합니다.

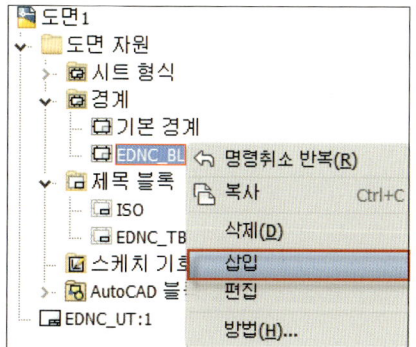

19 검색기 막대에서 아래와 같이 생성한 EDNC_TB 을 선택하고 마우스 오른쪽 버튼을 클릭하여 삽입을 선택합니다.

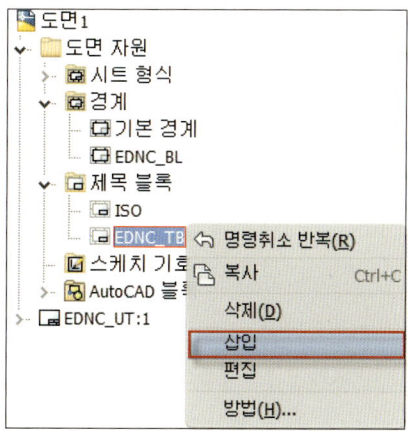

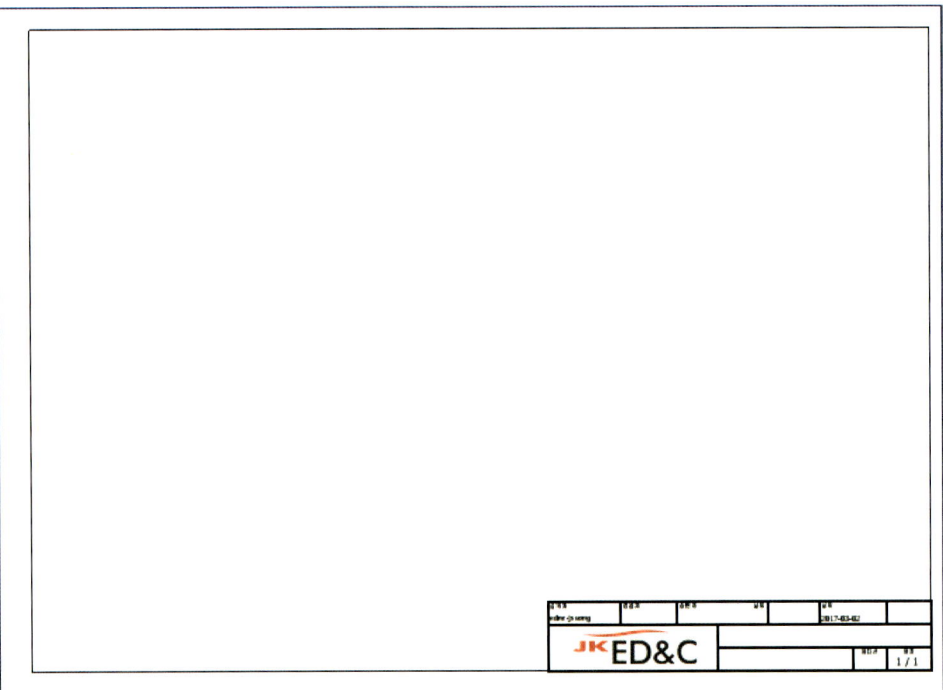

⑳ 검색기 막대에서EDNC_UT를 선택하고 마우스 오른쪽 버튼을 클릭하여 시트 형식 작성을 클릭합니다.

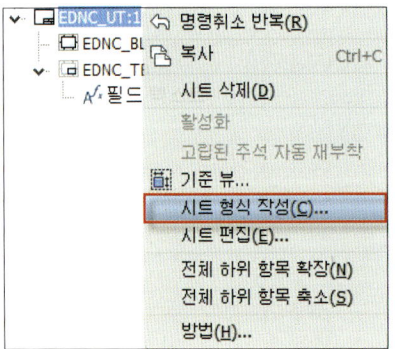

㉑ 시트 형식 작성 대화 상자에서 EDNC_CUSTOM_FORMAT을 입력하고 확인 버튼을 클릭합니다.

㉒ 아래와 같이 도면 자원 폴더의 시트 형식에 추가된 것을 확인할 수 있습니다.

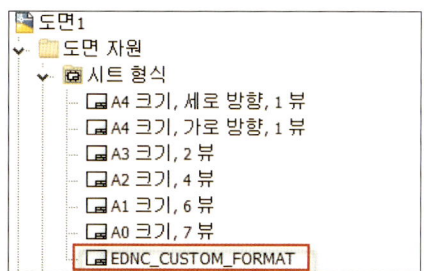

사용자 템플릿 생성하기

1 리본 메뉴/ 도구 탭/ 옵션 패널/ 문서 설정 도구 버튼을 클릭합니다.

문서 설정 대화 상자에서 표준, 시트 색상, 도면 뷰 설정 및 스케치 설정을 정의 할 수 있습니다.

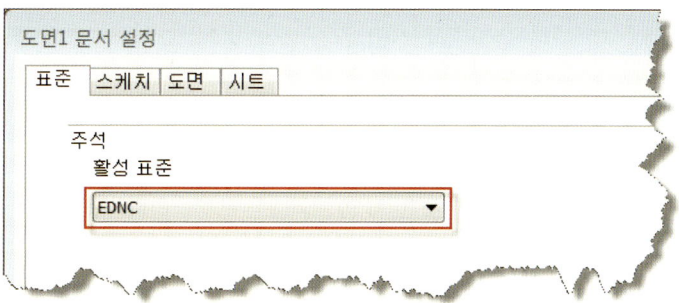

활성 표준을 EDNC로 하고 확인 버튼을 클릭합니다.

2 접속 도구 막대에서 저장 버튼을 클릭하여 파일 이름을 Standard_EDNC_A3으로 입력하고 저장 버튼을 클릭합니다.

저장 위치: C:\Users\Public\Documents\Autodesk\Inventor 2019\Templates

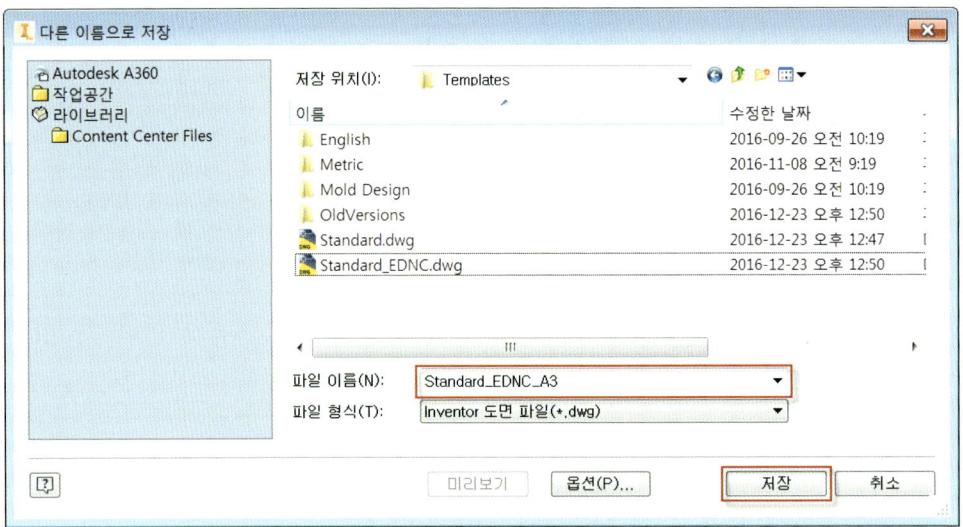

3 리본 메뉴/ 파일 탭/ 닫기 도구 버튼을 클릭합니다.

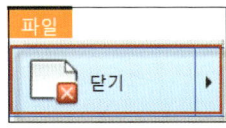

15 도면 뷰 유형

Autodesk Inventor에서는 부품, 조립품 또는 프리젠테이션에서 다양한 유형의 뷰를 생성할 수 있습니다. 또한 스케치 요소를 사용하여 뷰를 드래그 할 수도 있습니다. 부품, 조립품 및 프리젠테이션에서 도면 뷰를 생성하기 때문에, 우리는 이러한 도면 뷰 생성 기술을 뷰 생성 제도라고 합니다. 스케치 요소를 사용하여 도면 뷰를 제도하는 기술을 대화식 제도라고 할 수 있습니다.

기준 뷰 작성하기

기준 뷰는 도면 시트에서 생성하는 첫 번째 뷰입니다. 이 뷰는 원래 부품, 조립품 또는 프리젠테이션을 사용하여 생성됩니다. 기준 뷰는 독립적인 뷰이며 도면 시트의 다른 뷰의 변경 사항에 영향을 받지 않습니다. 시트에서 다른 뷰의 대부분은 이 기준 뷰를 상위 뷰로 인식하여 생성되는 것입니다.

chapter 12 2D 도면 작성

1 시작하기 탭/ 시작 패널/ 새로 만들기 도구 버튼을 클릭합니다.

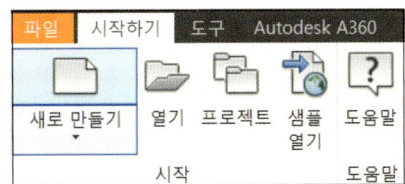

2 새로 만들기 대화 사장에서 Standart_EDNC.dwg 파일을 선택하고 작성 버튼을 클릭합니다.

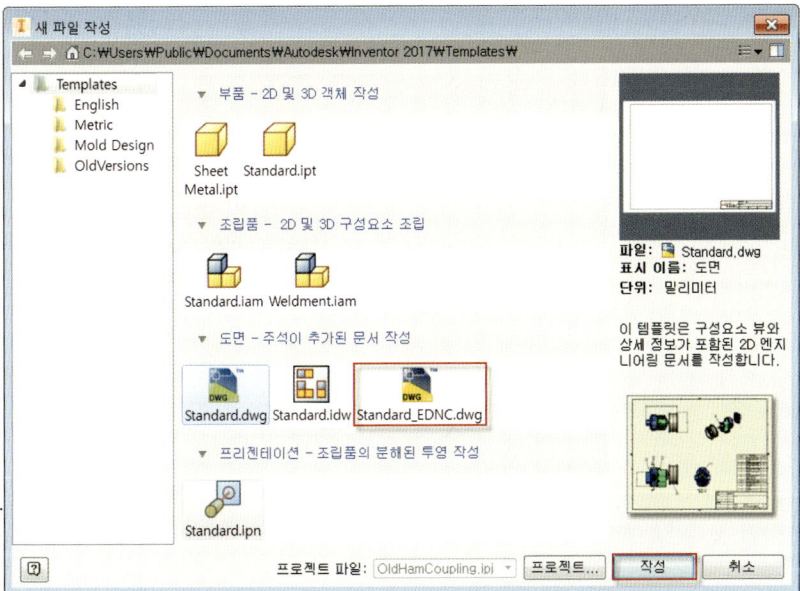

3 리본 메뉴/ 뷰 배치 탭/ 작성 패널/ 기준 도구 버튼을 클릭합니다.

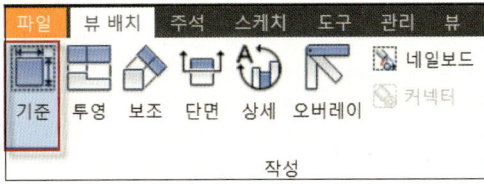

4 도면 뷰 대화상자에서 기존 파일 열기 버튼을 클릭합니다.

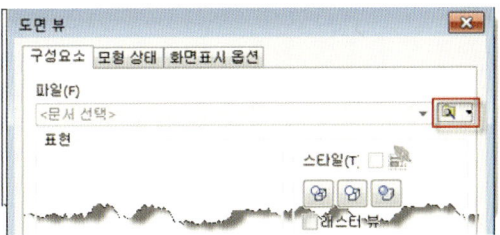

63

5 열기 대화상자가 나타나는데, 여기서 SJS_Sample_12-3_Flange.ipt 파일을 선택하고 열기 버튼을 클릭합니다.

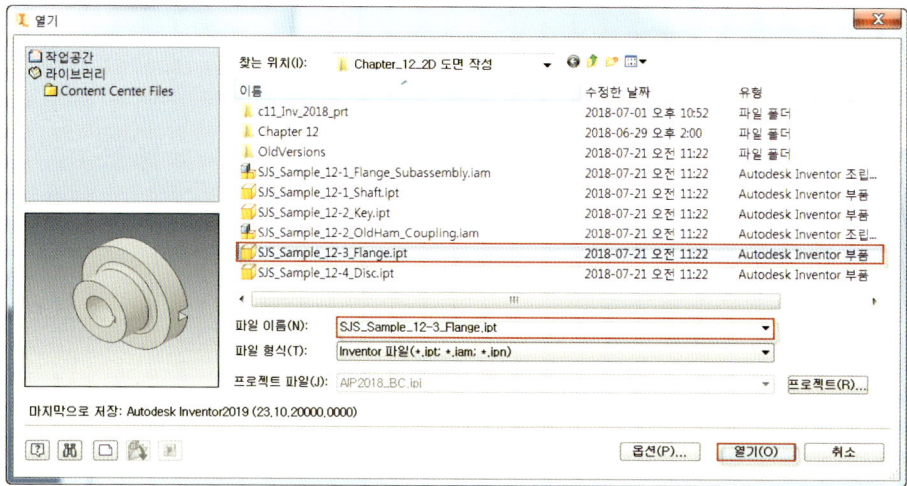

6 아래와 같이 스타일은 은선 있음으로 설정하고 축척은 1:1로 설정한 다음 확인 버튼을 클릭합니다.

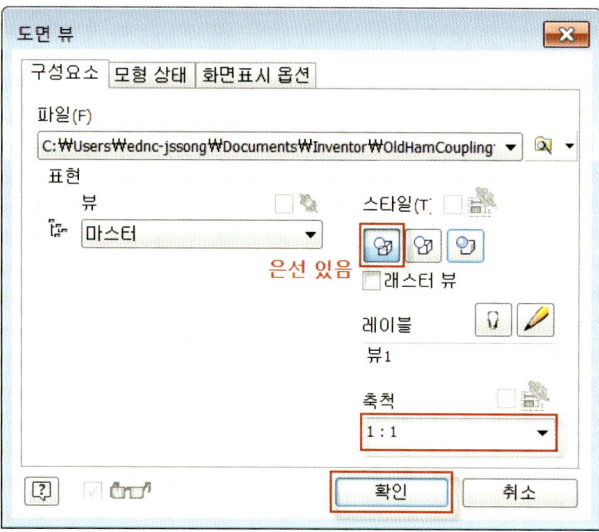

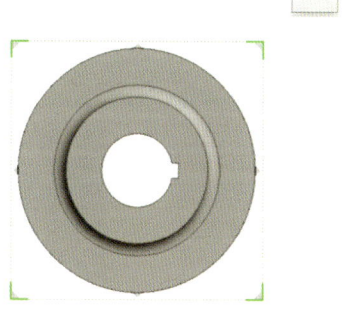

chapter 12 2D 도면 작성

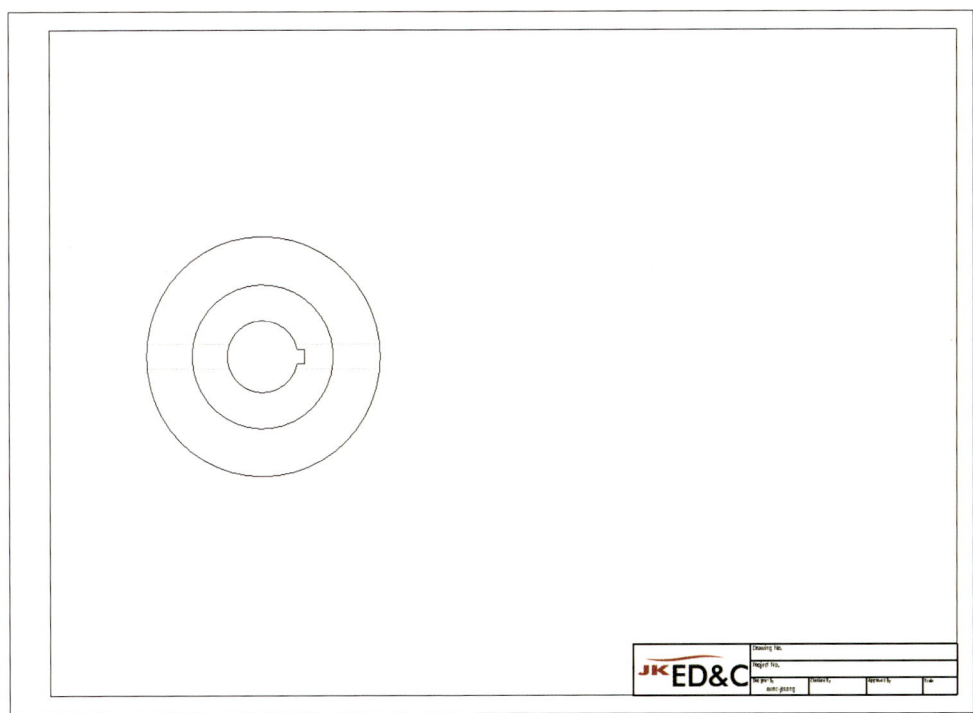

투영 뷰 생성하기

투영 뷰는 기존의 생성된 뷰 중 하나를 상위 뷰로 사용하여 생성됩니다. 이 뷰는 3D 뷰를 생성하기 위해 부모 뷰에 수직선을 또는 부모 뷰에 일정 각도로 투영함으로써 생성됩니다. 선이 부모 뷰에 수직으로 투영되면 결과 뷰는 평면 뷰, 정면 뷰, 측면 뷰 등과 같은 직교 뷰입니다. 선이 일정 각도로 투영되면 결과 뷰는 등각 투영 뷰와 같은 3D 뷰가됩니다. 이 뷰에서 모델의 X, Y 및 Z 축을 시각화 할 수 있습니다. 이러한 뷰는 3 차원 (3D) 모델의 2D 표현입니다.

1 리본 메뉴/ 뷰 배치 탭/ 작성 패널/ 투영 도구 버튼을 클릭합니다.

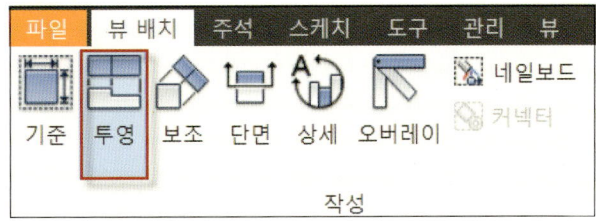

65

2 기존에 배치된 정면 뷰를 선택하고 우측으로 드래그 한 다음 클릭하고, 다시 위쪽으로 드래그하여 클릭합니다.

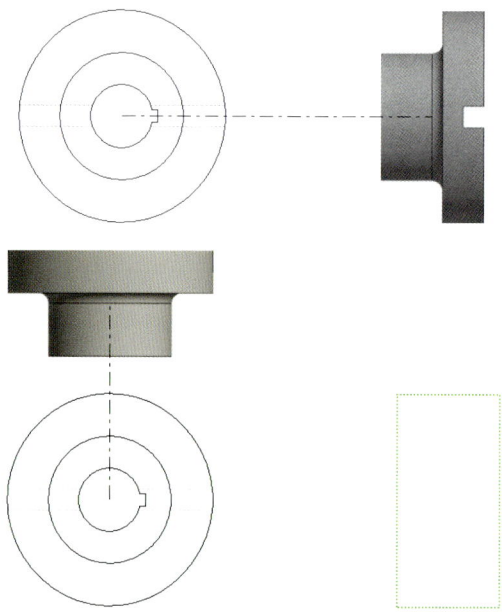

3 그런 다음 마우스 오른쪽 버튼을 클릭하여 작성 명령어를 선택하면 됩니다.

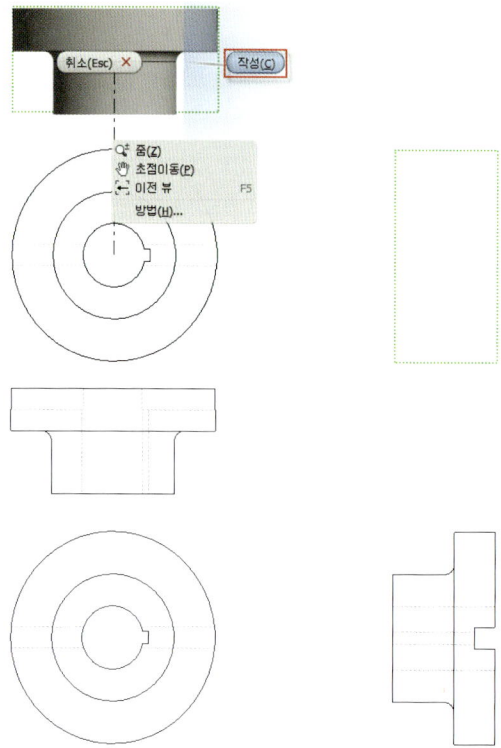

단면 뷰 생성하기

 단면 뷰는 평면을 사용하여 기존에 생성된 뷰의 일부를 잘라낸 다음 단면 평면에 수직 한 방향에서 상위 뷰를 보는 방식으로 생성됩니다.

1 리본 메뉴/ 뷰 배치 탭/ 작성 패널/ 단면 도구 버튼을 클릭합니다.

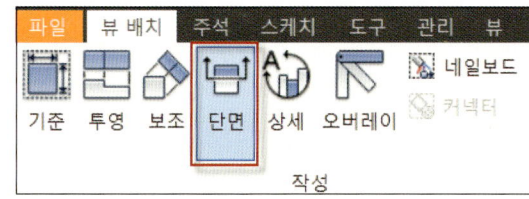

2 아래와 같이 배치된 기준 뷰를 선택하고 마우스 커서를 아래와 같이 원의 중심에서 위쪽으로 수직하게 보이게 합니다.

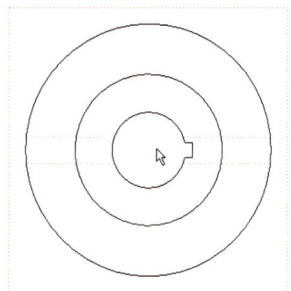 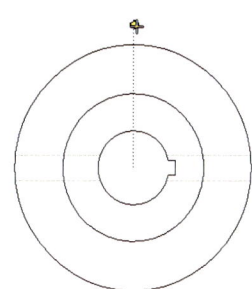

3 클릭한 다음 수직하게 아래로 마우스 커서를 움직입니다. 그리고 클릭한 다음 마우스 오른쪽 버튼을 클릭하여 마킹 메뉴에서 계속 버튼을 클릭합니다

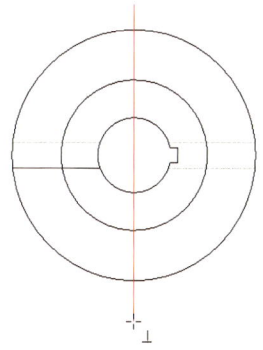 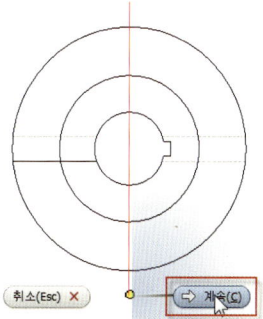

4 아래와 같이 단면 대화상자를 설정하고 뷰를 오른쪽으로 드래그한 다음 확인 버튼을 클릭합니다.

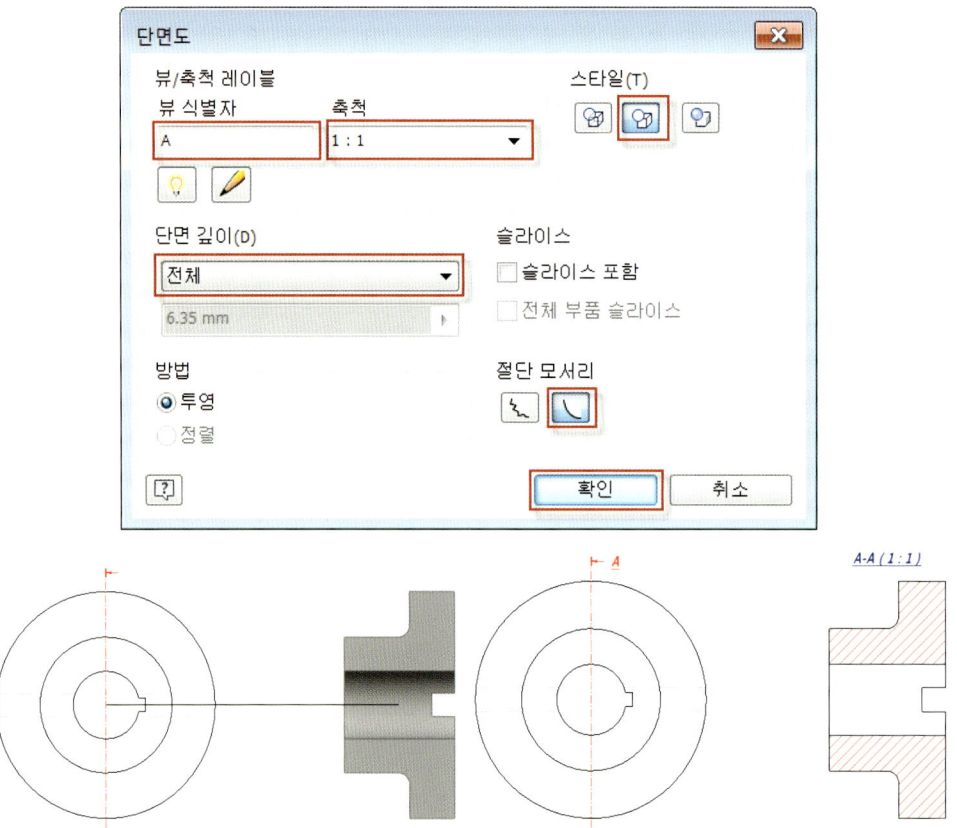

5 아래와 같이 단면 텍스트를 선택한 다음 마우스 오른쪽 버튼을 클릭하여 뷰 레이블 편집을 클릭합니다.

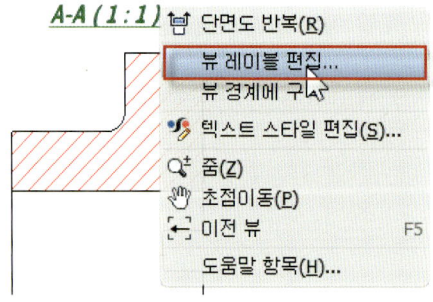

chapter 12 2D 도면 작성

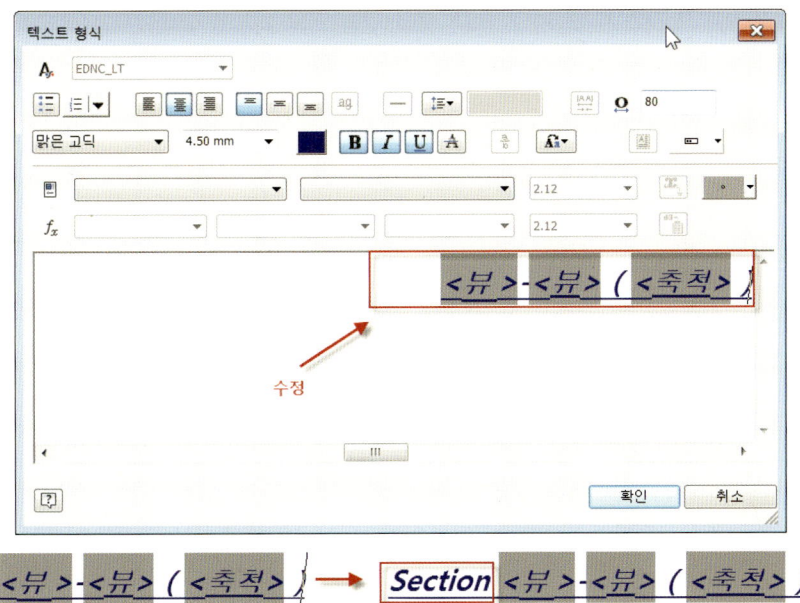

[6] 확인 버튼을 클릭합니다.

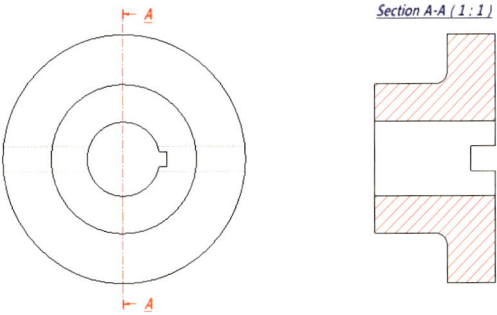

[7] 아래와 같이 단면선 길이가 다를 때 같게 만들어 단면 뷰 작성시 보기 좋게 주석 표현 부분 길이를 조정합니다. 주석 표현 길이(단면 선)을 선택 후 마우스 오른쪽 버튼을 클릭하여 편집을 선택합니다.

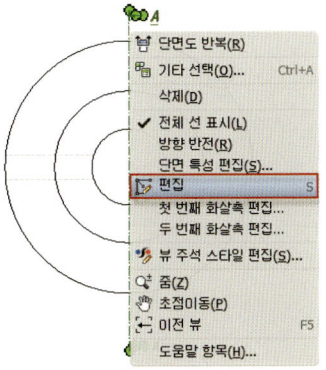

69

8 그러면 스케치 모드로 전환됩니다. 이때 형상 투영 도구 버튼을 클릭한 다음 아래와 같이 뷰에서 원형 모서리와 주석 표션 길이 선을 선택하여 투영 시킨 다음 치수 도구를 이용하여 치수를 부여합니다.

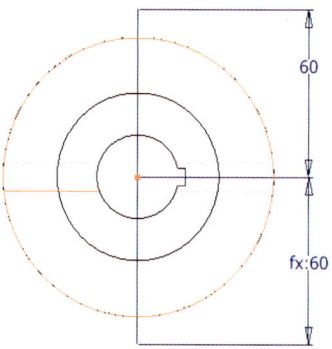

9 스케치 마무리 도구 버튼을 클릭합니다.

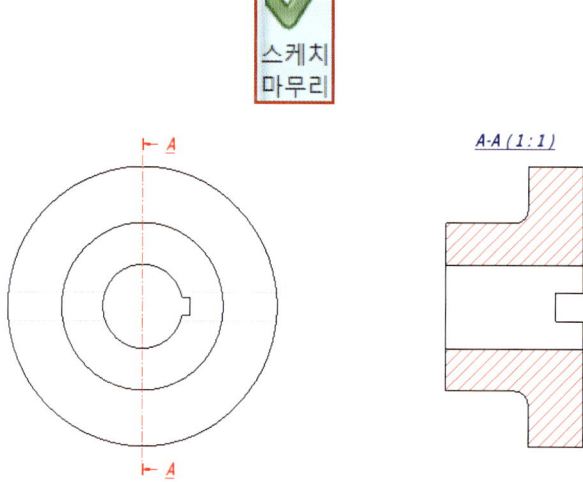

상세 뷰 작성하기

상세 뷰는 기존에 생성된 뷰의 일부 세부 사항을 표시하는데 사용됩니다. 상세 보기가 상위 뷰에 표시되어야 원하는 부분을 선택할 수 있습니다. 선택한 부분이 확대되어 별도의보기로 배치됩니다. 상세 뷰의 배율을 제어 할 수 있습니다.

이제, 정면 뷰에 표시되는 키 홈의 상세보기를 작성할 것입니다.

chapter 12 2D 도면 작성

1 리본 메뉴/ 뷰 배치 탭/ 작성 패널/ 상세 도구 버튼을 클릭합니다.

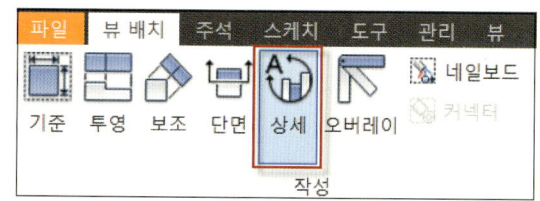

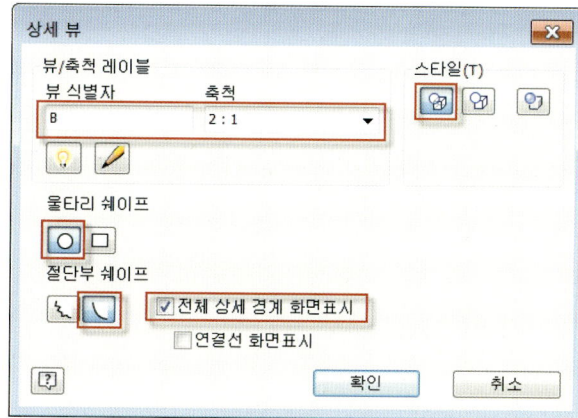

2 아래와 같이 배치된 기준 뷰를 선택하고 클릭 후 드래그합니다.

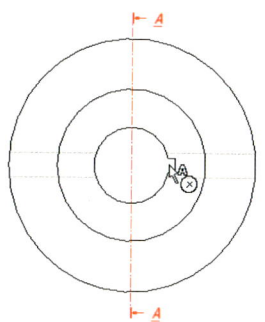 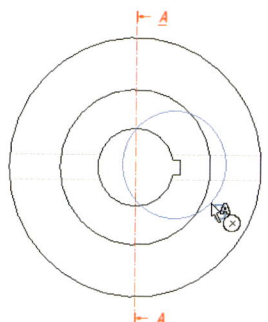

3 마우스를 다음과 같이 이동 후 클릭하면 됩니다.

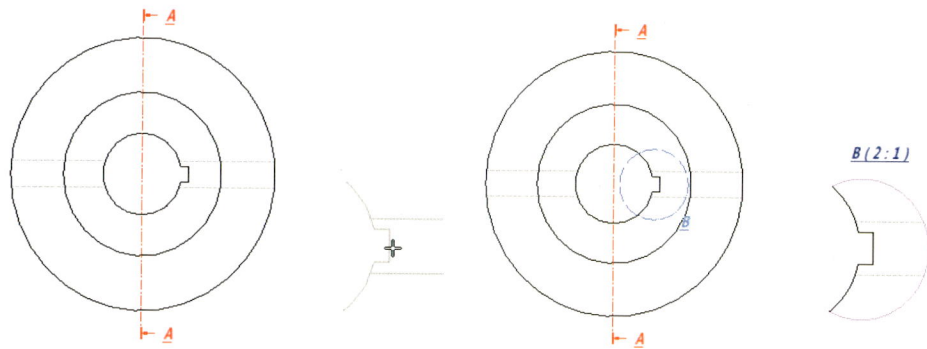

4 아래와 같이 상세 레이블 텍스트를 더블 클릭합니다.

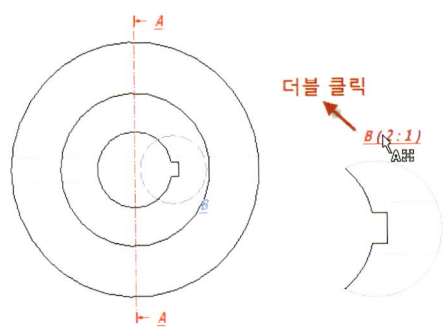

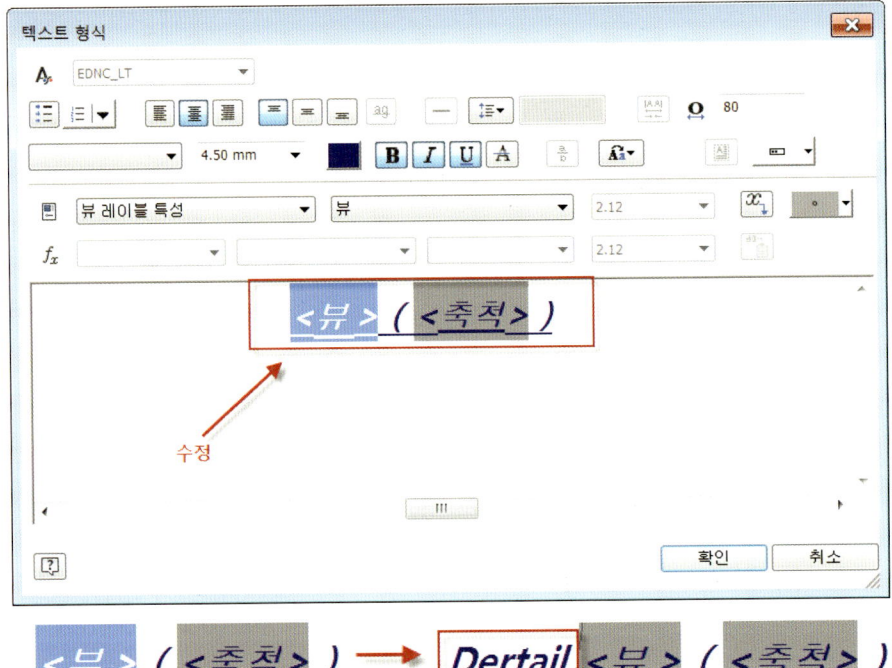

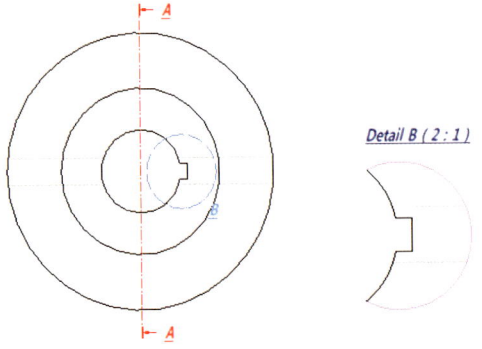

5 확인 버튼을 클릭합니다.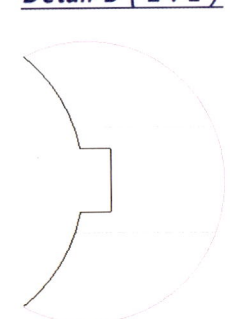

중심 마크와 중심선 작성하기

1 리본 메뉴/ 주석 탭/ 기호 패널/ 중심 마크 도구 버튼을 클릭합니다.

2 배치된 기준 뷰의 원 바깥쪽 선을 클릭합니다.

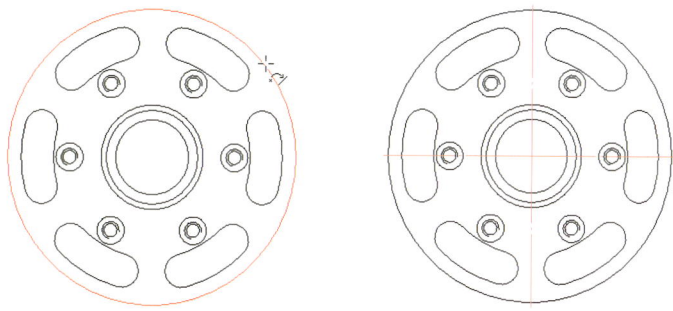

3 리본 메뉴/ 주석 탭/ 기호 패널/ 중심선 이등분 도구 버튼을 클릭합니다.

4 첫 번째로 단면 뷰의 안쪽 수평 모서리 위쪽을 클릭하고, 두 번째로 안쪽 수평 모서리 아래쪽을 클릭합니다.

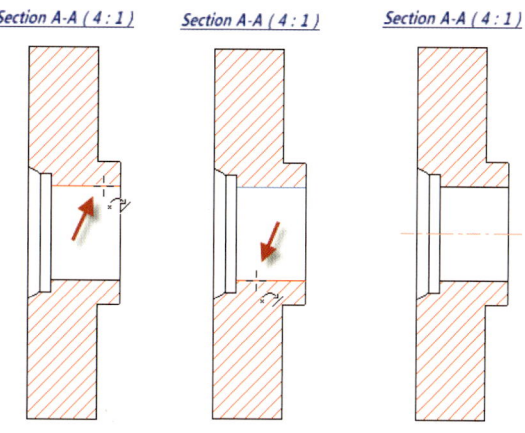

5 리본 메뉴/ 주석 탭/ 기호 패널/ 중심 패턴 도구 버튼을 클릭합니다.

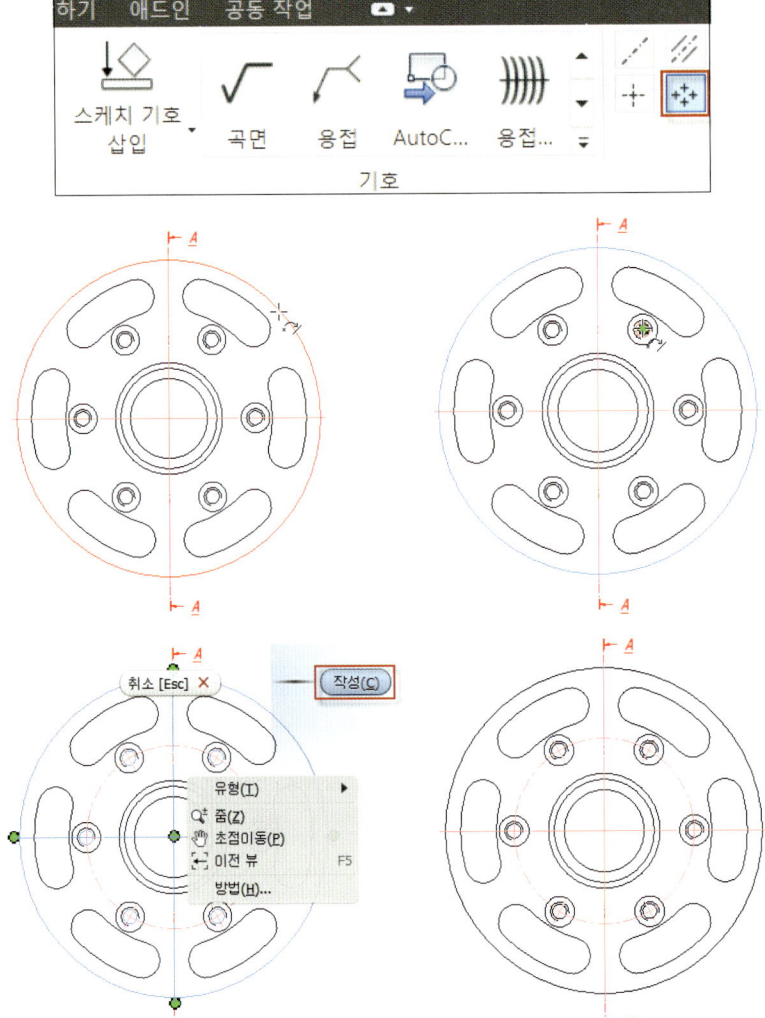

6 리본 메뉴/ 주석 탭/ 검색 패널/ 모형 주석 검색 도구 버튼을 클릭합니다.
뷰 선택을 단면 뷰를 선택합니다.

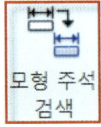

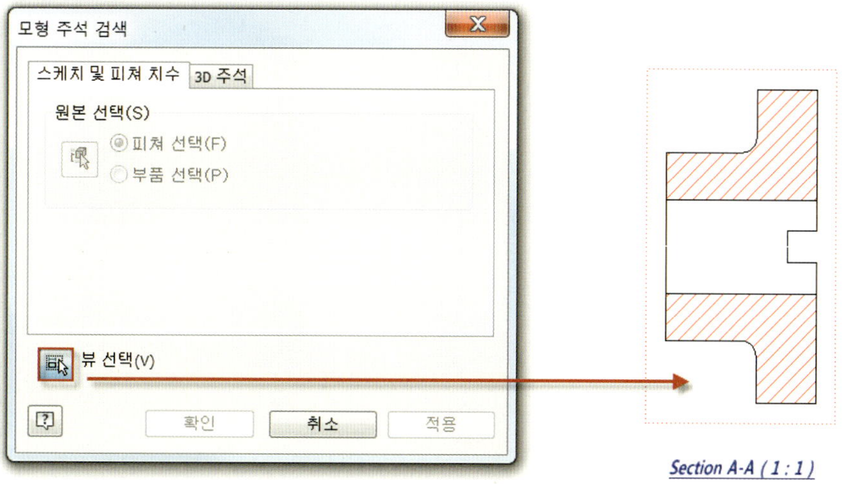

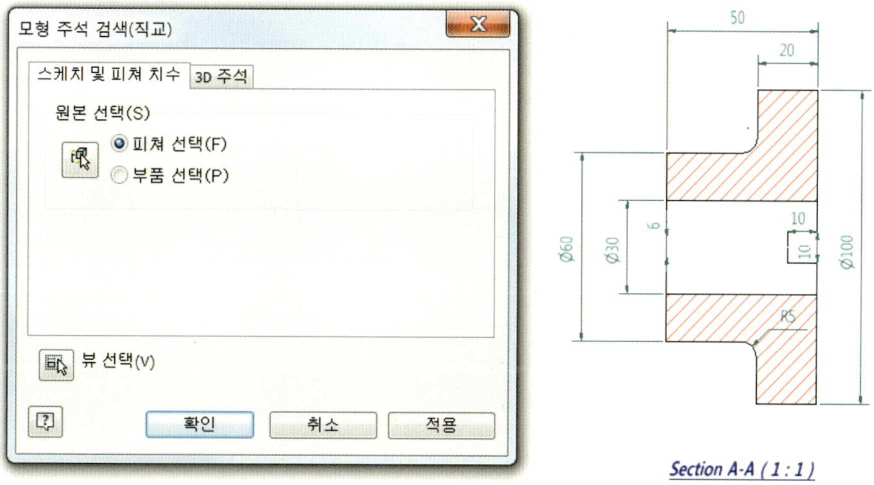

chapter 12 2D 도면 작성

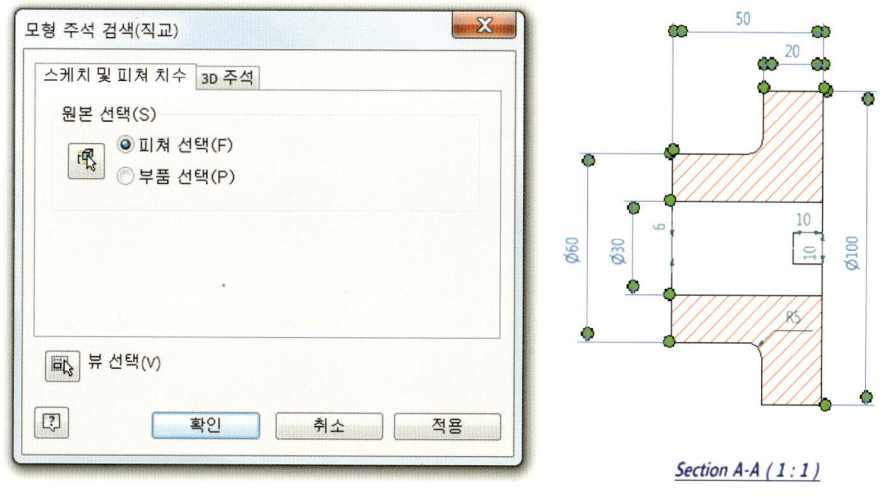

나타낼 치수를 개별 선택하거나 윈도우 선택으로 원하는 치수를 선택하여 나타낼 수 있습니다.

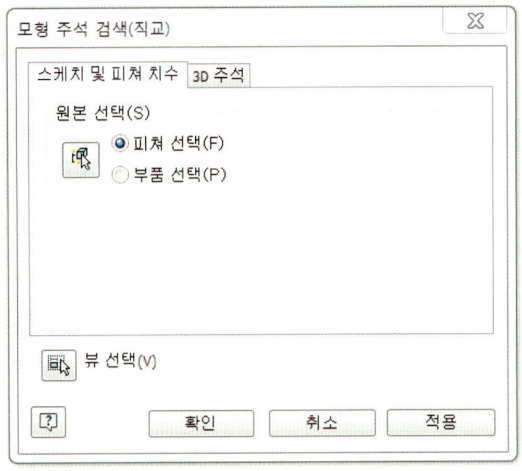 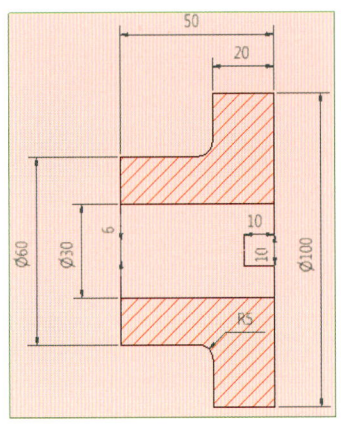

7 확인 버튼을 클릭합니다.

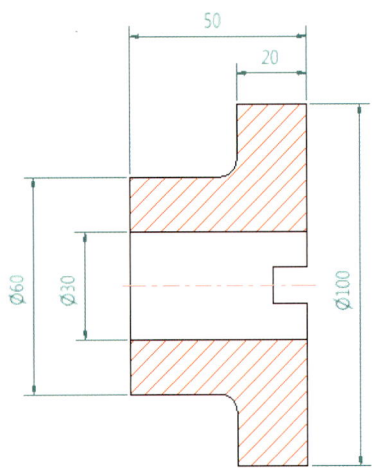

8 리본 메뉴/주석 탭/ 치수 패널/ 배열 도구 버튼을 클릭하고 윈도우 선택으로 선택합니다

chapter 12 2D 도면 작성

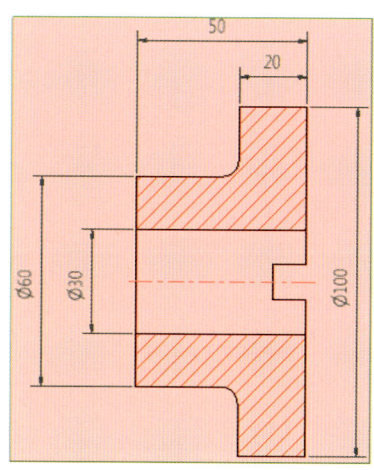
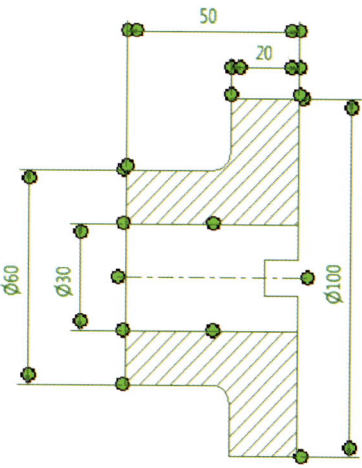

9 Enter키를 누르거나 마우스 오른쪽 버튼을 클릭하여 마킹 메뉴에서 확인 버튼을 클릭합니다.

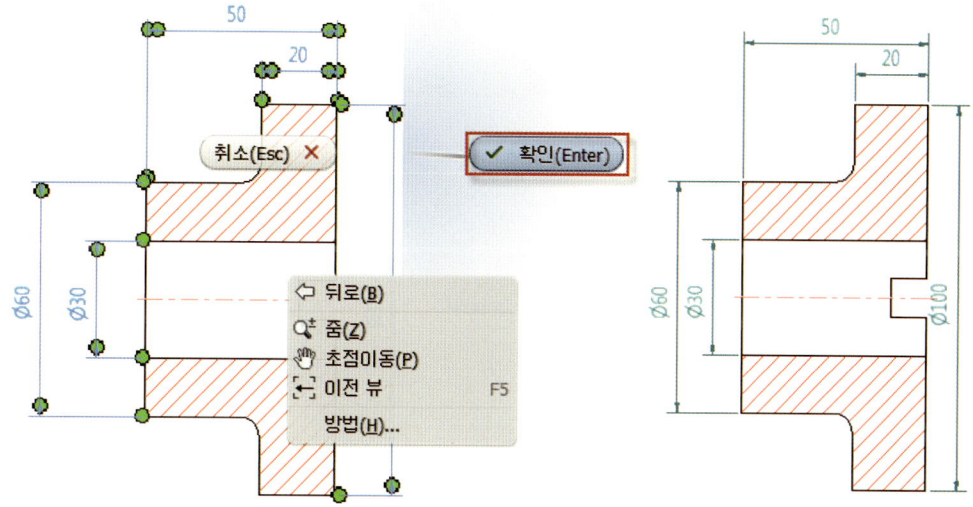

치수 추가하기

1 리본 메뉴/주석 탭/ 치수 패널/ 치수 도구 버튼을 클릭합니다.

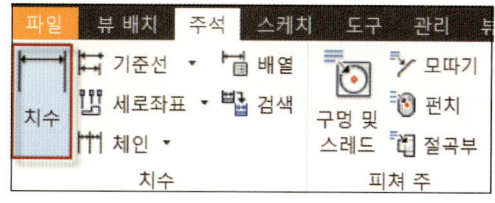

❷ 기준 뷰의 중심 구멍 외곽 선을 선택하고 드래그 한 다음 마우스 오른쪽 버튼을 클릭하여 **치수 유형/ 지름**을 클릭합니다.

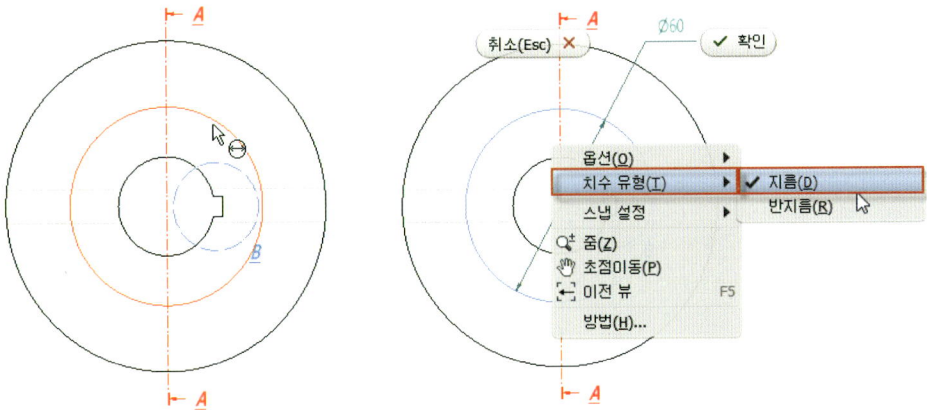

❸ 그러면 치수 편집 창이 나타나는데 이 때 아래와 같이 작성 시 치수 편집에 대해 체크를 해제합니다.

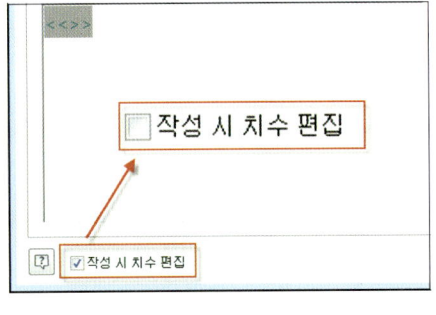
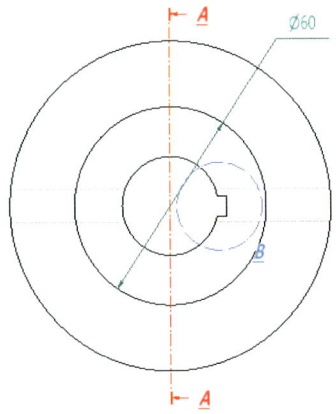

❹ 확인 버튼을 클릭합니다.
❺ 리본 메뉴/주석 탭/ 치수 패널/ 치수 도구 버튼을 클릭합니다.

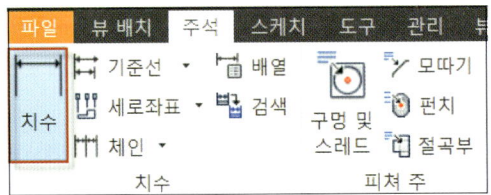

6 상세 뷰에 대해 치수를 부여해 봅니다.

7 접속 도구 막대에서 저장 버튼을 클릭하여 생성한 도면을 저장합니다.

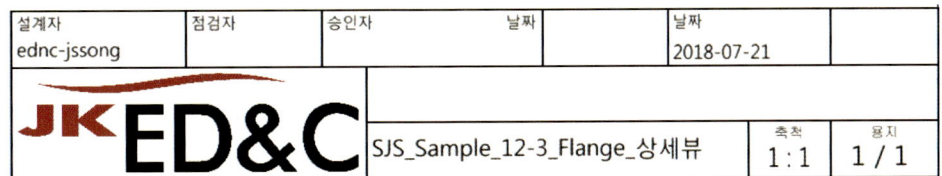

8 도면 제목 블록을 확인해 보면 부품 번호, 날짜 및 축척 부분에 자동 매핑되어 적용된 것을 확인할 수 있습니다.

설계자 ednc-jssong	점검자	승인자	날짜	날짜 2018-07-21	
JK ED&C			SJS_Sample_12-3_Flange_상세뷰	축척 1 : 1	용지 1 / 1

9 리본 메뉴/ 파일 탭/ iProperties 명령어를 클릭합니다. 또는 검색기 막대에서 파일 선택 후 마우스 오른쪽 버튼을 클릭하여 iProperties를 클릭합니다.

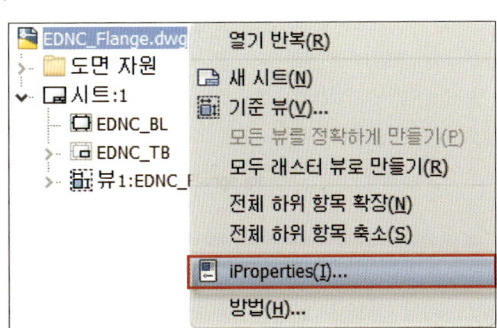

10 각 필드 값에 필요한 정보를 입력합니다.

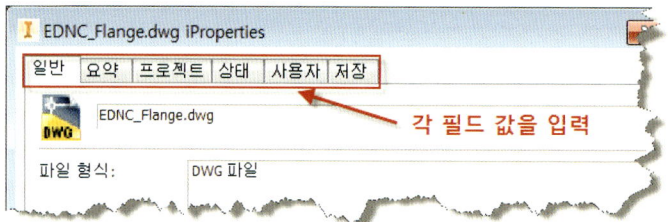

요약 탭에서… 제목에 Autodesk Invnetor 2019 Book 입력

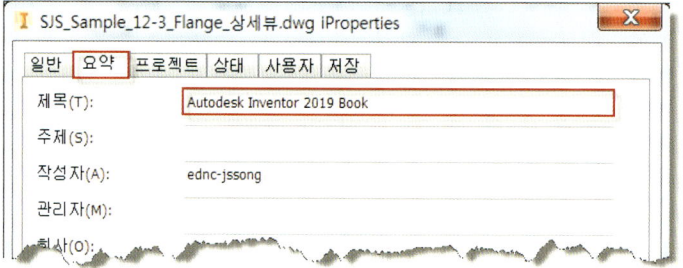

상태 탭에서… 점검자에 Brian Song, 엔지니어링 승인자에 Edward를 입력하고 엔지니어링 승인 날짜를 체크 선택합니다.

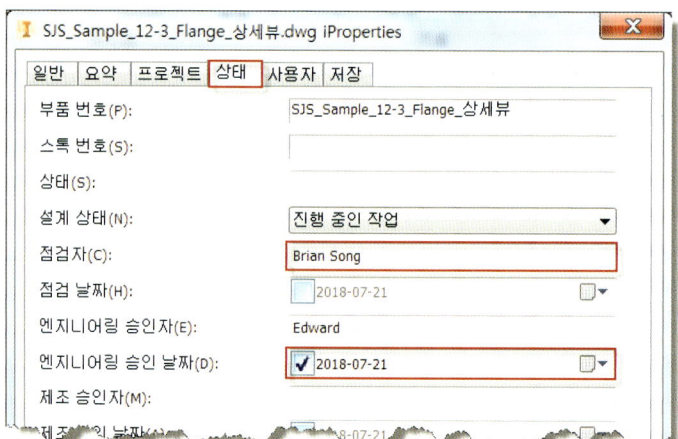

11 확인 버튼을 클릭합니다. 확인

12 도면에서 제목 블록을 확인해 보면 점검자와 엔지니어링 승인자에 각각의 필드 값이 입력되는 것을 확인할 수 있습니다.

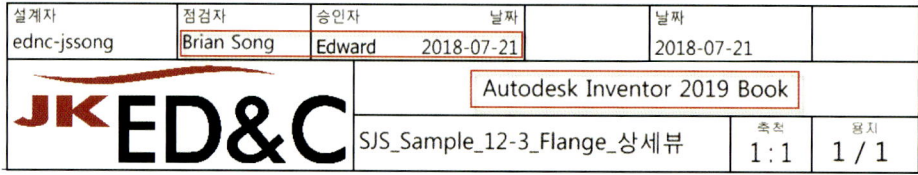

13 다시 한 번 접속 도구 막대에서 저장 버튼을 클릭합니다.

16 SJS_Sample_12-5.ipt모델링 파일을 이용한 도면 작성에 다양한 표현하기

이 과정에서는 아래와 같이 도면 주석과 관련한 내용들을 배울 것입니다.
- 중심선 및 중심 패턴 작성
- 해치 패턴 편집
- 차원 적용
- 구멍 설명 선 배치
- 리더 텍스트 배치
- 데이텀 피쳐 배치
- 장소 기능 제어 프레임
- 표면 질감 기호 배치
- 제목 블록 정보 수정

1 시작하기 탭/ 시작 패널/ 새로 만들기 도구 버튼을 클릭합니다.

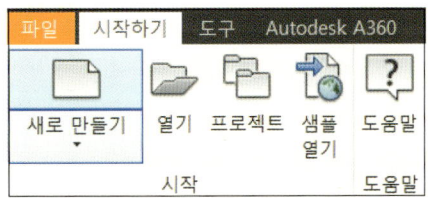

2 새로 만들기 대화 사장에서 Standart_EDNC.dwg 파일을 선택하고 작성 버튼을 클릭합니다.

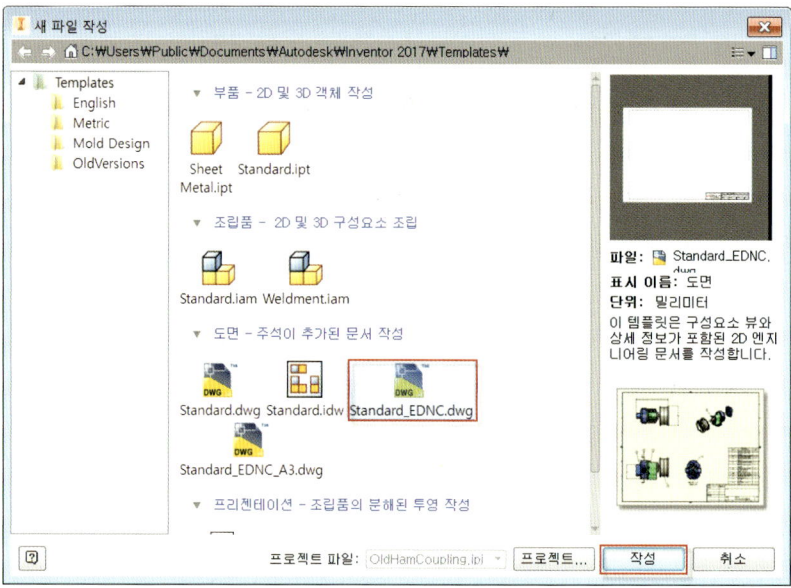

3 작성 패널/ 기준 도구 버튼을 클릭합니다.

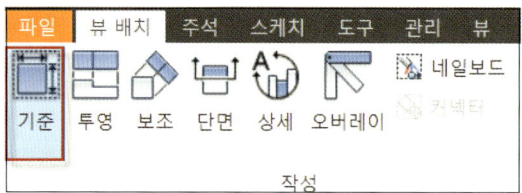

4 기존 파일 열기 버튼을 클릭하여 제3강 폴더에 있는 SJS_Sample_12-5.ipt파일을 선택하여 열기를 합니다.

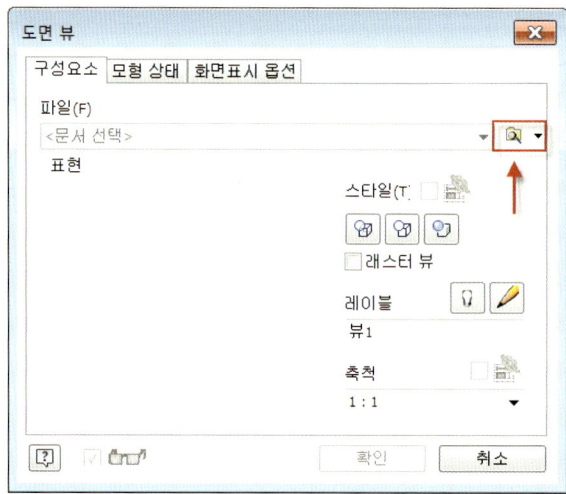

chapter 12 2D 도면 작성

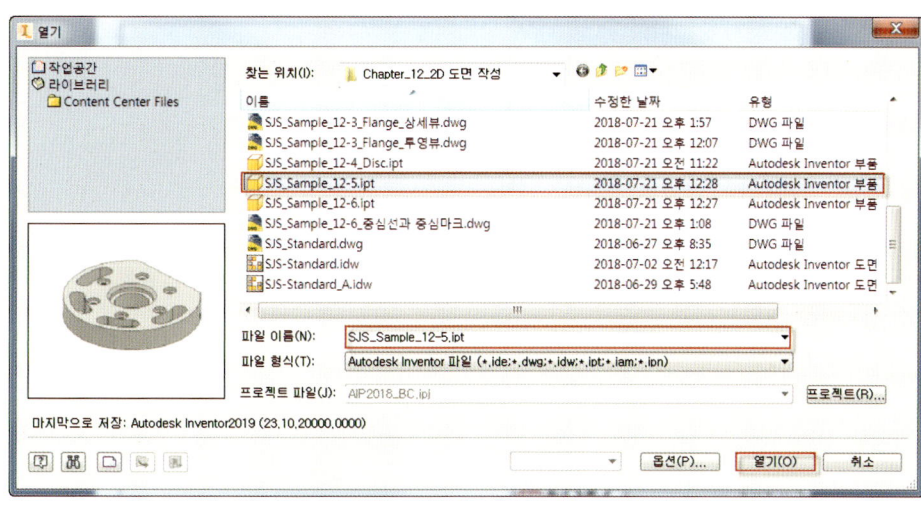

5 아래와 같이 스타일을 은선 보임을 선택하고 축척을 3:1을 선택한 다음 확인 버튼을 클릭합니다.

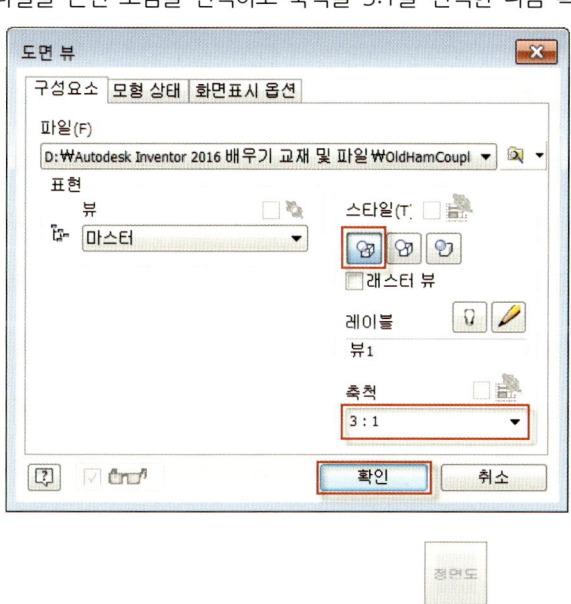

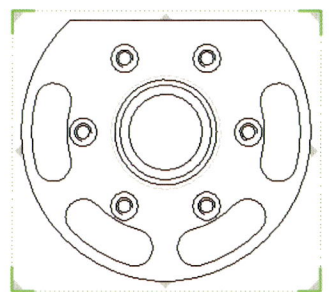

83

6 리본 메뉴/ 뷰 배치 탭/ 작성 패널/ 투영 명령어를 클릭합니다.

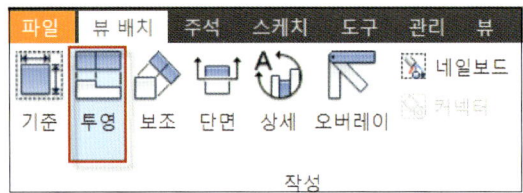

기준 뷰를 선택한 다음 우측에 클릭, 위쪽에 클릭, 대각선에 클릭을 한 다음 마우스 오른쪽 버튼을 클릭하여 확인을 누릅니다.

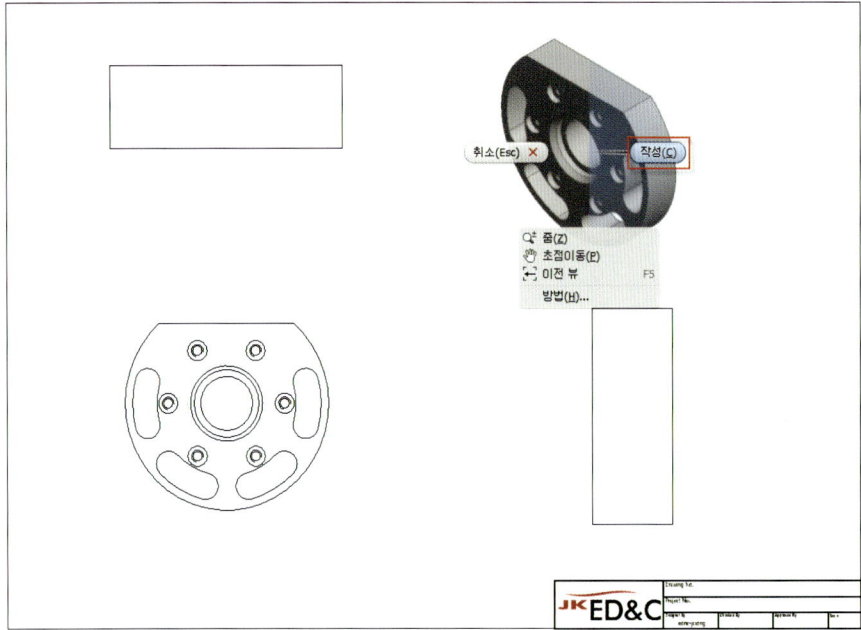

7 대각선 뷰를 선택한 다음 마우스 오른쪽 버튼을 클릭하여 뷰 편집을 합니다.

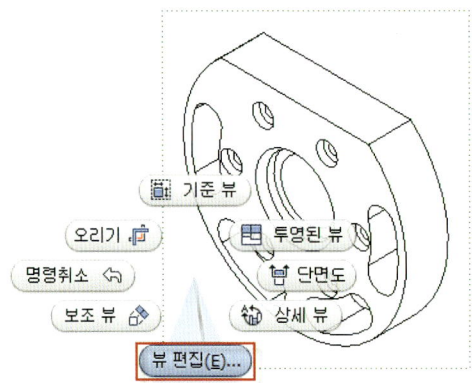

8 아래와 같이 음영처리 아이콘을 선택한 다음 확인 버튼을 클릭합니다.

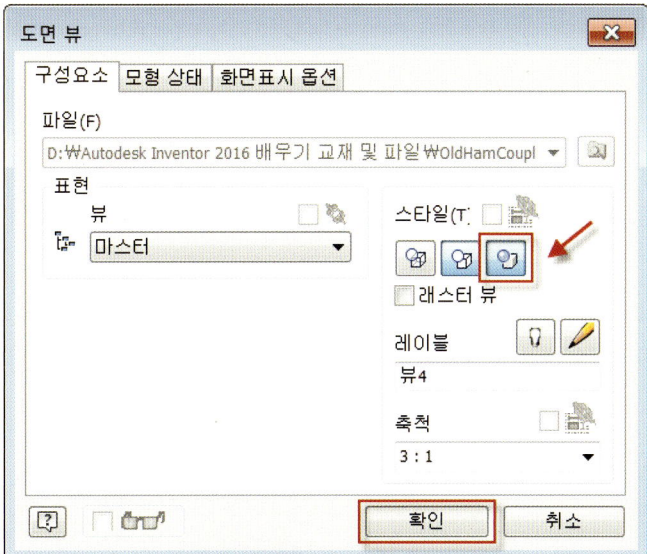

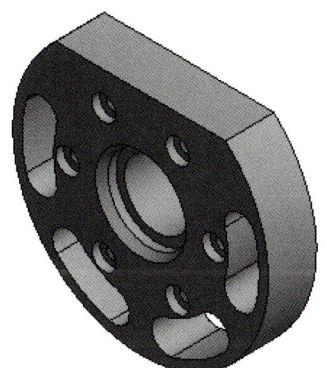

9 리본 메뉴/ 뷰 배치 탭/ 작성 패널/ 단면 명령어를 클릭합니다.

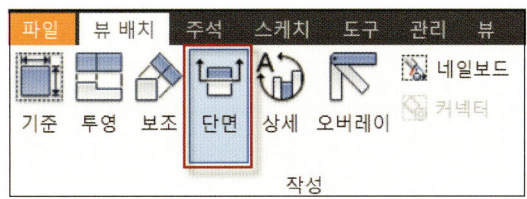

10 아래와 같이 배치된 기준 뷰를 선택하고 마우스 커서를 아래와 같이 원의 중심에서 위쪽으로 수직하게 보이게 하며 1번을 클릭하고 2번까지 드래그하여 클릭합니다.

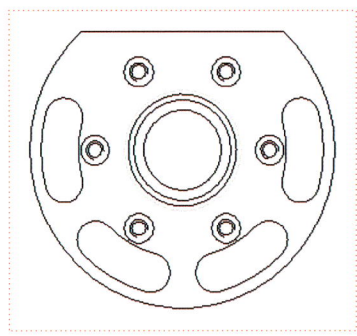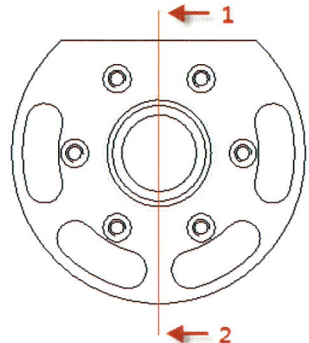

11 마우스 오른쪽 버튼을 클릭하여 계속 버튼을 클릭합니다.

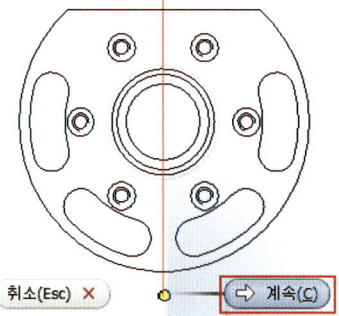

12 아래와 같이 설정하고 오른쪽으로 드래그하여 단면 뷰를 배치합니다.

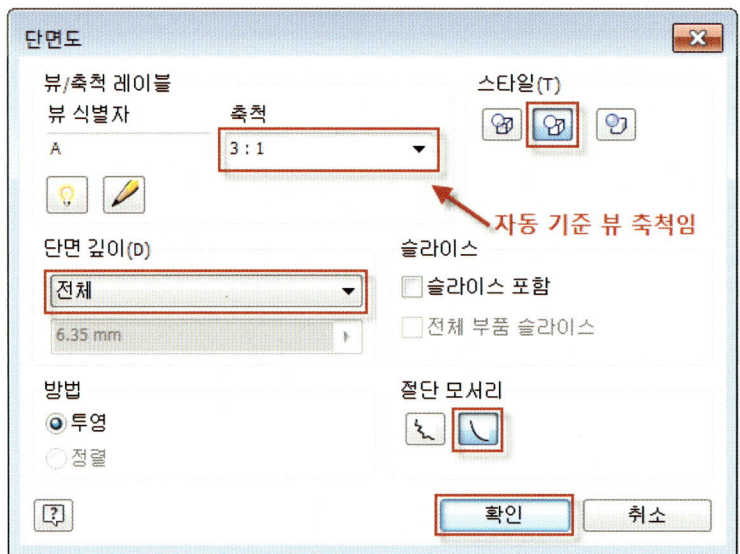

chapter 12 2D 도면 작성

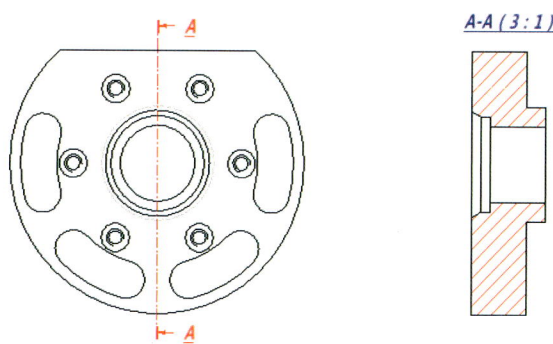

13 리본 메뉴/ 주석 탭/ 기호 패널/ 중심선 이등분 도구 버튼을 클릭하고 아래와 같이 단면 뷰의 선 두 개를 클릭하면 이등분된 중심선이 생성됩니다.

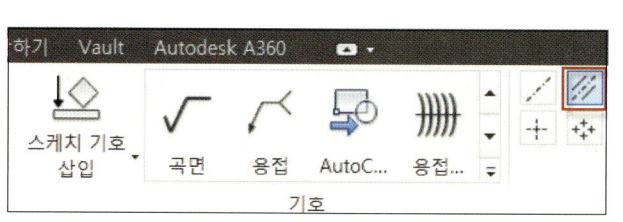
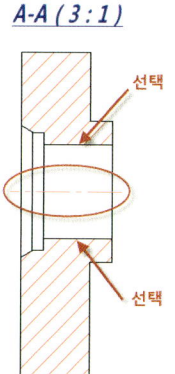

14 리본 메뉴/ 주석 탭/ 기호 패널/ 중심 패턴 도구 버튼을 클릭한 다음 카운터 보어 안쪽 모서리를 클릭합니다.

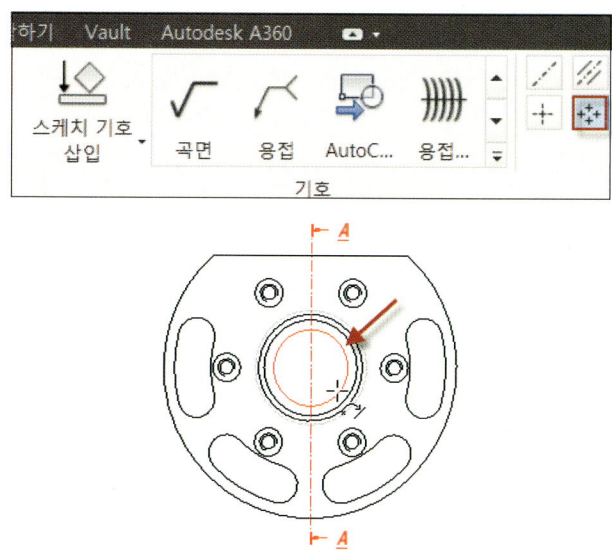

87

두 번째로 아래와 같이 다른 카운터 보어 구멍의 모서리를 차례대로 선택한 후 마우스 오른쪽 버튼을 클릭하여 작성 명령어를 클릭합니다.

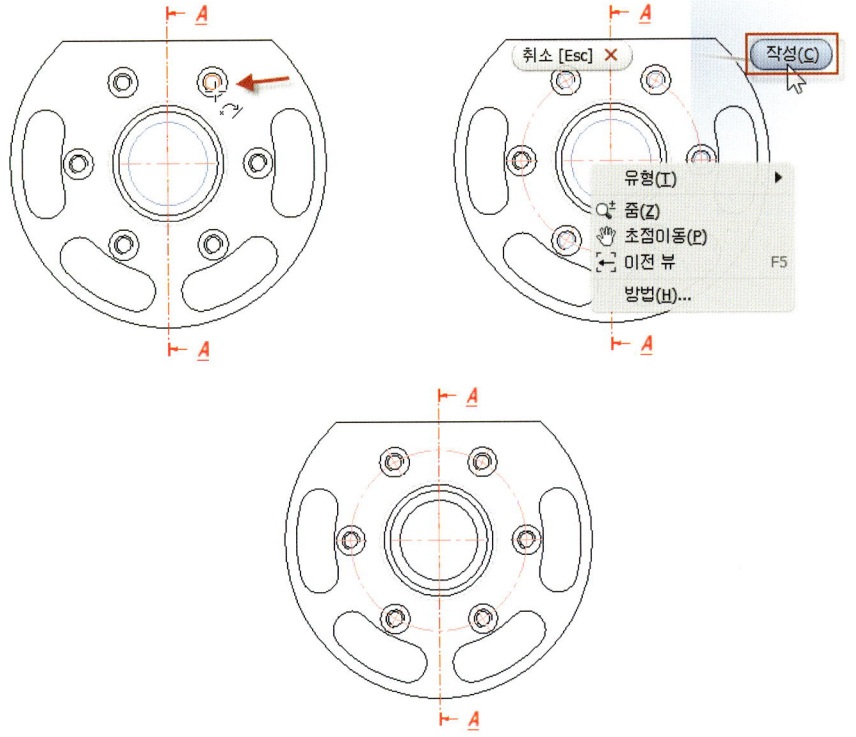

15 리본 메뉴/ 주석 탭/ 기호 패널/ 중심선 두구 버튼을 클릭하여 슬롯 구멍의 모서리 하나를 클릭합니다.

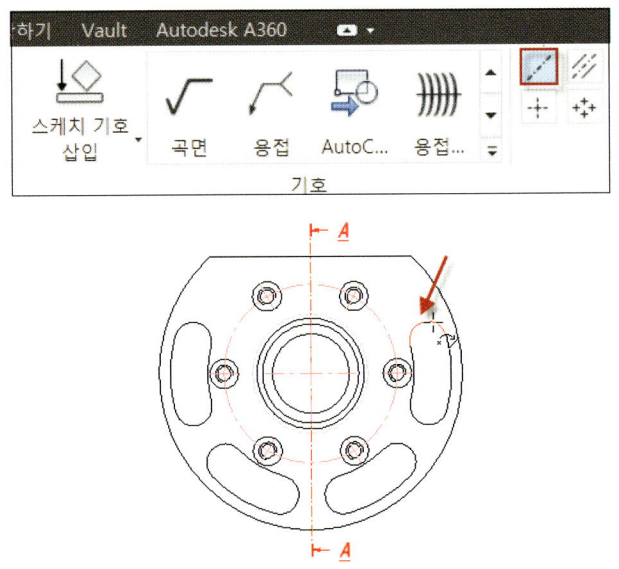

두 번째로 아래와 같이 다른 슬롯 구멍의 모서리를 차례대로 선택한 후 마우스 오른쪽 버튼을 클릭하여 작성 명령어를 클릭합니다.

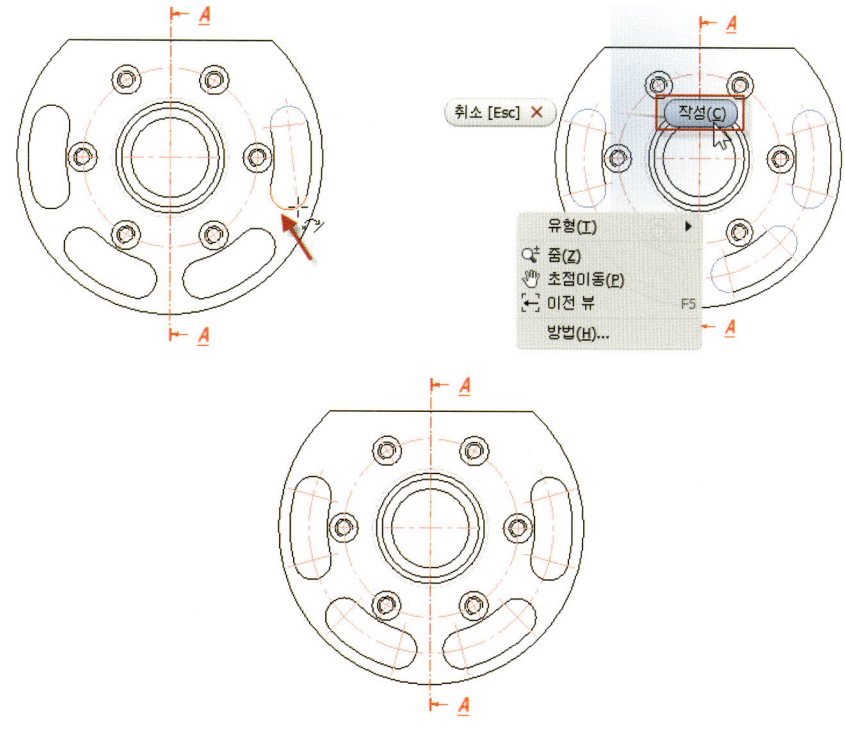

16 리본 메뉴/ 주석 탭/ 치수 패널/ 치수 도구 버튼을 클릭합니다.

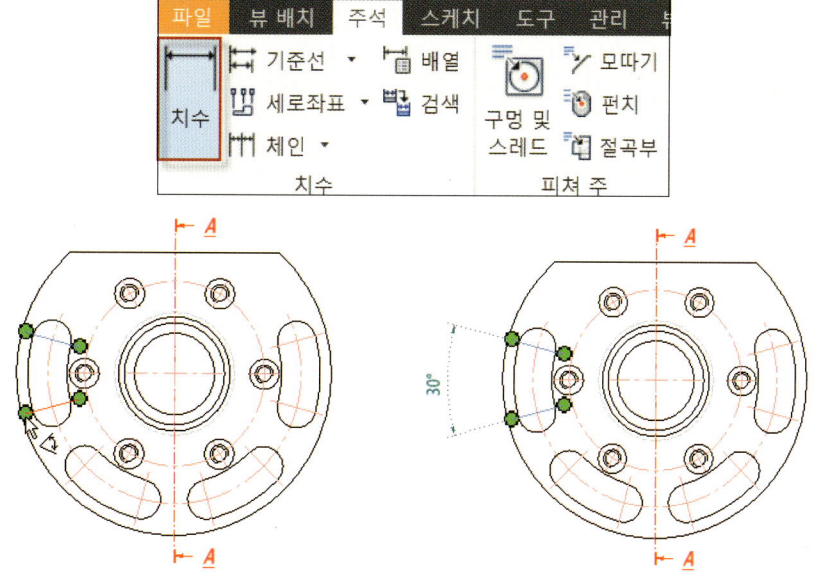

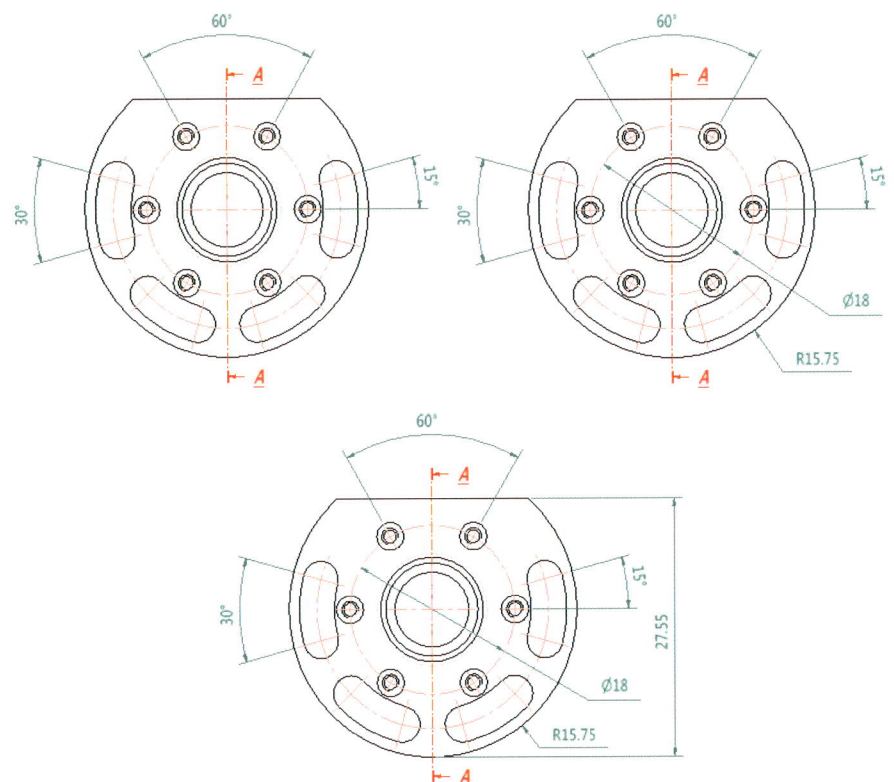

17 리본 메뉴/ 주석 탭/ 피쳐 주 패널/ 구멍 및 스레드 명령어를 클릭합니다.

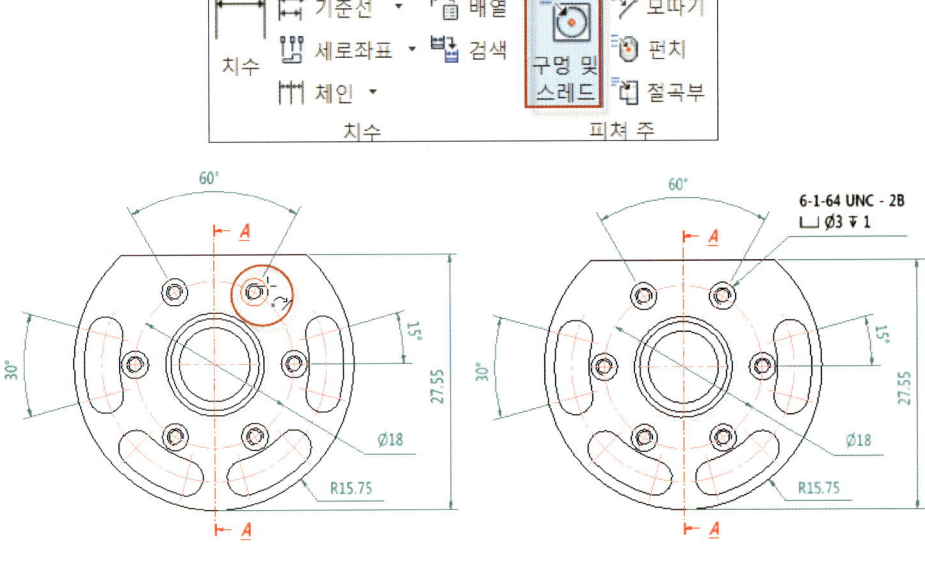

18 리본 메뉴/ 주석 탭/ 텍스트 패널/ 지시선 텍스트 명령어를 클릭합니다.

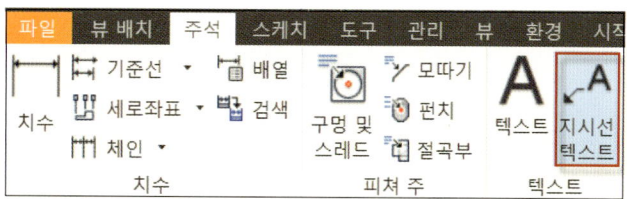

19 아래와 같이 슬롯의 호 부분을 선택하고 드래그 한 다음 마우스 오른쪽 버튼을 클릭하여 계속 버튼을 누릅니다.

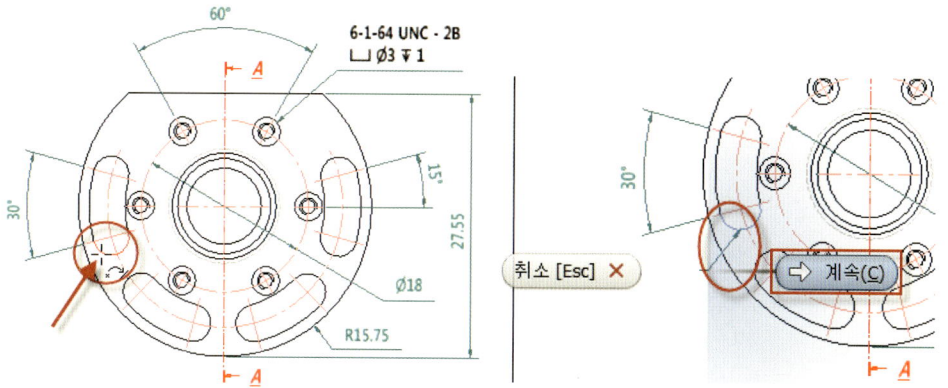

20 텍스트 형식 대화 상자가 나타나면 아래와 같이 입력하고 확인 버튼을 클릭합니다.

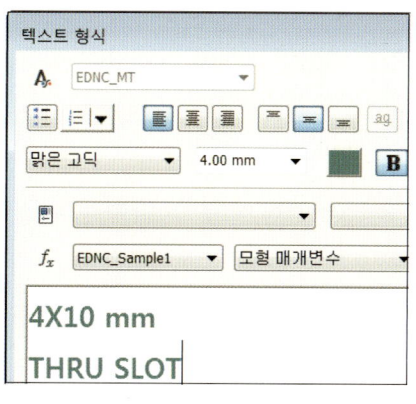
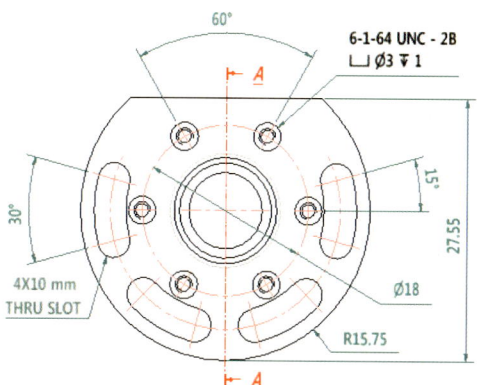

21 단면 뷰의 텍스트를 더블 클릭하여 텍스트 형식 대화 상자에서 아래와 같이 변경 입력한 후 확인 버튼을 클릭합니다.

<뷰>-<뷰> (<축척>) → Section <뷰>-<뷰> (<축척>)

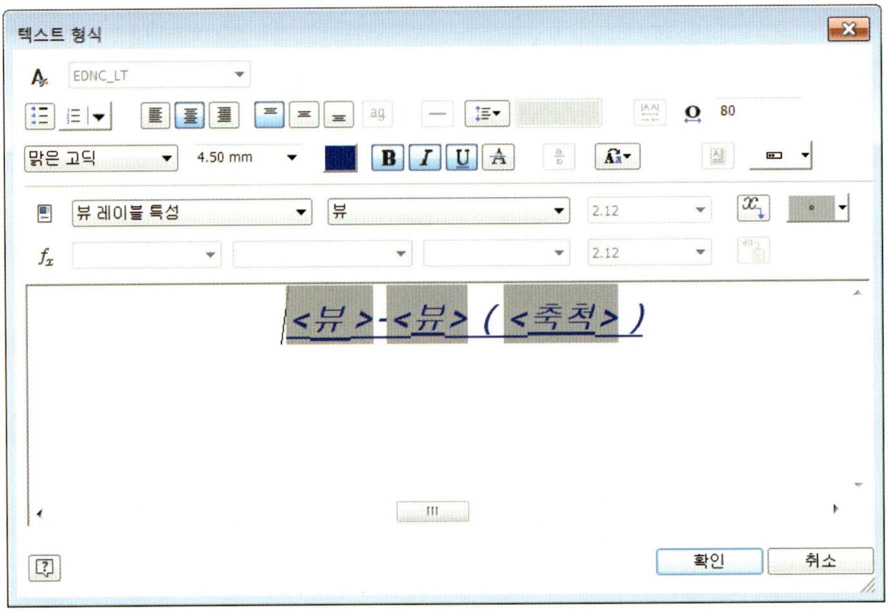

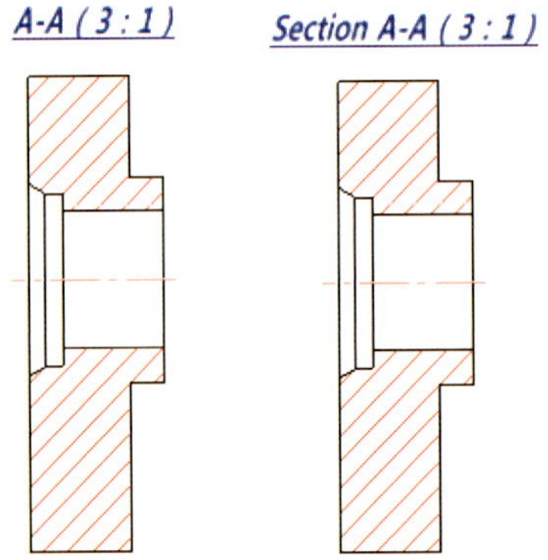

22 리본 메뉴/ 주석 탭/ 치수 패널/ 치수 도구 버튼을 클릭합니다.

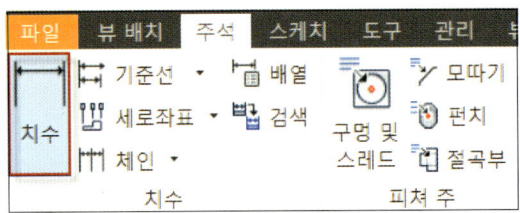

23 아래와 같이 단면뷰의 선 두 개를 선택하고 드래그 하여 치수를 표현합니다.

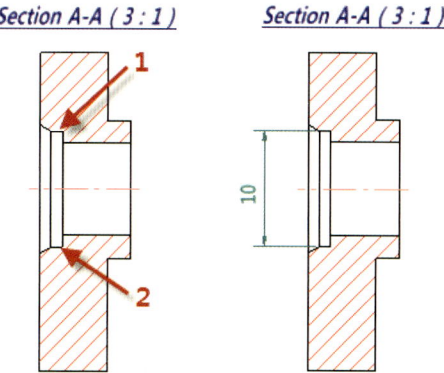

24 치수 10mm를 더블 클릭하여 정밀도 및 공차 탭에서 아래와 같이 수정합니다.

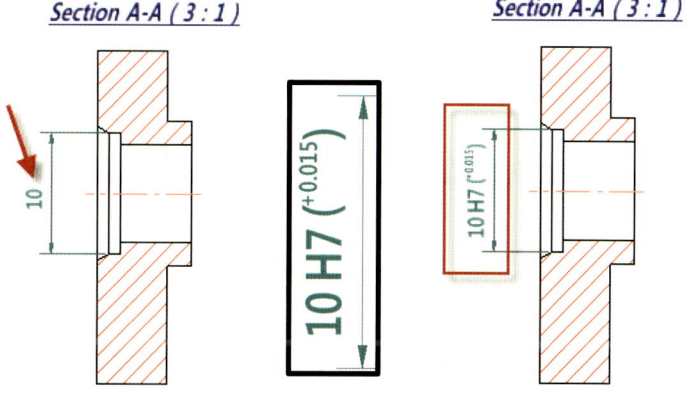

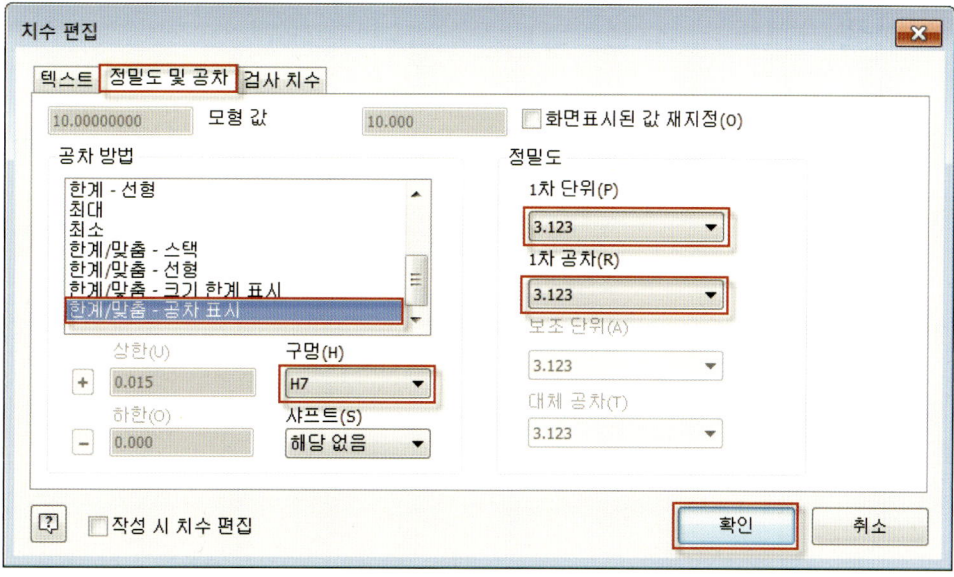

데이텀 피쳐 배치하기

1 리본 메뉴/ 주석 탭/ 기호 패널/ **데이텀 식별자 기호** 도구 버튼을 클릭합니다.

2 아래와 같이 치수 부분에 마우스를 가져다 놓고 첫 번째 부분을 클릭하고 움직인 다음 두 번째 부분을 클릭합니다.

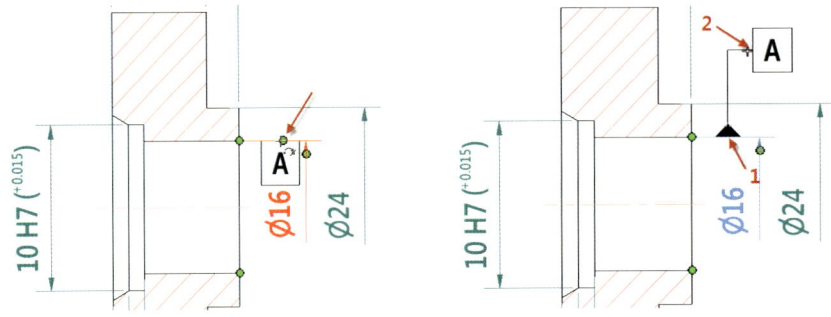

3 마우스 오른쪽 버튼을 클릭하여 계속 버튼을 클릭합니다. 텍스트 형식 대화상자에서 A를 입력하고 확인 버튼을 클릭합니다.

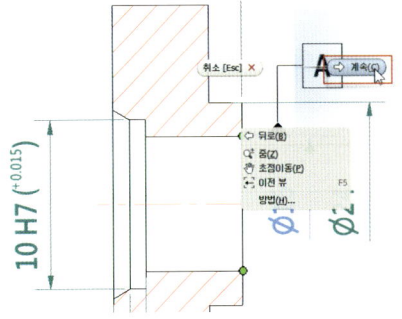
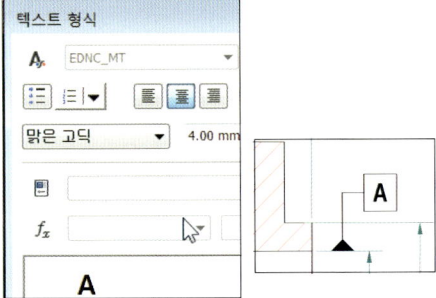

chapter 12 2D 도면 작성

형상 공차 배치하기

1 리본 메뉴/ 주석 탭/ 기호 패널/ 데이텀 식별자 기호 도구 버튼을 클릭합니다.

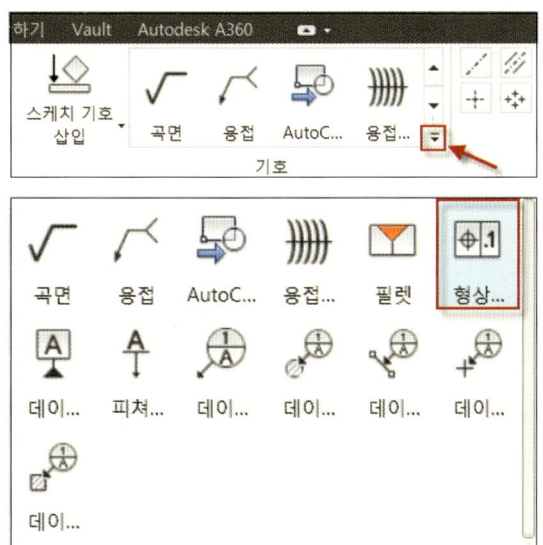

2 아래와 같이 첫 번째 부분1을 클릭하고 움직인 다음 두 번째 부분2를 클릭한 다음 마우스 오른쪽 버튼을 클릭하여 계속 버튼을 누릅니다.

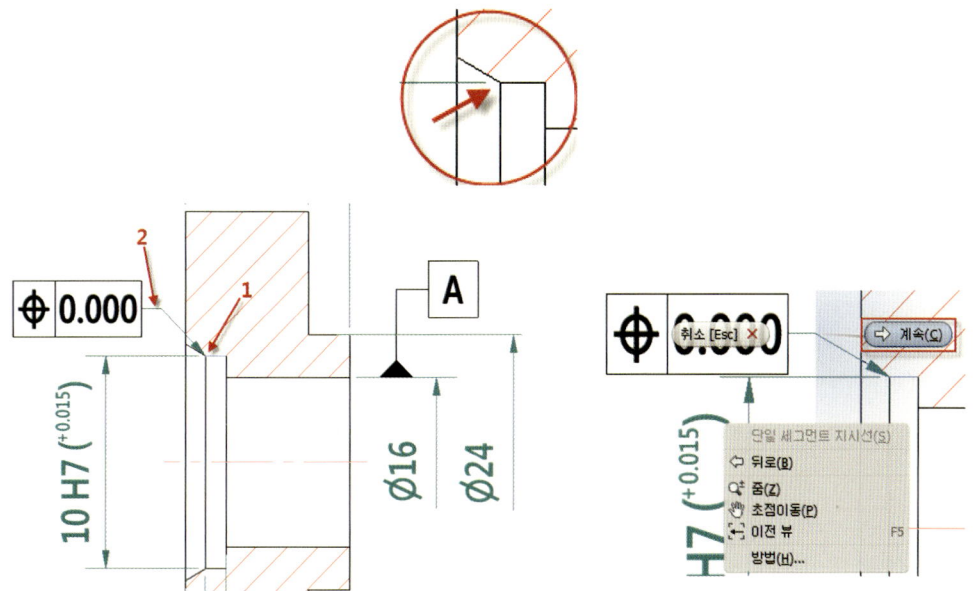

3 형상 공차 대화 상자가 나타나면 아래와 같이 설정하고 확인 버튼을 클릭합니다.

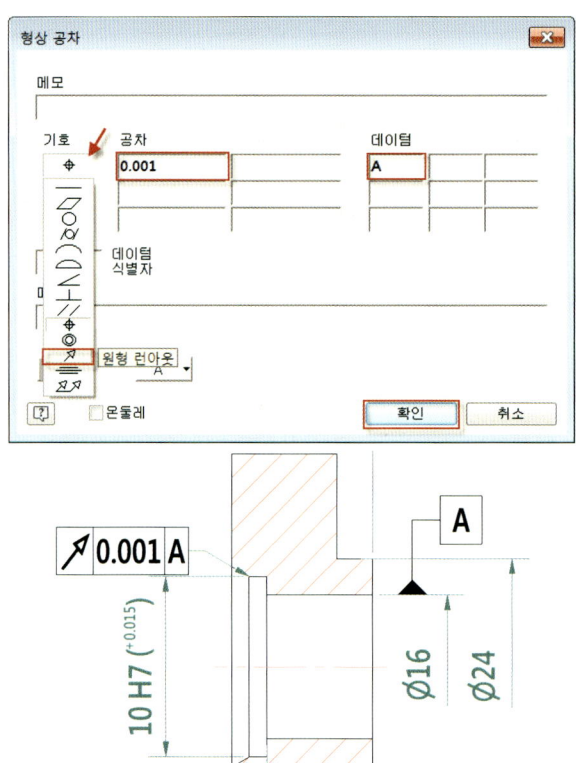

표면 거칠기 기호 배치하기

1 리본 메뉴/ 주석 탭/ 기호 패널/ 데이텀 식별자 기호 도구 버튼을 클릭합니다.

chapter 12 2D 도면 작성

② 아래와 같이 첫 번째 부분1을 클릭하고 움직인 다음 두 번째 부분2를 클릭한 다음 마우스 오른쪽 버튼을 클릭하여 계속 버튼을 누릅니다.

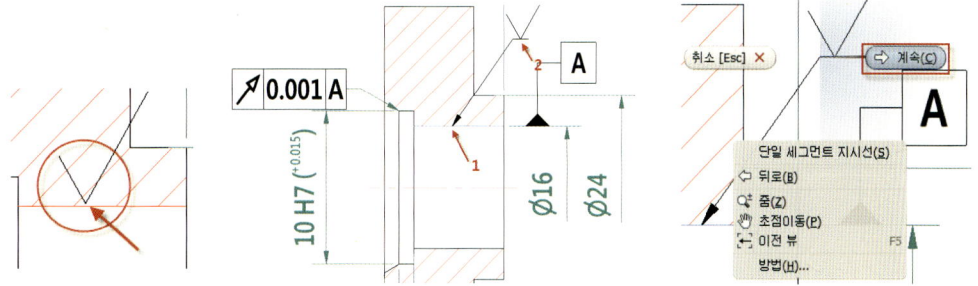

③ 표면 테스쳐 대화 상자에서 아래와 같이 설정하고 확인 버튼을 클릭합니다.

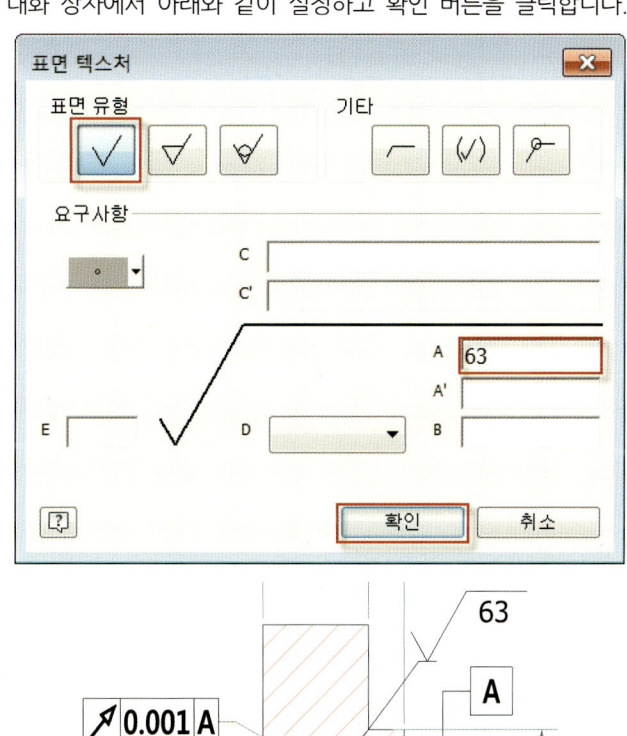

새 스케치 기호 정의하기

1. 리본 메뉴/ 주석 탭/ 기호 패널/ 새 기호 정의 명령어를 클릭합니다.

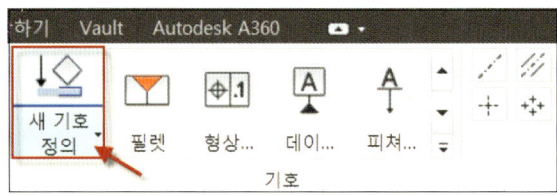

2. 리본 메뉴가 스케치 탭으로 활성화 됩니다. 검색기 막대는 아래와 같이 스케치 기호 폴더에 추가되는 것을 확인할 수 있습니다.

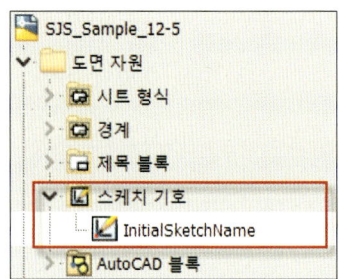

3. 리본 메뉴/ 스케치 탭/ 작성 패널/ 텍스트 도구 버튼을 클릭합니다.

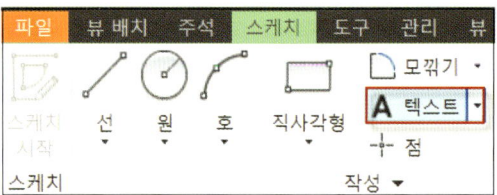

4. 텍스트 형식 대화상자에서 전체 런아웃(채움)을 선택하고 확인 버튼을 클릭합니다.

5 리본 메뉴/ 스케치 탭/ 종료 패널/ 스케치 마무리 도구 버튼을 클릭합니다.

6 아래와 같이 스케치된 기호 대화상자가 나타나면 원주 흔들림 기호를 입력하고 저장 버튼을 클릭합니다.

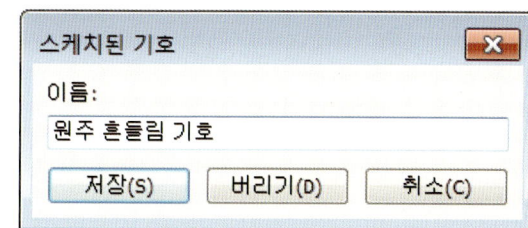

7 검색기 막대에 아래와 같이 이름이 변경됩니다.

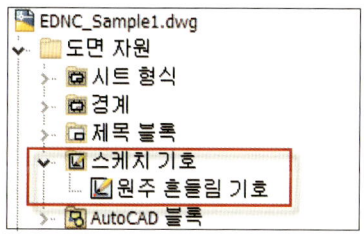

SJS_Sample_12-3_SLIDER_CRANK_MECHANISM.iam 모델링 파일을 이용한 조립품 도면 만들기

이 과정에서는 조립품 도면의 부품 리스트와 품번 기호 배치를 배울 것입니다.

1 리본 메뉴/ 시작하기 탭/ 시작 패널/ 새로 만들기 도구 버튼을 클릭합니다.

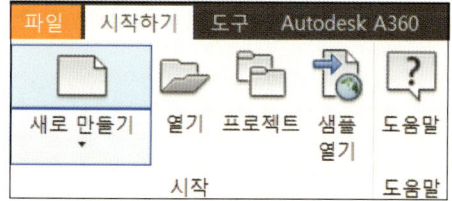

2 새로 만들기 대화 사장에서 Standart.dwg 파일을 선택하고 작성 버튼을 클릭합니다.

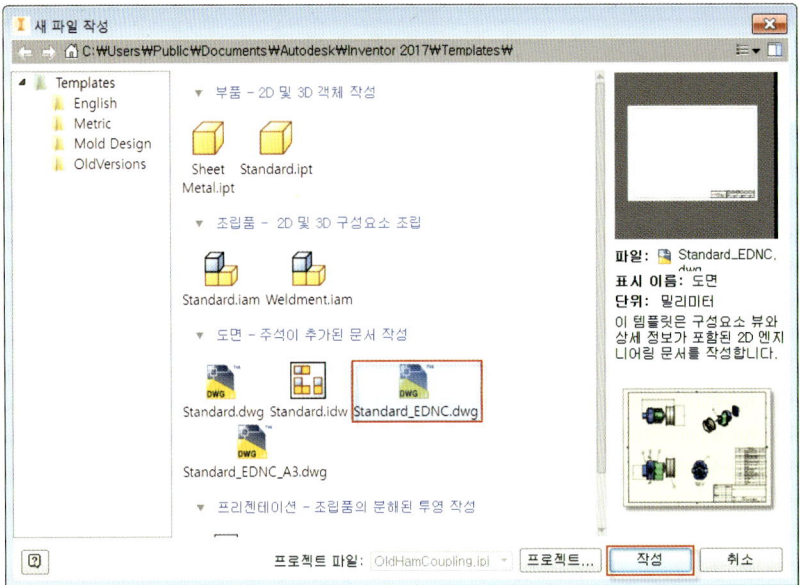

3 프롬프트 텍스트 대화 상자가 뜨는데, 일단 취소 버튼을 클릭합니다.

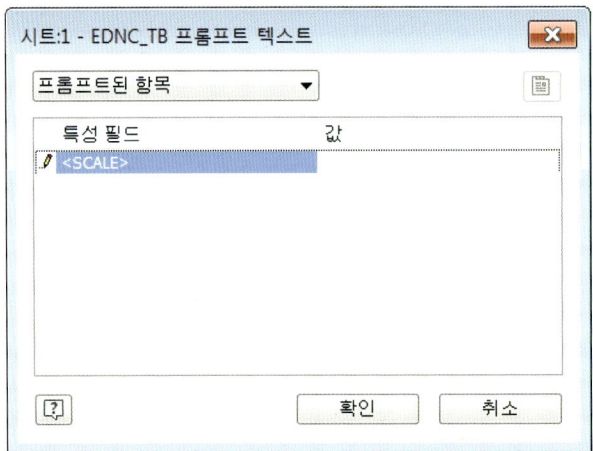

4 리본 메뉴/ 뷰 배치 탭/ 작성 패널/ 기준 명령어를 클릭합니다.

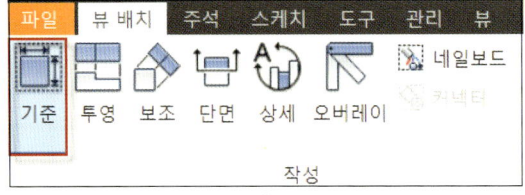

chapter 12 2D 도면 작성

5 도면 뷰 대화상자에서 기존 파일 열기 버튼을 클릭합니다.

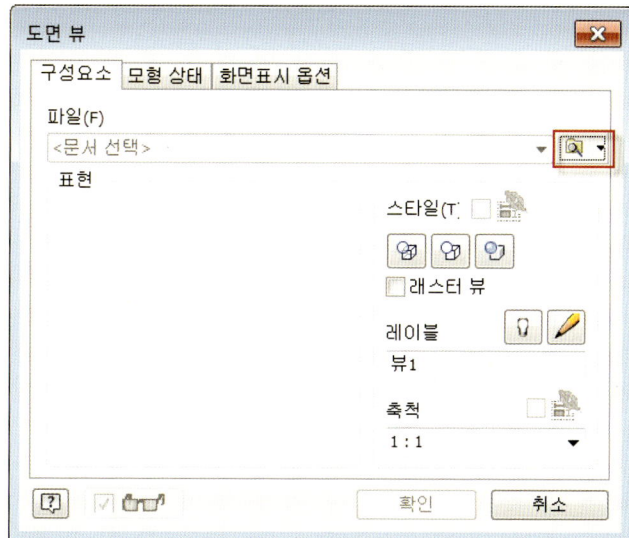

6 열기 대화상자가 나타나는데, 여기서 SJS_Sample_12-3_SLIDER_CRANK_MECHANISM.iam파일을 선택하고 열기 버튼을 클릭합니다.

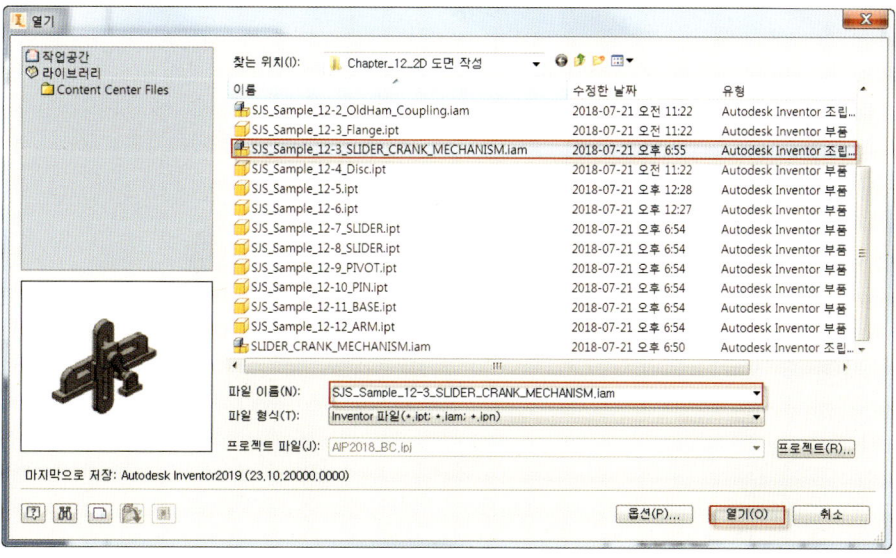

7 도면뷰 대화상자에서 아래와 같이 설정합니다.

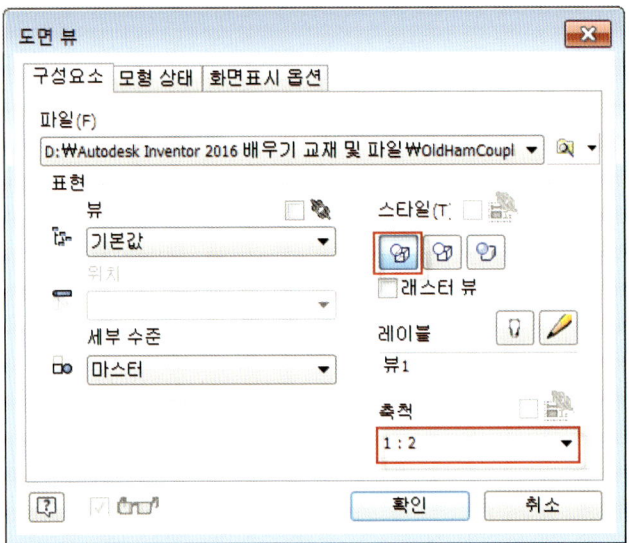

8 도면에서 홈 뷰를 클릭하여 뷰 전환을 합니다.

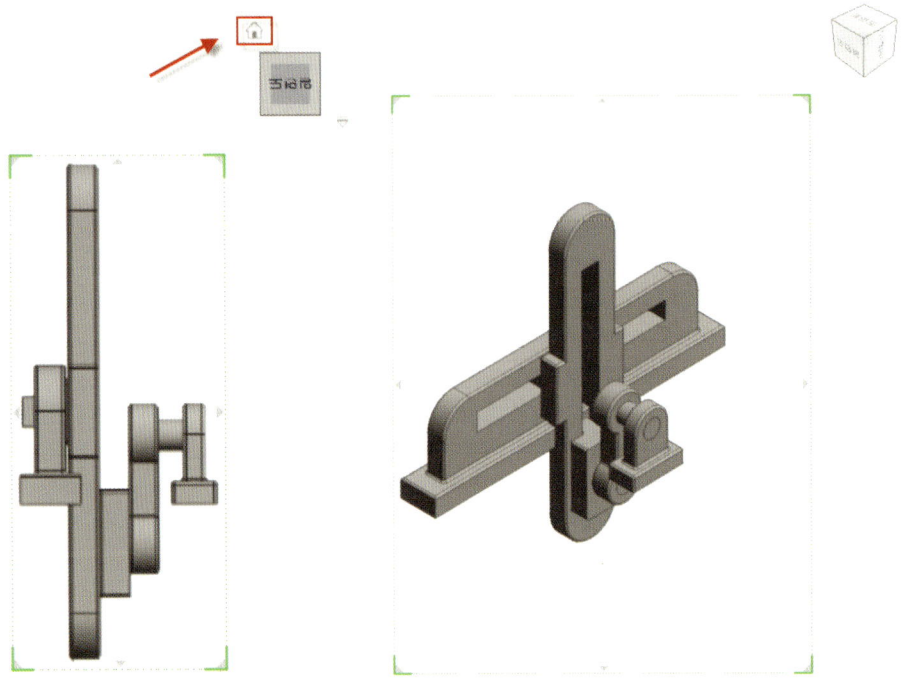

혹시 예전처럼 사용자 뷰 방향 변경을 활용하고자 하신다면, 아래와 같이 뷰 큐브의 홈뷰를 선택하시고 마우스 오른쪽 버튼을 클릭하여 사용자 뷰 방향을 선택하시면 됩니다.

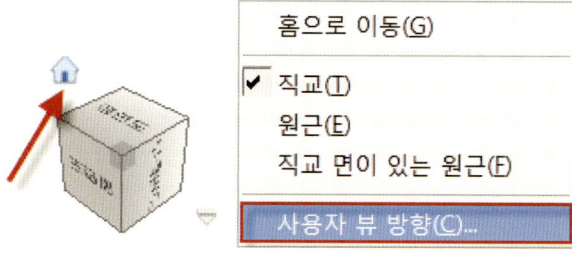

9. 확인 버튼을 클릭합니다.

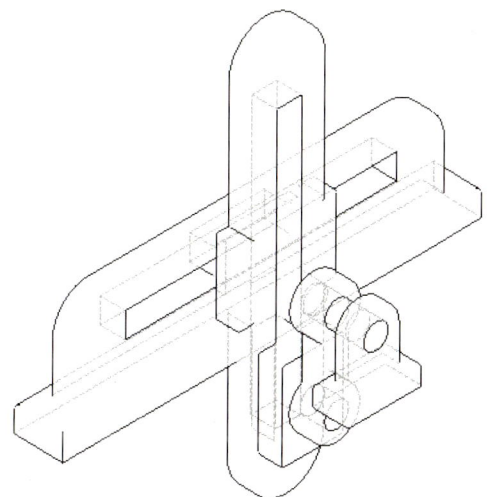

10. 리본 메뉴/주석 탭/ 테이블 패널/ 부품 리스트 도구 버튼을 클릭합니다.

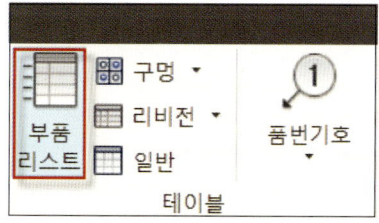

⑪ 뷰 선택을 아래와 같이 하고 BOM설정 및 특성은 기본 값으로 합니다.

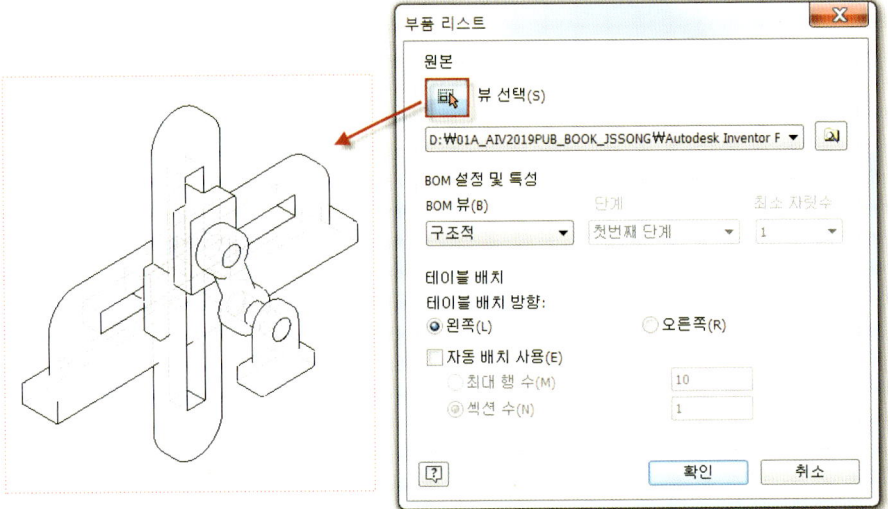

⑫ 확인 버튼을 클릭합니다.　[확인]

⑬ 다음과 같은 대화상자가 나타나면 확인 버튼을 클릭BOM뷰를 사용할 수 있도록 합니다.

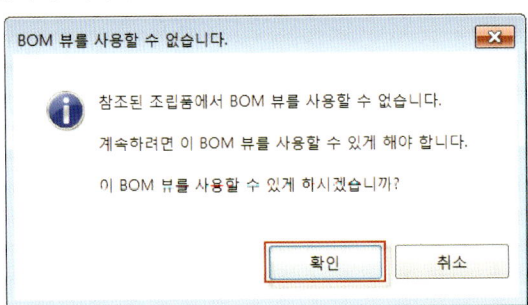

⑭ 도면 오른쪽 상단에 배치합니다.

No	Part Number	Qty	Material	Description
1	SJS_Sample_12-11_BASE	1	스테인레스 스틸	
2	SJS_Sample_12-8_SLIDER	1	스테인레스 스틸	
3	SJS_Sample_12-7_SLIDER	1	스테인레스 스틸	
4	SJS_Sample_12-12_ARM	1	티타늄	
5	SJS_Sample_12-10_PIN	1	스테인레스 스틸	
6	SJS_Sample_12-9_PIVOT	1	티타늄	

chapter 12 2D 도면 작성

15 리본 메뉴/ 주석 탭/ 테이블 패널/ 자동 품번 기호 도구 버튼을 클릭합니다.

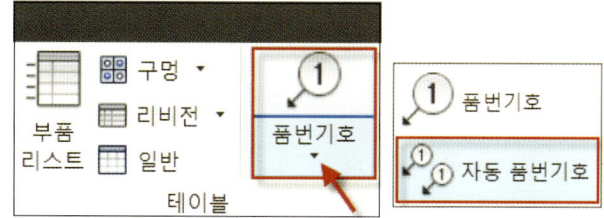

16 뷰 세트를 아래와 같이 선택하고 BOM설정은 기본값으로 합니다.

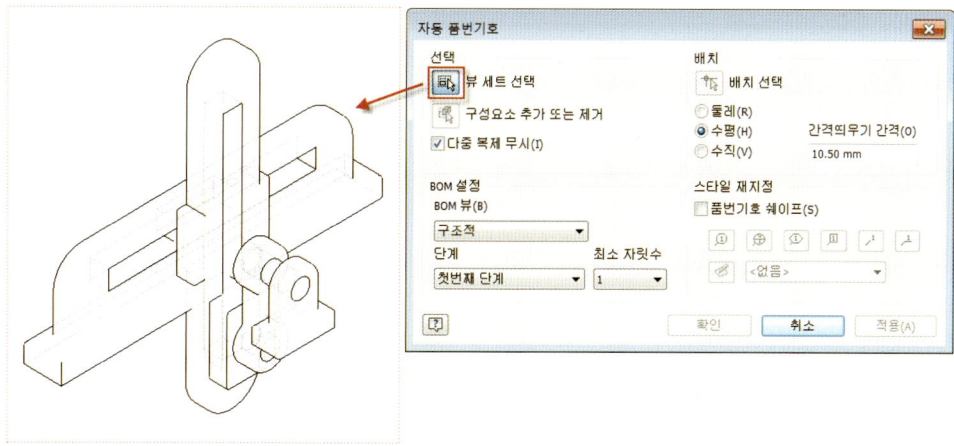

17 구성요소 추가는 아래와 같이 윈도우 선택으로 전체 부품을 선택합니다.

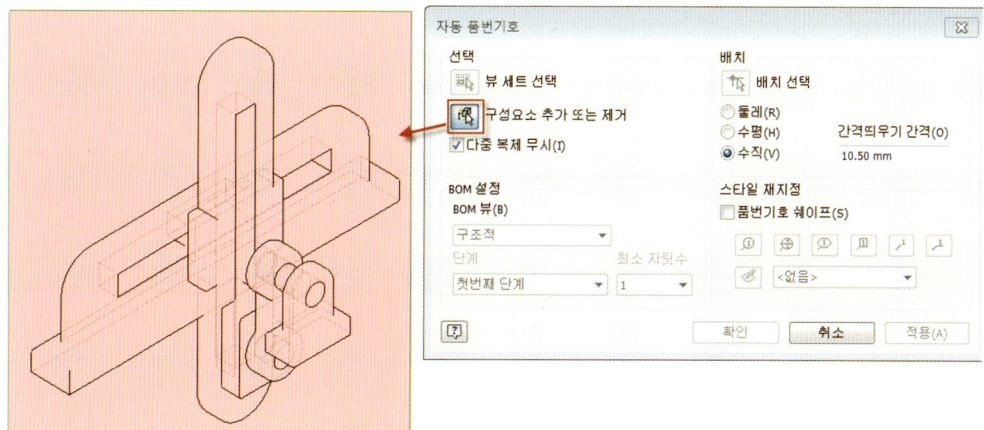

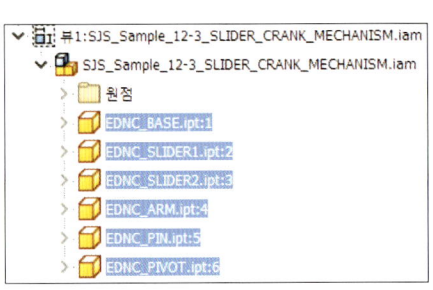
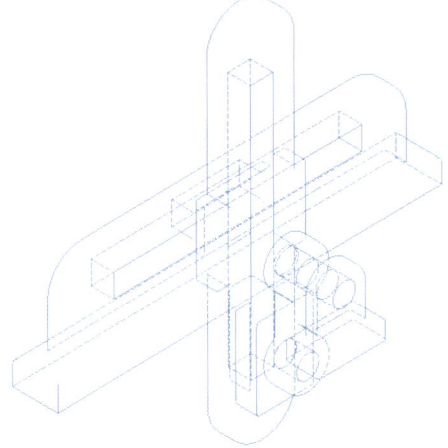

18 뷰 배치는 다음과 같이 설정하고 도면 상에 클릭을 합니다.

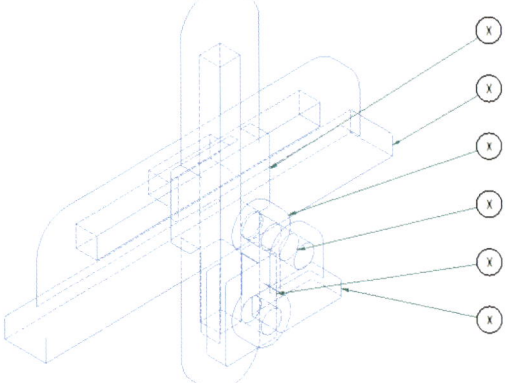

19 확인 버튼을 클릭합니다. 확인

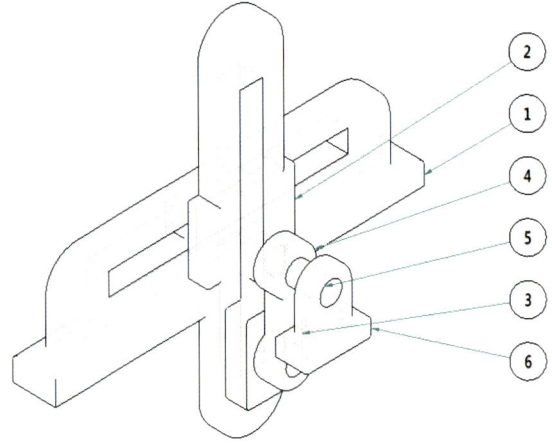

chapter 12 2D 도면 작성

⑳ 부품 리스트와 품번 기호는 아래와 같이 매칭이 됩니다.

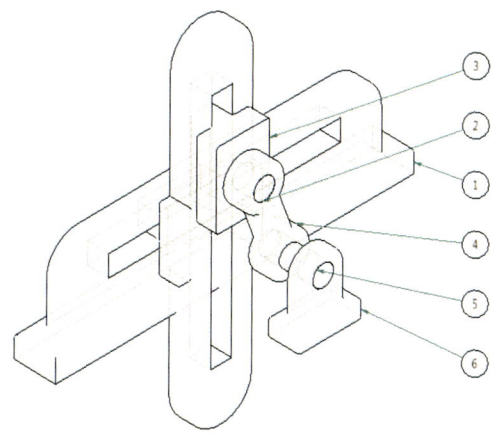

㉑ 부품 리스트를 선택하고 마우스 오른쪽 버튼을 클릭하여 부품 리스트 편집을 선택합니다.

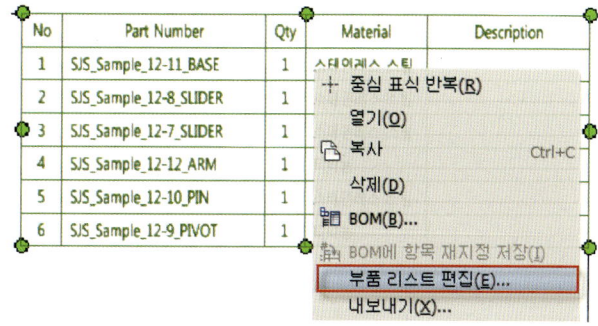

㉒ 맨 밑의 행을 선택한 다음 마우스 오른쪽 버튼을 클릭하여 사용자 부품 삽입을 선택합니다.

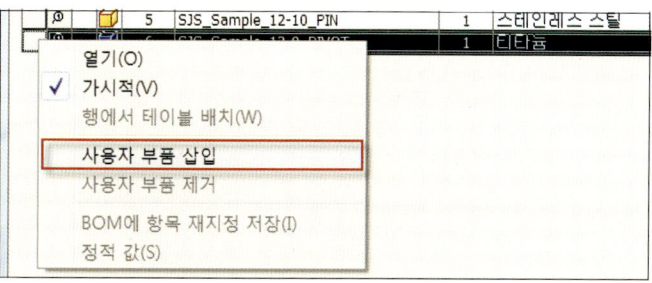

㉓ 아래와 같이 SJS_Sample_Purchase_TAPE를 입력합니다.

24 확인 버튼을 클릭합니다.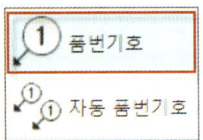

25 **리본 메뉴/ 주석 탭/ 테이블 패널/ 품번 기호** 도구 버튼을 클릭합니다.

26 아래와 같이 도면 뷰에서 부착 시킬 위치를 선택하고 드래그 한 다음 클릭합니다. 그리고 마우스 오른쪽 버튼을 클릭하여 사용자/ 가상을 선택합니다.

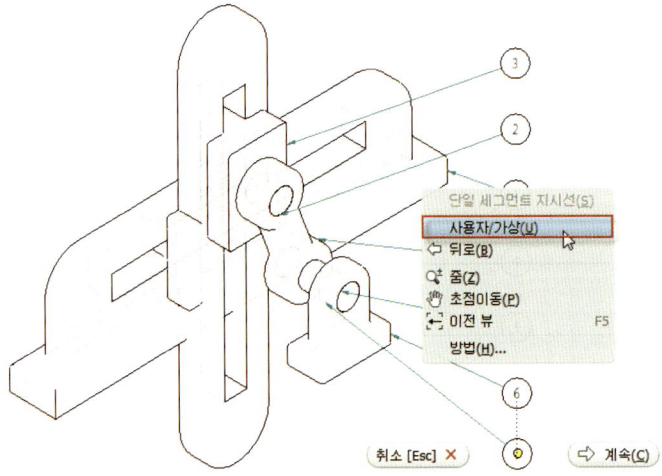

27 그런 다음 다시 마우스 오른쪽 버튼을 클릭하여 계속을 선택합니다.

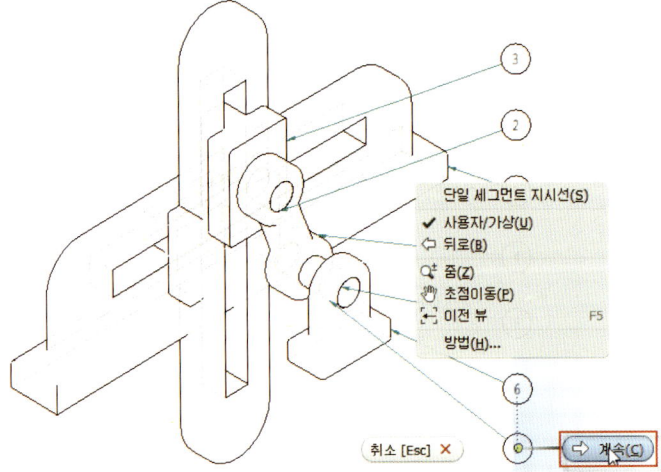

㉘ 그러면 나타나는 사용자/가상 부품 대화 상자에서 보여지는 SJS_Sample_Purchase_TAPE 부품 앞의 체크 확인 란을 선택하고 확인을 클릭합니다.

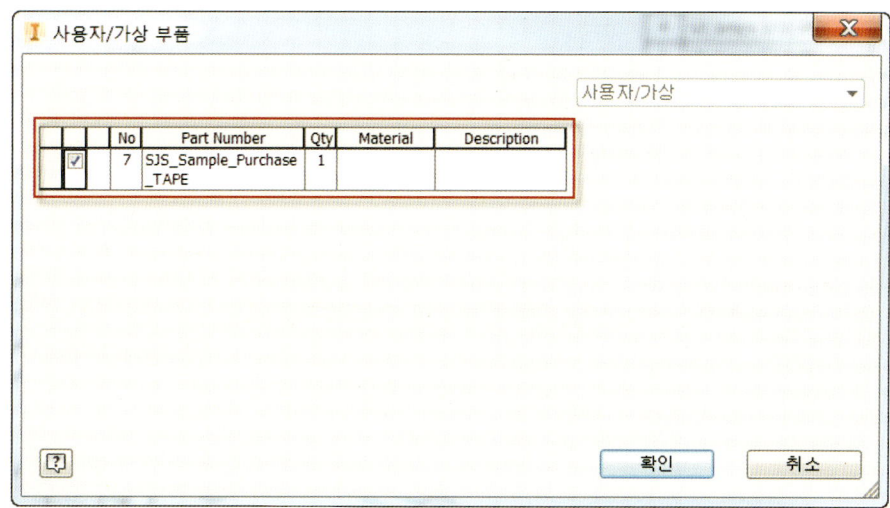

㉙ 그러면 사용자/가상 부품과 품번 기호를 매칭시킬 수 있습니다.

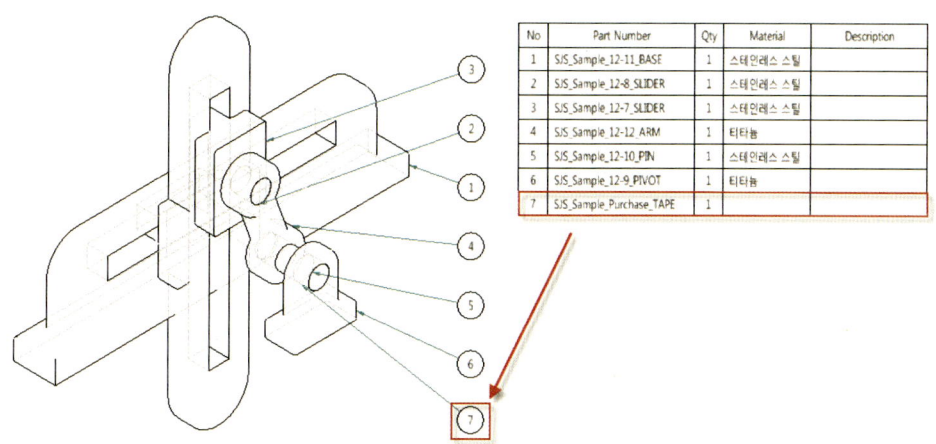

오버레이 뷰 작성하기

오버레이 뷰는 조립품에서 구성 요소의 대체 위치를 표시하는 데 사용됩니다. 도면 뷰를 생성하기 위해 조립품 환경에서 작성된 위치 표현을 사용합니다.

1 시작하기 탭/ 시작 패널/ 새로 만들기 도구 버튼을 클릭합니다.

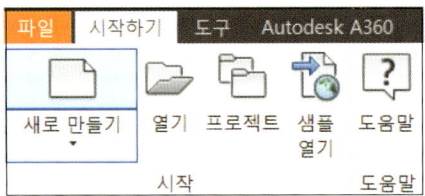

2 새로 만들기 대화 사장에서 Standart_EDNC.dwg 파일을 선택하고 작성 버튼을 클릭합니다.

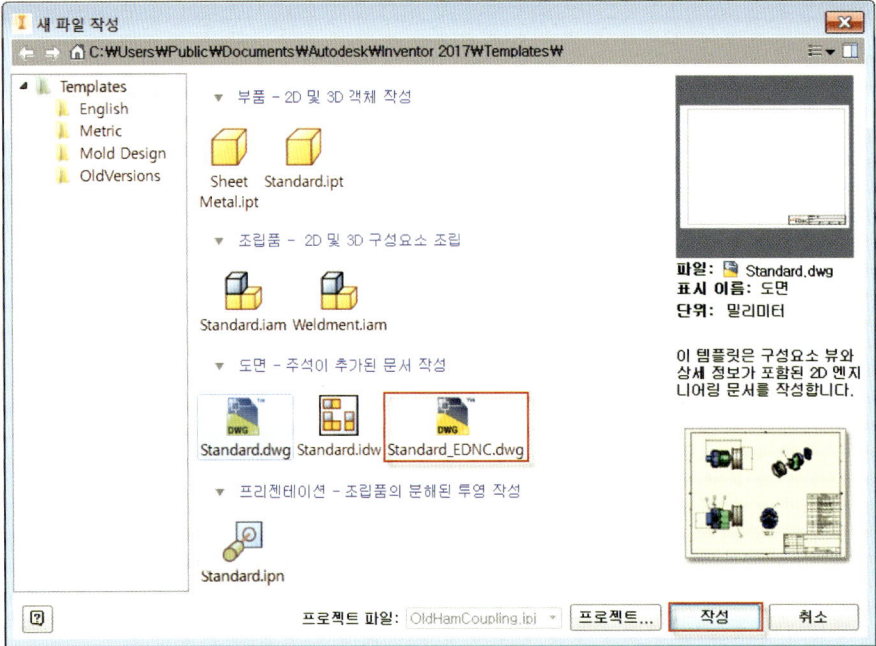

3 도면 뷰 대화상자에서 기존 파일 열기 버튼을 클릭합니다.

chapter 12 2D 도면 작성

4 열기 대화상자가 나타나는데, 여기서 SJS_Sample_12-3_Flange.ipt 파일을 선택하고 열기 버튼을 클릭합니다.

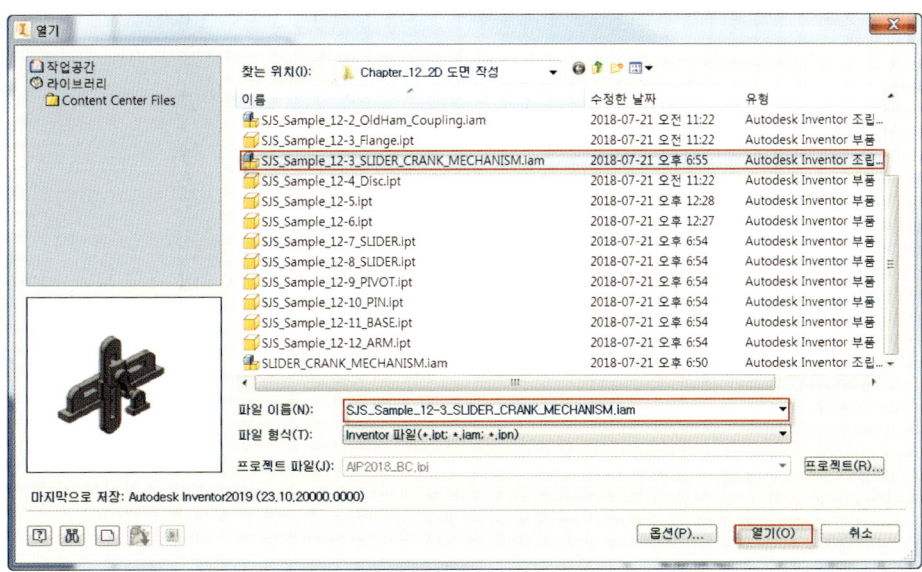

5 아래와 같이 스타일은 은선 있음으로 설정하고 축척은 1:1로 설정한 다음 확인 버튼을 클릭합니다.

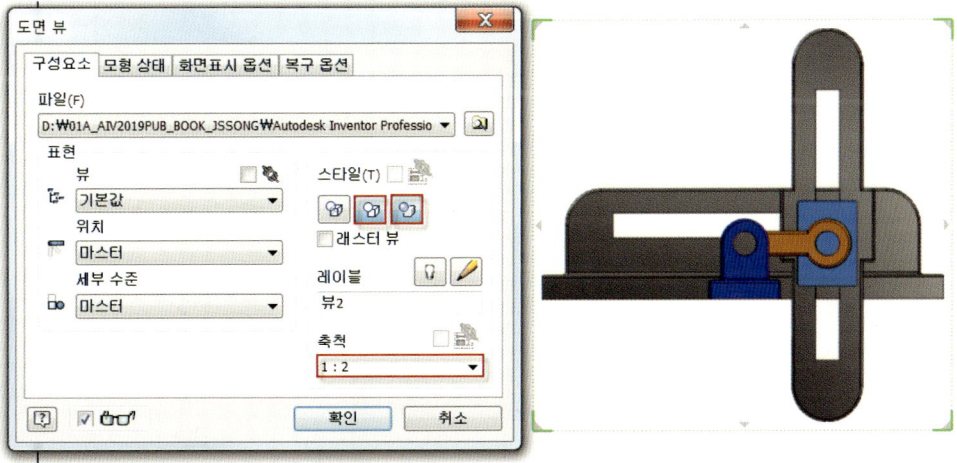

6 확인 버튼을 클릭합니다.

7 리본 메뉴/ 뷰 배치 탭/ 작성 패널/ 오버레이 도구 버튼을 클릭한 다음 배치된 뷰를 클릭합니다.

8 그런 다음 오버레이 뷰 대화 상자에서 아래와 같이 위치 표현한 ARM 180deg를 선택하고 스타일은 숨겨진 모서리 포함만 선택하고 확인 버튼을 클릭합니다.

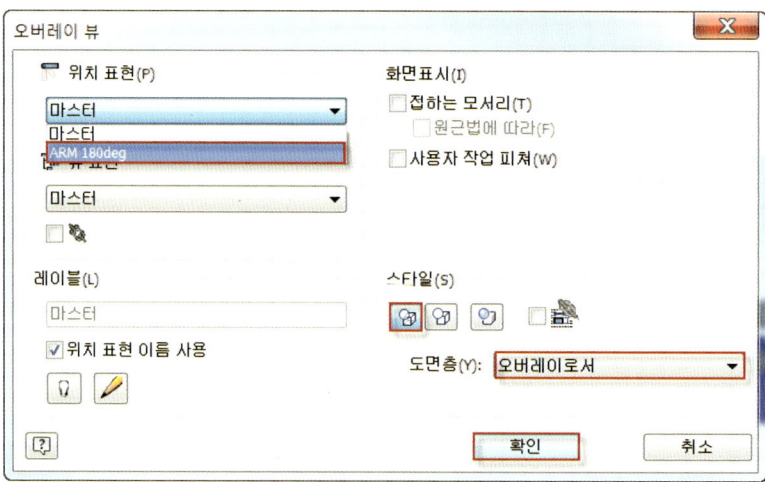

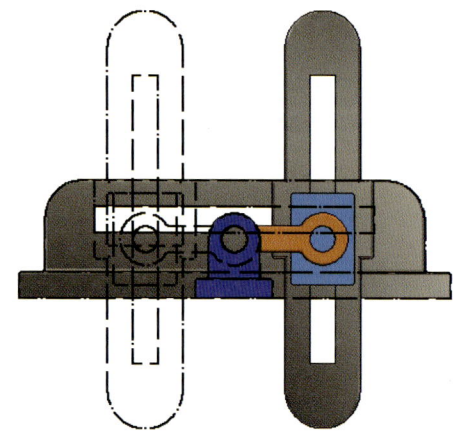

chapter 12 2D 도면 작성

브레이크 아웃 뷰 작성하기

 　 브레이크 아웃 뷰는 기존 뷰의 일부를 제거하고 부품 또는 제거된 부분 뒤의 조립품 영역을 표시하는 데 사용됩니다. 이 유형의 보기는 상위 뷰와 연관된 닫힌 스케치를 사용하여 생성됩니다.

1 **시작하기 탭/ 시작 패널/ 새로 만들기** 도구 버튼을 클릭합니다.

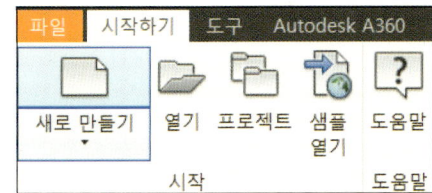

2 새로 만들기 대화 사장에서 Standart_EDNC.dwg 파일을 선택하고 작성 버튼을 클릭합니다.

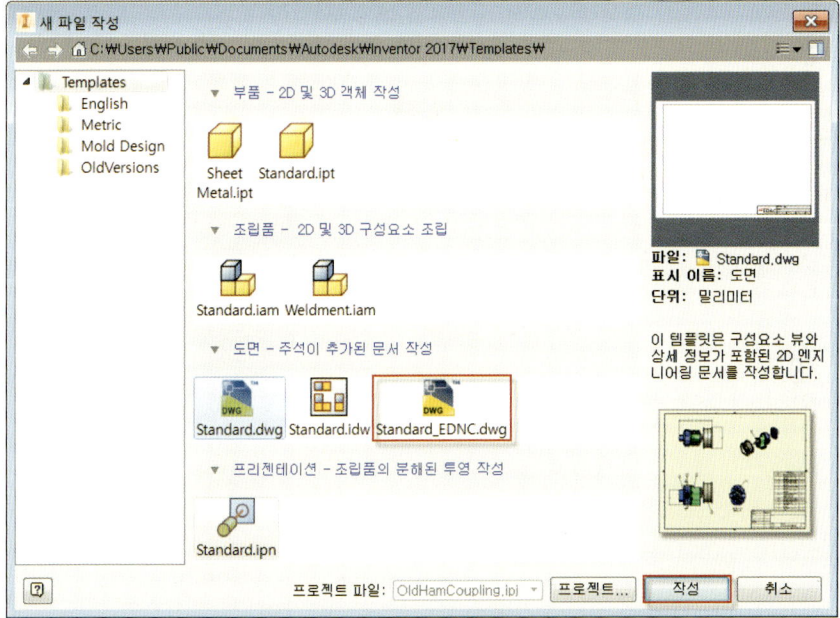

3 도면 뷰 대화상자에서 기존 파일 열기 버튼을 클릭합니다.

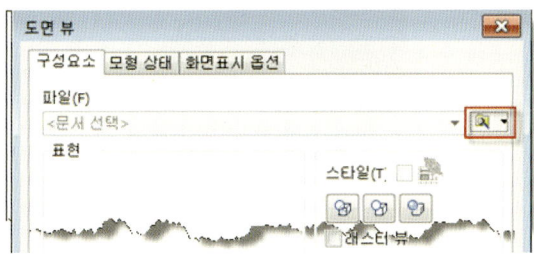

113

4 열기 대화상자가 나타나는데, 여기서 SJS_Sample_12-13_SolidBody.iam파일을 선택하고 열기 버튼을 클릭합니다.

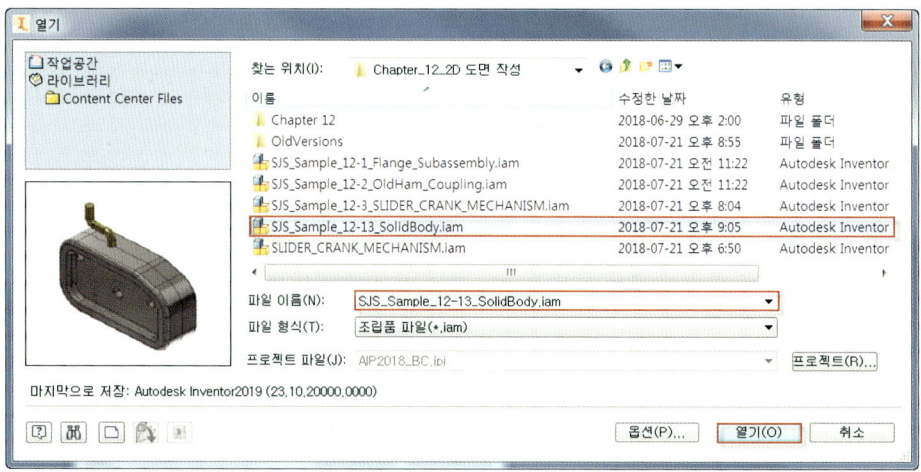

5 아래와 같이 스타일은 은선 있음으로 설정하고 축척은 1:1로 설정한 다음 확인 버튼을 클릭합니다. 확인

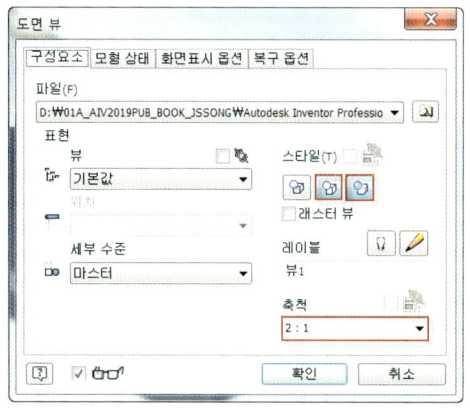

6 리본 메뉴/ 스케치 패널/ 스케치 시작 도구 버튼을 클릭한 다음 배치된 기준 뷰를 선택합니다.

chapter 12 2D 도면 작성

7 리본 메뉴/ 스케치 탭/ 작성 패널/ 스플라인 보간 도구 버튼을 클릭한 다음 아래와 같이 스케치를 합니다.

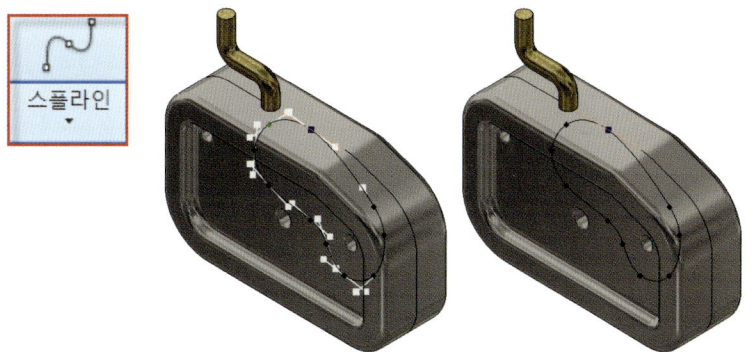

8 리본 메뉴/ 스케치 탭/ 종료 패널/ 스케치 마무리 도구 버튼을 클릭합니다.

9 리본 메뉴/ 뷰 배치 탭/ 작성 패널/ 브레이크 아웃 도구 버튼을 클릭한 다음 뷰를 선택합니다.

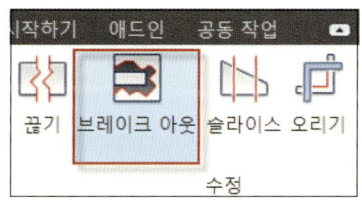

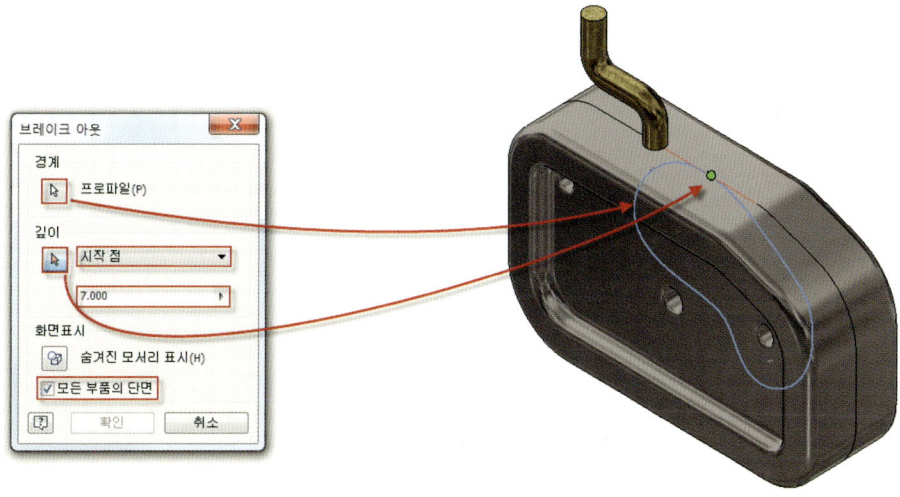

115

10 확인 버튼을 클릭합니다.

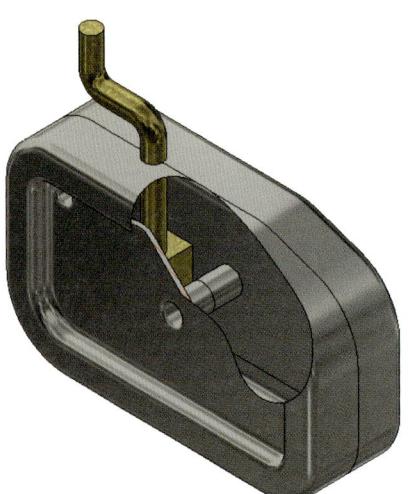

슬라이스 뷰

 슬라이스 뷰는 부품 또는 조립품 파일의 중요한 부분을 깊이가 0인 섹션으로 표시하는 데 사용됩니다. 소스 뷰에서 제거할 재료에 대한 스케치를 작성하여 대상 뷰에 생성됩니다.

1 **시작하기 탭/ 시작 패널/ 새로 만들기** 도구 버튼을 클릭합니다.

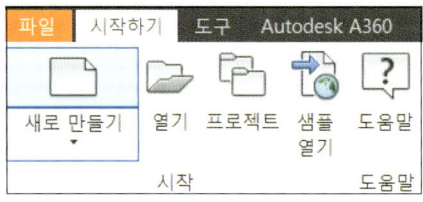

2 새로 만들기 대화 사장에서 Standart_EDNC.dwg 파일을 선택하고 작성 버튼을 클릭합니다.

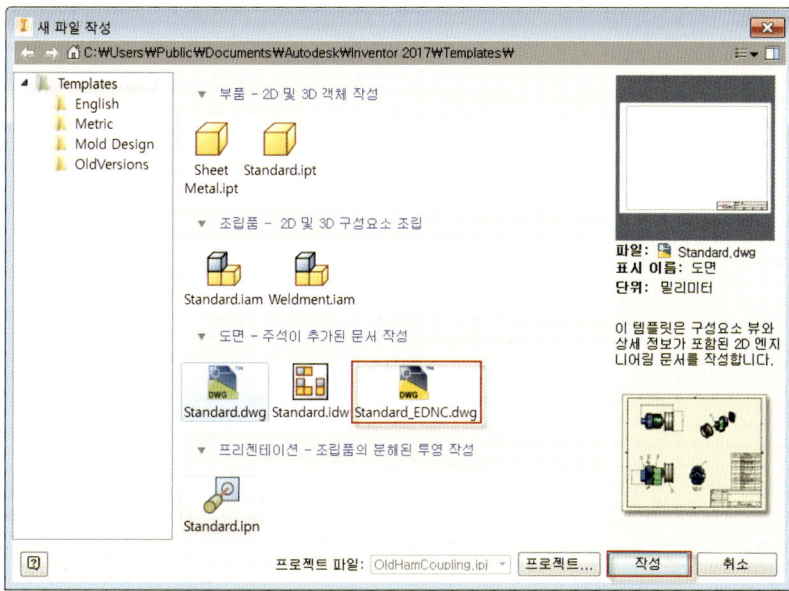

3 도면 뷰 대화상자에서 기존 파일 열기 버튼을 클릭합니다.

4 열기 대화상자가 나타나는데, 여기서 SJS_Sample_12-1_Shaft.ipt파일을 선택하고 열기 버튼을 클릭합니다.

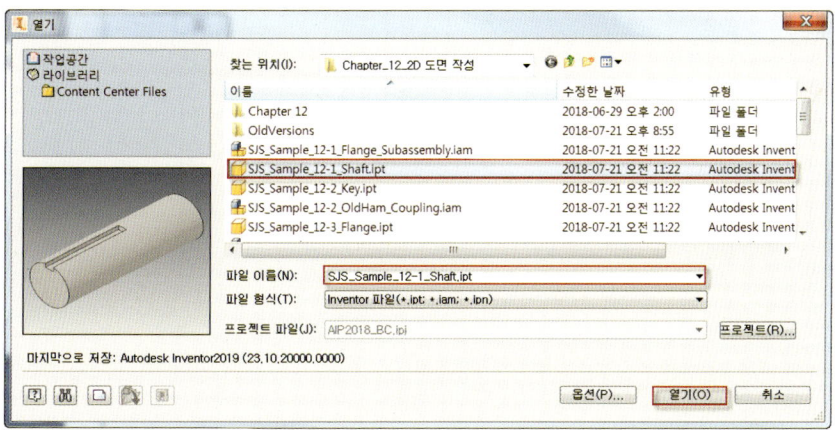

5 아래와 같이 기준 뷰와 투영 뷰를 배치합니다. 기준 뷰 축척은 2:1로 설정한 다음 확인 버튼을 클릭합니다.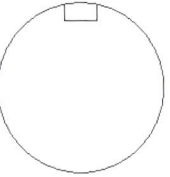

6 리본 메뉴/ 스케치 패널/ 스케치 시작 도구 버튼을 클릭한 다음 배치된 기준 뷰를 선택합니다.

7 리본 메뉴/ 스케치 탭/ 작성 패널/ 선 도구 버튼을 클릭한 다음 아래와 같이 선을 그립니다.

8 리본 메뉴/ 스케치 탭/ 종료 패널/ 스케치 마무리 도구 버튼을 클릭합니다.

9 리본 메뉴/ 뷰 배치 탭/ 수정 패널/ 슬라이스 도구 버튼을 클릭한 다음 우측 투영 뷰를 선택합니다. 그러면 슬라이스 대화 상자가 나타날 것입니다.

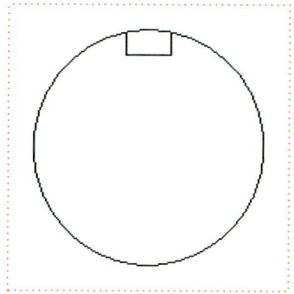

10 기준 뷰의 스케치 선을 선택합니다.

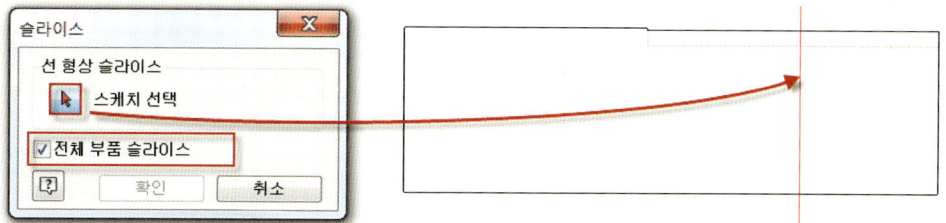

11 그러면 우측 투영 뷰에 슬라이스 단면 해치가 표현될 것입니다.

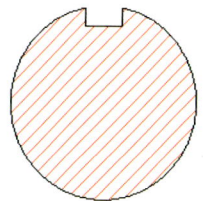

오리기 뷰

오리기 뷰는 해당 뷰와 연관된 닫힌 스케치에 포함된 기존 뷰를 잘라내는 데 사용됩니다. 연관된 스케치 내부에 있는 뷰의 부분은 유지되고 나머지 부분은 제거됩니다. 자르기 도구를 사용하여 사각형 트랩을 작성하여 뷰를 자를 수도 있습니다. 이 방법에서는 사각형 트랩 내부에 있는 부분이 유지됩니다.

1 열기 버튼을 클릭하여 SJS_Sample_12-3_SLIDER_CRANK_MECHANISM_오리기뷰.dwg 파일을 선택하여 열기를 합니다.

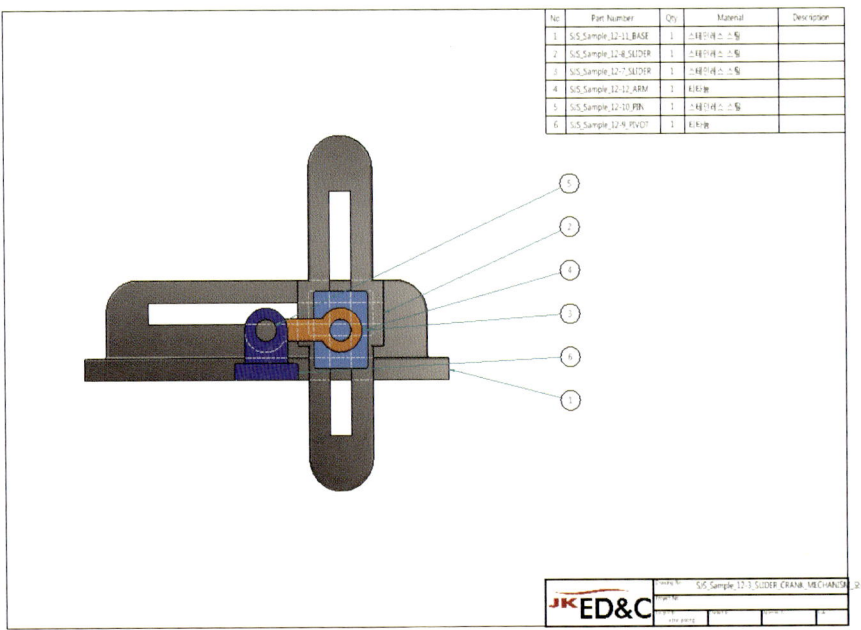

2 리본 메뉴/ 뷰 배치 탭/ 수정 패널/ 오리기 도구 버튼을 클릭한 다음 배치된 뷰를 선택한 다음 다음과 같이 사각형 선택을 합니다.

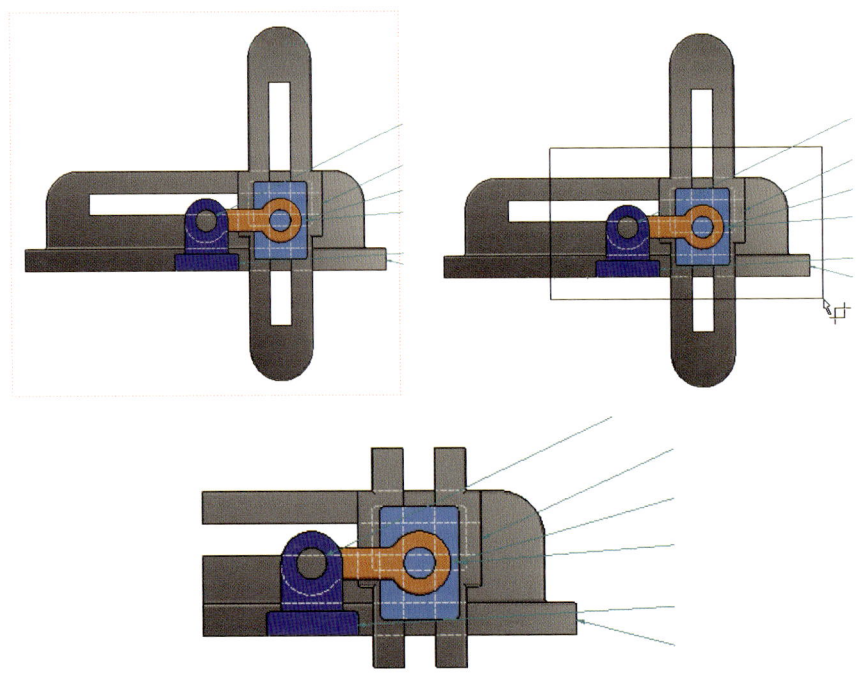

끊기 뷰

끊기 뷰는 가운데 부분을 제거하고 도면 뷰의 끝을 그대로 유지하여 구성 요소를 표시하는 데 사용됩니다. 이 유형의 보기는 길이 대 너비 비율이 매우 높은 구성 요소를 표시하는 데 사용됩니다. 이것은 길이가 너비에 비해 더 길거나 너비가 길이에 비해 더 많다는 것을 의미합니다. 끊기 뷰는 도면 뷰가 필요한 영역에 맞도록 가로 또는 세로 방향으로 뷰를 분할합니다. 이러한 뷰에서 끊어진 가장자리의 치수는 여전히 실제 값으로 표시됩니다. 그러나 이 치수에는 깨진 기호가 표시되어 치수 값이 뷰에서 분리된 모서리의 값임을 나타냅니다.

1 열기 버튼을 클릭하여 SJS_Sample_12-16_Shaft_끊기뷰.dwg 파일을 선택하여 열기를 합니다.

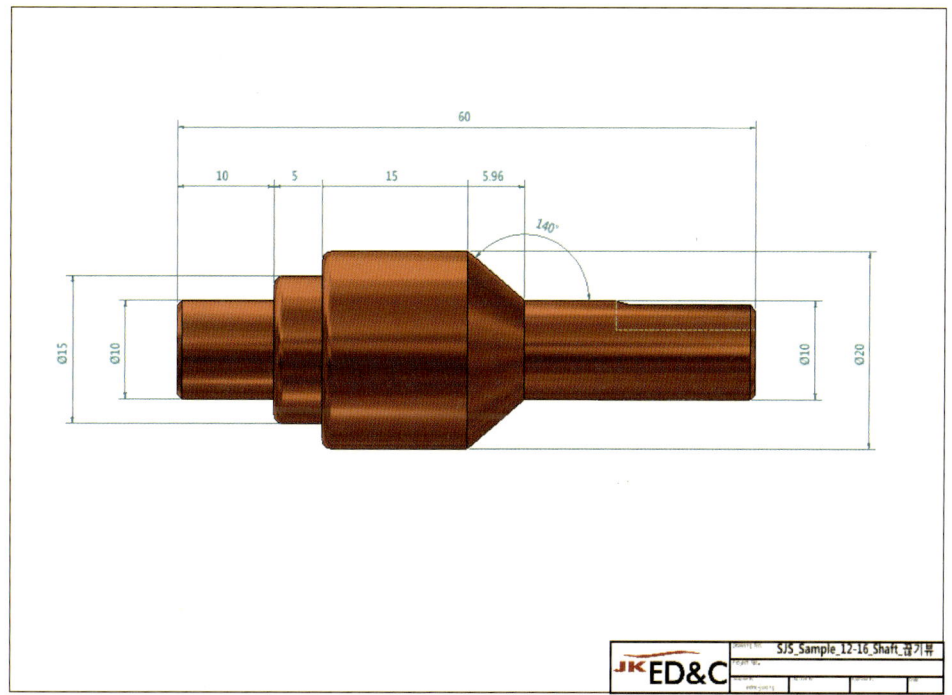

2 리본 메뉴/ 뷰 배치 탭/ 수정 패널/ 끊기 도구 버튼을 클릭한 다음 배치된 뷰를 선택한 다음 다음과 같이 중간 부분에서 드래그를 합니다.

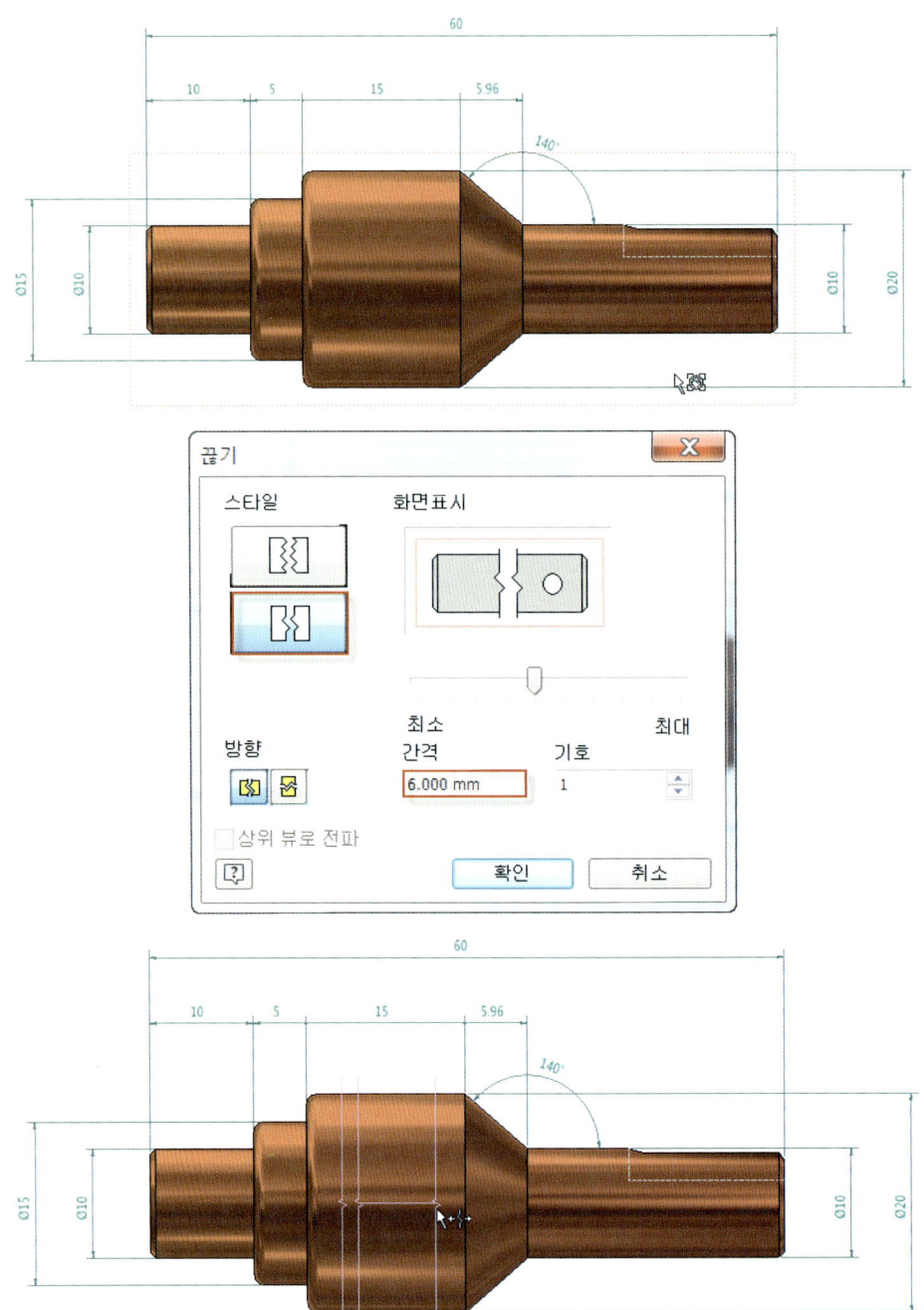

3 확인 버튼을 클릭합니다. 확인

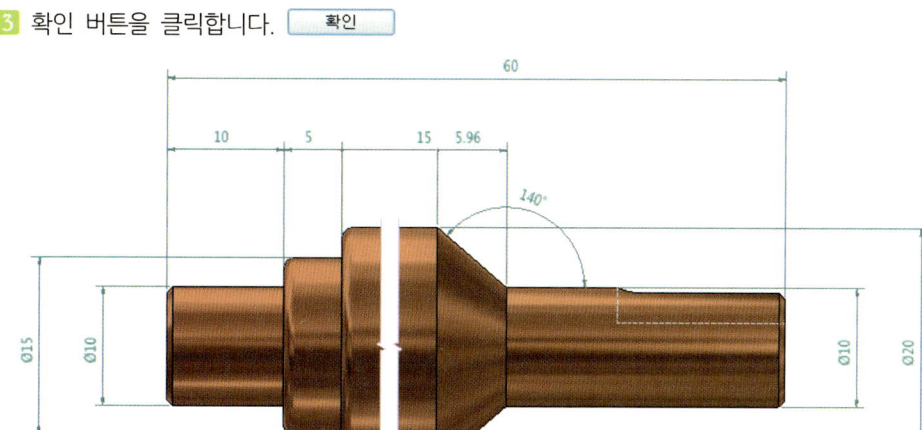

Chapter 13

기타 도구와 응용프로그램 옵션

이 장에서는 Autodesk Inventor & Inventor Professional 2019에서는 작업 효율성을 높이는 데 도움이 되는 여러 가지 도구에 대해서 소개할 것입니다. 그리고 응용프로그램 옵션에 관해 설명할 것입니다.

아래와 같은 항목에 대해 학습하여 다양한 설계 보조 도구에 대해서 알아볼 것입니다.
- 객체 가시성 활용하기
- 모델의 무게 중심 찾기
- iFeature를 추출하기
- iFeature를 삽입하기
- iMate를 생성하기
- AutoCAD 블록을 Inventor로 가져오기

01 객체 가시성

리본 메뉴> 뷰 탭> 가시성 패널> 객체 가시성

작업 피쳐 범주 및 스케치를 표시하거나 숨깁니다.

객체 가시성 명령을 사용하여 가시성을 설정하려면

객체 가시성 명령에서 제공되는 뷰 컨트롤은 선택한 요소의 모든 복제에 대해 가시성을 활성화하거나 비활성화합니다. 드롭-다운 리스트에서 가시성을 끄려면 선택 표시를 지우고 가시성을 활성화하려면 확인란을 선택합니다.

- **모든 작업 피쳐:** 모든 작업 원점 평면, 작업 원점, 작업 원점 축, 사용자 작업 평면, 작업 축, 작업 점 등을 표시하거나 숨기는 역할을 합니다.
- **원점 평면:** 기본 Inventor 원점 작업 평면을 표시하거나 숨기는 역할입니다.
- **원점 축:** 기본 Inventor 원점 작업 축을 표시하거나 숨기는 역할입니다.
- **원점:** 기본 Inventor 작업 원점(중심점)을 표시하거나 숨기는 역합니다.
- **사용자 작업 평면:** 사용자가 추가한 작업 평면을 표시하거나 숨기는 역할입니다.
- **사용자 작업 축:** 사용자가 추가한 작업 축을 표시하거나 숨기는 역할입니다.
- **사용자 작업 점:** 사용자가 추가한 작업 점 표시하거나 숨기는 역할입니다.
- **구성 곡면:** 구성 곡면을 표시하거나 숨기는 역할입니다.
- **2D 스케치:** 2D 스케치를 표시하거나 숨기는 역할입니다.
- **3D 스케치:** 3D 스케치를 표시하거나 숨기는 역할입니다.

- **그룹 솔리드**: 그룹화된 솔리드를 표시하거나 숨기는 역할입니다.
- **그룹 곡면**: 그룹화된 곡면을 표시하거나 숨기는 역할입니다.
- **그룹 와이어**: 그룹화된 와이어를 표시하거나 숨기는 역할입니다.
- **그룹 진단**: 그룹화된 솔리드, 곡면, 와이어를 진단한 결과를 표시하거나 숨기는 역할입니다.
- **UCS 트라이어드**: UCS 트라이어드를 표시하거나 숨기는 역할입니다.
- **UCS 평면**: UCS 평면을 표시하거나 숨기는 역할입니다.
- **UCS 축**: UCS 축을 표시하거나 숨기는 역할입니다.
- **UCS 점**: UCS 점을 표시하거나 숨기는 역할입니다.

[Ctrl+]] 원점 평면

[Ctrl+/] 원점 축

일반 적인 방법을 사용하여 상황에 맞게 가시성 설정하기

검색기 또는 화면표시에서 작업 피쳐, 스케치 또는 기타 요소를 하나 이상 선택 후 마우스 오른쪽 버튼을 클릭한 다음 가시성 선택 표시를 클릭해서 가시성 끄기와 켜기를 합니다.

02 모델의 무게 중심

리본 메뉴〉뷰 탭〉가시성 패널〉무게 중심

이 도구를 사용하면 부품 및 조립품의 무게 중심 (Center of Gravity, COG)을 찾을 수 있습니다. 이 도구를 사용하려면 보기 탭/ 가시성 패널/ 무게 중력 중심 도구를 선택하면 됩니다.

아래는 부품 SJS_Picture 13-1_COG.ipt 파일의 무게 중심 찾기에 대한 예시입니다.

1 열기 버튼을 클릭하여 SJS_Picture 13-1_COG.ipt 파일을 선택한 다음 열기를 합니다.

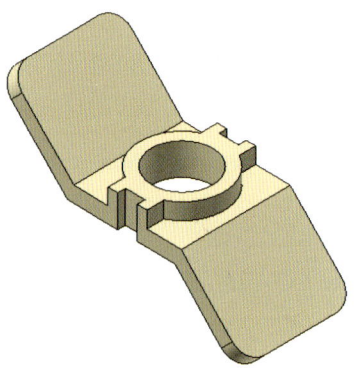

2 보기 탭/ 가시성 패널/ 무게 중심 도구를 선택합니다.

3 무게 중심 업데이트 관련한 메시지 상자가 표시됩니다. 대화 상자에서 확인 버튼을 선택합니다.

4 아래와 같이 무게 중심 좌표계가 표시됩니다.

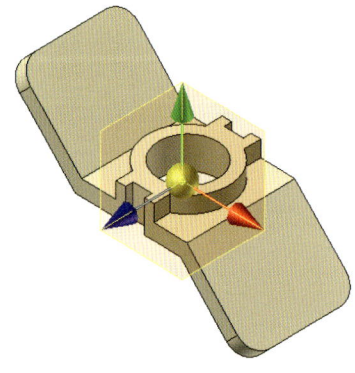

빨간색 화살표는 X 축을 나타내며, 녹색 화살표는 Y 축을 나타내고, 파란색 화살표는 Z 축을 나타내고 노란색 구체는 선택한 구성 요소의 무게 중심의 위치를 나타냅니다. 이 트라이어드에는 무게 중심(COG)의 출처에서 세 개의 선택 가능한 작업 평면과 선택 가능한 작업 점이 포함되어 있습니다. 설계 과정에서 COG 기호를 가상 참조로 사용할 수 있습니다.

5 트라이어드는 거리 측정에 사용할 수 있습니다. 거리를 측정하려면 검사 탭/ 측정 패널/ 거리 도구를 선택합니다. 다음, 트라이어드의 평면 중 하나를 선택한 다음 모델의 면을 선택합니다. 측정 거리 대화 상자에 측정 값이 표시됩니다.

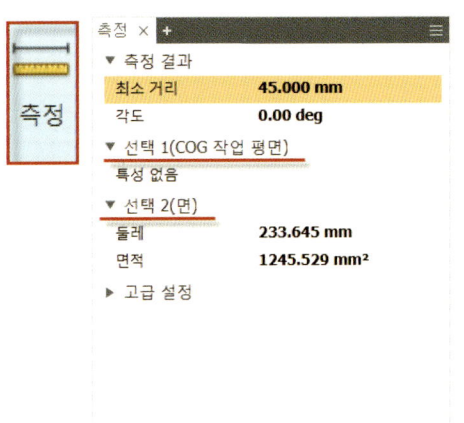 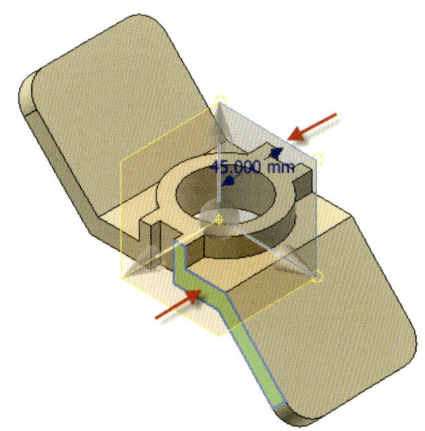

6 모델을 수정하면 트라이어드가 희미해집니다. 무게 중심 (Center of Gravity)를 업데이트하려면 기존 COG 트라이어드를 제거해야 합니다. 이렇게 하려면 뷰 탭/ 무게 중심 도구를 다시 선택합니다. COG가 사라집니다. 위의 절차를 반복하여 업데이트가 된 COG를 표시하면 됩니다.

03 분석 활용하기

리본 메뉴〉 뷰 탭〉 가시성 패널〉 분석

활성 Zebra, 기울기, 곡면, 단면 또는 곡률 부석을 표시하거나 숨기는 기능입니다.
부품 및 구성 환경에서 곡면 분석 명령을 사용해 부품을 분석하여 제조하기 전에 형상 품질의 유효성을 검사합니다. 특정 모형에서 같거나 서로 다른 유형의 다양한 분석을 저장할 수 있습니다. 예를 들면, 동일한 모형에서 특정 곡면 세트를 분석하기 위해 몇 가지 방법을 정의할 수 있습니다.

분석을 적용하면 검색기에 Analysis 폴더가 작성되어 이 폴더 안에 분석이 배치됩니다. 저장된 각 분석은 작성된 순서대로 검색기에 추가됩니다. 검색기에는 분석 폴더 이름과 함께 활성화된 분석의 이름 및 가시성이 표시됩니다.

수행할 수 있는 분석 유형은 다음과 같습니다.

- **Zebra 분석** - 모형에 평행선을 투영하여 곡면 연속성을 분석합니다. 곡면에서 빛이 얼마나 반사되는지가 결과로 표시되어 곡면 품질을 향상시켜야 하는 영역을 식별할 수 있습니다.
- **기울기 분석** - 인장 방향을 기준으로 모형의 부품과 주물 사이의 기울기가 적절한지와 모형을 주

조로 제조할 수 있는지를 평가합니다. 스펙트럼은 특정 범위 내에서 기울기 각도 변경을 표시합니다.

- **곡률 콤 분석** - 모형 면, 곡면, 스케치 곡선 및 모서리의 전체 부드러운 정도와 곡률에 대한 시각적 분석을 제공합니다.
- **가우스 곡률 분석** - 부품 표면의 색상 그라데이션 화면표시를 사용하여 표면 곡률이 높고 낮은 영역을 평가합니다. 그라데이션 화면표시는 가우스 곡률 분석 계산을 사용하는 표면 곡률의 시각적 화면표시입니다.
- **횡단면 분석** - 하나의 단면에서 부품의 기본 그래픽 뷰를 제공하거나 솔리드 부품 내부의 여러 단면에 대한 상세 정보와 해당 그래픽을 제공합니다. 또한 부품이 최소 및 최대 벽 두께를 유지하는지 여부도 분석합니다. 구성 환경에서는 사용할 수 없습니다.

04 Zebra 활용하기

리본 메뉴〉 검사 탭〉 분석 패널〉 Zebra

모형에 평행선(줄무늬)을 투영하여 곡면 곡률 연속성을 분석합니다. 곡률은 두 개의 곡선 또는 곡면의 부드러운 정도를 수학적으로 나타낸 것입니다. 방향의 변경 비율을 곡률이라고 합니다. 곡선의 부드러운 정도는 문자 G 뒤에 숫자가 붙어 지정됩니다.

G0(점) 연속성은 끝점 터치를 의미합니다. 두 개의 모서리 또는 곡면 간의 변이는 현저하게 두드러집니다. 이 변이는 급작스럽거나 점진적입니다. 다음 이미지는 두 면 사이의 G0 교차의 zebra 분석을 보여줍니다. 면이 만나지만 줄무늬는 정렬되지 않습니다.

G1(접선) 연속성은 곡선 간의 부드러운 변이입니다. 두 개의 곡선 또는 곡면이 접합 지점에서 같은 방향으로 이동되는 것처럼 보이지만 곡률 변화 속도(속도)는 눈의 띕니다. 다음 이미지는 두 면 사이의 G1 교차의 zebra 분석을 보여줍니다. 접선 모깎기는 두 면 사이에 존재합니다. 줄무늬는 정렬되지

chapter 13 기타 도구와 응용프로그램 옵션

만 각도가 큽니다.

G2(곡률) 연속성은 곡선 간의 매우 부드러운 변이입니다. 두 개의 곡선은 끝점에서 일치하고, 접하며, 접합 지점에서의 "속도"(곡률)가 동일합니다. 다음 이미지는 두 면 사이의 G2 교차의 zebra 분석을 보여줍니다. 부드럽게(G2) 모깎기는 두 면 사이에 존재합니다. 줄무늬 모서리가 정렬되고 면 간에 부드러운 변이가 일어납니다.

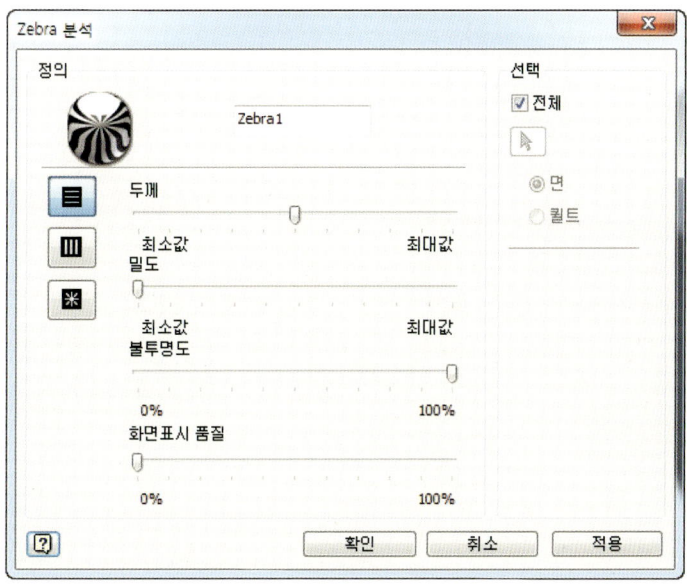

- 정의

부품 환경에서만 사용할 수 있습니다. 분석 이름을 설정하거나 수정합니다. 첫 번째 저장된 분석의 이름은 기본적으로 Zebra1로 지정됩니다. 부품 환경에서만 사용할 수 있습니다. 분석 이름을 설정하거나 수정합니다. 첫 번째 저장된 분석의 이름은 기본적으로 Zebra1로 지정됩니다.

☰	수평
Ⅲ	수직
✳	반지름

- 두께

검은색에 대한 흰색의 상대 비율로 줄무늬 두께를 지정합니다. 최소 설정을 지정하면 모두 검은색 줄무늬로 나타납니다. 최대 설정을 지정하면 모두 흰색 줄무늬로 나타납니다.

- 밀도

줄무늬의 간격 또는 밀도를 지정합니다. 최소 설정을 지정하면 줄무늬 수가 적습니다. 최대 설정을 지정하면 줄무늬 수가 많습니다. 원하는 결과를 얻으려면 밀도와 두께를 함께 사용하십시오.

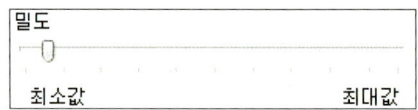

- 불투명도

줄무늬의 불 투명도를 지정합니다. 투명을 지정하면 거의 보이지 않는 줄무늬가 나타납니다. 불투명을 지정하면 모형 색상이 완전히 가려진 줄무늬가 나타납니다. 이 설정을 조정하여 Zebra 및 기울기와 같은 여러 개의 분석 스타일을 즉시 볼 수 있습니다.

- 화면 표시 품질

줄무늬에 대한 향상된 해석을 위해 zebra 패턴의 해상도 또는 곡면 품질을 지정합니다. 기본 설정은 0으로서, 결과가 가장 거칠게 표시됩니다. 설정이 작을수록 깎인 면 수가 적고 들쑥날쑥 하게 표시됩니다. 설정이 클수록 깎인 면 수가 많고 변이가 부드럽지만 부품을 표시하는 데 시간이 더 걸릴 수 있습니다. 100%로 설정하면 최상의 결과를 얻을 수 있습니다.

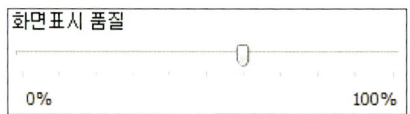

chapter 13 기타 도구와 응용프로그램 옵션

- **선택**

분석에 포함시킬 형상 유형을 설정합니다.

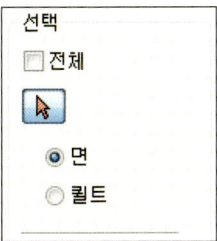

- **전체:** 부품 환경에서 부품의 모든 형상을 분석할지 여부를 지정합니다. 여기에는 전체 부품 및 부품의 모든 곡면 피쳐(퀼트)가 포함됩니다. 구성 환경에서는 구성 환경에 있는 모든 솔리드 본체 및 곡면 본체를 분석할지 여부를 지정합니다.

- **선택 버튼**

분석할 형상을 선택합니다.

- **면:** 부품 또는 구성 환경에 있는 모든 곡면 본체나 솔리드 본체에서 선택한 면을 분석할지 여부를 지정합니다.
- **퀼트:** 선택한 곡면 피쳐 및 선택한 각 곡면 피쳐에 포함된 모든 면을 분석할지 여부를 지정합니다.

05 기울기 활용하기

리본 메뉴〉 검사 탭〉 분석 패널〉 기울기

 모형의 부품과 주물 사이의 기울기가 적당한지와 모형을 주조로 제조할 수 있는지를 평가합니다. 스펙트럼은 특정 범위 내에서 기울기 각도 변경을 표시합니다.

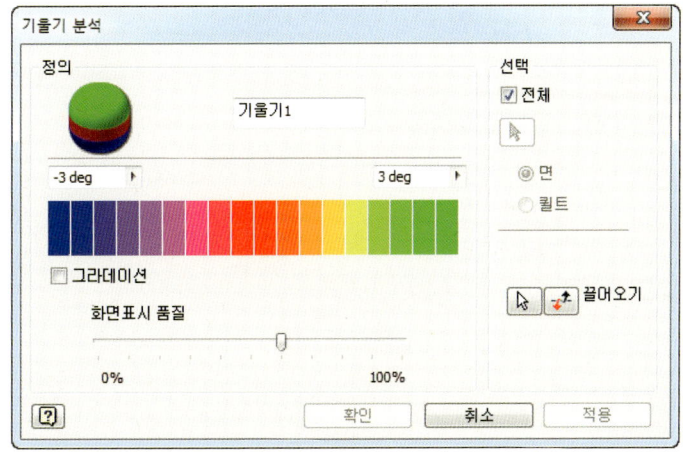

- **정의**

기울기 분석 결과 모양을 설정합니다. 구성 환경에서는 사용할 수 없습니다. 불충분한 기울기를 가진 면은 기울기 변경과 연결된 색상 변형으로 표시됩니다. 인장 방향을 달리하면 다른 결과가 나올 수 있습니다.

분석 이름을 설정하거나 수정합니다. 첫 번째 저장된 분석의 이름은 기본적으로 기울기1로 지정됩니다.

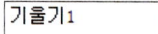

- **기울기 시작 각도**

기울기 또는 기울기 각도를 분석할 각도 범위의 시작 값을 설정합니다.

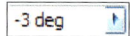

- **기울기 종료 각도**

기울기 또는 기울기 각도를 분석할 각도 범위의 종료 값을 설정합니다.

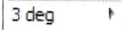

- **색상 밴드**

- **그라데이션**

선택하여 기울기 분석 결과를 개별 색상 밴드 대신 그라데이션으로 표시를 합니다.

- **화면 표시 품질**

그라데이션이나 색상 밴드의 해상도 또는 곡면 품질을 지정합니다. 설정이 적을수록 면 수가 적습니다. 설정이 클수록 깎인 면 수가 많으며 부품을 표시하는 데 시간이 더 걸릴 수 있습니다.

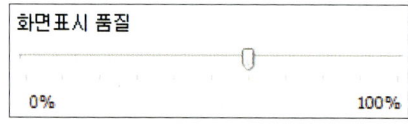

- **선택**

분석에 포함시킬 형상 유형을 설정합니다.

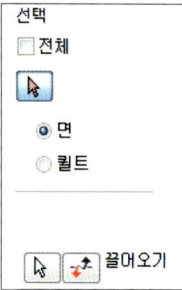

chapter 13 기타 도구와 응용프로그램 옵션

- **전체:** 부품 환경에서 부품의 모든 형상을 분석할지 여부를 지정합니다. 여기에는 전체 부품 및 부품의 모든 곡면 피쳐(퀼트)가 포함됩니다. 구성 환경에서는 구성 환경에 있는 모든 솔리드 본체 및 곡면 본체를 분석할지 여부를 지정합니다.

- **선택 버튼**

분석할 형상을 선택합니다.

- **면** 부품의 모든 곡면 본체나 솔리드 본체에서 선택한 면을 분석할지 여부를 지정합니다.
- **퀼트** 선택한 곡면 피쳐 및 선택한 각 곡면 피쳐에 포함된 모든 면을 분석할지 여부를 지정합니다.
- **그룹** 구성 환경에서만 사용할 수 있습니다. 선택한 구성 그룹의 모든 면을 분석할지 여부를 지정합니다.

- **선택** 형상(평면형 면 또는 작업 평면)을 선택하여 방향을 나타냅니다. 인장 방향은 평면 법선입니다.

- **반전** 인장 방향을 반전시킵니다.

곡면 활용하기

리본 메뉴 > 검사 탭 > 분석 패널 > 곡면

부품 곡면에 색상 그라데이션 화면 표시를 사용하여 곡면 곡률이 높은 영역과 낮은 영역을 평가합니다. 그라데이션 표시는 사용 가능한 세 가지 곡면 분석 유형 중 하나로 측정된 표면 곡률의 시각적 표시입니다.

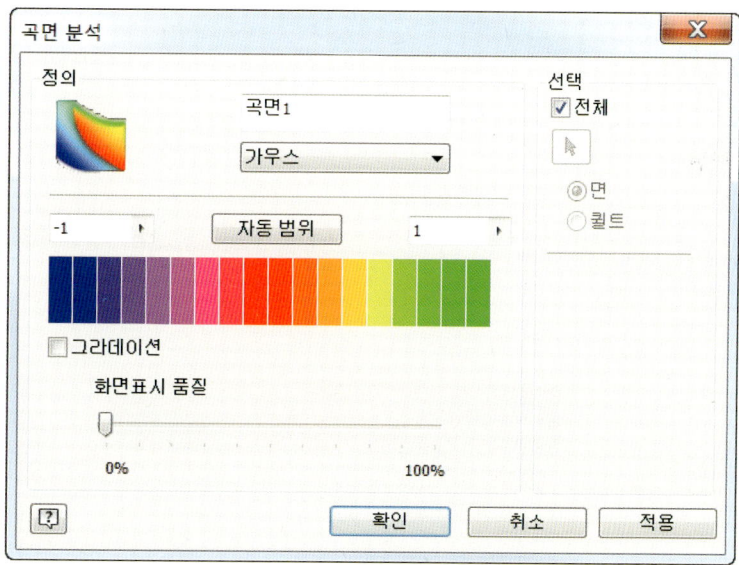

- **정의**

곡률 분석 결과의 모양을 설정합니다.

부품 환경에서만 사용할 수 있습니다.

- **이름**

분석 이름을 설정하거나 수정합니다. 첫 번째 저장된 분석의 이름은 기본적으로 가우스1로 지정됩니다.

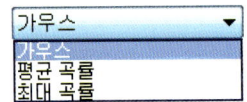

- **가우스**

곡면이 U 방향인 곡률을 곡면이 V 방향인 곡률로 곱하는 것과 같이 곡률의 곱을 나타내는 그라데이션을 표시합니다. 가우스 분석은 코일, 원환 또는 스플라인 경로에 따라 스윕 등을 검사하는 데 유용합니다.

- **평균 곡률**

U 및 V 표면 곡률 값의 평균 곡률을 나타내는 그라데이션을 표시합니다. 원추와 같은 쉐이프나 로프트 피쳐를 사용하여 생성할 수 있는 다양한 곡면을 검사하려면 평균 곡률 분석이 유용합니다.

- **최대 곡률**

U 또는 V 표면 곡률 값보다 큰 곡률을 나타내는 그라데이션을 표시합니다. 부품이나 곡면에서 높거나 낮은 곡률 영역을 찾으려면 최대 곡률 분석이 유용합니다.

- **최소 곡률 비율**

색상 그라데이션의 시작(파란색 끝)을 매핑하는 비율 값을 설정합니다. 화살표를 클릭하여 리스트에서 선택합니다.

- **자동 범위**

곡면을 분석하고 분석 표시에 전체 색상 범위가 사용되도록 최소 및 최대 곡률 비율을 설정합니다. 즉, 최소 비율은 선택한 면에서 찾은 최소값으로 설정되고 최대 비율은 선택한 면에서 찾은 최대값으로 설정됩니다.

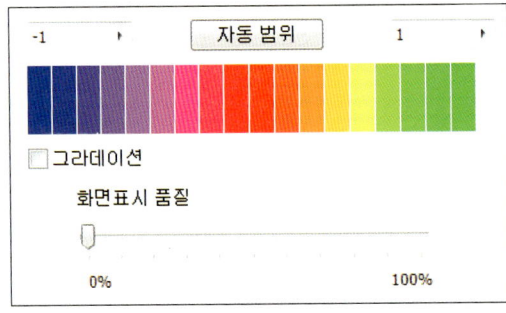

- **최대 곡률 비율:** 색상 그라데이션의 끝(초록색 끝)을 매핑하는 비율 값을 설정합니다. 화살표를 클릭하여 리스트에서 선택합니다.
- **그라데이션:** 곡면 분석 결과를 개별 색상 밴드 대신 그라데이션으로 표시하려면 선택합니다.
- **화면 표시 품질:** 그라데이션이나 색상 밴드의 해상도 또는 곡면 품질을 지정합니다. 설정이 작을수록 면 수가 작습니다. 설정이 클수록 깎인 면 수가 많으며 부품을 표시하는 데 시간이 더 걸릴 수 있습니다.
- **선택**

분석에 포함시킬 형상 유형을 설정합니다.

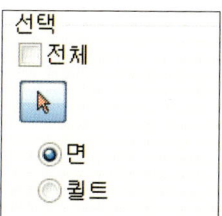

- **전체:** 부품 환경에서 부품의 모든 형상을 분석할지 여부를 지정합니다. 여기에는 전체 부품 및 부품의 모든 곡면 피쳐(퀼트)가 포함됩니다. 구성 환경에서는 구성 환경에 있는 모든 솔리드 본체 및 곡면 본체를 분석할지 여부를 지정합니다.
- **선택 버튼**

분석할 형상을 선택합니다.
- **면** 부품의 모든 곡면 본체나 솔리드 본체에서 선택한 면을 분석할지 여부를 지정합니다.
- **퀼트** 선택한 곡면 피쳐 및 선택한 각 곡면 피쳐에 포함된 모든 면을 분석할지 여부를 지정합니다.

06 단면 활용하기

리본 메뉴〉검사 탭〉분석 패널〉단면

 솔리드 부품의 내부에 대한 기본 또는 상세 정보를 제공하고 부품이 최대 벽 두께를 초과하는지 또는 최소 벽 두께에 미달하는지를 분석합니다. 해당 횡단면 그래픽 세트가 그래픽 창에 표시됩니다.

 분석 이름을 설정하거나 수정합니다. 첫 번째 저장된 분석의 이름은 기본적으로 횡단면 1로 지정됩니다.

- **단순**

2D 스케치의 그래픽 슬라이스와 유사하게 단일 단면 평면에서 부품의 단면도를 제공합니다.

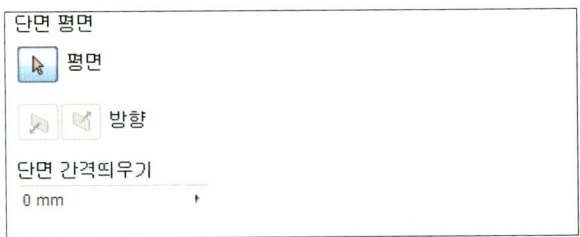

- **고급**

 벽 두께 분석 및 면적 물리적 특성 계산을 비롯하여 단면 평면에 대한 보다 자세한 내용을 제공합니다.

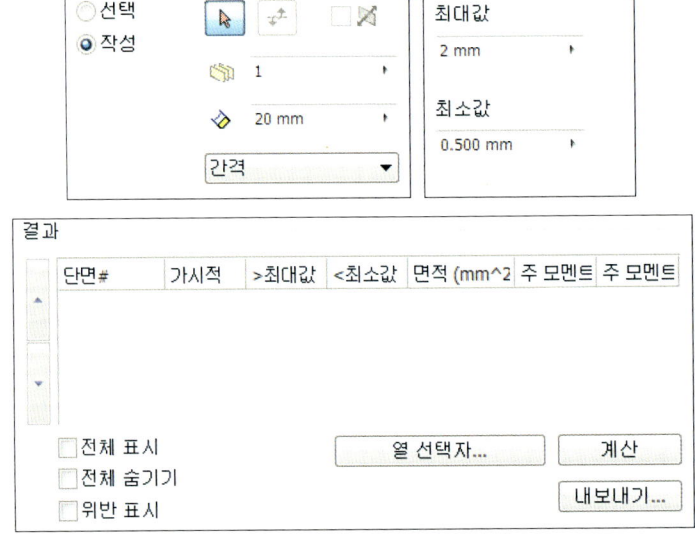

- **단면 평면**

단면 작성 및 배치 방법을 결정합니다. 또한 두께 범위도 설정합니다.

- **선택**

여러 작업 평면 및 평면형 면을 선택하여 횡단면의 분석 방향을 정의할 수 있습니다.

- **작성**

지정된 수와 간격만큼 띄운 평면형 면 또는 작업 평면을 선택하여 횡단면의 평행 분석 방향을 정의할 수 있습니다.

선택 버튼: 선택을 사용하여 횡단면의 분석 방향을 정의합니다.

반전은 단면의 방향을 반전시킵니다.

[X] 확인란을 클릭하여 단면 평면을 원래 평면의 양쪽에 분배합니다. 단면 수가 짝수인 경우 반전을 사용하여 남는 단면을 가져올 쪽을 결정합니다.

- **단면 수**

분석에 사용할 단면의 개수를 지정합니다. 각 단면에 대한 정보는 결과 탭에서 행으로 표시됩니다.

- **단면 간격**

선택한 단면 간격 띄우기 방법에 따라 단면 사이의 거리를 지정합니다. 거리를 선택한 경우 단면이 차지하는 총 거리를 지정합니다. 간격을 선택한 경우 단면 사이의 간격을 정의합니다.

- **단면 간격 띄우기 방법**

단면을 분배하는 방법을 설정합니다.
  - **거리**는 지정한 거리에 걸쳐 단면을 균등하게 분배합니다. 간격은 계산됩니다.
  - **간격**은 단면 사이 간격을 정의합니다. 단면이 차지한 총 거리가 계산됩니다.

- **벽 두께**

분석에 사용할 최소 및 최대 두께를 설정합니다.

- **계산**

결과 필드를 사용자화할 수 있습니다. 물리적 특성 열을 추가하면 각 단면의 중심 그림문자 가시성을 사용할 수 있습니다.

- **내보내기**

결과 탭의 테이블 및 그래픽 창에 해당 횡단면 그래픽을 생성합니다. 또한 내보내기: 횡단면 분석을 다시 계산하여 오래된 단면을 업데이트합니다.

테이블을 탭 구분 텍스트 파일로 내보내어 Microsoft Excel로 가져올 수 있습니다.

- **결과**

벽 두께 정보 및 영역의 물리적 특성 계산(중심, 관성 모멘트 등)을 비롯하여 각 분석 단면에 대한 정보가 표시됩니다. 최소 또는 최대 두께를 위반하는 단면은 해당 행 색상으로 표시됩니다. 결과 테이블에 가시적으로 표시된 각 단면은 부품의 가시적으로 교차 해치된 단면에 해당합니다.

테이블의 행을 클릭하면 그래픽 창에서 해당 단면이 강조됩니다.

테이블에는 단면의 물리적 특성 분석(예: 관성 모멘트)이 포함되어 있습니다.

행 색상	설명
노란색	단면이 최소 및 최대 두께 내에 속합니다.
빨간색	단면에 최대 두께를 초과하는 영역이 있습니다.
파란색	단면에 최소 두께에 미달하는 영역이 있습니다.
자주색	단면에 최대 두께를 초과하고 최소 두께에 미달하는 영역이 있습니다.
회 색	단면이 비가시적이며 오래되었습니다. 분석이 계산된 후에 모형이 변경되었으면 단면이 오래된 단면으로 됩니다.

다음 단면 테이블에서 행 선택을 위 또는 아래로 이동합니다.

- **전체 표시**

모든 단면을 표시할지 여부를 지정합니다.

- **위반 표시**

최소 또는 최대 두께를 위반하는 모든 단면을 그래픽에 표시할지 여부를 지정합니다.

- **전체 숨기기**

모든 단면을 숨길지 여부를 지정합니다.

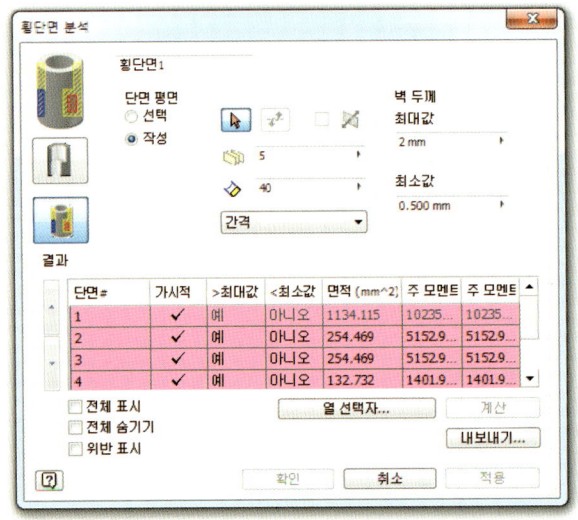
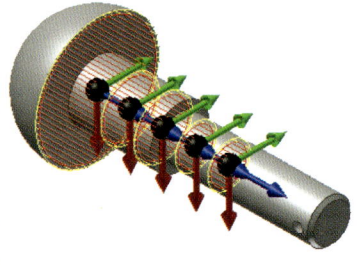

07 곡률 활용하기

리본 메뉴 〉 검사 탭 〉 분석 패널 〉 곡률

모형 면, 표면 및 모서리의 곡률과 전체 부드러운 정도에 대한 시각적 분석을 제공합니다. 구성 환경에서는 그룹 및 가져온 와이어에 대한 분석도 포함됩니다. 곡률 콤 플롯은 곡선으로부터 바깥쪽으로 방사되는 일련의 연결된 스파인이 있는 곡률을 보여 줍니다. 곡선의 상대 길이는 스파인이 발생하는 점에 있는 곡선의 곡률과 같습니다. 스파인의 길이가 길면 곡률이 큰 영역을 나타내고 스파인의 길이가 짧으면 곡률이 작은 영역을 나타냅니다.

chapter 13 기타 도구와 응용프로그램 옵션

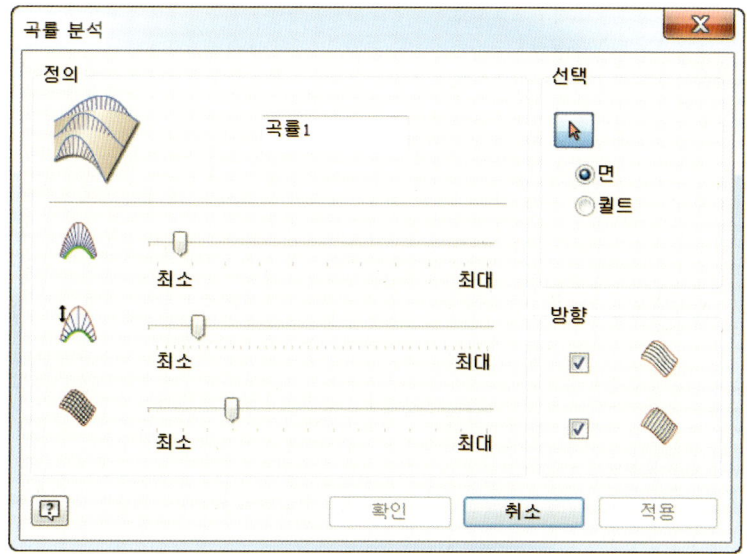

- **정의**

선택한 형상의 각 곡선 및 모서리를 따라 표시되는 분석 결과의 모양을 설정합니다.

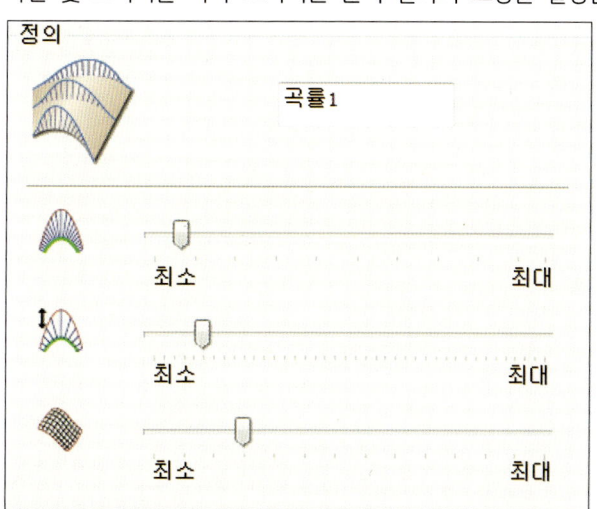

부품 환경에서만 사용할 수 있습니다. 분석 이름을 설정하거나 수정합니다.

곡률1   첫 번째 저장된 분석의 이름은 기본적으로 곡률1로 지정됩니다.

 콤 밀도 스파인 간의 간격을 지정합니다.

 콤 축척 스파인의 축척(길이)을 지정합니다.

 곡면 밀도 내부 면에 대한 샘플 곡선의 밀도를 지정합니다. 밀도가 높다는 것은 곡면을 따라 위치해 있는 곡선 샘플이 많다는 뜻입니다.

- **선택**

분석에 포함시킬 형상 유형을 설정합니다.

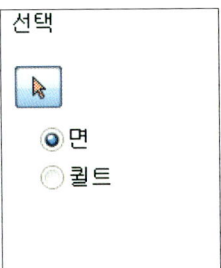

- **선택 버튼**

분석할 형상을 선택합니다.
- **면** 부품 또는 구성 환경에 있는 모든 곡면 본체나 솔리드 본체에서 선택한 면을 분석할지 여부를 지정합니다.
- **퀼트** 선택한 곡면 피쳐 및 선택한 각 곡면 피쳐에 포함된 모든 면을 분석할지 여부를 지정합니다.

- **방향**

곡률 콤 화면표시를 선택한 방향(방향1, 방향2 또는 양방향)으로 설정합니다.

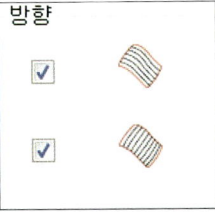

- **방향1**: 곡률 콤 화면표시를 이미지에 표시된 방향으로 설정합니다.
- **방향2**: 곡률 콤 화면표시를 이미지에 표시된 방향으로 설정합니다. 이미 다른 형상을 선택하여 스타일 정의를 수정하지 않고 분석 스타일을 다시 적용합니다.

08 간섭 분석 활용하기

리본 메뉴〉검사 탭〉간섭 패널〉간섭 분석

조립품에서는 두 개 이상의 구성요소가 동시에 같은 공간을 차지할 수 없습니다. 이러한 오류를 탐지하기 위해 조립품에서 간섭을 분석할 수 있습니다. 구성요소들이 서로 겹치는 곳에서는 간섭이 일시적으로 솔리드로 표시됩니다. 부분조립품의 구성요소 사이나, 선택한 구성요소의 그룹이나, 두 구성요소 그룹 사이에서 간섭을 점검할 수 있습니다.

- **간섭 분석 점검 이유**

분석은 구성요소 사이에 간섭이 있는지를 점검합니다. 모든 구성요소를 한 세트의 일부로 지정할 수도 있고 부품을 두 세트로 나누어 지정할 수도 있습니다.

- **간섭 분석 적용 방법**

간섭을 분석할 구성요소 세트를 하나 또는 두 개 선택합니다. 구성요소 세트 사이의 간섭이 분석되거나, 부분조립품 또는 구성요소 그룹을 단일 세트로 선택한 경우에는 해당 세트 내의 간섭을 분석합니다.

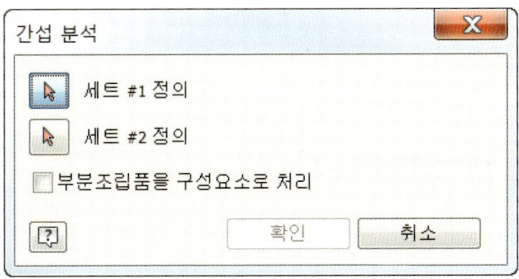

- **간섭 분석 결과 해석 방법**

간섭 체적은 솔리드로 표시됩니다. 간섭 보고서는 서로 간섭하는 부품 또는 부분 조립품을 나열하고, 간섭 체적의 중심 거리에 대한 x, y, z 좌표를 설명하고, 간섭의 체적을 나열합니다. 분석 과정을 따르면 구성요소를 편집하여 간섭을 제거할 수 있습니다.

- **세트 #1 정의:** 요소를 하나 이상 선택하여 그룹으로 분석합니다.
- **세트 #2 정의:** 요소를 하나 이상 선택하여 그룹으로 분석합니다.

분석이 진행됨에 따라 분석이 완료된 퍼센트가 화면에 표시됩니다. 구성요소의 수가 많거나 대형 조립품인 경우에는 분석 시간이 길어질 수 있습니다.

(주) 한 세트에 있는 구성요소 사이의 간섭을 분석하려면 세트 #1에 있는 모든 구성요소를 선택한 다음 확인을 클릭하십시오.

- **간섭이 탐지됨**

분석이 완료되면 간섭 발생 수 및 해당 간섭의 결합된 체적(해당되는 경우)이 메시지에 표시됩니다. 확인을 클릭하여 대화상자를 닫거나 자세히를 클릭하여 분석 보고서를 테이블 형식으로 표시합니다. 폭을 조정하려면 열 여백을 원하는 만큼 끌어 옵니다.

- **항목**

검색기 순서에 따라 숫자 순서로 간섭 체적을 나열합니다.

- **부품 1**

세트 #2의 부품을 간섭하는 세트 #1의 부품 파일 이름을 나열합니다. 부품이 부분조립품의 멤버인 경우에는 파일 이름과 부품 번호가 둘 다 표시됩니다.

- **부품 2**

세트 #1의 부품을 간섭하는 세트 #2의 부품 파일 이름을 나열합니다. 부품이 부분조립품의 멤버인 경우에는 파일 이름과 부품 번호가 둘 다 표시됩니다.

- **중심거리**

조립품 원점에 상대적으로 간섭 중심 거리의 x, y, z 좌표를 나열합니다.

- **체적**

찾은 간섭의 체적을 나열합니다.

09 부품 모델 단순화

조립품 모델을 단순화하는 데 사용할 수 있는 도구 외에도 부품 환경의 BIM 피쳐 인식 및 단순화 도구를 사용하여 BIM 모델에 필요하지 않은 세부 사항을 줄일 수 있으며 Revit 피쳐 인식 도구를 사용하여 모델을 만들 수 있습니다 Autodesk Revit보다 더 쉽게 접근할 수 있어 매우 사용하기에 유용할 것입니다. 부품 모델 단순화 Inventor에서 작성된 부품 모델을 BIM 사용자에게 전달할 때 발생하는 문제 중 하나는 3D모델 형상이 기계 설계에서 중요하지만 BIM 배치 및 계획 응용 프로그램에는 필요하지 않은 성형 또는 제조 기능이 포함되는 경우가 많다는 것입니다. 예를 들어 Inventor에서 가공된 부품의 모델을 작성하는 경우 기계 설계의 일부로 둥근 모서리, 구멍 및 기타 피쳐를 포함하고 지정해야만 하는 경우가 있습니다. 그러나 이러한 기능은 BIM 사용자에게 중요하지 않으며 BIM 응용 프로그램 속도를 저하시킬 수 있습니다. 따라서 Inventor에는 부품 모델의 면과 모서리 수를 줄이면서 상세 정보와 보이드를 제거하는 단순화 도구가 포함되어 있습니다. 리본 메뉴/ 환경 탭/ BIM 컨텐츠 제작 도구 버튼을 클릭하거나 3D 모형 탭/ 단순화 패널에 있는 단순화 도구들을 선택하여 단순화 작업을 진행할 수 있습니다.

▌상세 정보 제거

리본 메뉴/ 3D 모형 탭/ 단순화 패널/ 상세 정보 제거

 이 도구를 사용하여 작은 모깎기 및 모따기 형상을 제거하려는 면들을 선택하여 제거하여 면과 모서리 수를 줄이는 기능입니다.

chapter 13 기타 도구와 응용프로그램 옵션

1 열기 버튼을 클릭하여 SJS_Picture 13-2_Part Simplication.ipt 파일을 선택하여 열기를 합니다.

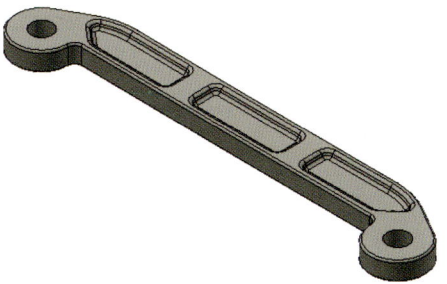

2 리본 메뉴/ 3D 모형 탭/ 단순화 패널/ 상세 정보 제거 도구를 클릭합니다.

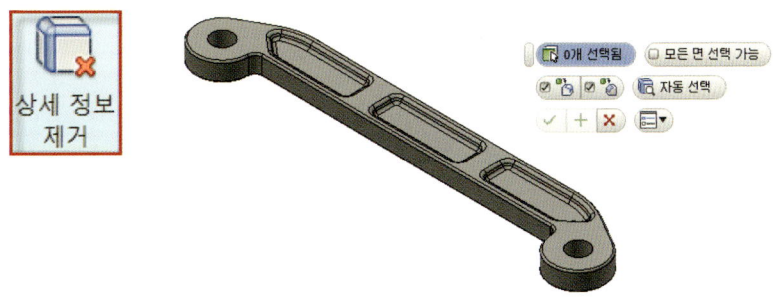

3 개별적으로 모깍기 및 모따기 형상을 선택할 수도 있지만, 여기서는 자동 선택을 클릭합니다.

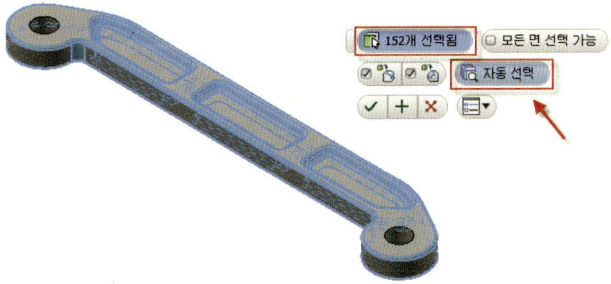

4 확인 버튼을 클릭합니다. 그러면 아래와 같이 면 삭제가 추가되어 단순화가 된 파일로 생성이 됩니다.

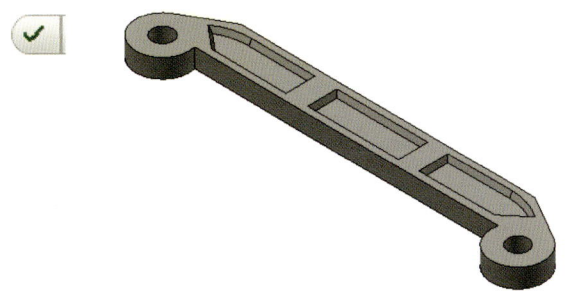

145

보이드 채우기

리본 메뉴/ 3D 모형 탭/ 단순화 패널/ 보이드 채우기

종종 파트에는 기계 설계에 의미가 있지만 BIM 레이아웃에서는 중요하지 않은 구멍과 포켓이 포함되어 있습니다. 이 도구를 사용하여 모서리와 면의 수를 줄이고 모델의 형상을 단순화하기 위해 이러한 보이드를 선택하고 채울 수 있습니다.

1 열기 버튼을 클릭하여 SJS_Picture 13-3_Part Simplication.ipt 파일을 선택하여 열기를 합니다.

2 리본 메뉴/ 3D 모형 탭/ 단순화 패널/ 보이드 제거 도구를 클릭합니다.

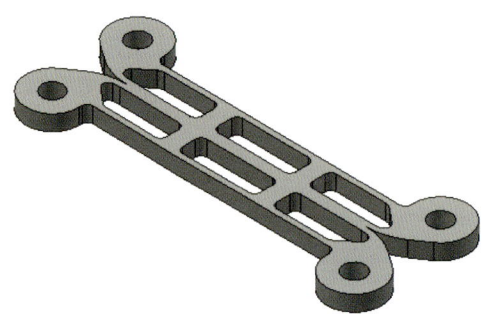

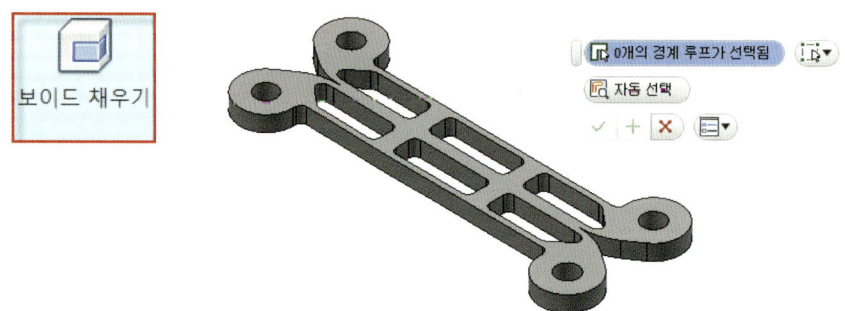

3 자동 선택을 클릭합니다.

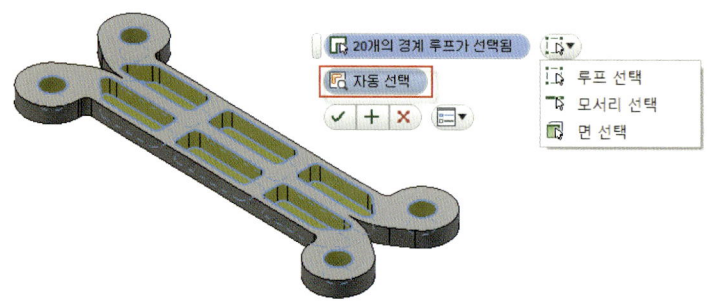

146

chapter 13 기타 도구와 응용프로그램 옵션

4 확인 버튼을 클릭합니다. 그러면 아래와 같이 면 삭제가 추가되어 단순화가 된 파일로 생성이 됩니다.

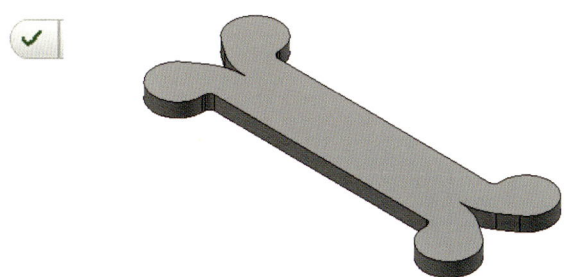

덮개 정의

리본 메뉴/ 3D 모형 탭/ 단순화 패널/ 상세 정보 제거

이 도구를 사용하면 복잡한 피처의 면과 모서리 수를 줄여 파트 모델을 보다 쉽게 사용할 수 있습니다. 예를 들어, 간단한 경계 상자를 사용하여 매우 복잡한 가공 형상을 나타낼 수 있습니다.

1 열기 버튼을 클릭하여 SJS_Picture 13-4_Part Simplication.ipt 파일을 선택하여 열기를 합니다.

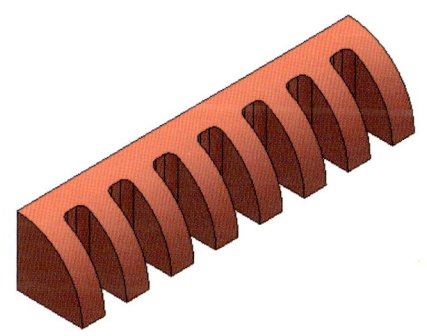

2 리본 메뉴/ 3D 모형 탭/ 단순화 패널/ 덮개 정의 도구를 클릭합니다.

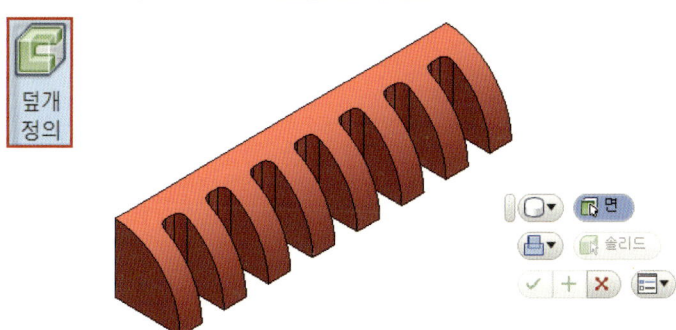

3 경계 원통을 선택하고 아래와 같이 1/4 원통형의 면을 선택합니다.

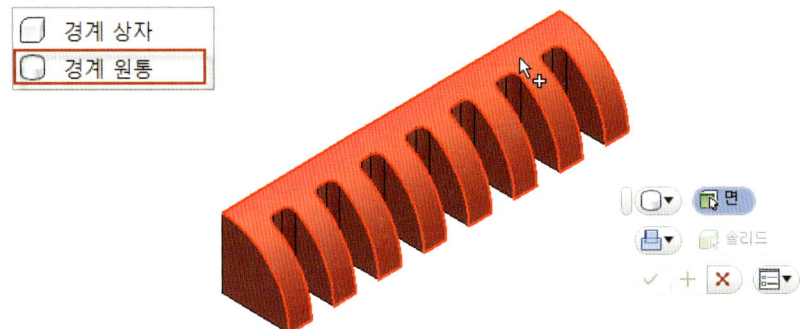

4 아래와 같이 원통형의 단순화 모델 형태의 미리 보기가 표시됩니다.

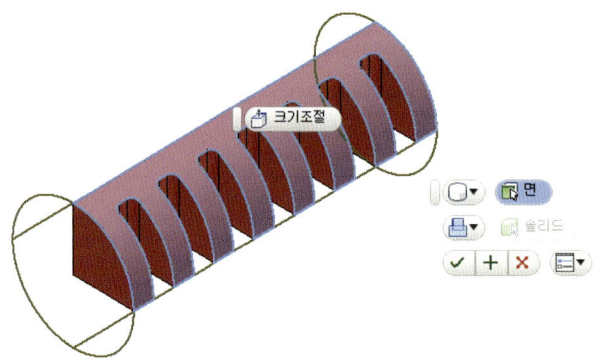

5 확인 버튼을 클릭합니다. 그러면 아래와 같이 면 삭제가 주가되어 단순화가 된 파일로 생성이 됩니다.

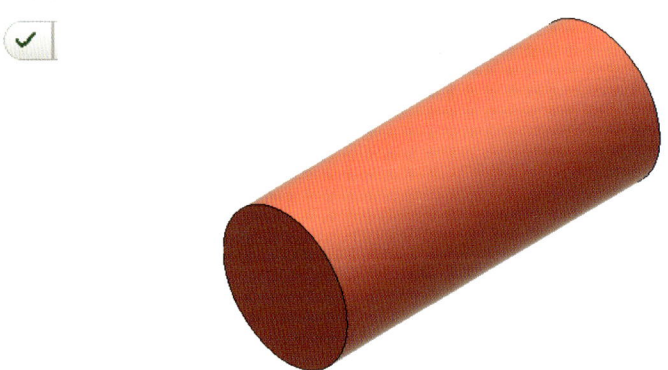

Revit 기능 인식

많은 Inventor 사용자가 Autodesk Revit 라이브러리에서 사용할 모델을 작성합니다. 이를 돕기 위해 모델을 Revit으로 원활하고 예측 가능하게 가져올 수 있도록 설정하는 것이 좋습니다. Revit 기능 인식 도구를 사용하여 모델을 "BIM 준비"로 만들 수 있습니다. 피쳐가 인식되면 BIM Exchange 환경으로 들어가서 Revit 내보내기 용 모델을 작성할 수 있습니다.

- **돌출 인식**
  Inventor 돌출 피쳐를 인식하고 이를 Revit에서 인식하는 돌출로 변환합니다.
- **회전 인식**
  Inventor 회전 피쳐를 인식하고 이를 Revit에서 인식하는 회전으로 변환합니다.
- **스윕 인식**
  Inventor 스윕 피쳐를 인식하고 이를 Revit에서 인식 한 스윕으로 변환합니다.
- **자동 인식**
  Inventor의 압출 및 회전 피쳐를 자동으로 인식하고 필렛 및 모따기를 제거합니다.

10 자동 제어 사용하기

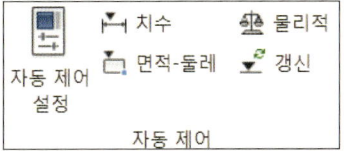

자동 제어 도구를 사용하면 모델 변경 사항을 모니터링을 하면서 오류 및 엔지니어링 변경 사항을 줄일 수 있습니다. 예를 들어, 플라스틱 제조업체로서 구성 요소의 벽 두께가 너무 얇아지거나, 아마도 기계공이며 두 개의 구멍이 서로 너무 가까워 졌는지 알고 싶을 때 상황을 분석하려고 한다고 가정한다면, 이 "점검"을 정의하고 이러한 상황이 설계 초기에 포착 되길 원합니다. 자동 제어 기능을 사용하면 이러한 제한을 설정하고 시스템에서 경고하도록 할 수 있습니다. 이 도구로 작성하는 자동 제어는 수동이며 기하학적 형상을 구동하지 않거나 피쳐가 제한을 위반하지 않도록 할 수 있습니다. 자동 제어 도구를 사용하는 또 다른 방법은 지속적인 측정 도구입니다. 표준 측정 도구를 사용하면 측정 결과가 저장되지 않지만 자동 제한 도구를 사용하면 측정이 지속됩니다. 파일을 열 때 자동 제한 패널 막대를 활성화하지 않으면 작성한 자동 제한이 표시되지는 않습니다.

자동 제어 도구는 다음과 같은 내용에 대해 제한을 모니터링 합니다.

- 치수 길이, 거리, 각도, 지름, 최소 거리
- 면적 - 경계 영역, 둘레
- 물성치 질량

• 자동 제어 사용

검사 탭에 자동 제어 도구가 표시되지 않으면 도구 탭/ 옵션 패널/ 애드인 관리자 도구 명령 버튼을 클릭합니다. 추가 기능 목록에서 자동 제어를 클릭한 다음 대화 상자 아래쪽에 있는 로드/ 언로드 확인란을 선택하여 자동 제어 도구를 로드합니다. 자동으로 로드 확인란을 선택하면 시작할 때 Inventor에서 로드할 수 있습니다.

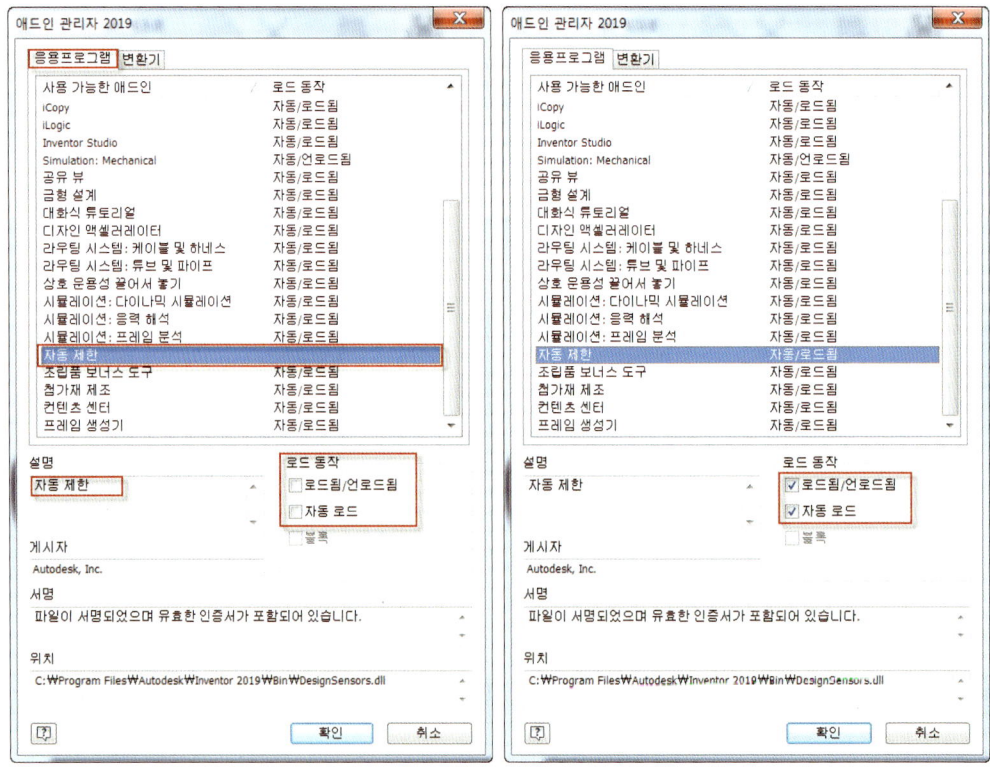

다음 예제와 같이 모양과 색상 측면에서 사용자에게 피드백이 제공됩니다.
- 녹색 원은 경계 한계 내에 있음을 의미합니다.
- 노란색 역 삼각형은 경계 한계 근처에 있음을 의미합니다.
- 붉은 색 사각형은 한계를 벗어 났음을 의미합니다.

chapter 13 기타 도구와 응용프로그램 옵션

1 열기 버튼을 클릭하여 SJS_Picture 13-5_AutoLimits.ipt 파일을 선택하여 열기를 합니다.

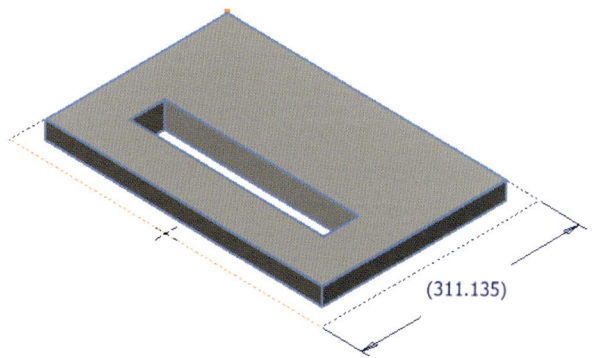

2 리본 메뉴/ 검사 탭/ 자동 제어 패널/ 자동 제어 설정 도구를 클릭합니다. 세 가지 기본 표시 옵션이 모두 활성화되어 있는지 확인한 다음 확인 버튼을 클릭합니다.

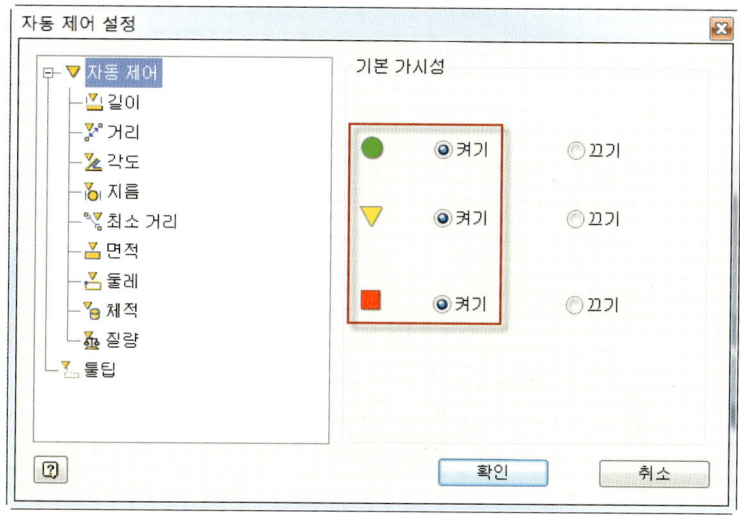

3. 이 부품에는 솔리드 기반의 배치 스케치가 있습니다. 가시적인 구동 치수를 작성하여 길이가 정의되지 않은 상태로 남았습니다. 두 개의 자동 제어가 추가되었습니다. 앞쪽 모서리에서 직사각형 커팅까지의 거리가 너무 얇으면 경고 메시지가 표시되고 두 번째 부분은 너비가 너무 커지면 알려줍니다.

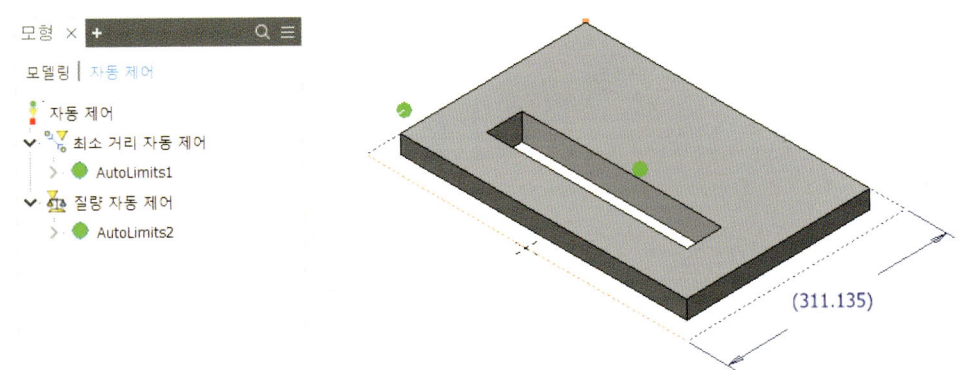

4. 모델을 조정하려면 다음 단계를 수행합니다.
   A. 스케치 된 점 또는 구성 선을 클릭하고 드래그 앤 드롭을 합니다.
   B. 편집 버튼을 사용하여 편집이 수행되는지 확인합니다.

5. 스케치 점을 드래그하여 보이는 치수가 약 470이 되도록하고 업데이트 버튼을 클릭합니다. 부품 중앙의 빨간색 사각형을 확인합니다. 이것은 현재 자동 제어이며 현재 길이로 인해 부품이 너무 무거움을 나타냅니다.

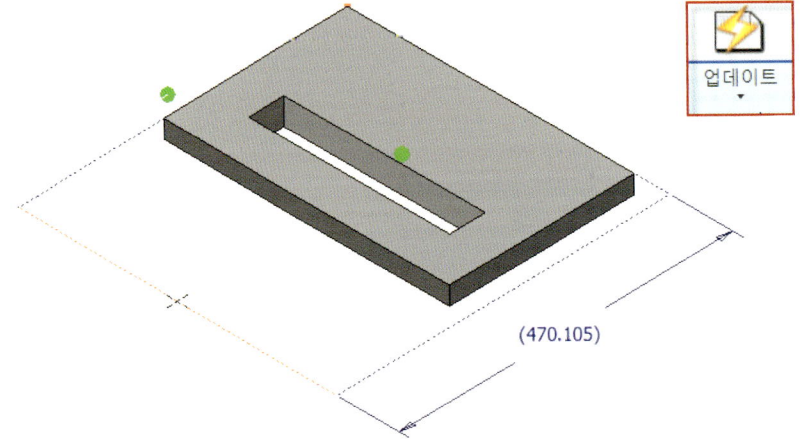

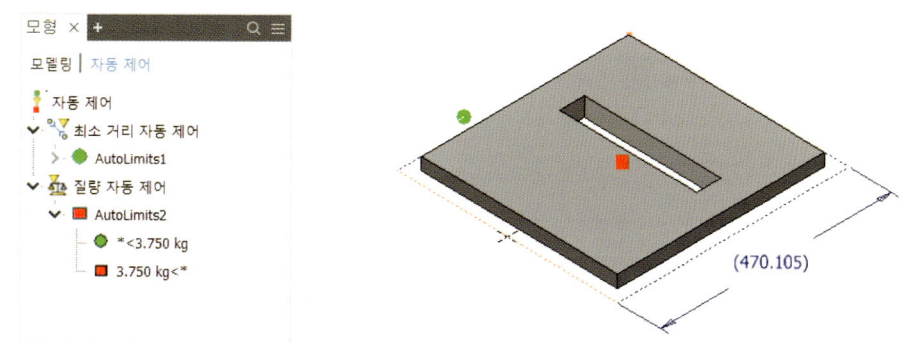

6 표시된 치수가 300보다 작도록 스케치 점을 드래그하고 업데이트 버튼을 클릭합니다. 부품 가장자리의 빨간색 사각형을 확인합니다. 이것은 현재 전체 길이가 직사각형 절단 부분과 부품의 모서리 사이의 너비를 너무 가늘게 만드는 것을 나타내는 하한 제어인 길이 자동 제어입니다.

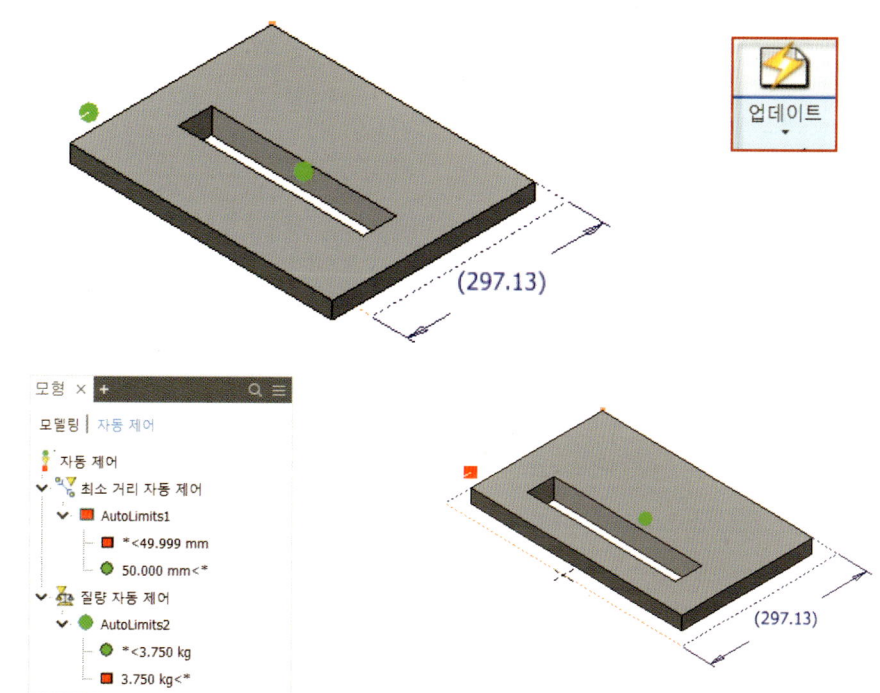

11 응용프로그램 옵션

리본 메뉴/ 옵션 패널/ 응용프로그램 옵션

Autodesk Inventor의 인터페이스와 옵션에 대해 조정하고 설정할 수 있는 영역입니다.

일반 탭

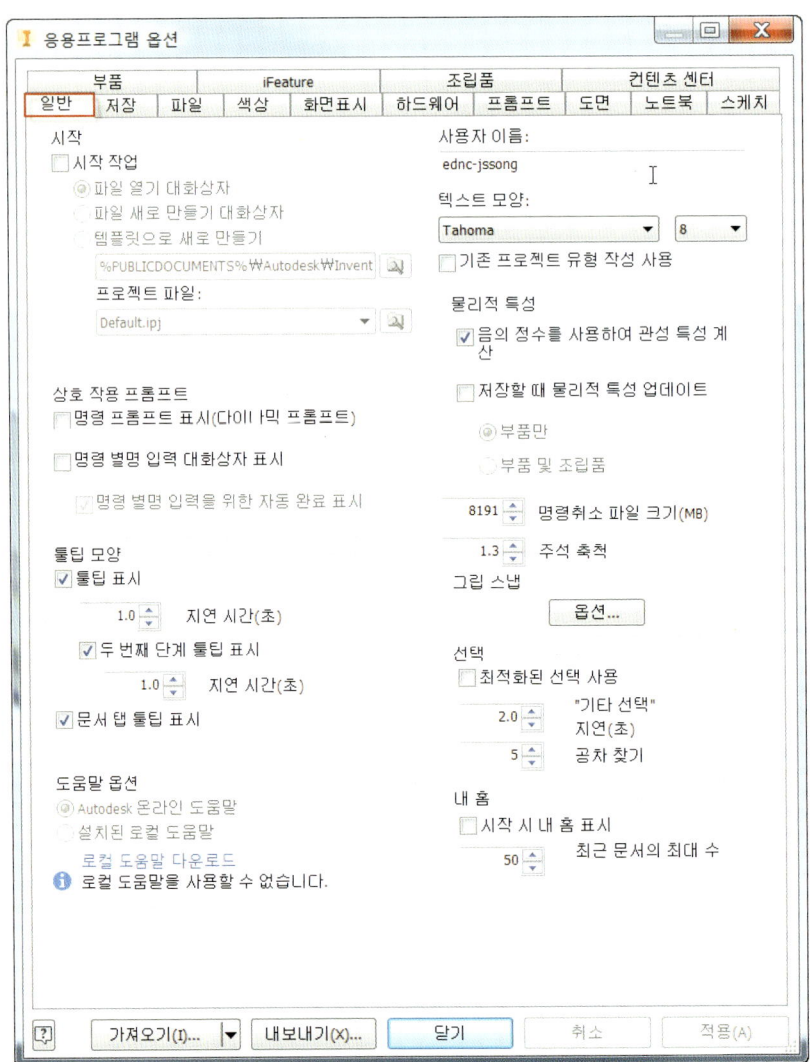

- 시작

- 시작 작업: 체크 시
  - 파일 열기 대화상자 선택: 인벤터 로딩 시 파일 열기 대화상자가 같이 열립니다.
  - 파일 새로 만들기 대화상자 선택: 인벤터 로딩 시 파일 새로 만들기 대화상자가 같이 열립니다.
  - 템플릿으로 새로 만들기 선택: 템플릿 및 프로젝트 파일을 지정합니다. 기본 템플릿 파일은 standard.ipt입니다. 템플릿 파일을 찾거나 템플릿 파일 이름을 입력하면 Autodesk Inventor에서 프로젝트 파일에 정의된 템플릿 폴더를 검색합니다. 기본 프로젝트 파일은 default.ipj입니다. Autodesk Inventor 프로젝트 파일 리스트에서 선택할 수 있습니다.

- 시작 작업: 체크 해제 시
  - 인벤터 화면만 디스플레이가 됩니다.

- 시작할 때 VBA 로드: 체크 시
  - 인벤터를 실행 시 VBA가 같이 로드됩니다.
  - 로드 시간을 절약하기 위해 기본적으로 꺼져 있습니다.

- 시작할 때 VBA 로드: 체크 해제 시
  - 인벤터를 실행 시 VBA가 같이 로드되지 않습니다.
  - VBA 편집기를 열 때만 VBA가 로드됩니다.
  - 매크로 대화상자
  - VBA가 포함된 문서

- 상호 작용 프롬프트: 툴 팁 모양 및 자동 완료 동작을 제어합니다.

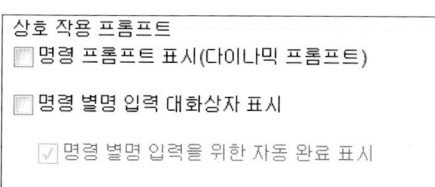

- 명령 프롬프트 표시(다이나믹 프롬프트)
  - 이 상자를 선택하면 명령 프롬프트가 커서 근처의 툴 팁에 표시됩니다.

- 별명 명령 입력을 위한 자동 완료 표시
  - 이 상자를 선택하면 불명확하거나 불완전한 명령이 입력된 경우 자동 완료 리스트 상자가 표시됩니다.

- 주) 명령 별명 입력 대화상자 표시를 선택하지 않은 경우에는 자동 완료가 사용자 인터페이스에 영향을 미치지 않습니다.
- 명령 별명 입력 대화상자 표시
  - 이 상자를 선택한 경우 명령 이름의 첫 문자를 입력하면 커서 옆에 명령 별명 입력 대화상자가 나타납니다.
- **툴팁 모양:** 툴 팁 화면표시 기준을 설정합니다.

- **툴 팁 표시**
  - 리본의 명령에 커서가 있을 때 툴 팁의 화면표시를 제어합니다.
- **지연 시간(초)**
  - 리본에 툴 팁이 표시되는 시간 길이(초)를 설정합니다.
  - 주) 툴 팁 표시 확인란을 선택하여 툴팁의 화면표시를 비활성화할 수 있습니다.
- **두 번째 단계 툴팁 표시**
  - 리본에서 두 번째 단계 툴 팁의 화면표시를 제어합니다.
- **지연 시간(초)**
  - 리본에 두 번째 단계 툴 팁이 표시되는 시간 길이(조)을 설정합니다.
  - 주) 툴팁 표시 확인란을 선택하여 툴팁의 화면표시를 비활성화할 수 있습니다.
- **문서 탭 툴팁 표시**
  - 커서를 올려 놓은 경우 툴 팁의 화면표시를 제어합니다.
- **도움말 옵션**

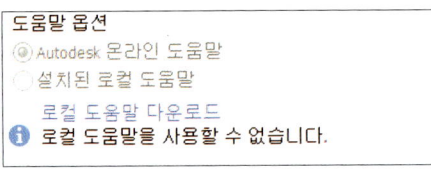

- **사용자 이름:** 메모 및 기타 Autodesk Inventor 기능의 사용자 이름을 설정합니다.

기본적으로 Windows 사용자 이름으로 설정됩니다.

- **텍스트 모양:** 대화상자, 검색기 및 제목 막대의 텍스트 글꼴을 설정합니다.

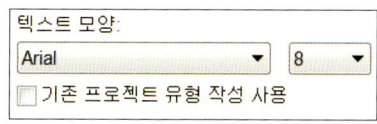

기본적으로 텍스트 사이즈는 8 과 9 만 제공됩니다.

- **기존 프로젝트 유형 작성 사용: 체크 시**

  이 상자를 선택하면 Autodesk Inventor에서 공유 및 부분 분리된 프로젝트 유형을 작성할 수 있습니다.

- **물리적 특성:** 질량 특성을 계산하는 방법 및 시기를 제어합니다.

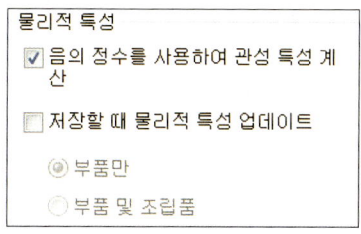

- **음의 정수를 사용하여 관성 특성 계산: 체크 시**

  이 상자를 선택하면 음수 및 특성 대화상자의 물리적 탭에 있는 관성 특성 섹션에서 전역 또는 무게 중심 중 하나가 선택됩니다. 표시되는 데이터는 선택한 구성요소의 강체 관성 텐서입니다. 일부 비 대각 요소(Ixy, Iyz, Ixz)는 음수이지만 좌표계 및 구성요소 질량 분포에 따라서는 양수인 비 대각 요소도 있습니다.

- **음의 정수를 사용하여 관성 특성 계산: 체크 해제 시**

  이 상자의 선택을 취소하면 양수는 비 대각 요소의 부호를 반전시켜 값의 정수 부분만 보고합니다.

- **저장할 때 물리적 특성 업데이트: 체크 시**

  이 상자에 체크 표시가 되어 있으면 파일을 저장하기 전에 관리 탭의 업데이트 패널에 있는 질량 업데이트 명령이 실행됩니다. 따라서 수동으로 업데이트할 필요 없이 질량 특성을 최신 상태로 유지할 수 있습니다. **부품만** 또는 **부품 및 조립품** 조립품의 질량 특성을 업데이트하는 데 시간이 오래 걸릴 수 있습니다.

- **명령취소 파일 크기(MB)**

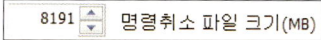

작업을 명령 취소할 수 있도록 모형 또는 도면에 대한 변경 사항을 추적하는 임시 파일의 크기를 설정합니다. 대형 또는 복잡한 모형 및 도면으로 작업할 때 명령취소를 수행할 수 있는 적합한 용량을 제공하려면 이 파일의 크기 증가를 고려합니다. 크기(Mb)를 입력하거나 위쪽 또는 아래쪽 화살표를 입력하여 크기를 선택합니다. **(1~8191Mb) 사이의 값을 입력합니다.**

- **주)** 최상의 결과를 얻으려면 파일 크기를 4MB씩 늘리거나 줄입니다.

- **주석축척**

그래픽 창에 치수 텍스트, 치수의 화살촉, 자유도 기호 등의 비 모형 요소의 크기를 설정합니다. 축척은 0.2에서 5.0까지 조정할 수 있으며, **기본 값은 1.0으로 되어있습니다.**

- **그립 스냅**

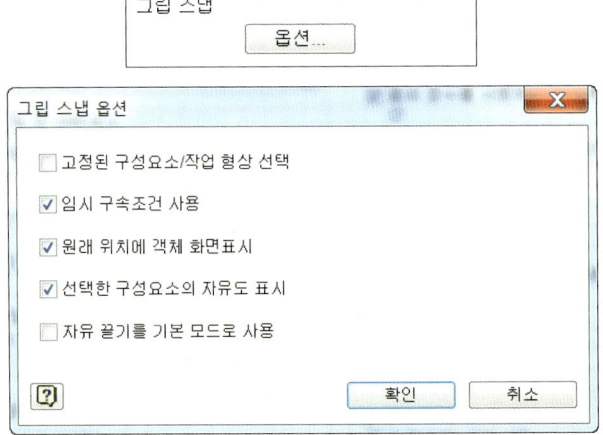

- **고정 구성요소/작업 형상 선택**

이동 또는 회전할 선택 세트에 조립품 내의 고정 구성요소 및/또는 조립품을 포함할지 여부를 지정합니다. 이 옵션을 선택하지 않으면 고정 구성요소는 선택 세트에 포함되지 않으며 이동하거나 회전하지도 않습니다. **기본적으로 이 옵션은 선택되어 있지 않습니다.**

- **임시 구속조건 사용**

같은 선택 세트를 여러 번 조작하는 동안 일시적 구속조건을 사용할지 여부를 지정합니다. **기본적으로 이 옵션은 선택되어 있습니다.**

- **선택한 구성요소의 자유도 표시**

활성 구성요소 또는 조립품 선택과 관련된 변환 및 회전 자유도를 표시하기 위해 HUD 끝에 상자를 추가할지 여부를 지정합니다. **기본적으로 이 옵션은 선택되어 있습니다.**

- **선택한 구성요소의 자유도 표시**

활성 구성요소 또는 조립품 선택과 관련된 변환 및 회전 자유도를 표시하기 위해 HUD 끝에 상자를 추가할지 여부를 지정합니다. **기본적으로 이 옵션은 선택되어 있습니다.**

- **자유 끌기를 기본 모드로 사용**

그립 스냅 이동 옵션에서 자유 끌기를 선택하는 단계를 건너뛰고 각 형상 유형에 대한 자유 끌기 옵션을 사용할지 여부를 지정합니다. 이 옵션을 선택하면 이동 옵션이 표시되지 않으며, 구성요소 또는 조립품을 직접 선택하고 배치할 수 있습니다. Tab 키를 클릭하여 이동 옵션 설정을 전환하고 다음 작업을 위해 자유 끌기를 재지정할 수 있습니다. **기본적으로 이 옵션은 선택되어 있지 않습니다.**

- **선택:** 객체 선택 기준을 설정합니다.

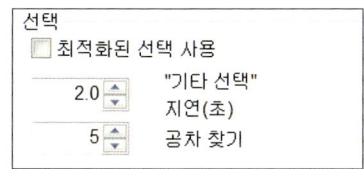

- **최적화된 선택 사용: 체크 시**
  대형 조립품에서 사전 강조하는 동안 그래픽 성능을 향상시킵니다.
- **"기타 선택" 지연(초)**
  그래픽 창에서 기타 선택이 표시될 때까지 선택 커서가 형상을 가리키고 있어야 하는 시간(초)을 설정합니다. 주) 수치 값을 입력하지 않고 끄기로 설정할 수 있습니다.
- **공차 찾기**
  마우스 버튼을 클릭했을 때 선택될 객체로부터의 거리(픽셀 단위)를 설정합니다.
  1에서 10 사이의 숫자를 입력하거나 위쪽 또는 아래쪽 화살표를 클릭하여 거리를 선택합니다.

저장 탭

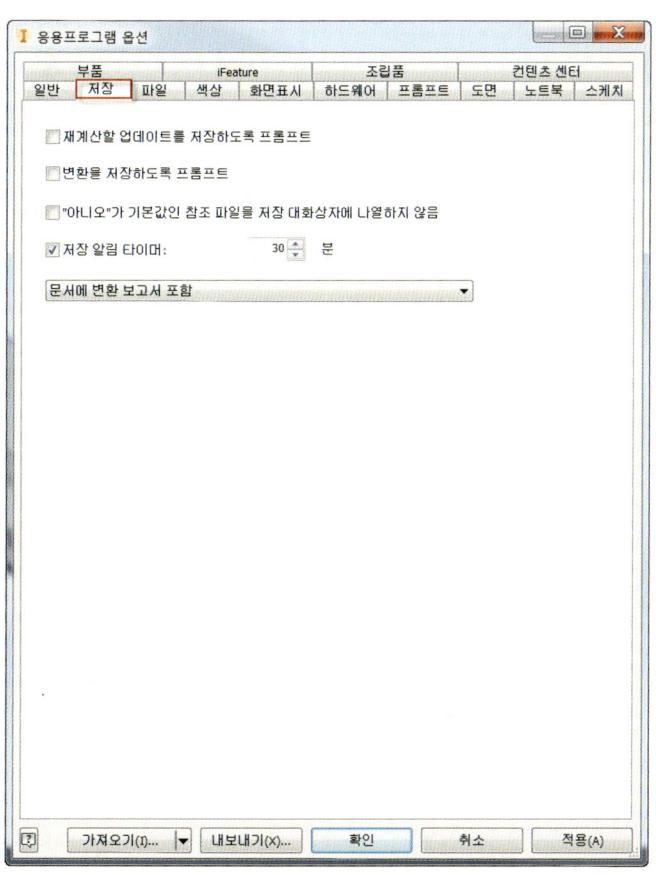

다중 사용자 모드에서 변경 사항 체크 아웃과 저장을 강제로 수행할 것인지 여부를 지정합니다.
파일을 닫을 때 파일을 저장하고 해당 파일을 참조하는 다른 파일을 저장할 때 파일을 저장합니다.

- **재계산할 업데이트를 저장하도록 프롬프트**
  저장되지 않은 변경 사항이 있는 파일을 닫을 때 닫기 전에 변경 사항을 저장할지를 묻는 대화상자가 나타납니다.
    - 다음과 같은 이벤트가 발생할 때 파일 저장 여부를 묻는 프롬프트를 표시하려면 확인란을 선택합니다.
    - 프롬프트를 생략하려면 확인란의 선택을 취소하십시오. 이 경우 Autodesk Inventor가 알림 없이 작업을 수행합니다.
- **시스템에서 파일 참조 해석:** Autodesk Inventor가 일부 파일 참조를 자동으로 해석할 수 있으며 새 파일 이름, 이동된 파일의 경로 또는 기타 정보를 제공할 필요가 없습니다. 이 작업은 시스템 수준 파일 해석을 알려 줍니다.
- **구성요소/질량 특성 업데이트:** 문서가 열리고 참조된 문서가 다른 환경에 저장되면 추가 감사가 업데이트가 필요한지 여부를 결정합니다. 프로세스에서 삭제된 객체에 대한 참조(예: 구속조건 또는 주석)를 삭제하도록 변경할 수 있습니다.
  대개 질량 특성은 최신 상태로 유지되지는 않습니다.
- **도면 뷰 업데이트**
  확인란을 선택하면 모형이 변경되어 도면 뷰를 업데이트해야 하는 경우에 메시지가 표시됩니다. 확인란의 선택을 취소하면 다음에 도면을 열 때 뷰를 수동으로 업데이트할 수 있습니다.

- **변환을 저장하도록 프롬프트**
  Autodesk Inventor의 데이터 형식은 새 소프트웨어 릴리즈로만 변환됩니다. 변환 후에는 이전 릴리즈의 Autodesk Inventor에서 변환된 데이터 파일을 읽을 수 없습니다. 변환 작업은 열린 파일에서 자동으로 수행되므로 파일이 열리고 메모리 내에서 새 데이터 형식으로 변환되었다고 해서 변환된 상태를 저장할 필요는 없습니다(특히 공유 라이브러리 또는 릴리즈된 구성요소의 경우).
  동일한 파일의 반복적인 변환을 피하려면 확인란을 선택하고 닫을 때 변환된 파일을 저장합니다. 또는 프롬프트를 생략하려면 확인란의 선택을 취소합니다.

- **"아니오"가 기본값인 참조 파일을 저장 대화상자에 나열하지 않음**
  이 확인란을 선택하지 않으면 참조 문서가 저장될 때 이러한 종류의 변경 사항만이 있는 종속 파일이 저장 대화상자에 표시됩니다. 기본값은 아니오(저장하지 않음)입니다. 이 설정은 예(강제 저장)와 아니오 사이에서 전환할 수 있습니다. 이 상자를 선택하면 이러한 종류의 변경 사항만 있는 종속 파일이 리스트에 표시되지 않고 저장되지도 않습니다.

- **저장 알림 타이머**
  자동 저장 알림 알림 기능을 켜고 끕니다. 저장 알림이 켜져 있으면 Autodesk Inventor를 열 때

타이머가 시작됩니다. 타이머는 설정을 조정할 때마다 자동으로 재설정됩니다.

1 ~ 9999분 사이에서 시간 간격을 설정합니다. 기본값은 30분입니다. 지정한 시간 기간이 지나면 파일을 저장해야 하는 경우에만 저장 알림 알림 말 풍선이 표시됩니다.

저장 알림 알림 말 풍선에서 다음을 수행할 수 있습니다.
　- 말풍선 내에서 클릭하여 표준 파일 저장 요청을 시작하고 활성 문서를 저장합니다.
　- X를 클릭하여 말 풍선을 일시적으로 닫고 타이머는 계속 작동시킵니다.
　- "이 메시지를 다시 표시하지 않음"을 클릭하여 저장 알림 동작을 켜거나 끕니다.
　- 저장 알림 말 풍선이 더 이상 나타나지 않게 하고 타이머는 계속 작동시킵니다.

타이머는 설정을 조정할 때마다 자동으로 재설정됩니다.

주) 프롬프트 탭에서 자동 저장 타이머 기능을 끌 수 있습니다.

파일 탭

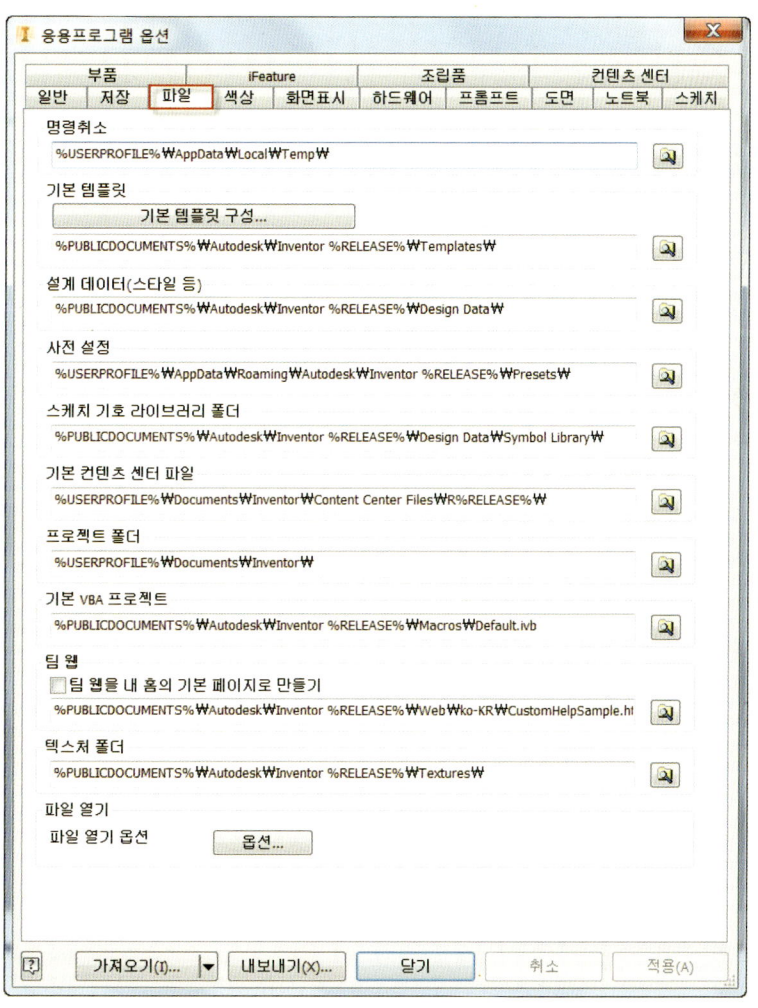

- **명령 취소:** 작업을 명령 취소할 수 있도록 모형 또는 도면에 대한 변경 사항을 추적하는 임시 파일의 위치를 지정합니다. 위치를 변경하려면 새 경로를 입력하거나 찾아보기 버튼을 클릭하여 경로를 검색하고 선택합니다.

  주) 명령취소 파일의 크기를 설정하려면 일반 탭에 있는 명령 취소 옵션을 설정합니다.

  명령취소
  %USERPROFILE%₩AppData₩Local₩Temp₩

- **기본 템플릿:** Autodesk Inventor가 새 면을 작성하는 데 사용하는 템플릿 파일의 위치를 지정합니다. 위치를 변경하려면 새 경로를 입력하거나 찾아보기를 클릭하여 경로를 검색하고 선택합니다.

  주) 템플릿 파일의 위치는 프로젝트 파일에 의해 덮어 쓰여질 수 있습니다. 시작하기 탭/ 시작 패널 / 프로젝트를 클릭합니다. 위치를 확인하려면 프로젝트 파일 편집기의 폴더 옵션 섹션으로 이동하면 됩니다.

  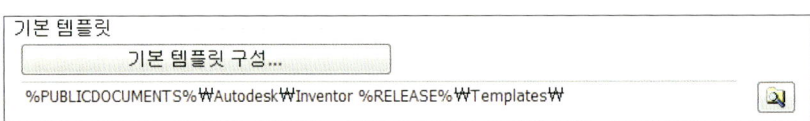

- **설계 데이터(스타일 등):** 스레드 테이블 같은 외부 파일의 위치와 Autodesk Inventor가 사용하는 기본 스타일을 지정합니다. 파일 경로를 입력하거나 찾아보기를 클릭하여 경로를 검색하고 선택합니다.

  주) 프로젝트 파일의 폴더 옵션 설정은 기본적으로 응용프로그램 옵션 설계 데이터 폴더를 사용하도록 지정되지만 사용자 지정 폴더를 사용하도록 재지정할 수 있습니다.

  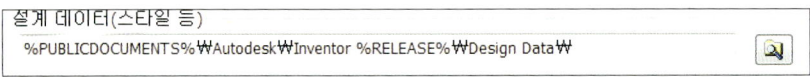

- **사전 설정:** Presets.xml 파일의 기본 위치를 지정합니다. 사전 설정 파일은 특성 패널을 사용하여 액세스하는 피쳐의 매개변수 값을 유지합니다. 파일 경로를 입력하거나 찾아보기를 클릭하여 경로를 검색하고 선택합니다.

  주) 프로젝트에서 사전 설정 파일의 기본 위치를 재지정할 수 있습니다. 파일/ 관리/ 프로젝트를 클릭합니다. 위치는 프로젝트 파일 편집기의 폴더 옵션 섹션에서 확인합니다.

  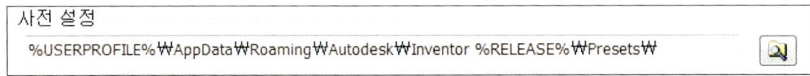

- **기본 컨텐츠 센터 파일:** 컨텐츠 센터에서 표준 부품으로 배치된 부품의 기본 저장 폴더를 지정합니다. 위치를 변경하려면 새 경로를 입력하거나 찾아보기를 클릭하여 경로를 검색하고 선택합니다.

  주) 컨텐츠 센터 부품의 기본 위치는 프로젝트에서 덮어쓸 수 있습니다. 위치를 확인하려면 파일/ 관리/ 프로젝트를 클릭한 다음 프로젝트 파일 편집기의 폴더 옵션 섹션으로 이동합니다..

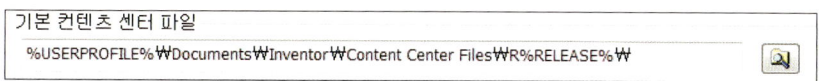

- **프로젝트 폴더:** 프로젝트 파일에 대한 바로 가기를 포함하는 폴더를 지정합니다. 프로젝트 파일을 작성하면 바로 가기가 이 폴더에 추가됩니다. 전체 폴더 경로를 입력하거나 찾아보기를 클릭하여 원하는 폴더를 찾습니다.

주) 프로젝트를 작성한 후 프로젝트 폴더를 변경하는 경우에는 기존 프로젝트에 대한 바로 가기를 추가하여 프로젝트 대화상자에 있는 리스트에 표시되도록 합니다.

- **기본 VBA 프로젝트:** 기본 VBA(Visual Basic for Applications) 프로젝트 파일의 위치 및 이름을 지정합니다. Autodesk Inventor를 사용할 때 ProdNam은 VBA 프로젝트에 액세스하여 작업 시 매크로를 사용할 수 있게 합니다. 지정된 파일이 없으면 Autodesk Inventor의 VBA 기능을 처음으로 사용할 때 작성됩니다.

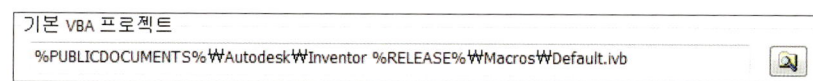

- **팀 웹:** iDrop 부품에 대한 기본 라이브러리 파일의 위치와 이름을 지정합니다.
이 시작하기 탭/ 내홈 패널/ 팀 웹에서 iDrop 라이브러리에 액세스합니다.

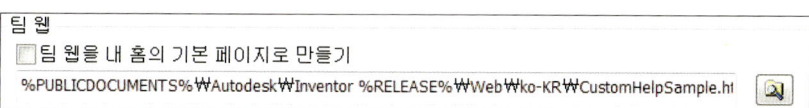

팀 웹을 내 홈의 기본 페이지로 만들기 이 옵션을 선택한 경우 지정된 팀 웹 페이지가 내 홈 시작 화면으로 표시됩니다. → 시작하기/ 실행 패널/ 팀 웹에서 팀 웹에 접근합니다.

- **텍스처 폴더:** 텍스처의 위치를 지정합니다.

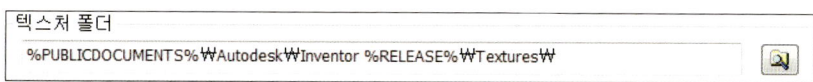

- **파일 열기:** 조립품 탭에서 다음 옵션을 사용할 수 있습니다.

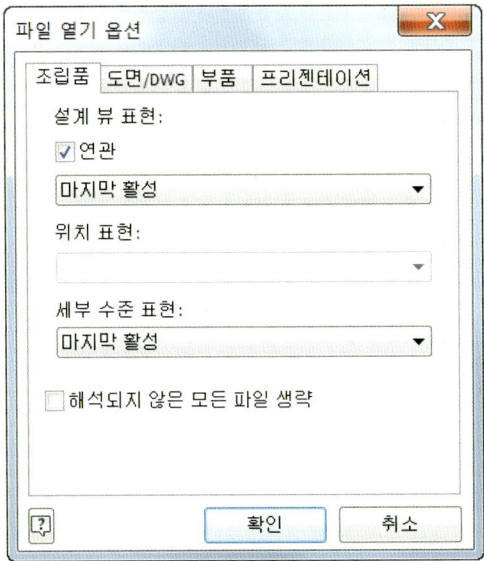

- **설계 뷰 표현:** 설계 뷰는 구성요소 가시성, 색상, 사용 가능 상태, 검색기 상태, 카메라 방향 등 립 품에 대한 여러 가지 표시 속성에 영향을 줍니다.
  - **마지막 활성:** (기본값) 조립품 파일과 함께 마지막으로 저장한 설계 뷰 표현을 로드합니다.
  - **마스터:** 마지막으로 저장한 설계 뷰 표현을 무시하고 마스터를 로드합니다.
  - **모두 표시:** 모든 구성요소가 표시된 설계 뷰 표현을 로드합니다.
  - **표시 안 함:** 구성요소가 표시되지 않은 설계 뷰 표현을 로드합니다.
  사용 불가능 위치 표현을 선택하는 드롭-다운은 파일 열기 대화상자에서 사용할 수 있습니다.
- **위치 표현:** 사용 불가능 위치 표현을 선택하는 드롭다운은 파일 열기 대화상자에서 사용할 수 있습니다.
- **세부 수준 표현:** 화살표를 클릭하여 파일을 지정된 세부 수준 표현과 함께 엽니다. 이 표현은 메모리를 관리하는 데 사용되며, 여기에는 구성요소 억제가 포함되어 있을 수 있습니다.
  - **마스터:** 마지막으로 저장한 세부 수준 표현을 무시하고 마스터를 로드합니다.
  - **모든 구성요소가 억제됨:** 해당 세부 표현 수준을 로드합니다.
  - **모든 부품이 억제됨:** 해당 세부 표현 수준을 로드합니다.
  - **마지막 활성:** (기본값) 조립품 파일과 함께 마지막으로 저장한 세부 수준 표현을 로드합니다.
- **해석되지 않은 모든 파일 생략:** 찾을 수 없는 파일에 대한 해석 작업을 연기하고 계속해서 지정된 파일을 열려면 상자를 선택합니다. 검색기에서 해석되지 않은 링크 옆에 해석되지 않음 아이콘 ⓘ 이 나타납니다. 해석되지 않은 파일이 포함된 파일의 맨 위 검색기 노드를 마우스 오른쪽 버튼으로 클릭하여 파일 해석 명령을 시작할 수 있습니다. 파일을 열 때 링크를 해석하려면 확인란의 선택을 취소합니다.

파일 열기 옵션의 **도면/DWG, 부품** 및 **프리젠테이션** 탭에서 다음 옵션을 사용할 수 있습니다.

• **해석되지 않은 모든 파일 생략:** 찾을 수 없는 파일에 대한 해석 작업을 연기하고 계속해서 지정된 파일을 열려면 상자를 선택합니다. 검색기에서 해석되지 않은 링크 옆에 해석되지 않음 아이콘 ⑦이 나타납니다. 해석되지 않은 파일이 포함된 파일의 맨 위 검색기 노드를 마우스 오른쪽 버튼으로 클릭하여 파일 해석 명령을 시작할 수 있습니다. 파일을 열 때 링크를 해석하려면 확인란의 선택을 취소합니다

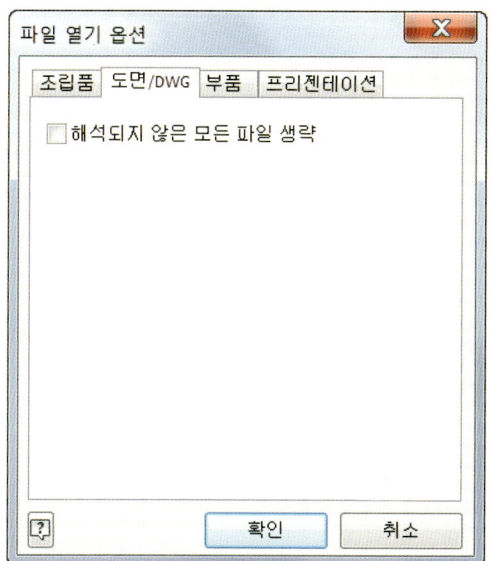
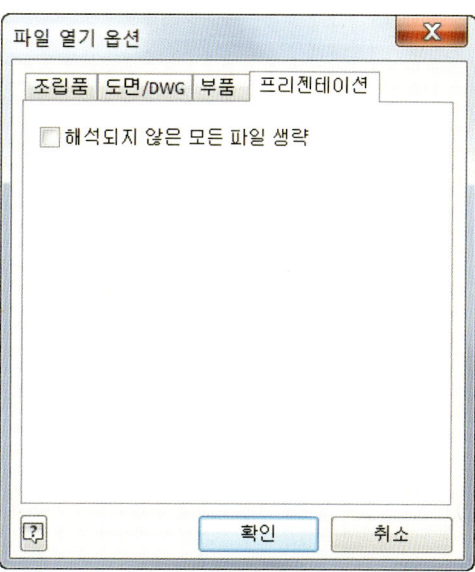

색상 탭

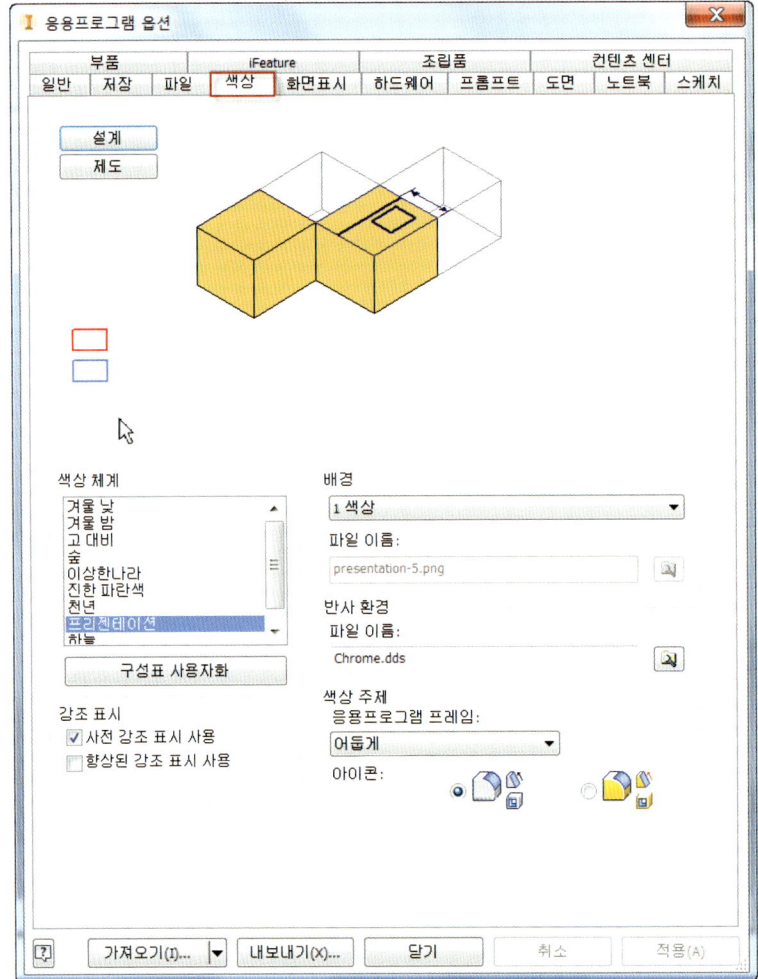

그래픽 창, 배경의 모양, 옵션 배경 이미지의 색상 체계를 설정합니다.

설계 또는 **제도** 환경에서 색상 선택의 효과를 표시합니다. 설계 또는 제도를 클릭하여 뷰 상자에 선택한 활성 색상의 효과를 표시합니다.

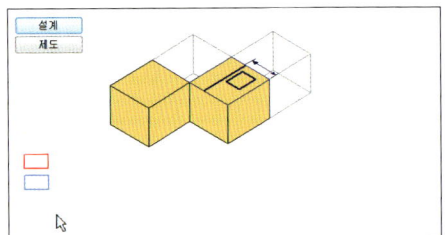 

- **색상 체계:** 사용 가능한 색상 체계를 나열합니다. 사용 가능한 체계에서 클릭하여 선택합니다. 선택한 결과가 뷰 상자에 표시됩니다.

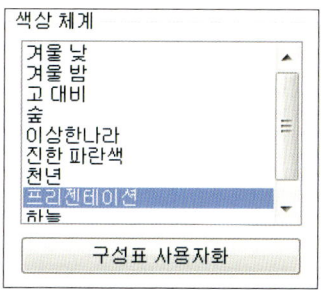

구성표 사용자화 버튼을 클릭하여 다음과 같이 각 부분 별로 색상을 조절할 수 있습니다.

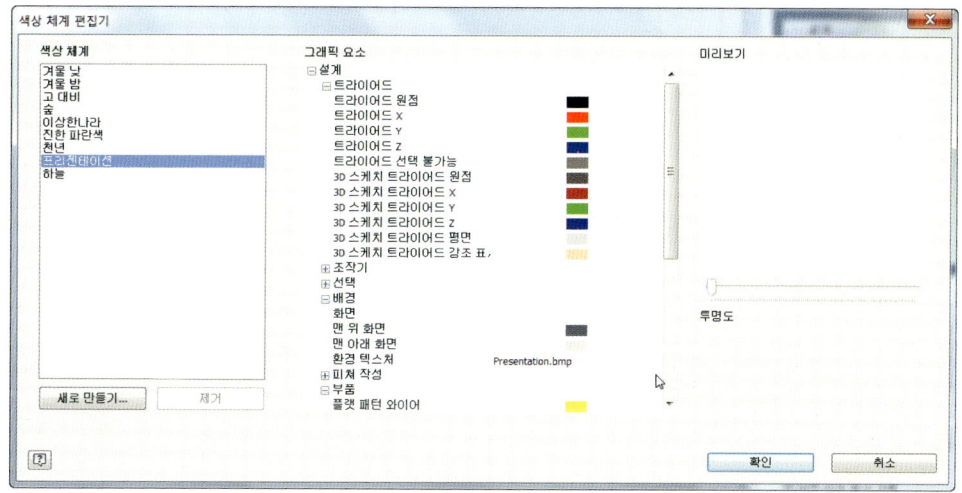

- **강조 표시:** 객체 선택 동작을 설정합니다.
- **사전 강조 표시 사용**

  객체 위에 커서를 놓으면 사전 강조를 표시합니다. 기본적으로 활성화됩니다. 조립품 및 용접물 환경에서 사전 강조를 끈 경우 구성요소 또는 부품 선택 우선순위 중 이 기능이 표시되지 않습니다. 항상 사전 강조 표시를 나타내는 기타 선택에는 영향을 미치지 않습니다.

- **향상된 강조 표시 사용**

  조립품 구성요소의 사전 강조 표시 또는 강조 표시를 사용하면 다른 구성요소를 관통해 표시합니다. 구성요소 또는 구속조건을 강조 표시 또는 선택하면 강조 표시가 표시됩니다.

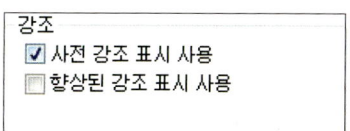

- **사용자 정의 구성표**
  Inventor에서 사용되는 그래픽 요소의 색상 체계를 사용자화할 수 있는 색상 체계 편집기에 접근할 수 있습니다.
- **1색상:** 단일 색상을 배경에 적용합니다.

- **그라데이션:** 채도 그라데이션을 배경 색상에 적용합니다.

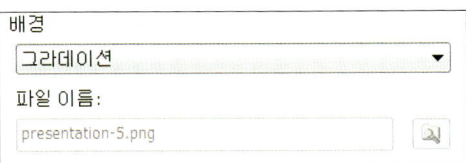

- **배경 이미지:** 그래픽 창 배경에 비트맵을 표시합니다. 이 선택 사항은 선택한 색상 체계에 관계없이 일정하지만 파일 이름은 각 색상 체계에 따라 다릅니다.

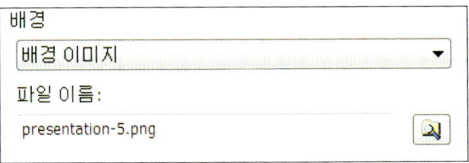

배경 이미지 옵션을 선택한 경우에만 사용할 수 있습니다. .bmp 이미지를 찾으려면 버튼을 클릭 합니다. 기본 디렉토리는 Autodesk Inventor/ Texture입니다.

이미지를 왜곡시키지 않으려면 이미지가 그래픽 창과 같은 크기(축척과 종횡비 모두)여야 합니다. 그래픽 창의 크기와 맞지 않으면 이미지를 늘이고 오려냅니다.

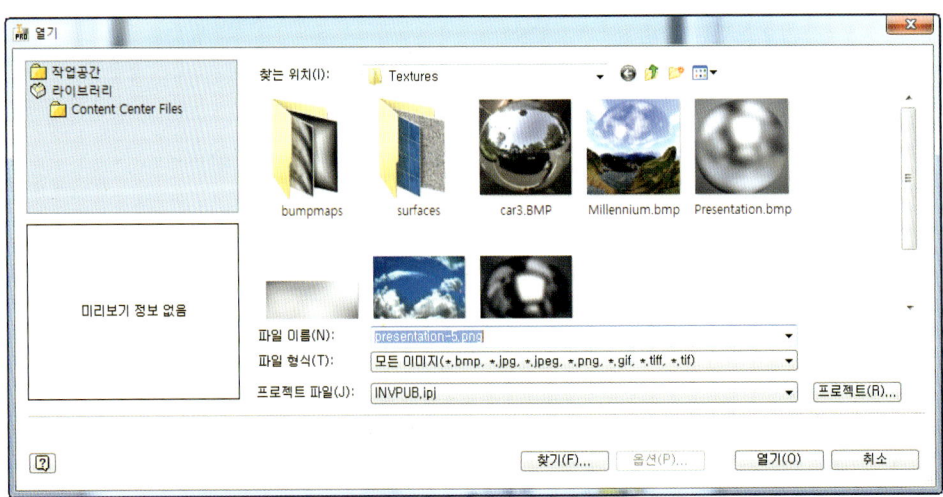

주) 파일 크기가 크면 Autodesk Inventor 성능에 영향을 줍니다.

• **반사 환경:** 반사 맵에 대한 이미지 및 이미지 형식을 지정합니다. 적합한 이미지를 찾으려면 탐색기 버튼을 클릭합니다.

기본 디렉토리는 Autodesk Inventor/ Textures입니다. 하드웨어 그래픽 설정에 따라 사용 가능한 파일 형식이 결정됩니다. Direct 3D는 정육면체 맵(*.dds) 및 구 맵(*.bmp, *.jpg, *.jpeg, *.png) 파일 형식을 지원합니다. OpenGL은 구 맵 파일 형식을 지원합니다.

• **색상 주제:** 응용프로그램 프레임과 리본에 있는 아이콘의 색상을 제어합니다.

• **응용프로그램 프레임:** 응용프로그램 프레임의 색상을 제어합니다. 응용프로그램 프레임 : 프레임은 리본 주위의 영역입니다. 옵션에는 밝게와 어둡게가 있습니다.

리본에 있는 아이콘의 색상을 제어합니다.

　- 코발트색 아이콘 색상 주제는 다른 Autodesk 제품의 아이콘 색상과 거의 일치합니다.

　- 호박색 아이콘 색상 주제는 Inventor 2009와 유사합니다.

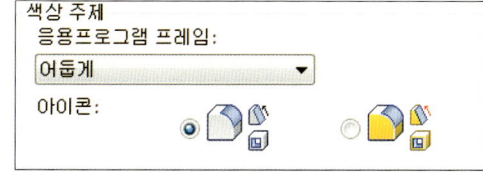

화면 표시 탭

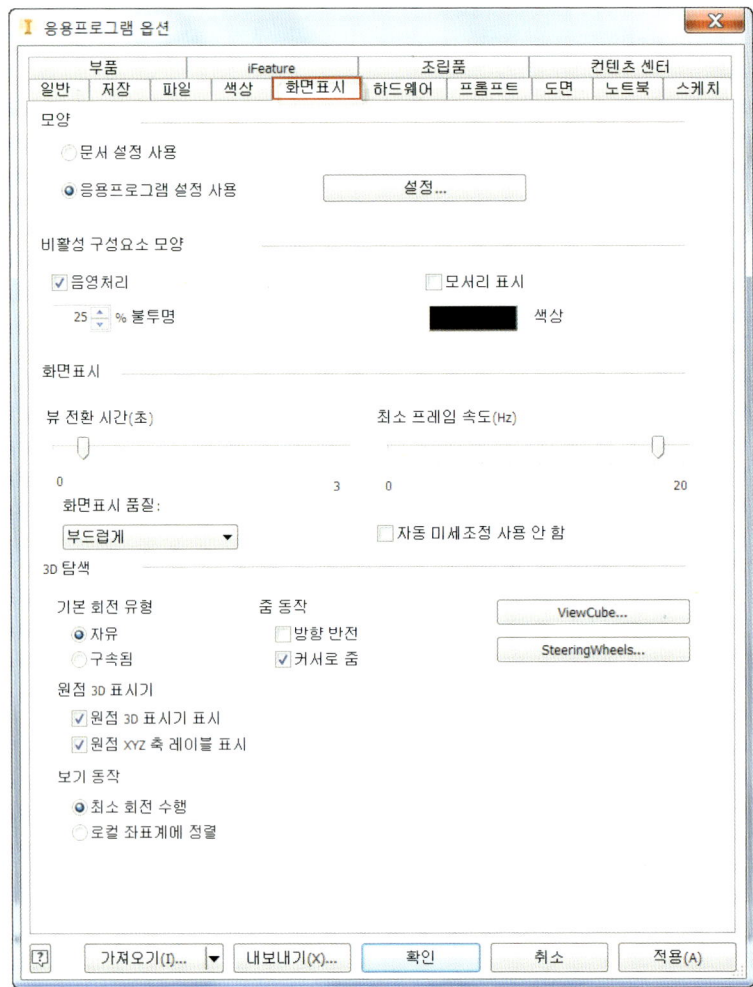

모형 화면표시 매개변수의 기본 설정입니다. 모형을 열거나 현재 모형에서 새 뷰를 표시할 때 이러한 설정을 사용하여 모형이 표시됩니다.

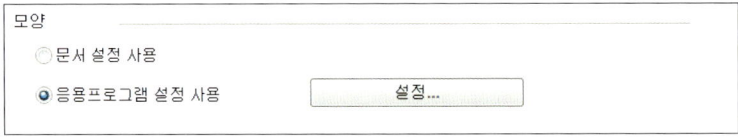

• **문서 설정 사용:** 문서를 열거나 문서에서 추가 창(또는 뷰라고 함)을 열 때 문서 화면표시 설정이 사용되도록 지정합니다. 응용프로그램 모양 설정은 무시됩니다.

• **응용프로그램 설정 사용:** 문서를 열거나 문서에서 추가 창 또는 뷰를 열 때 응용프로그램 옵션 화면표시 설정이 사용되도록 지정합니다. 문서 화면표시 설정은 무시됩니다.

chapter 13 기타 도구와 응용프로그램 옵션

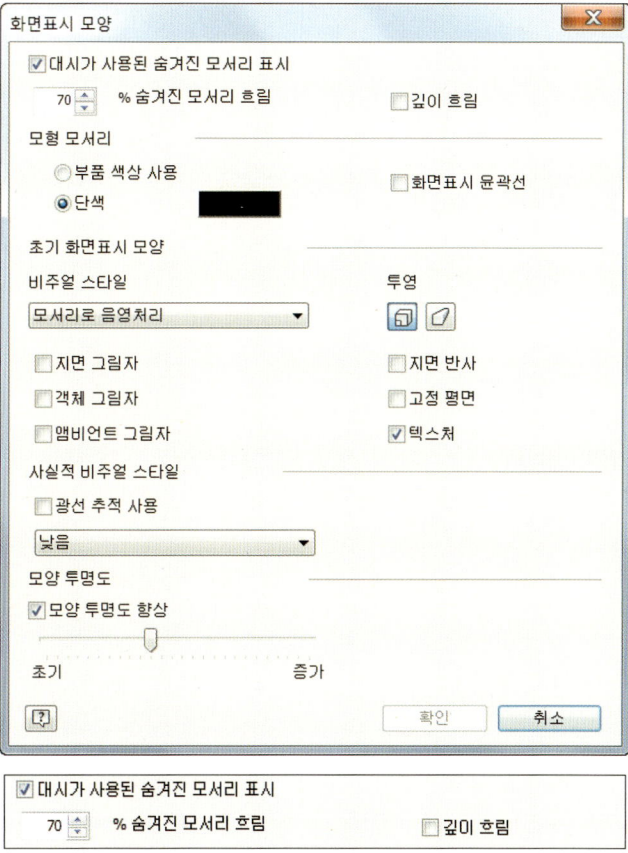

숨겨진 모형 모서리의 화면표시를 솔리드 또는 은선으로 제어합니다.

- **선택됨:** 숨겨진 모서리가 대시 선으로 표시됩니다.
- **선택되지 않음:** 숨겨진 모서리가 솔리드 선으로 표시됩니다.
- **숨겨진 모서리 흐림:** 숨겨진 모서리의 흐림 비율을 설정합니다. 적용할 흐려지는 정도의 백분율을 입력하거나 위쪽 또는 아래쪽 화살표를 클릭하여 값을 선택합니다.

  허용되는 범위는 10%에서 90%까지입니다. 선택을 취소하면 흐림 효과가 적용되지 않습니다.
- **깊이 흐림:** 흐림 효과를 설정하여 모형의 깊이를 나타냅니다. 깊이 흐림을 켜려면 확인란을 선택하고 끄려면 확인란의 선택을 취소합니다.

- **부품 색상 사용:** 모형 모서리에 구성요소 색상을 사용합니다.
- **단색:** 모형 모서리가 같은 색상으로 표시됩니다. 색상 버튼을 클릭하면 색상 선택 대화 상자가 표시됩니다.

- **화면 표시 윤곽선:** 윤곽선을 표시하려면 확인란을 선택하고 표시하지 않으려면 확인란의 선택을 취소합니다. 선택한 비주얼 스타일에서 모형 모서리가 표시되도록 설정한 경우 윤곽선은 이 설정을 기반으로 표시됩니다. 기본값은 끄기입니다.

- **초기 화면 표시 모양**

새 창 또는 뷰의 모형 모양을 설정합니다.

- **비주얼 스타일:** 구성요소 화면표시에 사용할 기본 비주얼 스타일을 선택합니다.

- **비주얼 스타일-와이어프레임**

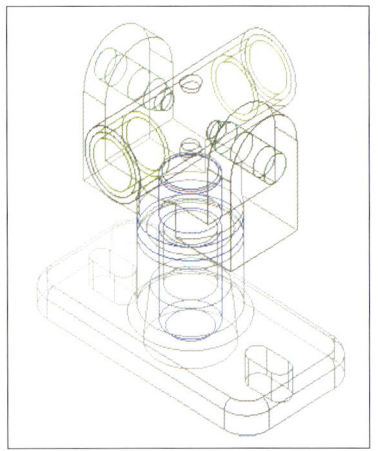 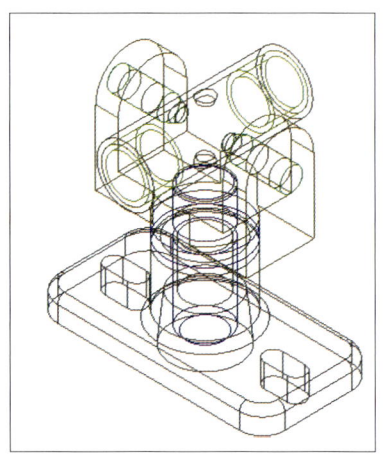

〈깊이 흐림 체크〉   〈깊이 흐림 체크 해제〉

- **비주얼 스타일-음영처리**

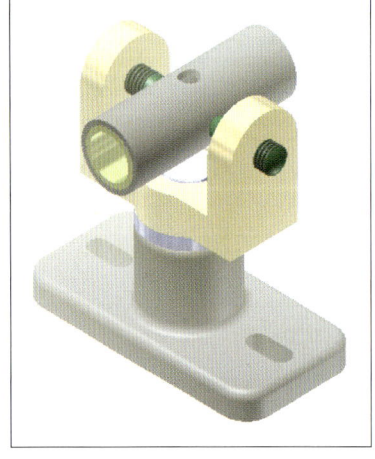 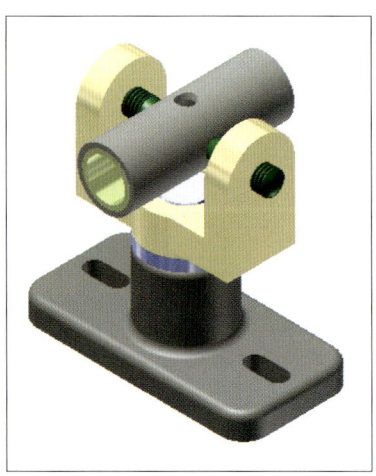

〈깊이 흐림 체크〉   〈깊이 흐림 체크 해제〉

- **비주얼 스타일-모서리로 음영처리**

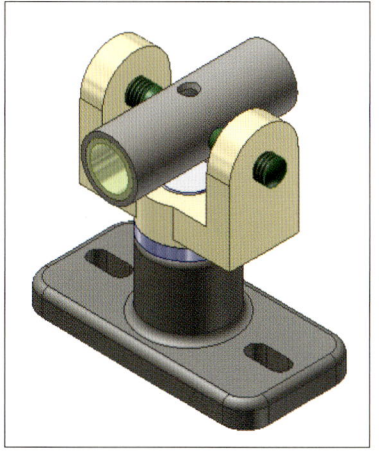
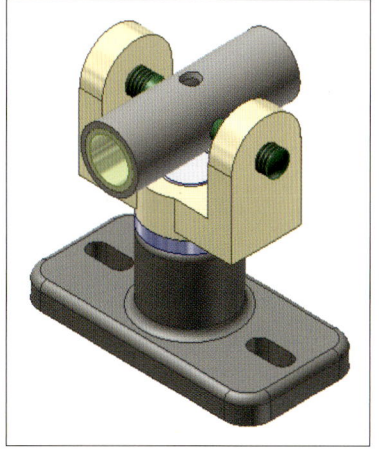

〈화면 표시 윤곽선 체크〉   〈화면 표시 윤곽선 체크 해제〉

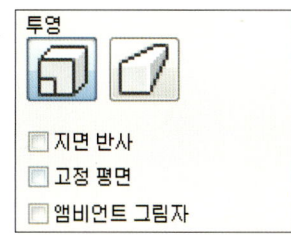

- **투영:** 뷰 모드를 직교 또는 원근 카메라 모드로 설정합니다.
- **지면 반사:** 이 옵션을 선택할 경우 모형의 고정 반사가 표시됩니다.
- **고정 평면:** 이 옵션을 선택할 경우 모형의 고정 평면이 표시됩니다.
- **앰비언트 그림자:** 이 옵션을 선택할 경우 모형의 앰비언트 그림자가 표시됩니다.

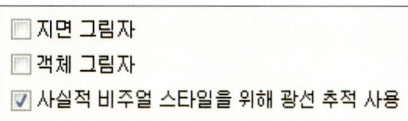

- **지면 그림자:** 이 옵션을 선택할 경우 모형의 지면 그림자가 표시됩니다.
- **객체 그림자:** 이 옵션을 선택할 경우 모형의 객체 그림자가 표시됩니다.

- **사실적 비주얼 스타일을 위해 광선 추적 사용:** 사실적 비주얼 스타일을 선택한 경우 이 옵션을 선택하면 광선 추적이 사용됩니다. 이 옵션을 선택 취소하면 리본의 뷰 탭에서 수동으로 광선 추적을 사용하도록 설정할 수 있습니다.

- **비활성 구성요소 모양:** 이 설정은 구성요소의 사용 여부에 상관없이 모든 비활성 구성요소에 적용되며 배경 구성요소라고도 합니다. 구성요소가 조립품에서 내부 편집 대상이 아니거나 구성요소가 사용되지 않는 경우 구성요소는 비활성 상태입니다.

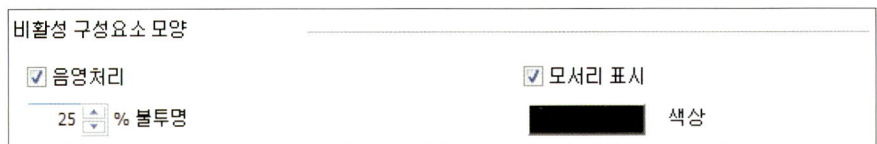

- **음영 처리:** 비활성 구성요소 면이 음영 처리되어 표시되도록 지정합니다.
  확인란을 선택하여 음영처리를 동작 가능하게 합니다. 비활성 구성요소를 와이어프레임으로 표시하려면 확인란의 선택을 취소합니다.
- **불투명:** 음영처리를 선택한 경우 음영처리의 불투명도를 설정할 수 있습니다. 백분율 불투명도를 입력하거나 위쪽 또는 아래쪽 화살표를 클릭하여 값을 선택합니다.
  기본값은 불투명도 25%입니다. 비활성 구성요소의 음영처리를 켜기로 설정하고 불투명도를 25%로 설정합니다.

 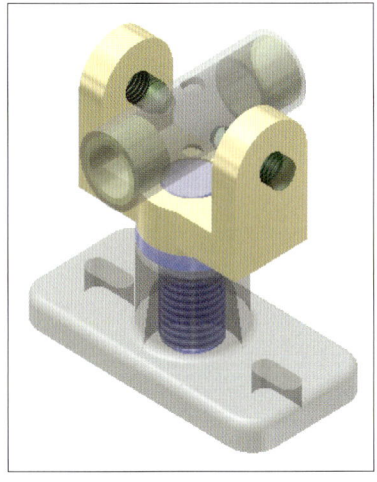

〈음영처리 체크 & 불투명 25%〉 〈음영처리 체크 & 불투명 50%〉

- **모서리 표시:** 비활성 구성요소의 모서리 표시를 설정합니다. 이 옵션을 선택할 경우 모형 모서리의 응용프로그램 또는 문서 모양 설정을 기준으로 비활성 모형의 모서리가 표시됩니다. 단색을 사용하도록 모형 모서리를 설정한 경우 비활성 구성요소에 대한 설정을 재지정하고 다른 색상을 선택할 수 있습니다. 이렇게 하면 활성 상태와 비활성 상태 간을 더 쉽게 식별할 수 있습니다.
- **색상:** 색상 선택 대화 상자를 활성화합니다. 비활성 모형 모서리를 표시하는 데 사용할 색상을 지정합니다.

chapter 13 기타 도구와 응용프로그램 옵션

- **화면 표시:** 모형의 화면표시 해상도를 설정합니다. 일반적으로 해상도가 부드러울수록 변경 시 모형을 다시 표시하는 데 시간이 더 걸립니다. 대형 또는 복잡한 모형으로 작업할 때 작업 속도를 높이기 위해 화면표시의 품질을 낮추는 것을 고려합니다. 예를 들어, 거칠게 설정은 대형 부품의 상세 정보를 일시적으로 단순화하여 업데이트 속도를 높이는 반면 부드럽게 설정은 적은 수의 상세 정보를 일시적으로 단순화하여 업데이트 속도가 느립니다.

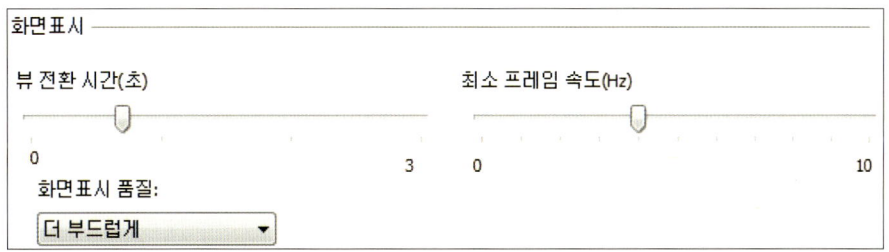

- **뷰 전환 시간(초):** 보기 명령(예: 등각투영 뷰, 줌 전체, 줌 영역, 면 보기 등)을 사용하여 뷰 간에 부드럽게 변이하는 데 필요한 시간을 제어합니다. 변이 시간이 0이면 변이 과정이 갑자기 발생하므로 위치 및 방향의 변화를 이해하기 어렵게 만들 수 있습니다. 3은 뷰 간에 변이하는 최대 시간을 설정합니다.
- **최소 프레임 속도(Hz):** 복잡한 뷰(예: 큰 조립품)에서 이 설정을 사용하여 대화식 보기 작업(예: 회전, 초점이동 및 줌) 동안에 화면표시를 얼마나 느리게 업데이트할 것인지를 지정합니다. Autodesk Inventor는 설정한 프레임 속도를 유지하려고 하지만 이렇게 하기 위해서는 뷰의 부품을 단순화하거나 삭제해야 합니다. 모든 부품은 이동이 끝나면 뷰로 복원됩니다.
  - 필요한 시간에 관계 없이 뷰에 있는 모든 것을 그리려면 0을 설정합니다.
  - Autodesk Inventor에서 뷰를 초당 최소한 프레임 하나씩 그리려면 1을 설정합니다.
  - 초당 최소한 프레임 5개를 그리려면 5를 설정합니다.

주) 일반적으로 뷰는 이 속도보다 더 빠르게 업데이트되므로 이 설정은 뷰에 영향을 미치지 못합니다.

- 화면 표시 품질

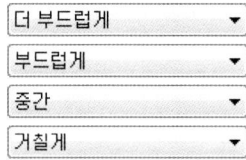

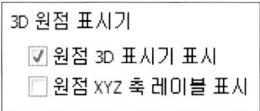

- **기본 회전 유형**: 회전 명령의 기본 동작을 변경하려면 자유 또는 구속됨을 선택합니다.
  - **자유**: 회전 동작은 화면에 비례합니다.
  - **구속됨**: 회전 동작은 모형에 비례합니다.
- **줌 동작**: 마우스 움직임에 비례하여 줌 방향을 변경하거나 커서나 화면에 비례하여 줌 중심을 변경하려면 이러한 확인란을 선택하거나 선택 취소합니다.
- **방향 반전**: 줌 방향에 대한 마우스 움직임 영향을 제어합니다.
  - **체크 시:** 마우스 커서를 위쪽으로 이동 시 화면표시가 줌 확대되고, 마우스 휠을 전면으로 롤링 시 화면표시가 줌 확대됩니다.
  - **체크 해제 시:** 마우스 커서를 위쪽으로 이동 시 화면표시가 줌 축소되고, 마우스 휠을 전면으로 롤링 시 화면표시가 줌 축소됩니다.
- **커서로 줌**: 줌 동작의 기준을 커서 또는 화면표시 중심으로 할 것인지 제어합니다.
  - **체크 시:** 줌 동작이 커서의 위치에 따라 작동합니다.
  - **체크 해제 시:** 줌 동작이 화면표시 중심에 따라 작동합니다.
- **3D 원점 표시기**: 그래픽 창의 왼쪽 아래에 있는 XYZ 축 표시기와 방향 레이블을 표시하거나 숨깁니다.

- **원점 3D 표시기 표시**: 3D 뷰에서 그래픽 창 왼쪽 아래 구석에 XYZ 축 표시기를 표시합니다. 축 표시기를 표시하려면 확인란을 선택하고 이를 표시하지 않으려면 확인란의 선택을 취소하십시오 빨간색 화살표는 X 축을 나타내고 초록색 화살표는 Y 축을 나타내며 파란색 화살표는 Z 축을 나타냅니다.
- **원점 XYZ 축 레이블 표시**: 각 3D 축 표시기 방향의 화살표에 XYZ 레이블의 화면표시를 끄고 켭니다. 기본적으로 켜져 있습니다. 원점 3D 표시기 표시를 켜면 사용할 수 있습니다.

- **ViewCube**: 탐색 명령의 화면표시 및 동작 특성을 정의할 수 있는 ViewCube 옵션 대화상자를

chapter 13 기타 도구와 응용프로그램 옵션

엽니다.

- **SteeringWheel:** 탐색 명령의 화면표시 및 동작 특성을 정의할 수 있는 SteeringWheel 옵션 대화상자를 엽니다.

- **보기 동작**

- **최소 회전 수행:** 최소 각도를 회전하여 스케치 평면을 화면과 평행하게 만들고 스케치 좌표계의 X 축을 수평 또는 수직으로 만듭니다.
- **로컬 좌표 계에 정렬:** 스케치 좌표계의 X축 방향을 수평 및 오른쪽 양의 방향으로, Y축 방향을 수직 및 위쪽 양의 방향으로 맞춥니다.

하드웨어 탭

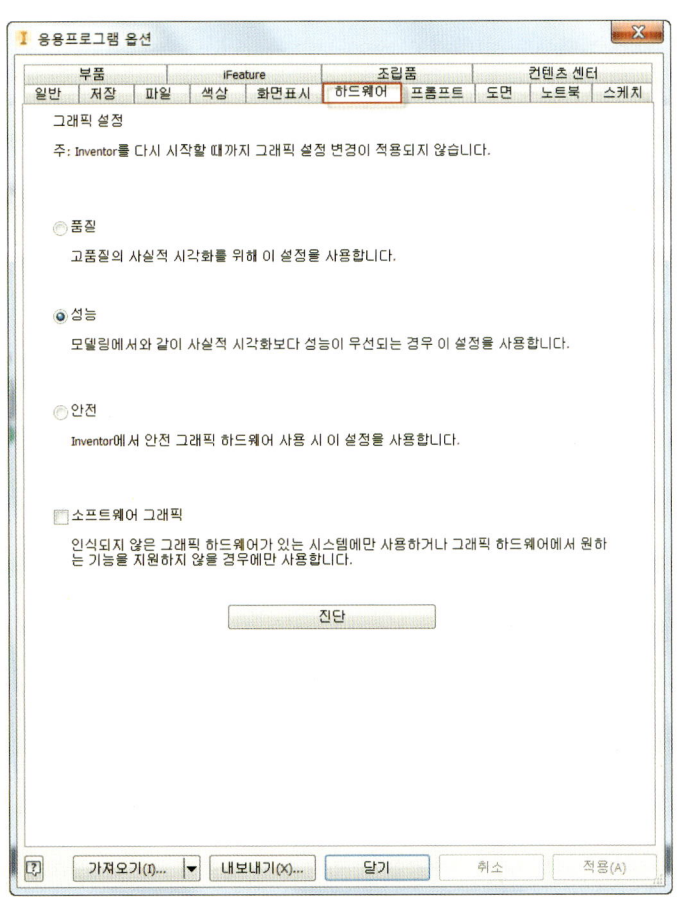

이러한 설정은 그래픽 표시 및 시스템 성능과 관련이 있습니다. 최종 결과에 영향을 주는 여러 가지 요인은 다음과 같습니다.

- OS(운영 체제) - DirectX 지원 수준을 결정합니다.
- 그래픽 하드웨어 성능
- 그래픽 하드웨어 메모리
- 그래픽 하드웨어 생성

이러한 요인은 여러 가지로 다를 수 있습니다. 예를 들어 OS에서는 DirectX 10을 지원할 수 있지만 그래픽 하드웨어에서는 지원하지 않을 수 있습니다. 그 반대의 경우도 있을 수 있습니다.

그래픽 창이 열려 있는 경우 이러한 설정을 변경하면 모든 창을 닫을 때까지 새 설정이 적용되지 않습니다.

다음 그래픽 설정 선택에 따라 그래픽 기본 설정이 결정되며, 이러한 설정은 시스템 성능에 영향을 줄 수 있습니다.

- **품질:** 이 설정은 시스템 성능보다 그래픽 표현을 우선시합니다. Windows 7 또는 Windows 10을 실행 중인 컴퓨터에서는 앤티앨리어싱을 켜고 그래픽 화면표시의 시각적 품질을 향상시킵니다.
  - 앤티앨리어싱 켜짐
  - 그래픽 멀티스레딩 켜짐
  - 그래픽 성능 최적화 켜짐

- **성능:** 이 설정은 그래픽 표현보다 시스템 성능을 우선시합니다. Windows 7 또는 Windows 10을 실행 중인 컴퓨터에서는 앤티앨리어싱이 꺼집니다. 기본 설정입니다.
  - 앤티앨리어싱 꺼짐
  - 그래픽 멀티스레딩 켜짐
  - 그래픽 성능 최적화 켜짐

- **안전:** 이 설정은 시스템 성능보다 안정성을 우선시합니다. 그래픽 하드웨어에서 가장 높은 성능을 얻기 위한 알고리즘 및 매커니즘이 호출되지 않았으므로 안정성은 높아지고 디스플레이 성능은 낮아질 수 있습니다.
  → 품질 또는 성능 설정을 사용할 때 안정성 문제가 발생하는 경우 이 설정을 사용합니다.
  - 가장 안정적인 모드
  - 앤티앨리어싱 꺼짐
  - 그래픽 멀티스레딩 꺼짐
  - 그래픽 성능 최적화 꺼짐

- **소프트웨어 그래픽:** 하드웨어 기반이 아니라 소프트웨어 기반의 그래픽 처리를 사용하도록 지정합니다. 이 설정은 그래픽 선택 시 최후의 방법으로 사용되는 경우가 많습니다. 그러나 컴퓨터의 그래픽 카드는 오래되었으나 운영 체제는 Windows 7과 같이 최신 버전인 경우에는 이 옵션을 사용하여 DirectX 10 지원 기능에 액세스할 수 있습니다.

지원되는 운영 체제는 다음과 같습니다.
- Windows 7(32비트 및 64비트의 모든 버전)
- Windows 10(32비트 및 64비트의 모든 버전)

주) 그래픽 옵션의 모든 변경 사항은 Autodesk Inventor 세션에서 모든 문서 창이 닫힐 때 적용됩니다.

- **진단:** 진단 테스트 결과가 포함된 메시지 상자를 표시합니다. 진단 테스트 결과는 선택한 하드웨어 드라이버 유형에 따라 다릅니다. 화면표시 문제를 보고할 때는 진단 및 확인을 차례대로 클릭하고 복사/붙여 넣기 버퍼 내용을 보고서에 붙여서 넣습니다. 이 정보는 고객 오류 보고서에 포함되어 Autodesk로 전송됩니다.

▌하드웨어 탭

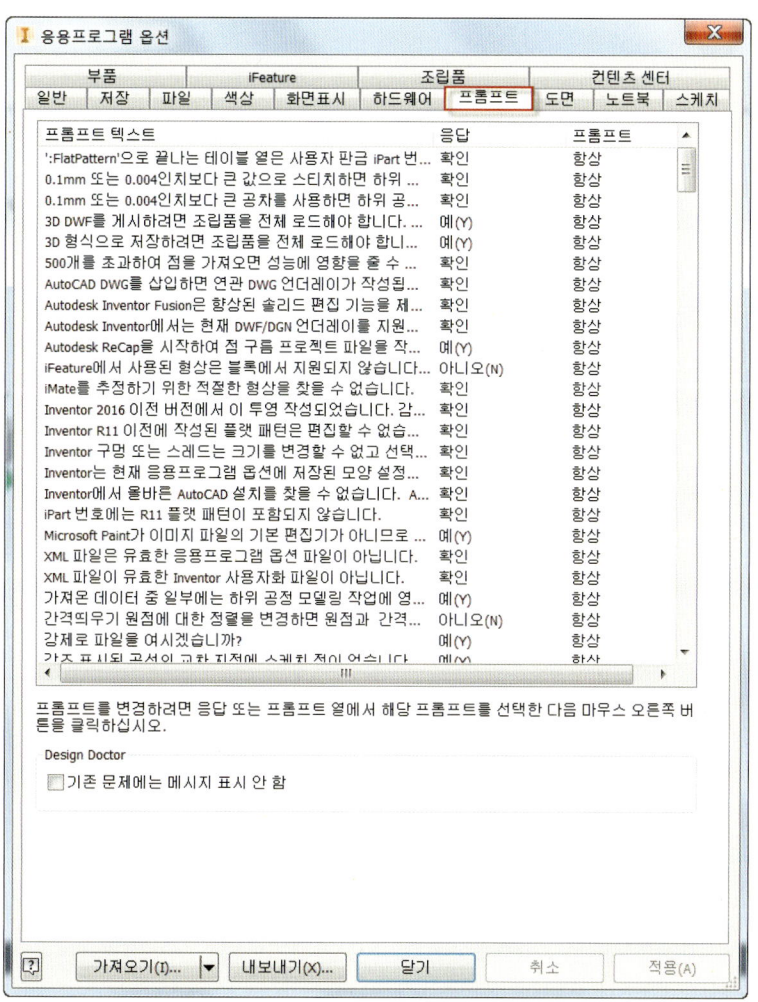

여러 Autodesk Inventor 대화상자에 질문에 대한 응답을 설정합니다. 이러한 값은 처음에 Autodesk Inventor를 사용하는 동안에 연관된 대화상자에서 선택한 응답으로 설정됩니다.

값을 변경하려면 프롬프트 텍스트를 선택하고 응답 또는 프롬프트 열에서 마우스 오른쪽 버튼을 클릭한 다음 상황에 맞는 메뉴에서 값을 선택하면 됩니다.

- **프롬프트 텍스트 열:** 프롬프트 텍스트 열은 여러 Autodesk Inventor 대화상자의 텍스트를 표시합니다.

- **응답 열:** 여러 대화상자의 응답을 위해 선택 사항을 사전 설정할 수 있습니다. 유효한 선택 사항은 다음과 같습니다.

```
확인
취소
예
아니오
중단
무시(또는 적용)
재시도(또는 편집)
```

- **프롬프트 열:** 여러 대화상자의 프롬프트 표시를 위해 선택 사항을 사전 설정할 수 있습니다. 유효한 선택 사항은 다음과 같습니다.

```
프롬프트를 다시 표시하지 않음
이 세션에서 프롬프트를 표시하지 않음
한 작업당 한 번 프롬프트 표시
항상 프롬프트 표시
```

- **Design Doctor:** 기존 문제에 대한 Design Doctor 오류 메시지가 표시되지 않도록 억제하려면 확인란을 선택합니다. 확인란의 선택을 취소하면 주의를 요하는 파일의 문제가 있는 경우 Design Doctor 오류 메시지가 표시됩니다.

- **가져오기**
- 가져오기. .xml 파일에서 응용프로그램 옵션 설정을 가져옵니다. 가져오기를 클릭하여 열기 대화상자를 표시합니다. 원하는 파일을 탐색한 다음 열기를 클릭합니다.
- AutoCAD 관련 설정 사용. AutoCAD 설정과 유사한 느낌을 제공합니다.
- Inventor 설정 사용. 기본 응용프로그램 옵션 설정이 설치됩니다.

- **내보내기**
- 내보내기. 현재 응용프로그램 옵션 설정을 .xml 파일로 저장합니다. 내보내기를 클릭하여 다른 이름으로 사본 저장 대화상자를 표시합니다. 파일 위치를 선택하고 파일 이름을 입력한 다음 저장을 클릭합니다.

도면 탭

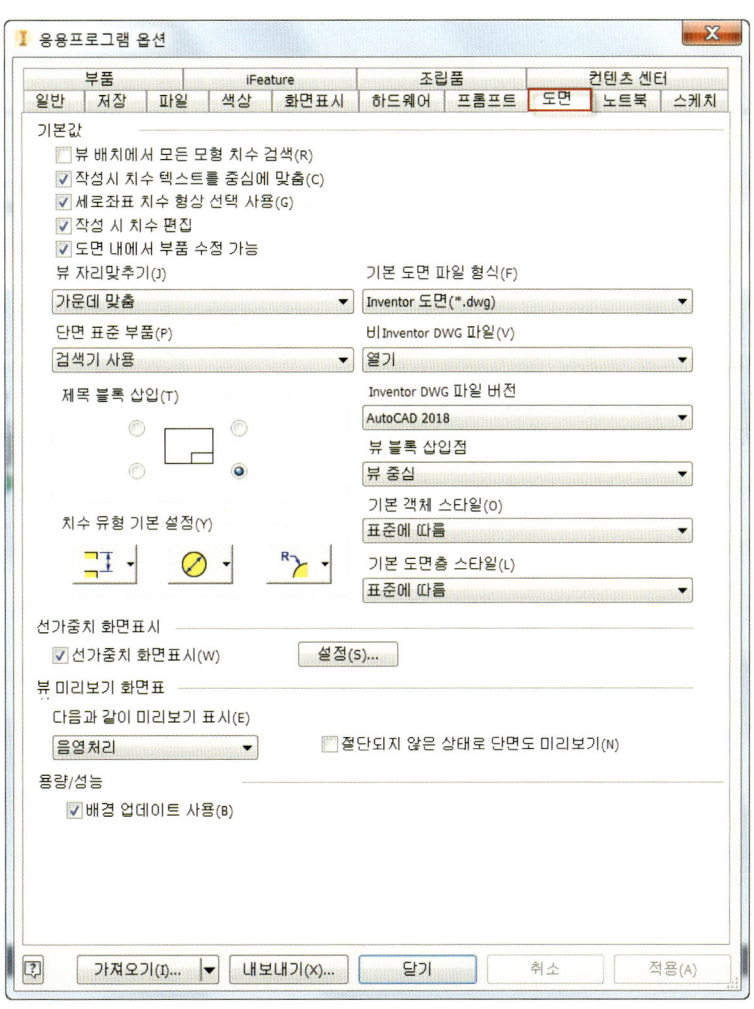

도면으로 작업하기 위한 옵션을 설정합니다.

```
기본값
    □ 뷰 배치에서 모든 모형 치수 검색(R)
    ☑ 작성시 치수 텍스트를 중심에 맞춤(C)
    ☑ 세로좌표 치수 형상 선택 사용(G)
    ☑ 작성 시 치수 편집
```

도면 뷰를 작성할 때 기본 동작을 설정합니다.

- **뷰 배치에서 모든 모형 치수 검색**: 도면에 뷰를 배치할 때 모든 모형 치수를 검색하도록 기본값을 설정합니다. 확인란이 선택되면 도면 뷰를 배치할 때 적용 가능한 모든 모형 치수가 각 도면 뷰에 추가됩니다. 뷰를 배치한 후 치수를 수동으로 가져오려면 확인란의 선택을 취소합니다.
- **작성시 치수 텍스트를 중심에 맞춤**: 치수 텍스트의 기본 위치를 설정합니다. 선 또는 각도 치수를 작성할 경우 다음을 수행하십시오.
  - 치수 텍스트를 중심으로 설정하려면 확인란을 선택합니다.
  - 치수 텍스트가 마우스를 따르도록 하려면 확인란의 선택을 취소합니다.

  주) 이 설정을 일시적으로 전환하려면 치수를 배치할 때 Ctrl 키를 누릅니다. 기본 동작으로 돌아가려면 Ctrl 키를 해제합니다.
- **세로좌표 치수 형상 선택 사용**: 세로좌표 치수를 작성할 때 도면 형상이 선택되는 방법을 설정합니다.
- **작성 시 치수 편집**: 치수 편집 대화상자의 기본 화면표시를 설정합니다. 선택하면 일반 치수 명령을 사용하여 치수를 배치할 때 치수 편집 대화상자가 표시됩니다.
- **도면 내에서 부품 수정 가능**: 도면 내에서 부품 수정을 가능하도록 하거나 불가능하도록 합니다. 도면의 모형 치수를 변경하여 해당 부품 치수를 변경합니다.
- **뷰 자리 맞추기**: 도면 뷰의 기본 자리 맞추기를 설정합니다. 가운데 맞춤 또는 고정에서 선택합니다. 가운데 맞춤 자리 맞추기는 형상이 수정되는 경우 모든 방향에서 뷰 크기를 확장하거나 축소합니다. 고정 자리 맞추기는 형상이 수정되는 모형과 관련한 뷰를 확장하거나 축소합니다.

- **단면 표준 부품**: 조립품의 도면 뷰에 있는 표준 부품의 단면처리를 제어합니다. 기본적으로 검색기 설정 사용 옵션이 선택됩니다. 기본적으로 단면 표준 부품은 도면 검색기에서 꺼져 있습니다. 항상 또는 표시하지 않음으로 설정을 바꿀 수 있습니다.

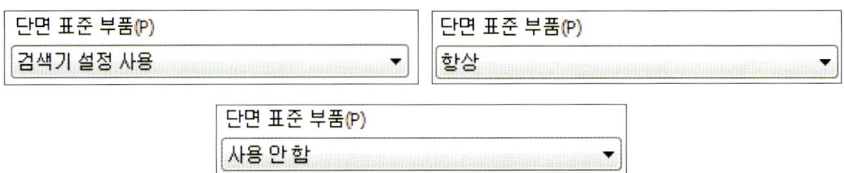

- **제목 블록 삽입**: 제목 블록 삽입 시 사용되는 삽입 점을 지정합니다. 위치자는 제목 블록의 가장

바깥쪽 구석에 해당합니다. 해당 컨트롤을 클릭하여 원하는 위치를 설정합니다.

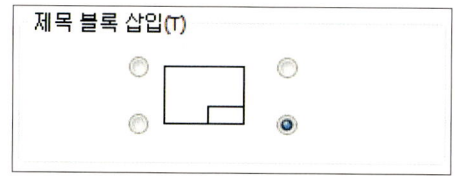

주) 이전에 삽입한 제목 블록은 이 설정의 영향을 받지 않습니다. 기존 제목 블록의 위치를 변경하려면 검색기에서 해당 도면 시트를 마우스 오른쪽 버튼으로 클릭하고 시트 편집을 선택합니다.

- **치수 유형 기본 설정:** 선형, 지름 및 반지름 치수의 기본 유형을 설정합니다.

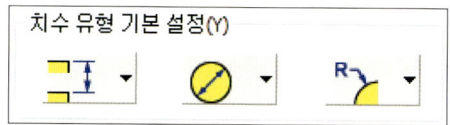

- **기본 도면 파일 형식(F):** 신속 접근 도구막대에 있는 새 도면 명령을 사용하여 도면을 작성할 때 사용되는 기본 도면 파일 형식(.idw 또는 .dwg)을 설정합니다.

- **비Inventor DWG 파일:** 비 Inventor DWG 파일을 열 때 열기 옵션 대화상자에 기본 동작을 설정합니다.

- **Inventor DWG 파일 버전:** 기본 Inventor DWG 파일 버전을 설정합니다

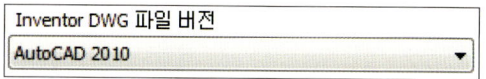

AutoCAD 2000, 2004, 2007, 2010, 2013, 2018
- 이 설정은 IDW 파일을 Inventor DWG 파일로 저장할 때 적용됩니다.
- 템플릿을 사용하여 새 Inventor DWG를 작성할 경우 DWG 버전은 템플릿에 의해 제어됩니다.
- IDW 또는 Inventor DWG를 AutoCAD DWG 파일로 저장할 경우 DWG 버전은 다른 이름으로 사본 저장 대화상자의 옵션에서 제어됩니다.

- **뷰 블록 삽입 점:** 뷰 블록의 기본 삽입 점을 뷰 중심 또는 모형 원점으로 설정합니다.

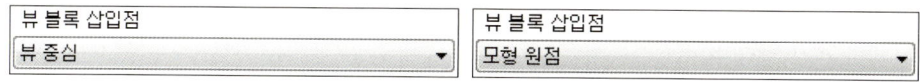

- **기본 객체 스타일**

- **표준에 따름**은 기본적으로 현재 표준의 객체 기본값에 지정된 스타일에 객체 스타일 기본값을 지정합니다.
- **마지막 사용**은 도면 문서를 닫고 다시 열 때 마지막으로 사용한 객체 및 치수 스타일을 기본값으로 지정합니다. 이 설정은 세션의 시작부터 끝까지 적용됩니다.

- **기본 도면층 스타일**

- **표준에 따름**은 현재 표준의 객체 기본값에 지정된 스타일에 도면층 스타일 기본값을 지정합니다.
- **마지막 사용**은 도면 문서를 닫고 다시 열 때 마지막으로 사용한 도면층 스타일을 기본값으로 지정합니다. 이 설정은 세션의 시작부터 끝까지 적용됩니다.
- **선 가중치 화면 표시:** 도면에 고유한 선가중치를 표시할 수 있습니다. 가중치 차이 없이 선을 표시하려면 확인란의 선택을 취소합니다. 이 설정은 인쇄된 문서의 선가중치에는 영향을 주지 않습니다. 설정을 클릭하면 선가중치 설정 대화상자에 선가중치 화면표시가 설정됩니다.

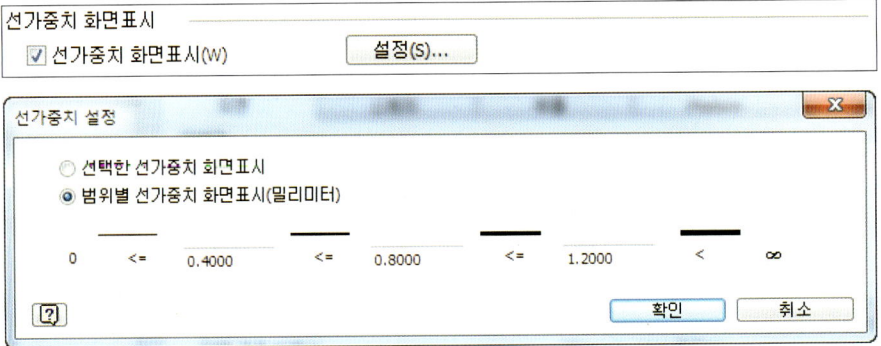

- **선택한 선가중치 표시**

  용지에 나타나는 것과 같이 화면에 선가중치를 표시합니다. 예를 들면, 확대 여부에 관계 없이 선 두께 0.5인치는 텍스트 높이 0.5인치와 동일합니다.

- **범위별 선가중치 표시(밀리미터)**

  입력한 값에 따라 선가중치를 표시합니다. 선가중치는 줌 확대로부터 독립적입니다. 값의 범위는 최소(왼쪽)에서 최대(오른쪽) 사이입니다.

- **뷰 미리 보기 화면 표시**

  다음 옵션을 사용하면 미리 보기를 제어할 수 있습니다. 경계 상자 옵션은 최소 그래픽을 표시합니다.

- **다음과 같이 미리 보기 표시:** 미리 보기 이미지에 대한 기본 설정을 지정합니다. 기본값은 모든 구성요소입니다. 화살표를 클릭하여 부분 또는 경계 상자를 선택합니다. 부분 및 경계 상자 옵션은 메모리 사용을 줄입니다. 미리보기는 결과 도면 뷰에 영향을 주지 않습니다.

- **절단되지 않은 상태로 단면도 미리보기:** 구성요소를 절단하거나 절단하지 않은 단면도 미리 보기를 제어합니다. 확인란을 선택하여 절단되지 않은 상태로 모형을 미리 보거나 확인란의 선택을 취소(기본값)하여 절단된 상태로 미리 봅니다. 미리보기는 결과 도면 뷰에 영향을 주지 않습니다

- **용량/성능**

- **배경 업데이트 사용:** 래스터 도면 뷰를 표시하거나 숨깁니다. 래스터 뷰를 사용하면 대형 조립품에 대해 작성된 도면으로 작업할 때 생산성이 향상됩니다. 정밀한 도면 뷰 계산을 마치기 전에 도면을 검토하거나 도면 주석을 작성할 수 있습니다. 래스터 뷰로 작업하는 동안 정밀한 도면 뷰가 배경에서 계산됩니다.

- **메모리 절약 모드:** Autodesk Inventor에서 뷰 계산을 하기 전과 뷰 계산을 하는 동안 성능은 저하되지만 메모리가 절약됩니다. 이 모드에서는 구성요소를 로드/언로드하는 방법을 변경하여 메모리를 절약합니다.
  - 메모리 절약 모드 옵션을 사용하는 동안에는 도면 뷰 작성 및 수정 작업을 명령 취소하거나 되돌릴 수 없습니다. 따라서 응용프로그램의 명령취소/명령복구 명령이 비활성화됩니다.
  - 이 옵션을 사용할 경우 용량이 증가하여 Autodesk Inventor에서 데이터를 계산하는 시간이 늘어나는 등 부정적인 영향을 미칠 수도 있습니다.

노트북 탭

- **모형에 화면 표시:** 모형에 있는 주 표시기의 표시를 설정합니다.

    모형에 화면표시
    ☑ 주 아이콘(I)
    ☑ 메모 텍스트(T)

- **주 아이콘:** 모형에 주 아이콘을 표시합니다. 그래픽 창의 화면표시 아이콘에 설계 주를 표시하려면 확인란을 선택하고 아이콘의 표시를 억제하려면 확인란의 선택을 취소합니다.
    주) 단일 항목에 여러 주를 부착할 경우 첫 번째 주만 기호로 표시됩니다.
- **메모 텍스트:** 모형의 팝업 창에 주 텍스트를 표시합니다. 커서를 주 기호 위에 정지시켰을 때 설계 주의 텍스트를 표시하려면 확인란을 선택하고 주 텍스트의 표시를 억제하려면 확인란의 선택

을 취소합니다.

- **사용 내역:** 설계 주의 보관 옵션을 설정합니다.

- **삭제된 객체에 대한 주 유지:** 삭제된 형상에 부착된 주를 유지합니다. 삭제된 형상에 부착된 주를 저장하려면 확인란을 선택하고 연관된 형상이 삭제될 때 주를 삭제하려면 확인란의 선택을 취소합니다.

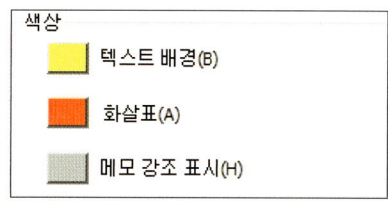

설계 주에서 요소의 색상을 설정합니다. 각 항목 옆에 있는 색상 패드는 현재 색상 설정을 보여줍니다. 항목의 색상을 변경하려면 색상 패드를 클릭하여 색상 대화상자를 열고 해당 색상을 선택합니다.

- **텍스트 배경:** 설계 주에서 주석 상자의 배경 색상을 설정합니다.
- **화살표:** 설계 주에서 화살표의 색상을 설정합니다.
- **메모 강조 표시:** 주 뷰에서 강조된 구성요소의 색상을 설정합니다.

스케치 탭

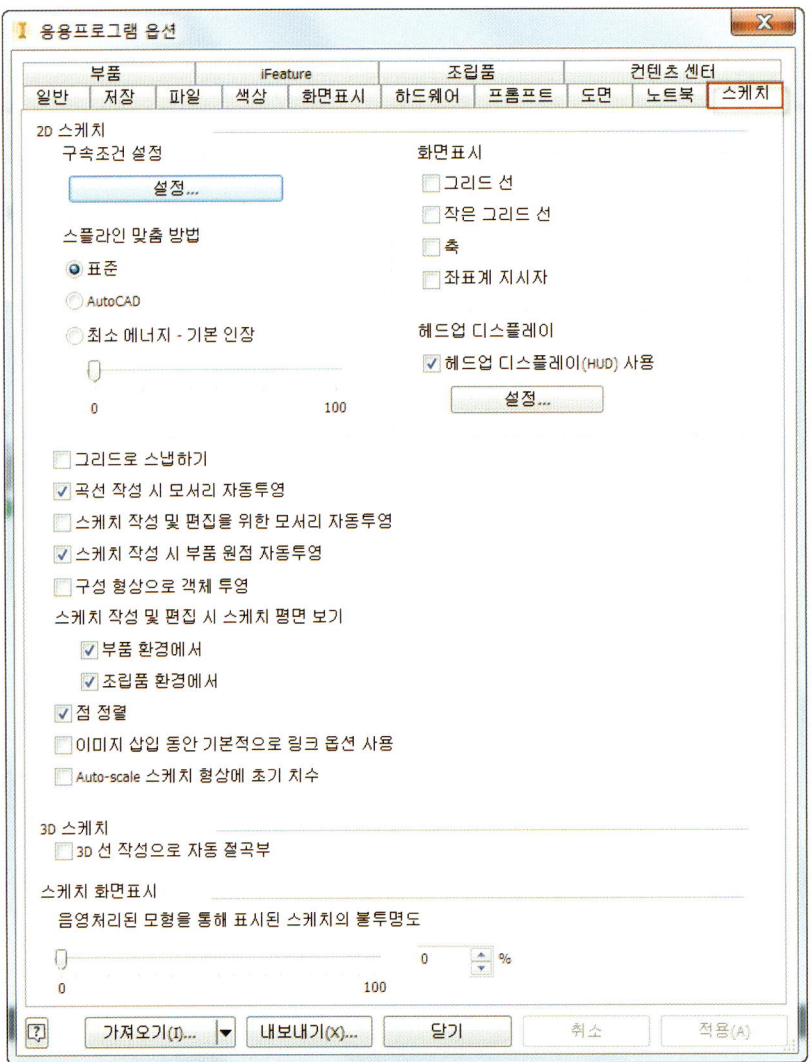

스케치의 기본 설정을 지정합니다.

- **2D 스케치**

- **설정**: 스케치 구속조건 및 치수의 화면표시, 작성, 추정, 완화 끌기 및 과도한 구속에 대한 설정을 제어합니다. 완화 모드 설정에서 완화 끌기 중에 제거할 구속조건을 선택하고, 구속조건 추정 옵션을 해제하여 구속조건을 자동으로 작성하지 않도록 선택할 수 있습니다.

◆ 일반 탭

• 구속 조건

- **작성 시 구속 조건 화면 표시:** 체크(화면 표시), 체크 해제(화면 표시 안됨)
- **선택한 객체에 대한 구속 조건 표시:** 체크(화면 표시), 체크 해제(화면 표시 안됨)
- **스케치에서 일치 구속 조건 화면 표시:** 체크(화면 표시), 체크 해제(화면 표시 안됨)

• 치수

- **작성 시 치수 편집:** 체크(치수 편집 창 화면 표시), 체크 해제(치수 편집 창 화면 표시 안됨)
- **입력 값에서 치수 작성:** 체크(입력 값에서 치수 작성 가능), 체크 해제(입력 값에서 치수 작성 불가능) 과도하게 구속된 스케치에 치수 배치 시 기본 동작을 설정합니다.
- **연계 치수 적용:** 괄호 안에 들어 있는 비파라메트릭 치수를 적용합니다. 치수는 스케치가 변할 때 업데이트되지만 스케치 크기를 조절할 수 없습니다.
- **과도하게 구속된 상태의 경고:** 치수를 추가하면 스케치가 과도하게 구속되는 경우 경고 메시지가

표시됩니다.

◆ 추정 탭

- **구속 조건 추정:** 체크(추정 가능), 체크 해제(추정 불가능)
- **구속 조건 유지:** 체크(유지됨) 체크 해제(유지 안됨)
- **구속 조건 추정 우선 순위**

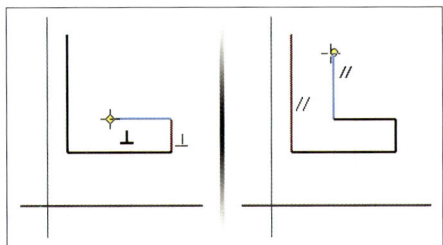

- **평행 및 직각:** 스케치 그리드의 좌표를 보기 전에 먼저 형상 간의 관계를 정의하는 구속조건을 찾습니다.

- **수평 및 수직:** 스케치 형상 간의 구속조건을 찾기 전에 먼저 스케치 좌표에 대한 스케치 형상의 방향을 정의하는 구속조건을 찾습니다.

- **구속 조건 추정을 위한 선택**

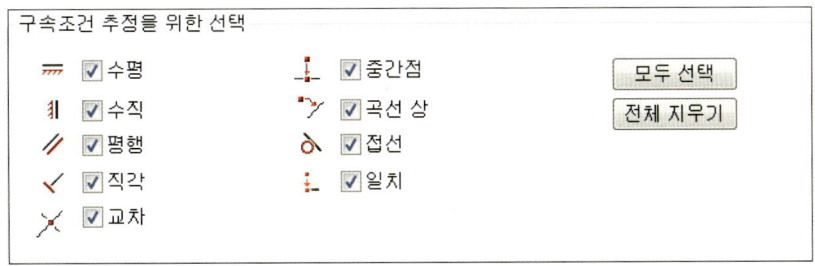

- **모두 선택:** 모든 구속 조건에 대해 추정 가능하게 함
- **전체 지우기:** 모든 구속 조건에 대해 추정이 불가능하게 함

◆ 완화 모드 탭

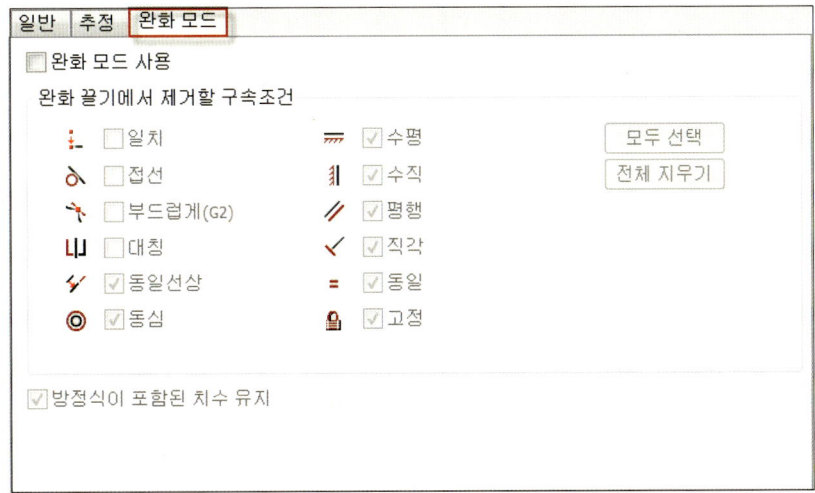

- **완화 모드 사용:** 체크(구속 조건에 대한 완화 모드를 사용), 체크 해제(구속 조건에 대한 완화 모드를 사용하지 않음)
- **완화 끌기에서 제거할 구속 조건:** 완화 모드 사용 체크 시에만 활성화

- **스플라인 맞춤 방법**

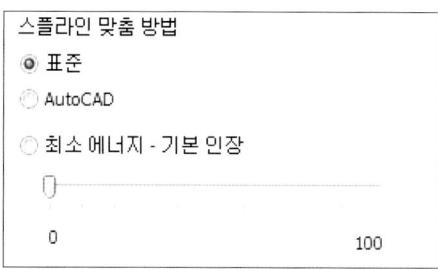

- **표준:** 맞춤 방법을 설정하여 점 사이에서 부드럽게 연속성(G3 최소)을 가진 스플라인을 작성합니다. 클래스 A 표면에 적합합니다
- **AutoCAD:** 맞춤 방법을 설정하여 AutoCAD 맞춤 방법(G2 최소)을 사용하여 스플라인을 작성합니다. 클래스 A 표면에 적합하지 않습니다.
- **최소 에너지:** 맞춤 방법을 설정하여 부드럽게 연속성(G3 최소)과 양호한 곡률 분포를 가지는 스플라인을 작성합니다. 클래스 A 표면에 적합합니다. 가장 크기가 큰 파일을 계산 및 작성하는 데 가장 시간이 오래 걸립니다.
- **최소 에너지 - 기본 인장:** 슬라이더 막대를 2D 스플라인의 사전 결정된 견고성 또는 느슨한 정도로 설정합니다. 표준 또는 AutoCAD 맞춤 방법을 사용하여 작성된 2D 스플라인이 최소 에너지 스플라인으로 변환된 경우 슬라이더 설정이 사용됩니다.

- **화면 표시**

스케치할 때 좌표계와 그리드의 도면요소를 표시할 수 있게 설정합니다. 도면요소를 표시하려면 확인란을 선택하고 도면요소를 숨기려면 확인란의 선택을 취소합니다.

- **그리드 선:** 스케치에서 그리드 선의 화면표시를 설정합니다.
- **작은 그리드 선:** 스케치에서 보조 또는 가는 그리드 선의 화면표시를 설정합니다.
- **축:** 스케치 평면 축의 화면표시를 설정합니다.
- **좌표계 지시자:** 스케치 평면의 좌표계 화면표시를 설정합니다.
- **작성 시 일치 구속조건 화면표시:** 구속조건을 작성할 때 일치 구속조건 점의 자동 화면표시를 설정합니다.
- **구속조건 및 DOF 기호 축척:** 그래픽 창에서 구속조건 크기와 자유도 그림문자를 설정합니다. 축척 계수를 0.2에서 5까지 조정할 수 있습니다. 기본값은 1입니다.

```
□ 그리드로 스냅하기
☑ 곡선 작성 시 모서리 자동투영
□ 스케치 작성 및 편집을 위한 모서리 자동투영
☑ 스케치 작성 시 부품 원점 자동투영
☑ 구성 형상으로 객체 투영
  스케치 작성 및 편집 시 스케치 평면 보기
    ☑ 부품 환경에서
    ☑ 조립품 환경에서
☑ 점 정렬
□ 이미지 삽입 동안 기본적으로 링크 옵션 사용
□ Auto-scale 스케치 형상에 초기 치수
```

- **그리드로 스냅하기:** 스케치 작업에 대해 스냅 동작을 설정합니다. 스냅을 키려면 확인란을 선택하고 스냅을 끄려면 확인란의 선택을 취소합니다.

- **곡선 작성시 모서리 자동투영:** 기존 선을 "긁어서" 기존 형상을 선택하여 현재 스케치에 투영하는 기능을 사용합니다. 해당 선은 참조 형상으로 투영됩니다. 자동투영을 사용하려면 확인란을 선택하고 사용하지 않으려면 확인란의 선택을 취소합니다

- **스케치 작성 및 편집을 위한 모서리 자동투영:** 새 스케치를 작성할 때 선택된 면의 모서리를 스케치 평면에 참조 형상으로 자동투영합니다. 새 스케치 및 편집된 스케치에 대해 참조 형상을 자동으로 작성하려면 확인란을 선택합니다. 새 스케치에 대해 참조 형상을 작성하지 못하게 억제하려면 확인란의 선택을 취소합니다.

- **스케치 작성 시 부품 원점 자동투영:** 새 스케치에 투영된 부품 원점에 대한 기본 설정을 지정합니다. 이 확인란은 기본으로 선택됩니다. 원점을 수동으로 투영하려면 확인란의 선택을 취소합니다. Inventor 조립품 스케치를 사용할 수 없습니다.

- **스케치 작성 및 편집 시 스케치 평면 보기**

선택한 경우 스케치 평면이 새 스케치에 대한 뷰와 평행하도록 그래픽 창 방향을 다시 정합니다. 뷰 방향에 관계 없이 선택한 스케치 평면에서 스케치를 작성하려면 확인란의 선택을 취소합니다.

```
스케치 작성 및 편집 시 스케치 평면 보기
    ☑ 부품 환경에서
    ☑ 조립품 환경에서
```

- **부품 환경에서:** 다음과 같은 경우에 보기 동작을 제어합니다.
  - 부품 스케치를 작성하거나 편집할 때
  - 부품에서 구성요소를 작성하거나 편집할 때
  - 조립품 내에서 부품의 내부 편집을 수행하는 동안

- **조립품 환경에서:** 조립품 스케치를 작성하거나 편집할 때 보기 동작을 제어합니다.

- **점 정렬:** 이 옵션을 선택하면 새로 작성한 형상의 끝점과 기존 형상 점 간의 정렬을 추정합니다. 추정된 정렬을 나타내는 임시 점선이 표시됩니다.

선택하지 않은 경우에는 스케치 명령을 사용하는 동안 해당 점 위에 커서를 움직여서 특정 점에 비례하여 추정된 정렬을 임시로 호출할 수 있습니다.

- **이미지 삽입 동안 기본적으로 링크 옵션 사용**

이미지 삽입 대화상자에서 링크 확인란을 사용 또는 사용하지 않도록 기본값을 설정합니다. 링크 옵션을 사용하면 이미지 변경 사항이 Inventor에서 업데이트될 수 있습니다.

- **스케치 형상의 초기 치수 자동 축척**

스케치 피쳐의 자동 축척을 제어합니다(자동 축척). 자동 축척을 사용하면 첫 번째 치수를 추가하는 동안 스케치의 원래 쉐이프가 유지됩니다. 스케치 원점과 형상 간의 거리를 자동으로 축척하지 않으려면 이 옵션을 선택 취소합니다.

- **3D 스케치**

- **3D 선 작성으로 자동 절곡부:** 접하는 구석 절곡부를 스케치하면서 3D 선에 자동으로 배치합니다. 기본 설정은 끄기입니다. 구석 절곡부를 자동으로 배치하려면 확인란을 선택합니다. 구석 절곡부를 자동으로 작성하지 못하게 억제하려면 확인란의 선택을 취소합니다.

- **스케치 화면표시**

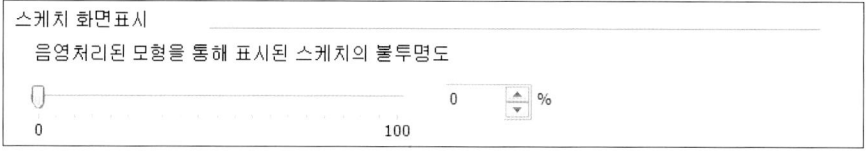

- 음영 처리된 모형을 통해 표시된 스케치의 불투명도 설정은 음영 처리된 모형 형상을 통해 보이는 스케치 형상의 불투명도를 제어합니다. 기본 설정은 0%로, 음영처리된 모형 형상을 통해 스케치 형상이 완전히 가려집니다. 음영 처리된 형상을 통해 스케치 형상이 보이도록 하려면 이 값을 변경합니다.

- **헤드업 디스플레이**

헤드업 디스플레이는 스케치 형상을 작성할 때 숫자 값과 각도 값을 직접 값 입력 상자에 입력할 수 있도록 다이나믹 입력을 활성화합니다. 설정 버튼을 클릭하여 헤드업 디스플레이 설정 대화상자를 열고 설정을 변경합니다.

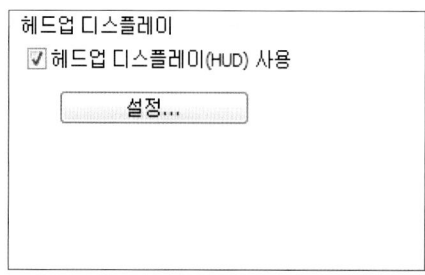

chapter 13 기타 도구와 응용프로그램 옵션

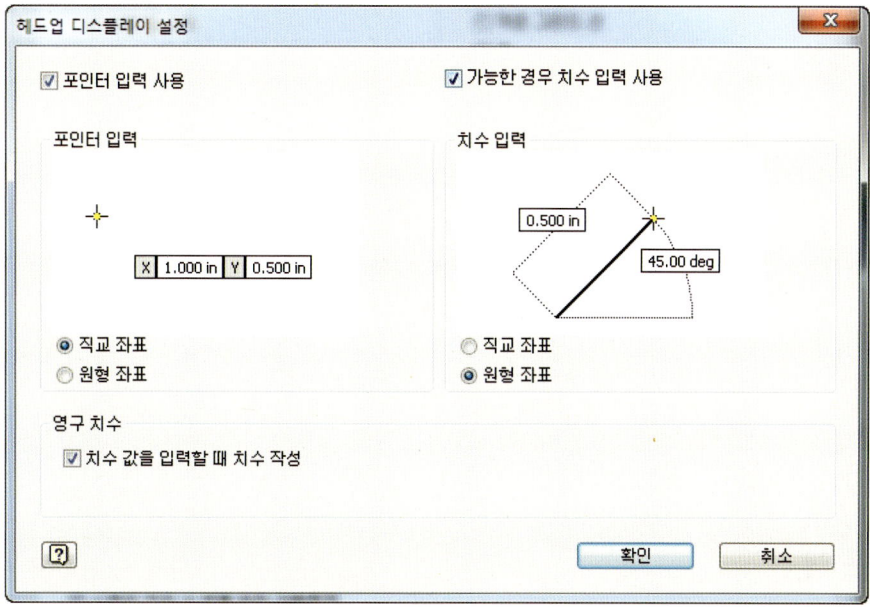

- **포인터 입력 사용:** 포인터 입력을 활성화할 경우 스케치 요소의 시작점이 커서 근처의 값 입력 상자에 직교 좌표(X 및 Y 값)로 표시됩니다. 포인터 입력을 비활성화하면 스케치 요소 시작점의 좌표 화면표시가 꺼집니다.

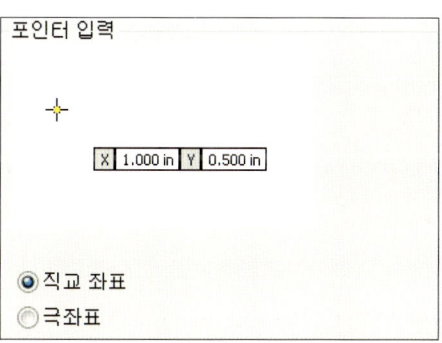

- **직교 좌표:** 이 옵션을 선택할 경우 스케치 요소의 시작점이 스케치 원점(X = 0, Y = 0)을 기준으로 한 X 및 Y 값으로 표시됩니다. 기본 설정입니다.
- **극 좌표:** 이 옵션을 선택할 경우 스케치 요소의 시작점이 스케치 원점(X = 0, Y = 0)을 기준으로 한 길이(L)와 각도(A) 값으로 표시됩니다.
- **가능한 경우 치수 입력 사용:** 이 옵션을 활성화할 경우 그리는 스케치 요소 유형에 따라 일반 직교 좌표와 극좌표를 함께 사용하여 값이 입력됩니다. Tab 키를 눌러 값 입력 필드 간을 전환할 때 스케치 형상에 치수가 자동으로 배치됩니다.

  이 설정을 사용하지 않을 경우 증분 X 및 증분 Y 직교 좌표만을 사용하여 값이 입력됩니다. 즉, 극좌표를 사용할 수 없습니다. Tab 키를 눌러 값 입력 필드 간을 전환할 때에도 스케치 형상에 치수가 배치되지 않습니다.

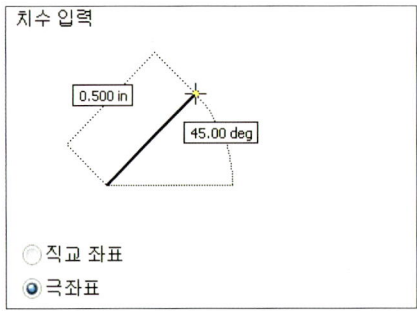

- **직교 좌표:** 이 옵션을 선택할 경우 양의 직교 X 및 Y 좌표와 음의 직교 X 및 Y 좌표가 둘 다 입력됩니다. 마지막 클릭 점을 기준으로 값이 계산됩니다.
- **극 좌표:** 이 옵션을 선택할 경우 그리는 스케치 요소 유형에 따라 일반 직교 좌표와 극좌표를 함께 사용하여 값이 입력됩니다. 마지막 클릭 점을 기준으로 값이 계산됩니다. 기본 설정입니다.

부품 탭

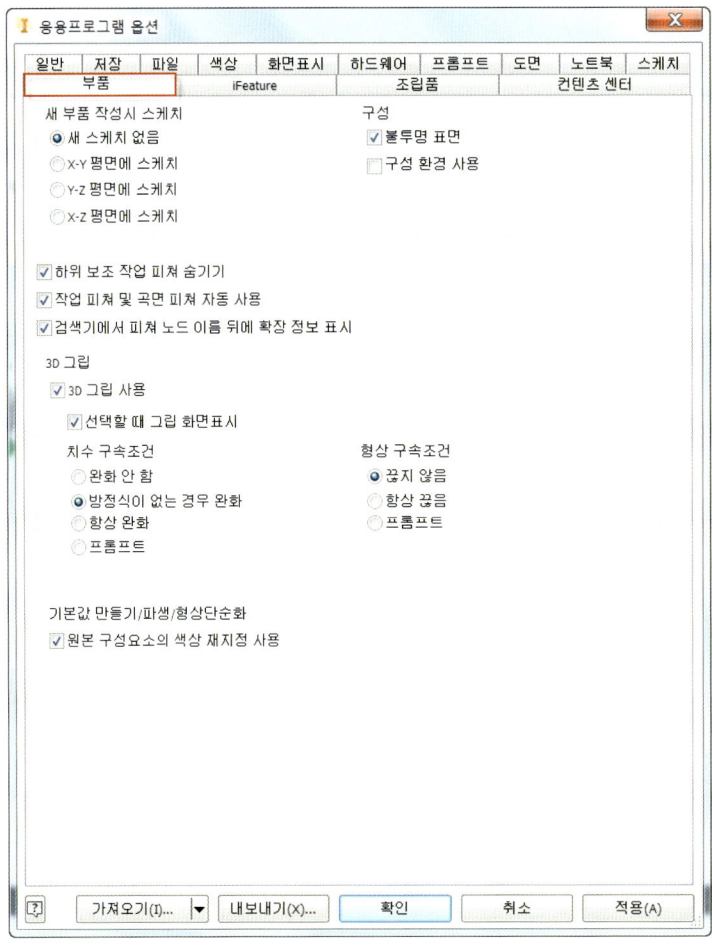

새 부품을 작성하기 위한 기본값을 설정합니다.

새 부품 파일을 작성할 때 스케치를 작성하기 위한 기본 설정을 설정합니다.

새 스케치 없음	부품을 작성할 때 자동 스케치 작성을 비활성화합니다.
X-Y 평면에 스케치	부품을 작성할 때 X-Y를 스케치 평면으로 설정합니다.
Y-Z 평면에 스케치	부품을 작성할 때 Y-Z를 스케치 평면으로 설정합니다.
X-Z 평면에 스케치	부품을 작성할 때 X-Z를 스케치 평면으로 설정합니다.

- 구성

- **불투명 표면:** 불투명을 표면에 대한 표시 기본값으로 설정합니다. 옵션이 설정되기 전에 작성된 곡면은 투명하지만 불투명으로 변경할 수 있습니다. 검색기에서 곡면을 마우스 오른쪽 버튼으로 클릭하고 투명을 선택하거나 원하는 경우 선택 표시를 지워 곡면 모양을 기본 설정으로 복원합니다.

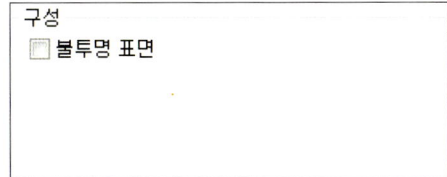

- **하위 보조 작업 피쳐 숨기기:** 작업 피쳐가 다른 작업 피쳐에서 사용되면 이 피쳐를 자동으로 숨깁니다. 자동 숨기기를 사용하려면 확인란을 선택하고 자동 숨기기를 사용하지 않으려면 확인란의 선택을 취소합니다.
- **작업 피쳐 및 곡면 피쳐 자동 사용**
  - **체크 시:** 자동으로 곡면 피쳐와 작업 피쳐가 사용됩니다.
  - **체크 해제 시:** 곡면 피쳐와 작업 피쳐의 자동 사용이 꺼집니다.
- **검색기에 피쳐 노드 이름 뒤에 확장 정보 표시:** 검색기에서 부품 피쳐에 대한 자세한 정보를 표시합니다. 확장 피쳐 이름은 부품, 판금 부품, 조립품 모델링 뷰 및 도면 환경에서 확인할 수 있습니다. 확장 문자열의 형식과 내용은 변경할 수 없습니다.

- **3D 그립**

  ```
  3D 그립
  ☑ 3D 그립 사용
      ☑ 선택할 때 그립 화면표시
      치수 구속조건              형상 구속조건
      ○ 완화 안 함                ◉ 끊지 않음
      ◉ 방정식이 없는 경우 완화    ○ 항상 끊음
      ○ 항상 완화                 ○ 프롬프트
      ○ 프롬프트
  ```

- **3D 그립:** 3D 그립 옵션의 기본 설정을 설정합니다.
- **3D그립 사용:** 확인란을 선택하면 3D 그립을 사용할 수 있습니다. 확인란의 선택을 취소하면 모든 상황에 맞는 메뉴의 명령을 포함하여 3D 그립 기능이 완전히 제거됩니다.
- **선택할 때 그립 화면 표시:** 확인란을 선택하면 부품(.ipt) 또는 조립품(.iam) 파일에서 부품의 면 또는 모서리를 선택할 때 그립이 표시됩니다. 선택 우선순위가 면 및 모서리로 설정되고 3D 그립을 사용하여 면을 편집할 수 있는 경우 그립이 표시됩니다. 그립을 클릭하여 3D 그립 명령을 시작합니다. 확인란의 선택을 취소하면 그립 표시가 꺼집니다.
- **치수 구속 조건:** 3D 그립 편집에 따른 피쳐 변경 사항이 기존 구속조건과 일치하지 않는 경우 치수 구속조건이 반응하는 방법을 지정합니다.

  ```
  치수 구속조건
  ○ 완화 안 함
  ◉ 방정식이 없는 경우 완화
  ○ 항상 완화
  ○ 프롬프트
  ```

  - **완화 안 함:** 피쳐가 정의된 선형 또는 각도 치수가 있는 방향으로 그립 편집되는 것을 방지합니다.
  - **방정식이 없는 경우 완화:** 피쳐가 방정식 기반 선형 또는 각도 치수에 의해 정의된 방향으로 그립 편집되는 것을 방지합니다. 방정식 없는 치수는 영향을 받지 않습니다.
  - **항상 완화:** 선형, 각도 또는 방정식 기반 치수의 적용 여부에 관계 없이 피쳐가 그립 편집됩니다
  - **프롬프트:** 항상 완화와 유사하지만 그립 편집이 치수 또는 방정식 기반 치수에 영향을 주는 경우 경고를 표시합니다. 승인하면 치수와 방정식이 둘 다 완화되고 그립 편집 후 수치 값으로 업데이트됩니다.

- **형상 구속 조건:** 3D 그립 편집에 따른 피쳐 변경 사항이 기존 구속조건과 일치하지 않는 경우 형상 구속조건이 반응하는 방법을 지정합니다.

  ```
  형상 구속조건
  ◉ 끊지 않음
  ○ 항상 끊음
  ○ 프롬프트
  ```

- **끊지 않음:** 구속조건이 있을 경우 피쳐가 그립 편집되는 것을 방지합니다.
- **항상 끊음:** 구속조건이 있는 경우에도 피쳐가 그립 편집될 수 있도록 하나 이상의 구속조건을 끊습니다.
- **프롬프트:** 항상 끊음과 유사하지만 그립 편집이 하나 이상의 구속조건을 끊는 경우 경고를 표시합니다.

● **기본값 만들기/파생/형상단순화**

- **원본 구성요소의 색상 재지정 사용:** 대상 부품에 적용될 기준 구성요소의 색상을 링크합니다. 이 확인란을 선택하지 않으면 대상 부품의 기본 모양으로 모양이 설정됩니다.

iFeature 탭

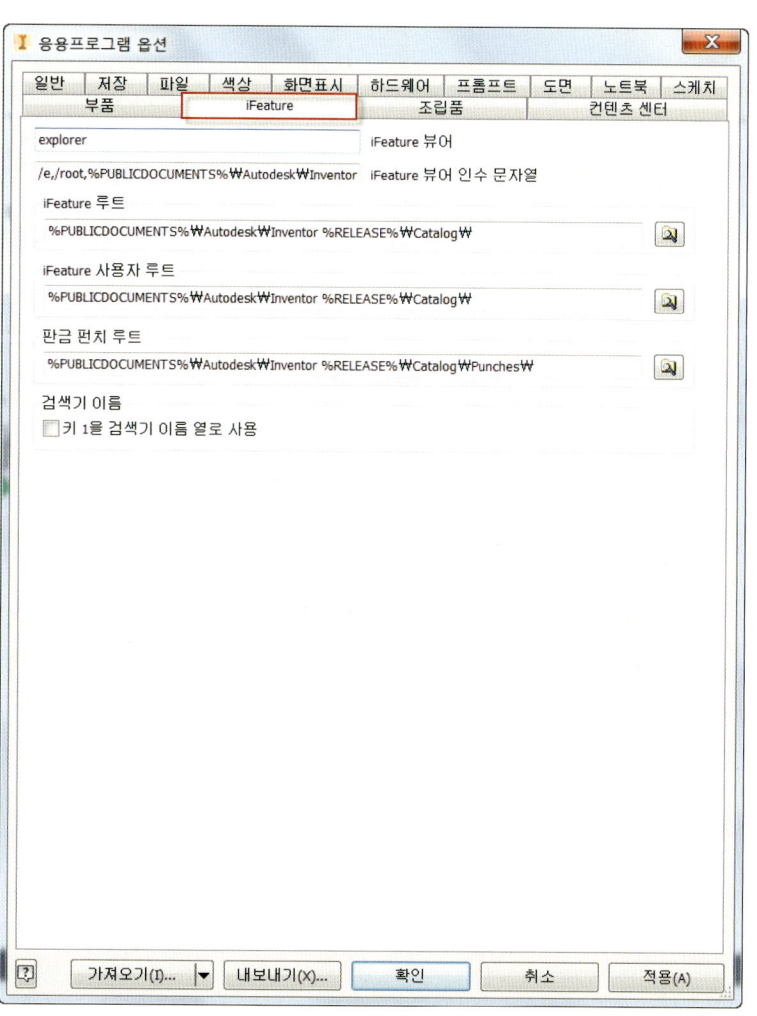

iFeature(카탈로그) 파일과 이 파일을 관리하고 보는 데 사용하는 뷰어의 위치를 지정합니다.

- **iFeature 뷰어:** iFeature 파일을 관리하는 데 사용하는 뷰어 응용프로그램을 지정합니다.

- **iFeature 뷰어 인수 문자열:** 런타임 옵션의 뷰어 명령행 인수를 설정합니다. 기본값은 /n입니다.

- **iFeature 루트:** 카탈로그 보기 대화상자에서 사용되는 iFeature 파일의 위치를 지정합니다.

- **iFeatures 사용자 루트:** iFeature 작성 대화상자와 iFeature 삽입 대화상자 모두에서 사용되는 iFeature 파일의 위치를 지정합니다.

- **판금 펀치 루트:** 판금 펀치 도구 대화상자에서 사용되는 iFeature 파일의 위치를 지정합니다.

- **검색기 이름:** 부품 파일의 검색기에서 iFeature의 특정 특성을 식별합니다.

조립품 탭

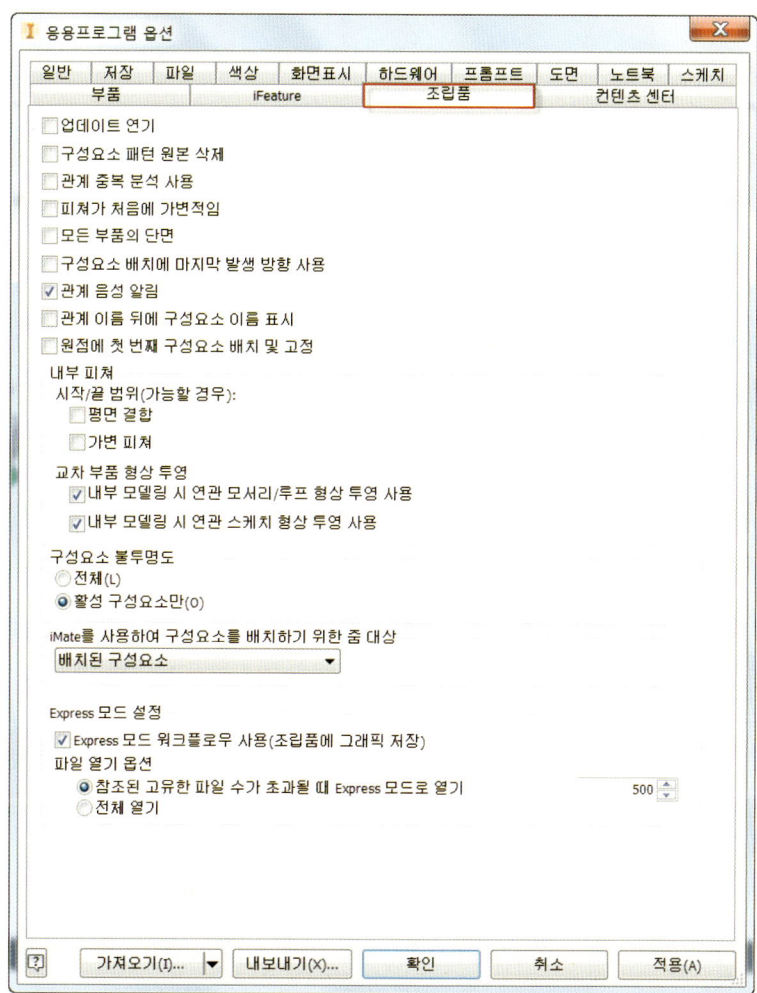

조립품 작성을 위한 기본 설정입니다.

- **업데이트 연기:** 구성요소를 편집할 때 조립품 업데이트에 대한 기본 설정을 설정합니다.
- **확인란을 선택:** 조립품 파일에 대한 업데이트를 클릭할 때까지 조립품의 업데이트를 연기
- **확인란을 선택 취소:** 구성요소를 편집한 후 자동으로 조립품을 업데이트
- **구성요소 패턴 원본 삭제:** 패턴 요소 삭제 시의 기본 동작을 설정합니다.
- **확인란을 선택:** 패턴을 삭제할 때 근원 구성요소를 삭제
- **확인란을 선택 취소:** 패턴을 삭제할 때 원본 구성요소 복제를 유지
- **관계 중복 분석 사용:** Autodesk Inventor가 모든 조립품 구성요소의 가변성 조정을 분석할 것인지 여부를 지정합니다. 기본적으로 선택되어 있지 않습니다.

- **확인란의 선택을 취소:** Autodesk Inventor가 일반적으로 중복 구속조건을 검사하는 2차 분석을 생략하고 모든 구성요소 자유도를 분석합니다. 시스템은 기호가 표시될 때 자유도 분석만 업데이트합니다.
- **확인란을 선택:** Autodesk Inventor가 2차 분석을 수행하고 중복 구석조건이 있는지 알려 줍니다. 자유도는 기호가 표시되지 않을 때도 업데이트됩니다.

• **피쳐가 처음에 가변적임:** 새로 작성한 부품 피쳐가 자동으로 가변화되는지 여부를 제어합니다. 확인란은 기본적으로 선택되지 않습니다.
- **확인란의 선택을 취소:** 피쳐가 처음에는 가변이 아님
- **확인란을 선택:** 피쳐가 처음부터 가변임

• **모든 부품의 단면:** 부품이 조립품에서 단면 처리되는지 여부를 제어합니다. 하위 부품의 단면도 동작은 상위 부품과 같습니다. 기본적으로 선택되어 있지 않습니다. (부품이 조립품에서 단면 처리되지 않음).
- **확인란의 선택을 취소:** 부품이 조립품에서 단면 처리되지 않음
- **확인란을 선택:** 부품이 조립품에서 단면 처리됨

• **구성요소 배치에 마지막 발생 방향 사용:** 조립품에 배치된 구성요소가 검색기에서 구성요소의 마지막 발생과 동일한 방향을 상속하는지 여부를 제어합니다.
- **확인란의 선택을 취소:** 구성요소 배치에 마지막 발생 방향 사용하지 않음
- **확인란을 선택:** 구성요소 배치에 마지막 발생 방향 사용

• **관계 음성 알림:** 구속조건이 작성될 때 음성을 재생하려면 확인란을 선택하고 끄려면 확인란의 선택을 취소합니다.
- **확인란의 선택을 취소:** 구속 조건이 작성될 때 음성 알리지 않음
- **확인란을 선택:** 구속 조건이 작성될 때 음성 알림

• **관계 이름 뒤에 구성요소 이름을 표시:** Autodesk Inventor에서 검색기의 구속조건에 구성요소 복제 이름을 추가하는지 여부를 지정합니다.
- **확인란의 선택을 취소:** Autodesk Inventor에서 구속조건에 구성요소 복제 이름을 표시하지 않습니다.

메이트:12

- **확인란을 선택:** Autodesk Inventor에서 구속조건에 구성요소 복제 이름을 표시합니다.

메이트:12(로드:1, 원통:1)

• **원점에 첫 번째 구성요소 배치 및 고정:** 조립품에 배치된 첫 번째 구성요소가 원점에 고정될지 여부를 지정합니다.
- **확인란의 선택을 취소:** 이 확인란을 선택하지 않으면 배치된 첫 번째 구성요소가 고정되지 않습니다.

- **확인란을 선택:** 이 확인란을 선택하면 배치된 첫 번째 구성요소가 원점에 고정됩니다.
- **내부 피쳐:** 조립품 내에서 부품을 작성할 때 옵션들을 설정하여 내부 피쳐를 제어할 수 있습니다.

```
내부 피쳐
  시작/끝 범위(가능할 경우):
    ☐ 평면 결합
    ☐ 가변 피쳐
  교차 부품 형상 투영
    ☑ 내부 모델링 시 연관 모서리/루프 형상 투영 사용
    ☑ 내부 모델링 시 연관 스케치 형상 투영 사용
```

- **시작/끝 범위(가능할 경우)**
  - **평면 결합:** 피쳐를 원하는 크기로 구성하고 평면에 결합하지만 그 평면에 맞춰 조정하지는 않습니다.
  - **가변 피쳐:** 내부 피쳐가 구성되는 기반 평면이 변경되면 내부 피쳐의 크기나 위치를 그에 맞춰 자동으로 조정합니다.
- **교차 부품 형상 투영**
  - **내부 모델링 시 연관 모서리/루프 형상 투영 작동 가능:** 조립품에 부품 또는 피쳐를 작성할 때 한 부품에서 선택한 형상을 다른 부품의 스케치에 투영하여 참조 스케치를 작성합니다. 투영된 형상은 원래 형상과 연관되어 있기 때문에 상위 부품을 변경하면 그에 따라 업데이트됩니다. 투영된 형상을 사용하여 스케치 피쳐를 작성할 수 있습니다. 기본 설정으로 켜져 있습니다. 스케치 연관성을 끄려면 선택 표시를 지우면 됩니다.
  - **내부 모델링 시 연관 스케치 형상 투영 사용:** 조립품에서 부품을 작성하거나 편집할 때 다른 부품에서 스케치 형상을 활성 부품에 투영할 수 있습니다. 이 옵션을 사용하면 투영된 형상이 연관되어 원래 형상을 변경할 경우 업데이트됩니다. 스케치가 포함된 부품은 자동으로 가변화됩니다.
- **구성요소 불투명도:** 조립품 단면이 표시될 때 어떤 구성요소가 투명도 스타일로 표시되는지 결정합니다. 원하는 표시 옵션을 클릭하여 선택합니다.

```
구성요소 불투명도
  ○ 전체(A)
  ● 활성구성요소만(O)
```

  - **전체:** 모든 구성요소는 표시가 음영 처리되거나 모서리가 표시된 상태에서 음영 처리될 때 불투명 스타일로 표시됩니다.
  - **활성 구성요소만:** 비활성 부품을 흐리게 표시할 때 활성 부품을 불투명하게 표시하여 강조합니다. 이 표시 스타일은 화면표시 옵션 탭의 일부 설정을 재지정합니다.
- **iMate를 사용하여 구성요소를 배치하기 위한 줌 대상:** iMate를 사용하여 구성요소를 배치할 때 그래픽 창의 기본 줌 동작을 설정합니다. 클릭하여 원하는 화면표시 줌 옵션을 선택합니다.

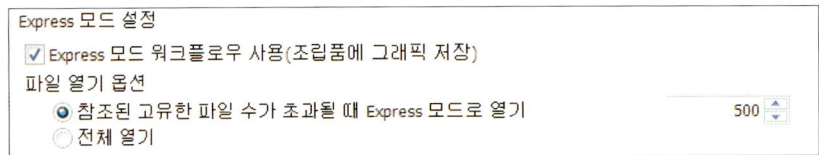

- **없음:** 원래의 뷰 상태로 둡니다. 줌이 수행되지 않습니다.
- **배치된 구성요소:** 배치된 부품을 확대하여 그래픽 창에 꽉 차도록 만듭니다.
- **전체:** 조립품을 줌하여 모형의 모든 도면요소가 그래픽 창에 맞도록 합니다.

• **Express 모드 설정**

조립 도구막대에 Express 모드 명령이 사용하도록 설정되어 있고 급행 데이터를 조립품 파일에 저장할지 지정합니다. Express 모드를 사용하면 대형 조립품의 파일 여는 시간을 크게 단축할 수 있습니다. Express 모드 워크 플로우 사용(조립품에 그래픽 저장) 조립품(.iam) 파일에 고급 표시 및 모형 데이터를 저장하려면 선택합니다. 조립품 파일에 Express 모드 데이터를 저장하지 않으려면 이 확인란의 선택을 취소합니다. 일부 명령 및 기능은 Express 모드에서 사용할 수 없습니다. 문서가 열려 있는 상태에서 확인란의 선택을 취소할 수 있습니다.

• **파일 열기 옵션**
  - **Express 모드:** 참조된 고유한 파일 수가 초과될 때 열기 조립품 파일을 여는 기본 모드를 결정하는 데 사용할 임계 값을 설정합니다(Express 모드와 전체 모드 비교). 조립품 모델에 대해 파일 열기 성능을 개선할 수 있는 값을 선택힙니다. 파일 얼기 시간은 발생 수, 모형 헝상의 복잡성 및 시스템 하드웨어 사양과 같은 요인에 따라 좌우됩니다
  - **전체 열기:** 모든 구성요소 데이터가 로드된 조립품 파일을 열도록 선택합니다. 모든 명령 및 기능을 사용할 수 있습니다.

주) 조립품 파일에 Express 모드 데이터가 포함되어 있으면 파일 열기 옵션에서 Express 모드로 열기 또는 전체 열기를 선택할 수 있습니다.

컨텐츠 센터 탭

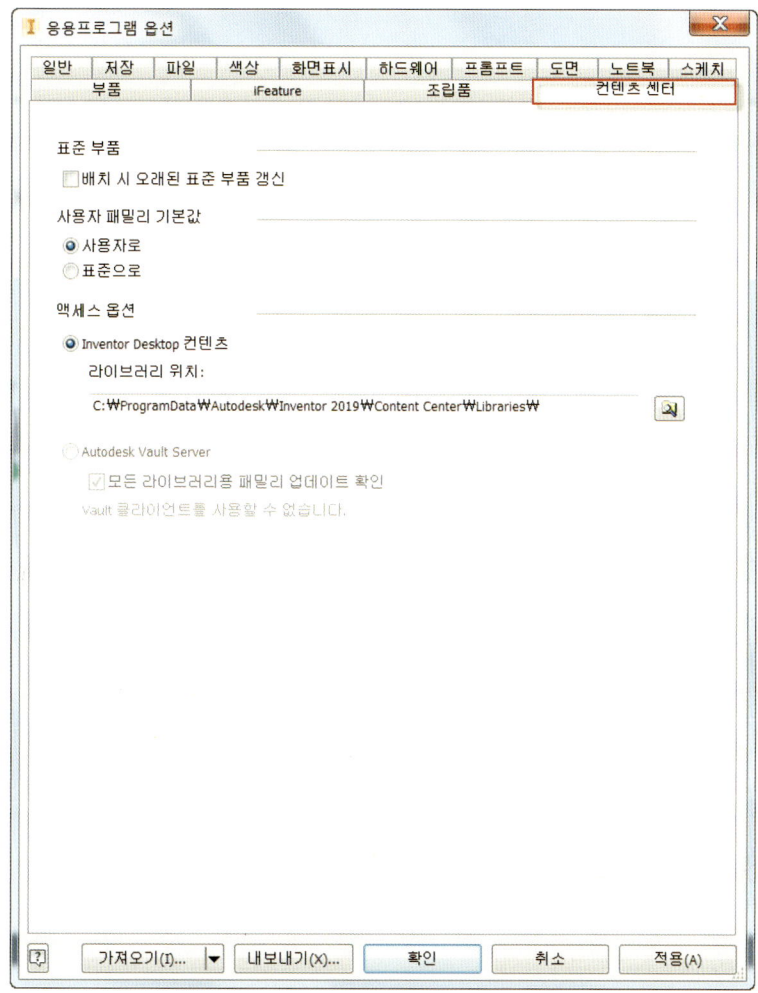

컨텐츠 센터에 대한 기본 설정을 지정합니다.

- **표준 부품**
- **배치 시 오래된 표준 부품 갱신:** 컨텐츠 센터 파일 폴더의 기존 부품 파일을 갱신하는 작업을 제어합니다.
    - **확인란 선택:** 기존 표준 부품 파일이 자동으로 라이브러리의 최신 부품 버전으로 교체됩니다.
    - **확인란 선택 취소:** 최신 부품 버전이 라이브러리에 있는 경우에도 컨텐츠 센터 파일 폴더의 표준 부품이 조립품에 배치됩니다.
- **사용자 패밀리 기본 값:** 사용자 매개변수를 사용하여 컨텐츠 센터 부품의 기본 배치 방법을 지정합니다. 이 설정은 패밀리 대화상자에서 적용됩니다. 특정 사용자 부품을 배치할 때 적합할 경우

다른 배치 방법을 선택할 수 있습니다.
- **사용자로 선택:** 부품의 사용자 파일 이름과 위치를 지정하고 수동 편집을 활성화
- **표준으로 선택:** 부품을 컨텐츠 센터 파일 폴더에 저장하고 크기 변경 및 표준 구성요소 갱신 명령으로만 편집할 수 있도록 제한하려면 표준으로 선택합니다.

주) 조립품에 배치된 사용자 부품을 편집하면 디스크에 저장된 부품 파일이 변경됩니다. 표준 부품을 편집하면 새 부품 파일이 컨텐츠 센터 파일 폴더에 작성됩니다.

Tip

부품에 대해 표준 구성요소 갱신을 사용하려면 표준으로를 선택합니다. 라이브러리에서 패밀리를 편집할 때 조립품에 배치된 컨텐츠 센터 부품에 변경 사항을 전파할 수 있습니다.

- **액세스 옵션:** Inventor Desktop 컨텐츠 Desktop 컨텐츠를 컨텐츠 센터 라이브러리 위치로 선택합니다. Desktop 컨텐츠 폴더 경로를 편집하거나 찾아보기를 클릭하여 Desktop 컨텐츠 폴더를 찾습니다.
  - 주라이브러리는 Desktop 컨텐츠 폴더에 파일로 저장되어 있습니다. 라이브러리 전송 안내서를 사용하여 Vault Server에서 Desktop 컨텐츠 위치로 라이브러리를 전송합니다.
  - **Autodesk Vault Server** Vault Server를 컨텐츠 센터 라이브러리 위치로 선택합니다. 라이브러리를 서버에서 사용할 수 있어야 하고 컨텐츠 센터를 사용하여 작업하려면 로그인해야 합니다.

12 문서 설정

리본 메뉴/ 도구 탭/ 옵션 패널/ 문서 설정

응용프로그램 설정에서 어떤 문서든지 개별적으로 표시할 수 있습니다. 활성 스타일, 측정 단위와 스케치 및 모델링 기본 설정과 같은 문서 매개변수를 설정하고 응용프로그램 옵션 대화상자에서 문서 설정 사용을 선택합니다. 문서 설정은 문서에 저장됩니다. 새 문서에 설정을 자동으로 적용하려면 문서를 작성하는 데 사용하는 템플릿의 설정을 변경합니다..

스케치 및 부품, 조립품 일 때

- 표준 탭

- 일반

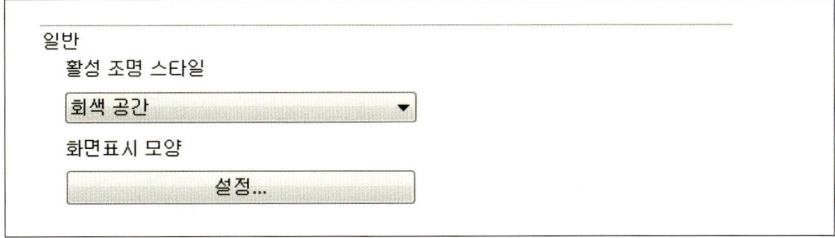

- **활성 조명 스타일:** 화살표를 클릭하여 현재 문서의 활성 조명 스타일을 선택합니다.

- **화면 표시 모양:** 문서의 화면표시 모양 매개변수를 지정할 수 있는 대화상자를 표시합니다.

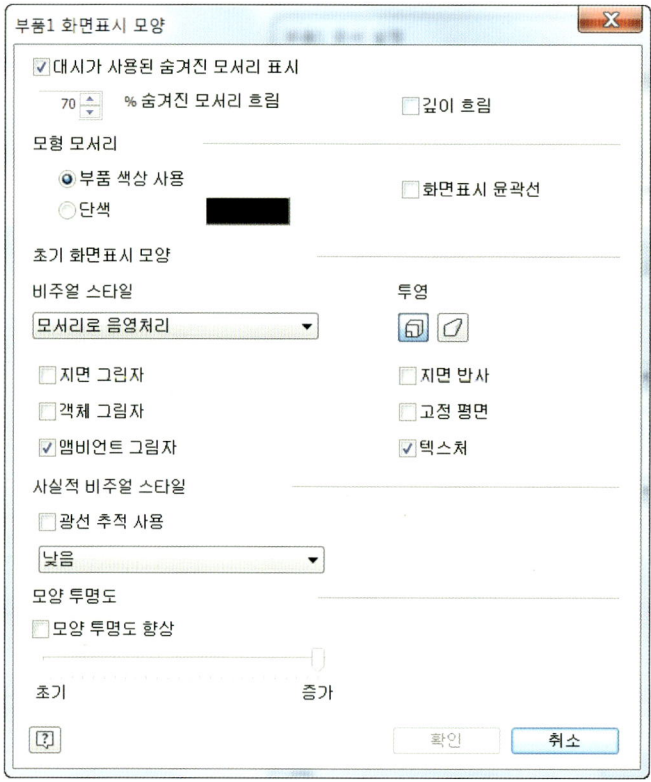

> **Tip**
>
> 응용프로그램 모양 옵션을 문서 설정 사용으로 설정하여 문서 화면표시 매개변수를 사용할 수 있습니다.

chapter 13 기타 도구와 응용프로그램 옵션

- **물리적**

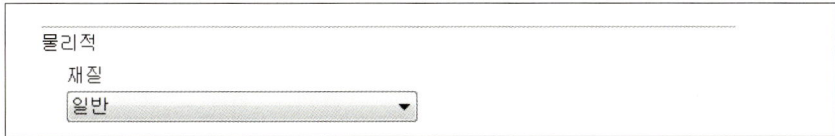

- **재질:** 화살표를 클릭하여 현재 문서의 활성 재질 스타일을 선택합니다.

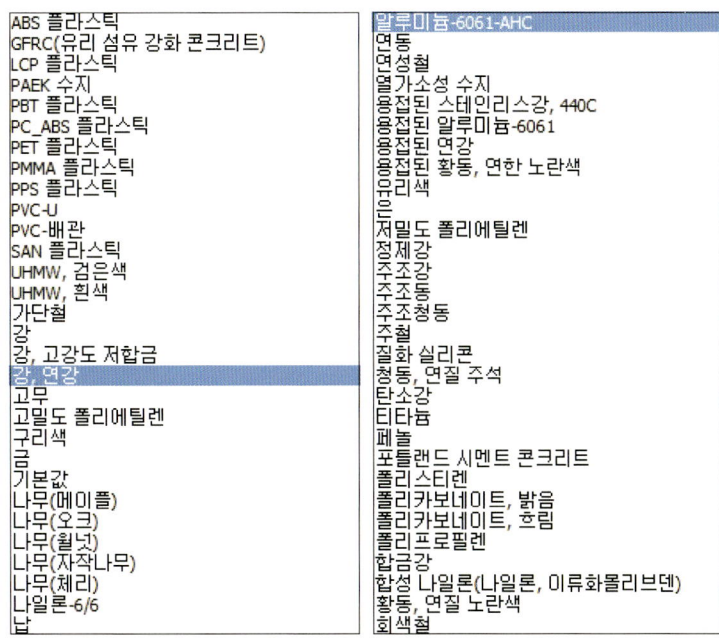

- **주석**

주석에 대해 활성 표준을 설정합니다.

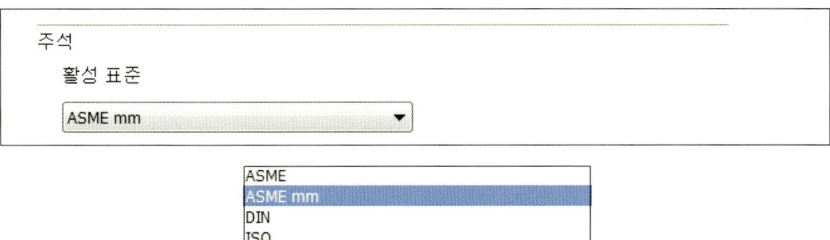

단위 탭

- **단위:** 파일의 기본 측정 단위를 설정합니다. 해당 편집 상자 옆에 있는 화살표를 클릭하고 리스트에서 선택합니다.

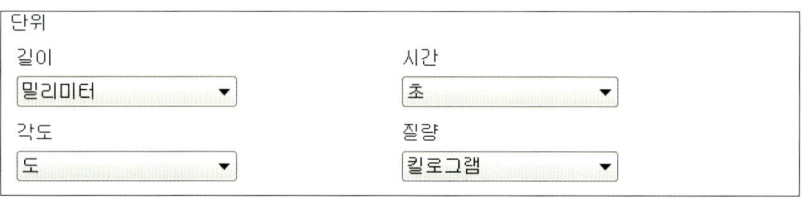

길이 단위	선형 치수의 기본 단위를 설정합니다.
각도 단위	각도 치수의 기본 단위를 설정합니다.
시간 단위	시간의 기본 단위를 설정합니다.
질량 단위	질량의 기본 단위를 설정합니다.

- **모델링 치수 화면 표시:** 모형의 치수에 대해 화면표시 정밀도를 설정합니다. 해당 편집 상자 옆에 있는 화살표를 클릭하고 리스트에서 선택하십시오.

선형 치수 표시 정밀도	선형 치수에서 십진 표식기 오른쪽에 보이는 소수점 자리 수를 제어합니다.
각도 치수 표시 정밀도	각도 치수에서 십진 표식기 오른쪽에 보이는 소수점 자리 수를 제어합니다.
값으로 표시	문서 설정 대화상자에서 지정된 설정을 사용하여 치수를 값으로 표시합니다.
이름으로 표시	치수를 매개변수 대화상자에 정의된 이름으로 표시합니다.
표현 식으로 표시	동일 기호를 사용하여 치수를 표현식으로 표시합니다.
공차 표시	치수 공차를 표시합니다.
정확한 값 표시	모든 치수 단위를 표시합니다.

- **기본 매개변수 입력 표시:** 치수 또는 피쳐를 편집할 때 편집 상자에서 매개변수 화면표시 방법을 설정합니다.

chapter 13 기타 도구와 응용프로그램 옵션

값으로 표시	매개변수 값 또는 수치 방정식을 표시합니다.	
표현 식으로 표시	전체 매개변수 표현 식을 표시합니다.	
정의된 매개변수	값으로 화면표시 (편집 상자)	표현 식으로 화면표시(편집 상자)
LENG = 1mm + 2mm	1mm + 2mm	LENG = 1mm + 2mm
LENG = 3mm	3 mm	LENG = 3mm

◆ 스케치 탭

- **2D 스케치**

- **스냅 간격**: 스냅 점 간에 간격을 설정하여 활성 부품 또는 도면에서 스케치할 때 정밀도를 높입니다. 두 축의 설정은 서로 다를 수 있습니다.

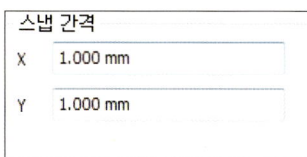

  - X축: X축의 스냅 거리를 설정합니다.
  - Y축: Y축의 스냅 거리를 설정합니다.

- **그리드 화면 표시**: 활성 부품 또는 도면의 그리드 표시에서 선의 간격을 설정합니다. 스케치 그리드는 스케치 좌표계에 따라 정렬됩니다.

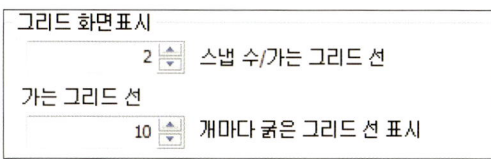

  - **스냅 수/가는 그리드 선**: 지정된 스냅 거리에 상대적으로 가는 그리드 선 간의 거리를 설정합니다. 예를 들어, X 스냅 거리를 0.0625에 설정하고 가는 그리드 선마다 2개의 스냅을 지정하면 가는 그리드 선 사이의 간격은 0.125로 설정됩니다.

  - **굵은 그리드 선 ~개마다 가는 그리드 선 표시**: 지정된 스냅 거리에 상대적으로 가는 그리드 선 간의 거리를 설정합니다. 예를 들어, X 스냅 거리를 0.0625에 설정하고 가는 그리드 선마다 2개의 스냅을 지정하면 가는 그리드 선 사이의 간격은 0.125로 설정됩니다.

- **선가중치 화면 표시 옵션:** 선가중치 표시를 위한 옵션을 설정합니다.

모형 스케치에 고유한 선가중치를 표시할 수 있습니다. 가중치 차이 없이 선을 표시하려면 확인란의 선택을 취소합니다. 이 설정은 인쇄된 모형 스케치의 선가중치에는 영향을 주지 않습니다. 인쇄에 실제 선가중치를 설정하려면 스케치 특성 도구막대를 사용합니다.

- **선택한 선가중시 화면 표시:** 이 옵션을 선택하면 선택한 선가중치 표시는 종이에 나타난 대로 화면에 선가중치를 표시합니다. 예를 들어, 줌 확대에 관계없이 0.5 인치 선의 두께는 0.5 인치 텍스트의 높이와 같습니다.
- **범위 별 선가중치 화면 표시 (밀리미터):** 이 옵션을 선택하면 범위별 선가중치 표시(밀리미터)는 입력하는 값에 따라 선가중치를 표시합니다. 값의 범위는 최소(왼쪽)에서 최대(오른쪽) 사이입니다.
- **3D 스케치:** 활성 부품에서 3D 스케치의 기본 설정을 지정합니다.

- **자동 절곡부 반지름:** 3D 선을 스케치하면서 자동으로 배치된 구석 절곡부의 기본 반지름을 설정합니다. 기본 값은5mm 입니다.

- **모델링 탭**

활성 부품에 대해 가변성 및 3D 스냅 간격 및 탭 구멍에 대한 설정을 지정하고 문서 사용내역을 포함할지 제외할지를 지정합니다.

- **조립품에 가변적으로 사용됨:** 활성 부품이 가변인 경우에만 사용할 수 있습니다. 부품이 조립품에서 가변적으로 사용되었음을 나타내는 표시기를 제거합니다. 확인란의 선택을 취소하여 가변 표시기를 제거합니다.

  주) 일반적으로 조립품이 더 이상 부품을 사용하지 않는 경우에만 가변성 상태를 변경합니다. 조립품에 아직도 가변적으로 사용되는 부품에서 표시기를 제거하면 부품은 강체가 됩니다.
- **모형 사용내역 압축:** 파일을 저장할 때 문서 되돌림 사용내역을 소거하도록 선택합니다. 확인란의 선택을 취소하면 문서 사용내역이 다시 생성되어 편집 성능을 다시 높일 수 있습니다.

  주) 디스크 공간이 제한된 경우에만 이 옵션을 선택합니다.

- **고급 피쳐 확인:** 이 옵션을 선택하면 포괄적인 계산 알고리즘을 사용할 수 있으며, 경우에 따라서는 느리지만 보다 정확한 피쳐를 생성할 수 있습니다. 쉘, 기울기, 두껍게 하기 및 간격 띄우기 피쳐의 성능을 크게 개선해 주는 최적화된 피쳐 계산 알고리즘을 사용하려면 이 옵션의 선택을 취소합니다.
- **향상된 그래픽 상세 정보 유지:** 사용 가능한 경우 그래픽 정보가 파일과 함께 디스크에 저장됩니다. 이 상세 정보는 **응용프로그램 옵션 설정**이 응용프로그램 옵션에서 더 부드럽게로 설정된 경우 그래픽 화면표시에 사용됩니다.
- **조립품 및 도면 단면에 포함:** 선택하면 도면에 있는 구성요소 상황에 맞는 메뉴의 단면 옵션이 선택되어 구성요소가 조립품 모형 단면에 포함됩니다. 선택하지 않으면 도면에 있는 구성요소 상황에 맞는 메뉴의 없음 옵션이 선택되어 구성요소가 조립품 모형 단면에 포함되지 않습니다.
- **탭 구멍 지름:** 지정된 스레드의 주, 보조, 피치 또는 탭 드릴 지름에 따라 탭 구멍의 모형 피쳐 크기를 제어합니다.

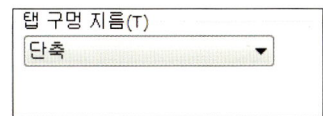

(주) 이 옵션에는 기본값을 사용하는 것이 좋습니다. 도면 관리자 스레드 표현은 탭 구멍 지름이 보조로 설정된 경우에만 정확하게 생성됩니다.
- **사용자 좌표계:** UCS 설정 대화상자를 열려면 설정...을 클릭합니다. 여기서 UCS 명명 머리말을 설정하고, 기존 평면을 정의하며, UCS 및 해당 피쳐의 가시성을 선택할 수 있습니다.

- **설정**

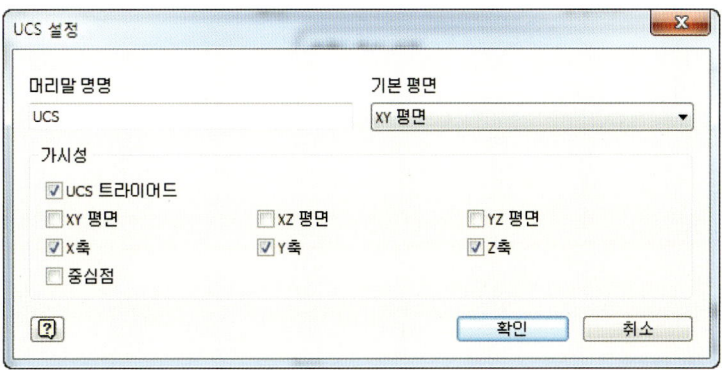

머리말 명명	UCS 머리말을 설정합니다. UCS 이름은 이 머리말과 숫자 색인으로 생성됩니다.
기본 평면	기본 2D 스케치 평면을 선택합니다. UCS 트라이어드를 입력으로 선택하면 2D 스케치의 동작 및 보기 명령에 영향을 줍니다.
가시성	UCS 객체의 가시성을 선택합니다.

UCS(사용자 좌표계)는 작업 피쳐(3개의 작업 평면, 3개의 축 및 중심점)의 집합입니다. 그러나 원점과 달리 문서에 여러 UCS가 있을 수 있으므로 이러한 UCS를 서로 다르게 배치하고 방향을 지정할 수 있습니다.

- **부품 파일:** 세 점을 선택하여 기존 형상을 기준으로 UCS를 배치하거나 원점을 기준으로 UCS를 배치할 수 있습니다.
  - 점(솔리드 모서리의 꼭지점, 솔리드 모서리의 중간점, 스케치 또는 작업점 원점)
  - 솔리드 원형 모서리 또는 솔리드 타원형 모서리
- **조립품 파일:** 원점을 기준으로 UCS를 배치할 수는 있지만 기존 형상을 기준으로 UCS를 배치할 수는 없습니다. 조립품에 UCS를 배치하는 경우 점을 선택할 수는 있지만 UCS는 선택 점을 기준으로 배치되는 것이 아니라 여전히 절대 좌표에 배치됩니다.
- **UCS 위치 정의**
  - 새 원점(점 1개), 새 X축(점 2개) 또는 새 XY 평면(점 3개)을 지정합니다.
  - 3D 솔리드 객체에서 면을 선택하여 UCS를 정렬합니다. 면이나 솔리드의 모서리에서 선택할 수 있습니다.
  - 현재 UCS를 세 개의 주 축 중 한 축을 기준으로 회전합니다.
- **UCS 트라이어드에서 색상(기본적으로 RGB 칼라 지원)**

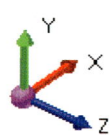

  RGB=XYZ
  빨간색은 X축입니다.
  초록색은 Y축입니다.
  파란색은 z축입니다

- **UCS 트라이어드 세그먼트**

  트라이어드 세그먼트를 선택하여 변환 유형을 정의합니다.

  위치를 변경하려면 UCS 원점을 클릭합니다. 위치를 변경하려면 원점을 원하는 위치로 끕니다.

  축을 따라 UCS 트라이어드를 이동하려면 화살촉을 클릭합니다.

  선택한 축 주위로 트라이어드를 회전하려면 축을 클릭합니다. 또는 부품 형상을 선택할 때 XY 평면의 점을 지정합니다.

  X축 방향을 지정하려면 점을 선택합니다.

- **3D 스냅 간격:** 스냅 점 간에 간격을 설정하여 활성 부품에서 3D 스케치할 때 정밀도를 높여 줍니다. 피쳐 이동을 사용하여 피쳐를 끌 경우 스냅 정밀도를 제어합니다.

3D 스냅 간격
스냅 거리(T)
0.250 mm
스냅 각도(N)
5 deg

- **초기 뷰 범위:** 템플릿에서 모형을 작성할 때 처음 표시되는 영역을 설정합니다. 새 파일에 적용하려면 템플릿 파일에서 이 설정을 구성합니다. 그래픽 창의 초기 높이와 폭을 설정할 수 있습니다.

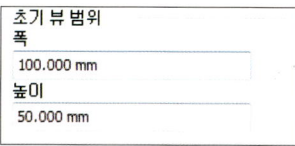

초기 뷰 범위의 단위로는 템플릿의 단위 탭에 설정된 단위가 사용됩니다.

(주) 기존 조립품을 열 경우 초기 뷰는 활성 설계 뷰에 의해 제어됩니다. 기존 부품을 열 경우 초기 뷰는 부품 크기에 의해 제어됩니다.

- **머리말 명명:** 새 솔리드 또는 곡면 본체의 기본 명명 규칙 머리말을 제어합니다. 새 본체를 작성할 때 각 본체에 의미 있는 이름을 지정하는 데 사용합니다. 기본 머리말은 솔리드 본체의 경우 Solid, 곡면 본체의 경우 Srf입니다.

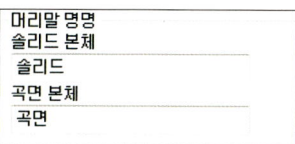

- **구성 요소 만들기 대화상자:** 옵션을 클릭하여 구성요소 만들기 옵션 대화상자를 엽니다. 옵션 대화상자에 표시된 구성요소 만들기 설정은 활성 프로젝트에만 해당합니다. 따라서 각 프로젝트에 대해 서로 다른 설정을 지정할 수 있습니다.

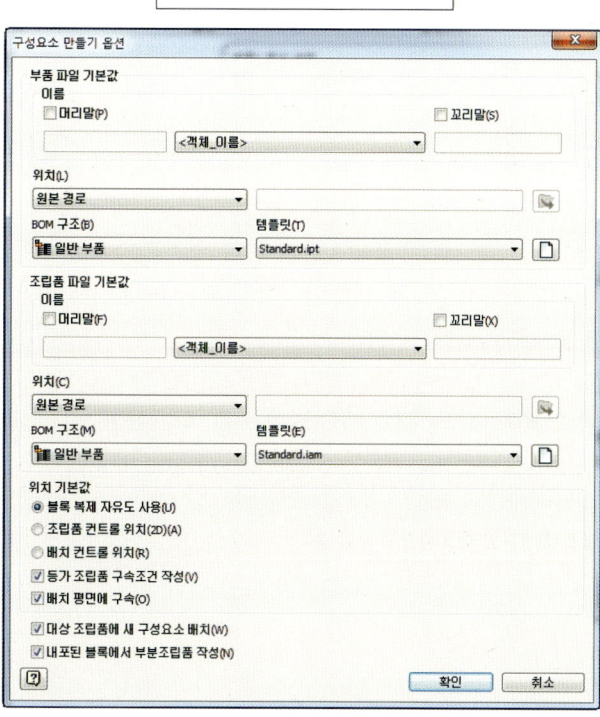

- **부품 파일 기본값**

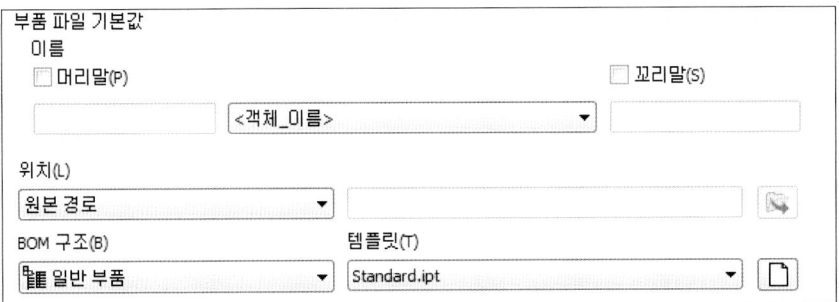

- **이름:** 부품 이름 형식을 지정합니다. 객체 이름이나 배치 이름의 조합과 기본 파일 이름의 객체 이름 간에 선택합니다. 머리말과 꼬리말을 포함하도록 선택할 수도 있습니다.
- **위치:** 기본 파일 경로 위치를 선택합니다. 사용자 경로, 작업공간, 대상 조립품 위치 또는 소스 경로 중에서 선택합니다. 사용자 경로를 선택하는 경우 해당 경로를 입력하거나 찾을 수 있습니다.
- **BOM 구조:** 기본 BOM 구조를 선택합니다.
- **템플릿:** 새 부품 파일을 작성하는 데 사용된 템플릿을 선택하거나 찾습니다.

- **조립품 파일 이름 기본 값**

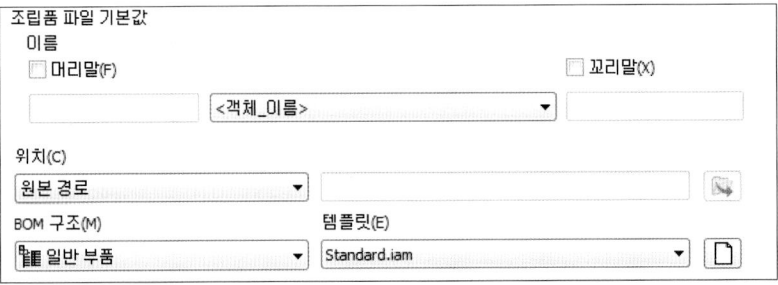

- **이름:** 조립품 이름 형식을 지정합니다. 객체 이름이나 배치 이름의 조합과 기본 파일 이름의 객체 이름 간에 선택합니다. 머리말과 꼬리말을 포함하도록 선택할 수도 있습니다.
- **위치:** 기본 파일 경로 위치를 선택합니다. 사용자 경로, 작업공간, 대상 조립품 위치 또는 소스 경로 중에서 선택합니다. 사용자 경로를 선택하는 경우 해당 경로를 입력하거나 찾을 수 있습니다.
- **BOM 구조:** 기본 BOM 구조를 선택합니다.
- **템플릿:** 새 조립품 파일을 작성하는 데 사용된 템플릿을 선택하거나 찾습니다.
- **복구 환경:** 이 옵션을 선택할 경우 경계 패치 등의 수동 복구 작업 후에 모형의 품질이 자동으로 확인됩니다. 복잡한 모형에서 이 옵션을 선택하면 성능이 저하됩니다.

- **위치 기본 값**

  ```
  위치 기본값
  ● 블록 복제 자유도 사용(U)
  ○ 조립품 컨트롤 위치(2D)(A)
  ○ 배치 컨트롤 위치(R)
  ☑ 등가 조립품 구속조건 작성(V)
  ☑ 배치 평면에 구속(O)
  ```

  - **블록 복제 자유도를 사용합니다:** 블록 복제 자유도를 기반으로 하여 구성요소 위치 옵션을 설정합니다. 블록 복제에 0 자유도가 있는 경우 구성요소 복제에서는 배치 제어 위치를 사용합니다. 그렇지 않으면 조립품 제어 위치가 사용됩니다.
  - **조립품 제어 위치(2D):** 대상 조립품의 구성요소 복제 위치는 조립품 자유도에 의해 제어됩니다. 운동학적 조립품에 사용합니다.
  - **배치 제어 위치:** 구성요소 복제 위치는 대상 조립품에서 정적이며 배치에 의해 제어됩니다.
  - **등가 조립품 구속조건 작성:** 블록 복제 간의 스케치 구속조건을 상위 조립품에 있는 구성요소 복제 간의 등가 조립품 구속조건으로 변환할 때 선택합니다.
  - **배치 평면에 구속:** 대상 조립품에서 구성요소 복제를 배치 평면에 구속할 때 선택합니다.

  주: 대상 조립품에서 구성요소 복제의 위치 동작을 전환할 수 있습니다. 검색기에서 구성요소 복제를 마우스 오른쪽 버튼으로 클릭하고 배치 구속조건을 선택한 다음 위치 옵션을 선택하여 적절한 동작을 획득합니다.

  ```
  ☑ 대상 조립품에 새 구성요소 배치(W)
  ☑ 내포된 블록에서 부분조립품 작성(N)
  ```

  - **대상 조립품에 새 구성요소 배치:** 구성요소 만들기 기본 옵션을 대상 조립품에 새 구성요소 배치로 설정합니다.
  - **내포된 블록에서 부분 조립품 작성:** 구성요소 만들기의 기본 구성요소 유형을 내포된 블록의 조립품으로 설정합니다.

▍BOM 탭

선택한 구성요소에 대한 BOM(Bill of Materials) 설정을 지정합니다.

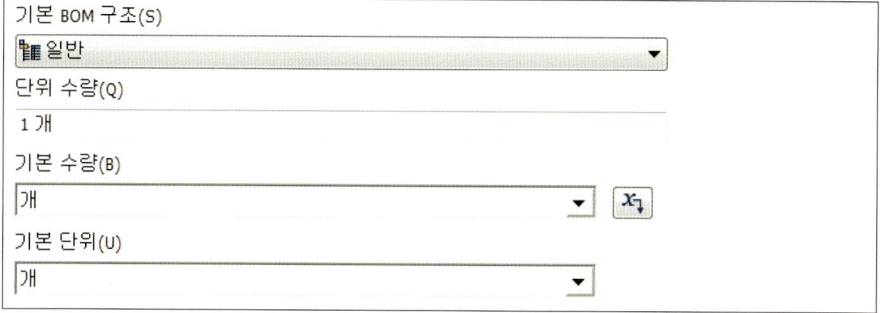

- **기본 BOM 구조:** 구성요소에 대한 기본 BOM 구조를 설정합니다.
- **단위 수량:** 단위 수량을 표시합니다. 단위 수량은 기본 수량과 기본 단위의 두 특성으로 구성됩니다.
- **기본 수량:** 구성요소의 기본 수량을 설정합니다. 기본 수량으로 사용할 매개변수를 선택하고 확인을 클릭합니다. 매개변수를 편집하거나 추가하려면 기본 수량 옵션 옆에 있는 매개변수 편집을 클릭합니다. 기본 수량 옵션은 조립품 문서에 대해 읽기 전용입니다.
- **기본 단위:** 리스트에서 기본 단위를 선택하고 확인을 클릭합니다. 기본 수량 옵션은 조립품 문서에 대해 읽기 전용입니다.

기본 공차 탭

부품 치수의 기본 선형 및 각도의 정밀도 수준과 공차를 설정합니다.

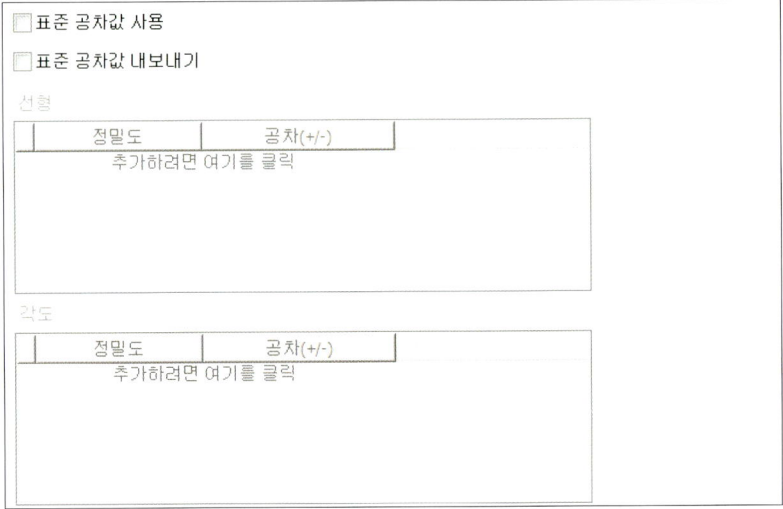

- **표준 공차 값 사용:** 확인란을 선택하여 치수를 작성할 때 이 탭의 정밀도와 공차값 설정을 사용합니다.
- **표준 공차 값 내보내기:** 확인란을 선택하여 다음을 수행할 수 있습니다.
  - iProperties 사용자 탭에 공차를 복사할 수 있습니다.
  - 도면에서 사용자 특성을 재사용할 수 있습니다.
- **선형 및 각도 치수:** 행을 클릭하여 정밀도 수준과 상한 값 및 하한 값에 대응하는 공차 범위를 추가하십시오. 각 정밀도 수준과 공차 범위의 고유한 조합에 대한 행을 추가합니다.

정밀도	정밀도에서 아래쪽 화살표를 클릭하고 소수 자릿수를 선택합니다.
공차	공차에서 정밀도 수준의 상한 값과 하한 값 범위를 입력합니다.

 도면일 때

◆ 표준 탭

문서와 연관된 기본 표준에 선택된 표준을 추가합니다.

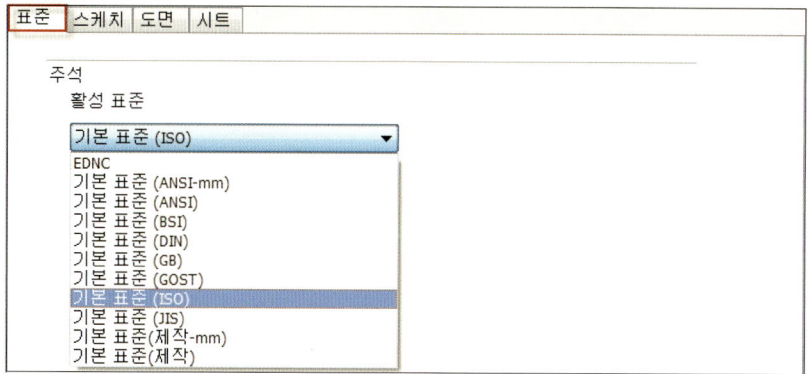

화살표를 클릭하여 현재 문서의 활성 표준을 선택합니다.

◆ 스케치 탭

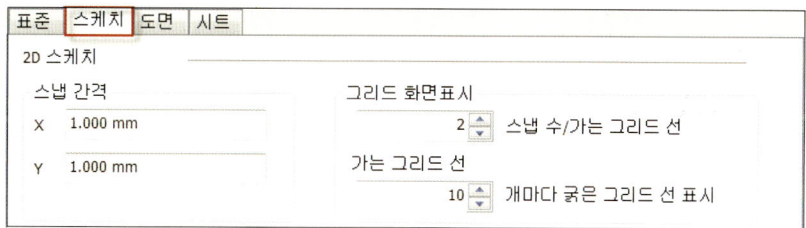

- **2D 스케치**
- **스냅 간격:** 스냅 점 간에 간격을 설정하여 활성 부품 또는 도면에서 스케치할 때 정밀도를 높입니다. 두 축의 설정은 서로 다를 수 있습니다.

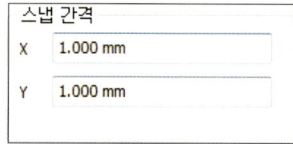   - X축: X축의 스냅 거리를 설정합니다.
   - Y축: Y축의 스냅 거리를 설정합니다.

- **그리드 화면 표시:** 활성 부품 또는 도면의 그리드 표시에서 선의 간격을 설정합니다. 스케치 그리드는 스케치 좌표계에 따라 정렬됩니다.

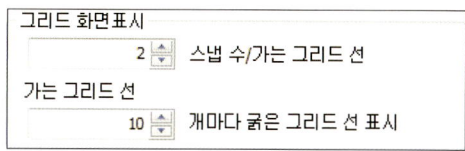

- **스냅 수/ 가는 그리드 선:** 지정된 스냅 거리에 상대적으로 가는 그리드 선 간의 거리를 설정합니다. 예를 들어, X 스냅 거리를 0.0625에 설정하고 가는 그리드 선마다 2개의 스냅을 지정하면 가는 그리드 선 사이의 간격은 0.125로 설정됩니다.
- **가는 그리드 선 ~개마다 가는 그리드 선 표시:** 지정된 스냅 거리에 상대적으로 가는 그리드 선 간의 거리를 설정합니다. 예를 들어, X 스냅 거리를 0.0625에 설정하고 가는 그리드 선마다 2개의 스냅을 지정하면 가는 그리드 선 사이의 간격은 0.125로 설정됩니다.

◆ 도면 탭

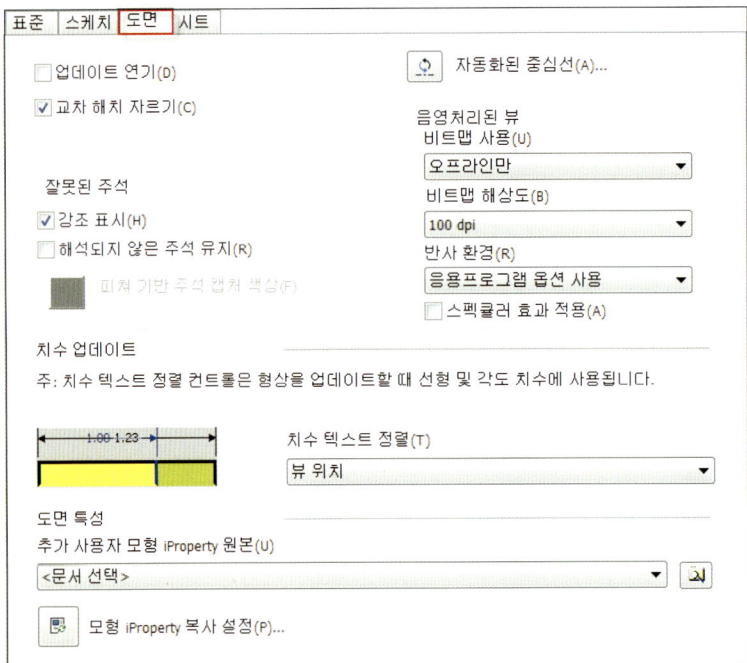

- **업데이트 연기:** 활성 도면에 업데이트 옵션을 설정합니다. 확인란을 선택하여 자동 업데이트를 억제합니다. 확인란의 선택을 취소하여 모형이 변경될 경우 도면을 자동으로 업데이트합니다.
  - 업데이트 연기를 선택하면 뷰 배치 탭에서 여러 명령을 사용할 수 없습니다. 주석 탭에서는 구멍 주, 절곡부 주, 품번기호, 부품 리스트 및 구멍 테이블을 사용할 수 없습니다.
  - 업데이트 연기가 템플릿에 설정되면 이 템플릿에서 만든 도면에 뷰를 배치할 수 없습니다.
- **교차 해치 자르기:** 도면 주석의 해치를 끊으려면 선택합니다.
  - 사용자 정의 기호 주위를 자르려면 개별 기호 복제에 대해 기호 자르기 옵션을 선택합니다.
  - 등각투영 뷰와 데이텀 대상에는 교차 해치 자르기가 지원되지 않습니다.
- **자동화된 중심선:** 도면 뷰에 자동 중심선이 표시되도록 기본값을 설정할 수 있도록 중심선 설정 대화상자를 엽니다.

chapter 13 기타 도구와 응용프로그램 옵션

- **적용대상**

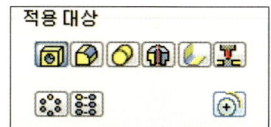

자동화된 중심선을 적용할 피쳐를 선택합니다. 피쳐에는 구멍, 모깎기, 원통형 피쳐(펀치의 호 피쳐 포함), 회전, 절곡부 및 판금 펀치가 포함될 수 있습니다.

패턴에 피쳐를 적용하고 패턴이 만들어진 중심선을 사용하는 경우 직사각형 패턴 피쳐 또는 원형 패턴 피쳐 옵션을 사용합니다. 스케치에 중심 표식을 추가하려면 스케치 형상 옵션을 사용합니다.

- **투영**

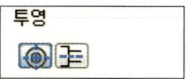

자동 중심선 또는 중심 표식을 적용할 뷰의 객체에 대한 투영을 설정합니다.
- **축에 수직**은 원형 모서리가 뷰 평면에 수직인 경우 중심 표식을 작성합니다.
- **축에 평행**은 원형 모서리가 뷰 평면에 평행인 경우 중심선을 작성합니다.

- **작업 피쳐**

맨 위 단계 모형에서 가시적인 사용자 정의 작업 피쳐만 복구됩니다. 추가 작업 피쳐를 복구하려면 작업 피쳐 포함을 사용하여 뷰에 작업 피쳐를 복구하거나 포함을 사용하여 특정 작업 피쳐를 복구합니다.

- **반지름 임계값**

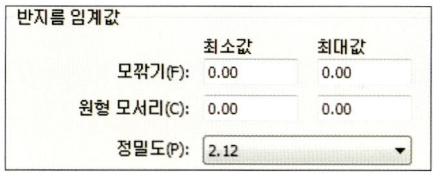

모깎기, 호 및 원형 피쳐에 대한 자동화된 중심선의 한계를 설정합니다. 지정된 임계값 범위에서 벗어나는 피쳐에는 중심선이 추가되지 않습니다.

- **모깎기**는 모깎기 피쳐에 자동화된 중심선을 적용하기 위한 임계값을 설정합니다. 최소 및 최대 반지름을 입력합니다.
- **원형 모서리**는 호 및 원형 피쳐에 자동화된 중심선을 적용하기 위한 임계값을 설정합니다. 최소 및 최대 반지름을 입력합니다.
- **정밀도**는 모깎기, 호 및 원형 피쳐의 크기를 임계값과 비교하기 위한 반올림 정밀도를 설정합니다. 화살표를 클릭한 다음 정밀도를 선택합니다.

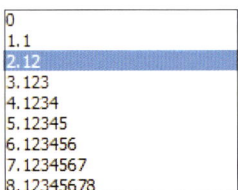

- 호 각도 임계값

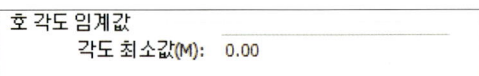

각도 최소값은 원, 호 또는 타원에서 중심 표식이나 중심선을 작성하기 위한 최소 각도를 설정합니다.

- 잘못된 주석: 주석이 부착된 구성요소가 삭제, 승격, 강등 또는 교체될 경우 주석이 잘못될 수 있습니다.

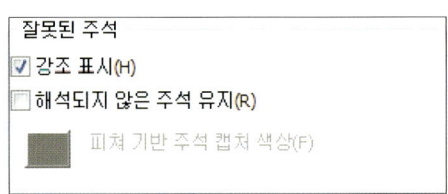

- **강조**는 잘못된 치수와 활성 도면 파일에서 부착될 대상이 손실된 기타 주석을 표시합니다. 강조를 끄려면 확인란의 선택을 취소합니다.
- **해석되지 않은 주석 유지**는 형상에서 분리된 주석을 유지합니다. 해석되지 않은 주석을 제거하려면 확인란의 선택을 취소합니다.
- **피쳐 기반 주석 캡처 색상**은 잘못된 피쳐 기반 주석의 고유한 색상을 지정합니다. 지정된 색상을 사용하여 삭제 및 교체해야 하는 주석을 식별할 수 있습니다.
  → 남아 있는 잘못된 주석을 선택할 수 있습니다. 유효한 고정 점에 연결을 다시 시도하려면 마우스 오른쪽 버튼을 클릭하고 주석 다시 연결을 선택합니다.

- 메모리 절약형 모드

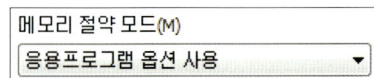

이 옵션을 선택할 경우 Autodesk Inventor에서 뷰 계산을 하기 전과 뷰 계산을 하는 동안 성능

은 저하되지만 메모리가 절약됩니다. 이 모드에서는 구성요소를 로드/언로드하는 방법을 변경하여 메모리를 절약합니다. 응용프로그램 옵션 사용, 항상 또는 사용 안 함을 선택하여 응용프로그램 옵션 대화상자의 도면 탭에 대한 기본 설정으로 사용합니다.

주: 메모리 절약 모드 옵션을 사용하는 동안에는 도면 뷰 작성 및 수정 작업을 명령 취소하거나 되돌릴 수 없습니다. 따라서 응용프로그램의 명령취소/명령복구 명령이 비활성화됩니다.

- 음영 처리된 뷰

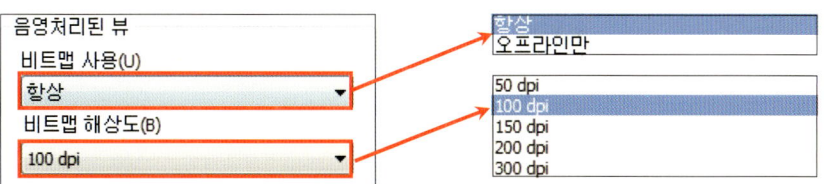

  - **비트맵 사용:** 음영 처리된 뷰에 비트맵을 사용하는 빈도를 항상 또는 오프라인만으로 설정합니다. 항상을 지정하면 용량을 늘리고 성능을 향상시킬 수 있습니다.
  - **비트맵 해상도:** 음영 처리된 뷰에 대한 이미지 품질을 설정합니다. 이는 파일 크기, 그래픽 모양 및 인쇄 품질에 영향을 줍니다. 화살표를 클릭하여 리스트에서 원하는 해상도를 선택합니다.

  주: 고해상도를 선택하면 성능에 영향을 줄 수 있습니다. 크거나 복잡한 음영 처리된 뷰 모형으로 작업하는 경우 비트맵 해상도를 낮게 지정하고 비트맵 사용 드롭-다운 메뉴에서 항상을 설정하는 것이 좋습니다. 이 설정은 메모리 소비를 줄여 줍니다.

- 치수 업데이트

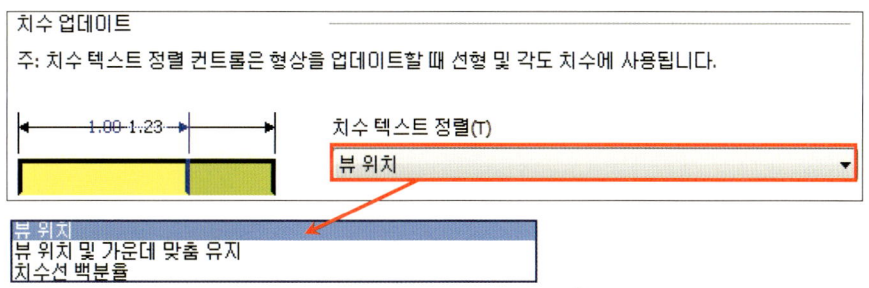

  - **치수 텍스트 정렬:** 형상을 업데이트할 때 선형 및 각도 치수의 텍스트 위치를 제어합니다.
  - **뷰 위치:** 시트에서 텍스트 위치를 유지합니다.
  - **시트 위치 및 가운데 맞춤 유지:** 중심 치수 배치를 유지하지만 다른 모든 치수는 시트에서 해당 위치를 유지합니다.
  - **치수선 백분율:** 치수 선에 비례하여 모든 치수 텍스트 위치를 유지합니다.

- 도면 특성

  - **추가 사용자 모형 iProperty 원본:** 사용자 iProperty가 포함된 파일을 지정하고 사용자 특성 - 모형 리스트에 사용자 특성의 이름을 추가합니다. 그런 다음 도면 또는 템플릿에서 특성을 사용

할 수 있습니다. 화살표를 클릭하여 리스트에서 파일을 선택하거나, 찾아보기를 클릭하여 파일을 찾아 선택합니다.

- **모형 iProperty 복사 설정**

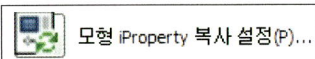

iProperties를 지정하여 첫 번째 도면 뷰가 배치될 때 모형에서 활성 도면 또는 템플릿으로 복사할 수 있습니다. 복사는 도면의 iProperty에 대한 시작 값을 설정합니다. 복사되면 특성이 모형에서 변경되어도 자동으로 업데이트되지 않습니다.

Tip

관리 탭/ 업데이트 패널/ 복사한 특성 업데이트 도구를 클릭하여 도면에서 복사된 모형 iProperties를 업데이트 합니다.

- **모형 iProperty 복사 설정 옵션**

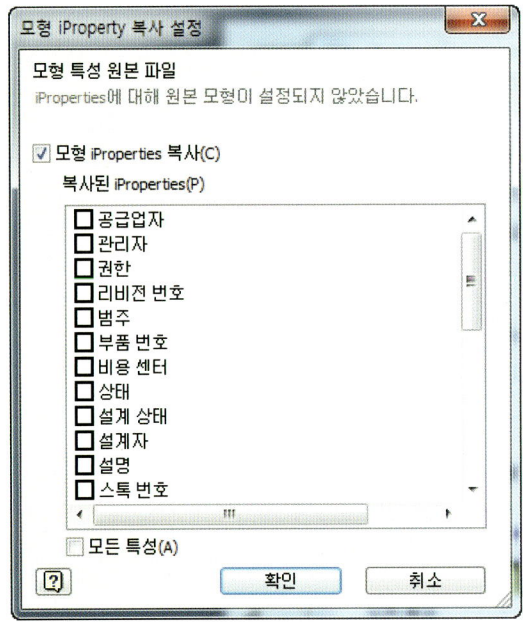

- **모형 특성 원본 파일**: 복사한 iProperties의 원본 모형을 표시합니다.
- **모형 iProperty 복사**: 모형 iProperty가 도면에 복사되는지 여부를 제어합니다. 확인란을 선택하여 모형 iProperty를 복사합니다.
- **복사한 iProperty**: 모형 iProperties를 나열합니다. iProperty를 선택하여 도면에 복사합니다. 기존 도면 iProperty를 유지하려면 확인란의 선택을 취소합니다..
- **모든 특성**: 나열된 모든 iProperties를 선택하거나 선택 취소합니다. 모든 iProperties를 선택하려면 확인란을 선택합니다. 모든 iProperties의 선택을 취소하려면 확인란의 선택을 취소합니다.

☑ 공급업자
☑ 관리자
☑ 권한
☑ 리비전 번호
☑ 범주
☑ 부품 번호
☑ 비용 센터
☑ 상태
☑ 설계 상태
☑ 설계자
☑ 설명
☑ 스톡 번호
☑ 엔지니어
☑ 엔지니어링 승인 날짜
☑ 엔지니어링 승인자
☑ 웹 링크
☑ 작성 날짜
☑ 작성자
☑ 점검 날짜
☑ 점검자
☑ 제목
☑ 제조 승인 날짜
☑ 제조 승인자
☑ 주석
☑ 주제
☑ 추정 비용
☑ 키워드
☑ 프로젝트
☑ 회사

▍시트 탭

시트의 기본 레이블을 설정하고 도면 또는 템플릿에 있는 시트의 요소 색상을 설정합니다.

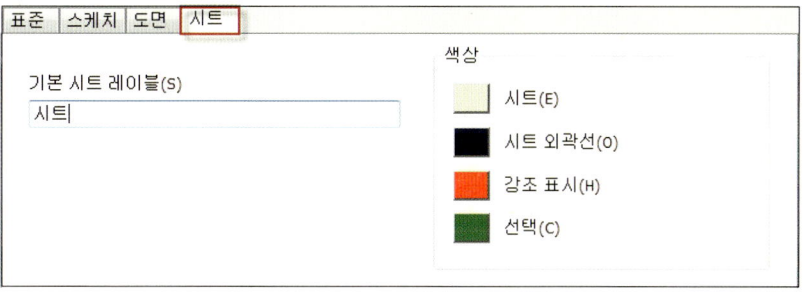

- **기본 시트 레이블:** 도면 검색기의 새 시트에 지정되는 기본 레이블을 설정합니다. 새 시트가 추가되면 레이블은 증분 번호가 붙어 사용됩니다(예: 시트1, 시트2, 시트3). 상자를 클릭하고 레이블을 입력합니다.

- **색상:** 시트의 요소에 대해 표시 색상을 설정합니다. 색상을 클릭하여 색상 대화상자를 열고 연관된 요소의 색상을 선택할 수 있습니다.

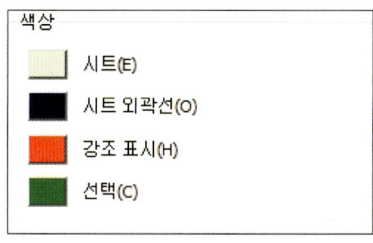

시트	시트의 배경 색상을 설정합니다. 뷰, 기호 및 기타 요소의 색상은 변하지 않으므로 명확하게 대비를 이룰 배경 색상을 설정합니다.
시트 외곽선	시트의 외곽선 색상을 설정합니다.
강조	요소 위로 커서가 이동할 경우 강조되는 요소의 색상을 설정합니다.
선택	선택된 요소의 색상을 설정합니다.

13 사용자화

리본 메뉴/ 도구 탭/ 옵션 패널/ 사용자화

Autodesk Inventor를 설치하면 기본 리본, 검색기, 표식 메뉴 및 도구를 각 환경에서 사용할 수 있습니다. 파일을 작성하거나 기존 파일을 열 때 작업할 환경 유형을 선택합니다.

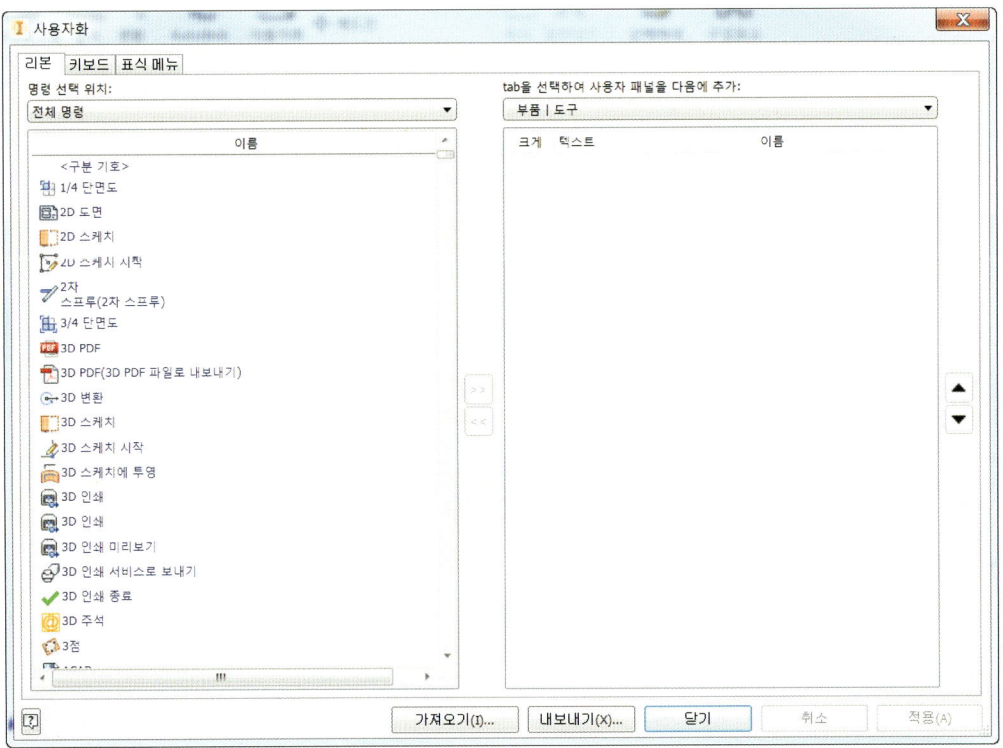

리본의 각 탭에서 사용자 패널을 작성한 다음 해당 탭에서 사용할 명령을 추가할 수 있습니다. 사용자 패널을 생성하려면 추가할 명령을 하나 이상 지정합니다.

chapter 13 기타 도구와 응용프로그램 옵션

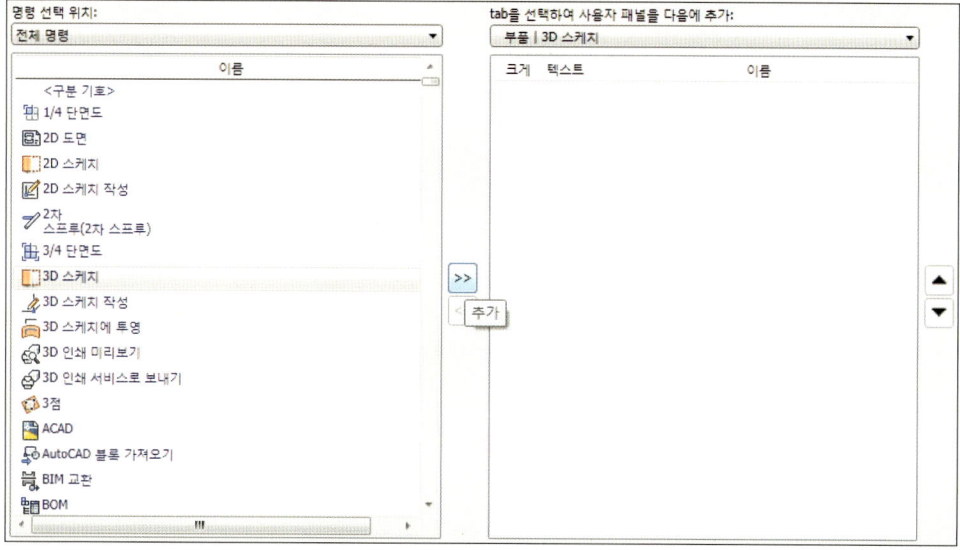

- **명령 선택 위치:** 명령 리스트의 표시를 제어합니다. 드롭-다운 화살표를 클릭하여 선택 범위를 좁힙니다.

- **Tab을 선택하여 사용자 패널을 다음에 추가:** 생성된 사용자 패널을 추가할 탭을 제어합니다. 드롭-다운 화살표를 클릭하여 탭을 선택합니다.

- **추가:** 지정된 명령을 활성 탭의 사용자 패널에 추가합니다.

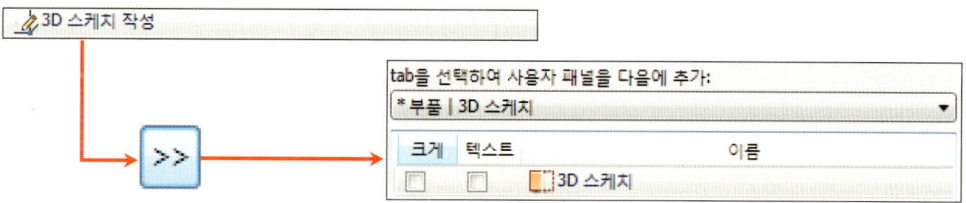

- **제거:** 지정된 명령을 활성 탭의 사용자 패널에서 제거합니다.

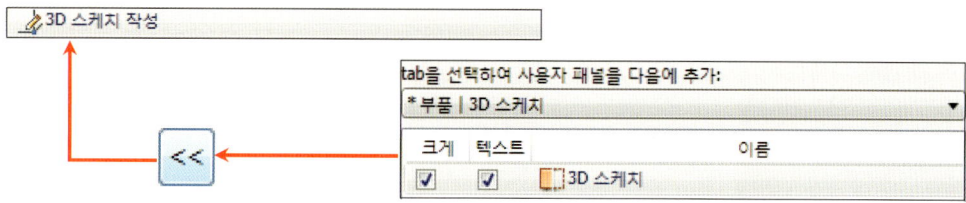

- **가져오기:** .xml 파일에서 사용자 정의 패널 설정을 가져옵니다. 가져오기를 클릭하여 열기 대화상자를 표시합니다. 원하는 파일을 탐색한 다음 열기를 클릭합니다.

- **내보내기:** 현재 사용자 정의 설정을 .xml 파일을 내보내기를 클릭하여 다른 이름으로 사본 저장 대화상자를 표시합니다. 파일 위치를 선택하고 파일 이름을 입력한 다음 저장을 클릭합니다.

▍키보드 탭

사용자 명령 별명 및 바로 가기를 추가하고 수정합니다.

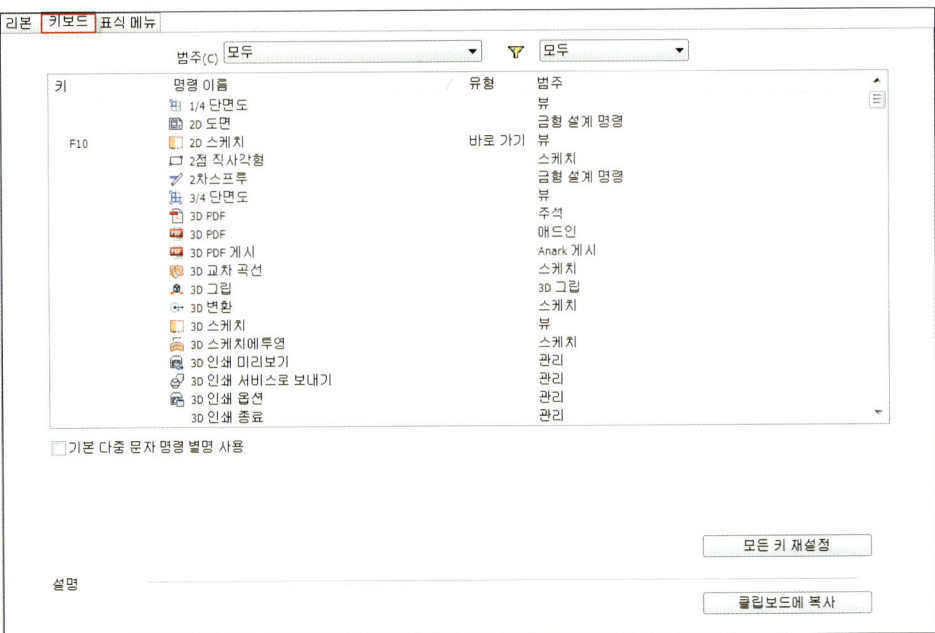

범주	범주와 연관된 모든 명령을 표시할 범주 필터를 선택합니다.
키 필터	필터를 선택하여 연관된 명령의 검색 범위를 좁힙니다.
키	키보드 바로 가기 및 명령 별명으로 지정된, 사용 중인 키 리스트입니다.
승인 및 거부	명령 옆에 있는 키 필드를 클릭하면 나타납니다. 바로 가기를 지정하려면 승인을 클릭하고, 바로 가기를 무시하려면 거부를 클릭합니다.
명령 이름	선택된 범주와 연관된 명령 이름 리스트입니다.
유형	별명, 바로 가기 또는 공백(지정 안 함) 등의 지정된 키 유형리스트입니다.
범주	명령 범주 리스트입니다.
기본 다중 문자 명령 별명 사용	이 옵션을 선택할 경우 Autodesk Inventor에서 제공하는 다중 문자 명령 별명이 사용됩니다. 이 설정은 기본적으로 선택되어 있지 않습니다.
모든 키 재설정	모든 사용자 키보드 바로 가기 및 명령 별명을 제거하고 "기본 다중 문자 명령 별명 사용" 확인란의 설정을 기준으로 기본값을 복원합니다. (주) 이 확인란은 재설정되지 않습니다.
클립보드에 복사	제목을 포함하여 키보드 탭의 내용을 클립보드에 복사합니다. 스프레드시트 또는 다른 문서에 붙여 넣을 수 있습니다.

표식 메뉴 탭

표식 메뉴의 명령 선택사항 및 모양을 개인화합니다.

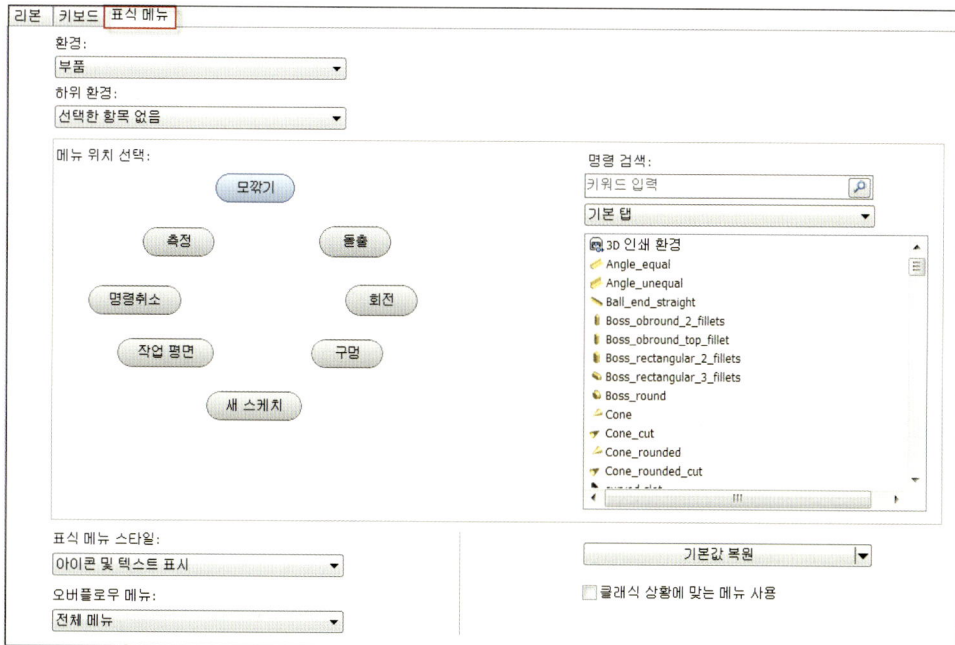

환경	해당 환경에 적합한 표식 메뉴를 지정합니다.
하위 환경	부품, 도면, 조립품, 용접 조립품 환경에서 하위 환경에 대한 추가 표식 메뉴 옵션을 제공합니다.
메뉴 위치 선택	메뉴에서 새 명령의 위치를 지정합니다.
명령 검색	명령 이름 중 처음 몇 개의 문자를 입력하거나 전체 이름을 입력하면 명령을 찾습니다.
텍스트만 표시	표식 메뉴 노드에서 아이콘 없이 텍스트만 표시합니다.
아이콘 및 텍스트 표시	표식 메뉴 노드에서 아이콘 및 텍스트를 표시합니다.
아이콘만 표시	표식 메뉴 노드에서 아이콘만 표시합니다.
기본값 복원	변경 사항을 무시하고 현재 표식 메뉴를 기본 노드 선택으로 되돌립니다.
클래식 상황에 맞는 메뉴 사용	표식 메뉴를 사용하지 않도록 설정하고 표시하는 기존의 상황에 맞는 메뉴를 사용하도록 되돌립니다.

14 변환 설정

리본 메뉴/ 도구 탭/ 옵션 패널/ 변환 설정

이전에 이전 버전의 Inventor(Inventor 2018 이상)를 설치한 경우 Inventor를 시작할 때 사용자 설정 변환 대화상자가 표시됩니다. 응용프로그램 옵션 기본 설정 및 사용자 인터페이스 사용자화 설정을 새 버전으로 변환하는 옵션을 선택한 후 확인을 클릭합니다. 변환하지 않고 대화상자를 닫을 경우 다음을 수행하여 나중에 설정을 마이그레이션 할 수 있습니다.

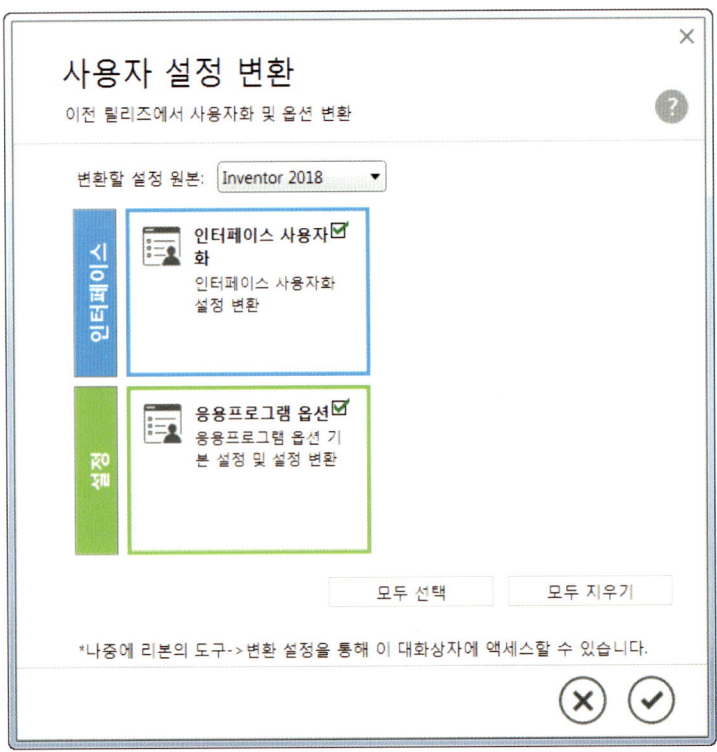

변환한 후에 Inventor를 다시 시작하여 새 설정을 사용합니다.

15 애드인

리본 메뉴/ 도구 탭/ 옵션 패널/ 애드인

시스템에 설치된 Autodesk Inventor 애드인을 나열합니다. 표시된 애드인을 로드 또는 언로드를 할 수 있습니다.

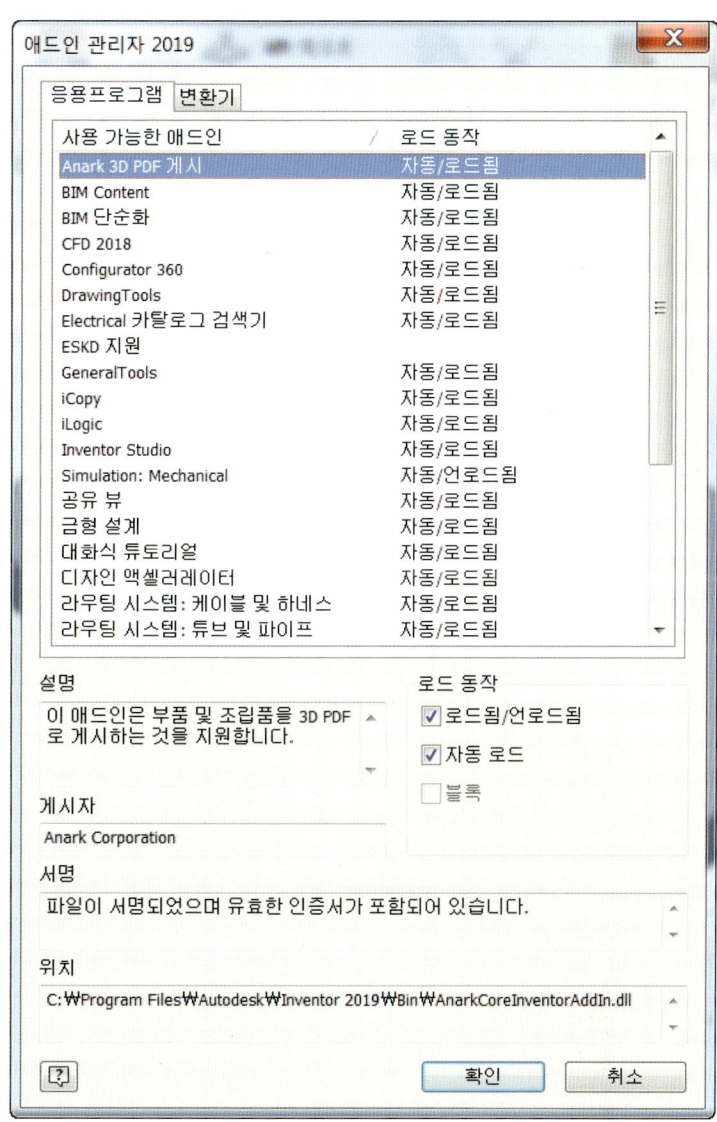

- **사용 가능한 애드인과 올리기 동작**

설치된 애드인을 올리기 동작과 함께 나열합니다. 리스트에 있는 이름을 두 번 클릭하여 로드됨과 언로드됨 간에 또는 시작/로드됨과 시작/언로드됨 간에 전환합니다.

시작할 때 로드되지 않은 애드인은 올리기 동작 없이 나열됩니다.

<u>주) 각 애드인에 대해 시작할 때 올리기 옵션의 선택을 취소하면 컴퓨터의 성능이 향상될 수 있습니다. 컴퓨터 성능은 애드인 각각을 언로드하여 향상될 수도 있습니다.</u>

- **설명:** 리스트에서 선택된 애드인을 설명합니다.

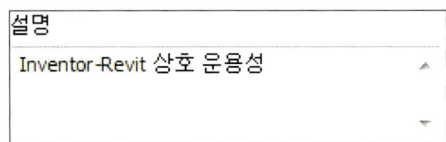

- **로드 동작:**

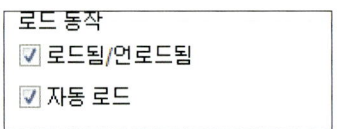

- **로드됨/언로드됨:** 선택한 애드인을 올려짐과 내려짐 간에 전환합니다. 올리기 동작 리스트는 애드인에 대해 선택된 올리기 동작을 반영하도록 업데이트됩니다.

<u>주) Autodesk Inventor Professional 애드인은 세션 중에 언로드할 수 없으며 시작할 때만 로드 또는 언로드할 수 있습니다.</u>

- **자동 로드 선택 시:** 선택한 애드인을 시작할 때 애드인 로드됩니다.
- **자동 로드 선택 해제 시:** 애드인 관리자를 사용하여 수동으로 애드인 로드 간에 전환합니다.

애드인을 언로드하면 해당 기능을 사용할 수 없습니다. 그러나 모든 변환기 애드인(예: DXF, DWF 및 DWG)은 다른 이름으로 사본 저장을 수행할 때 형식을 선택하면 자동으로 로드됩니다.

기본적으로 변환기는 시작할 때 로드되지 않습니다.

사용 가능한 애드인	로드 동작
Autodesk DWF 마크업 관리자	자동/요청 시
Autodesk IDF 변환기	자동/요청 시
변환기: Alias	자동/요청 시
변환기: CATIA V4 Import	자동/요청 시
변환기: CATIA V5 가져오기	자동/요청 시
변환기: CATIA V5 부품 내보내기	자동/요청 시
변환기: CATIA V5 제품 내보내기	자동/요청 시
변환기: DWF	자동/요청 시
변환기: DWFx	자동/요청 시
변환기: DWG	자동/요청 시
변환기: DXF	자동/요청 시
변환기: Fusion	자동/요청 시
변환기: IGES	자동/요청 시
변환기: JT	자동/요청 시
변환기: NX	자동/요청 시
변환기: OBJ 가져오기	자동/요청 시
변환기: OBJ 내보내기	자동/요청 시
변환기: Parasolid 이진	자동/요청 시
변환기: Parasolid 텍스트	자동/요청 시

16 자유도

리본 메뉴/ 도구 탭/ 옵션 패널/ 애드인

조립품 구성 요소에 대한 나머지 변환 자유도 및 회전 자유도를 표시합니다. 조립품의 각 구성 요소에는 처음에 6개의 자유도가 있습니다. 해당 자유도는 X, Y 및 z축을 따라 이동할 수 있으며(변환 자유도) X, Y 및 Z축을 중심으로 회전할 수 있습니다(회전 자유도). 이 옵션이 활성화되어 있으면 관계를 추가함에 따라 나머지 자유도를 표시하도록 아이콘이 업데이트됩니다. 아이콘이 표시되지 않으면 구성 요소가 완전히 구속된 것입니다.

자유도 기호는 하나 이상의 선택된 구성요소 또는 활성 조립품에 대한 나머지 변환 및 회전 각도를 표시합니다.

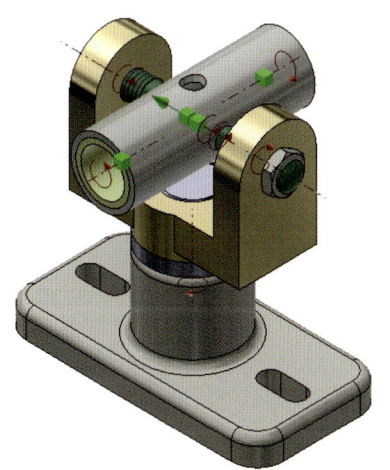

17 비주얼 스타일

리본 메뉴/ 뷰 탭/ 모양 패널/ 비주얼 스타일

구성 요소의 재질 및 색상을 사실적 모양으로 표시하는 기능입니다. 설계를 나타내거나 검토하는 경우 및 이미지를 작성하는 경우 사실적 비주얼 스타일을 사용합니다.

비주얼 스타일	면 화면표시	가시적 모서리 화면표시	숨겨진 모서리 화면표시
사실적	사실적 모양 색상은 Autodesk Material Library에서 가져옵니다.	끄기	끄기
음영처리	표준 모양 색상	끄기	끄기
모서리로 음영처리	표준 모양 색상	켜기 1, 3	끄기
숨겨진 모서리로 음영처리	표준 모양 색상.	켜기	켜기 2, 3
와이어프레임	면 가시성은 off	켜기 1, 4	켜기 1, 4
숨겨진 모서리가 있는 와이어프레임	면 가시성은 off	켜기 1, 3	켜기 2, 3
가시적 모서리만 있는 와이어프레임	면 가시성은 off	켜기 1, 3	끄기
단색	표준 모양 색상. 5	끄기	끄기
수채화	표준 모양 색상. 6, 7	끄기	끄기
그림	표준 모양 색상. 8	켜기 4	끄기

사실적
고품질 음영처리를 사용하여 사실적으로 텍스처된 모형

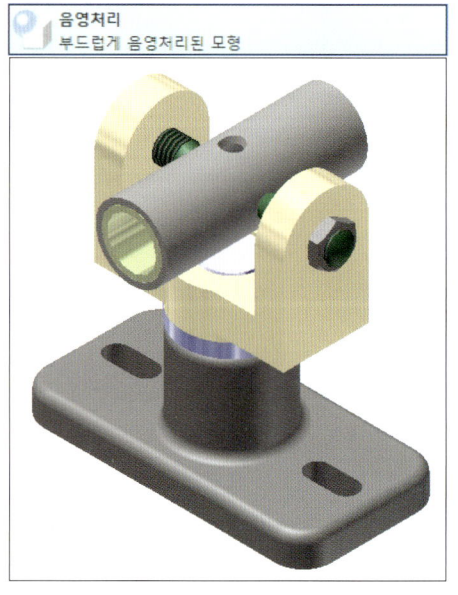

음영처리
부드럽게 음영처리된 모형

chapter 13 기타 도구와 응용프로그램 옵션

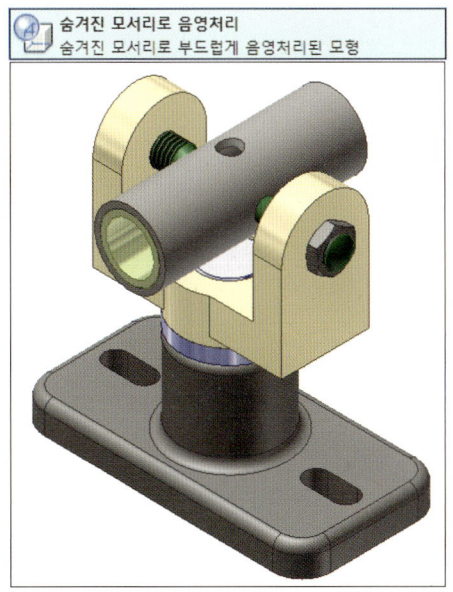

숨겨진 모서리로 음영처리
숨겨진 모서리로 부드럽게 음영처리된 모형

모서리로 음영처리
가시적 모서리로 부드럽게 음영처리된 모형

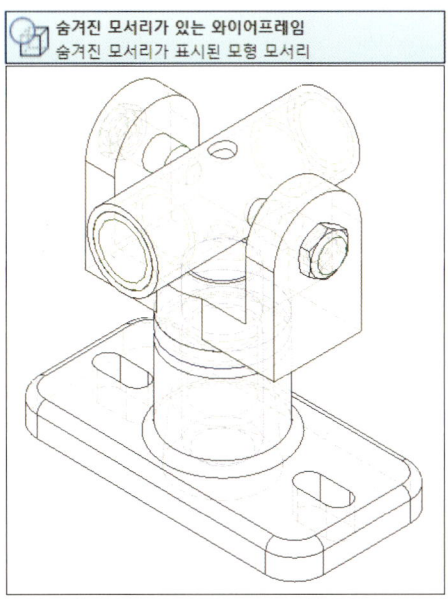

숨겨진 모서리가 있는 와이어프레임
숨겨진 모서리가 표시된 모형 모서리

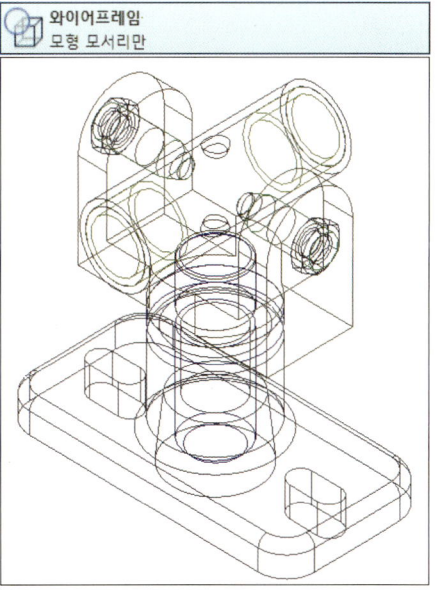

와이어프레임
모형 모서리만

235

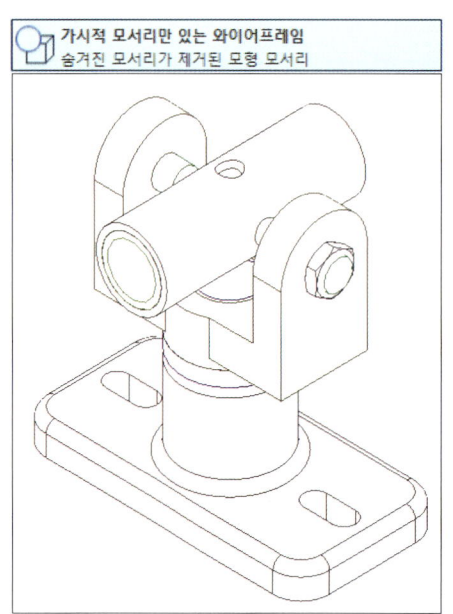
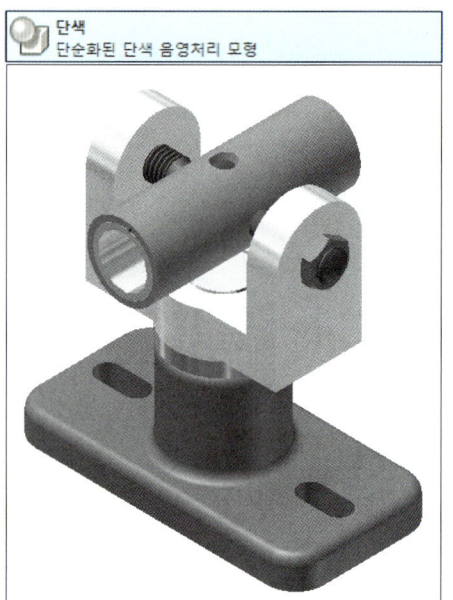
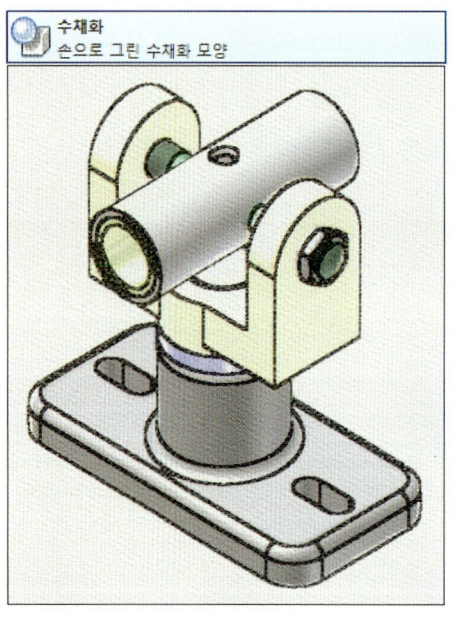
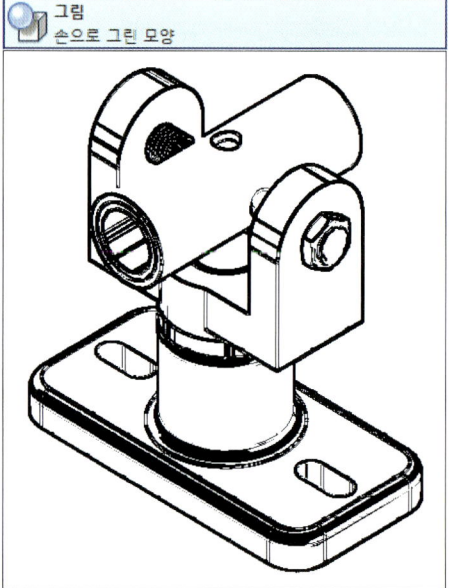

18 그림자

리본 메뉴/ 뷰 탭/ 모양 패널/ 그림자

 모든 시각적 전개도 모양으로 객체의 그림자를 표시합니다. 현재 조명을 기준으로 피쳐, 구성요소의 그림자를 전개도에 표시합니다. 엠비언트 그림자는 가려진 영역을 향상시키는 데 사용할 수 있습니다. 지면, 객체 및 앰비언트 그림자의 화면표시를 설정합니다. 그림자 모양 설정 및 방향은 활성 조명 스타일에 의해 제어됩니다.

와이어프레임 비주얼 스타일은 지면 그림자만 사용합니다.

- **드롭-다운 메뉴**

  - 모든 그림자
  - 지면 그림자
  - 객체 그림자
  - 앰비언트 그림자
  - 설정...

● **모든 그림자:** 모든 시각적 전개도 객체의 그림자를 표시합니다. 현재 조명을 기준으로 피쳐, 구성요소의 그림자를 전개도에 표시할 수 있고, 엠비언트 그림자는 가려진 영역을 향상시키는데 사용됩니다. 기본적으로 모든 그림자는 선택 취소되어 있습니다.

● **지면 그림자:** 고정 평면 위에 있는 모형 아래로 그림자를 만듭니다. 고정 평민 위에 그림자를 나타내려면 고정 평면이 표시되어야 합니다. 그러나 이 효과를 나타내기 위해 고정 평면을 표시할 필요는 없습니다. 피쳐나 곡면과 같은 형상의 가시성이 꺼짐으로 되어 있으면 그림자가 만들어지지 않습니다. 작업 피쳐, 주석 및 스케치 형상을 그림자에서 보이지 않습니다.

● **객체 그림자:** 구성요소 피쳐는 활성 조명 스타일과 관련하여 그림자를 만듭니다. 엠비언트 그림자, 라이트 광도 등에 조명 스타일 조정을 사용할 수 있습니다. 조명 스타

일 위치에 따라 모형 피쳐의 그림자를 만듭니다.

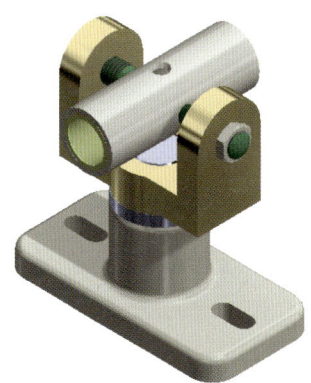

- **엠비언트 그림자:** 모형 중공 및 가려진 영역에 향상된 그림자를 표시합니다. 엠비언트 그림자는 보다 사실적인 모양을 제공하고 그래픽 하드웨어에 대한 요청을 증가시켜 그림자 효과를 제공합니다.

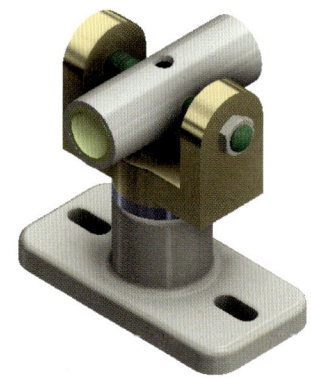

19 반사

리본 메뉴/ 뷰 탭/ 모양 패널/ 반사

고정 평면에 모형 반사를 표시합니다. 이 설정은 고정 평면의 색상, 그리드 간격 및 반사를 제어합니다. 현재 카메라 각도에서 정상적으로 보이지 않는 영역에 대한 추가 모형 정보를 표시하는데 유용합니다. 또한 전개도에서 깊이 및 치수의 느낌을 살리는 효과도 줄 수 있습니다.

반사는 설정 고정 평면 설정과 연계해서 반사 효과를 살릴 수 있습니다.

고정 평면 모형의 방향을 정하는 데 도움이 되고 위쪽 방향의 느낌을 시각적으로 전달할 수 있습니다. 고정 평면 그리드를 사용하여 축척을 적용한 느낌을 줄 수 있습니다.

- **고정 평면 설정:** 이 설정은 고정 평면의 색상, 그리드 간격 및 반사를 제어합니다.

그래픽 창에서 고정 평면이 표시되는 방법을 지정하는 데 필요한 매개변수를 설정할 수 있고, 설정에는 색상, 불투명도, 그리드 설정 및 반사가 있습니다. 모형에 축척이 적용된 느낌을 제공하기 위해 고정 평면 표시를 미세하게 조정하여 전개도에 반영할 수 있습니다.

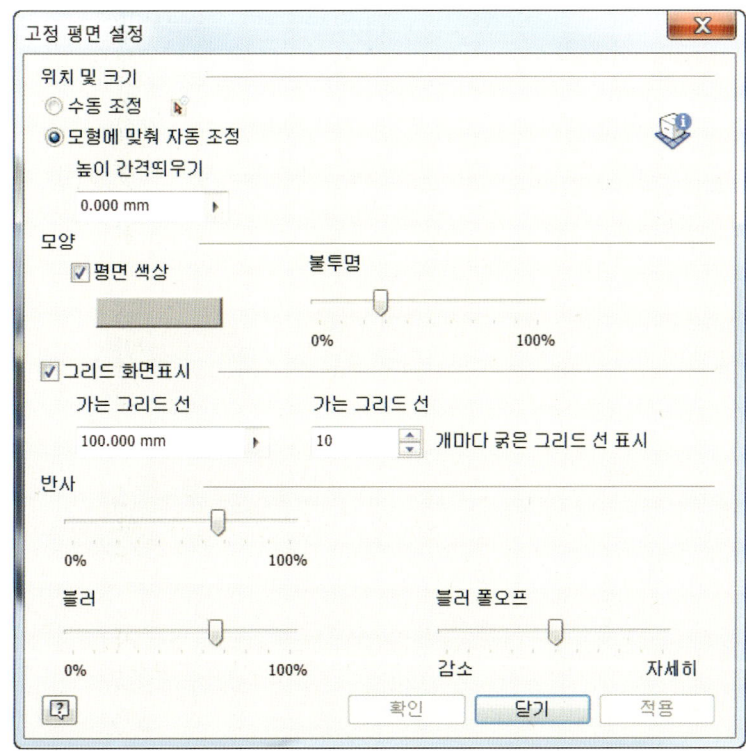

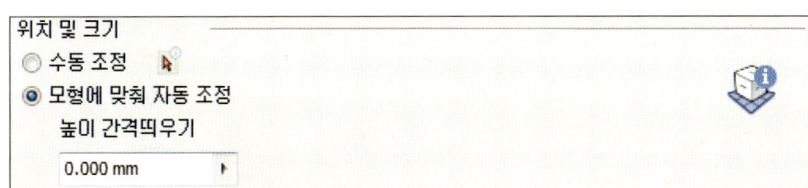

- **수동 조정:** 수동으로 고정 평면을 늘이거나 줄일 수 있습니다. 수동으로 크기를 조절하는 방법은 작업 평면 크기를 조절하는 방법과 비슷합니다.

  단, 그리드 선이 아니라 경계선에만 액세스할 수 있습니다.

- **모형에 맞춰 자동 조정 선택:** 모형에서 참조 점을 지정합니다. 고정 평면이 이 점에서 간격이 띄워진 경우 높이 간격 띄우기를 사용하여 값을 지정합니다.

  고정 평면 설정 대화상자가 표시되면 선택요소 편집을 사용하여 원점을 재배치하거나 3D 조작기를 사용하여 고정 평면을 이동할 수 있습니다.

  주) 고정 평면에는 회전 변환을 사용할 수 없습니다.

- **높이 간격 띄우기:** 원점에서 고정 평면까지의 거리를 지정합니다. 양의 실수와 음의 실수를 입력

할 수 있습니다. 모형이 지면과 접촉하지 않는 경우에 유용합니다.

 고정 평면은 항상 ViewCube 맨 아래와 평행합니다. ViewCube 방향을 재정의하여 고정평면 방향을 재정의합니다. 이미지 위에 커서를 놓으면 방향 **다시정하기**에 대한 메시지가 표시됩니다.

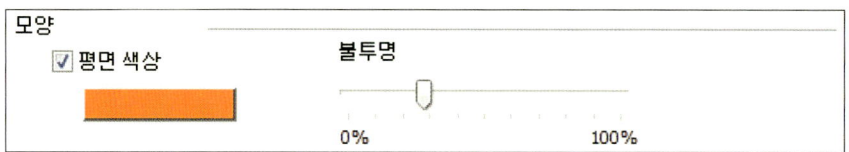

- **평면 색상:** 이 옵션을 선택할 경우 고정 평면 색상이 사용자 정의 색상으로 지정됩니다. 색상은 고정 평면 경계 내에 표시됩니다. 색상 버튼을 클릭하여 색상 선택 대화 상자를 표시하고 색상을 지정한 다음 확인을 클릭합니다. 고정 평면 색상과 그리드 선 색상이 다를 경우에는 고정 평면 색상 위에 그리드 선이 항상 표시됩니다.

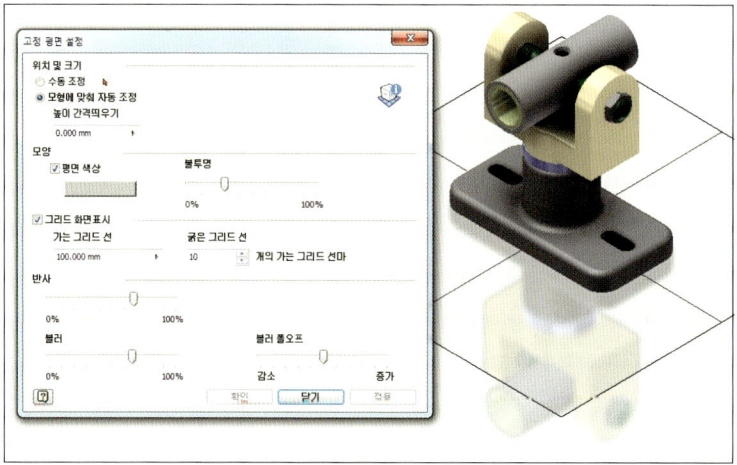

- **불투명:** 색상 불투명도 비율 값을 지정합니다. 수동으로 입력하거나 슬라이더를 끌어서 값을 설정합니다. 범위는 0-100%입니다. 값이 100을 넘으면 100%로 설정됩니다.

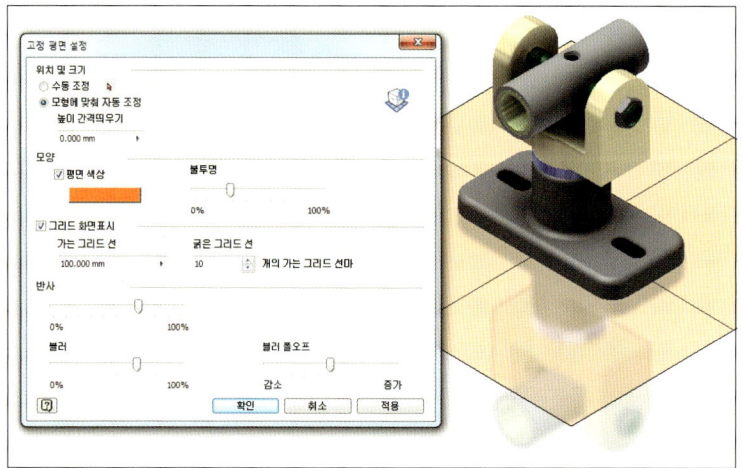

- **그리드 화면 표시:** 그리드 선을 표시하면 모형 크기나 축척을 쉽게 확인할 수 있습니다. 그리드 선 색상은 활성 응용프로그램 색상 체계를 따릅니다. 경계선은 편집하는 동안에만 표시됩니다. 그리드 선 가중치는 고정되어 있습니다. 고정 평면에 그리드 선을 표시하려면 확인란을 선택합니다.
- **가는 그리드 선:** 가는 그리드 선 간의 거리를 지정하는 모형 단위 값입니다. 양의 실수만 입력할 수 있습니다.
- **굵은 그리드 선:** 1에서 512까지의 양의 정수 값을 입력할 수 있습니다.

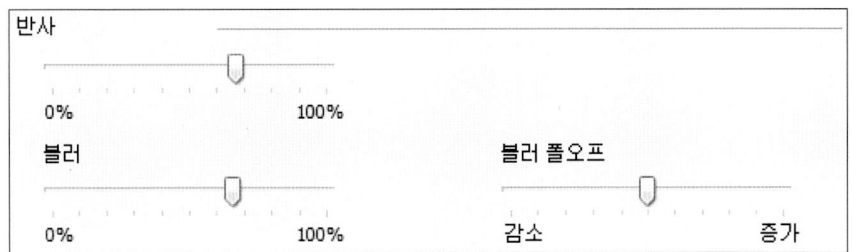

- **반사:** 정수로 표현되며 고정 평면에 나타나는 반사 비율입니다.
  범위는 0-100%입니다. 지면 반사가 켜진 경우 반사가 표시되며 고정 평면을 반드시 표시할 필요는 없습니다.
- **블러:** 고정 평면에 표시할 때 반사에 적용되는 블러 비율입니다. 값은 정수로 표현됩니다.
  범위는 0-100%입니다. 블러 폴오프와 함께 사용하여 더욱 사실적으로 표현합니다.
- **블러 폴오프:** 뷰 입사각이 고정 평면에 더 직각이 되면 발생하는 반사 페이드 양을 제한합니다. 반사가 감소하여 완전히 사라지는 각도를 시뮬레이트합니다.

20 직교와 원근

리본 메뉴/ 뷰 탭/ 모양 패널/ 직교, 원근

 모양을 직교 투영된 상태로 표시합니다. 화면에 평행한 선을 따라 모형의 모든 점을 투영시키기 때문에 실제로 우리가 사물을 볼 때와는 달라 3D 모형이 일률적인 평면 형태로 보이게 됩니다.

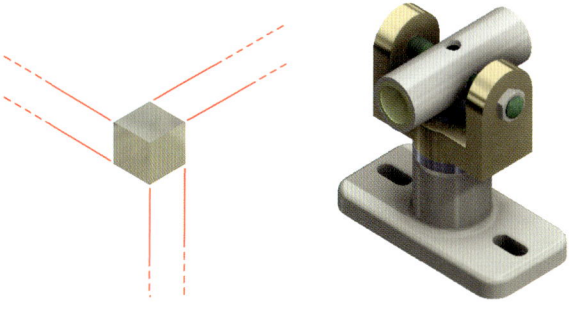

 3점 원근에서 부품과 조립품을 표시합니다. 평행선이 소멸 점에서 수렴되어 실제로 제작된 객체가 어떻게 보이는지 쉽게 알 수 있습니다.

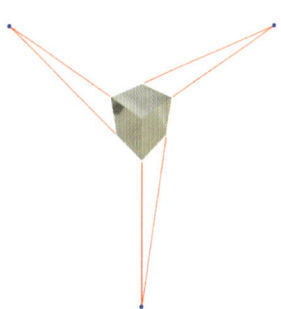 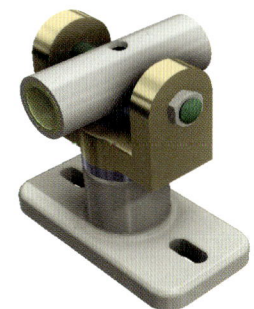

다음 표는 서로 다른 줌 및 초점이동 유형에 액세스하기 위한 키 조합에 대해 설명합니다.

줌 또는 초점이동 유형	직교카메라 모드	원근카메라 모드	키/명령
카메라 전환 초점이동	예	예	F2/초점이동
카메라 피벗 초점이동	예	예	Shift+F2/초점이동
카메라 위치 줌	예	예	F3/줌
카메라 위치/카메라 표적점 줌	아니오	예	Shift+F3/줌
렌즈 초점 거리 줌	아니오	예	Ctrl+F3/줌
원근 비틀림 설정	아니오	예	Shift+Ctrl+F3/줌
줌 창	아니오	예	Shift+F3/줌

광선 추적

리본 메뉴/ 뷰 탭/ 모양 패널/ 광선 추적

비주얼 스타일이 단색일 경우에 적용됩니다. 리본 액세스 지점을 통해 광선 추적을 수동으로 사용하거나 사용하지 않도록 설정할 수 있습니다. 광선 추적은 설치된 Autodesk Material Library의 최고 해상도를 사용합니다. 화면표시 렌더링 프로세스는 컴퓨터에서 사용 가능한 모든 코어를 사용합니다.

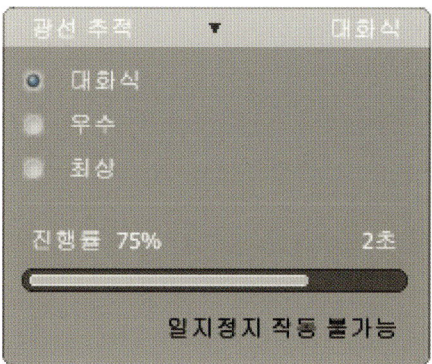

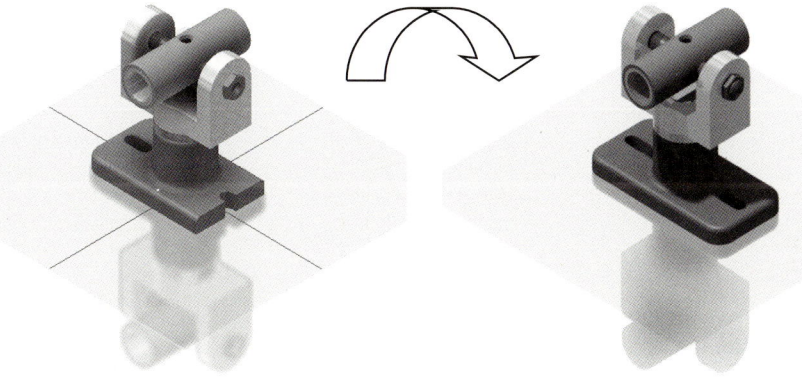

• 렌더링 모드

모드	대화식	우수	최상
최대 프로그레시브 반복 수	4	16	64
앰비언트 어클루전	앰비언트 그림자 UI 설정을 따릅니다. 켜거나 끌 수 있습니다.	앰비언트 그림자 UI 설정을 따릅니다. 켜거나 끌 수 있습니다.	앰비언트 그림자 UI 설정을 따릅니다. 켜거나 끌 수 있습니다.
전역 조명	항상 끄기	항상 끄기	앰비언트 어클루전 설정을 따릅니다.
IBL 방법	앰비언트 환경 조명만	환경의 물리적 조명	환경의 물리적 조명

IBL: Image Based Lightning

• 광선 추적 컨트롤

접기/전개	렌더링 모드 섹션을 축소하려면 화살표를 클릭합니다. 렌더링 모드 섹션을 확장하려면 막대 제목 영역 위로 커서를 이동합니다.
모드	세 가지 렌더링 모드 옵션을 표시합니다. 라디오 버튼을 클릭하여 옵션을 사용합니다. 기본값은 대화식입니다. 다른 모드를 선택하면 광선 추적 프로세스가 중지되고 선택된 모드 설정을 사용하여 다시 시작됩니다.
진행률	렌더링 모드를 기반으로 화면표시 미세 조정의 진행률을 표시합니다. 완료율과 경과 시간을 표시합니다.
일시정지	현재 미세 조정 상태에서 광선 추적 프로세스를 중단합니다. 광선 추적 프로세스를 계속하려면 계속을 클릭합니다. 뷰 방향 또는 설정을 변경하면 광선 추적 프로세스가 재설정되고 새로 시작됩니다.
사용 안 함	광선 추적 프로세스를 중단합니다. 광선 추적 인터페이스를 닫습니다.

광선 추적으로 화면표시가 렌더링되는 중일 경우 렌더링 프로세스를 처리하는 데 3초가 넘으면 화면표시 오른쪽 아래에 진행률 막대가 나타납니다. "X"를 클릭하면 광선 추적이 사용되지 않고 진행률 막대가 닫힙니다. 다른 이름으로 사본 저장을 사용하여 렌더링된 화면표시를 이미지로 저장할 수 있습니다. 출력 옵션을 기본값으로 유지하면 이미지가 더 빨리 저장됩니다.

Chapter

14

다른 3D CAD시스템과의 데이터 교환

01 외부 데이터의 가져오기를 통한 파일 변환

많은 Autodesk Inventor & Inventor Professional 사용자는 다른 CAD 응용 프로그램에서 작성한 파일을 Autodesk Inventor로 가져 오거나 Inventor에서 다른 형식으로 파일을 내보내야 합니다. 예를 들어 다른 사람들이 설계에서 사용하는 구성 요소를 설계하는 경우 다른 파일을 다른 소프트웨어 패키지에서 사용할 수 있도록 파일을 표준 형식으로 출력해야 할 수 있습니다. 또는 제조 Autodesk Inventor로 가져와야하는 고객으로부터 다양한 파일 형식을 받을 수 있습니다.

이 장에서는
- 기하학적 형상 가져오기 및 내보내기
- Autodesk Inventor 파일 변환기 사용
- 가져온 데이터에 대한 수정 작업하기
- 설계 검토 마크 업 사용하기

기하학적 형상 가져오기 및 내보내기

기본적으로 곡선 (또는 와이어), 곡면 및 솔리드 등 3 가지 데이터 유형이 3D 모델을 구성합니다. 와이어 프레임 모델은 크기와 모양을 정의하지만 볼륨이 부족한 와이어로만 구성됩니다. 다른 한편, 표면 모델은 표면을 정의하지만 여전히 채워진 단단한 볼륨이 없는 와이어와 면으로 구성됩니다. 솔리드 모델은 솔리드로 채워진 볼륨을 정의하는 표면의 와이어와 면으로 구성됩니다. 기하학적 형상 데이터의 계층 구조를 이해하면 이러한 데이터 형식 중 하나에서 다른 데이터 형식으로 변환할 때 발생할 수 있는 문제를 이해하는 데 도움이 될 것입니다. 와이어와 곡선이 정의되는 다양한 방법이 있습니다. 와이어와 곡선을 나타내는 파일을 비 균일 한 B-Splines NURBS로 변환하는 경우 와이어와 곡선을 더 간단한 기본 스플라인 (B- 스플라인)으로 표시하는 형식으로 변환하는 경우 무언가가 손실될 수 있습니다. 마찬가지로 곡면 모델을 변환 할 때 곡면 법선 방향이 반전되는 경우 (양수 대 음수) 생각하면 변환 문제가 발생할 수 있습니다. 그리고 그것은 솔리드를 변환할 때와도 같습니다; 솔리드 모델을 변환하여 두 표면이 만나는 곳에 갭이 형성되면 변환이 완료되지 않을 수 있습니다. 곡선, 곡면 및 솔리드의 변환은 서로 다른 소프트웨어 패키지간에 발생합니다. 이 패키지는 기하학적 형상의 정확도가 서로 다른 방법을 사용하기 때문입니다. 정확도는 공간에서 두 점이 얼마나 가까운 거리에 있는지 또는 두 점이 연결되기 전에 얼마나 가까운 거리에 있는지 등을 제어하는 것입니다.

방법 A를 사용하여 곡선을 해석하는 하나의 소프트웨어 패키지에서 방법 B를 사용하는 소프트웨어로 변환하는 것을 돕기 위해 중간 또는 중립 파일을 작성할 수 있습니다. 일반적으로 중립적인 파일 형식으로는 초기 그래픽 교환 사양 (IGES), 제품 교환 표준 (STEP) 및 표준 ACIS 텍스트 (SAT) 등이 있습니다. 기타 일반적인 번역에는 Autodesk AutoCAD 및 Autodesk Mechanical 소프트웨어에서 Autodesk Inventor & Inventor Professional로 파일을 가져 오는 것이 포함됩니다. 이 경우 DWG

파일 형식으로 작업하게 됩니다.

◆ 중립 파일 형식 작업

중립적인 형식을 사용하면 문제를 피하는 데 도움이 되지만 파일을 변환 할 때는 다음 두 가지 사항을 명심해야 합니다.

- 일반적으로 원본 소스 소프트웨어와 대상 소프트웨어 사이의 파일 형식 수는 가능한 한 낮게 유지해야 합니다.
- 모든 중립적인 파일 형식이 동일하게 생성되는 것은 아닙니다.

변환기(타사 파일) 및 지원되는 파일 버전

변환기	가져오기	내보내기
Alias	V10 이상	
CATIA V4	전체 리비전	
CATIA V5	R6 - V5-6R2017	R10 - V5-6R2017
Creo Parametric	1.0; 2.0; 3.0; 4.0	
IGES	전체 리비전	5.3
JT	7.0 - 10.2	8.4 - 10.2
IFC		2x3
NX	Unigraphics V13 - NX 11	
OBJ	해당 없음	해당 없음
Parasolid	30.0 이하	9.0 - 30.0
Pro/ENGINEER	Wildfire 5.0 이하	
Pro/ENGINEER 그래니트	10.0까지	1.0 - 9.0
Pro/ENGINEER 중립	해당 없음	해당 없음
Rhino	5.0 이하	
SAT	7.0 이하	7.0
SolidWorks	2001 Plus - 2018	
Solid Edge	V18 - V20, ST1 - ST10	해당 없음
STEP	AP203E2, AP214, AP242	AP203E2, AP214, AP242
STL	해당 없음	해당 없음
XGL/ZGL		해당 없음

02 DWG 및 DXF 파일 변환

　DXF 또는 DWG 파일을 Autodesk Inventor로 가져 오면 원본 파일에 있는 가져 오기 설정과 기하학적 형상에 따라 파일이 Autodesk Inventor 부품, 조립품 및 / 또는 도면 파일로 변환됩니다. 가져올 때 원본 DXF 또는 DWG 파일은 변경되지 않습니다. 대신 새 Inventor 파일 또는 여러 Inventor 파일에 데이터가 작성됩니다. Inventor에서 DWG로 내보낼 때 파일이 AutoCAD 개체로 변환되고 새 DWG 파일이 만들어집니다. 새로 변환된 DWG 파일은 DWG가 작성된 Inventor 파일에 연결되지 않습니다. 대신 AutoCAD에서 DWG 데이터를 완전히 편집할 수 있습니다 Chapter_14_다른 3D CAD 시스템과의 데이터 교환하기 폴더 안에 있는 SJS_Sample_14-1_DWG Exchange.dwg 파일을 사용하여 DWG 파일의 가져 오기 옵션을 확인해 볼 수 있습니다.

1 열기 버튼을 클릭합니다.

2 파일 형식 드롭-다운 리스트에서 파일 형식을 AutoCAD DWG(*.dwg)로 변경합니다.

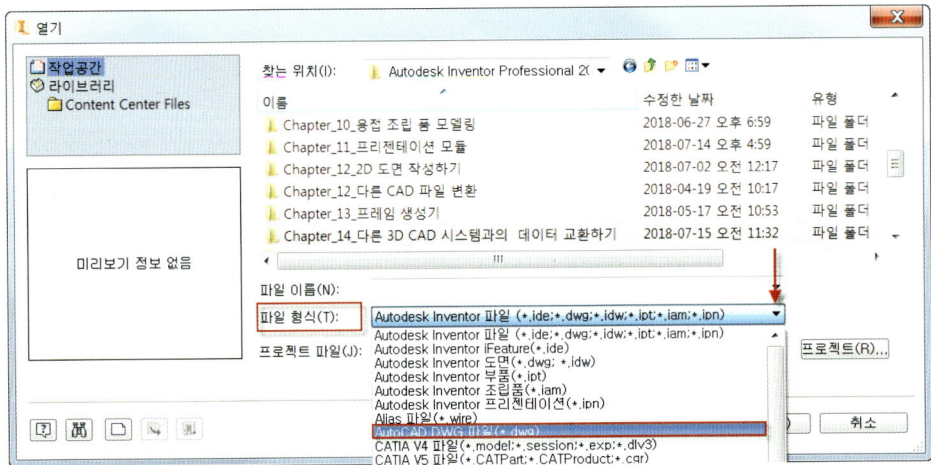

chapter 14 다른 3D CAD시스템과의 데이터 교환

3 Chapter_14_다른 3D CAD 시스템과의 데이터 교환하기 폴더에서 SJS_Sample_14-1_DWG Exchange.dwg 파일을 선택하고 아래쪽의 옵션 버튼을 클릭합니다.

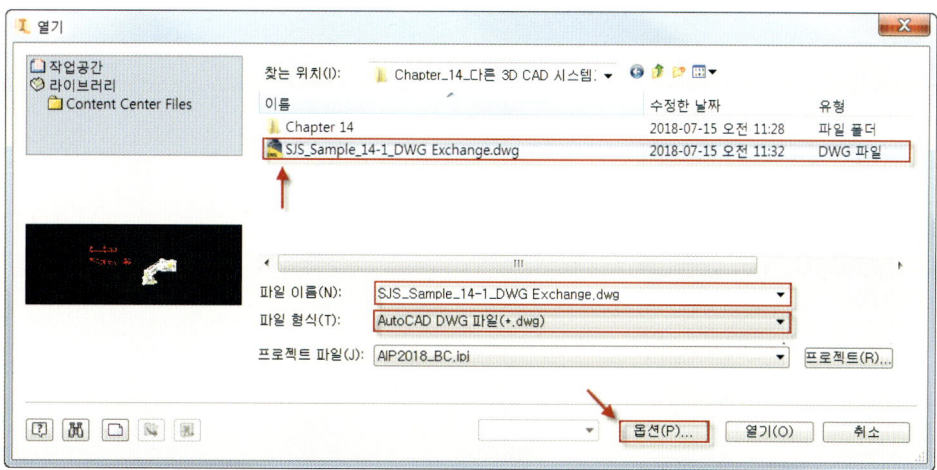

옵션 버튼을 클릭하고 가져 오기를 선택합니다.

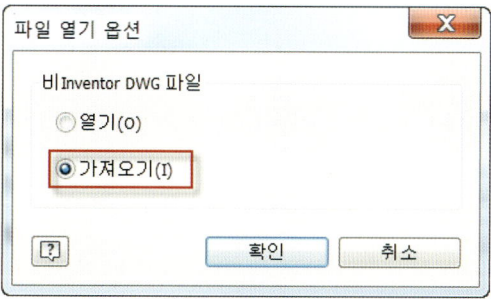

※ 여러 DWG 파일을 변환하는 경우 리본 메뉴/ 도구 탭/ 옵션 패널/ 응용 프로그램 옵션 도구를 클릭한 다음 도면 탭을 선택하여 가져 오기를 기본값으로 설정할 수 있습니다.

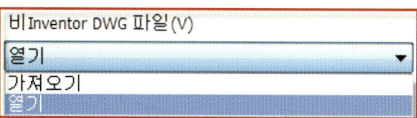

4 열기 대화 상자로 돌아가서 열기 버튼을 클릭하여 DWG/ DXF 파일 마법사를 시작합니다. 구성 드롭-다운 상자에 유의해야 합니다.

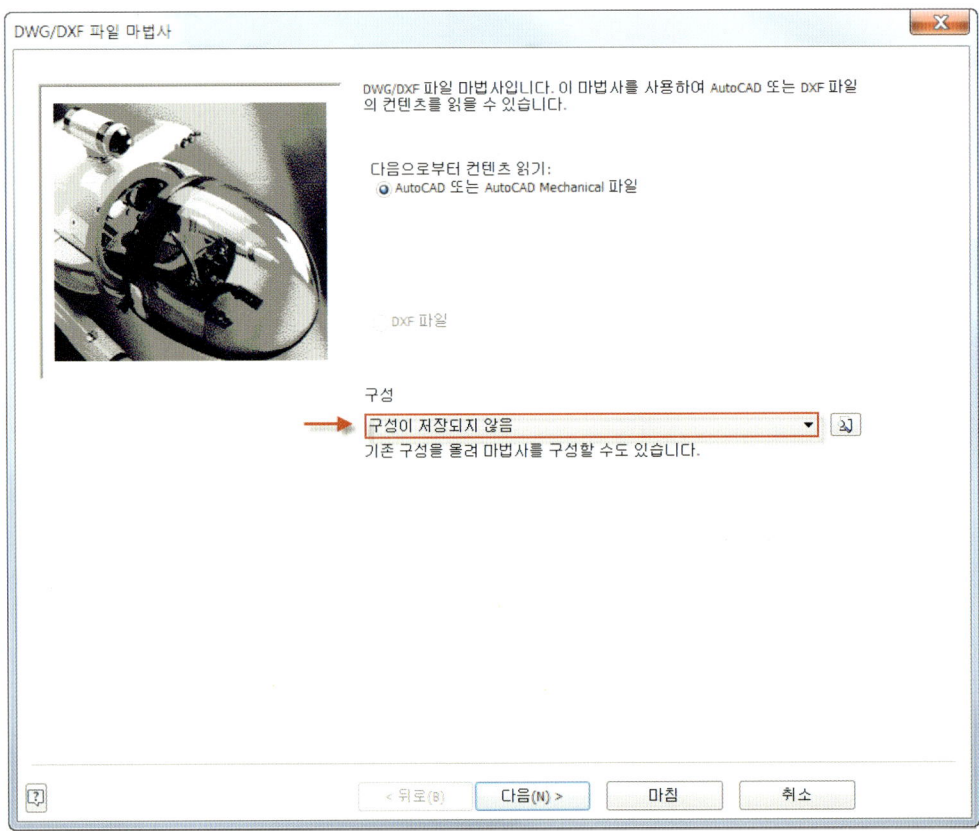

5 가져온 구성이 이미 저장되어 있는 경우에는 지금 지정하고 마침을 클릭합니다. 아직 구성 템플 릿을 만들지 않았다면 다음을 클릭하여 대상 옵션 가져 오기 대화 상자로 이동해야 합니다.

DWG 데이터 입력 및 의도 한 변환 출력에 따라 DWG 파일을 가져올 때 다양한 옵션을 고려해야 합니다.
다음은 가져 오기 옵션과 관련하여 이러한 고려 사항에 대해 설명합니다.

chapter 14 다른 3D CAD시스템과의 데이터 교환

• **레이어 및 객체 가져 오기 옵션**

DWG/ DXF 파일 마법사 화면에서 다음을 클릭하면 도면 층 및 객체 가져오기 옵션 화면이 나타납니다. 이 화면에서 가져오기를 위해 포함 시키거나 제외시킬 도면 층 또는 객체를 선택할 수 있습니다. 이 두 가지 선택 방법을 사용할 수 있습니다.

• **도면 층으로 선택**

확인란을 사용하여 가져올 도면 층을 제어합니다. 도면 층의 선택을 취소하면 해당 도면 층에 있는 모든 객체가 제외됩니다.

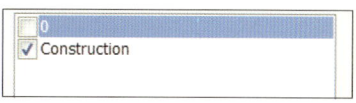

• **객체 별 선택**

전체 선택 체크 박스의 선택을 취소하고 가져오기 미리 보기 창에서 객체를 선택합니다. 특정 선택 세트를 작성하기 위해 도면 층과 객체 선택을 결합할 수 있습니다. 도면 층과 객체가 선택되면 다음 버튼을 클릭하여 가져오기 대상 옵션 가져오기 화면으로 계속 진행할 수 있습니다.

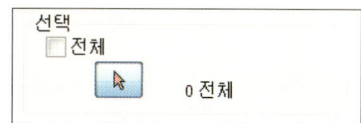

• **3D 솔리드 가져 오기**

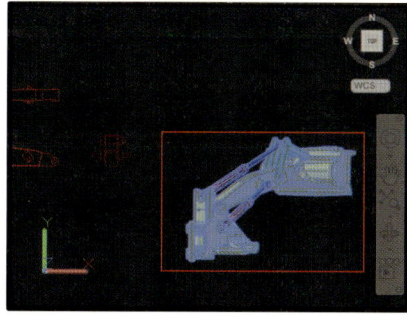 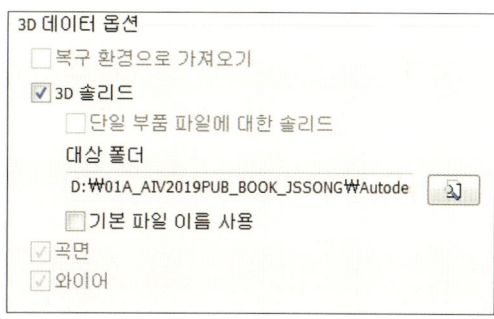

가져올 도면 층과 객체를 선택하면 가져오기 대상 옵션 화면이 나타납니다. AutoCAD DWG에 3D 솔리드가 있는 경우 3D 솔리드 확인란을 선택하여 Inventor 부품 파일로 변환할 수 있습니다. 다중 본체 솔리드를 Inventor 부품 파일로 변환하려면 솔리드를 단일 부품 파일로 지정 확인란을 사용하면 됩니다. DWG의 각 솔리드 본체를 개별 Inventor 부품 파일로 작성하고 자동으로 Inventor 조립품에 배치하려면 이 옵션을 선택하지 않으면 됩니다. 그림 14.2는 3D 솔리드의 가져 오기 옵션을 보여줍니다.

대상 폴더를 생성된 부품 파일을 생성할 경로로 설정하고 기본 파일 이름 사용을 선택하면 Inventor에서 생성된 부품 파일의 이름을 자동으로 지정할 수 있습니다.

☑ 기본 파일 이름 사용 이 옵션을 선택하면 새 Inventor 부품에 DWG 이름을 기반으로 이름이 지정 되고 값 1로 증가합니다. 예를 들어, DWG의 이름이 SJS.dwg 인 경우 DWG의 솔리드 이름이 지정 됩니다 SJS1.ipt, SJS2.ipt, SJS3.ipt 등이 있습니다.

☐ 기본 파일 이름 사용 기본 파일 이름 사용을 선택하지 않으면 DWG의 각 솔리드 이름은 Part1.ipt, Part2.ipt, Part3.ipt 등이 됩니다.

- 2D 데이터 가져오기

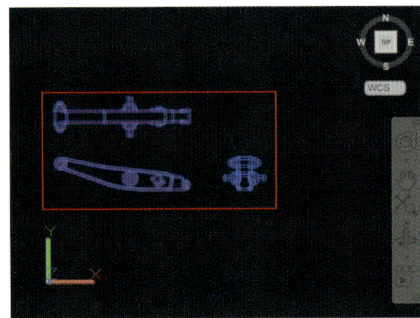 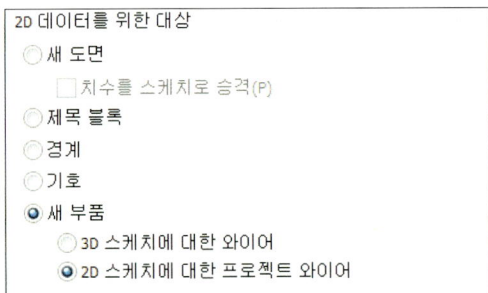

DWG에 가져올 3D 및 2D 데이터의 조합이 포함 된 경우 2D 데이터 대상 영역의 옵션을 설정하 여 2D 데이터를 처리 할 수 있습니다. DWG에 2D 데이터만 있거나 이 둘을 모두 가지고 있지만 2D 데이터만 가져 오려면 3D 솔리드 확인란의 선택을 취소하고 대상 가져오기 옵션 대화 상자의 2D 데 이터를 위한 대상 영역만 설정하면 됩니다. 새 도면 라디오 버튼을 선택하면 DWG 데이터가 새 Inventor DWG 또는 IDW로 변환됩니다. 치수를 스케치로 올리기를 선택하면 2D 데이터가 Inventor 도면에서 작성된 드래프트 뷰에 배치됩니다.

- 제목 블록 및 테두리 가져 오기

제목 블록 및 테두리 라디오 버튼을 사용하여 AutoCAD 제목 블록 DWG를 Inventor 제목 블록이 나 테두리로 변환할 수 있습니다.

[매핑 옵션...] 이렇게 할 때 매핑 옵션 버튼(대화 상자의 왼쪽 아래 모서리에 있음)을 클 릭하여 도면 층 및 글꼴 매핑 옵션을 설정해야 합니다. 기호 라디오 버튼을 클릭하여 2D 데이터를 스 케치된 기호로 변환하여 Inventor DWG 또는 IDW 파일에서 사용할 수 있습니다.

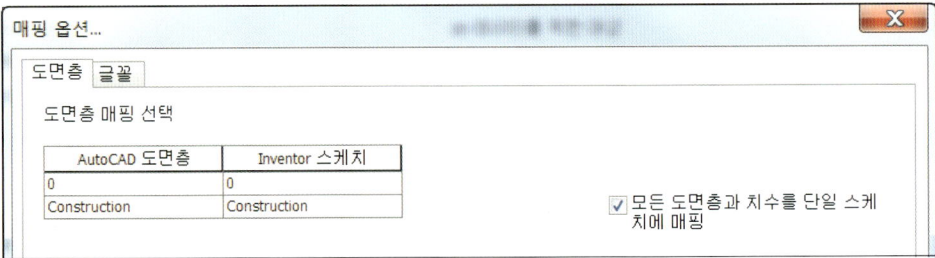

- **스케치된 기호로 AutoCAD 블록 가져 오기**

AutoCAD 블록을 Inventor 스케치된 기호 정의로 가져 오려면 기호 라디오 버튼을 사용할 수 있습니다. 이렇게 하면 Inventor 도면 템플릿에서 사용하기 위해 일반적인 도면 기호를 신속하게 변환 할 수 있습니다.

- **AutoCAD 부품 도면을 새 Inventor 부품으로 가져 오기**

새 부품 라디오 버튼을 클릭하여 AutoCAD 2D 데이터를 새 부품 모델 작성에 사용되는 새로운 IPT 스케치로 변환해야 합니다. 필요한 기하학적 형상 유형에 따라 파일에 3D 또는 2D 스케치를 만들도록 선택합니다. Inventor에는 치수에 대한 십진수와 소수점 단위 스타일이 있습니다. 치수가 변환되면 Inventor에서 과학적, 십진법, 엔지니어링 또는 Windows 데스크탑 스타일을 사용하는 AutoCAD 파일이 감지되면 해당 스타일이 십진 스타일로 변환됩니다. AutoCAD 분수 및 건축 스타일은 Inventor 분수 스타일에 매핑이 됩니다.

- **AutoCAD의 기하학적 형상을 가져오기 전에 생각해야 할 부분**

2D AutoCAD 기하 형상을 가져와서 돌출을 시작하려고 한다면 몇 가지 사항을 반드시 염두에 두어야 합니다. 이것이 결코 변하지 않는 부분이거나 참조 부분인 경우, 이 접근법은 아마도 괜찮을 것입니다. 그러나 완전히 매개 변수 설계의 일부로 Inventor 모델에서 사용할 오래된 AutoCAD 데이터를 다시 만드는 경우 처음부터 부품을 새롭게 모델링 하는 것이 좋습니다. 다만 분명한 것은 더 오랜 시간이 걸릴 것이라는 사실입니다. 그러나 처음부터 모델링을 하면 설계 의도를 부품에 배치할 수 있습니다. 이것은 가져오기를 통해 수행할 수 없는 부분입니다. 모델을 적절한 순서로 만들고 적절한 구속 조건을 사용하면 설계자 본인이나 다른 사람들이 나중에 쉽게 수정할 수 있습니다.

- **단위, 템플릿, 구속 조건 및 구성**

2D 또는 3D로 가져올 때 템플릿 영역을 사용하여 변환할 각 파일 형식에 사용할 템플릿을 지정합니다. 가져올 파일 단위 영역에서 Inventor가 AutoCAD 파일에서 감지한 단위와 일치하지 않는 단위를 지정할 수 있습니다. 감지된 단위는 DWG 파일의 INSUNITS 시스템 변수를 기반으로 합니다. 끝점 구속 및 형상 구속 조건 적용 확인란을 사용하여 Inventor가 스케치 요소에 구속 조건을 배치할 수 있습니다. 일치하는 끝점 일치 구속 조건이 부여됩니다. 이러한 모든 옵션을 구성한 후에는 구성 저장 버튼을 클릭하여 다음에 DWG 파일을 변환할 때 사용할 파일을 작성할 수 있습니다. 이렇게 하면 파일을 보다 정확하고 신속하게 변환할 수 있습니다.

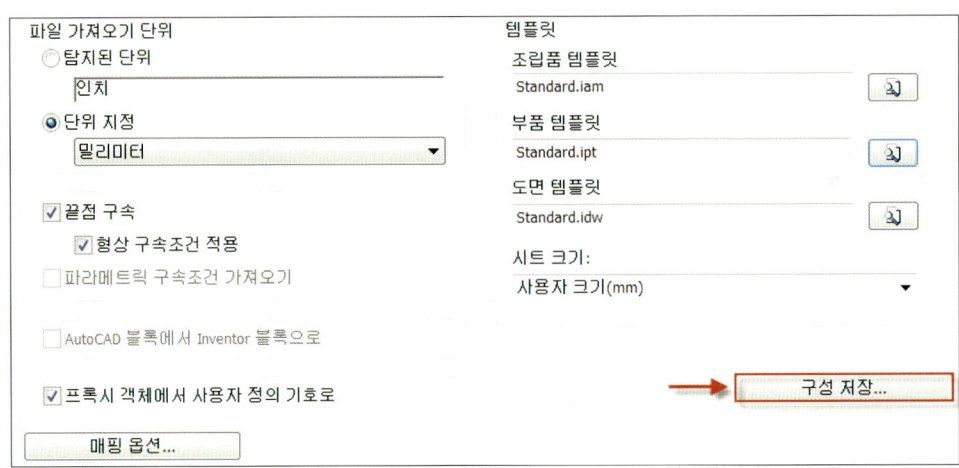

모든 구성 설정이 완료되고 저장되면 마침을 클릭하여 가져 오기 프로세스를 시작합니다. Inventor는 구성에 따라 새 파일을 만들고 현재 Inventor 세션에서 파일을 열어 둡니다.

03 STEP 및 IGES

제품 교환 표준 (STEP) 및 초기 그래픽 교환 사양 (IGES)은 독점 소프트웨어 사이에 데이터를 교환하기 위해 데이터를 쓸 수 있는 독점적인 파일 형식입니다. Inventor에서 STEP 또는 IGES 파일을 열면 파일에 부품 본체가 하나만 있는 경우 하나의 부품 파일이 만들어집니다. 그렇지 않으면 조립품 파일 내에 여러 Inventor 부품 파일을 만들 수 있습니다. 원본 STEP 또는 IGES 파일과 Inventor 파일에서 생성된 Inventor 파일 간에는 링크가 유지되지 않지만 업데이트가 된 STEP 또는 IGES 파일을 가져올 때 Inventor는 형상을 업데이트하고 해당 STEP 또는 IGES 파일에 적용되는 모든 모델링 구속조건 및 기능을 유지 관리합니다.

chapter 14 다른 3D CAD시스템과의 데이터 교환

1 시작 탭에서 열기를 클릭하고, 파일 형식 드롭-다운을 STEP 파일 (*.stp, *.ste, *.step, *.stpz)로 변경한 다음 SJS_Sample_14-2_STEP Exchange.stp 파일을 선택하여 열기를 합니다.

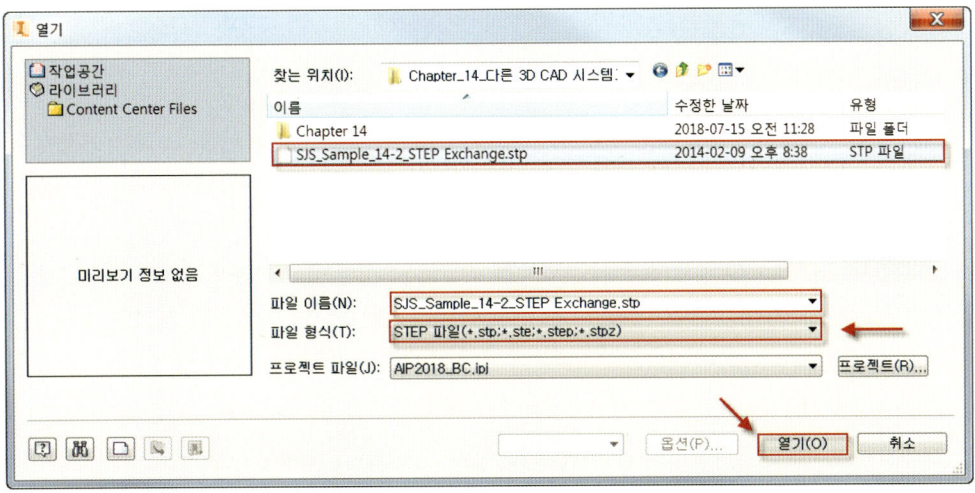

2 가져 오기 옵션 대화 상자에서 옵션 탭이 기본적으로 선택되어 있습니다.

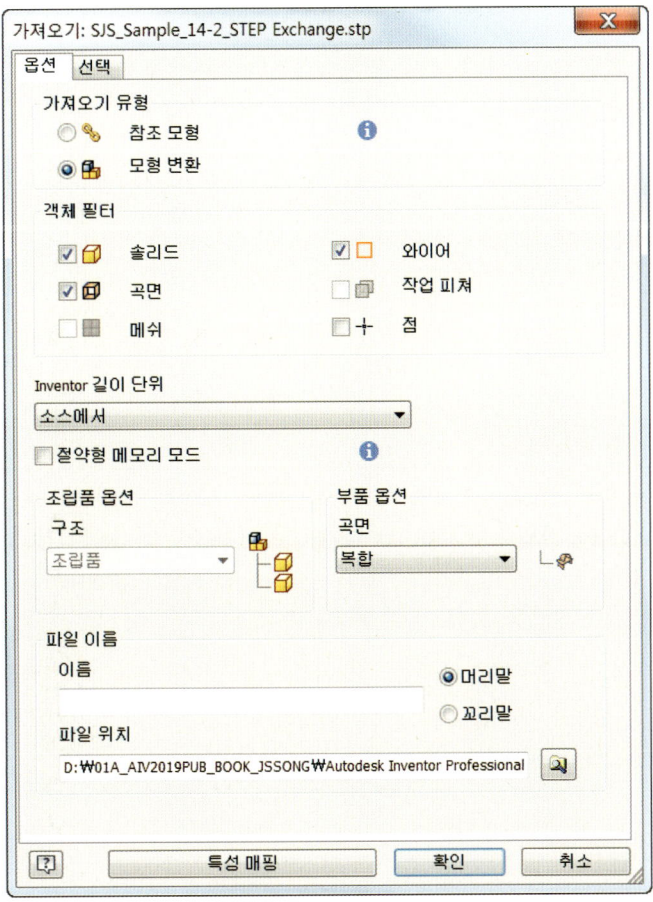

- **가져오기 유형**

- **참조 모형:** 선택한 파일에 대한 링크를 유지하여 선택한 파일을 모니터링하고 모형 변경에 따라 업데이트하려는 경우 이 옵션을 지정합니다. 설계가 전개되는 과정에서 참조된 모형을 편집할 필요가 없는 경우 이 옵션을 사용합니다(Inventor LT에서는 사용할 수 없음).
- **모형 변환:** 원본에 링크되지 않은 새 Inventor 파일을 작성하려는 경우 이 옵션을 지정합니다. 새 설계로 모형을 수정할 계획인 경우 이 옵션을 사용합니다.

- **객체 필터**

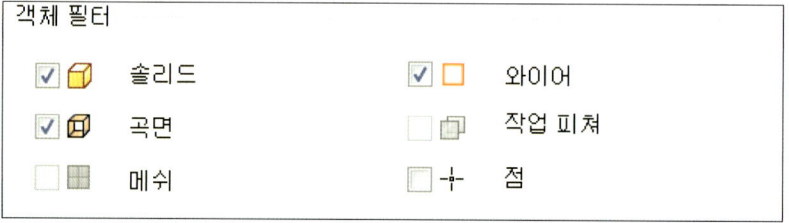

- **솔리드:** 본체와 방수 스티치 쉘을 개별 솔리드 본체로서 가져옵니다.
- **곡면:** 곡면 본체를 가져옵니다.
- **메쉬:** 메쉬를 가져옵니다. 메쉬 데이터는 시각화 전용입니다.
- **와이어:** 와이어를 가져옵니다.
- **작업 피쳐:** 원하는 작업 형상을 가져옵니다

- **Inventor 길이 단위**

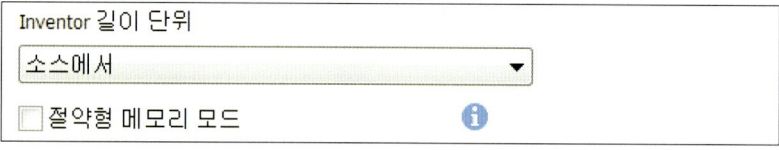

- **Inventor 길이 단위:** Inventor 길이 단위 필드에서 가져온 형상 및 매개변수 값에 사용할 Inventor 길이 단위의 유형을 지정합니다. 선택한 단위 값에 따라 새 문서의 단위 길이만 변경됩니다. 단위 길이 및 문서의 기타 단위는 문서 설정 대화상자의 단위 탭에서 확인할 수 있습니다.
- **절약형 메모리 모드:** 대용량 데이터 세트를 변환 중인데 작업을 완료하기 위해 추가 메모리가 필요할 것으로 예상되는 경우에만 절약형 메모리 모드를 선택합니다. 이 설정을 사용하면 메모리 용량은 늘리지만 성능은 저하됩니다. 절약형 메모리 로드를 사용하면 가져오기 프로세스 중에 각 구성요소를 디스크에 저장하여 메모리 사용이 최소화됩니다.

chapter 14 다른 3D CAD시스템과의 데이터 교환

다음 옵션은 가져오기 유형으로 변환 모형을 선택한 경우에만 사용할 수 있습니다. 솔리드를 파일로 가져오는 다음과 같은 방법을 지정합니다.

- **조립품 옵션**

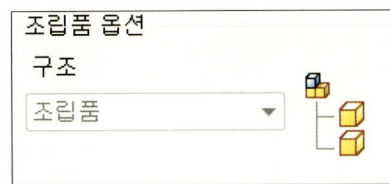

- **조립품:** 소스 구조를 유지합니다.
- **복합 부품:** 단계, 도면층 또는 그룹으로부터 복합 피쳐가 작성됩니다. 각 단계, 도면층 또는 그룹이 자신이 작성된 단계, 도면층 또는 그룹과 이름이 동일한 개별 복합 피쳐로 작성됩니다. 각 복합 피쳐에는 루트 노드의 하위인 자체 검색기 노드가 있습니다.
- **다중 본체 부품:** 조립품을 단일 부품의 솔리드 본체로 가져옵니다.

- **부품 옵션**

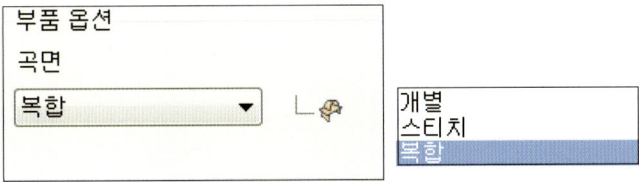

- **복합** 조립품을 부품 환경에서 단일 복합 피쳐로 가져옵니다.
- **스티치(IGES 및 STEP 파일 전용)** 몇 개의 모서리 일치 곡면 또는 면을 함께 스티치합니다.
- **개별** 조립품을 부품 환경에서 단일 복합 피쳐로 가져옵니다.

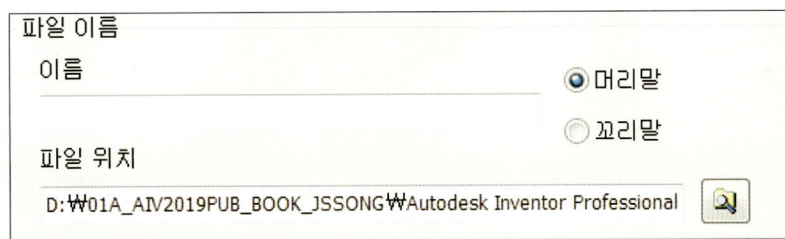

- 해당되는 경우 파일 이름을 제공합니다.
- 이름 중복 문제를 피할 수 있는 파일 이름을 제공합니다.
- 파일 이름에 추가할 머리말 또는 꼬리말을 지정합니다.
- 파일을 저장할 위치를 찾아서 지정합니다.

CATIA, Solidworks, Pro-E/Creo, NX, Alias, STEP, Iges 및 Rhino에서 선택적으로 파일을 가져오려면 선택 탭을 클릭합니다.

| 특성 매핑 | 가져온 CAD 데이터 도구의 특성 매핑을 사용하여 CATIA, Pro/Engineer 및 Creo Parametric, NX, STEP, Solid Edge 및 Solidworks 특성을 표준 Inventor 특성으로 쉽게 매핑을 할 수 있습니다. 가져온 CAD 데이터 도구의 특성 매핑은 CATIA, Pro/Engineer 및 Creo Parametric, NX, STEP, Solid Edge 및 Solidworks XML 설계 데이터 파일을 수정하는 인터페이스입니다.

수정 대상은 사용자/ 공용/ 공용문서/ Autodesk Inventor [버전]/ 설계 데이터/ 특성 가져오기에 있습니다.

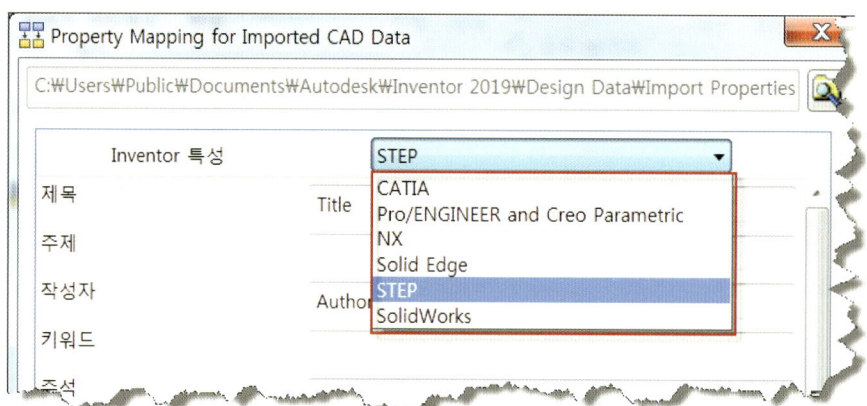

3 선택 탭에서 모형 로드 버튼을 클릭하여 변환할 STEP파일을 미리 로드하여 확인해 봅니다. 아래와 같이 조립품 구조로 로드가 되는 것을 미리 확인해 보실 수 있습니다.

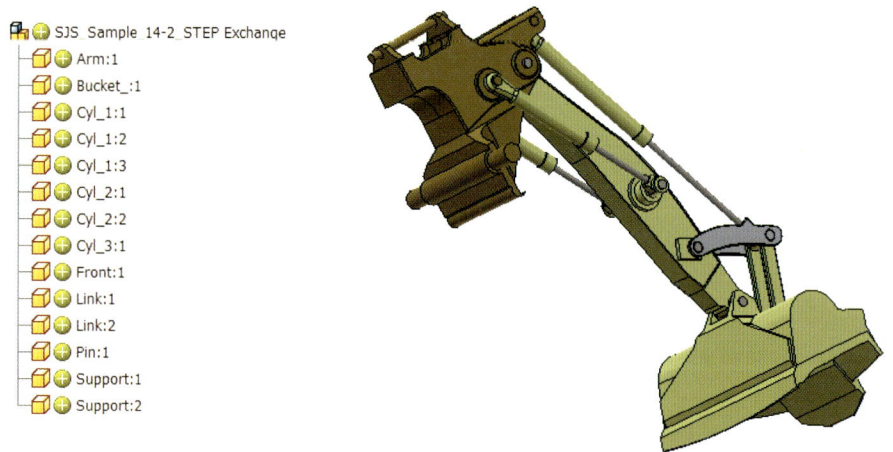

4 확인 버튼을 클릭하여 STEP 파일 변환을 마칩니다. | 확인 |

04 복구 도구

데이터 가져 오기가 어려움이 될 때 Inventor에서 도구를 사용하여 가져온 형상을 수정하는 경우가 있습니다. (항상 그런 것은 아닙니다). 일반적으로 가장 큰 어려움은 원본 CAD 소프트웨어에서 잘 변환되지 않은 곡면 모델을 가져 오는 것입니다. Inventor는 잘못 변환된 곡면을 복구하기 위한 복구 환경을 제공합니다. 복구가 완료되면 가져온 곡면을 파라 메트릭 모델링에서 사용하기 위해 부품 환경으로 승격시켜야 하므로 조립품에서 볼 수 있습니다. 복구 환경에 접근하려면 검색기 막대에서 가져온 형상을 선택하고 본체 복구를 선택하기만 하면 됩니다. 복구 환경에서는 아래와 같은 도구들을 사용하여 다음 유형의 가져온 표면 형상 문제를 수정할 수 있습니다.

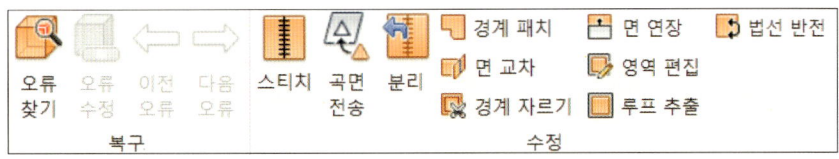

솔리드 도구 편집

보통의 경우에는 모델을 잘 가져올 수 있지만 몇 가지 수정 작업을 수행해야 할 수도 있습니다. 이러한 경우 원하는 면을 스케치하고 표준 Inventor 부품 모델링 도구를 사용하여 기본 솔리드에 피쳐를 추가 할 수 있습니다. 그러나 기본 솔리드 편집 도구를 사용하여 모델을 신속하게 조작 할 수도 있습니다.

1 열기 버튼을 클릭하여 SJS_Sample_14-2_EDIT Exchange.ipt 파일을 선택하고 열기를 합니다.

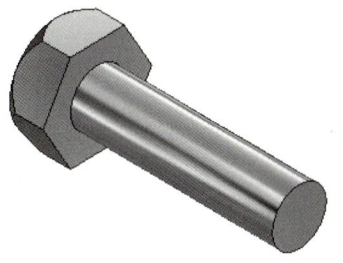

2 검색기 막대에서 기준1 피쳐를 선택한 다음 마우스 오른쪽 버튼을 클릭하여 솔리드 편집을 선택합니다.

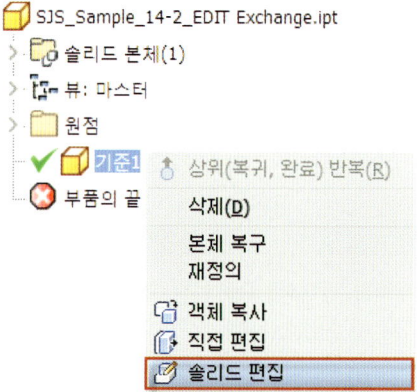

3 기준 솔리드 편집 탭/ 수정 패널/ 면 이동 도구를 클릭합니다. 그리고 아래와 같이 면을 선택한 다음 Z: 25mm를 입력합니다.

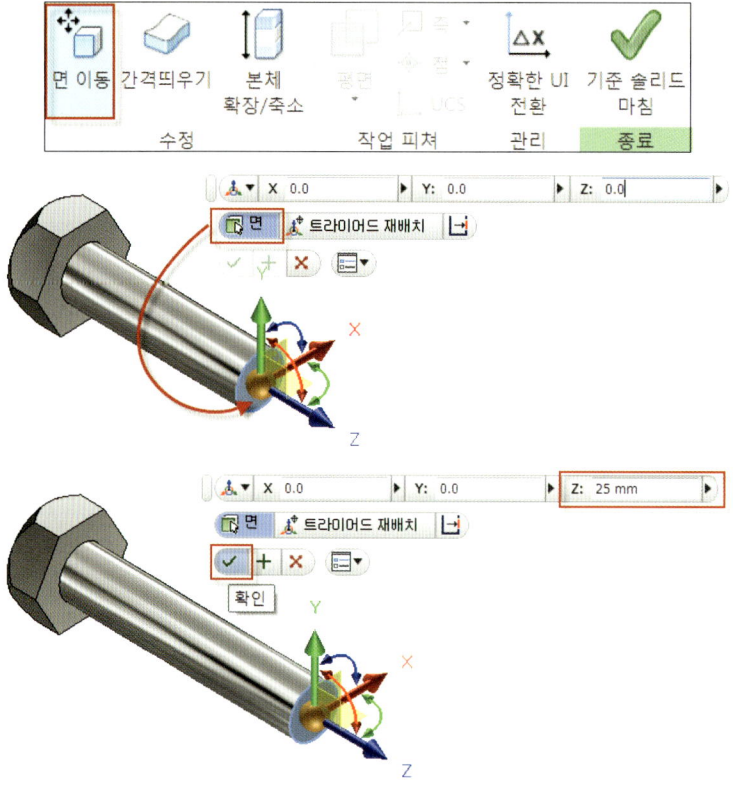

chapter 14 다른 3D CAD시스템과의 데이터 교환

4 확인 버튼을 클릭하면 아래와 같이 25 mm 늘어난 형상 완성됩니다. 확인

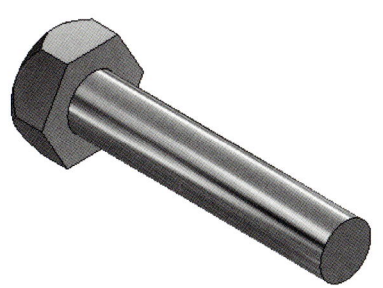

5 기준 솔리드 편집 탭/ 수정 패널/ 간격 띄우기 도구를 클릭합니다. 그리고 아래와 같이 면을 선택합니다.

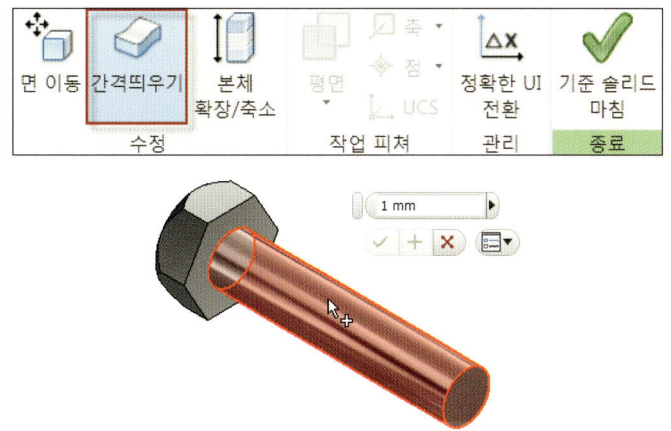

6 그리고 값을 4 mm로 수정하고 확인 버튼을 클릭합니다. 확인

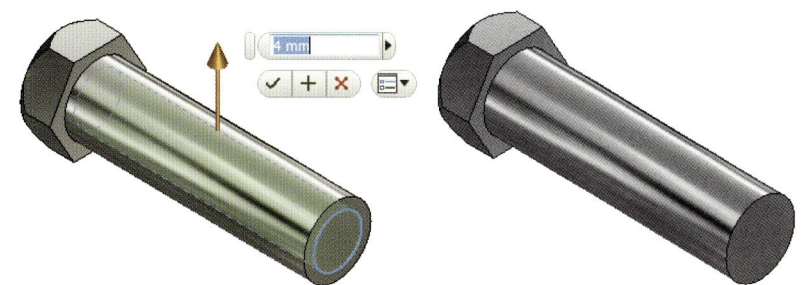

7 기준 솔리드 편집 탭/ 수정 패널/ 본체 확장-축소 도구를 클릭합니다. 그리고 아래와 같이 면을 선택합니다.

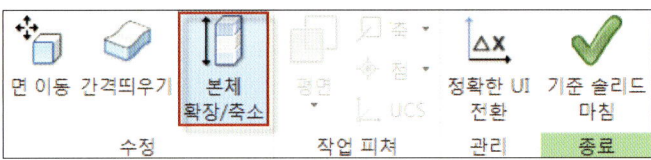

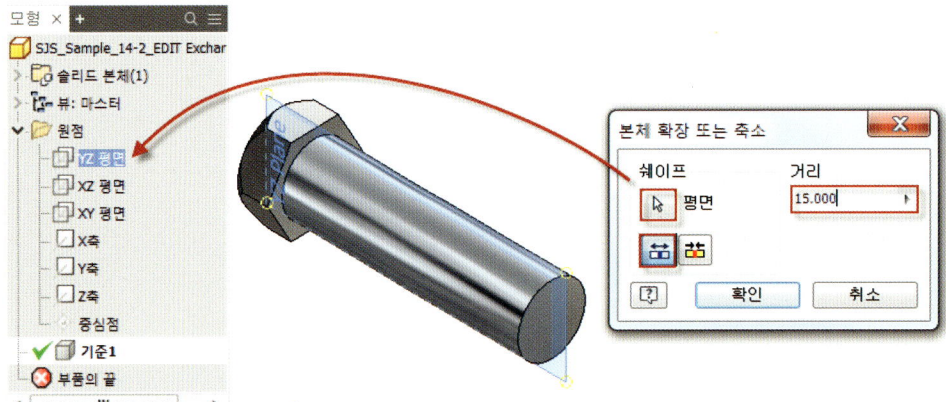

8 확인 버튼을 클릭합니다.

Chapter 15

응력 해석

01 응력 해석 소개

　이 장에서는 Autodesk Inventor Professional 2019의 응력 해석 모듈을 사용하여 설계 데이터에 대한 간단한 기본 해석 기능을 적용하는 방법에 대해 살펴보겠습니다. 응력 해석 모듈은 일반 부품, 판금 부품 및 조립품에서 사용할 수 있는 Autodesk Inventor Professional 2019의 특화된 모듈 기능이라고 보시면 됩니다. 응력 해석 모듈에는 그 용도에 따라 고유한 명령어들이 있습니다. Autodesk Inventor Professional 2019의 응력 해석 환경을 사용하면 구성 요소의 재료, 하중, 구속 조건 및 접촉 조건 등을 정의하여 부품 및 조립품에 대한 선형 정적 해석 및 모달 해석을 수행 할 수 있습니다. Autodesk Inventor Professional 2019의 응력 해석 모듈은 기본적인 응력 해석을 위한 도구를 제공하여 설계자가 설계한 모델에 적용된 힘이 설계 데이터에 미치는 영향을 분석하고 검사할 수 있도록 해주는 기능입니다. 부품의 변위(Displacement), 변형(Deformation) 및 응력(Stress)은 재료 특성(Material), 고정 구속(Fix Constraint) 및 적용 하중(Load)을 기반으로 계산됩니다. 응력 해석 결과는 항복 강도(Yield Strength)와 같은 물체의 고유한 재료 특성과 비교하여 설계 검증 분석을 수행할 수 있습니다. 해석 결과를 기반으로 중요한 영역을 식별하고, 다양한 영역의 안전 계수를 계산하고, 변형을 시뮬레이션 하는데 사용될 수 있습니다. 이렇게 Autodesk Inventor Professional 2019에서 수행된 응력 해석은 유한 요소 법(FEM: Finite Element Method)을 사용하여 사용자가 지정한 설정 조건에서 설계를 분석하여 설계 사양과 관련된 기본적인 설계 방향성을 결정할 수 있게 해줍니다.

　모델의 해석을 통해 정확한 답을 도출하는 것은 일반적으로 특정 교육을 받고 종종 더 강력한 분석 도구 모음을 가진 전용 해석 도구를 사용하는 해석 전문가에게 맡겨집니다. 그러나 기구 설계자들이 사용하기에 아주 적합한 Autodesk Inventor Professional 2019의 응력 해석 모듈은 설계자가 사용하기에 아주 쉬운 방법을 제공하고 있어서, 초기 응력 해석 수행을 통해 설계의 방향성과 안전성 검토 및 설계 유효성을 확인하기 위한 기본 분석을 빠르게 해보실 수 있는 기능을 가진 도구라고 생각합니다. 이는 잘못된 설계 절차를 밟기 전에 설계의 기본 사항을 결정하는데 매우 유용하게 활용할 수 있습니다. 또한 주어진 하중 및 진동 세트에 대해 부품 또는 조립품이 과도하게 설계 되었는지, 또는 설계 불량인지 등의 여부를 파악할 수 있습니다.

　Autodesk Inventor Professional 2019의 응력 해석 모듈은 피쳐의 크기 및 위치가 부품의 무결성에 영향을 미치는 방식을 결정할 때도 매우 유용하게 사용하실 수 있다는 것을 의미한다고 할 수 있습니다.

　Autodesk Inventor Professional 2019의 주요 응력 해석은 유한 요소 분석 방법을 기반으로 하는 선형 정적 해석을 사용하여 계산하는 것입니다. 처짐이 작고 천천히 변하는 경우 선형 정적 해석이 적절합니다. 선형 정적 해석은 시간(Time)이라는 변수를 고려하지 않고 생략하는 해석 방법이라고 할 수 있습니다. 또한 하중이 적용되는 방식을 변경하는 소성 작용에 따른 처짐에 대해서는 배제하는 것입니다. 즉, 소성 변형(Plastic Deformation)은 고려하지 않는 방식이라는 것입니다.

　유한 요소 법 (Finite Element Method, FEM)은 복잡한 시스템에 대한 근사 해를 찾는 수치 해석 방법입니다. 이 기술은 엔지니어링 역학의 복잡한 문제를 해결하는데 있어서 표준화된 방식처럼 매우 널리 사용되고 있습니다. 이 방법을 사용한 분석을 유한 요소 해석 (Finite Element Analysis, FEA)이라고 합니다. FEA(Finite Element Analysis)는 객체를 관리가 가능한 계산을 수행할 수 있게 더 작은 요소의 메쉬(Mesh or Grid)로 분할하여 해결되는 복잡한 객체의 분석 기법입니다.

예를 들면 아래와 같은 질문들을 해볼 수 있을 것입니다.
- 브라켓(Bracket)의 가장자리에 얼마나 가깝게 구멍을 뚫거나 위치를 옮길 수 있을까?
- 압력 과부하로 인한 판금 표면의 "표면 주름 현상(Casing Pillow)"을 막는 데 필요한 다른 버팀 지지대가 있을까?

위의 예시 문제들과 같은 질문의 특성에 대해 이상적으로 대처할 수 있으며 최종 설계를 증명하는 데 필요한 실제 제품 원본(Prototype)의 수를 크게 줄일 수 있는 것이 바로 Autodesk Inventor Professional 2019의 응력 해석 기능에 있다고 말씀 드릴 수가 있습니다.

제품 수명 주기

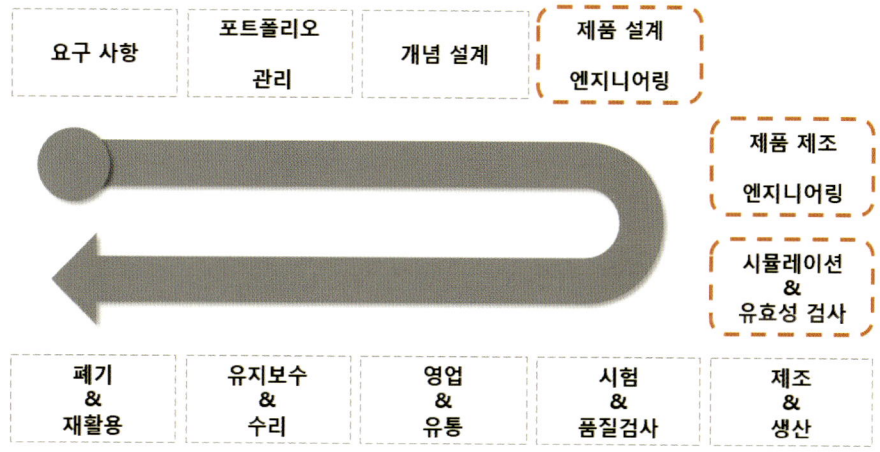

3D CAD 모델의 사용처

3D CAD 모델 데이터는 설계 제조 프로세스에서 다양하게 사용되고 있습니다. 여기서는 시뮬레이션 해석 분야에서 사용하기 위해 반드시 3D 설계가 이루어져야 한다는 점을 강조하고 싶습니다.

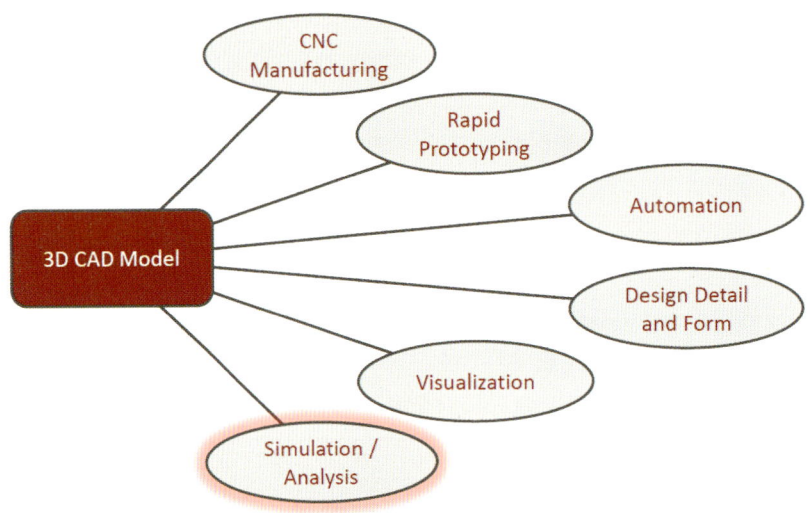

02 왜 FEA인가?

유한 요소 해석(FEA: Finite Element Analysis)은 구조물을 잘게 쪼개서 각각의 요소로 분할하고 그 집합을 하나의 구조물로써 해석하는 방법으로 컴퓨터 시뮬레이션을 통해 실제 현실 세계에서 물체가 힘(Force), 진동(Vibration), 열(Heat) 등에 반응하는 것을 예측하여 분석하는 것입니다.

일반적으로 CAE작업은 아래와 같이 3개의 순서로 구성됩니다.

- Pre-processing(모델링, 물성치, 메쉬 작업, 경계조건) - 유한요소를 모델링하고 특성을 정의합니다.
- Analysis solver(해석, 솔버) - 유한요소의 해를 구합니다.
- Post-processing(포스트) - 시각화 툴로 결과를 확인합니다.

1. FEA의 수행 과정

- CAD 모델 입력
- 시뮬레이션 설정 (전처리)
  - 해석 유형 정의
  - 재료 물성치에 대한 정의
  - 메쉬 생성
  - 구속 조건 추가 (경계 조건)
  - 하중 조건 추가 (하중 조건)
  - 접촉 조건 추가 (선택 사항)

- 시뮬레이션 실행(Solving)
- 결과 검토 (후처리)

2. FEA의 장점
- 제품 성능 예측
- 원가 절감
- 최적의 설계 보장
- 검증
- 수동 테스트 및 프로토타입 축소
- 예상 시나리오와의 비교 시험
- 설계 주기의 단축

3. 절점(Node)의 정의

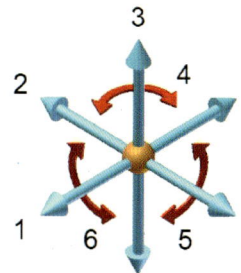

유한요소 해석(Finite Element Analysis)에 있어 필수적인 요소망(Mesh)을 구성하는 유한요소(Finite Element)는 물체의 형상을 유한 개로 나누어 세분화 시킨 작은 기하학적 영역 하나 하나를 일컫는 말입니다.

유한요소는 그 형상, 절점 혹은 요소 차수(element order)에 따라 구분합니다. 2차원의 경우를 예를 들면, 형상에 따라 삼각형 혹은 사각형 요소로, 차수에 따라 1차, 2차 혹은 다차 요소로 구분하거나 절점의 개수를 가지고 요소로도 구분합니다. 절점의 개수는 요소의 차수와 관련이 있을 뿐더러 해당 요소가 가지는 자유도(Degree of Freedom) 혹은 미지수의 개수와도 연관이 있습니다. 예를 들어 1차원에 있어 1차 함수 즉 직선은 양 끝 점의 위치가 결정되면 공간 상에서 그 위치가 고정됩니다. 이 경우 양 끝 점의 위치는 두 개의 미지수 혹은 자유도(DOF)에 해당됩니다. 구조해석 문제에 있어서 절점에 3개의 변위(displacement)와 3개의 회전(rotation) 자유도가 있습니다.

절점은 공간에서의 자유도(D.O.F)와 물리적 특성(응력, 변형률, 온도, 속도 등)을 정의합니다.

4. 요소(Element)의 정의

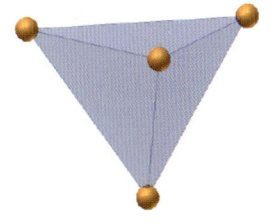

요소는 내부 점의 모양과 물리적 특성을 노드 위치와 물리적 특성에서 보간하는 방법을 정의하는 수학적 엔티티로 유한 요소 해석을 위해 물체가 차지하고 있는 기하학적 영역을 세분화시키는 **요소망**(Mesh) 생성에 필요한 **유한요소**(Finite Element) 의 한 종류라고 할 수 있습니다. 유한요소는 차원, 형상 및 차수에 따라 분류할 수 있는데, 사면체 요소는 3차원 요소들 중에서 가장 기본이 되는 유형으로서, 삼각뿔 형상으로 4개의 면으로 구성되어 있습니다. 사면체 요소는 차수에 따라 1차 요소는 각 꼭지점에 하나씩 절점을 지닌 4절점 요소 그리고 2차 요소는 각 꼭지점과 변에 하나씩 절점을 가진 10절점 요소로 다시 구분할 수 있습니다.

5. 요소들의 유형

- **선 요소**
  광선과 스프링과 같은 항목에만 2개의 절점을 연결하는 선
- **2D 요소**
  영역을 둘러싸는 3개 또는 4개의 가장자리가 있는 평면 요소
- **3D 평면 또는 쉘 요소**
  지정된 두께의 삼각형 또는 사각형인 평면 요소
- **벽돌(고체) 요소**
  4, 5, 6 또는 8 코너 절점으로 둘러싸인 3D 볼륨.

6. 유한 요소 해석(FEA) 방법

- 모델은 메쉬를 형성하는 절점(Node)과 요소(Element)로 정의됩니다.
- 기본 엔지니어링 방정식은 절점(Node)과 요소(Element)에서 해결됩니다.
- 각 요소(Element)의 항을 포함하는 행렬 방정식이 풀립니다.
- 요소(Element) 내의 변경을 예측합니다.
- 결과는 색상 및 선 그래프를 사용하여 모델에 플롯됩니다.

7. 벽돌요소의 유형

4 절점의 사면체 모양 **5 절점의 피라미드 모양** **6 절점의 쐐기 모양** **8-절점의 벽돌 모양**

 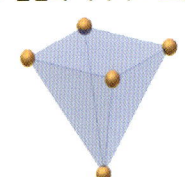  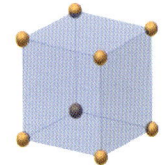

8. 구속 조건

- 구조적 제약 조건은 모델 메쉬 절점의 변위를 제한하거나 제한합니다.

9. 하중 조건

- 구조 하중은 작동 중에 부품 또는 조립품에 적용되는 힘입니다. 이러한 하중은 부품에 응력, 변형 및 변위를 유발합니다.

10. 접촉 조건

- 접촉 조건은 조립품 내의 접촉 부품의 절점 사이의 관계를 설정하는 데 사용됩니다.

11. 선형 vs 비선형
- **선형**
  - 구조가 원래 형태로 돌아갈 수 있음
  - 형상에서 강성의 작은 변화만 있음
  - 하중 방향 또는 크기 변화는 없음
  - 재질 특성이 변경되지는 않음
  - 작은 변형 및 변형률만 있음
- **비선형**
  - 강성 변화를 초래하는 기하학적 변화가 발생됨
  - 원래 형태로 돌아 가지 않을 수 있는 재료 변형이 일어남
  - 하중 방향 및 구속 조건 변경이 지원됨
  - 비선형 부하 곡선이 지원됨

12. 폰 미세스 응력(Von Mises Stress)
세 가지 주요 응력을 등가 응력으로 결합하여 재료 응력 특성과 비교하는 공식을 말합니다.

13. 변위(Displacement)
변위 결과는 원래 모양에서 모델의 변형된 크기를 보여줍니다.

14. 안전 계수
의도 한 하중에 대해 일반적으로 필요한 것보다 훨씬 더 강한 물체의 비율을 제공합니다.

$$\text{Safety Factor} = \frac{\text{Material Yield Strength}}{\text{Maximum Von Mises Stress}}$$

15. 수렴(메쉬 불연속과 연관된 부분)
수렴은 지정된 결과 기준이 수렴했는지 확인하기 위해 높은 응력 영역에서 요소 크기를 변경하는 프로세스입니다.

16. 응력 특이점
응력이 무한하게 되어 국부적인 높은 응력 영역의 결과가 왜곡되어 나타납니다.

17. Autodesk Inventor Professional 2019의 FEA를 통한 응력 해석
- **설계 응용 프로그램에 내장 된 FEA 기능**
  - 선행 기술을 사용하는 엔지니어를 위한 일반 기능

- 제한된 요소 유형을 사용하는 선형 분석으로 제한되는 경우가 많음
- 일반로드 및 제약 조건 옵션
- 매우 저렴하고 사용하기 쉽습니다.
• FEA 기능 요약
- 선형 분석
- 사면체 요소
- 정적 및 모달 분석
- 자동 메쉬 생성
- 프레임 분석 (라인 요소)
- 일반 하중, 구속 조건, 접촉

전형적인 응력-변형률 곡선(Stress-Strain Curve)

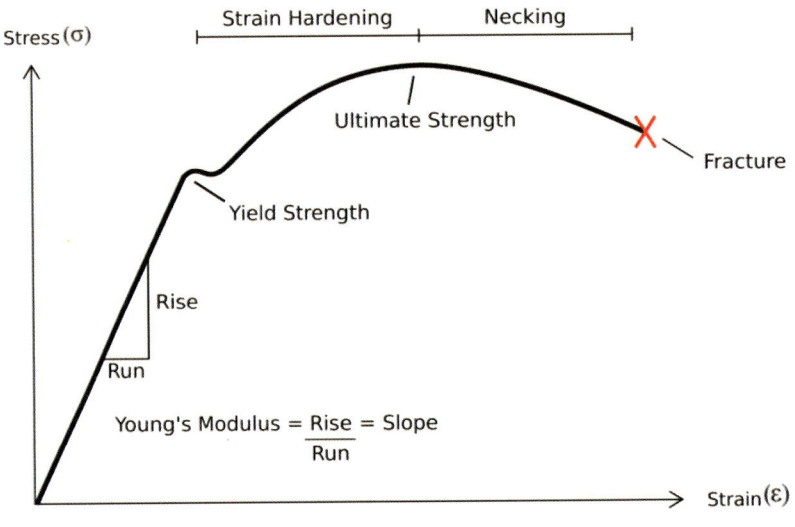

전형적인 응력-변형률 곡선(Stress-Strain Curve)

특정 재료가 보이는 응력(Stress)과 변형률(Strain)의 관계를 나타내는 것을 재료의 응력-변형률 곡선(Stress-Strain Curve)이라고 합니다. 재료 별로 특유의 응력-변형률 곡선을 가지는데, 이 곡선은 일정한 간격을 두고 측정한 변형(Deformation)된 양, 즉 변형률에 대하여 인장 또는 압축 하중을 측정함으로써 그려집니다. 이 곡선으로부터 재료의 여러 가지 성질들을 알 수 있습니다. 예를 들면, 탄성계수(Modules of Elasticity: E)는 재료마다 응력-변형률 곡선이 많이 다르게 나타나고, 같은 재료라고 해도 시료의 온도나 하중을 부여하는 속도 등 시험 방법에 따라서 결과가 달라집니다. 그렇지만 여러 종류의 재료들이 나타내는 응력-변형률 곡선들 속에서 공통적인 특징들을 구별해낼 수가 있는데, 그 방법은 크게 연성 재료(Ductile Materials)와 취성 재료(Brittle Materials)로 구분합니다.

- 응력; Stress (σ) = $\dfrac{F}{A}$

- 변형률; Strain (ε) = $\dfrac{l}{L}$

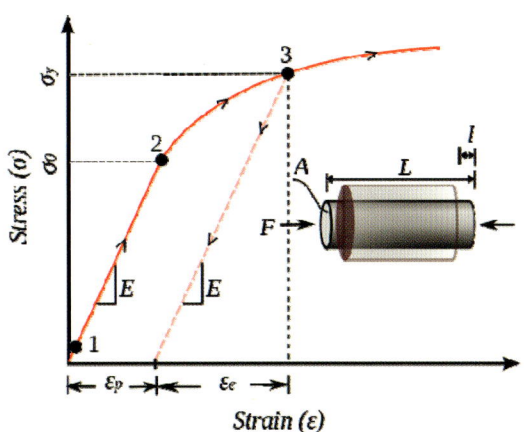

03 연성 재료(Ductile Material)

연성 재료는 재료가 연하다는 의미이며, 연하다는 것은 과장되게 표현하자면 딱딱하지 않고 말랑말랑하다는 뜻이라고 할 수 있습니다. 연성이 강한 재료는 외부로부터 힘이나 모멘트를 받으면 쉽게 늘어나거나 압축됩니다. 뿐만 아니라 재료가 파괴될 때까지 현저한 잔류 변형, 즉 **소성변형**(Plastic Deformation)을 일으킵니다. 연성 재료의 이러한 성질은 물체를 구부리거나 눌러서 임의의 형상으로 만들 수 있도록 해줍니다.

대표적인 예로, 얇은 금속판을 **스탬핑 성형**(Stamping Forming)이라 불리는 성형 가공으로 만든 각종 주방 기기 등이 있습니다. 연성재료는 취성 재료(Brittle Material)와는 달리 인장 하중과 압축 하중에 대해 동일한 강성을 나타냅니다. 연성 재료로 만든 제품의 파괴 예측에는 **최대 수직 응력 이론**(Maximum Normal Stress Theory), **최대 전단 응력 이론**(Maximum Shear Stress Theory), 그리고 **최대 비틀림 에너지 이론**(Maximum Torsional Energy Theory) 등이 주로 사용됩니다. 구조용 강이나 여러 합금과 같은 연성 재료들의 특성은 정상 온도에서 항복이 일어나는 지를 확인해보면 알 수 있습니다.

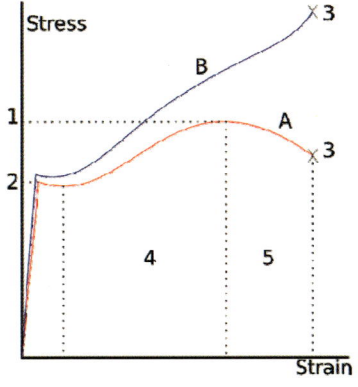

구조 용 강(철)의 일반적인 응력-변형률 곡선

1. 극한 강도(Ultimate Strength)
2. 항복 강도(Yield Strength)
3. 파열(Rupture)
4. 변형 경화 영역(Strain Hardening Region)
5. 네킹 영역(Necking Region)
6. 예상 응력(Apparent Stress)
7. 실제 응력(Actual Stress)

> **Note**
>
> ※ 넥킹(Necking): 공학 또는 재료 과학에서 재료의 작은 영역에 상대적으로 많은 양의 변형이 불균일하게 위치하는 인장 변형 모드로 국부적인 단면적의 현저한 감소가 생기는 곳을 "목"이라고 합니다. 목의 국부 변형은 크기 때문에 넥킹은 종종 연성 재료와 관련된 소성 변형의 형태인 항복과 밀접한 관련이 있습니다. 충분한 변형이 가해지면 목덜미는 결국 파단이 됩니다.

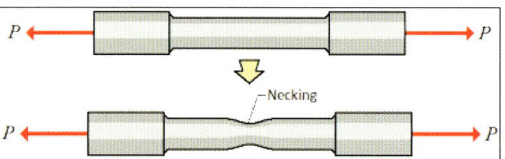

04 취성 재료(Brittle Material)

유리나 도자기와 같은 물질은 힘을 받게 되면 변형이 거의 발생하지 않다가 힘이 얼마 이상으로 커지게 되면 갑자기 부서지게 됩니다. 이러한 거동은 일반 플라스틱이나 금속과는 뚜렷이 구별되는 특성이며, **응력-변형률 선도**(Stress-Strain Diagram)로 표현하자면 하중의 증가와 더불어 거의 수직에 가까운 기울기로 응력이 증가합니다. 다시 말해 **탄성계수**(Elastic Modulus)가 플라스틱이나 금속에 비해 엄청나게 큰 값을 가지게 되는 것입니다. 이러한 특성을 지닌 재료를 취성 재료(Brittleness Material)라고 합니다. 일반적으로 취성은 딱딱하다는 느낌을 주고 연성은 말랑말랑하다는 느낌을 줍니다. 금속은 일반적으로 연성 재료로 분류되지만 용접이나 열처리를 하게 되면 취성이 증가하게 됩니다. 가장 대표적인 예로 선박은 수많은 금속판들을 용접 작업으로 조합하여 건조하게 되는데, 그 결과 용접 부위는 잔류 열응력에 의하여 높은 취성을 지니게 되어 선박 운항 시 극심한 파도에 의해 파단이 되는 사고를 야기하곤 합니다. 취성 재료의 이러한 갑작스런 파괴를 취성 파괴(Brittle Failure)라고 부릅니다.

취성 재료는 압축 하중에는 대단히 강한 반면 인장 하중에는 취약하고, **소성 변형**(Plastic Deformation)이 거의 없이 곧바로 파괴됩니다. 그리고 대부분의 취성 재료는 온도 저하에 비례하여 취성이 증가하게 됩니다. 취성 파괴를 예측하기 위해서 **최대 수직 응력 이론**(Maximum Normal Stress Theory), **쿨롱-모어이론**(Mohr-Coulomb Theory) 및 수정된 모어이론(Modified Mohr Theory)이 주로 사용됩니다. 주철, 유리, 돌 같은 취성 재료들은 연신율(Elongation)이 확연하게 일어나기도 전에 파괴되는 특성을 가집니다. 콘크리트 또는 탄소 섬유 같은 취성 재료는 항복점을 갖지 않고 또 변형 경화를 나타내지 않습니다. 따라서 극한 강도(Ultimate Strength)와 파괴 강도(Breaking Strength)가 똑같습니다.

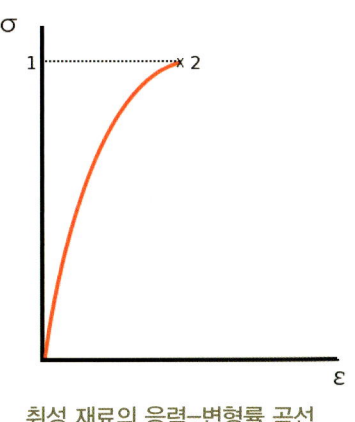

취성 재료의 응력-변형률 곡선

위의 그림은 일반적이지 않은 취성 재료의 응력-변형률 곡선을 나타낸 것입니다. 유리와 같은 일반적인 취성
재료는 소성 변형을 나타내지 않고 탄성 변형만을 일으키다가 파괴됩니다.

관련 용어

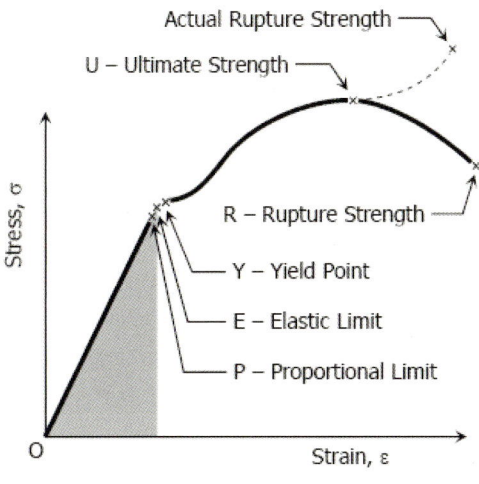

▍비례 한계(Proportional Limit) = 훅의 법칙(Hooke's Law)

비례 상수 k를 일컬어서 탄성 계수(Modules of Elasticity, E) 또는 영 계수(Young's Modules)라고 하면 이는 응력-변형률 곡선의 O에서 P를 지나는 선의 기울기와 같습니다.

$$\sigma = E\varepsilon$$

▍탄성 한계(Elastic Limit)

탄성 한계란 영구변형을 일으키지 않고 재료에 적용될 수 있는 최대 응력. 응력-변형률 곡선에서 현저하게 직선 부분을 갖고 있는 금속과 같은 재료들은 탄성한도가 비례한도와 거의 동일합니다. 즉, 외부의 힘을 받아 **물체**가 변형되면, **물체** 내부에서는 외부의 힘에 저항하여 본래 상태로 되돌아가려는 힘(응력)이 생깁니다. 이 때 외부의 힘이 탄성변형의 힘보다 작으면 외부의 힘과 그것에 저항하는 응력은 **비례**하는데, 그 한계를 탄성한계라고 합니다.

- **항복 점(Yield Point)**

재료가 확연히 연신 되었으나 하중은 더 이장 증가되지 않는 점. 일반적으로 물체에 작용하는 외력을 늘려가면 응력이 **탄성 한도**를 넘는 어떤 값에 이를 때, 외력은 거의 증가하지 않는데도 **영구 변형**이 급격히 늘어나기 시작하게 되는데, 이러한 탄성 한도를 넘은 어떤 값을 항복 점이라 합니다.

- **극한 강도(Ultimate Strength)**

인장강도(Tensile Strength)라고도 하는데, 재료를 인장시키면서 인장**하중**과 변형의 관계를 그려보면, 처음에는 변형이 증가함에 따라 하중이 선형적으로 증가하다가 **항복점**을 지나서 **소성변형**이 일어나기 시작합니다. 그 증가율이 완만해져서, 어느 최대 점을 지나면 인장에 의한 단면적의 감소로 인장 **하중**이 다시 감소하다가 파괴하게 됩니다. 이 때 인장**하중**이 최대가 되는 점에서의 응력이 재료의 극한 강도입니다.

- **파괴 강도(Breaking Strength) = 파단 강도(Rupture Strength)**

파단강도(Breaking Strength)라고도 한다. 재료시험에서 시험편이 파괴되기까지 나타나는 공칭응력의 최대 값을 의미합니다.

- **탄성 계수(Modulus of Elasticity) = Modulus of Resilience**

비례 한도(탄성 한도) 안에서는 응력과 변형은 정비례하고 [훅(hook) 법칙], 그 때의 비례 정수를 탄성 계수라고 합니다.

- **인성 계수(Modulus of Toughness)**

단순 인장력이 점차적으로 O부터 파괴를 일으키는 값 R까지 점차 증가하였을 때 재료의 단위 부피에 대해 가해진 일의 양(에너지)을 의미합니다.

유한 요소 법에서 복잡한 시스템은 노드(Node)라고 하는 공통 절점에서 상호 연결된 작은 모양의 작은 몸체 또는 요소로 이루어진 등가 시스템으로 모델링이 됩니다. 이 과정을 이산화 (Discretization)

라고 합니다. 예가 아래 그림에 나와 있습니다.

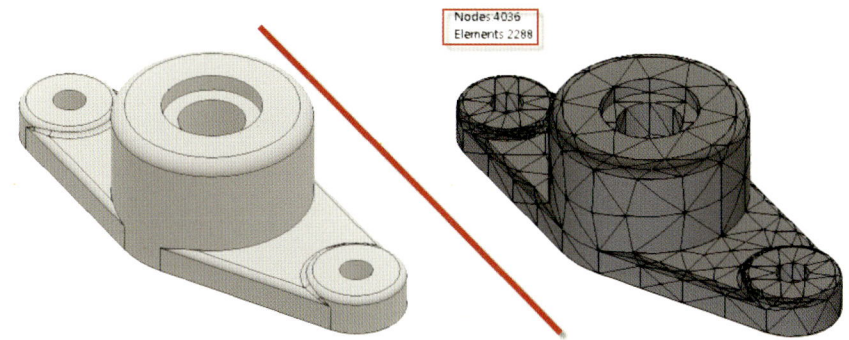

〈그림 15-1〉 유한 요소 법의 이산화

시스템에 대한 수학 방정식은 각 유한 요소에 대해 먼저 공식화되며, 시스템 방정식을 동시에 풀어 전체 시스템에 대한 근사값을 구하는 것입니다. 일반적으로 더 많은 근사값은 요소(Element)의 수를 늘림으로써 얻어지며 더 많은 계산 시간과 리소스가 필요합니다.

Autodesk Inventor Professional 2019의 응력 해석은 위 그림에서 보듯이 모서리와 면이 곡선 일 수 있고 곡면을 모델링 할 수 있는 사면체 메쉬를 사용합니다. 이 요소의 거동은 선형 정적 해석과 국부 좌표에 대한 국부 좌표 노드 변위를 관련시키는 적절한 재료 특성을 사용하여 분석됩니다. 각 노드의 동작은 X, Y 및 Z 방향의 변위인 자유도(Degree Of Freedom; DOF)로 설명됩니다. 각 요소의 동작을 설명하는 방정식은 요소 간의 연결성을 기반으로 하는 호환성 요구 사항을 통합하는 방정식의 전체 시스템으로 조립됩니다.

Autodesk Inventor Professional 2019의 응력 해석은 알려진 물질 특성, 지지물 및 하중을 사용하여 각 노드에서 알 수 없는 변위에 대한 방정식 시스템을 해결하는 것으로, 이러한 변위는 결과 도출 단계에서 변형 및 응력을 계산하는데 사용됩니다.

Autodesk Inventor Professional 2019의 응력 해석은 강력하고 사용하기 쉬운 도구이지만 결과의 정확성을 적절히 평가하는 것이 설계자의 책임임을 이해하는 것이 중요합니다. 더 나은 FEA 근사해는 일반적으로 요소의 수를 늘림으로써 얻어집니다. 모델이 적절하다는 것을 확인하기 위해 모델을 이산화하는 데 사용되는 메쉬에 대한 평가가 이루어져야 합니다. 결과의 정확성에 영향을 미치는 다른 중요한 요소가 있습니다. 분석에 사용 된 재료 특성은 재료의 거동을 정확하게 특성화해야 합니다. 지지물과 하중은 실제 조건을 정확히 반영하는 방식으로 적용되어야 합니다. 적절한 메쉬와 경계 조건의 적용은 종종 FEA에서 상당한 경험을 요구하며 Autodesk Inventor Professional 2019의 응력 해석에서 사용할 수 없는 도구와 기능이 필요할 수도 있지만, 설계자들에게 있어서 Autodesk Inventor Professional 2019의 응력 해석은 빠른 응력 해석을 위한 사용하기 쉬운 도구라는 것은 아주 분명한 사실입니다.

- **Autodesk Inventor Professional 2019에서의 응력 해석 시뮬레이션 수행**

설계의 응력 분포 상황을 시뮬레이션하여 다양한 하중 및 구속 조건 시나리오의 영향을 파악하여 약점 영역, 더 나은 설계 대안, 부품이 과도하게 또는 과포화된 정도, 설계 변경이 설계에 어느 정도 영향을 주는지, 등등. 파라메트릭 테이블을 사용하면 이러한 요소의 조합을 결정하여 다중 변경이 동시에 설계에 어떻게 영향을 미치는지 확인할 수 있습니다. 효과적인 시뮬레이션을 설정하기 위해서는 기본 도구와 작업 순서를 이해하는 것이 가장 중요한 단계이기 때문에 이는 중요한 작업입니다.

- **Autodesk Inventor Professional 2019의 기본 응력 해석 수행 작업 순서**

  1. 응력 해석 환경을 시작합니다.
     리본메뉴> 환경 탭> 시작 패널> 응력 해석
  2. 학습 작성을 클릭합니다. (시뮬레이션 작성)
  3. 수행할 시뮬레이션 유형을 지정합니다.
     (예: 조립품으로 작업 할 때는 대체 뷰, 위치 또는 상세 수준 표시를 사용합니다.).
  4. 구성 요소의 재료를 지정합니다.
  5. 구속 조건 및 하중 유형을 지정하고 3D에 위치를 지정합니다.
  6. 조립품의 경우 구성 요소 사이의 접촉을 설정합니다.
  7. 메쉬를 생성합니다.
     (기본 메쉬, 로컬 메쉬 등을 부여합니다.)
  8. 시뮬레이트 도구를 클릭합니다. (시뮬레이션을 실행)
  9. 결과를 분석합니다. (보고서 작성)

05 선형 정적 해석 vs 모달 해석

Autodesk Inventor Professional 2019의 응력 해석 환경에서 부품 및 조립품에 대한 선형 정적 해석 및 모달 해석을 수행할 수 있습니다. 환경에 들어가려면 리본 메뉴/ 환경 탭/ 시작 패널/ 응력 해석 버튼을 클릭합니다. 응력 해석 환경에서 학습 작성 버튼을 사용하여 선형 정적 해석 또는 모달 해석을 지정합니다.

선향 정적 해석과 모달 해석의 차이점을 이해하는 것이 중요합니다.

- **정적 해석**

특정 하중 세트 및 구속 조건에 따라 구성 요소에 가해지는 응력을 분석하려고 시도하는 것입니다. 응력은 시간이나 온도로 인해 변하지 않기 때문에 정적인 것으로 간주됩니다. 동적 시뮬레이션 환경에서 결정된 모션 하중을 가져와 움직이는 부품의 특정 시간 단계에서 응력을 분석 할 수 있습니다. 선형 정적 해석은 모든 해석의 기본이 되는 해석으로 외부 하중의 작용에 대해 구조물의 변형과 강도적 안정성을 검토하는 해석입니다. 선형 정적 해석(Linear Static Analysis)은 동적 거동을 표현하는 특성인 관성력과 감쇠력을 무시하고, 작용 하중이 시간에 따라 변하지 않는 근사 조건의 해석입니다. 선형 정적 해석에서는 구조물이 정적인 평형상태를 유지하여야 하므로, 하중이 동적인 효과를 유발하지 않도록 아주 천천히 가해지는 것으로 가정합니다. 실무적으로는 작용 하중(실제로는 반복하중: Cyclic Load)

의 진동수가 구조물의 가장 낮은 고유진동수의 1/4이하이면 선형 정적 하중으로 취급할 수 있습니다. 선형(Linear)은 물체에 작용하는 하중과 물체의 응답(변위, 응력 등)의 관계가 선형임을 의미합니다.

- **모달 해석**

진동 모드의 관점에서 모델의 동적 거동을 분석하려고 시도하는 것입니다. 예를 들어, 작동중인 모터에 의해 발생된 진동이 설계 상에서 아주 민감한 기구 메커니즘에 심각한 장애를 일으킬지 여부를 분석하려고 시도하는 것입니다. 모달 해석(Modal Analysis) 또는 고유 진동수 해석(Natural Frequency Analysis), 자유 진동 해석(Free Vibration Analysis)은 구조물이 갖고 있는 고유 진동수와 각 고유 진동수에서의 변형 형상(모드 형상, Mode Shape)을 파악하여 구조물의 공진 여부와 진동에 의한 변형 형상을 예측하는 해석입니다. 만약 구조물 자체의 고유 진동수와 외부 하중의 작동 주파수가 일치하게 되면 구조물에 공진(Resonance)이 발생하게 됩니다. 구조물에 공진이 발생하면 진동과 소음이 급격하게 커지고 궁극적으로 구조물이 파괴될 수도 있습니다. 그러므로, 진동이나 주기 하중이 지속적으로 작용하는 구조물의 경우에는 반드시 모드 해석을 수행하여 공진의 발생 가능성을 검토하는 것이 좋습니다. 그리고, 모드해석을 통해 구조물의 공진이 예상되면 구조물의 고유 진동수가 작동 주파수 대비 1/3 이하로 낮아지거나 3배 이상 커지도록 설계를 변경할 필요가 있습니다. 모달 해석은 모든 동적 해석의 기본이 되는 해석이며, 특히 기계 구조물의 소음 진동 특성(NVH: Noise, Vibration, and Harshness)을 파악하는데 대단히 중요합니다. 진동수와 주파수 모두 "Frequency"를 의미하는 같은 용어이지만, 여기에서는 구조물의 (내부)진동과 관련된 것은 진동수, 외부하중의 작용과 관련된 것은 주파수라고 명하겠습니다.

Autodesk Inventor Professional 2019에서 응력 해석을 수행하려면 해석을 수행하려는 형상을 정의해야 합니다. 응력 해석은 리본의 환경 탭에 있는 응력 해석 도구를 사용하여 시작할 수 있습니다. 새 형상을 작성하거나 이미 생성된 모델을 여는 두 가지 방법으로 형상(Geometry) 또는 모델을 분석에 포함시킬 수 있습니다.
- 새 모델을 만들려면 시작하기 탭의 실행 패널에서 새로 만들기 버튼을 선택합니다. 새 파일 대화 상자가 표시됩니다. 원하는 템플릿을 선택하고 모델을 만듭니다.
- 기존 부품 파일을 열려면 시작하기 탭의 실행 패널에서 열기 버튼을 선택합니다. 열기 대화 상자가 표시됩니다. 원하는 폴더로 이동하여 파일을 엽니다.

06 응력 해석 환경

리본 메뉴/ 환경 탭/ 시작 패널/ 응력 해석

응력 해석 상황 별 탭이 표시됩니다. 기본적으로 시뮬레이션 생성, 가이드, 응력 해석 설정 및 마감 응력 해석 도구는 〈그림 15-2〉와 같이 이 탭에서 강조 표시됩니다. 이러한 도구는 다음에 설명됩니다.

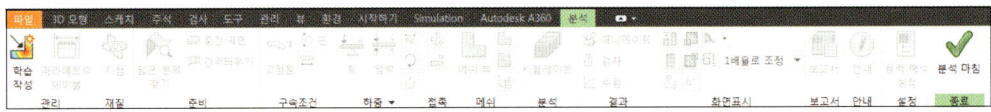

〈그림 15-2〉 응력 해석 상황 별 탭

◆ 학습 작성

리본메뉴〉 분석 탭〉 관리 패널〉 학습 작성(시뮬레이션 작성)

　응력 해석을 수행하려면 먼저 시뮬레이션을 작성해야 합니다. 시뮬레이션을 생성하려면, 응력 해석 분석 탭의 관리 패널에서 학습 작성 도구를 선택합니다. 〈그림 15-3〉과 같이 새 학습 작성 대화 상자가 표시됩니다.

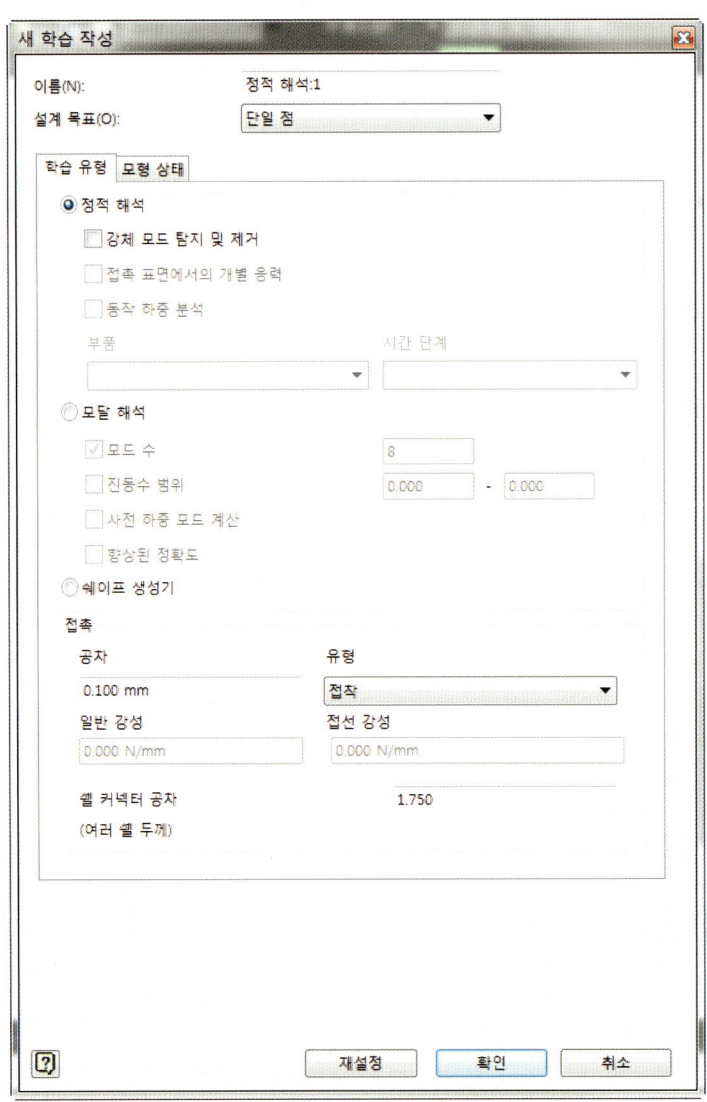

〈그림 15-3〉 새 학습 작성 대화 상자

이 대화 상자에서 시뮬레이션 이름, 수행할 학습(시뮬레이션) 유형, 설계 목표, 구성 요소간에 사용할 접촉 유형 등을 지정할 수 있습니다.

이 대화 상자의 옵션은 다음에 설명합니다.

이름

이름 편집 상자는 수행할 해석의 이름을 지정하는 데 사용됩니다. 이 필드의 기본값은 정적 해석: 1 입니다.

시뮬레이션 이름을 변경하려면 편집 상자를 클릭하고 원하는 이름을 입력하면 됩니다.

설계 목표

설계 목표 드롭-다운 목록은 이름 편집 상자 아래에서 사용할 수 있습니다. 이 드롭-다운 목록에는 Single Point (단일 점) 및 Parametric Dimension (파라메트릭 치수)의 두 가지 옵션이 있습니다.

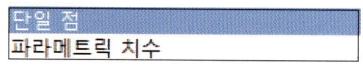

단일 점 옵션은 기본적으로 선택됩니다. 결과적으로 한 세트의 형상 데이터만 시뮬레이션을 하는 것입니다.

파라메트릭 치수가 드롭-다운 목록에서 선택되면 설계 매개 변수를 변경하여 형상을 최적화할 수 있습니다. 결과는 해석에 사용되는 다양한 매개 변수를 기반으로 합니다.

학습 유형 탭

이 탭은 구성 요소간에 사용할 분석 유형 및 접촉 유형을 지정하는 데 사용됩니다.

- **정적 해석**

이 라디오 버튼은 기본적으로 선택됩니다. 결과적으로 해석은 이동 상태가 아닌 정적 상태의 모델을 평가합니다. 이 영역의 확인란은 정적 해석 라디오 버튼을 선택하면 활성화되며 아래에 자세히 설명할 것입니다.

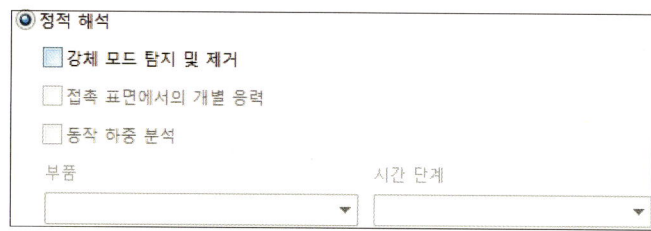

- **강체 모드 검색 및 제거**: 충분한 구속 조건이 정의되지 않은 솔리드 본체를 감지하고 제거하려면 이 확인란을 선택합니다. 그러나, 이 경우에는 솔리드 제거 후의 하중은 균형을 유지해야 합니다.

- **접촉 표면에서의 개별 응력:** 이 확인란은 접촉면 전체에 서로 다른 응력이 필요한 경우에 선택합니다. 이것은 주로 다른 구성 요소에 대해 선택된 다른 재료로 인해 발생합니다.

- **동작 하중 분석:** 이 체크 박스는 부품의 동작 하중을 내보내도록 선택됩니다.

- **부품:** 이 드롭-다운 목록에는 모션로드가 내보내지는 모든 부품이 포함됩니다.

- **시간 단계:** 이 드롭-다운 목록에는 동작 하중을 내보내도록 선택된 모든 부품에 사용할 수 있는 시간 단계가 포함됩니다.

- **모달 해석**

이 라디오 버튼은 고려중인 모델에 대한 진동의 고유 진동수를 결정하는 데 사용됩니다. 이 라디오 버튼을 선택할 때 활성화되는 체크 박스에 대해 아래에 자세히 설명할 것입니다.

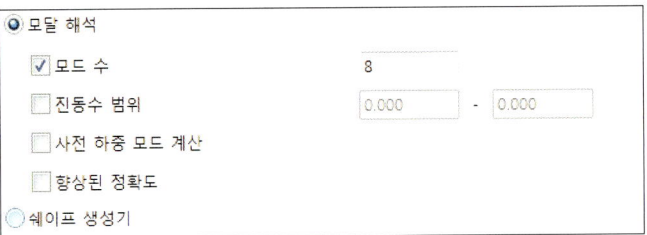

- **모드 수:** 이 확인란을 선택하면 해석 옆에 있는 편집 상자가 활성화되어 해석에서 발견할 공진과 공명 진동수의 수를 지정할 수 있습니다. 강체 이동에 해당하는 진동수가 포함됩니다.

- **진동수 범위:** 이 확인란을 선택하면 옆에 있는 편집 상자가 활성화되어 원하는 모델 해석에 대한 진동수 범위를 지정할 수 있습니다.

- **사전 하중 모드 계산:** 이 체크 박스는 모델에 미리 로드가 된 응력을 계산한 다음 미리 응력이 가해진 조건에서 공진 주파수를 계산하기 위해 선택됩니다.

- **향상된 정확도:** 이 확인란을 선택하면 계산된 진동수 값의 정확도를 10 단계로 향상시키는데 도

움이 됩니다.

- **쉐이프 생성기**

지정하는 하중, 재질 및 경계 조건에 따라 쉐이프를 생성합니다.

- **접촉**

이 영역의 편집 상자는 접점 간의 공차 값을 지정하고 스프링 접점의 강성을 지정하는 데 사용됩니다. 이 편집 상자는 아래에 자세히 설명할 것입니다.

- **공차:** 이 편집 상자는 접촉 표면 또는 모서리 사이의 공차 값을 지정하는 데 사용됩니다.

- **유형:** 유형 드롭-다운 목록의 옵션을 사용하여 부품에 적용할 접촉 유형을 지정합니다. 이 드롭-다운 목록에서 사용할 수 있는 다양한 연락처는 접착, 분리, 슬라이딩/ 분리 없음, 분리/ 슬라이딩 없음, 억지 끼워 맞춤/ 슬라이딩, 억지 끼워 맞춤/ 슬라이딩 없음, 스프링.

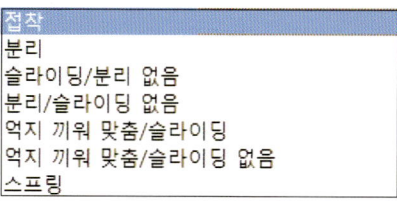

- **일반 강성:** 이 편집 상자는 스프링 접촉에 대해 등가 일반 강성을 지정하는 데 사용됩니다.

- **접선 강성:** 이 편집 상자는 스프링 접촉에 대해 등가 접선 강성을 지정하는 데 사용됩니다.

- **쉘 커넥터 공차:** 중간 곡면 내의 브리지 간격에 사용되는 쉘 간격 및 쉘 두께 사이의 최대 비율을 지정합니다. 이러한 간격은 커넥터를 사용하여 연결됩니다. 커넥터는 중간 곡면에 간격이 있더라도 실제로는 연결된 것처럼 여겨지도록 시스템에서 생성한 접촉입니다.

- **재설정**

이 버튼은 모든 매개 변수를 기본값으로 재설정하는 데 사용됩니다.

- **승인** `확인`

이 버튼은 모든 변경 사항을 적용하고 대화 상자를 닫는 데 사용됩니다.

- **취소** `취소`

이 버튼은 모든 변경 사항을 취소하고 대화 상자를 닫는 데 사용됩니다.

▌모형 상태 탭

이 탭은 시뮬레이션을 위한 조립품 표현을 지정하는 데 사용됩니다. 이 탭의 옵션을 사용하여 조립품 설계의 설계 뷰 표현과 위치 표현을 지정할 수 있습니다. 또한 시뮬레이션 시간과 메쉬 시간을 줄이기 위한 세부 수준을 지정할 수 있습니다.

07 시뮬레이션 안내

응력 해석 학습을 수행하는 방법을 배우는 과정을 돕기 위해 Autodesk Inventor Professional 2019에서는 시뮬레이션 안내서를 제공하고 있습니다. 시뮬레이션 안내에 대해 확인해 보겠습니다.

1 리본 메뉴/ 환경 탭/ 시작 패널/ 응력 해석 도구 버튼을 클릭합니다.

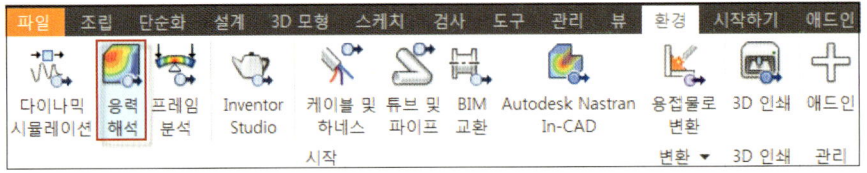

응력 해석을 시작한 후에는 시뮬레이션 안내를 분석 탭의 오른쪽 끝에서 찾을 수 있습니다.

② 리본 메뉴/ 분석 탭/ 안내 패널/ 안내 도구 버튼을 클릭합니다.

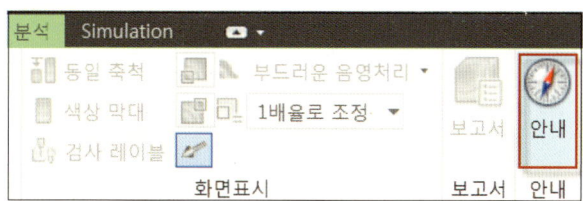

시뮬레이션 안내에 접근하려면 안내 명령어를 클릭하여 시뮬레이션 안내 대화상자가 나타나게 합니다.

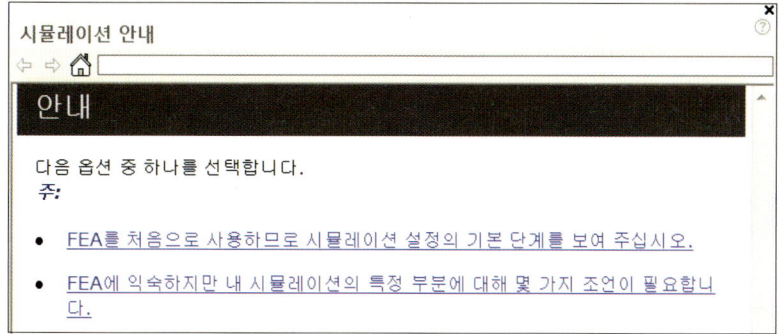

이 도구는 두 가지 유형의 사용자를 염두에 두고 작성되었습니다. 시뮬레이션을 수행하는 프로세스에 대한 이해를 원하는 초보자와 과거 FEA 도구를 사용해 왔던 사용자가 Inventor Professional 2018 의 응력 해석 도구 모음에 대한 사용 또는 지식 향상을 위해 활용하는 것입니다.

이 도구는 시뮬레이션을 시작하기 전에 시작하거나 이미 시뮬레이션 설정을 시작한 경우 다음 적절한 단계로 안내하여 지침을 제공합니다. 하중 및 구속 제약 조건 유형을 선택하는 데 도움이 되도록 이 가이드에는 부품 또는 조립품의 구성 방법 및 이동 방법이나 지원 방법에 대한 다양한 옵션을 안내하는 하이퍼링크가 포함되어 있습니다.

사용자는 해석 결과에 영향을 미치지 않을 수도 있지만, 해석 프로세스에 불필요한 시간을 추가할 수 있는 기능이 있는지 여부를 확인할 수 있습니다.

08 응력 해석 설정 적용

리본 메뉴/ 응력 해석 탭/ 설정 패널/ 응력 해석 설정

응력 해석 설정 도구는 응력 해석의 매개 변수를 보고 수정하는 데 사용됩니다. 이 버튼을 선택하면 <그림 15-4>와 같이 응력 해석 설정 대화 상자가 표시됩니다. 이 대화 상자는 일반, 분석 및 메쉬의 세 가지 탭으로 구성되어 있습니다.

이 대화 상자에서 기본 분석 유형, 분석 목적, 접촉 세부 정보 등을 설정할 수 있습니다.

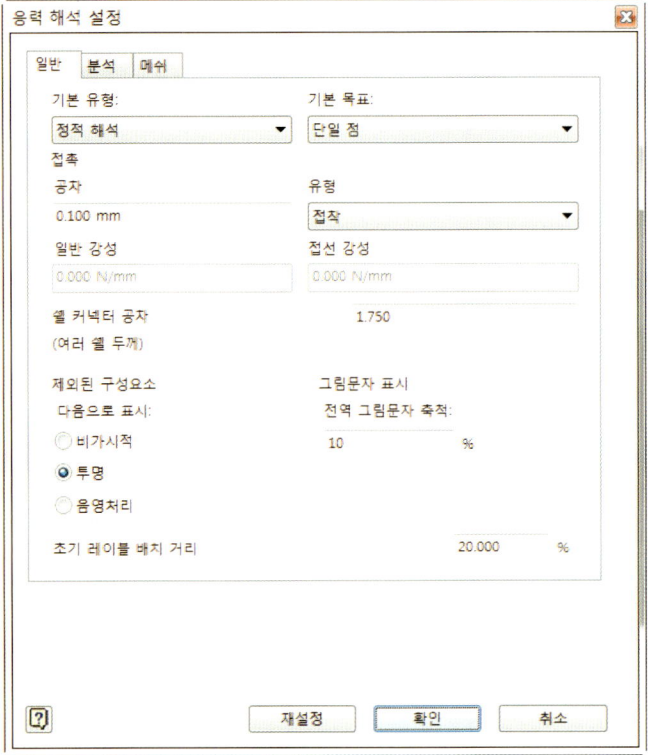

〈그림 15-4〉 응력 해석 설정 대화 상자

• **학습 검색기 막대(응력 해석 검색기 막대)**

응력 해석 검색기 막대는 Autodesk Inventor Professional 2019의 응력 해석 환경에서 가장 중요한 구성 요소이며 그래픽 창의 왼쪽에 있는 리본메뉴 아래에 위치해 있습니다. 해석 프로세스 중에 수행된 모든 작업을 순서대로 표시합니다. 이러한 모든 작업은 트리 보기 형태로 표시됩니다. 그림 18-8은 기본 학습 검색기 막대의 부분 보기입니다.

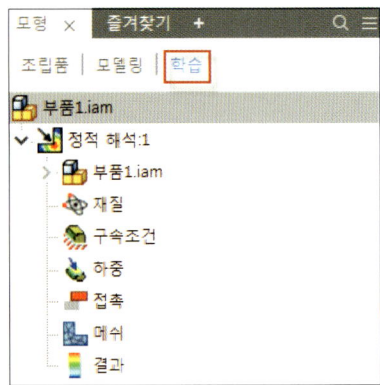

chapter 15 응력 해석

09 재질 지정

분석 프로세스에서 작성 또는 가져온 지오메트리에 재질 특성을 지정해야 합니다. 이러한 속성은 3D 공간의 재료 특성에 대한 분석 유형 및 변형을 기반으로 합니다. 재질 특성은 선형 또는 비선형일 수 있습니다.

리본 메뉴/ 분석 탭/ 재질 패널/ 지정

모델에 재료를 지정하려면 분석 탭의 재질 패널에 있는 지정 도구를 선택합니다. 〈그림 15-5〉와 같이 재료 지정 대화 상자가 표시됩니다. 또는 〈그림 15-6〉과 같이 응력 해석 검색기 막대에서 재질 노드를 마우스 오른쪽 버튼으로 클릭합니다. 바로 가기 메뉴가 표시됩니다. 재료 할당 대화 상자를 호출하려면 바로 가기 메뉴에서 재료 지정 옵션을 선택합니다.

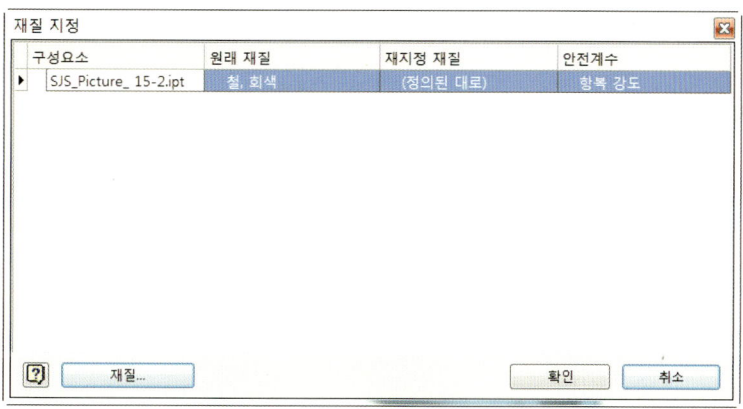

〈그림 15-5〉 재질 지정 대화 상자

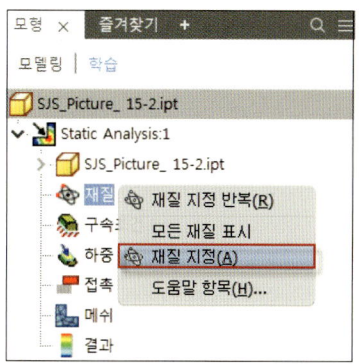

〈그림 15-6〉 학습 검색기 막대에서 마우스 오른쪽 버튼을 활용한 재질 지정

- **구성 요소 열**

구성 요소 열에는 재질을 분석할 모든 구성 요소가 나열됩니다.

- **원래 재질 열**

이 열은 구성 요소 열의 해당 구성 요소에 이미 적용된 원본 또는 기본 재질 유형을 표시합니다.

- **재지정 재질 열**

재지정 재질 첫 번째 행을 클릭하면 기존 재질에서 대체 할 수 있는 재질이 포함된 드롭-다운 목록이 표시됩니다. 재료를 재지정 하려면 재지정 재질 드롭-다운 목록에서 재질을 선택하고 확인 버튼을 클릭합니다.

〈그림 15-7〉은 재지정 재질 드롭-다운 목록을 보여줍니다.

〈그림 15-7〉 재지정 재질 드롭-다운 목록

- **안전 계수 열**

재지정 재질 드롭-다운 목록에서 필요한 옵션을 선택한 후 모델의 안전 계수를 결정하기 위해 항복 강도 또는 극한 인장 강도를 사용할지 여부를 지정할 수 있습니다. 이렇게 하려면 안전 계수 드롭-다운 목록에서 필요한 옵션을 선택합니다.

- **재질**

이 버튼은 재질을 찾아 부품에 할당하는데 사용됩니다. 재질 지정 대화 상자에서 이 버튼을 선택하면 재질검색기 대화 상자가 표시됩니다. Autodesk Inventor Professional 2019의 재질 라이브러리에 있는 기본 재질이 대화 상자에 표시됩니다. 원하는 재질 유형을 찾아 부품에 지정합니다. 이 대화 상자에서 기존 재질을 수정하고, 새 재질을 추가하고, 재질에 색상을 지정하는 등의 작업을 수행 할 수 있습니다. 부품에 재질 유형을 지정한 후 대화 상자를 닫습니다. 재질 지정 대화 상자가 다시 표시됩니다. 모델에 대한 변경 사항은 응력 해석 검색기 막대의 재질 노드 아래에 표시됩니다.

10 구속 조건

구속 조건은 구성 요소 또는 구성 요소 그룹의 자유도를 제한하기 위해 적용됩니다. Autodesk Inventor Professional 2019에서는 분석중인 모델이 완전히 구속되어 있다고 가정합니다. 이것은 강체 운동이나 자유 낙하가 없어야 함을 의미합니다. 응력 해석 검색기 막대의 구속 조건 노드는 시스템에 적용된 구속 조건을 표시합니다. Autodesk Inventor Professional 2019의 응력 해석에서는 고정됨, 핀 및 무마찰 구속조건의 세 가지 유형의 구속 조건을 적용 할 수 있습니다. 이러한 구속조건은 아래에 자세히 설명할 것입니다.

고정됨 구속 조건

리본 메뉴/ 분석 탭/ 구속 조건 패널/ 고정됨

고정됨 구속 조건은 구조로 고정된 부품의 이동을 제한합니다. 고정됨 구속 조건을 적용하려면 분석 탭의 구속 조건 패널에서 고정됨 도구를 선택합니다. 또는 그래픽 창에서 마우스 오른쪽 버튼을 클릭하면 표시되는 마킹 메뉴에서 고정됨 도구를 선택합니다. 이렇게 하려면, 그래픽 화면에서 마우스 오른쪽 버튼을 클릭합니다. 〈그림 15-8〉과 같이 마킹 메뉴가 표시됩니다.

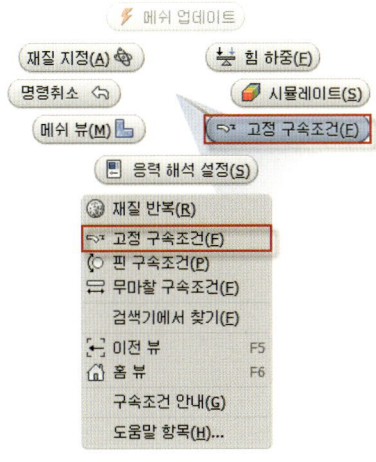

〈그림 15-8〉 구속 조건 표시 마킹 메뉴

〈그림 15-9〉와 같이 응력 해석 검색기 막대에서 구속 조건 노드를 마우스 오른쪽 버튼으로 클릭할 때 표시되는 바로 가기 메뉴에서 이 도구를 선택할 수도 있습니다.

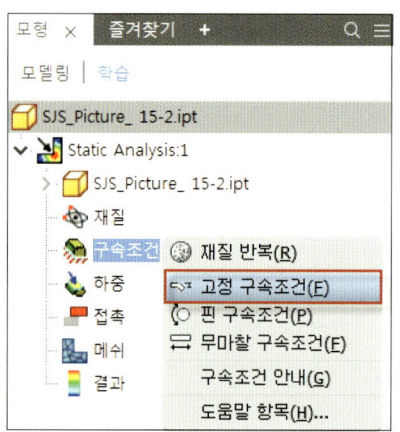

〈그림 15-9〉 검색기 바로 가기 메뉴에서 고정 구속 조건

이 도구를 선택하면 〈그림 15-10〉과 같이 고정 구속 대화 상자가 표시됩니다. 기본적으로 위치 및 취소 버튼 만이 대화 상자에서 활성화됩니다. 면, 점 또는 모서리를 선택하여 고정 구속 조건의 위치를 지정하면 확인 및 적용 버튼이 활성화됩니다. 고정 구속 조건을 적용하고 대화 상자를 종료하려면 확인 버튼을 선택하면 되고, 더 많은 고정 구속 조건을 계속 적용하려면 적용 단추를 선택하면 됩니다.

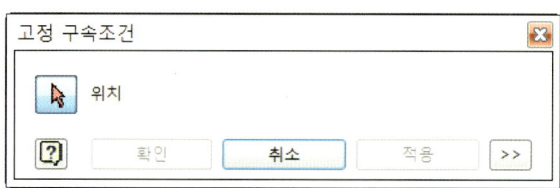

〈그림 15-10〉 고정 구속 조건 대화 상자

핀 구속 조건

리본메뉴〉 분석 탭〉 구속 조건 패널〉 핀

두 개의 원통형 표면이 외부 지지대에 연결될 때 핀 구속 조건이 적용됩니다. 핀 구속 조건을 적용하려면 분석 탭의 구속 조건 패널에서 고정 도구를 선택합니다. 또는 마킹 메뉴에서 이 도구를 선택하면 됩니다. 응력 해석 검색기 막대에서 구속 조건 노드를 마우스 오른쪽 버튼으로 클릭 할 때 표시되는 바로 가기 메뉴에서 이 도구를 선택할 수도 있습니다. 이 도구를 선택하면 〈그림 15-11〉과 같이 핀 구속 대화 상자가 표시됩니다. 기본적으로 위치 및 취소 버튼만이 대화 상자에서 활성화됩니다. 면, 점 또는 모서리를 선택하여 핀 구속 조건의 위치를 지정합니다. 확인 및 적용 버튼이 활성화됩니다. 핀 구속 조건을 적용하고 대화 상자를 종료하려면 확인 버튼을 선

택하면 되고, 더 많은 핀 구속 조건을 계속 적용하려면 적용 단추를 선택하면 됩니다.

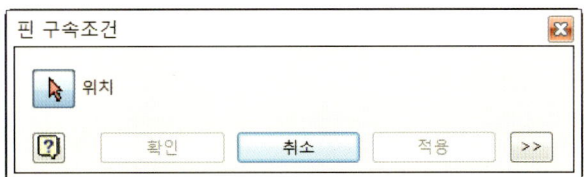

〈그림 15-11〉 핀 구속 조건 대화 상자

무마찰 구속 조건

리본 메뉴/ 분석 탭/ 구속 조건 패널/ 무마찰

마찰이 없는 구속 조건은 모델이 서로 자유롭게 움직일 수 있지만 어느 시점에서나 분리 될 수 없는 경우에 적용됩니다. 마찰이 없는 구속 조건을 적용하려면 구속 조건 패널에서 무마찰 구속 조건 도구를 선택합니다. 또는 그래픽 화면에서 마우스 오른쪽 버튼을 클릭합 니다. 그런 다음 표시된 마킹 메뉴에서 이 도구를 선택합니다. 응력 해석 검색기 막대에서 구속 조건 노드를 마우스 오른쪽 버튼으로 클릭 할 때 표시되는 바로 가기 메뉴에서 이 도구를 선택할 수도 있습니다. 이 도구를 선택하면 〈그림 15-12〉와 같이 무마찰 구속 대화 상자가 표시됩니다. 무마 찰 구속 조건을 적용하고 대화 상자를 종료하려면 확인 버튼을 선택하면 되고, 더 많은 무마찰 구속 조건을 계속 적용하려면 적용 단추를 선택하면 됩니다.

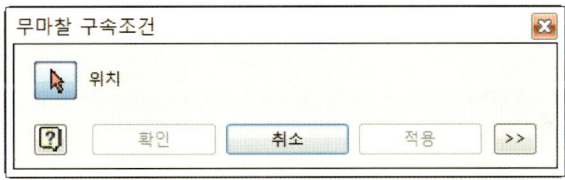

〈그림 15-12〉 무마찰 구속 조건 대화 상자

11 하중 적용

응력 해석 검색기 막대의 하중 노드는 응력 해석을 위해 고려된 모델에 적용되는 모든 하중을 표시 합니다. 구속 조건이 정의된 후에는 모델을 분석하려는 부하를 적용하는 것이 매우 중요합니다. Autodesk Inventor Professional 2019 에서는 구조 해석만 수행되므로 구조 하중만 사용할 수 있습 니다. 모델에 적용 할 수 있는 다양한 구조 하중은 힘, 압력, 모멘트, 베어링 하중, 중력, 원격 힘 및 본체 하중입니다. 다음은 이러한 하중에 대해 자세히 설명을 할 것입니다.

힘 하중

리본 메뉴/ 분석 탭/ 하중 패널/ 힘 하중

힘 하중을 적용하려면 힘을 적용해야 하는 면, 점 또는 모서리를 지정해야 합니다. 점에 적용하면 힘 하중은 점 하중이 되고, 모서리나 면에 적용하면 균일 하중 하중이 됩니다. 이 유형의 하중을 적용하여 특정 하중 하에서 모델의 동작을 시뮬레이션 할 수 있습니다. 이렇게 하려면 분석 탭의 하중 패널에서 하중 도구를 선택합니다. 또는 마킹 메뉴에서 이 도구를 선택할 수 있습니다. 이 도구를 선택하면 〈그림 15-13〉과 같이 힘 하중 대화 상자가 표시됩니다. 응력 해석 검색기 막대에서 하중 노드를 마우스 오른쪽 버튼으로 클릭 할 때 표시되는 바로 가기 메뉴에서 이 도구를 선택할 수도 있습니다.

〈그림 15-13〉 힘 하중 대화 상자

기본적으로 대화 상자는 접힌 형태로 되어 있습니다. 대화 상자를 확장하여 더 많은 옵션을 볼 수 있습니다.

이렇게 하려면 대화 상자의 오른쪽 아래 모서리에 있는 자세히(>>) 단추를 클릭하면 됩니다. 확장된 힘 하중 대화 상자를 보여줍니다. 임의의 정점, 모서리 또는 면을 선택하여 힘 하중을 적용해야 하는 위치를 지정합니다. 선택된 구성 요소는 파란색으로 변하여 힘 하중 적용을 위해 선택되었음을 나타냅니다. 또한 하중의 방향을 나타내는 화살표가 표시됩니다. 〈그림 15-14〉는 크기 입력란에 100N을 입력하고 블록의 윗면을 선택하여 힘 하중을 적용하는 것을 보여줍니다.

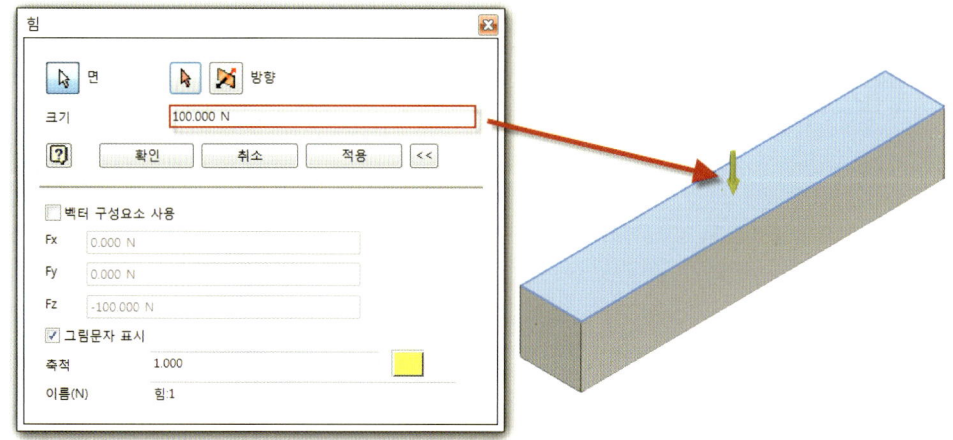

〈그림 15-14〉 블록 윗면에 힘 하중 적용 모습

압력 하중

리본 메뉴/ 분석 탭/ 하중 패널/ 압력 하중

분석 탭의 하중 패널에서 압력 도구를 선택합니다. 또는 마킹 메뉴에서 이 도구를 선택할 수 있습니다. 응력해석 검색기 막대에서 하중 노드를 마우스 오른쪽 버튼으로 클릭 할 때 표시되는 바로 가기 메뉴에서 이 도구를 선택할 수도 있습니다. 이 도구를 선택하면 〈그림 15-15〉와 같이 압력 대화 상자가 표시됩니다. 기본적으로 면 선택 버튼 및 취소 버튼만 활성화됩니다.

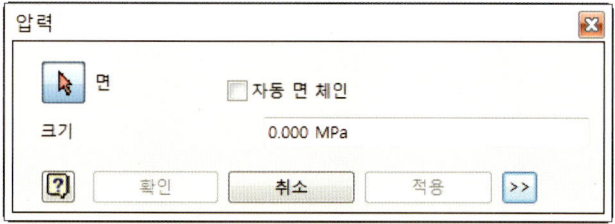

〈그림 15-15〉 압력 하중 대화 상자

기본적으로 면 선택 버튼 및 취소 버튼만 활성화됩니다. 대화 상자를 확장하여 더 많은 옵션을 볼 수 있습니다. 이렇게 하려면 대화 상자의 오른쪽 아래 모서리에 있는 자세히(>>) 단추를 클릭하면 됩니다. 확장된 힘 하중 대화 상자를 보여줍니다. 임의의 정점, 모서리 또는 면을 선택하여 압력 하중을 적용해야 하는 위치를 지정합니다. 선택된 구성 요소는 파란색으로 변하여 압력 하중 적용을 위해 선택되었음을 나타냅니다. 또한 하중의 방향을 나타내는 화살표가 표시됩니다. 〈그림 15-16〉은 크기 입력란에 800 MPa을 입력하고, 축척을 2배로 한 다음 구성 요소의 윗면을 선택하여 압력 하중을 적용하는 것을 보여줍니다.

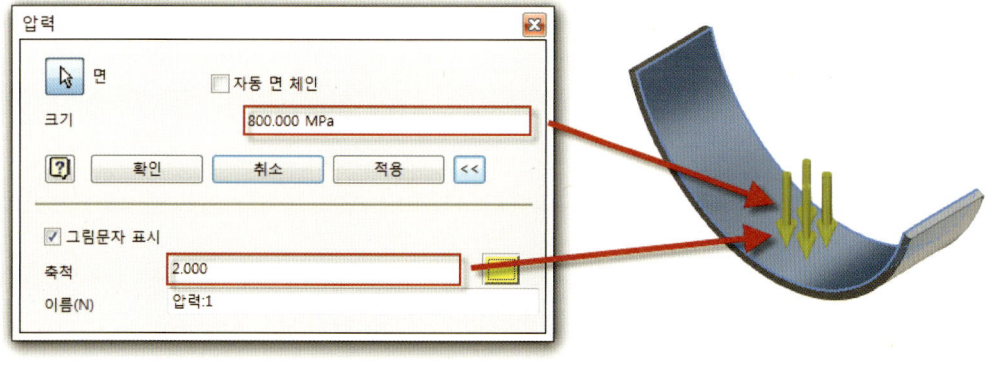

〈그림 15-16〉 압력 하중 적용 모습

베어링 하중

리본메뉴〉 분석 탭〉 하중 패널〉 베어링 하중

베어링 하중은 자연적으로 압축적입니다. 그것은 지원하는 힘의 크기와 방향에 따라 다릅니다. 베어링 하중을 적용하려면 분석 탭의 하중 패널에서 베어링 하중 도구를 선택합니다. 또는 마킹 메뉴에서 이 도구를 선택할 수 있습니다. 또한 응력 해석 검색기 막대의 하중 노드를 마우스 오른쪽 버튼으로 클릭 할 때 표시되는 바로 가기 메뉴에서 이 도구를 선택할 수 있습니다. 이 도구를 선택하면 〈그림 15-17〉과 같이 베어링 하중 대화 상자가 표시됩니다. 기본적으로 면 선택 버튼 및 취소 버튼만 활성화됩니다.

〈그림 15-17〉 베어링 하중 대화 상자

Note

※ 원통형 표면에만 베어링 하중을 적용 할 수 있습니다.

대화 상자를 확장하여 더 많은 옵션을 볼 수 있습니다. 이렇게 하려면 대화 상자의 오른쪽 아래 모서리에 있는 자세히(>>) 단추를 클릭하면 됩니다. 확장된 베어링 하중 대화 상자를 보여줍니다. 베어링 하중은 원통형 표면에만 지정할 수 있습니다. 선택된 표면은 파란색으로 변하여 베어링 하중 적용을 위해 선택되었음을 나타냅니다. 또한 하중의 방향을 나타내는 화살표가 표시됩니다. 방향을 바꾸기 위해서는 벡터 구성요소 사용을 체크하고 벡터 방향의 크기를 입력합니다. 〈그림 15-18〉은 벡터 구성요소를 사용하여 Fy 크기 입력란에 1000 N을 입력하고, 축척을 2배로 한 다음 원통형 면을 선택하여 베어링 하중을 적용하는 것을 보여줍니다.

chapter 15 응력 해석

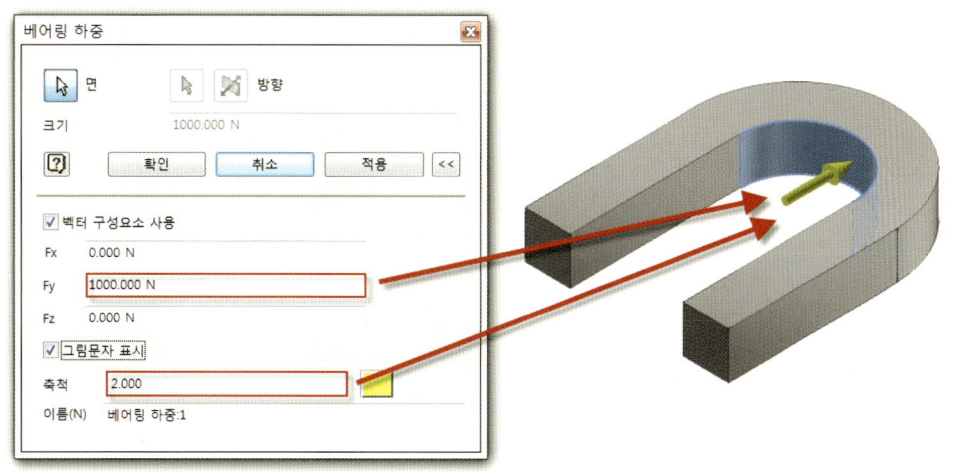

〈그림 15-18〉 원통형 표면에 벡터 요소로 베어링 하중 적용 모습

모멘트 하중

리본 메뉴/ 분석 탭/ 하중 패널/ 모멘트 하중

모멘트 하중은 모델의 회전 축을 각도 방향으로 뒤집거나 굽히는 경향이 있습니다. 모멘트 하중을 적용하려면 분석 탭의 하중 패널에서 모멘트 하중 도구를 선택합니다. 또는 마킹 메뉴에서 이 도구를 선택할 수 있습니다. 또한 응력 해석 검색기 막대에서 베어링 하중 노드를 마우스 오른쪽 버튼으로 클릭 할 때 표시되는 바로 가기 메뉴에서 이 도구를 선택할 수도 있습니다. 이 도구를 선택하면 〈그림 15-19〉와 같이 모멘트 하중 대화 상자가 표시됩니다. 기본적으로 이 대화 상자에서는 위치 및 취소 버튼만 활성화됩니다.

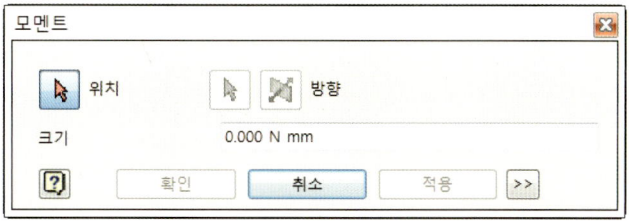

〈그림 15-19〉 모멘트 하중 대화 상자

대화 상자를 확장하여 더 많은 옵션을 볼 수 있습니다. 이렇게 하려면 대화 상자의 오른쪽 아래 모서리에 있는 자세히(>>) 단추를 클릭하면 됩니다. 확장된 모멘트 하중 대화 상자를 보여줍니다. 모멘트 하중을 적용 할 면을 선택하고 위치를 지정하기 위해 모서리를 선택하고 크기 입력란에서 하중의 크기를 지정합니다. 선택된 면은 파란색으로 변하여 모멘트 하중 적용을 위해 선택되었음을 나타냅니다. 또한 하중의 방향을 나타내는 화살표가 표시됩니다. 〈그림 15-20〉는 직사각형 블록의 면에 적용된 모멘트 하중을 보여줍니다.

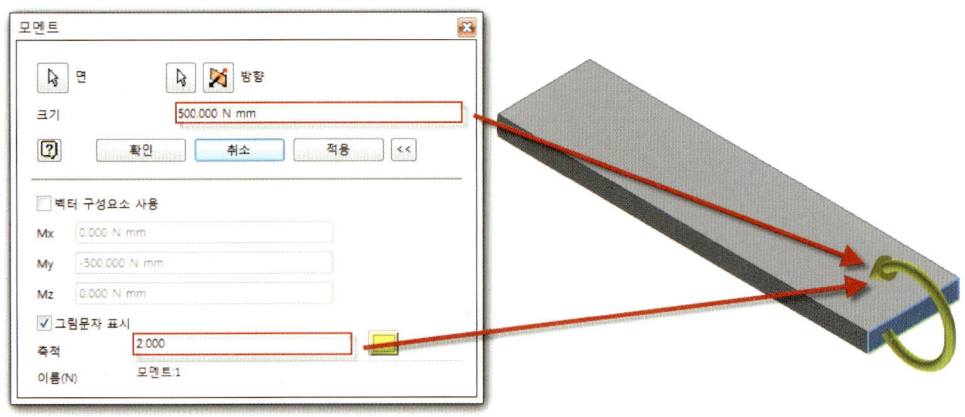

〈그림 15-20〉 블록 면에 모멘트 하중 적용 모습

중력 하중

리본 메뉴/ 분석 탭/ 하중 패널/ 중력 하중

중력 하중 도구는 중력을 구성 요소에 적용하는데 사용됩니다. 이 하중을 적용하려면 분석 탭의 하중 패널에서 중력 도구를 선택합니다. 또는 마킹 메뉴에서 이 도구를 선택할 수 있습니다. 또한 응력 해석 검색기 막대에서 하중 노드를 마우스 오른쪽 버튼으로 클릭 할 때 표시되는 바로 가기 메뉴에서 이 도구를 선택할 수도 있습니다. 이 도구를 선택하면 〈그림 15-21〉과 같이 중력 대화 상자가 표시됩니다.

〈그림 15-21〉 중력 하중 대화 상자

대화 상자를 확장하여 더 많은 옵션을 볼 수 있습니다. 이렇게 하려면 대화 상자의 오른쪽 아래 모서리에 있는 자세히(>>) 단추를 클릭하면 됩니다. 확장된 중력 하중 대화 상자를 보여줍니다. 중력 하중을 적용할 면을 선택하고 중력 하중의 크기는 기본값으로 지정합니다. 선택된 면은 파란색으로 변하여 중력 하중 적용을 위해 선택되었음을 나타냅니다. 또한 하중의 방향을 나타내는 화살표가 표시됩니다. 〈그림 15-21〉는 직사각형 블록의 고리 원통 면에 적용된 중력 하중을 보여줍니다.

chapter 15 응력 해석

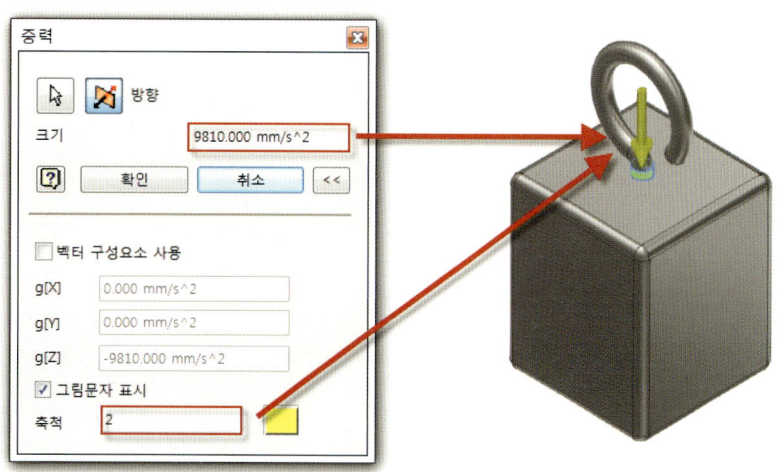

〈그림 15-22〉 블록 고리 원통 면에 중력 하중 적용 모습

원격 힘 하중

리본 메뉴/ 분석 탭/ 하중 패널/ 원격 힘 하중

원격 힘 하중 도구는 모든 위치에서 구성 요소에 힘을 가하는 데 사용됩니다. 점의 기하학적 좌표를 지정하여 언제든지 힘을 적용 할 수 있는 유연성을 제공합니다. 원격 힘 하중을 적용하려면 분석 탭의 하중 패널에 있는 드롭-다운(확장 패널)에서 원격 힘 하중 도구를 선택합니다. 또는 마킹 메뉴에서 이 도구를 선택할 수 있습니다. 또한 응력 해석 검색기 막대에서 하중 노드를 마우스 오른쪽 버튼으로 클릭 할 때 표시되는 바로 가기 메뉴에서 이 도구를 선택 할 수도 있습니다. 이 도구를 선택하면 〈그림 15-22〉와 같이 원격 힘 하중 대화 상자가 표시됩니다.

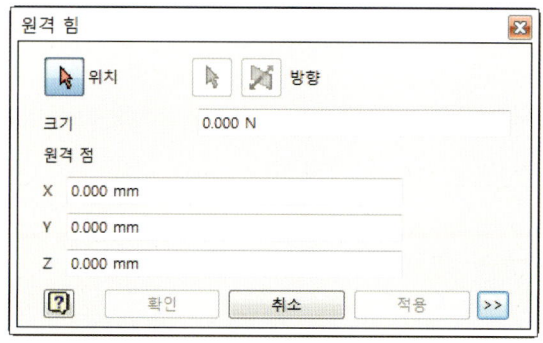

〈그림 15-23〉 원격 힘 하중 대화 상자

대화 상자를 확장하여 더 많은 옵션을 볼 수 있습니다. 이렇게 하려면 대화 상자의 오른쪽 아래 모서리에 있는 자세히(>>) 단추를 클릭하면 됩니다. 확장된 원격 힘 하중 대화 상자를 보여줍니다. 원격 힘 하중을 적용할 위치를 선택한 다음 하중을 적용 할 점의 기하학적 좌표를 입력합니다. 필요한 경우 대화 상자에서 방향 버튼을 선택하여 힘의 방향을 반전시킵니다. 그런 다음 크기 입력란에 힘의 크기

값을 입력하여 지정합니다. 확인 및 적용 버튼이 활성화됩니다. 선택된 면은 파란색으로 변하여 원격 힘 하중 적용을 위해 선택되었음을 나타냅니다. 또한 원격 힘 하중의 방향을 나타내는 화살표가 표시됩니다. 〈그림 15-23〉은 지정된 위치에서 구성 요소의 면에 적용된 원격 힘 하중을 보여줍니다.

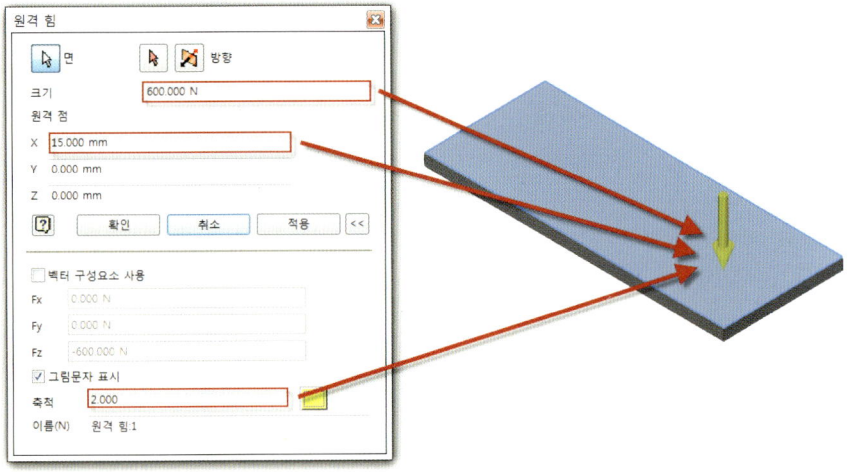

〈그림 15-24〉 면의 특정 위치에 원격 힘 하중 적용 모습

본체 하중

리본 메뉴/ 분석 탭/ 하중 패널/ 본체 하중

본체 하중 도구는 선형 및 각도 방향의 속도 및 가속도를 구성 요소에 적용하는 데 사용됩니다. 본체 하중을 적용하려면 분석 탭의 하중 패널에 있는 드롭-다운(획장 패널)에서 본체 하중 도구를 선택합니다. 또는 마킹 메뉴에서 이 도구를 선택할 수 있습니다 또한 응력 해석 검색기 막대에서 하중 노드를 마우스 오른쪽 버튼으로 클릭 할 때 표시되는 바로 가기 메뉴에서 이 도구를 선택할 수도 있습니다. 이 도구를 선택하면 〈그림 15-25〉와 같이 본체 하중 대화 상자가 표시됩니다.

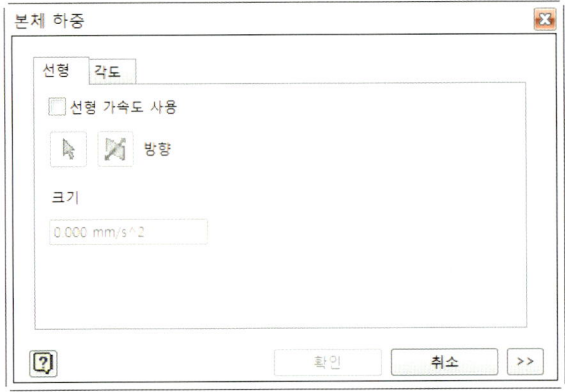

〈그림 15-25〉 본체 하중 대화 상자

이 대화 상자에는 선형 및 각도의 두 가지 탭이 있습니다. 선형 탭은 선형 방향으로 가속도를 적용하고 각도 탭은 가속 및 속도를 각도 방향으로 적용하는데 사용됩니다. 대화 상자에서 필수 탭을 선택하고 해당 확인란을 선택하여 옵션을 사용하여 본체 하중을 적용합니다. <그림 15-26>은 구성 요소에 적용된 선형 가속도를 보여줍니다.

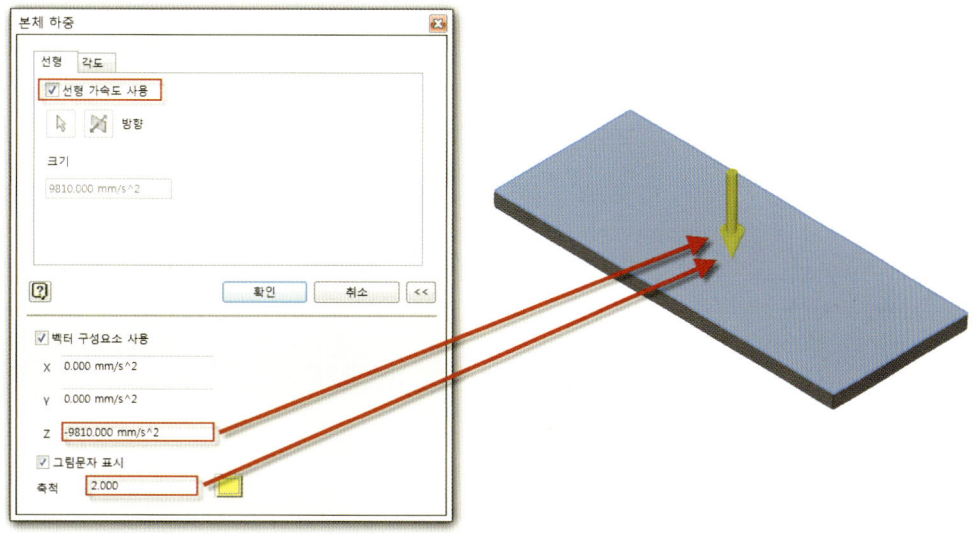

<그림 15-26> 선형 가속도를 사용하여 본체 하중 적용 모습

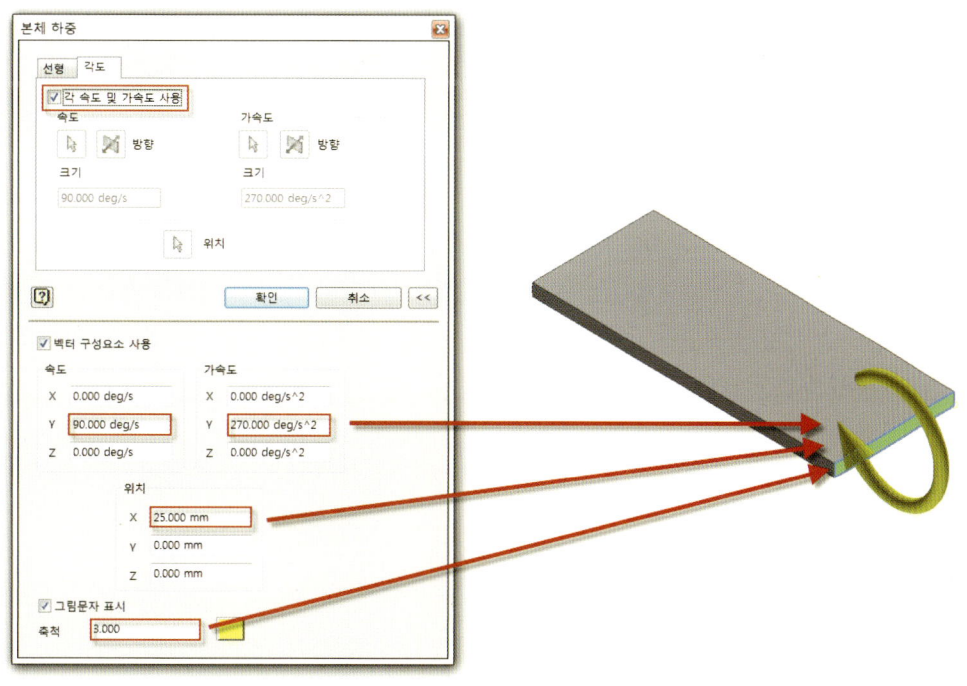

<그림 15-26> 각 속도 및 가속도를 사용하여 본체 하중 적용 모습

> **Note**
>
> ※ 하중 및 구속 조건은 서로 양립되어 동일한 요소에 적용될 수 있습니다. 같은 요소에 서로 양립할 수 없는 하중과 구속 조건이 있는 경우에 구속 조건이 하중보다 우선시시 된다는 사실을 명심해야 합니다.

12 접촉 조건

구성 요소 사이의 접촉은 시뮬레이션이 실행될 때 감지되고 응력 해석 검색기 막대의 접촉 노드 아래에 자동으로 나열됩니다. 그러나 시뮬레이션을 실행하기 전에 자동 자동 접촉 도구를 실행한 다음 나열된 자동 접촉을 수정하거나 수동으로 다른 접촉을 추가 할 수 있습니다. 추가할 접촉 조건은 접촉 면이 다음 기준을 충족해야 합니다.

- 선택한 면은 15도 이내여야 합니다. 이 15도 한도는 시스템 설정이므로 변경할 수 없습니다.
- 선택한 면 간의 거리는 시뮬레이션 속성에 지정된 공차 설정을 초과할 수 없습니다.

부여된 접촉 조건은 관련된 각 구성 요소의 응력 해석 검색기 막대의 접촉 노드 아래에 나열되고 접촉 유형별로 분류됩니다.

모달 해석은 접착 및 스프링 접촉 유형에만 나열하는 반면에 나머지 모든 접촉 유형은 정적 해석에 사용할 수 있습니다. 접촉을 마우스 오른쪽 단추로 클릭하고 접촉 편집을 선택하거나 Ctrl 또는 Shift 키를 사용하여 접촉을 다중 선택하고 마우스 오른쪽 단추를 클릭하여 접촉 편집을 선택하여 자동 접촉의 접촉 유형을 변경할 수 있습니다.

- **자동접촉**

리본 메뉴/ 분석 탭/ 접촉 패널/ 자동

모형을 평가하고 구성 요소와 형상 간의 접촉 조건을 탐지합니다. 접촉은 응력 해석 설정 대화 상자에서 접촉 기본값 공차 설정을 기준으로 결정됩니다. 수종 접촉을 작성하기 전에 자동 접촉을 확인해야 합니다.

chapter 15 응력 해석

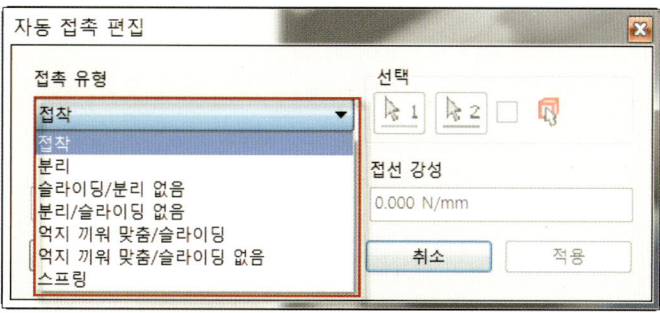

〈그림 15-27〉 자동 접촉 편집 대화 상자

수동 접촉

리본 메뉴/ 분석 탭/ 접촉 패널/ 수동

 구성 요소 형상에 접촉 조건을 적용합니다. 모든 자동 접촉을 탐지한 후에는 구성 요소 간에 추가 접촉을 작성할 수 있습니다. 접촉 유형의 사용 가능 여부는 시뮬레이션 유형에 의해 결정됩니다.

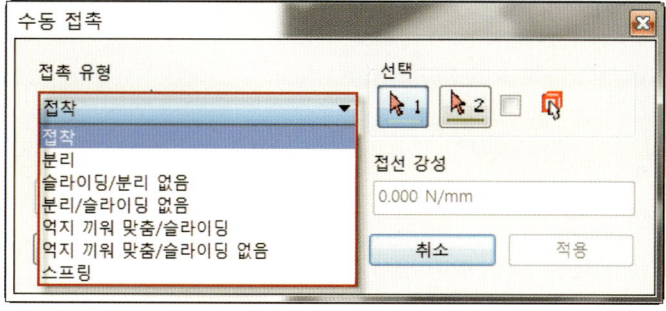

〈그림 15-28〉 수동 접촉 대화 상자

- **접촉 유형**
- **접착**: 이것은 선택한 면 사이에 단단한 결합이 형성하는 조건입니다.
- **분리**: 이것은 슬라이딩하면서 선택된 면을 부분적으로 또는 완전히 분리하는 조건입니다.
- **슬라이딩/ 분리 없음**: 이것은 변형상태에서 미끄러지면서 선택한 면 간에 직각 방향 연결을 만드는 조건입니다.
- **분리/ 슬라이딩 없음**: 이것은 선택된 면을 서로 미끄러지지 않고 부분적으로 또는 완전히 분리해 주는 조건입니다.
- **억지 끼워 맞춤/ 슬라이딩**: 이것은 분리와 유사하지만 접촉면 사이의 거리가 음수가 되어 초기 부분이 겹치는 부분이 생기는 조건입니다.
- **억지 끼워 맞춤/ 슬라이딩 없음**: 이것은 억지 끼워 맞춤/ 슬라이딩 없음 조건을 생성하지만 접촉면 사이의 거리가 음수이므로 시작 부분이 겹치는 부분이 생깁니다.
- **스프링**: 이것은 두면 사이에 등가 스프링이 생기게 하는 것으로 전체 일반 강성 및 접선 강성을 정의할 수 있습니다. 일반 강성 및 접선 강성 옵션은 스프링 접촉에서만 사용될 수 있습니다.

〈그림 15-29〉는 두 구성 요소 사이의 접촉을 변경하여 시뮬레이션 결과가 어떻게 변하는지 확인할 수 있는 것으로 두 개의 판 사이에 다른 접점이 적용된 단순한 조립품 시뮬레이션을 보여줍니다.

왼쪽에는 접착된 접촉 조건이 사용되었으며, 결과는 수직 플레이트가 하중에 의해 변형되고 응력이 접점 접합부에 집중되어 분배됨을 보여줍니다. 오른쪽에는 슬라이딩 / 분리 없음 접촉 조건이 사용되었으며, 결과는 수직 플레이트가 본질적으로 수평 플레이트를 따라 밀려서 나왔음을 보여주며 응력이 수직 플레이트 위에 퍼져서 수평 플레이트에는 거의 집중력이 없거나 분배되지 않고 있음을 보여줍니다.

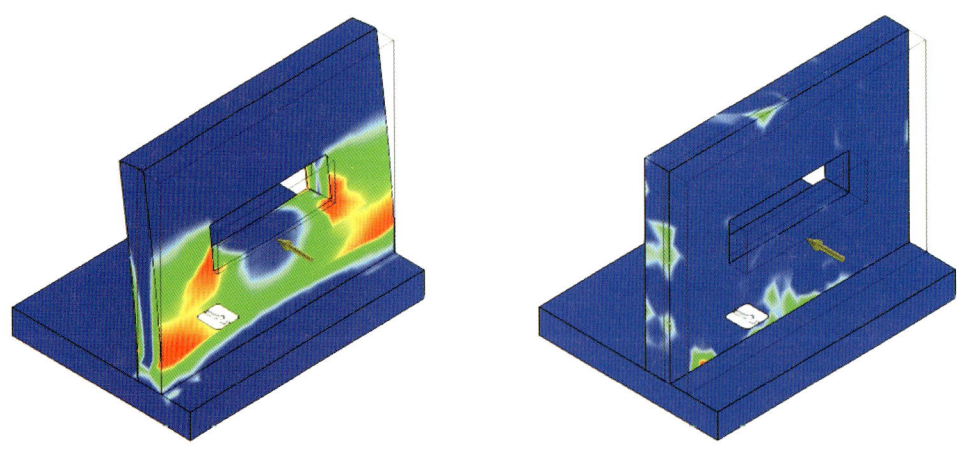

〈그림 15-29〉 접촉 조건 응력 해석 비교

13 얇은 본체

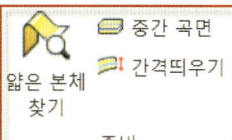

모델에는 판금 또는 플라스틱 부품과 같이 모델의 전체 크기에 비해 얇은 벽을 가지고 있는 구성 요소가 포함되는 경우가 있습니다. 이러한 이유로 일반적인 솔리드 표준 분석을 할 때에 계산 시간이 길어지고 불안정해질 수 있습니다. 이 문제를 해결하기 위해 리본메뉴> 분석 탭> 준비 패널에 있는 도구들을 사용하여 얇은 벽체를 표면 쉘(Shell)로 단순화할 수 있습니다.

얇은 본체 찾기 도구를 사용하면 모델이 스캔되고 길이/ 두께 비율이 높은 본체가 잠재적으로 얇은 본체로 식별되고 본체의 중간 면을 생성하는 옵션이 제공됩니다. 또는 리본메뉴> 분석 탭> 준비 패널> 중간 곡면 도구를 사용하여 미리 알고 있는 몸체의 중간 면을 생성하여 얇은 몸체로 간주 할 수 있습니다. 간격 띄우기 도구를 사용하여 선택한 면에서 쉘(Shell)을 만들 수도 있습니다. 중간 면 또는 간격 띄우기 쉘(Shell)이 작성되면 검색기 막대에서 해당 쉘(Shell)을 선택하고 마우스 오른쪽 버튼을 클릭 한 다음 삭제를 선택하여 솔리드로 다시 변환 할 수 있습니다. 얇은 몸체로 준비하기 전에 솔리드 본체에 적용되는 하중과 구속 조건이 쉘(Shell) 요소로 변환 될 때 오류가 있을 수 있으므로 삭제해야 할 경우도 있습니다.

- **응력 해석에서 얇은 부품 명령 사용 시의 제한사항**
L/T 비율 = 길이/두께, 여기서 각 항목은 다음과 같습니다.
- 길이(L) = 본체의 전체 길이
- 두께(T) = 본체의 두께

두께가 1이고 길이와 폭이 100인 얇은 사각형 플레이트를 고려해 보겠습니다. 이러한 플레이트의 L/T 비율은 100/1 = 100입니다. 입력 본체의 L/T 비율을 계산한 후 얇은 사각형 플레이트의 L/T 비율과 비교합니다.

- L/T 비율이 100 미만이고 본체가 두꺼운 것 (또는 솔리드)으로 간주되면 솔리드로 분석하여 솔리드 요소를 통해 정확한 분석을 수행하는 것이 좋습니다.
- 입력 본체의 L/T 비율이 100을 초과하면 본체는 얇은 구성요소로 간주되며 얇은 본체 찾기 명령을 클릭한 경우와 같이 강조 표시됩니다.
- L/D 비율이 100을 초과하는데 중간 곡면 또는 간격 띄우기를 사용하여 쉘(Shell)로 변환하지 않고 분석을 수행하면 얇은 본체 찾기 명령을 사용하여 보다 정확한 분석을 수행하라는 권장 메시지가 표시됩니다.
- L/D 비율이 250을 초과하는데 본체가 두꺼운 솔리드로 분석되면 분석 결과가 부정확하고 정밀하지 않을 수 있음을 나타내는 경고 메시지가 표시됩니다.

얇은 본체 찾기

리본 메뉴/ 분석 탭/ 준비 패널/ 얇은 본체 찾기

 쉘 피쳐 기준을 만족하는 본체를 찾아 강조 표시를 해줍니다. 선택한 기준을 만족하는 중간 곡면이나 간격 띄우기를 작성하여 해석을 수행할 모형 형상을 단순화 합니다.

이 도구를 선택하면 얇은 본체 찾기 대화 상자가 〈그림 15-30〉과 같이 표시됩니다.

〈그림 15-30〉 얇은 본체 찾기 대화 상자

중간 곡면

리본 메뉴/ 분석 탭/ 준비 패널/ 중간 곡면

 선택한 본체를 조사하고 형상을 기반으로 곡면을 자동으로 작성할 수 있습니다. 선택한 솔리드 본체가 중간 곡면에 의해 정의된 쉘 피쳐로 변환됩니다. 해당 곡면에 대한 분석 대상으로 고려할 수 있습니다. 위에서 얇은 본체 찾은 뒤에 확인을 누르면 아래와 같이 중간 곡면 대화 상자가 〈그림 15-31〉과 같이 표시됩니다.

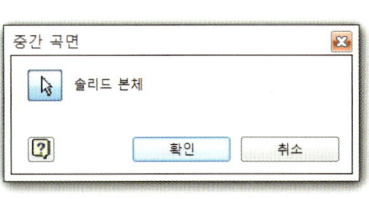 

〈그림 15-31〉 중간 곡면 대화 상자

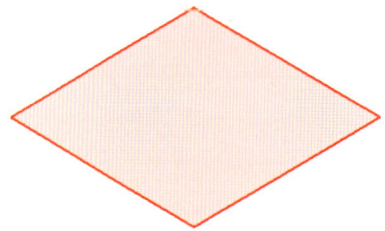 버튼을 클릭하면 아래와 같이 중간 곡면이 생성됩니다.

chapter 15 응력 해석

간격 띄우기

리본 메뉴/ 분석 탭/ 준비 패널/ 간격 띄우기

 선택한 면으로부터 쉘 구성 요소를 작성하는 도구입니다. 면을 선택하고 간격 띄우기 곡면의 두께를 지정합니다. 얇은 곡면 요소는 해당 곡면에 대한 분석 대상으로 고려할 수 있습니다.

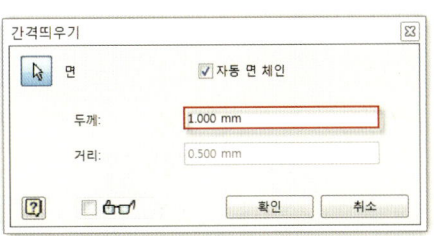 

〈그림 15-32〉 간격 띄우기 대화 상자

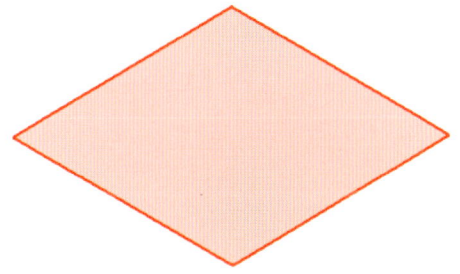 버튼을 클릭하면 아래와 같이 1 mm 간격 띄우기 면이 생성됩니다.

14 구성요소 메쉬

 메쉬는 구성 요소를 정의된 크기의 작은 유한 요소로 분할하는 것입니다. 유한 요소 분석은 형상을 다양한 작은 수의 요소로 나눕니다. 결과적으로 요소를 연결하는데 사용되는 여러 절점이 만들어집니다. 이러한 요소의 집합을 메쉬라고 합니다. 다음은 메쉬 생성에 사용되는 도구에 대해 자세히 설명을 할 것입니다.

303

메쉬 뷰

리본 메뉴/ 분석 탭/ 메쉬 패널/ 메쉬 뷰

메쉬 뷰 도구는 기본 설정을 사용하여 구성 요소에 기본 메쉬를 작성하는 데 사용됩니다. 이러한 기본 설정은 메쉬할 형상을 기반으로 시스템에서 제공합니다. 기본 메쉬를 생성하려면 분석 탭의 메쉬 패널에서 메쉬뷰 도구를 선택합니다. 또는 마킹 메뉴에서 이 도구를 선택할 수 있습니다. 또한 응력 해석 검색기 막대의 메쉬 노드를 선택하고 마우스 오른쪽 버튼을 클릭하면 표시되는 바로 가기 메뉴에서 이 도구를 선택할 수도 있습니다. 이 도구를 선택하면 〈그림 15-27〉과 같이 메쉬 진행 대화 상자가 표시되면서 〈그림 15-28〉과 같이 메쉬가 기본 설정으로 구성 요소에 생성됩니다.

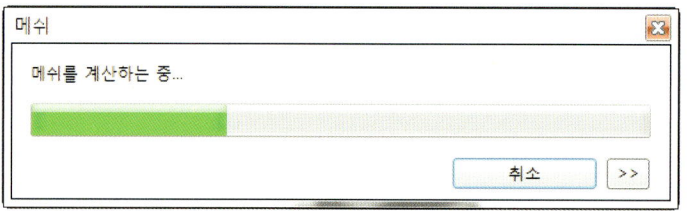

〈그림 15-33〉 메쉬 진행 대화 상자

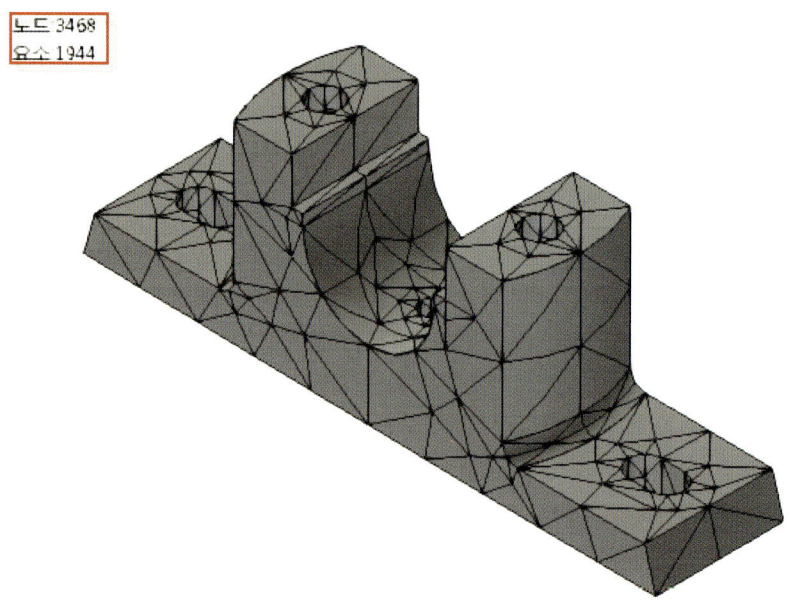

〈그림 15-34〉 메쉬 기본 설정 적용

메쉬 설정

리본 메뉴/ 분석 탭/ 메쉬 패널/ 메쉬 설정

 메쉬 설정 도구는 메쉬의 요소 길이를 설정하거나 편집하는 데 사용됩니다. 이렇게 하려면 분석 탭의 메쉬 패널에서 메쉬 설정 도구를 선택합니다. 또는 마킹 메뉴에서 이 도구를 선택할 수도 있습니다. 또한 응력 해석 검색기 막대에서 메쉬 노드를 마우스 오른쪽 버튼으로 클릭 할 때 표시되는 바로 가기 메뉴에서 이 도구를 선택할 수도 있습니다. 이 도구를 선택하면 〈그림 15-28〉과 같이 메쉬 설정 대화 상자가 표시됩니다. 이 대화 상자에서 평균 메쉬 요소를 설정할 수 있으며, 크기 및 최소 요소 크기를 조정할 수 있습니다.

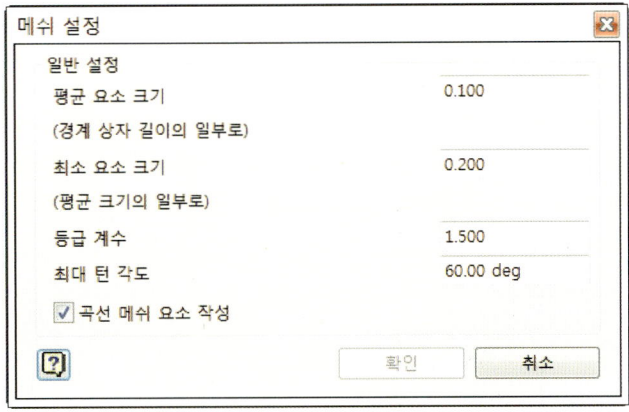

〈그림 15-35〉 메쉬 설정 대화 상자

- **평균 요소 크기**

메쉬 노드 간의 평균 거리를 제어합니다. 평균 크기를 더 작은 값으로 설정하면 더 작은 메쉬가 생성됩니다. 이 설정은 모델의 전체 크기에 상대적입니다. 일반적으로 0.05에서 0.1 사이의 값을 권장합니다.

- **최소 요소 크기**

메쉬 노드 간의 최소 거리를 평균 크기 값의 일부로 제어합니다. 이 값을 높이면 메쉬 요소 밀도가 감소합니다. 이 값을 줄이면 메쉬 요소 밀도가 증가합니다. 이 설정은 민감하며 일반적으로 변경하면 메쉬 품질이 크게 변경됩니다. 일반적으로 0.1에서 0.2 사이의 값을 권장합니다.

- **등급 계수**

미세 메쉬 영역과 거친 메쉬 영역이 함께 나타나는 인접 메쉬 가장자리의 비율을 제어합니다. 사용된 계수가 작을수록 더 균일한 메쉬가 됩니다. 1에서 10까지의 값을 사용할 수 있지만 일반적으로 1.5에서 3.0 사이의 값을 사용하는 것이 좋습니다.

- **최대 턴 각도**

호에 적용된 메쉬의 최대 각도를 조정합니다. 더 작은 각을 지정하면 곡선 영역에 더 미세한 메쉬가 생깁니다. 일반적으로 30도에서 60도 사이의 값을 권장합니다.

- **곡선 메쉬 요소 만들기**

곡선 가장자리와 면을 사용하여 메쉬 생성을 제어합니다.

이 옵션을 선택하지 않으면 덜 정확한 메쉬가 만들어지지만 성능이 더 좋을 수도 있습니다. 부품 기반 측정 사용을 통해 부품 모델의 전체 치수를 기준으로 부품 메쉬 크기를 설정합니다. 이 옵션의 선택을 해제하면 전체 조립품 치수를 기준으로 메쉬 크기가 설정됩니다. 다양한 크기의 여러 부분으로 구성된 조립품에 이 옵션을 사용합니다. 이 설정은 조립품에서만 사용할 수 있습니다.

로컬 메쉬 컨트롤

리본 메뉴/ 분석 탭/ 메쉬 패널/ 로컬 메쉬 컨트롤

로컬 메쉬 컨트롤 도구는 지정된 요소 크기의 메쉬를 구성 요소의 면이나 모서리로 구체화하는데 사용됩니다. 특정 부분에 대해 로컬 미세 메쉬를 만들려면 분석 탭의 메쉬 패널에서 로컬 메쉬 컨트롤 도구를 선택합니다. 또는 마킹 메뉴에서 이 도구를 선택할 수 있습니다. 또한 응력 해석 검색기 막대에서 메쉬 노드를 선택하고 마우스 오른쪽 버튼을 클릭 할 때 표시되는 바로 가기 메뉴에서 이 도구를 선택할 수도 있습니다. 이 도구를 선택하면 로컬 메쉬 컨트롤 대화 상자가 〈그림 15-29〉와 같이 표시됩니다.

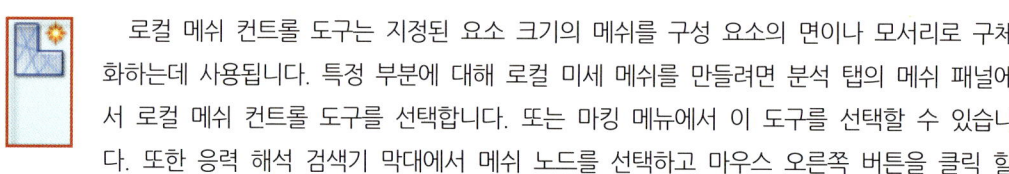

〈그림 15-36〉 로컬 메쉬 컨트롤 대화 상자

메쉬를 적용할 모델의 면 또는 모서리를 선택합니다. 다음으로 요소 크리 입력란에 요소 크기 값을 입력한 다음 확인 버튼을 선택합니다. 새로운 로컬 메쉬 컨트롤이 응력 해석 검색기 막대의 메쉬 하위 노드 아래에 추가됩니다.

〈그림 15-30〉은 기본 메쉬 설정으로 메쉬를 적용한 경우와 구멍 모서리에 로컬 메쉬 컨트롤을 이용하여 다른 요소 크기로 로컬 메쉬를 적용하여 생성된 메쉬를 비교한 것입니다.

chapter 15 응력 해석

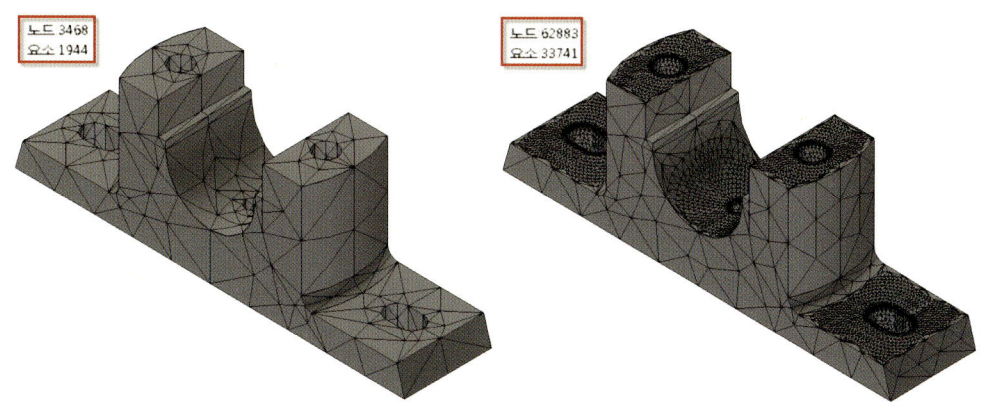

〈그림 15-37〉 기본 메쉬와 로컬 메쉬 적용 비교

Note

※ 메쉬 설정을 편집하고 로컬 메쉬 컨트롤을 구성 요소에 적용하면 메쉬가 자동으로 업데이트되지 않습니다. 이 경우 메쉬가 업데이트되어야 함을 나타내는 빨간색 번개 기호가 응력 해석 검색기 막대의 메쉬 노드 옆에 표시됩니다. 메쉬를 업데이트하려면 메쉬 노드를 선택하고 마우스 오른쪽 버튼을 클릭하여 바로 가기 메뉴에서 메쉬 업데이트 옵션을 선택하면 됩니다.

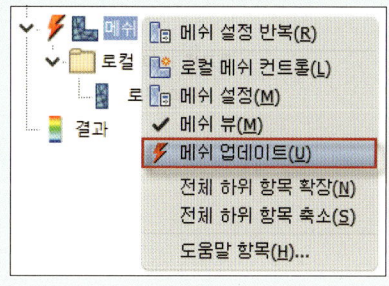

수렴 설정

리본 메뉴/ 분석 탭/ 메쉬 패널/ 수렴 설정

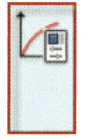 앞에서 설명한 것처럼 유한 요소 해석(FEA) 시뮬레이션은 구성 요소의 미분 방정식을 생성하고 해결함으로써 수행되는 것입니다. 최상의 결과를 얻으려면 이 방정식이 수렴해야 합니다. 이것은 FEA 결과에 대한 반복 방정식을 설정하고 메쉬를 개선하여 수행됩니다. 수렴 설정 도구는 메쉬의 구체화, 반복 기준 및 수렴 결과를 설정하는데 사용됩니다. 이렇게 하려면 분석 탭의 메쉬 패널에서 수렴 설정 도구를 선택합니다. 〈그림 15-31〉과 같이 수렴 설정 대화 상자가 표시됩니다.

Autodesk Inventor Professional 2019의 응력 해석은 변위를 설명하기 위해 p-refinements 다항식을 사용하는 삼각형 메쉬를 사용합니다. h는 삼각형 외접 원의 크기입니다. p-refinements는 사용

자 인터페이스에는 노출되지 않지만 h-refinements는 노출되어 있습니다. FEA 계산의 처음 2 ~ 3 번의 반복 작업에서 Autodesk Inventor Professional 2019은 p-refinements만 사용합니다. 첫 번째 반복은 선형 수식으로 수행되고, 다음 반복에서는 포물선 수식을 사용합니다. 이후 반복에서는 사용자가 위의 수렴 설정 대화 상자의 " h 미세조정 의 최대 수"필드에 0 이외의 값을 입력하여 h- 상세 검색을 추가로 사용할 수 있습니다.

h 미세조정 임계 값 매개 변수는 메쉬 형상을 수정하는 방법이 아니라 메쉬 형상을 미세 조정할 위치 결정 프로세스를 제어하는 것입니다. 또한 h 미세조정 임계 값은 응력 특이점과 응력 집중 영역 주변에 맞추어져 있는 정제 과정의 위치를 결정해주는 것입니다.

매개 변수를 수정하면 첫 번째 분석 결과가 수렴하지 않는 영역에서 얼마나 많은 요소가 크기가 축소되는지가 결정됩니다. 계산에 사용된 요소가 너무 커서 정확한 응력을 계산할 수 없는 경우 결과가 수렴되지 않습니다. 1에 가까운 숫자를 입력하면 빈약한 수렴의 바로 근처에 있는 요소만 더 작게 만들지만, 0에 가까운 숫자를 입력하면 수렴이 떨어지는 요소에서 더 멀리 떨어져있는 요소도 더 작게 만들어집니다. 용량 문제 (너무 많은 요소를 생성하여 컴퓨터의 RAM을 소모)가 발생할 수 있습니다.

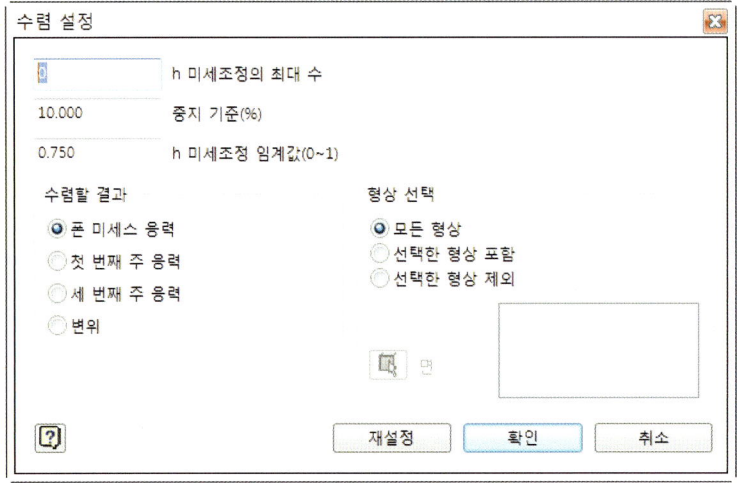

〈그림 15-38〉 수렴 설정 대화 상자

- 메쉬를 구체화하려면 h 미세조정의 최대 수 입력란에 정련 값을 입력합니다.
- 중지 기준 (%) 편집 상자는 기본 메쉬와 정제된 메쉬 간의 수렴 비율을 지정하는 데 사용됩니다.
- h 미세 조정 임계 값 (0 ~ 1) 편집 상자는 맞물림 미세 조정을 제어하는데 사용됩니다.
  입력란에 입력된 값이 0이면 메쉬의 모든 요소가 상세 검색에 포함되며, 입력된 값이 1이면 메쉬의 모든 요소기 상세 검색에서 제외됩니다.
- 결과를 수렴 영역에서 시뮬레이션을 수렴하기 위해 결과 케이스의 유형을 선택합니다.
- 형상 선택 영역에서 형상 선택의 유형을 선택하여 시뮬레이션의 수렴 조건을 설정합니다.

15 시뮬레이트

리본 메뉴/ 분석 탭/ 분석 패널/ 시뮬레이트

　　모델을 메쉬로 만들고 경계 조건을 적용한 후에는 적용된 경계 조건에 대한 분석 문제를 해결해야 합니다. 솔루션 단계에서 컴퓨터가 계산을 수행하고 문제를 해결하는 데 소요되는 시간은 주로 모달 크기와 솔루션 유형에 따라 다릅니다. 이렇게 하려면 분석 탭의 해석 패널에서 시뮬레이션 도구를 선택합니다. 〈그림 15-32〉와 같이 시뮬레이션 대화 상자가 표시됩니다.

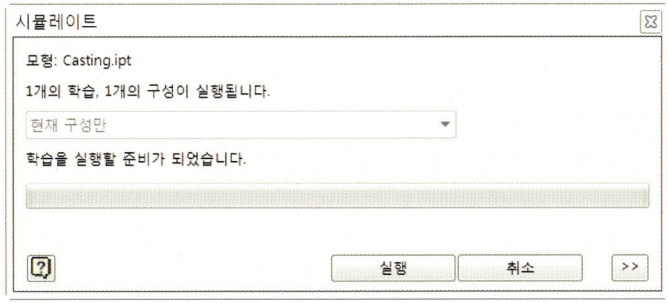

〈그림 15-39〉 시뮬레이트 대화 상자

이 대화 상자에서 실행 단추 [실행] 를 선택합니다. 솔버가 해석 프로세스를 실행합니다. 과정을 완료하면 〈그림 15-33〉과 같이 지정된 설정을 기반으로 한 폰 미세스 응력 결과가 표시됩니다.

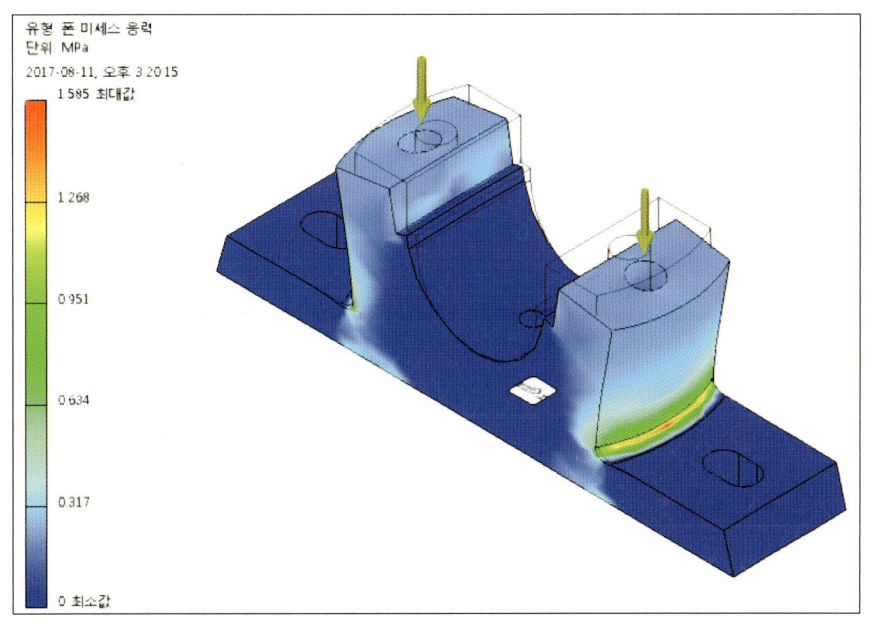

〈그림 15-40〉 폰 미세스 응력 유형

16 후처리 솔루션

솔루션 프로세스를 완료한 후 모델에 대해 생성된 결과는 기하 조건 및 전처리 설정을 기반으로 합니다. 후 처리 단계에서 결과 데이터를 보고 분석할 수 있도록 그래픽 형식으로 표시합니다. Autodesk Inventor Professional 2019에는 분석 탭의 결과, 표시 및 보고서 패널에서 결과를 보는 데 사용되는 여러 도구가 있습니다. 보고서를 생성하고 결과를 애니메이트하는 방법은 아래에 자세히 설명할 것입니다.

보고서

리본 메뉴/ 분석 탭/ 보고서 패널/ 보고서

보고서 도구는 해석 솔루션을 완료한 후 문제의 전처리, 솔빙 및 후처리 데이터의 전체 보고서를 생성하는 데 사용됩니다. 전체 보고서를 생성하려면 분석 탭의 보고서 패널에서 보고서 도구를 선택합니다. 그러면 〈그림 15-34〉와 같이 보고서 대화 상자가 표시됩니다.

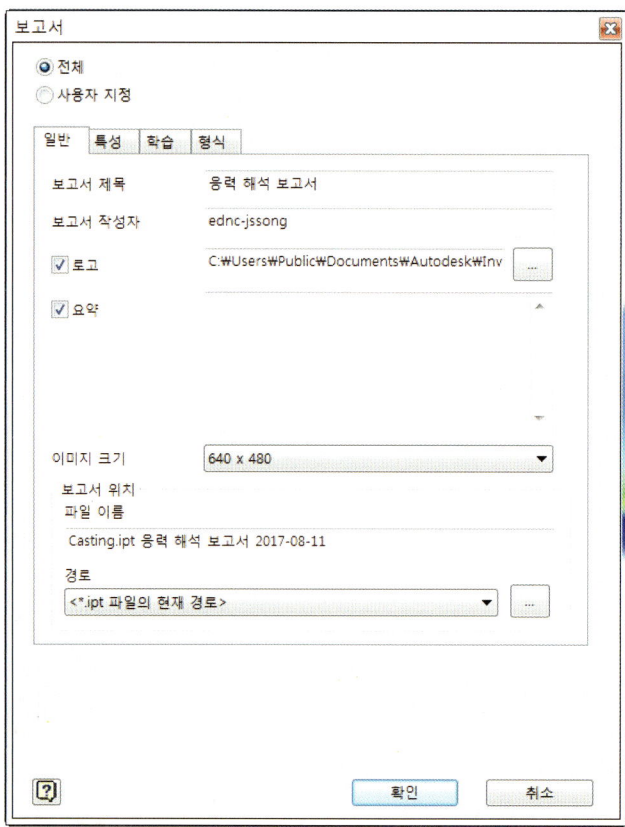

〈그림 15-41〉 보고서 대화 상자

기본적으로 이 대화 상자에서 전체 라디오 버튼이 선택됩니다. 따라서 기본 설정에 대한 전체 보고서가 생성됩니다. 사용자 지정 버튼을 선택하여 사용자 정의 보고서를 생성하도록 설정할 수도 있습니다. 이 대화 상자에는 일반, 특성, 시뮬레이션 및 형식의 네 가지 탭이 있습니다. 기본적으로 일반 탭이 선택됩니다. 이 탭의 옵션은 보고서 제목, 보고서 작성자 이름, 분석을 위한 로고, 분석 요약 및 보고서를 저장할 위치를 지정하는 데 사용됩니다. 속성 탭 및 시뮬레이션 탭의 옵션은 결과 보고서를 생성하는 동안 포함될 내용에 대한 설정을 지정하는 데 사용됩니다. 형식 탭의 옵션은 보고서를 생성할 형식 유형을 지정하는데 사용됩니다.

보고서 대화 상자에서 필요한 옵션을 지정한 후 확인 버튼을 선택합니다. 〈그림 15-35〉와 같이 응력 해석 보고서 상태 창이 표시되고 보고 프로세스가 시작됩니다. 과정이 끝나면 응력 분석 보고서가 인터넷 브라우저에 표시됩니다.

〈그림 15-42〉 응력 해석 보고서 상태 창

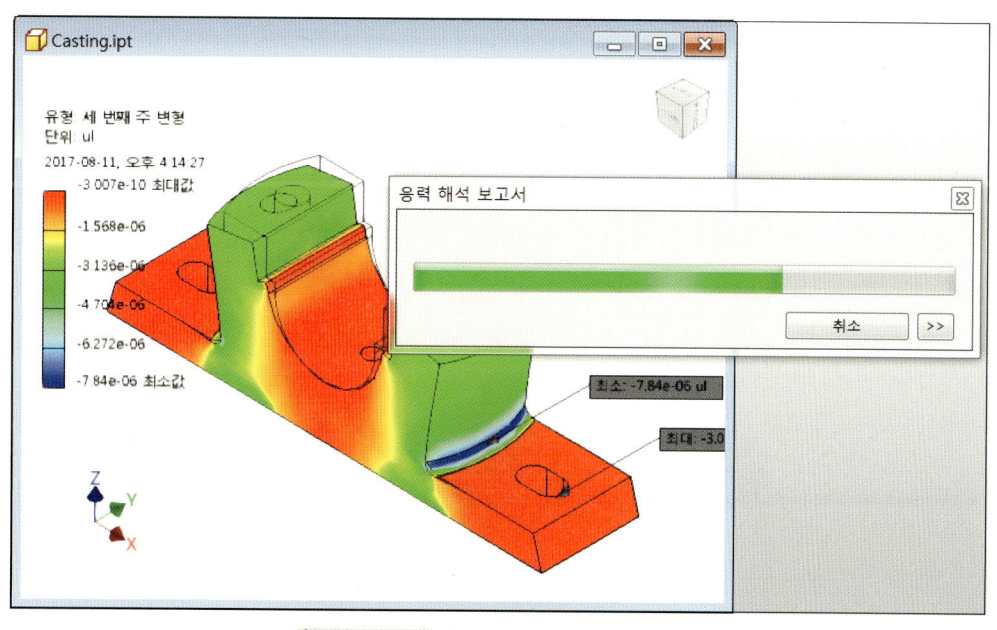

〈그림 15-43〉 응력 해석 보고서 생성 과정

애니메이트

리본 메뉴/ 분석 탭/ 결과 패널/ 애니메이트

애니메이트 도구는 후처리 단계에서 생성된 결과의 애니메이션보기를 생성하고 저장하는데 사용됩니다. 분석 탭의 결과 패널에서 애니메이트 도구를 선택하면 〈그림 15-37〉과 같이 애니메이션 결과 대화 상자가 표시됩니다.

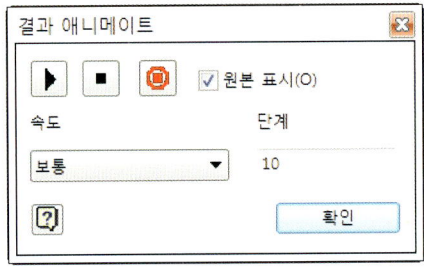

〈그림 15-44〉 애니메이트 대화 상자

이 대화 상자의 옵션은 애니메이션의 재생, 정지, 저장 및 속도 설정에 사용됩니다.

검사

리본 메뉴/ 분석 탭/ 결과 패널/ 검사

시뮬레이션 결과를 측정할 프로브를 작성하는 도구입니다. 모형에서 프로브를 작성할 점을 하나 또는 여러 개를 클릭할 수 있습니다. 시뮬레이션결과는 각 프로브 위치 별로 나타납니다.

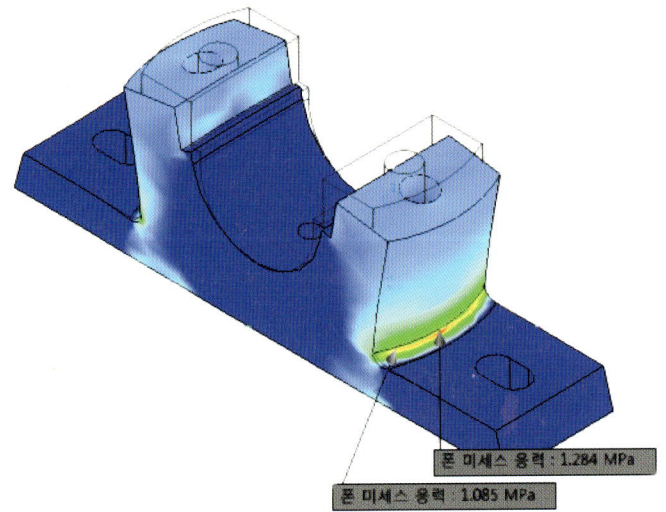

〈그림 15-45〉 프로브 표현

수렴 그래프

리본 메뉴/ 분석 탭/ 결과 패널/ 수렴 그래프

시뮬레이션의 수렴 플롯을 표시합니다. 결과 유형 값은 각 솔루션 단계 별로 표시됩니다. 이 플롯은 수렴 설정에서 h 미세 조정 최대 수가 0보다 크게 설정된 경우에만 사용할 수 있습니다.

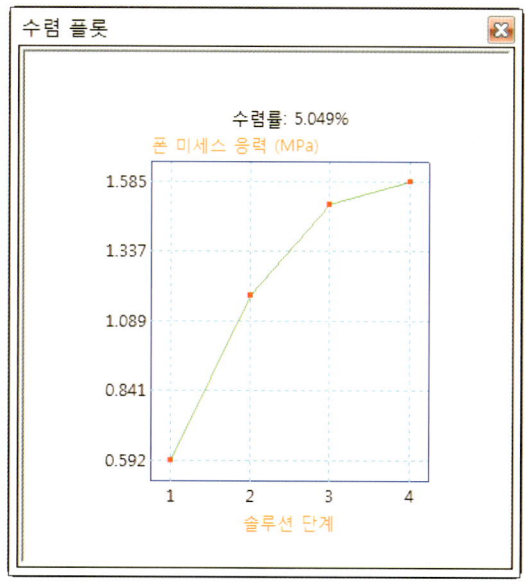

〈그림 15-46〉 수렴 플롯 대화 상자

17 결과 해석

시뮬레이션을 실행하면 검색기 막대의 결과 노드가 채워지고 그래픽 영역이 업데이트되어 음영 처리된 응력 분포를 표시해 줍니다. 검색기 막대의 결과 폴더에서 각 유형을 두 번 클릭하여 사용 가능한 결과 유형 간에 서로 전환할 수가 있습니다. 〈그림 15-47〉은 일반적인 시뮬레이션 결과를 보여주는 것입니다.

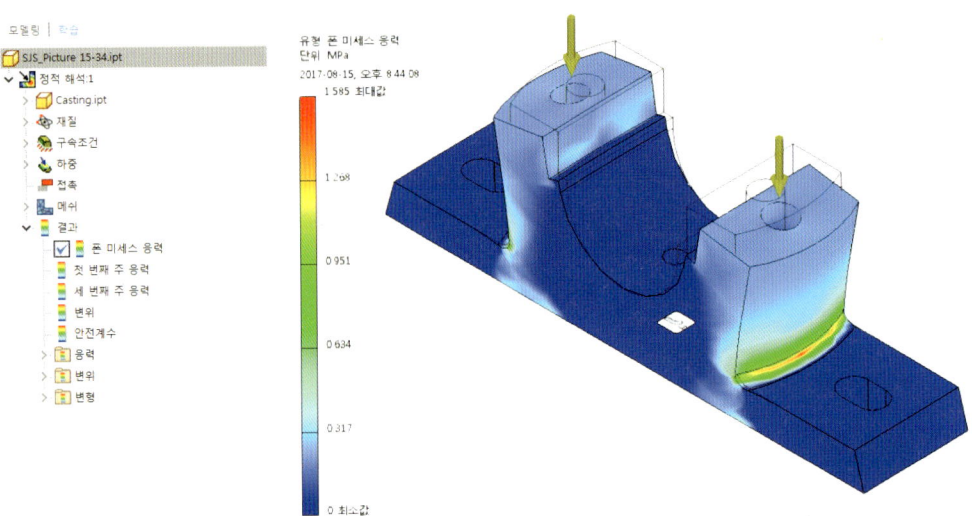

〈그림 15-47〉 일반적인 시뮬레이션 결과

검색기 막대의 결과 폴더를 잘 살펴 보아야 합니다. 검색기 막대의 결과 노드에는 결과의 하위 범주가 표시되며 각 하위 범주는 색 윤곽을 사용하여 모델에 표시됩니다. 모델에 표시된 색상은 색상 막대 범위에 표시된 값의 범위와 일치합니다. 일반적으로 주요 관심 영역은 빨간색, 주황색 및 노란색과 같이 따뜻한 색으로 표시됩니다. 이 색상은 높은 응력, 높은 변형 또는 낮은 안전 계수의 영역을 나타냅니다.

표시 패널/ 색상 막대 도구를 클릭하여 색상 막대에서 사용되는 색상 수와 위치 및 크기를 조정할 수 있습니다.

결과 노드의 하위 범주는 다음과 같습니다.

- **폰 미세스 응력**

최대 응력 이론은 구성 요소의 최대 주 응력이 탄성 한계에서 최대 응력의 값에 도달하면 실패가 발생한다고 말합니다. 이 이론은 취성 재료에 대한 실패를 예측하는데 효과적입니다. 그러나 3차원 하중을 받는 탄성체에는 복잡한 응력이 발생하며, 이는 본체 안의 어떤 시점에서 다양한 방향으로 작용하는 응력이 있음을 의미합니다. 폰 미세스 응력의 기준은 주어진 점에서 결합 응력이 실패를 유발하는지 여부를 계산합니다. 이것은 결과 노드에서 폰 미세스 응력 (일반적으로 등가 응력이라고도 함)로 표시됩니다.

- **첫 번째 주 응력**

  주 응력은 전단 응력이 존재하지 않도록 모델 좌표를 변환하여 계산됩니다. 첫 번째 주 응력은 최대 주 응력이고 전단 응력이 0인 평면에 수직인 응력의 값입니다. 이를 통해 지정된 하중 조건으로 인해 최대 인장 응력을 해석 할 수 있습니다.

- **세 번째 주 응력**

  세 번째 주 응력은 최소 주 응력이며, 전단 응력이 0인 평면에 수직으로 작용합니다. 특정 하중 조건으로 인해 부품에 존재하는 최대 압축 응력을 해석하는 데 도움이 됩니다.

- **변위**

  변위 결과는 지정된 하중 조건을 기반으로 축척된 표현으로 모델의 변형된 모양을 표시합니다. 변위 결과를 사용하여 부품이 구부러지는 위치와 범위 및 주어진 거리를 구부리는데 필요한 힘을 결정합니다.

- **안전 계수**

  안전 계수는 재료의 항복 강도를 주요 응력으로 나눈 값으로 계산됩니다. 이것은 지정된 하중 조건 하에서 실패할 가능성이 있는 모델 영역을 표시합니다. 계산된 안전 계수는 색상 막대 범위의 값이 min이 뒤에 표시됩니다. 1 미만의 안전 계수는 영구적인 수율 또는 실패를 나타냅니다.

- **주파수 모드**

  모달 해석 결과는 모달 해석이 실행될 때만 주파수 모드로 검색기 막대의 결과 노드 아래에 나타납니다. 지정된 고유 진동수에 대한 모드 도표를 볼 수 있습니다. 제한되지 않은 시뮬레이션에서 여섯 개의 표준 모드는 0Hz에서 발생하며 6 가지 표준 강체 움직임에 해당합니다.

- **화면 표시 및 보고서**

여러 디스플레이 도구를 사용하여 결과 디스플레이를 조정하여 계산된 결과를 명확하게 해석 할 수 있습니다. 화면 표시 및 보고서 패널에서 이러한 도구에 액세스 할 수 있습니다.

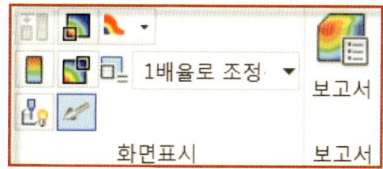

- **동일 축척**

  서로 다른 결과를 보면서 동일한 척도를 유지합니다. 매개 변수 테이블을 만들지 않으면 회색으로 표시될 수 있습니다.

- **색상 막대**

  색상 막대 표시 설정을 조정할 수 있도록 색상 막대 대화 상자를 엽니다.

- **프로브 레이블 표시**

  프로브 레이블의 가시성을 토글합니다.

- **음영**

     음영을 매끄럽게 설정한 경우 블렌디드 전환을 사용하고 윤곽 음영을 사용하는 경우 선이 음영 처리되고 음영 처리 안함으로 설정된 경우 색 음영이 표시되지 않습니다.

- **최대값**

    최대 결과 지점 표시를 켜거나 끄므로 모델의 최대 결과를 신속하게 확인할 수 있습니다.

- **최소값**

    최소 결과 지점 표시를 켜거나 끕니다. 그러면 모델의 최소 결과를 빠르게 확인할 수 있습니다.

- **경계 조건**

    부품의 하중 기호 표시를 켜거나 끕니다.

- **변위 눈금 조정**

    미리 정의 된 변위 과대 저울 목록에서 선택할 수 있습니다.

- **보고서**

     PNG 그래픽을 사용하여 HTML 형식의 분석 시뮬레이션 보고서를 생성합니다.

18 연습 문제-1

적재 물이 알루미늄-6061 플레이트에서 생성하는 최대 수직 응력을 결정합니다.

- **파일 열기**

1 SJS_Analysis_Example_01.ipt를 엽니다.

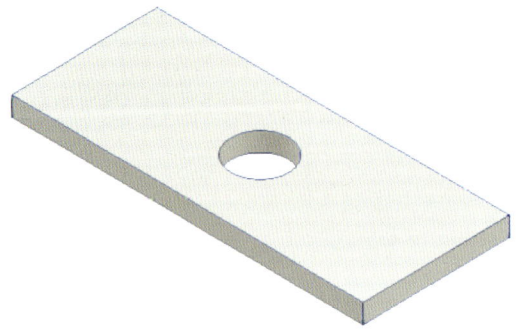

- 응력 해석 환경으로 전환하기
1. 리본메뉴> 환경 탭> 시작 패널> 응력 해석을 클릭합니다.

- 유한 요소 해석 시작하기
1. 리본메뉴> 분석 탭> 관리 패널> 학습 작성을 클릭합니다.

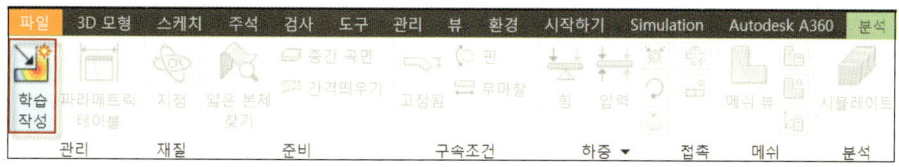

2. 기본 설정에는 (1) 정적 분석을 수행하도록 설정된 시뮬레이션 유형 및 (2) 단일 포인트로 설정된 설계 목표가 포함됩니다. 이 설정은 기본 선형 정적 분석에 사용되는 것입니다.
   - 이름: AL_Plate_선형 정적 해석: 1
   - 목표: 단일 점
   - 유형: 정적 해석

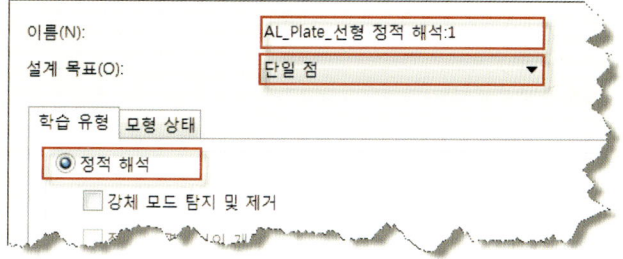

3. 확인 버튼을 클릭합니다.

4. 그래픽 도구 영역의 왼쪽에 있는 리본 메뉴 상의 도구 모음과 검색기 창에 이제 응력 해석 시뮬레이션 모듈과 관련된 항목이 표시됩니다. 검색기 창의 목록에는 유한 요소 응력 해석을 수행하는데 필요한 요소가 표시됩니다.

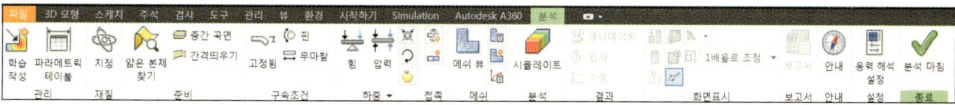

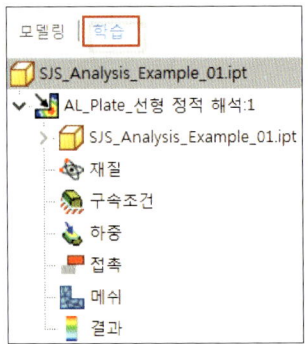

5 리본메뉴> 분석 탭> 재질 패널> 지정

지정을 클릭하여 부품의 재료 지정을 검사합니다. 지정된 재료인 알루미늄-6061은 원래 재질에 표시됩니다. 재지정 재질 옵션을 사용하여 다른 재료 사용의 효과를 검사할 수 있습니다.

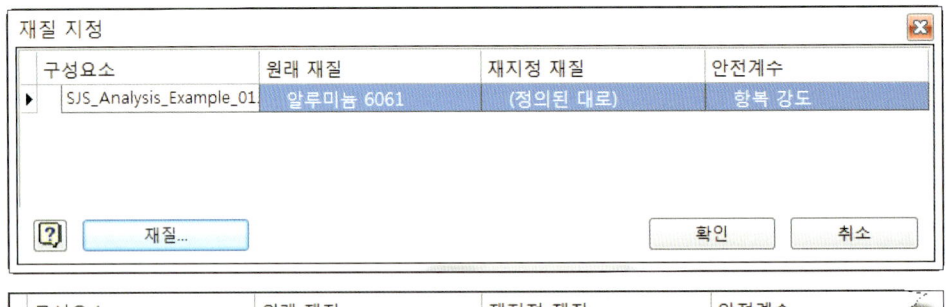

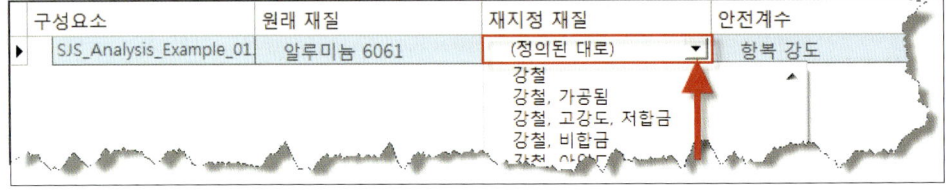

동일한 명령은 검색기 창을 통해 액세스 할 수도 있습니다.

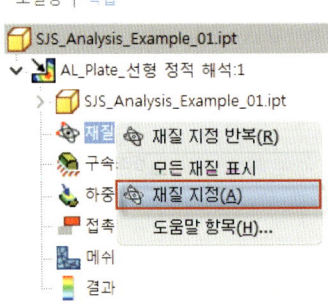

6 확인 버튼을 클릭합니다.

chapter 15 응력 해석

• **구속 조건과 하중 조건 적용하기**

1 리본메뉴> 분석 탭> 구속 조건 패널> 고정됨 구속 조건

 고정됨 구속 조건을 선택하여 플레이트의 지지 조건을 지정합니다. 아래 그림과 같이 플레이트의 왼쪽 끝의 작은 수직 솔리드 겉면을 선택합니다.

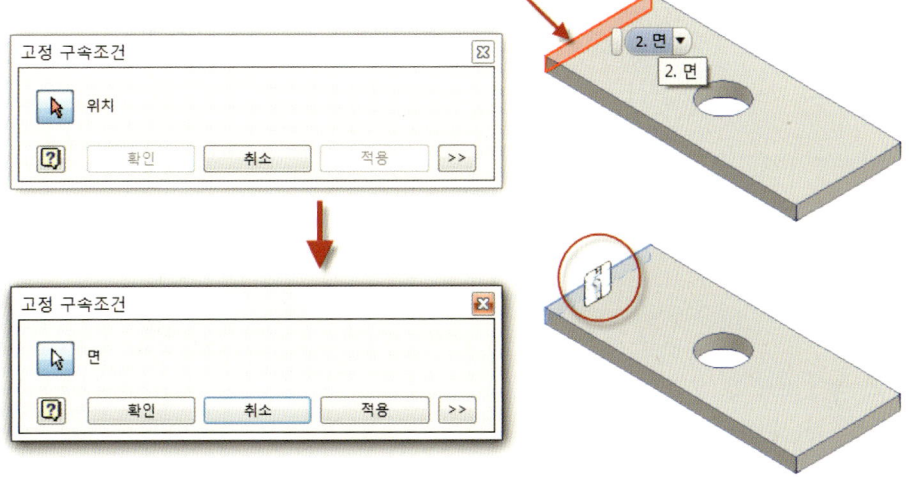

2 플레이트의 왼쪽 끝에 있는 모든 자유도(DOF)가 제거되어 플레이트의 끝이 고정됩니다.

3 확인 버튼을 클릭하여 선택 사항을 적용합니다.

4 리본메뉴> 분석 탭> 하중 패널> 힘 하중

 플레이트의 오른쪽 끝에 작은 수직 솔리드 겉면을 클릭합니다. 힘 대화 상자에서 힘 값으로 1333.5N를 입력하고 방향 반전 옵션 상자를 선택하십시오. 힘 하중의 방향이 바깥 쪽임을 알 수 있습니다.

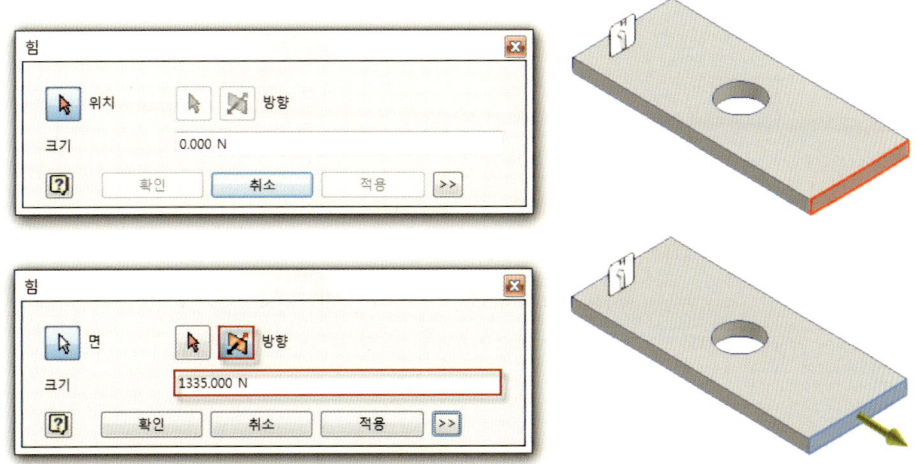

5 확인 버튼을 클릭하여 선택 사항을 적용합니다.

※ 고정 구속 조건 및 힘 하중은 기본 이름이 고정 구속 조건: 1 및 힘: 1 이 그래픽 영역 왼쪽의 검색기 창에 나타납니다.

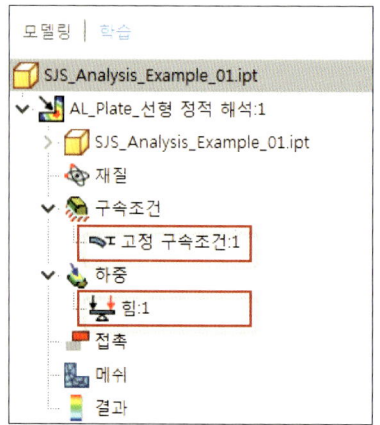

- **기본 메쉬 생성 및 로컬 메쉬 적용하기**

1 리본메뉴> 분석 탭> 메쉬 패널> 메쉬 설정

메쉬 설정을 클릭하여 기본 설정 값을 확인합니다. 여기서는 일단 기본 값을 적용할 것입니다.

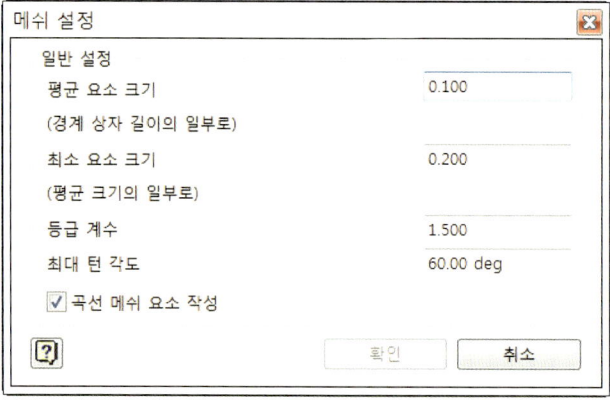

2 리본메뉴> 분석 탭> 메쉬 패널> 메쉬 뷰

기본 설정 값을 적용한 후 메쉬 뷰를 클릭하여 전체적인 기본 메쉬 요소를 확인해 봅니다. 아래의 그림은 기본 설정에서 628 개의 노드와 264 개의 요소를 생성했으며, 이는 상대적으로 거친 메쉬라고 할 수 있습니다.

chapter 15 응력 해석

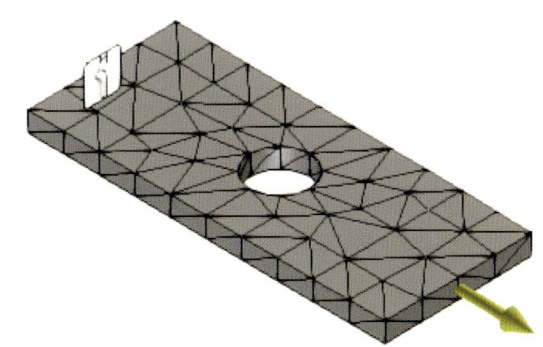

노드 628
요소 264

※ 일반적으로 첫 번째 FEA 메쉬를 만드는 데는 상대적으로 적은 수의 요소로 시작하여 점차 더 조밀하고 상대적으로 많은 수의 요소를 만드는 방법을 사용합니다. 첫 번째 거친 메쉬 분석의 주요 목적은 전반적인 응력 분포에 대한 대략적인 아이디어를 얻는 것입니다. 대부분의 경우 복잡하고 정교한 FEA 모델의 사용은 불필요하게 처리 시간을 증가시키면서 계산 정확도를 제공하기 때문에 간단하고 빠르게 확인하고자 하는 응력 분포에 대한 경향 분석의 목적에는 추천하지 않습니다.

3 리본메뉴> 분석 탭> 메쉬 패널> 로컬 메쉬 컨트롤

로컬 메쉬 컨트롤을 클릭하여 아래와 같이 구멍 모서리

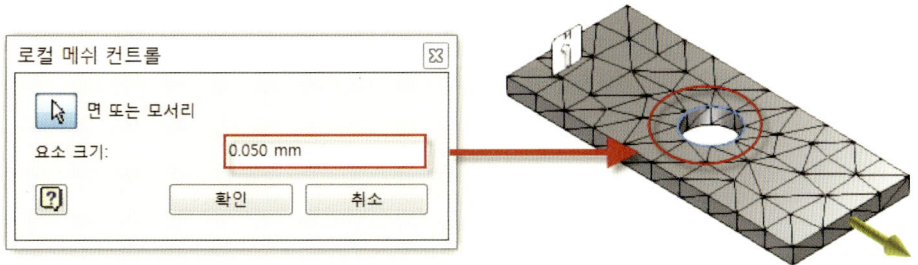

4 검색기 창에서 메쉬 노드를 선택하여 마우스 오른쪽 버튼을 클릭하면 표시되는 바로 가기 메뉴에서 메쉬 업데이트를 클릭합니다.

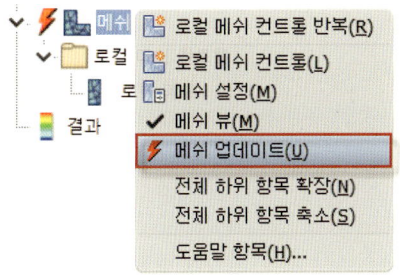

5 업데이트 후 22089 개의 노드와 11917 개의 요소를 생성합니다.

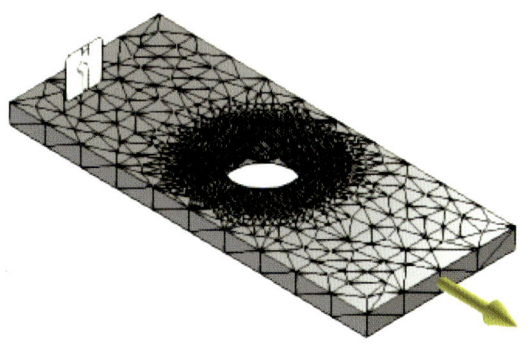

- **시뮬레이션 시작하기**

1 리본메뉴〉 분석 탭〉 분석 패널〉 시뮬레이트

시뮬레이트를 클릭하면 시뮬레이트 대화 상자가 아래와 같이 나타납니다.

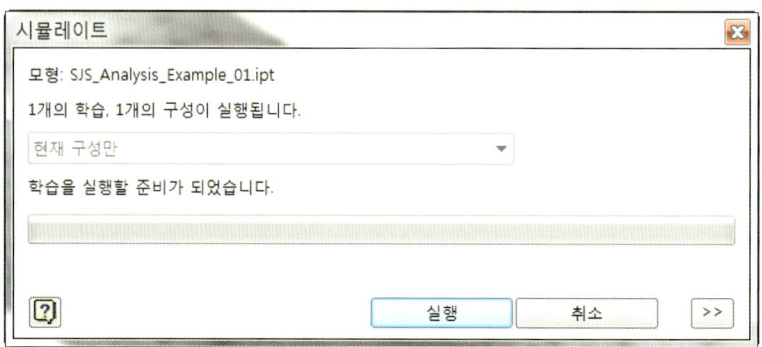

2 실행 버튼을 클릭하여 해석 시뮬레이션의 솔빙을 시작합니다.

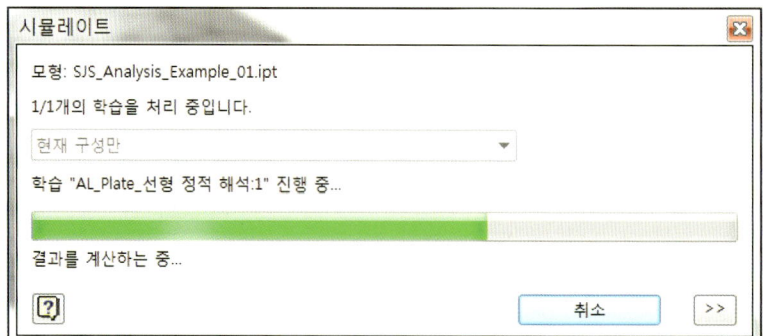

3 아래는 솔빙 결과입니다.

등가 응력 (Von Mises 응력) 플롯이 생성되어 그래픽 영역에 표시됩니다. 색상으로 표시된 눈금이 오른쪽에 표시된 눈금 표시 막대와 함께 사용됩니다. 빨간색은 가장 높은 스트레스 영역을 나타냅니다. 최대 응력은 재료의 항복 강도 (27.5 MPa)보다 훨씬 낮은 11.6 MPa이며, 구멍의 상부 및 하부 사분 면에 응력 집중 점에 위치하는 것을 확인해 볼 수 있습니다.

- **유한 요소의 기하학적 고려 사항**

위에서는 전체 플레이트를 만들고 분석했지만 관련된 기하 형상을 면밀히 검사하면 플레이트를 분석하는데보다 효과적인 방법을 사용할 수 있음을 알 수 있습니다. 선형 통계 분석의 경우 대칭 기능이 있는 디자인을 사용하여 분석을 신속하게 수행 할 수 있습니다. 위의 플레이트 문제에는 두 개의 대칭 평면이 있습니다. 따라서, 우리는 실제 제품의 4분의 1인 FE 모델을 생성하기만 하면 됩니다. 대칭성을 활용하여 보다 정확하고 빠른 결과를 제공 할 수 있는 세분화된 요소를 사용할 수 있습니다.

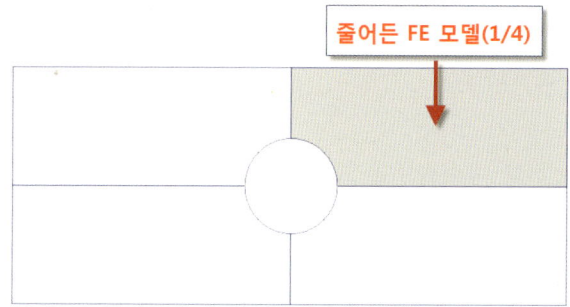

줄어든 FE 모델(1/4)

응력 분석을 수행할 때 모든 방향에서 구속 조건을 고려해야 합니다. 위 예제의 플레이트 모델의 경우 변형은 대칭 축을 따라 발생합니다. 그러므로 아래 그림과 같이 두 개의 중심선을 따라 롤러 구속 조건을 배치합니다. 이보다 단순화된 모델에 대해 FEA를 수행하고 이전 섹션에서 얻은 결과를 비교하는 것이 좋습니다.

또한 FEA에서 대칭 특성을 사용하는 것에 대해 주의해야 합니다. 경계 조건과 하중의 대칭 특성을 고려해야 하기 때문입니다. 왜냐하면 선형 통계 분석에 사용되는 대칭 특성은 진동 또는 좌굴 모드에서 유사한 대칭 결과를 의미하는 것은 아니기 때문입니다.

모델링 고려 사항 요약

- 설계 의도 - 설계 시에 핵심 기능을 선택하여 결정해야 합니다.
- 기능 순서 - 모든 기능에는 반드시 필요한 부모 / 자식 관계를 고려해야 합니다.
- 치수 및 기하학적 구속 조건 - 구속 조건이 적용되는 방식에 따라 구성 요소의 업데이트 방법이 결정된다는 사실을 기억해야 합니다.
- 관계 - 부품과 조립품에서 필요한 방향 및 매개 변수 연관 관계를 반드시 고려합니다.

19 연습 문제-2

아래 표시된 원통형 모델은 큰 원통형 끝 부분이 고정되어 있으며, 50 kN 힘이 작은 원통형 끝 부분에 가해집니다. 이 원통형 모델의 최대 응력과 최대 처짐을 찾는 예제입니다.

재질은 S45C (AISI 1020), (표준 단위: mks=SI)

- JIS S45C Steel 물성치 (참고, www.matweb.com)

Physical Properties	Metric	English	Comments
Density	7.85 g/cc	0.284 lb/in³	AISI 1045

Mechanical Properties	Metric	English	Comments
Hardness, Brinell	167 - 229	167 - 229	
Tensile Strength, Ultimate	569 MPa	82500 psi	
Tensile Strength, Yield	343 MPa	49800 psi	
Elongation at Break	20 %	20 %	
Modulus of Elasticity	205 GPa	29700 ksi	Typical steel
Poissons Ratio	0.29	0.29	Typical steel
Machinability	55 %	55 %	Based on AISI 1212 steel as 100% machinability
Shear Modulus	80.0 GPa	11600 ksi	Typical steel

- 파일 열기

1 SJS_Analysis_Example_02.ipt를 엽니다.

- 응력 해석 환경으로 전환하기

1 리본메뉴> 환경 탭> 시작 패널> 응력 해석을 클릭합니다.

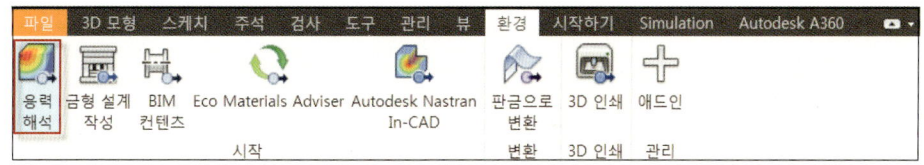

- 유한 요소 해석 시작하기

1 리본메뉴> 분석 탭> 관리 패널> 학습 작성을 클릭합니다.

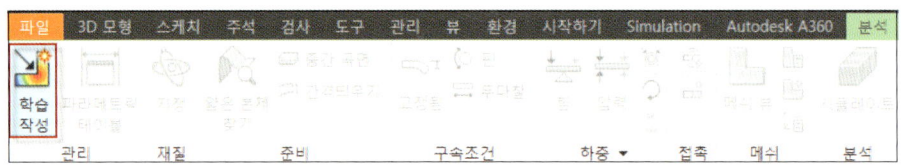

2 기본 설정에는 (1) 정적 분석을 수행하도록 설정된 시뮬레이션 유형 및 (2) 단일 포인트로 설정된 설계 목표가 포함됩니다. 이 설정은 기본 선형 정적 분석에 사용되는 것입니다.
- 이름: 원통형_선형 정적 해석: 2
- 목표: 단일 점
- 유형: 정적 해석

3 확인 버튼을 클릭합니다.

4 그래픽 도구 영역의 왼쪽에 있는 리본 메뉴 상의 도구 모음과 검색기 창에 이제 응력 해석 시뮬레이션 모듈과 관련된 항목이 표시됩니다. 검색기 창의 목록에는 유한 요소 응력 해석을 수행하는데 필요한 요소가 표시됩니다.

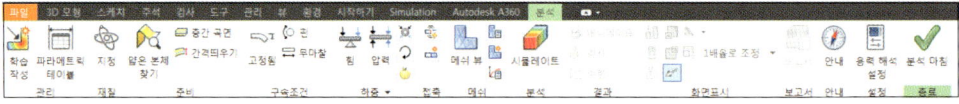

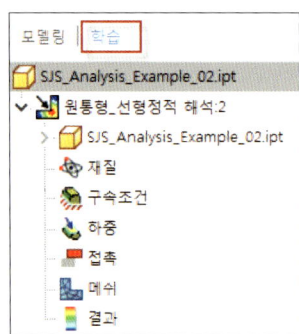

5 리본메뉴> 분석 탭> 재질 패널> 지정

지정을 클릭하여 부품의 재료 지정을 검사합니다. 지정된 재료인 알루미늄-6061은 원래 재질에 표시됩니다. 재지정 재질 옵션을 사용하여 다른 재료 사용의 효과를 검사할 수 있습니다.

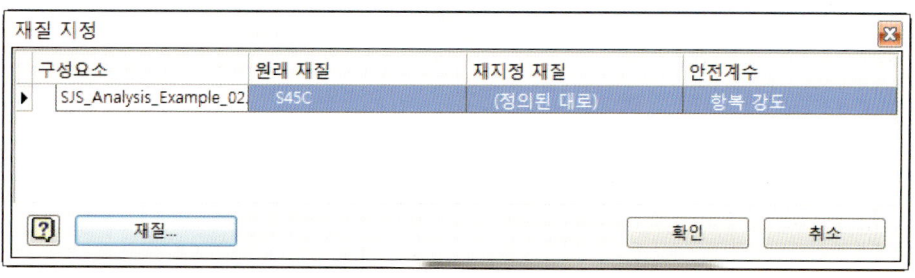

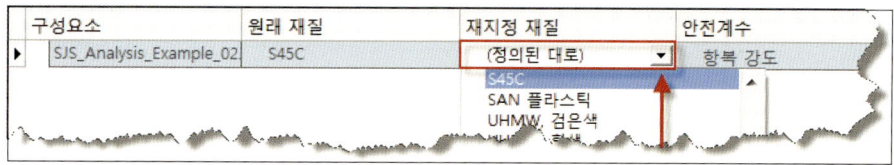

동일한 명령은 검색기 창을 통해 액세스 할 수도 있습니다.

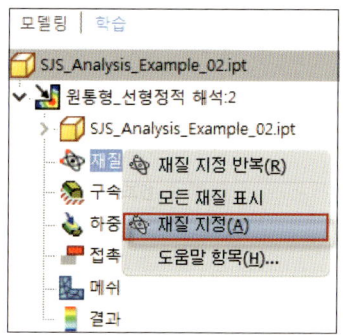

6 확인 버튼을 클릭합니다.

- **구속 조건과 하중 조건 적용하기**

1 리본메뉴> 분석 탭> 구속 조건 패널> 고정됨 구속 조건

고정됨 구속 조건을 선택하여 플레이트의 지지 조건을 지정합니다. 아래 그림과 같이 플레이트의 왼쪽 끝의 작은 수직 솔리드 겉면을 선택합니다.

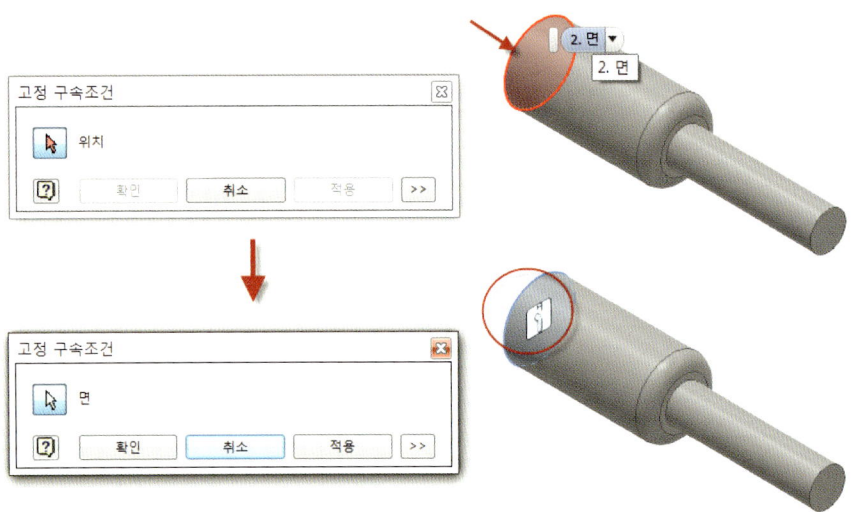

2 원통형의 왼쪽 큰 부분에 있는 모든 자유도(DOF)가 제거되어 원통형의 왼쪽 끝이 고정됩니다.

3 확인 버튼을 클릭하여 선택 사항을 적용합니다.

4 **리본메뉴> 분석 탭> 하중 패널> 힘 하중**

 플레이트의 오른쪽 끝에 작은 수직 솔리드 겉면을 클릭합니다. 힘 대화 상자에서 힘 값으로 50000 N을 입력하고 방향 반전 옵션 상자를 선택하십시오. 힘 하중의 방향이 바깥 쪽임을 알 수 있습니다.

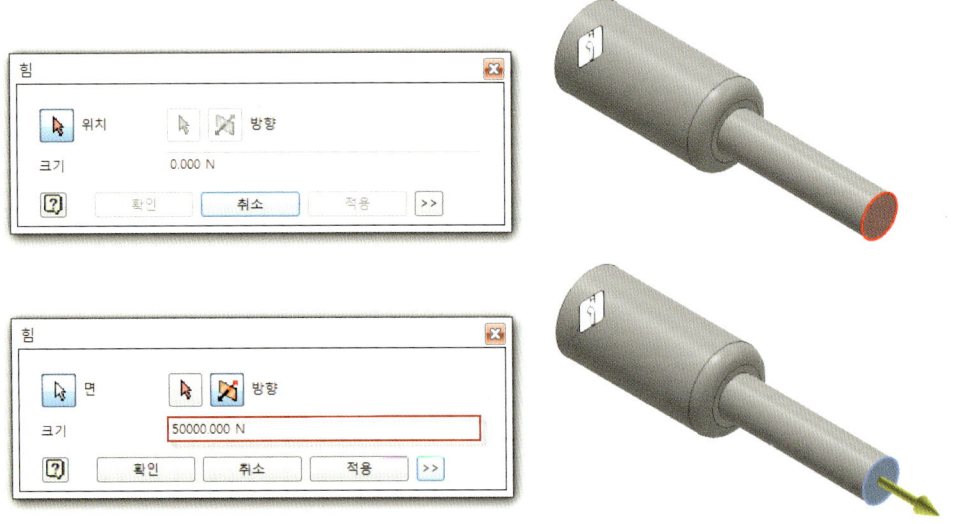

5 확인 버튼을 클릭하여 선택 사항을 적용합니다.

※ 고정 구속 조건 및 힘 하중은 기본 이름이 고정 구속 조건: 1 및 힘: 1 이 그래픽 영역 왼쪽의 검색기 창에 나타납니다.

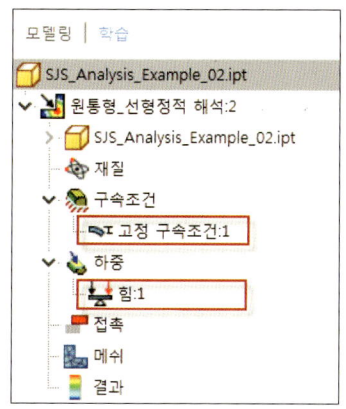

- 기본 메쉬 생성 및 로컬 메쉬 적용하기

1 리본메뉴> 분석 탭> 메쉬 패널> 메쉬 설정

메쉬 설정을 클릭하여 기본 설정 값을 확인합니다. 여기서는 일단 기본 값을 아래와 같이 수정하여 적용할 것입니다.

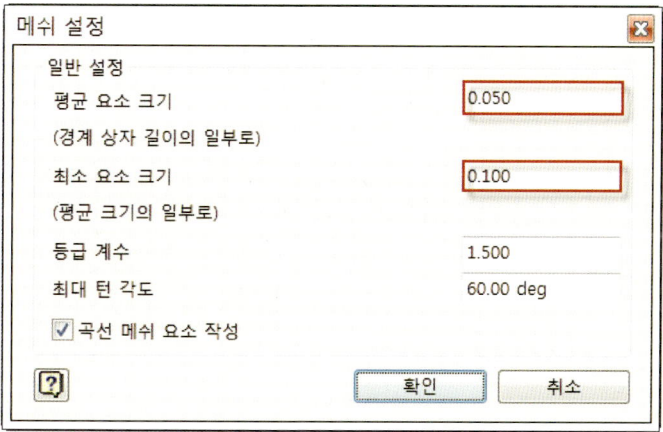

2 리본메뉴> 분석 탭> 메쉬 패널> 메쉬 뷰

기본 설정 값을 적용한 후 메쉬 뷰를 클릭하여 전체적인 기본 메쉬 요소를 확인해 봅니다. 아래의 그림은 기본 설정에서 2892 개의 노드와 1694 개의 요소를 생성합니다.

노드 2892
요소 1694

- **시뮬레이션 시작하기**

1 리본메뉴> 분석 탭> 분석 패널> 시뮬레이트

시뮬레이트를 클릭하면 시뮬레이트 대화 상자가 아래와 같이 나타납니다.

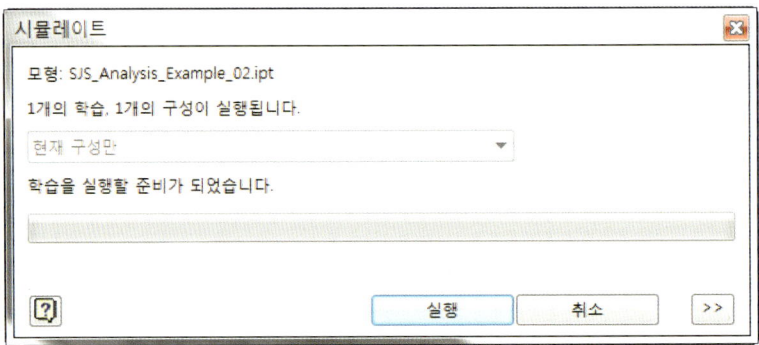

2 실행 버튼을 클릭하여 해석 시뮬레이션의 솔빙을 시작합니다.

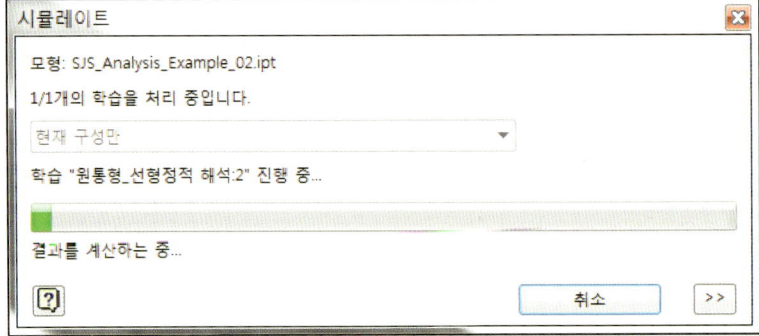

3 아래는 솔빙 결과입니다.

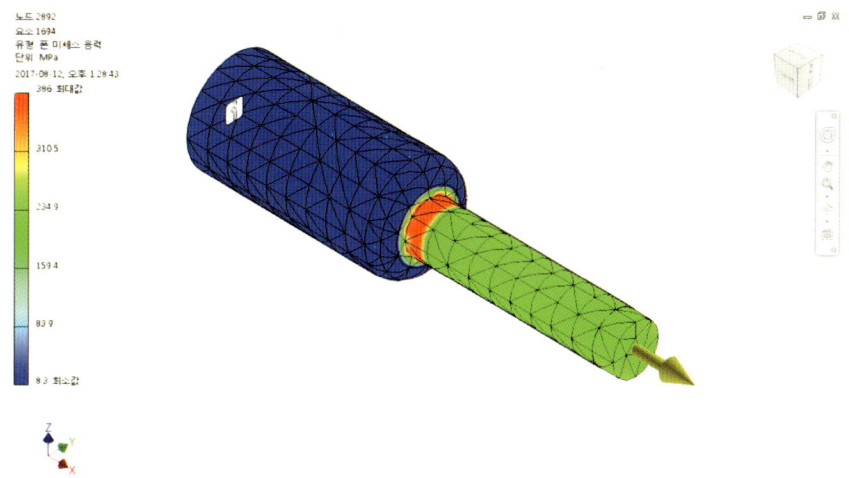

등가 응력 (Von Mises 응력) 플롯이 생성되어 그래픽 영역에 표시됩니다. 색상으로 표시된 눈금이 오른쪽에 표시된 눈금 표시 막대와 함께 사용됩니다. 빨간색은 가장 높은 스트레스 영역을 나타냅니다. 최대 응력은 재료의 항복 강도 (343 MPa)보다 큰 386 MPa이며, 큰 원통형과 작은 원통형이 만나는 위치에 있는 것을 확인해 볼 수 있습니다.

이는 작은 원통형의 지름을 좀 더 크게 조절해야 한다는 것을 확인할 수 있습니다.

Note

❏ 분할 도구를 사용하여 정확하게 하중 적용

구성 요소에 베어링 하중을 할당 할 때 연속 면의 일부분 만 선택하려면 먼저 면을 분할해야 할 수 있습니다. 예를 들어 샤프트에 하중을 가하는 것을 고려해 보겠습니다. 원통형 면을 선택하면 적재된 영역에만 집중되는 것이 아니라 전체 면에 하중이 분산 될 수 있습니다. 작업 평면을 사용하여 면을 분할 할 수 있습니다. 이것은 얇은 면이나 곡면 에 하중을 가하는 경우에도 유용 할 수 있습니다. 스케치를 사용하여 곡면을 하중에 적합한 면으로 나눕니다. 3D모형 탭의 수정 패널에서 모델링 환경의 분할 도구에 액세스하여 사용할 수 있습니다.

20 연습 문제-3

이번 예제는 판 스프링의 모델 해석 수행을 통해 고유 진동수와 모드 형상을 분석해 보는 예제입니다. 일반적으로 실무에서는 가장 간단한 고유 진동수 해석이 가장 많이 수행되고 있습니다. 모달 해석(고유 진동수 해석)의 입력 값은 제품의 형상, 재질(탄성계수와 포아송비), 밀도 값만 있으면 되고 출력 값은 원하는 범위의 고유 진동수와 해당되는 고유 모드의 형상입니다.

- **파일 열기**

1 SJS_Analysis_Example_03.ipt를 엽니다.

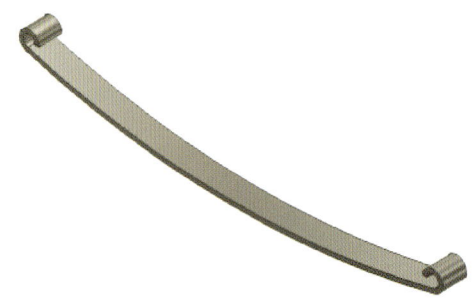

- **응력 해석 환경으로 전환하기**

1 리본메뉴> 환경 탭> 시작 패널> 응력 해석을 클릭합니다.

- **유한 요소 해석 시작하기**

1 리본메뉴> 분석 탭> 관리 패널> 학습 작성을 클릭합니다.

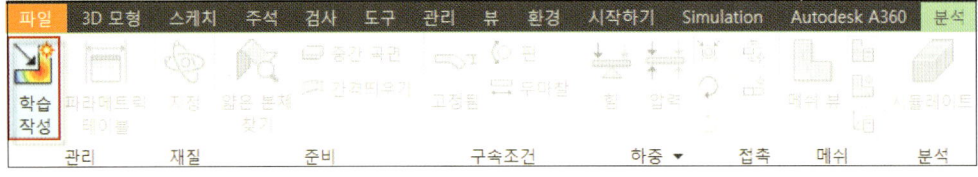

2 기본 설정에는 (1) 모달 해석을 수행하도록 설정된 시뮬레이션 유형 및 (2) 단일 포인트로 설정된 설계 목표가 포함됩니다. 이 설정은 기본 모달 해석에 사용되는 것입니다.
  - 이름: 판 스프링_모달 해석: 1

- 목표: 단일 점
- 유형: 모달 해석

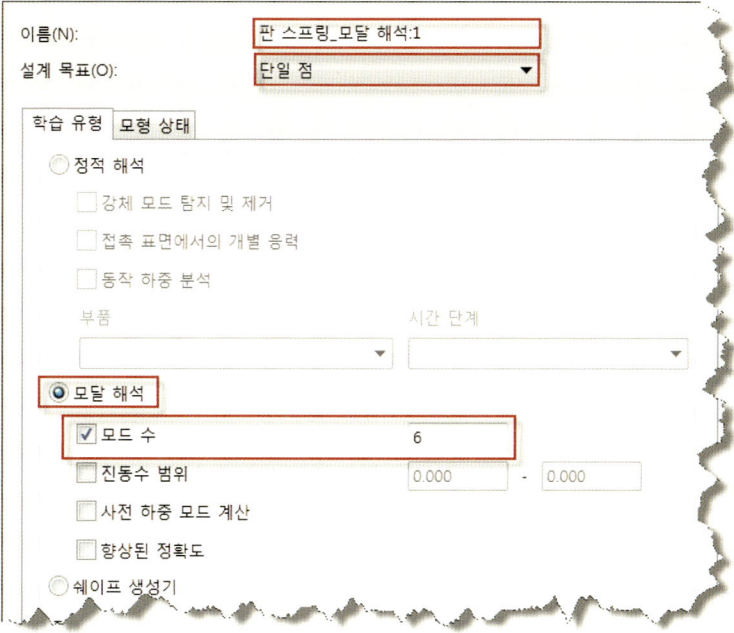

3 확인 버튼을 클릭합니다.

4 그래픽 도구 영역의 왼쪽에 있는 리본 메뉴 상의 도구 모음과 검색기 창에 이제 응력 해석 시뮬레이션 모듈과 관련된 항목이 표시됩니다. 검색기 창의 목록에는 유한 요소 응력 해석을 수행하는데 필요한 요소가 표시됩니다.

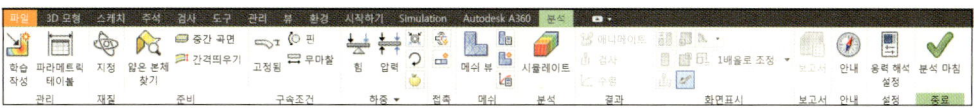

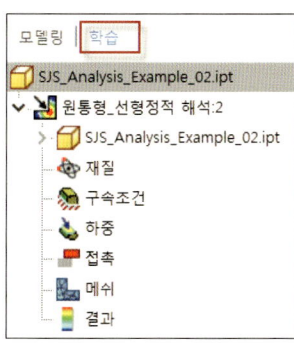

5 리본메뉴> 분석 탭> 재질 패널> 지정

지정을 클릭하여 부품의 재료 지정을 검사합니다. 지정된 재료인 강철, 연강은 원래 재질에 표시됩니다. 재지정 재질 옵션을 사용하여 다른 재료 사용의 효과를 검사 할 수 있습니다.

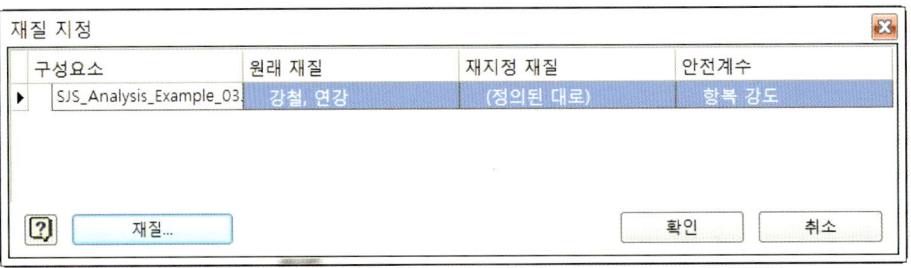

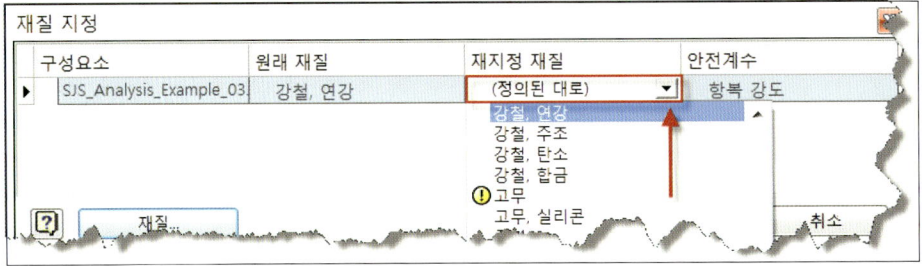

동일한 명령은 검색기 창을 통해 액세스 할 수도 있습니다.

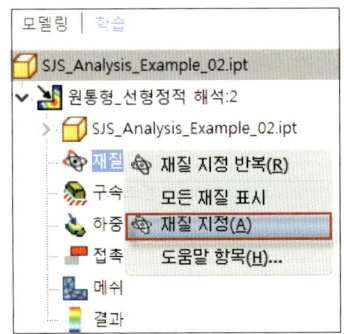

6 확인 버튼을 클릭합니다.

• 구속 조건과 하중 조건 적용하기

1 리본메뉴> 분석 탭> 구속 소건 패널> 고정됨 구속 조건

고정됨 구속 조건을 선택하여 판 스프링의 지지 조건을 지정합니다. 아래 그림과 같이 판 스프링의 양쪽 끝 안쪽 면 두 군데를 선택합니다.

chapter 15 응력 해석

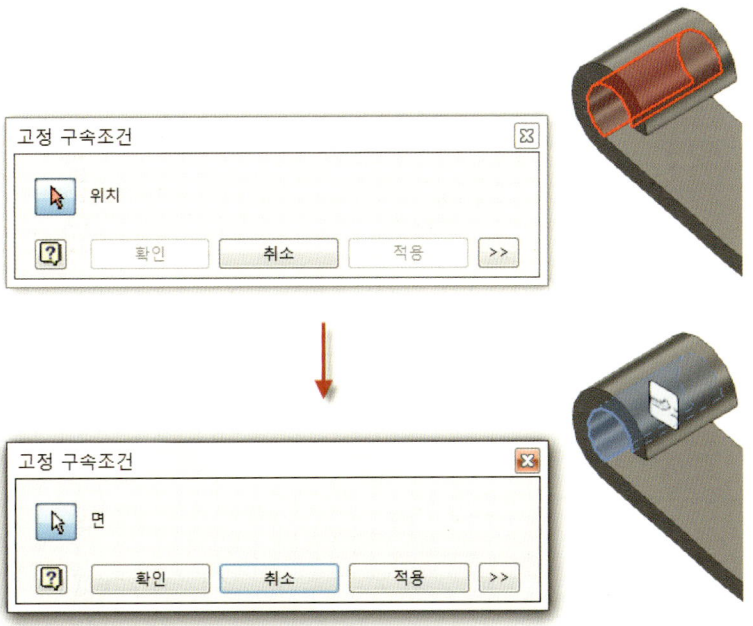

2 　적용　 버튼을 클릭하여 선택 사항을 적용합니다.

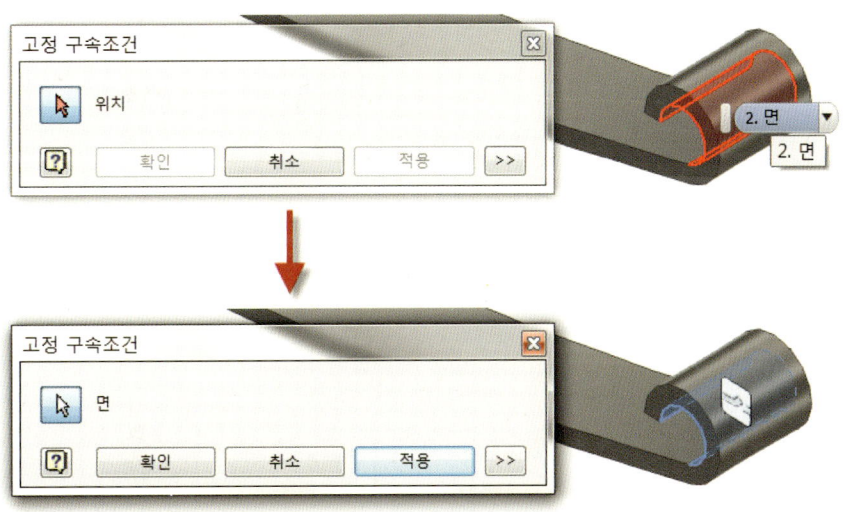

3 판 스프링의 양쪽 안쪽 부분에 있는 모든 자유도(DOF)가 제거되어 양쪽 끝이 고정됩니다.

4 [확인] 버튼을 클릭하여 선택 사항을 적용합니다.

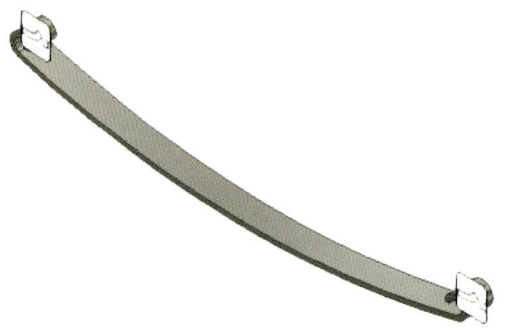

※ 고정 구속 조건 및 힘 하중은 기본 이름이 고정 구속 조건: 1과 고정 구속 조건: 2가 이 그래픽 영역 왼쪽의 검색기 창에 나타납니다.

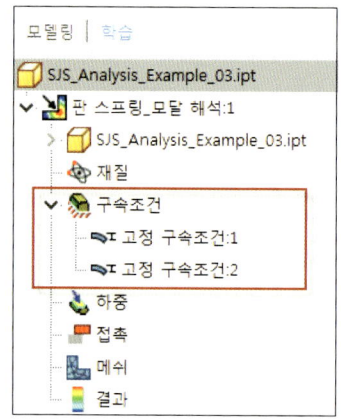

• **기본 메쉬 생성 및 로컬 메쉬 적용하기**

1 리본메뉴> 분석 탭> 메쉬 패널> 메쉬 설정

메쉬 설정을 클릭하여 기본 설정 값을 확인합니다. 여기서는 일단 기본 값을 아래와 같이 수정하여 적용할 것입니다.

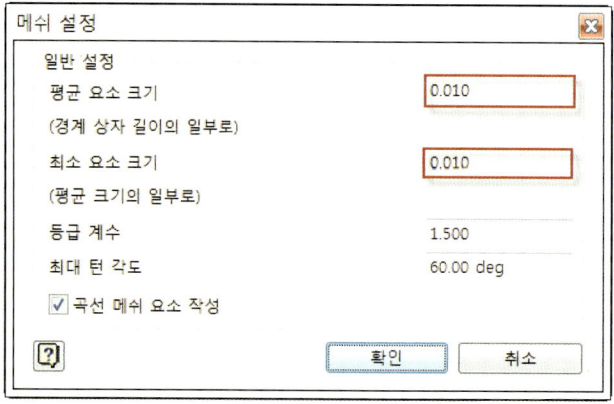

chapter 15 응력 해석

2 리본메뉴> 분석 탭> 메쉬 패널> 메쉬 뷰

기본 설정 값을 적용한 후 메쉬 뷰를 클릭하여 전체적인 기본 메쉬 요소를 확인해 봅니다. 아래의 그림은 기본 설정에서 13112 개의 노드와 7018 개의 요소를 생성 합니다.

- **시뮬레이션 시작하기**

1 리본메뉴> 분석 탭> 분석 패널> 시뮬레이트

시뮬레이트를 클릭하면 시뮬레이트 대화 상자가 아래와 같이 나타납니다.

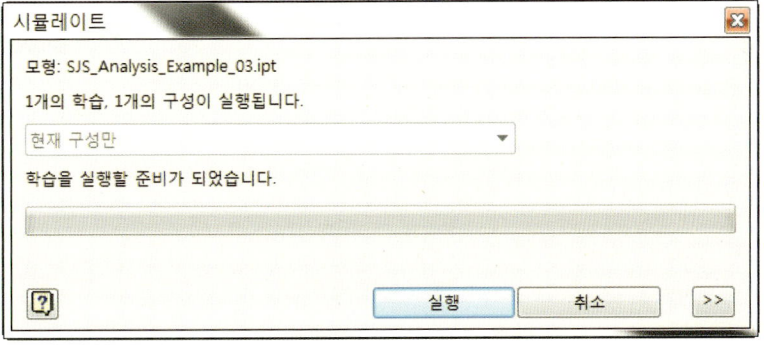

337

2 　실행　 버튼을 클릭하여 해석 시뮬레이션의 솔빙을 시작합니다.

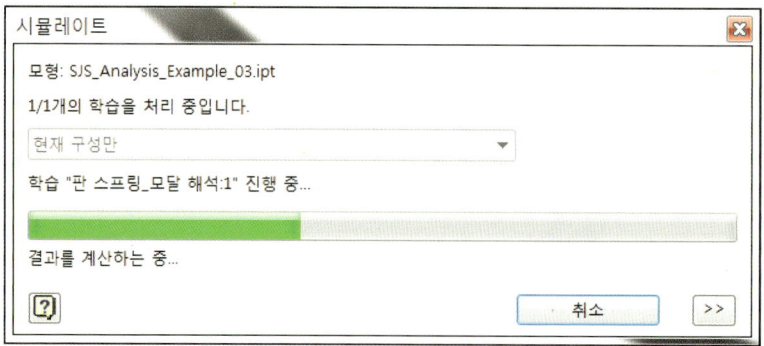

3 아래는 솔빙 결과입니다.

그림 영역에 첫 번째 고유 진동수 형상의 모드 형상이 표시됩니다.

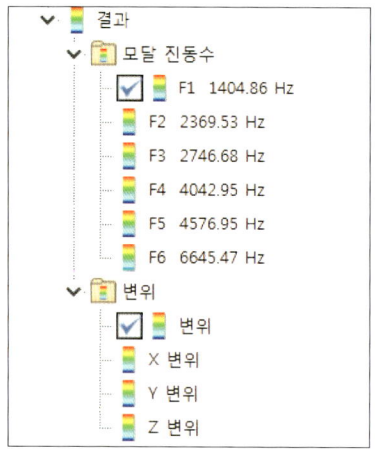

모달 해석의 결과 분석에서 가장 중요한 것은 공진발생 가능성의 검토입니다. 공진발생 가능성의 검토 가장 먼저 고유 진동수가 외부하중/ 가진의 작동 주파수 범위 내에 있는지에 대해서 확인을 해야 합니다. 보통 처음 세 개의 저차 모드(1차~3차모드)의 고유 진동수를 확인하고, 이 세 개 모드의 고유 진동수가 하중/ 가진의 작동 주파수의 범위를 벗어나 있으면 공진에 대해 안전하다고 판단할 수 있습니다. 만약 세 개 모드의 고유 진동수가 작동 주파수 범위 내에 있으면 공진이 발생할 수 있음을 의미합니다

21 연습 문제-4

이 예제에서는 4,500rpm으로 회전하는 스윙 - 버킷 원심 분리기 로터의 응력과 변형을 결정하기 위해 필요한 하중과 구속 조건을 만드는 과정을 보여주는 예제입니다.
재질은 알루미늄-6061

- **파일 열기**

1 SJS_Analysis_Example_04.ipt를 엽니다.

- **응력 해석 환경으로 전환하기**

1 리본메뉴> 환경 탭> 시작 패널> 응력 해석을 클릭합니다.

- 유한 요소 해석 시작하기

1 리본메뉴> 분석 탭> 관리 패널> 학습 작성을 클릭합니다.

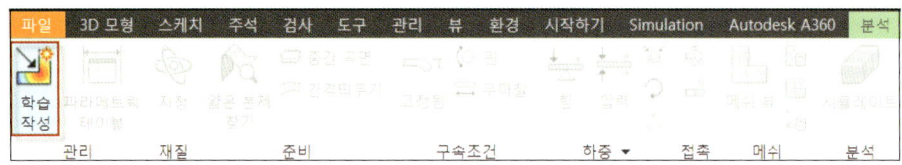

2 기본 설정에는 (1) 강체 모드 탐지 및 제거를 활용하여 정적 분석을 수행하도록 설정된 시뮬레이션 유형 및 (2) 단일 포인트로 설정된 설계 목표가 포함됩니다. 이 설정은 기본 선형 정적 분석에 사용되는 것입니다.
- **이름: 본체 하중_선형 정적 해석: 1**
- **목표: 단일 점**
- **유형: 정적 해석**
- **강체 모드 탐지 및 제거: 체크**

   이 설정은 구성 요소의 질량 중심을 기준으로 고정하기 위한 구속 조건이 충분하지 않은 경우에 알고리즘을 사용하여 부품의 이동을 중지시켜 줍니다. 나중에 추가될 핀 구속이 자유도를 벗어날 수 있게 하는 유일한 구속이기 때문에 이 옵션 체크가 필요합니다.

3 확인 버튼을 클릭합니다.

4 그래픽 도구 영역의 왼쪽에 있는 리본 메뉴 상의 도구 모음과 검색기 창에 이제 응력 해석 시뮬레이션 모듈과 관련된 항목이 표시됩니다. 검색기 창의 목록에는 유한 요소 응력 해석을 수행하는데 필요한 요소가 표시됩니다.

chapter 15 응력 해석

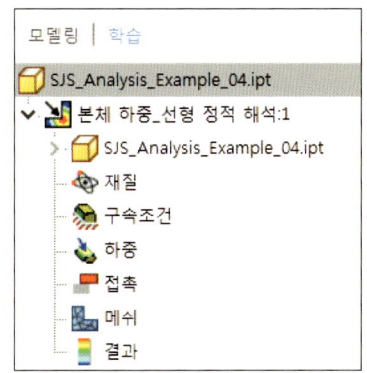

5 리본메뉴> 분석 탭> 재질 패널> 지정

지정을 클릭하여 부품의 재료 지정을 검사합니다. 지정된 재료인 알루미늄-6061은 원래 재질에 표시됩니다. 재지정 재질 옵션을 사용하여 다른 재료 사용의 효과를 검사 할 수 있습니다.

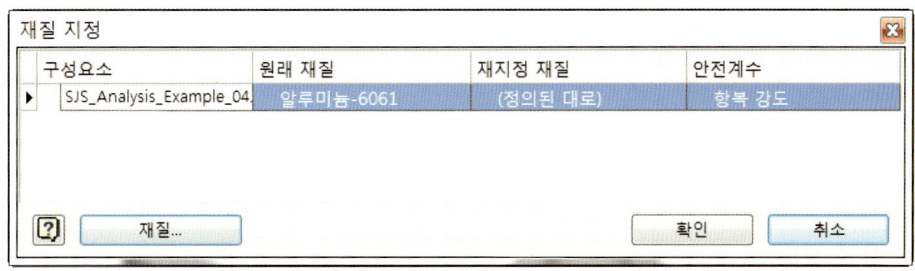

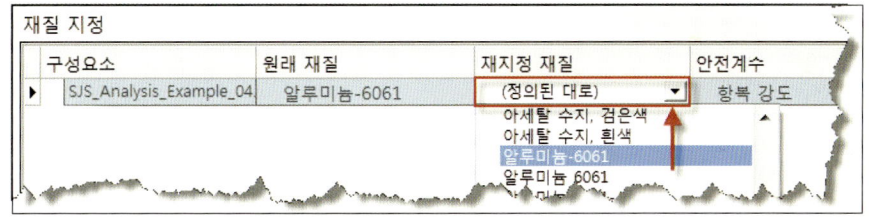

동일한 명령은 검색기 창을 통해 액세스 할 수도 있습니다.

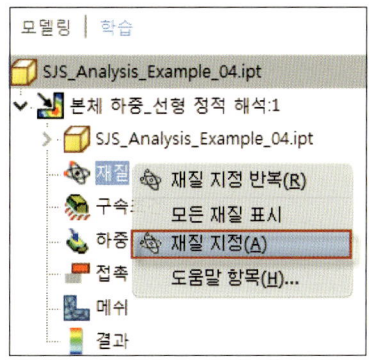

6 [확인] 버튼을 클릭합니다.

7 검색기 막대에서 시뮬레이션 준비 파트를 확장하여 모든 개별 기능을 볼 수 있습니다.

8 검색기 막대에서 모깎기 2를 선택한 다음 마우스 오른쪽 버튼을 클릭하면 보이는 바로 가기 메뉴에서 학습에서 제외를 선택합니다.

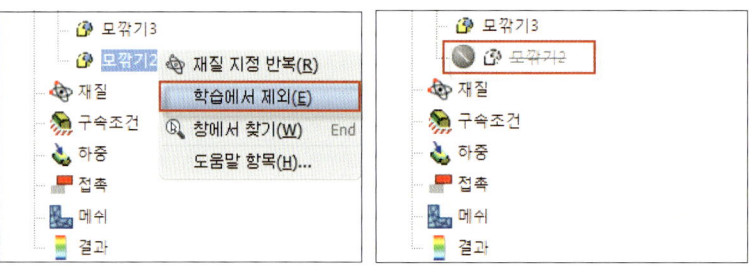

• 구속 조건과 하중 조건 적용하기

1 리본메뉴> 분석 탭> 하중 패널> 본체 하중

본체 본체 하중을 선택하면 표시되는 대화 상자에서 각도 탭을 선택합니다. 각 속도 및 가속도 사용을 체크합니다. 아래와 같이 속도 값에 27000 deg/s 를 입력하고 위치 버튼을 클릭하여 구멍 중심의 내부 안쪽 면을 선택합니다.

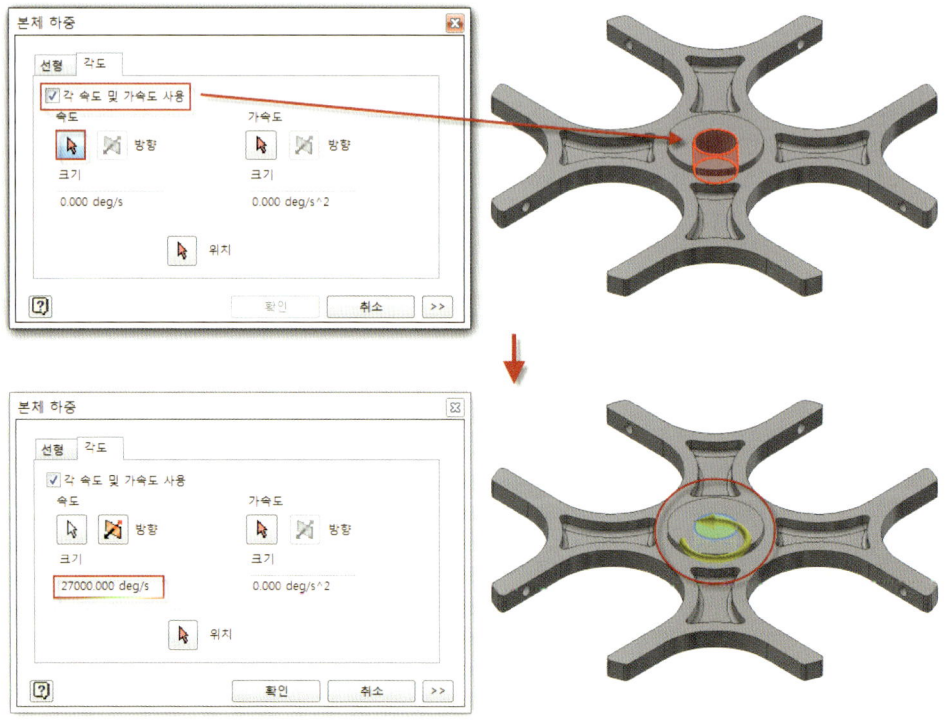

2 [확인] 버튼을 클릭하여 선택 사항을 적용합니다.

3 리본메뉴> 분석 탭> 구속 조건 패널> 핀 구속 조건

핀 구속 조건을 선택하여 아래와 같이 구멍 중심의 내부 안쪽 면을 선택합니다.

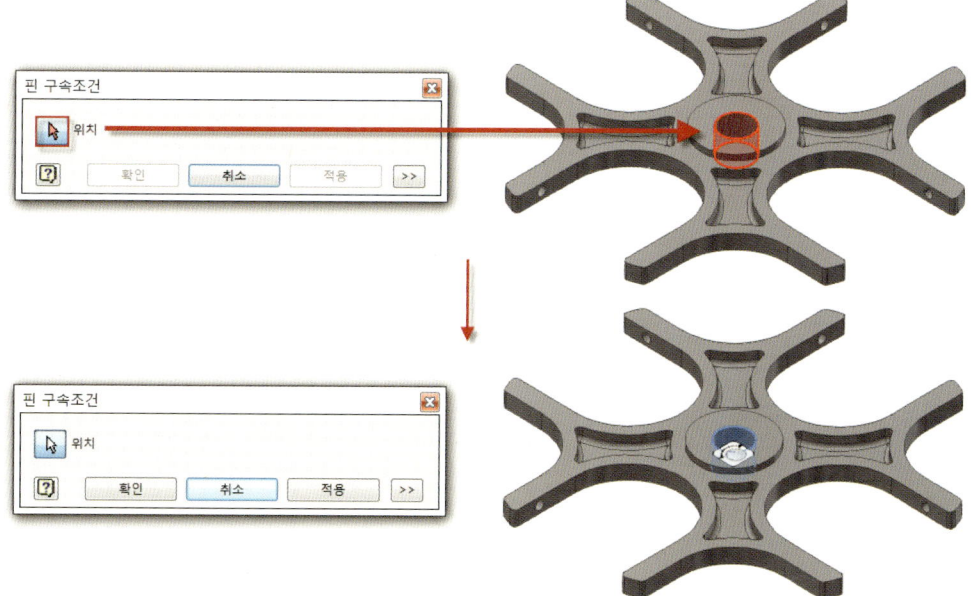

4 확인 버튼을 클릭하여 선택 사항을 적용합니다.

※ 핀 구속 조건 및 본체 하중은 기본 이름이 핀 구속 조건: 1 및 본체 하중: 1 이 그래픽 영역 왼쪽의 검색기 창에 나타납니다.

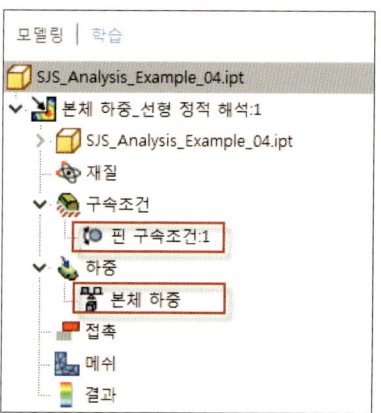

- **기본 메쉬 생성 및 로컬 메쉬 적용하기**

  1 리본메뉴> 분석 탭> 메쉬 패널> 메쉬 설정

  메쉬 설정을 클릭하여 기본 설정 값을 확인합니다. 여기서는 일단 기본 값을 아래와 같이 수정하여 적용할 것입니다.

  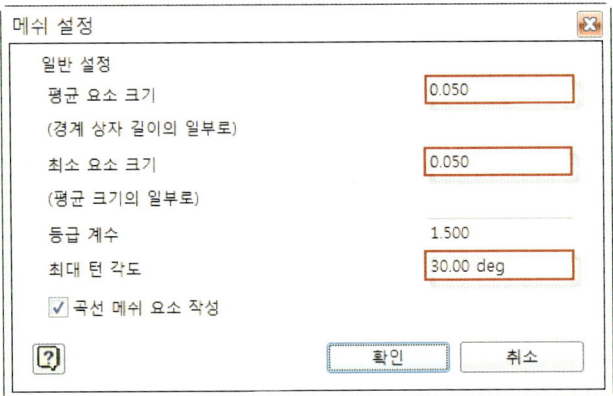

  2 리본메뉴> 분석 탭> 메쉬 패널> 메쉬 뷰

  기본 설정 값을 적용한 후 메쉬 뷰를 클릭하여 전체적인 기본 메쉬 요소를 확인해 봅니다. 아래의 그림은 기본 설정에서 39280개의 노드와 22476개의 요소를 생성합니다.

- **시뮬레이션 시작하기**

  1 리본메뉴> 분석 탭> 분석 패널> 시뮬레이트

  시뮬레이트를 클릭하면 시뮬레이트 대화 상자가 아래와 같이 나타납니다.

chapter 15 응력 해석

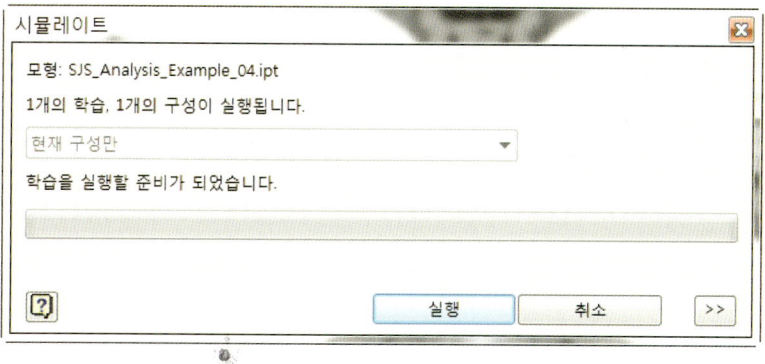

2 확인 버튼을 클릭하여 해석 시뮬레이션의 솔빙을 시작합니다.

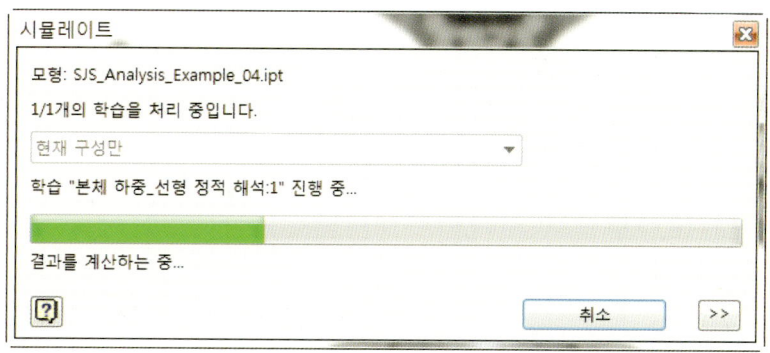

3 아래는 해석 수행 결과입니다.

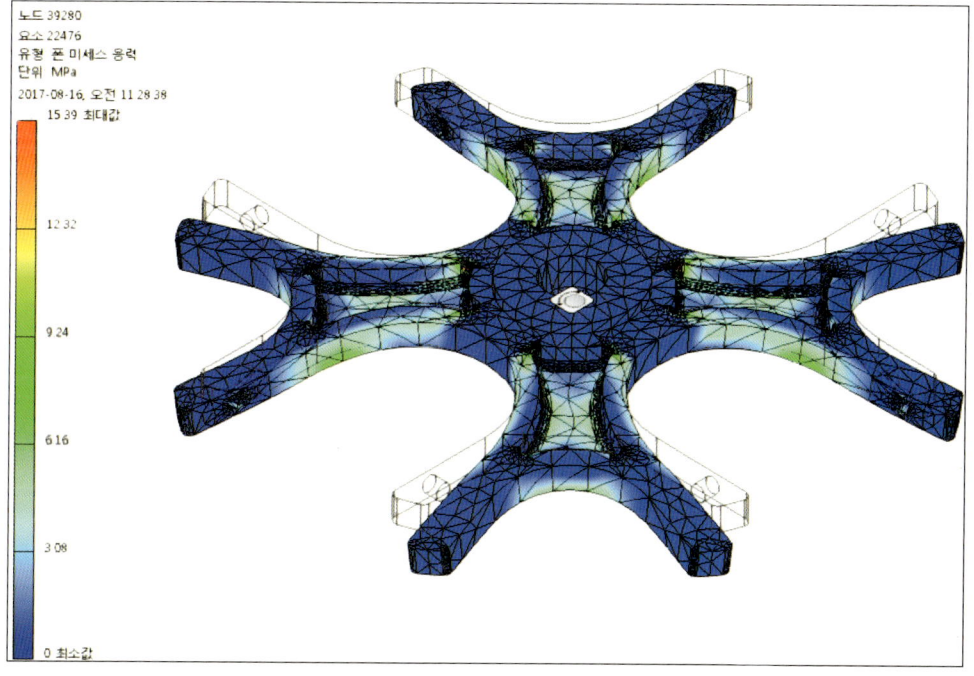

- **결과**

1. 리본메뉴> 분석 탭> 결과 패널> 수렴

    결과가 유효하고 응력 특이성이 없는지 확인하려면 수렴 도구를 클릭하여 솔루션이 3단계 프로세스에서 해결된 방법을 보여주고 16 % 이내에서 수렴하는 것을 보여줍니다. Autodesk Inventor Professional 2019은 부품에 대해 세 가지 정밀도를 자동으로 실행하고 "P"미세 조정으로 알려진 조립품에 대해서는 두 가지 정밀도를 자동으로 실행합니다.

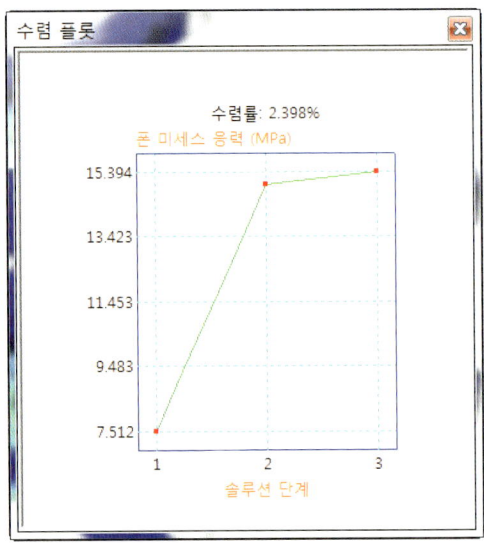

22 연습 문제-5

이 해석에서는 링크 암의 여러 구성을 분석하여 두께를 변경하고 리브를 추가하는 효과를 통해 파라 메트릭 스터디를 사용하여 분석을 수행하면 하나의 시뮬레이션 실행에서 6 가지 매개 변수 조합을 가지고 제품 설계에 대해 최적화를 할 수 있습니다.

chapter 15 응력 해석

• **파일 열기**

1 SJS_Analysis_Example_05.ipt 파일을 엽니다.

2 **검색기 막대/ 리브1 (억제됨) 피쳐**를 선택하고 마우스 오른쪽 버튼을 클릭하여 피쳐 억제 해제를 선택합니다.

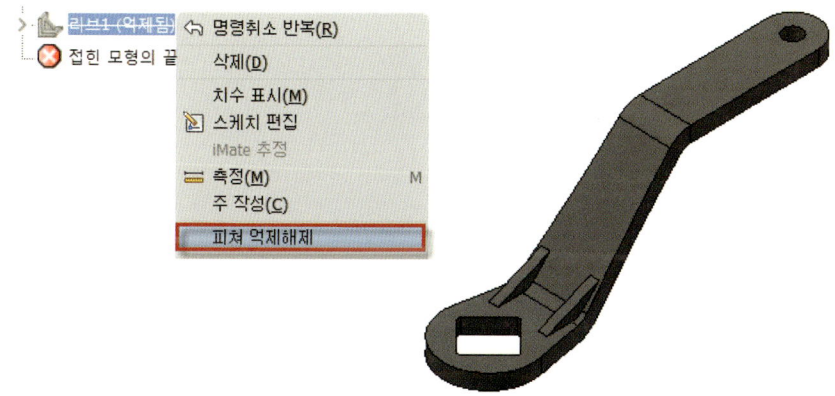

3 리본메뉴> 환경 탭> 시작 패널> 응력 해석을 클릭합니다.

4 리본메뉴> 분석 탭> 관리 패널> 학습 작성을 클릭합니다.

347

5 새 학습 작성 대화 상자에서 아래와 같이 입력합니다.
- **이름: 파라메트릭스터디_해석: 1**
- **설계 목표: 파라메트릭 치수**
- **학습 유형: 정적 해석**

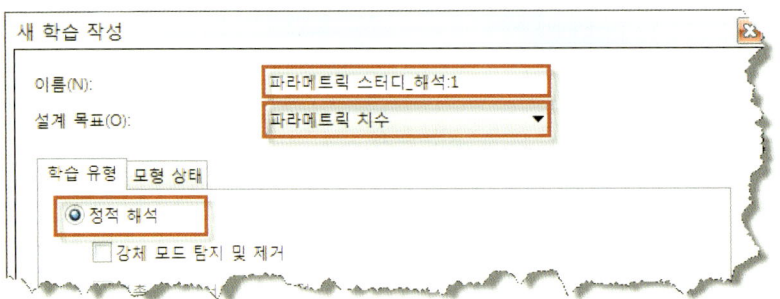

6 확인 버튼을 클릭합니다.
7 **분석 탭/ 구속 조건 패널/ 하중**을 선택합니다.

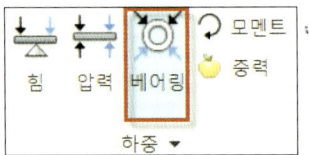

8 아래와 같이 선택하고 크기를 2000N 입력합니다.

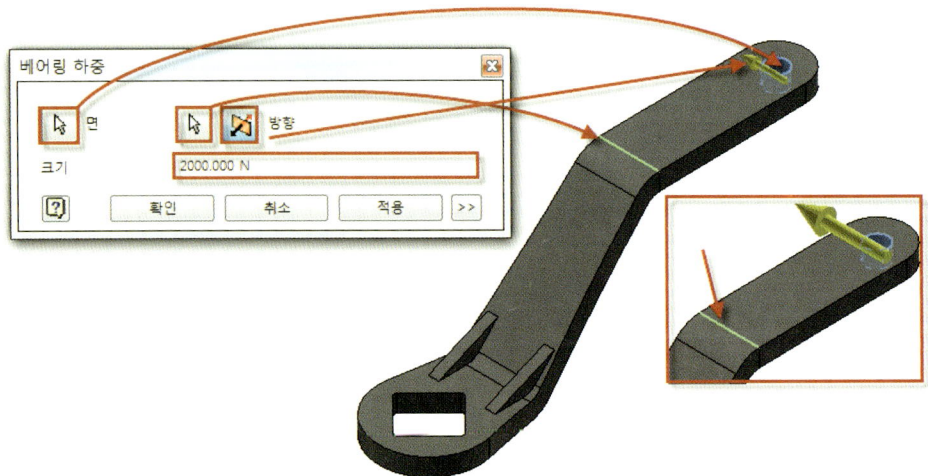

9 확인 버튼을 클릭합니다.

10 분석 탭/ 구속 조건 패널/ 고정됨을 선택합니다.

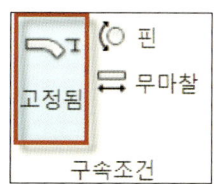

11 아래와 같이 4군데를 고정시킵니다.

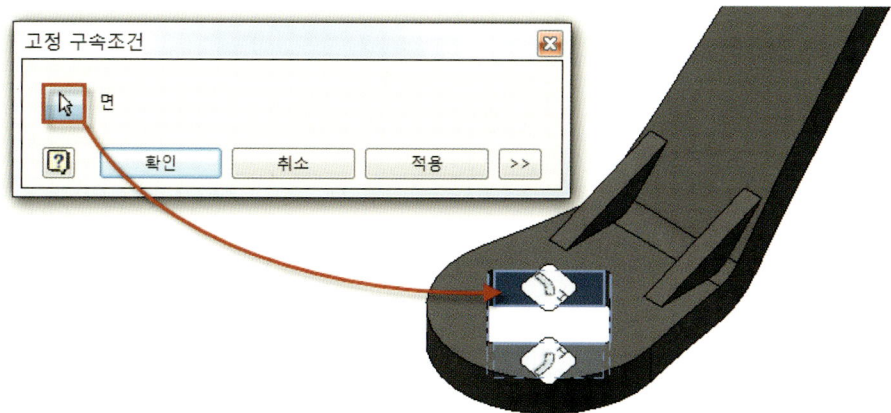

12 확인 버튼을 클릭합니다.

13 검색기 막대/ 파라메트릭 스터디_해석:1을 선택한 다음 마우스 오른쪽 버튼을 클릭하여 매개변수 표시를 클릭합니다.

14 매개 변수 대화 상자에서 아래와 같이 모형 매개 변수의 Thickness와 사용자 매개 변수의 rib_include를 체크합니다.

	매개변수 이름	단위	방정식	공칭값
모형 매개변수				
☑	Thickness	mm	20 mm	20.000
사용자 매개변수				
☑	rib_include	ul	1 ul	1.000

15  버튼을 클릭합니다.

16 분석 탭/ 관리 패널/ 파라메트릭 테이블을 클릭합니다. 그리고 아래 부분에 값을 추가합니다.

구성요소 이름	피쳐 이름	매개변수 이름	값
SJS_Analysis_Example_05.ipt		Thickness	20
▶ SJS_Analysis_Example_05.ipt		rib_include	1

구성요소 이름	피쳐 이름	매개변수 이름	값
SJS_Analysis_Example_05.ipt		Thickness	12,16,20
▶ SJS_Analysis_Example_05.ipt		rib_include	0,1

17 매개 변수에서 모눈 내의 아무 곳이나 마우스 오른쪽 버튼을 클릭하여 나오는 메뉴에서 모든 구성 생성을 선택합니다.

구성을 모형으로 승격
매개변수 제거
기준 구성 표시
현재 구성 생성
범위 구성 생성
모든 구성 생성

18 값 슬라이더를 사용하여 다른 매개 변수 값을 선택하고 그래픽 창에서 모델이 어떻게 업데이트 되는지 확인합니다.

19 쉘을 마우스 오른쪽 단추로 클릭하고 메뉴에서 기본 구성 표시를 선택합니다.

구성을 모형으로 승격
매개변수 제거
기준 구성 표시
현재 구성 생성
범위 구성 생성
모든 구성 생성

chapter 15 응력 해석

20 설계 구속 조건을 추가합니다.

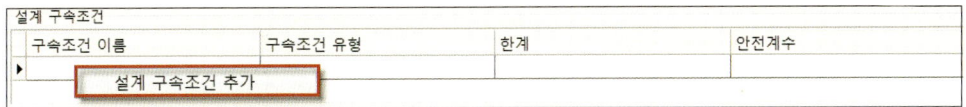

폰 미세스 응력, X 변위, 질량을 각각 추가합니다.

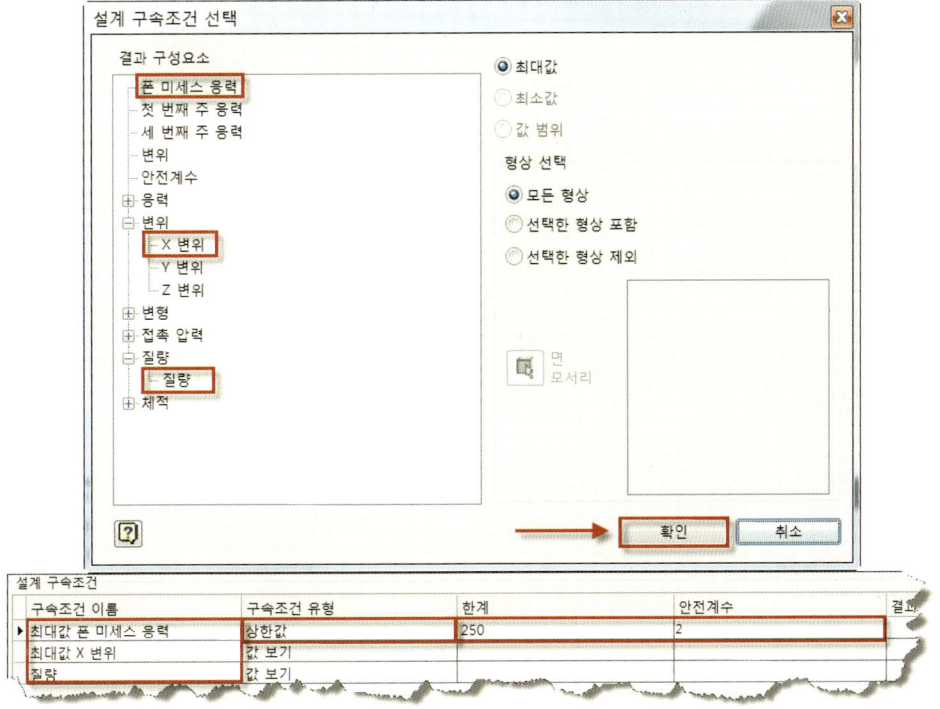

21 파라메트릭 테이블을 닫습니다.

• 분석

1 분석 탭/ 분석 패널/ 시뮬레이트를 클릭합니다.

2 실행 버튼을 클릭합니다.

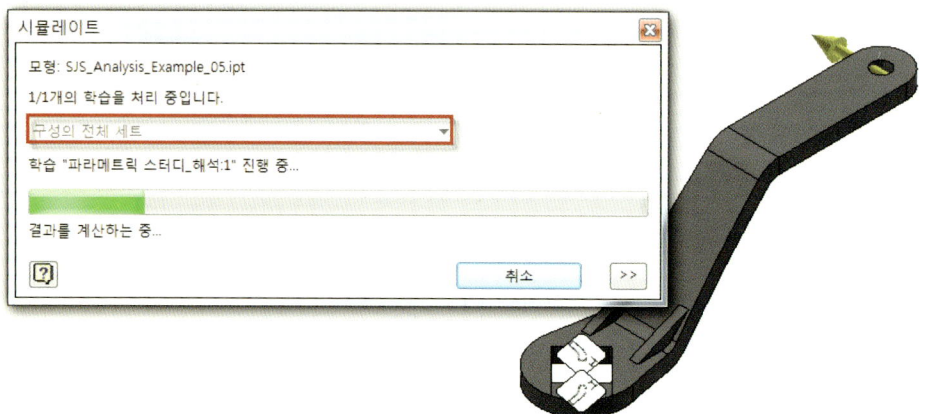

3 폰 미세스 응력의 화면입니다.

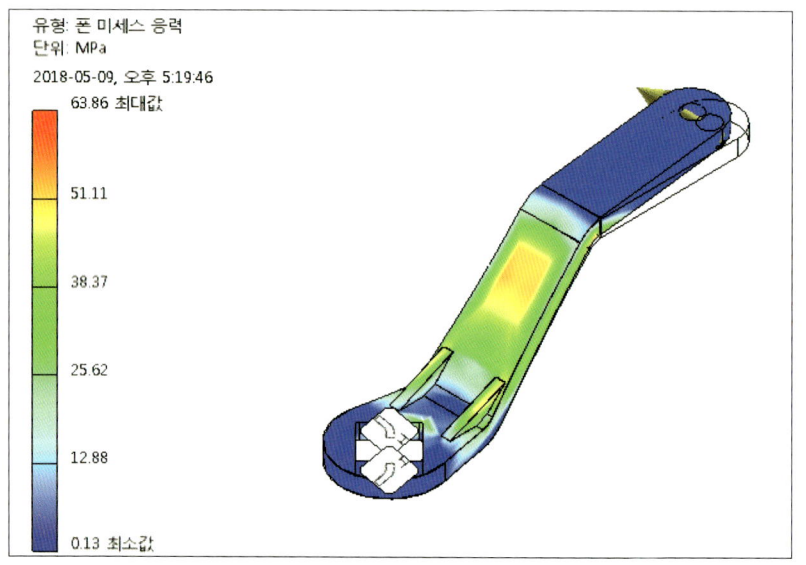

4 분석 탭/ 관리 패널/ 파라메트릭 테이블을 클릭합니다.

5 파라메트릭 테이블 대화 상자에서 값 슬라이더를 사용하여 다른 매개 변수 값을 선택할 때 폰 미세스 응력, 질량 및 X 변위 값을 관찰합니다.

chapter 15 응력 해석

6 설계 구속 조건의 구속 유형 열에서 최소화를 선택합니다. 스트레스 기준을 충족시키면서 최소 질량을 유도하는 매개 변수의 조합이 발견됩니다.

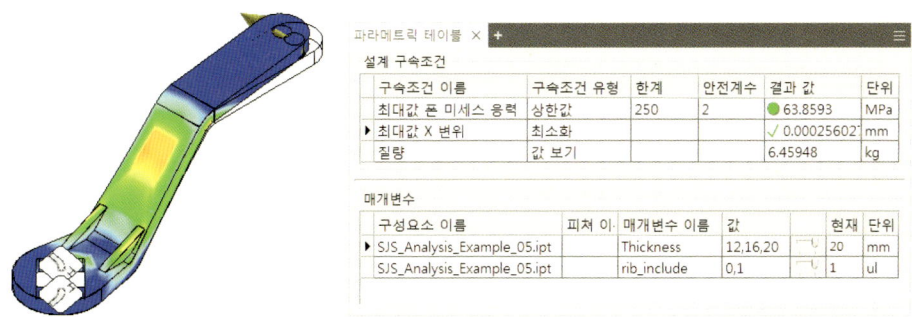

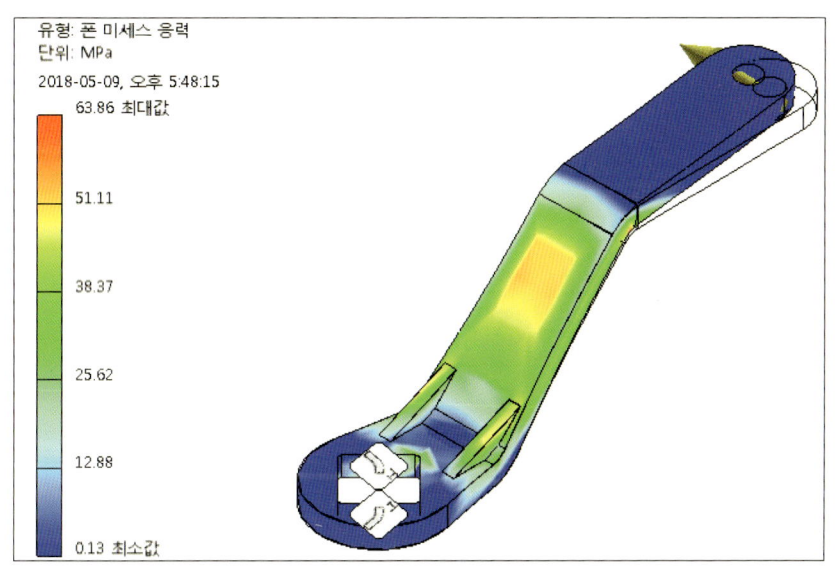

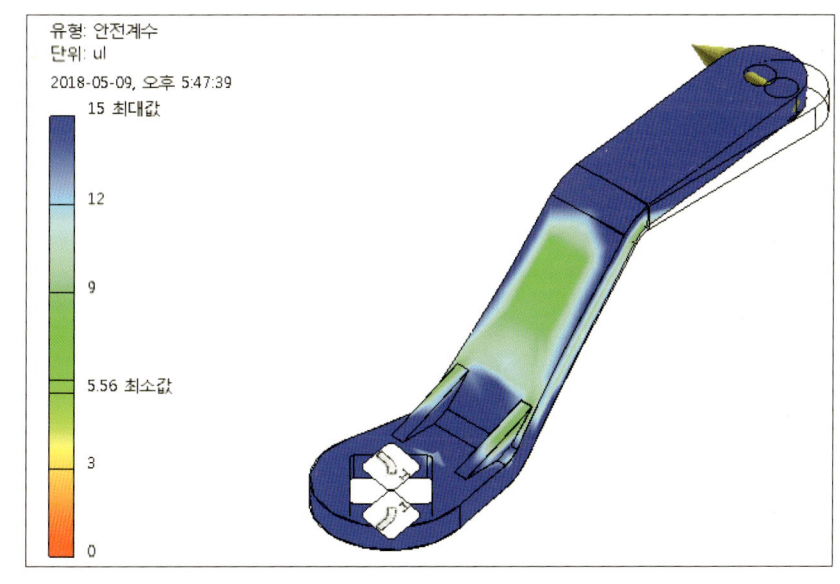

353

23 연습 문제-6

 이 새로운 구조는 용접 구조물로 용접이 통합되어 설계된 용접 조립품입니다. 이 예제에서는 응력 해석을 수행하기 위해 조립품이 곡면 데이터가 아닌 솔리드 구성 요소로 수축 포장된 단일 부품 구조로 변경하여 해석을 수행할 것입니다.

- **파일 열기**

1 SJS_Analysis_Weldments_Example_06.iam 파일을 엽니다.

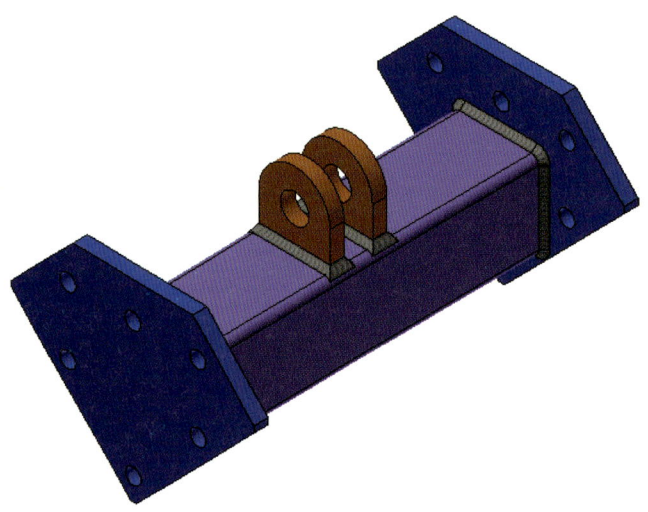

2 검색기 막대/ 표현 폴더/ 세부 수준 마스터/ 새 대체/ 형상단순화를 선택합니다.

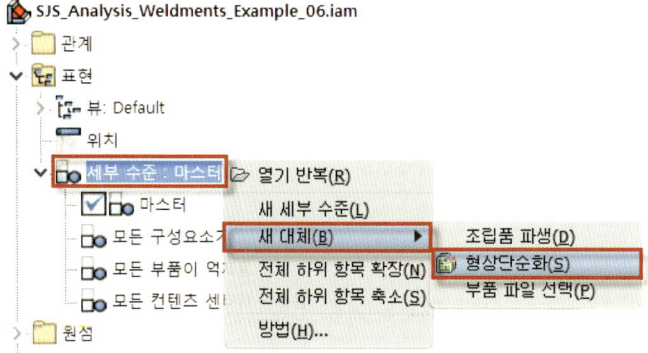

3 검색기 막대/ 표현 폴더/ 세부 수준 마스터/ 새 대체/ 형상단순화를 선택합니다.

피쳐 탭: 구멍 제거 없음/ 작성 탭: 이음매 있는 단일 솔리드

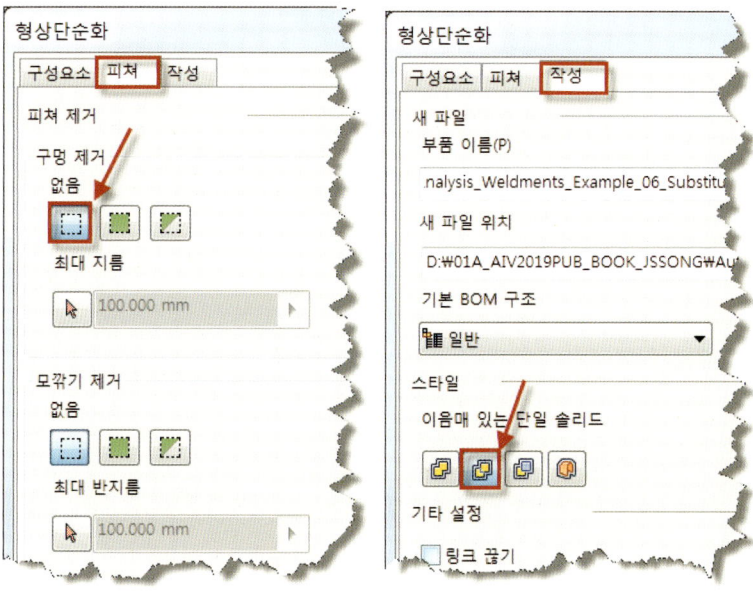

4 확인 버튼을 클릭합니다.

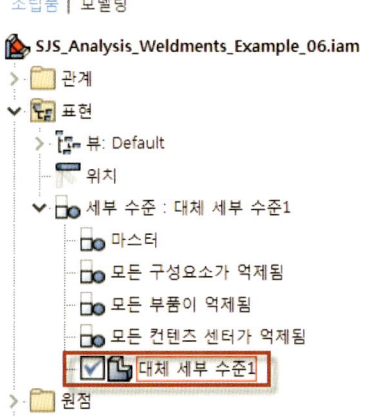

• 경계 조건

1 리본메뉴> 환경 탭> 시작 패널> 응력 해석을 클릭합니다.

2 리본메뉴> 분석 탭> 관리 패널> 학습 작성을 클릭합니다.

3 기본 설정에는 단일 포인트로 설정된 설계 목표가 포함됩니다. 이 설정은 기본 정적 해석에 사용되는 것입니다.
- **이름: 대체 세부 수준1_정적 해석: 1**
- **목표: 단일 점**
- **유형: 정적 해석**

4 확인 버튼을 클릭합니다.

5 검색기 막대/ 학습/ 용접 부품을 선택한 다음 마우스 오른쪽 버튼을 클릭하여 학습에서 제외를 선택합니다.

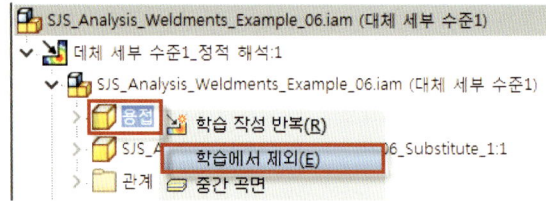

6 분석 탭/ 구속 조건 패널/ 고정됨을 선택합니다.

7 그런 다음 아래와 같이 선택합니다. (이름: 볼트로 고정되는 두 개의 판)을 입력합니다.

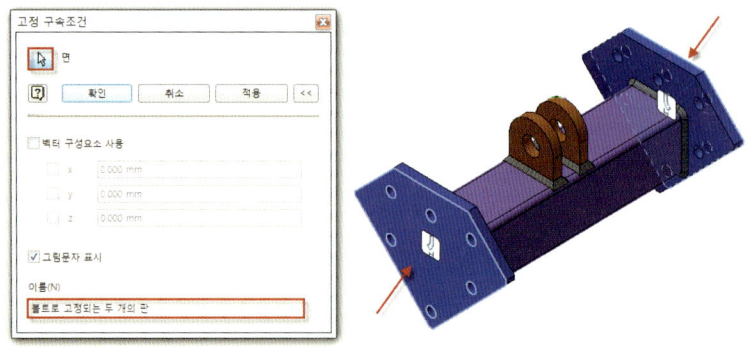

8 확인 버튼을 클릭합니다.
9 분석 탭/ 구속 조건 패널/ 하중을 선택합니다.

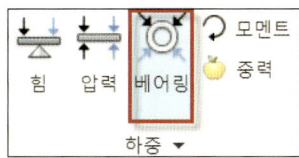

10 아래와 같이 면과 방향을 설정하고, (축척:0.5, 이름: 잭 반응_베어링 하중: 1)을 입력합니다.

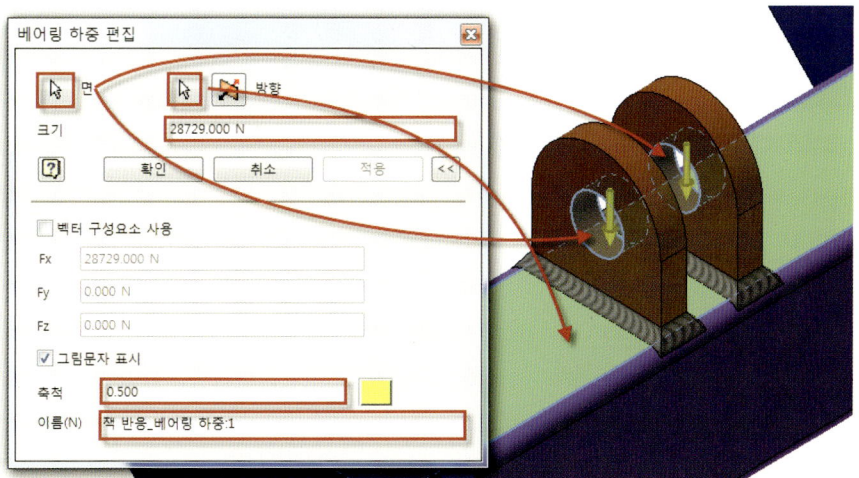

※ 동일한 베어링 하중 명령을 사용하여 두 면이 함께 선택되면 베어링 하중에 대해 힘이 분산되어 적용됩니다.

11 확인 버튼을 클릭합니다.
12 분석 탭/ 재질 패널/ 지정을 클릭합니다.

13 새롭게 생성된 부품에는 유효한 재료가 없으므로 재료 선택을 재지정 재질 목록에서 강철을 선택합니다.

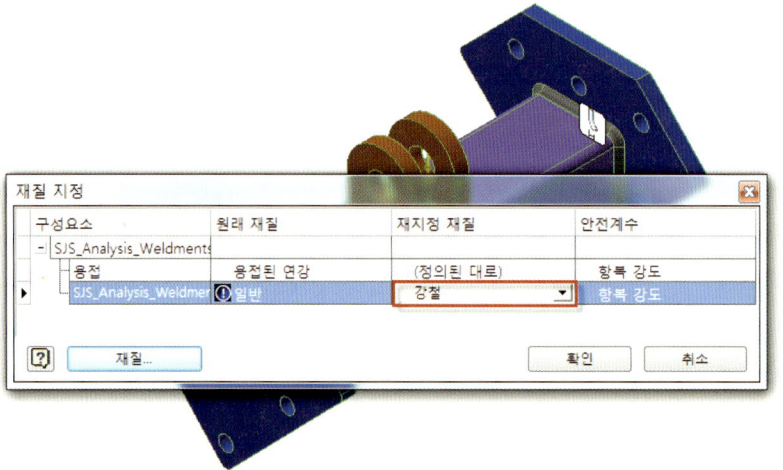

14 확인 버튼을 클릭합니다.

- **분석**

1 분석 탭/ 분석 패널/ 시뮬레이트를 클릭합니다.

2 실행 버튼을 클릭합니다.

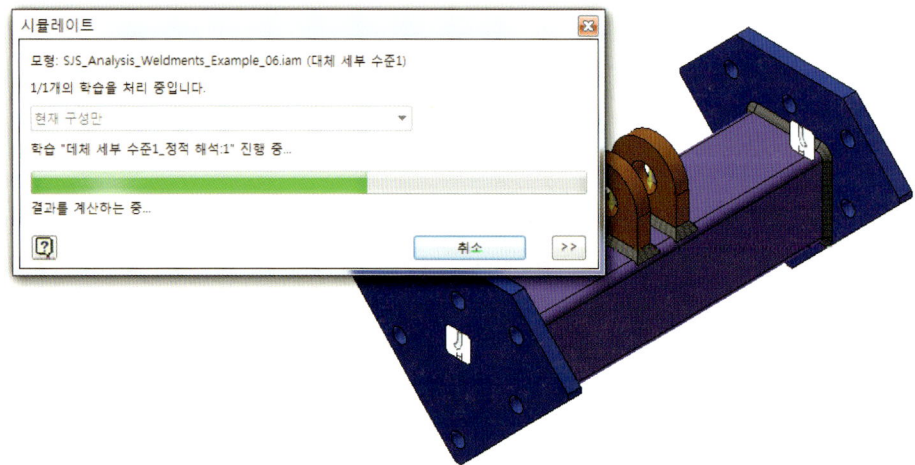

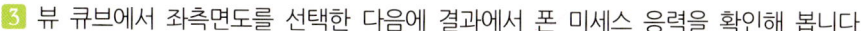

3 뷰 큐브에서 좌측면도를 선택한 다음에 결과에서 폰 미세스 응력을 확인해 봅니다.

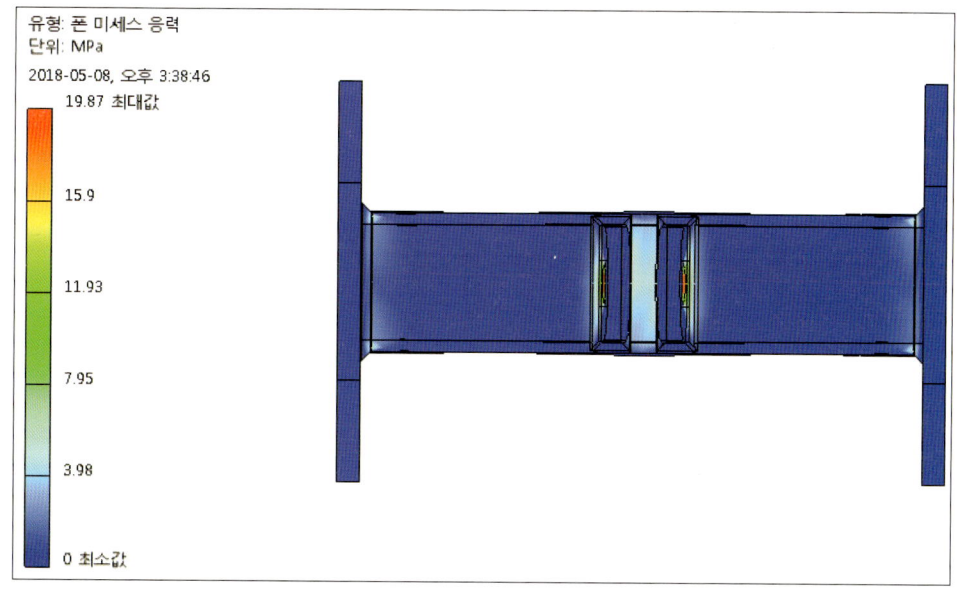

- **결과**

1 분석 탭/ 화면 표시 패널/ 최대 값을 클릭합니다.

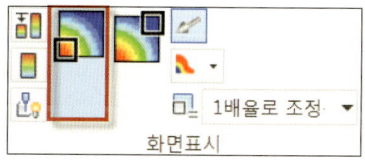

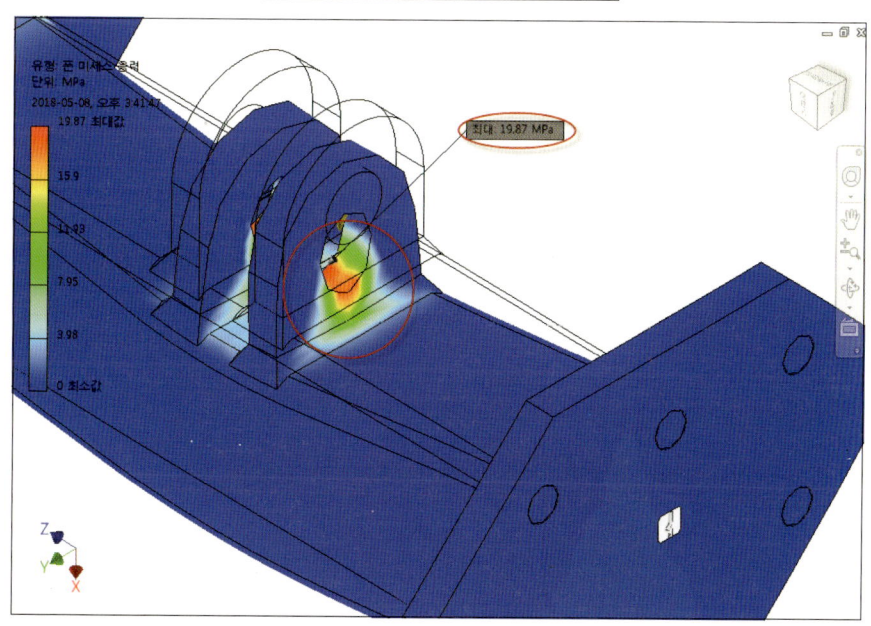

- **학습 복사**

1 검색기 막대/ 대체 세부 수준1_정적 해석: 1을 선택한 다음 마우스 오른쪽 버튼을 클릭하여 학습 복사를 선택합니다.

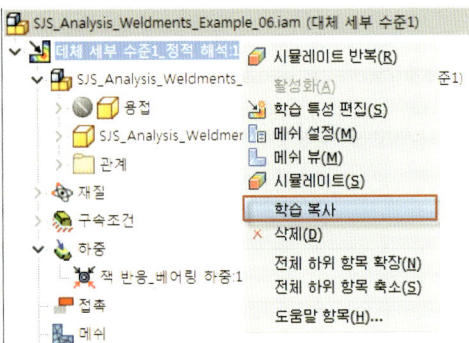

2 대체 세부 수준1_정적 해석: 2를 선택한 다음 마우스 오른쪽 버튼을 클릭하여 학습 특성 편집을 선택합니다.

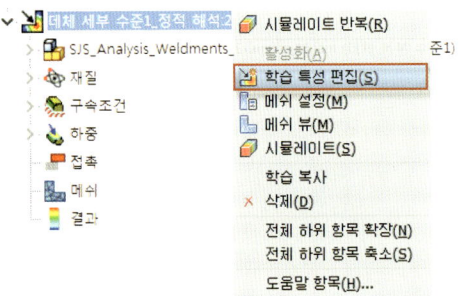

3 학습 특성에서 다음과 같이 변경합니다.
- **이름: 용접_정적 해석: 1**
- **모형 상태/ 세부 수준/ 마스터**

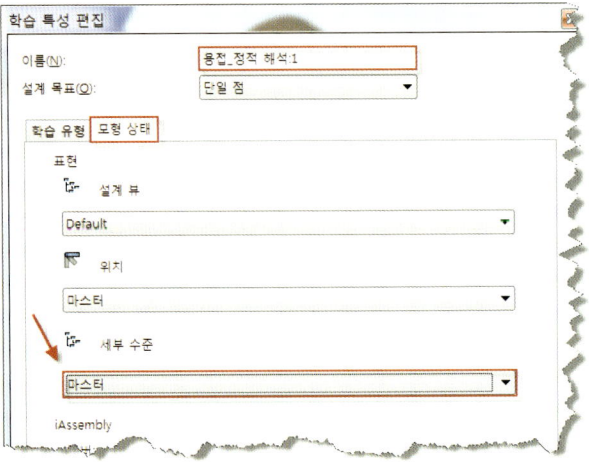

4 [확인] 버튼을 클릭합니다.

※ 용접은 시뮬레이션으로부터 억제될 것입니다.

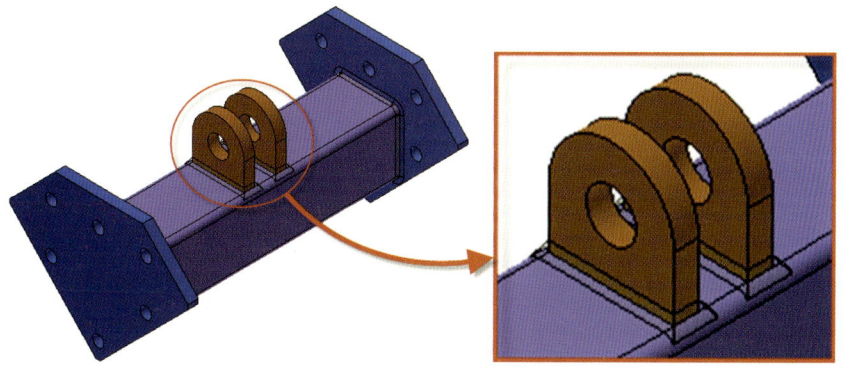

5 용접 부품을 선택한 다음 마우스 오른쪽 버튼을 클릭하여 학습에서 제외를 선택하여 시뮬레이션에 포함되게 합니다.

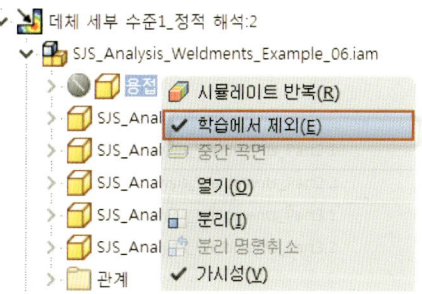

6 접촉을 선택한 다음 마우스 오른쪽 버튼을 클릭하여 자동 접촉 업데이트를 선택합니다.

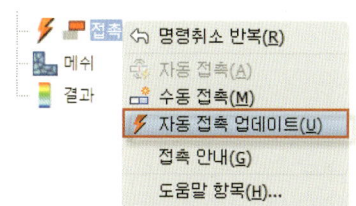

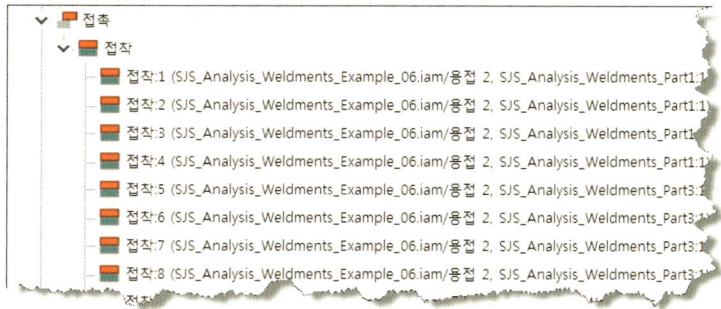

※ 조립품 안에 총 38개의 접촉이 생성될 것입니다. 모깎기를 사용하면 생성 된 접점 수가 증가합니다. 예를 들어, 둥근 모서리가 있는 아래의 채널은 8 개의 추가 접촉이 됩니다. 모깎기를 억제하여 생산되는 접촉의 수를 줄일 수 있습니다. 여기서는 조립품이 작기 때문에 모깎기를 억제하지 않고 해석을 진행할 것입니다.

7 구속조건 아래에 있는 볼트로 고정되는 두 개의 판을 선택한 다음 고정 구속조건 편집을 선택합니다.

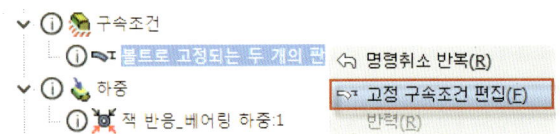

8 아래와 같이 면을 다시 선택합니다.

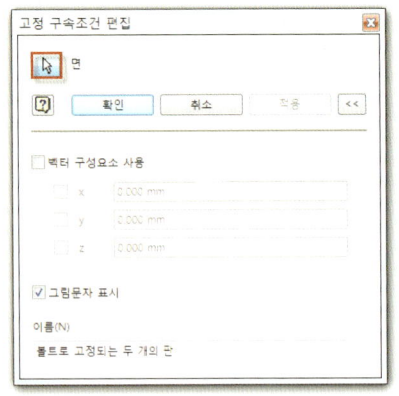
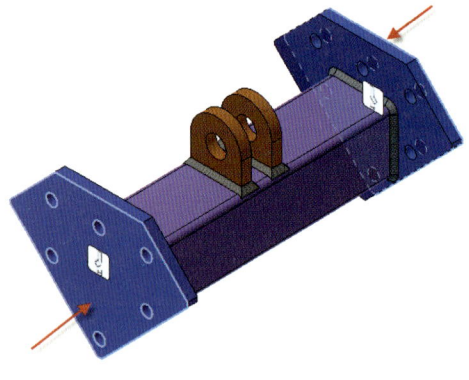

9 확인 버튼을 클릭합니다.

10 하중 아래에 있는 잭 반응_베어링 하중: 1을 선택한 다음 마우스 오른쪽 버튼을 클릭하여 베어링 하중 편집을 선택합니다.

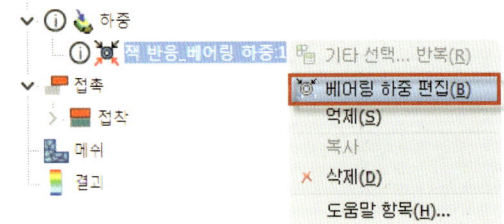

chapter 15 응력 해석

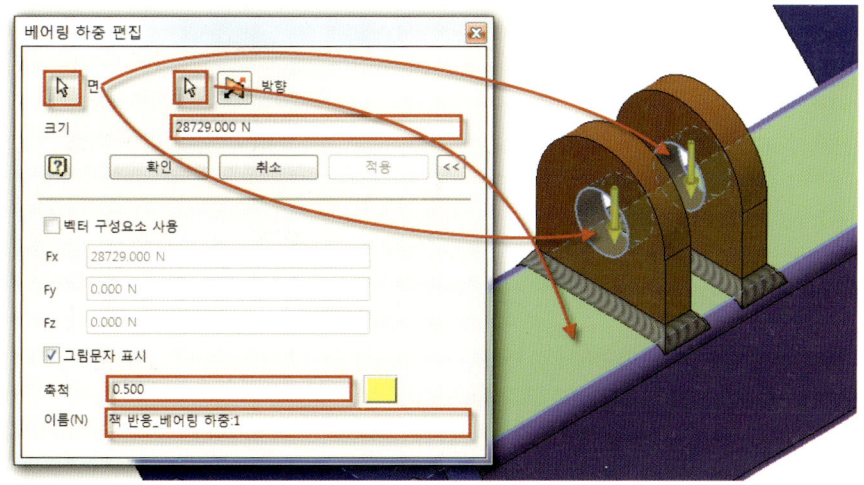

11 확인 버튼을 클릭합니다.

※ 모델이 부품에서 조립품으로 변경되면 구속 조건과 하중을 다시 적용해야 합니다.

12 분석 탭/ 메쉬 패널/ 메쉬 뷰를 클릭합니다.

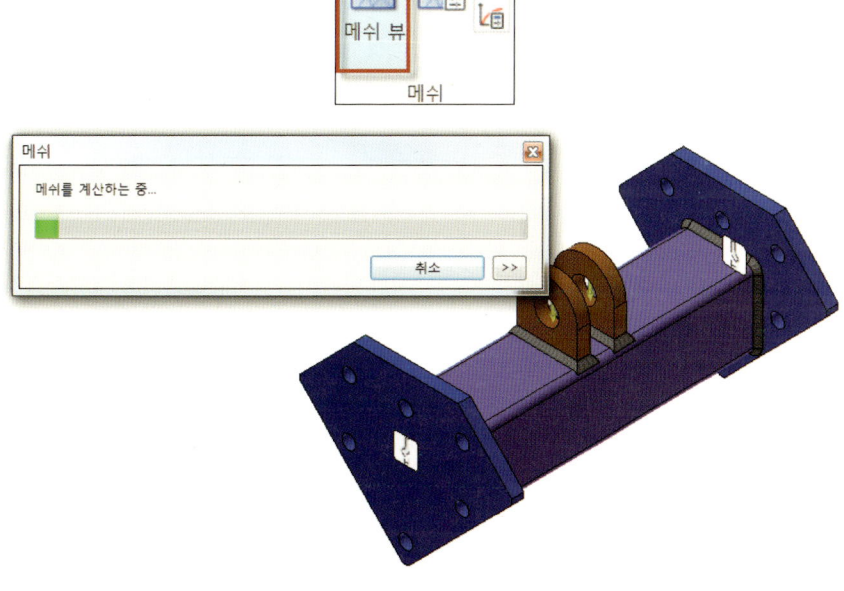

363

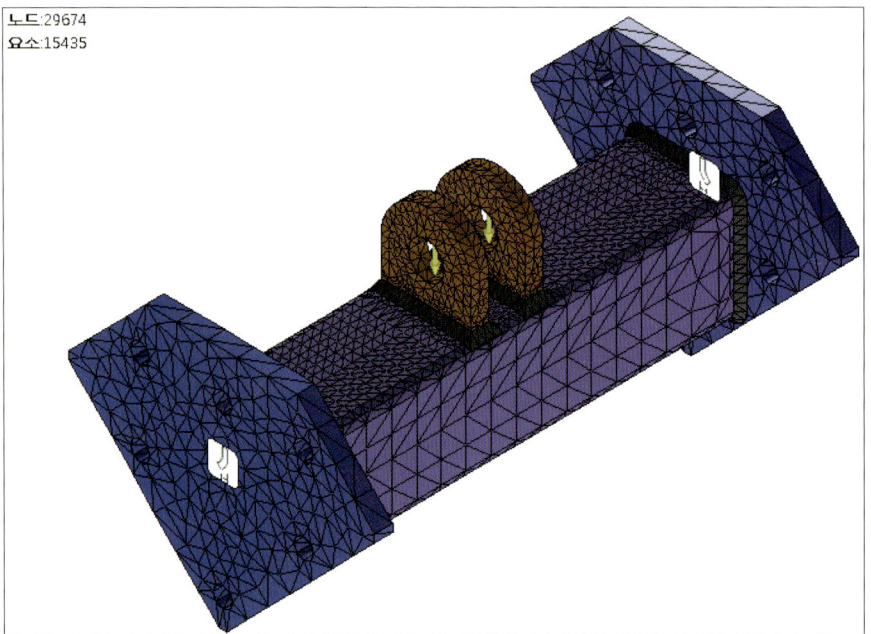

13 분석 탭/ 분석 패널/ 시뮬레이트를 클릭합니다.

14 실행 버튼을 클릭합니다.

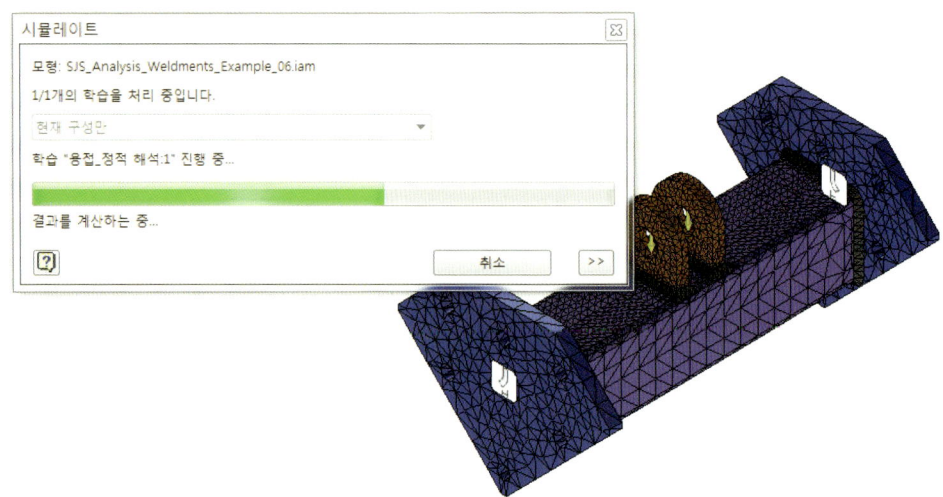

chapter 15 응력 해석

15 뷰 큐브에서 좌측면도를 선택한 다음에 결과에서 폰 미세스 응력을 확인해 봅니다.

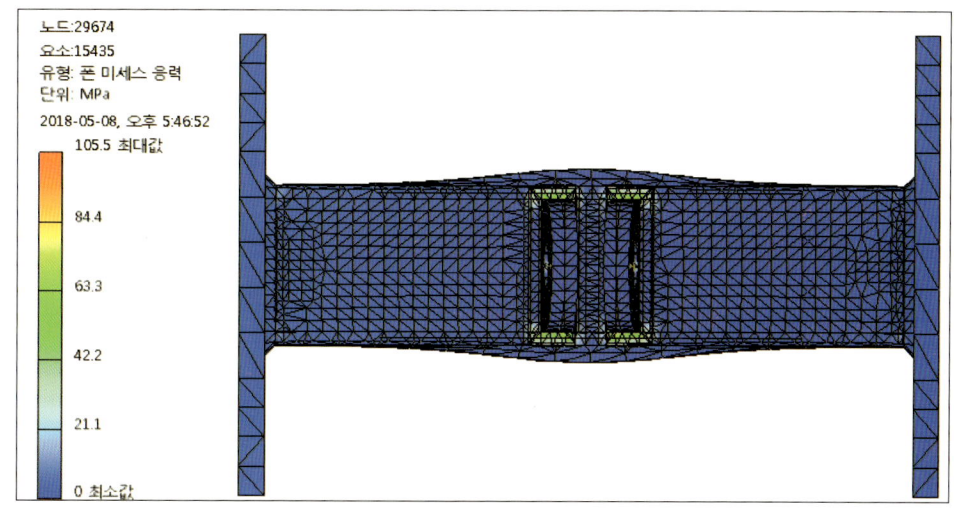

• 결과

1 분석 탭/ 화면 표시 패널/ 최대 값을 클릭합니다.

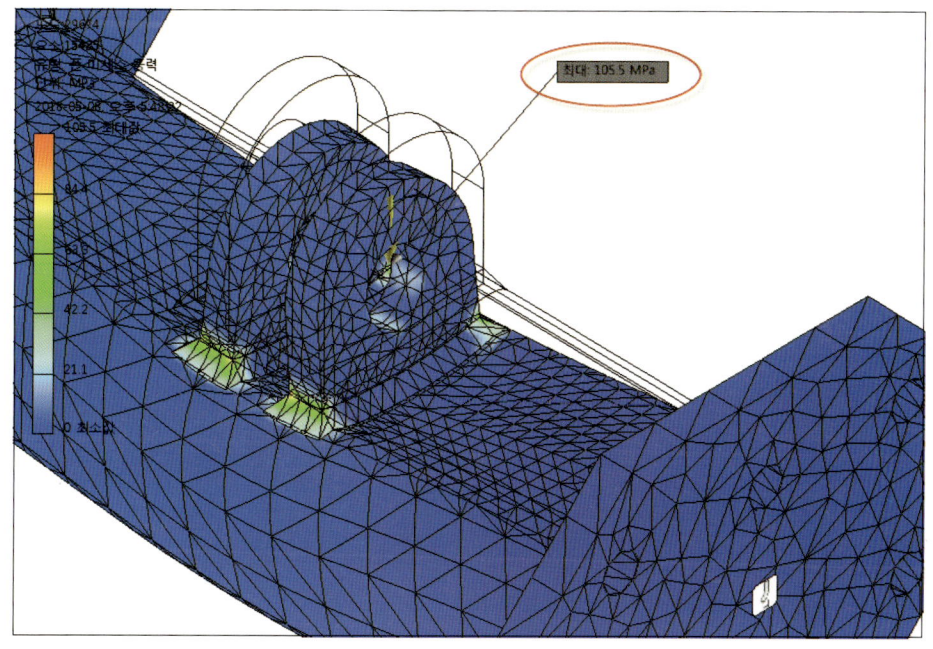

365

검토 질문

1. Autodesk Inventor Professional 2019에서의 응력 해석 환경을 사용하여 응력 해석을 수행하는 데 필요한 단계를 설명해 보세요.
2. 재료 특성을 정의하거나 편집할 수 있는 두 가지 방법을 설명해 보세요.
3. Autodesk Inventor Professional 2019의 응력 해석 모듈에서 구속 조건이라는 용어는 무엇을 의미하는지 설명해 보세요.
4. 3D 모델 면에 적용되는 하중이 바깥 쪽 방향인지 안쪽 방향인지를 어떻게 조절할 수 있는지 설명해 보세요.
5. 자유도 (D.O.F)에 대한 정의를 설명해 보세요.
6. Autodesk Inventor Professional 2019의 응력 해석 모듈을 종료하고 Autodesk Inventor Professional 2019의 3D 모형 환경으로 돌아가려면 어떻게 해야 하는지 설명해 보세요.

Chapter 16

프레임 해석

01 프레임 해석 소개

 프레임 해석은 일반적으로 균일한 단면 찬넬 및 강 구조 프레임을 주로 포함하는 대형 구조물을 분석하는 해석 기법입니다. 대표적인 예로는 구조 플랫폼 및 구조물 타워 등이 있습니다. 몇 가지 예가 아래에 나와 있습니다. Autodesk Inventor Professional 2018 Simulation Module에서 프레임 해석을 통해 초기 응력을 포함한 정적 및 모달 해석에 대한 기준을 정의할 수 있습니다. 또한 프레임 해석에서는 응력 해석 환경에서 사용되는 3D 사면체 요소 대신 빔 요소를 사용합니다. 간단한 빔 요소는 각 끝에 하나씩 두 개의 절점(절점)로 구성되며 총 6개의 자유도 (DOF: Degree of Freedom)인 3 개의 병진 운동 방향의 자유도(D.O.F)와 3 개의 회전 운동 방향의 자유도(D.O.F)를 가지고 있습니다.

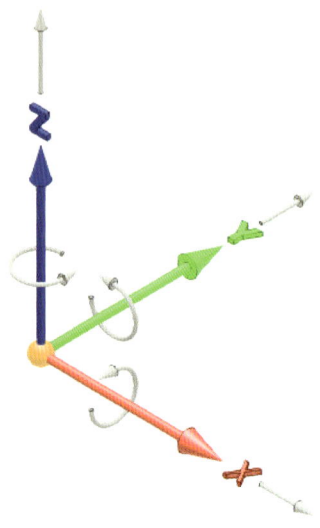

 4사면체 요소가 아닌 빔 요소를 사용하는 몇 가지 이유는 모델 크기 및 요소(Element) 수를 줄여서 해석 시간을 단축시킬 수 있기 때문입니다. 이것은 빔이 한쪽 끝에서 고정되고 1000 N의 하중이 다른 쪽 끝에서 적용되는 다음 예제에 의해 증명될 수 있습니다.

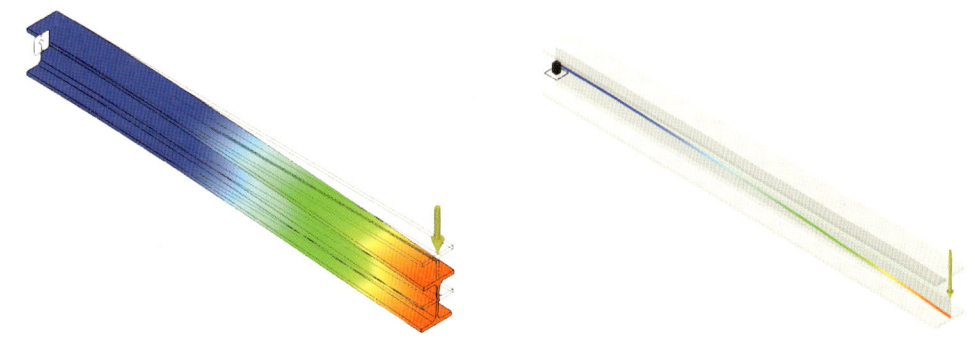

〈그림 16-1〉 응력 해석   〈그림 16-2〉 프레임 해석

	변위(mm)	최대 응력(Mpa)	메쉬 생성 시간(s)	절점 수	해석 시간(s)
0.5002	0.4973	17.98	0.5	2964	2
프레임 해석 결과	0.5295	17.47	–	2	0.5
이론적 결과	0.5295	17.47	–	–	–

* 메쉬의 평균 메쉬 크기 0.1이 응력 해석 환경에서 적용되었습니다. 이러한 결과는 I 빔과 같은 간단한 구조가 모델 크기 및 분석 시간에 중요한 영향을 미칠 수 있음을 보여주는 것입니다. 이 간단한 이유 때문에 프레임(빔) 요소를 사용하여 균일 한 단면으로 얇은 구조를 분석하는 것이 일반적인 관행입니다. 프레임(빔) 요소를 사용하는 또 다른 이점은 응력 특이점 / 응력 집중이 극복되지 않는다는 것입니다. 이러한 응력 집중은 이론 결과 (3 % 미만)와 비교했을 때 응력 결과에 약간의 차이를 유발할 수 있습니다.

02 프레임 해석 작업 순서

프레임 해석을 작성하는 프로세스(정적 응력 해석과 모달 해석)에는 다음과 같이 네 가지 핵심 단계가 있습니다.

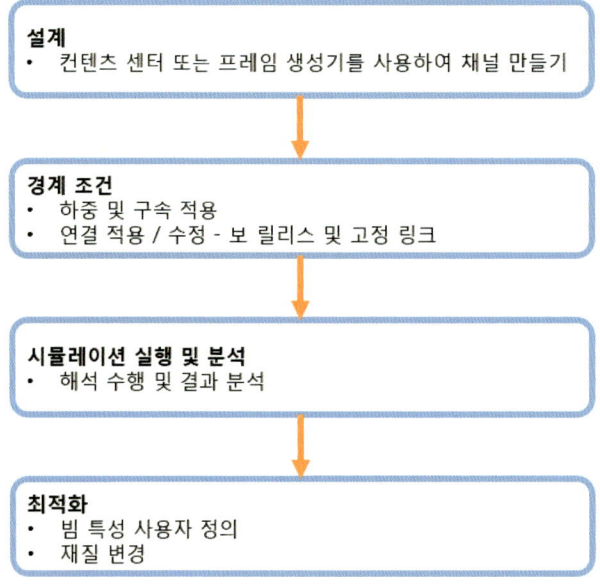

03 프레임 해석 환경

리본 메뉴/ 환경 탭/ 시작 패널/ 프레임 분석

프레임 분석은 환경 또는 설계 탭을 통해 조립품 환경에서만 접근하여 사용할 수 있습니다.

리본 메뉴/ 설계 탭/ 프레임 분석

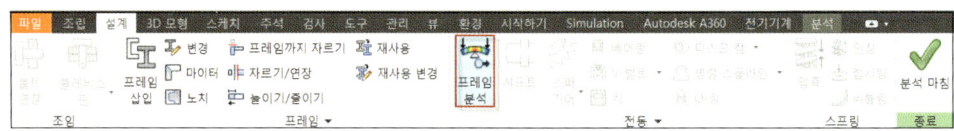

〈그림 16-3〉 프레임 해석 환경

chapter 16 프레임 해석

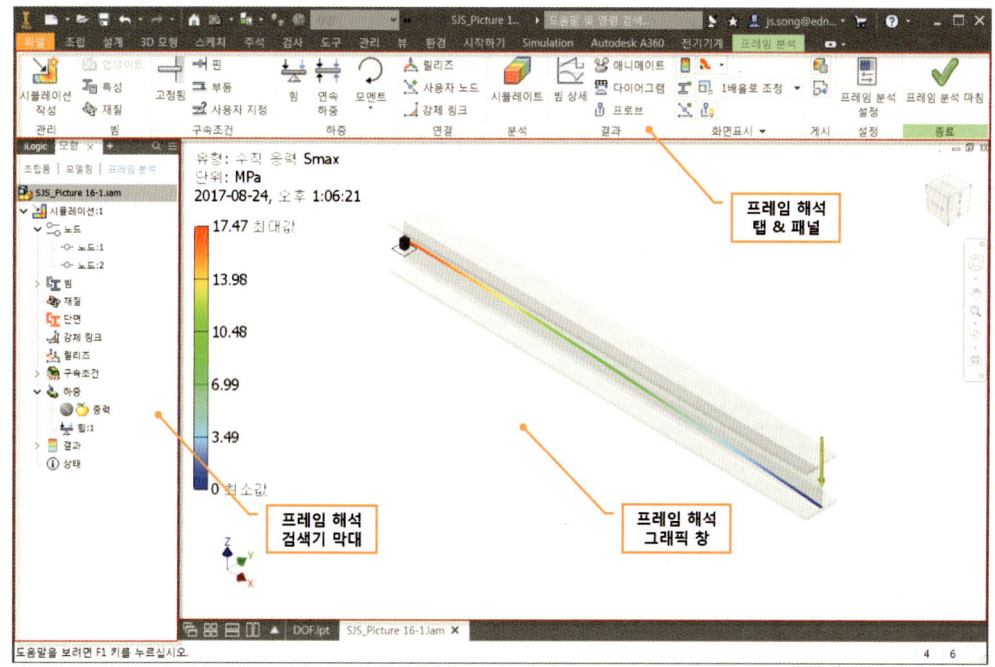

〈그림 16-4〉 프레임 분석 화면 구성

04 관리 패널

• **시뮬레이션 작성**

리본 메뉴/ 프레임 분석 탭/ 관리 패널/ 시뮬레이션 작성

프레임 응력 해석 스터디 생성을 위한 첫 번째 단계입니다. 여기서는 단일 정적 분석, 모달 분석 또는 파라 메트릭 스터디를 수행할지 여부를 정의 할 수 있습니다. 다양한 수준의 세부 사항을 선택할 수 있습니다.

371

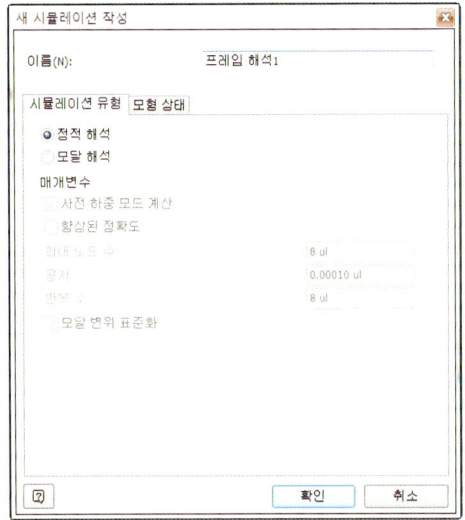 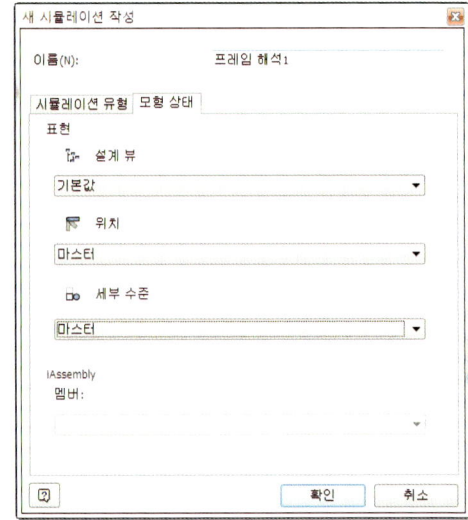

- **시뮬레이션 유형**: 여기에서는 응력 해석 또는 모달 해석을 수행할지 여부를 정의합니다.
- **모형 상태**: 조립품의 경우 해석을 수행할 설계 뷰와 상세 수준을 선택할 수 있습니다.
- **매개 변수 (모달 해석 전용)**: 모달 해석을 수행할 때 정의할 수 있는 세 가지 설정이 있습니다.
- **사전 하중 모드 계산**: 이것은 기본적으로 선택되며 로드된 상태에 있을 때 모델의 모드를 계산합니다. 사전에 로드된 상태의 모드는 높은 고유 진동수를 갖는 경향이 있습니다.
  - **최대 모드 수**: 이것은 진동 형태 및 고유 진동수를 포함한 모드 수를 계산합니다. 기본값은 8로 설정됩니다.
  - **공차**: 필요한 결과의 정확도를 정의 할 수 있습니다. 반복 솔버는 결과의 차이가 이 허용 오차 범위 내가 될 때까지 반복적인 분석을 거칩니다.
  - **반복 수**: 필요한 반복적 분석의 수를 정의합니다. 기본값은 10으로 설정됩니다.

05 빔 패널

업데이트

업데이트 이는 조립품 환경과 같이 모델이 변경되었을 때 활성화되며, 업데이트를 클릭하면 빔 모형이 재계산 됩니다. 그래픽 창 및 검색기 막대의 절점 및 빔에 번개 마크 형태로 업데이트 표시가 나타납니다.

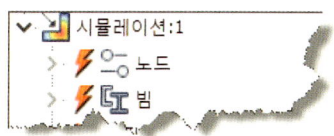

특성

특성 일반적으로 대부분의 구성 요소는 부품 환경 내에서 지정된 재질을 부여하기 때문에 따로 재질을 할당할 필요가 없습니다. 이 특성은 부품 환경에서 직접 표시됩니다.

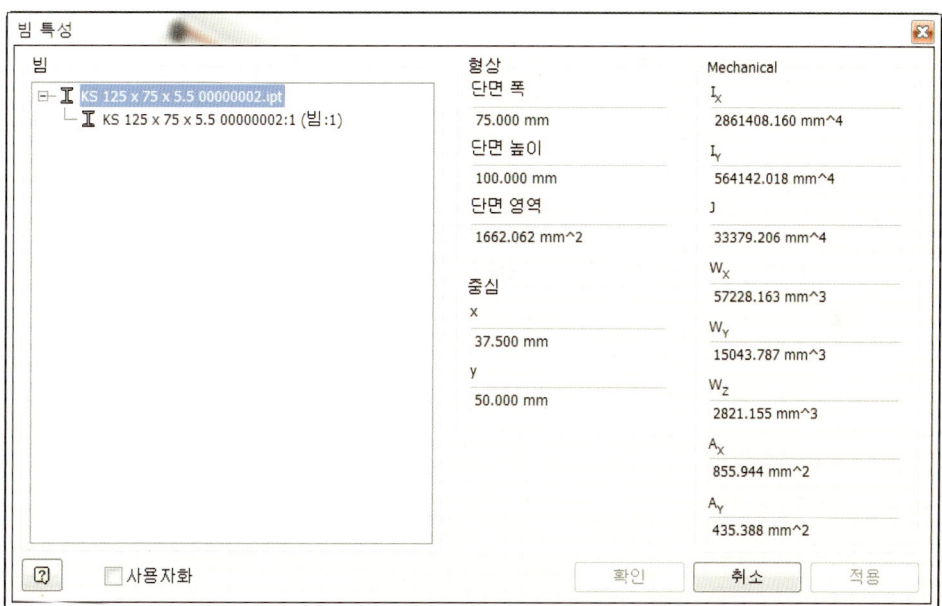

〈그림 16-5〉 빔 특성 대화 상자

- **형상 (기본 특성)**: 너비와 높이는 빔 단면의 전체 크기입니다. 예를 들어 직경 10mm의 너비와 높이는 10mm입니다. 이 영역은 빔의 실제 단면적입니다.
- **중심**: 빔 좌표 계를 기준으로 중심점의 위치입니다.
- **기계**: 이 값은 면적의 관성 모멘트 (Ix, Iy, Iz), 단면 계수 (Wx, Wy, Wz) 및 줄어든 전단 영역 (Ax, Ay) 에 대한 세부 빔 특성을 제공합니다.

다음은 연관된 횡단면의 기계적 특성을 가진 단순한 모양의 세 가지 예입니다.

Shape (Images: Wikipedia 2012)	Ic (Centroidal 2nd Moment of Area)	Centroid (Centre of Area)	Area
Rectangle	Bending about centroid (centre). $I_c = \dfrac{bh^3}{12}$ b = breadth, h = height	At centre	A = b*h
Circle	Bending about centroid (centre). $I_c = \dfrac{\pi d^4}{64}$ r = radius	At centre	A = Π*r²
Triangle	Bending about centroid. $I_0 = \dfrac{bh^3}{36}$ b = breadth, h = height	Xc = h/3 Yc = b/3	A = 0.5*b*h

〈그림 16-6〉 기본 세가지 단순 모양 횡단면의 기계적 특성

재질

빔의 재료는 일반적으로 프레임 생성기 및 컨텐츠 센터를 사용하여 프레임을 작성할 때 정의 할 수 있습니다. 다음은 프레임 분석 환경에서 읽는 중요한 속성입니다.

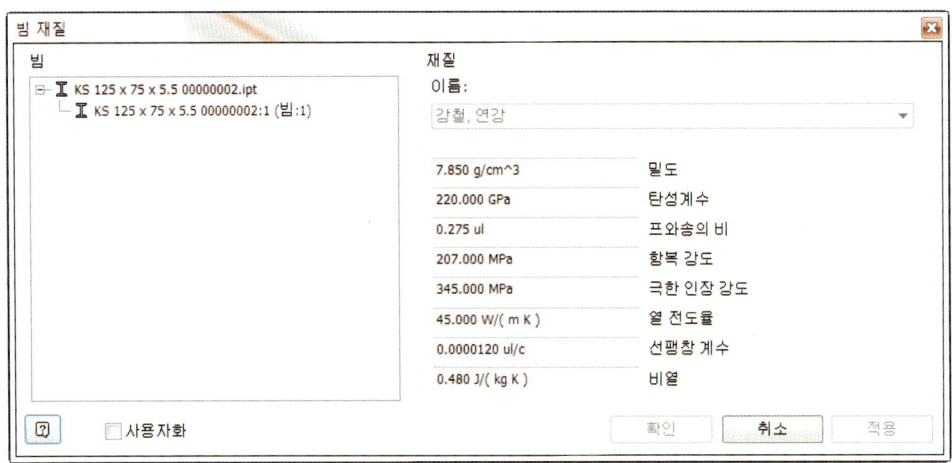

〈그림 16-7〉 빔 재질 대화 상자

재질이 부적절하게 정의된 경우에는 시뮬레이션이 실행되지 않고 오류 메시지가 검색기 막대의 상

태 폴더에 표시됩니다. 재질은 사용자 정의 버튼을 사용하여 프레임 분석 내에서 변경할 수 있습니다. 그러나, 사용자화를 체크한다고 해서 그 재질의 속성 값인 밀도, 탄성계수, 프와송의 비, 항복 강도, 극한 인장 강도, 열전도율, 선팽창 계수, 비열 등의 재료 속성을 변경할 수는 없습니다.

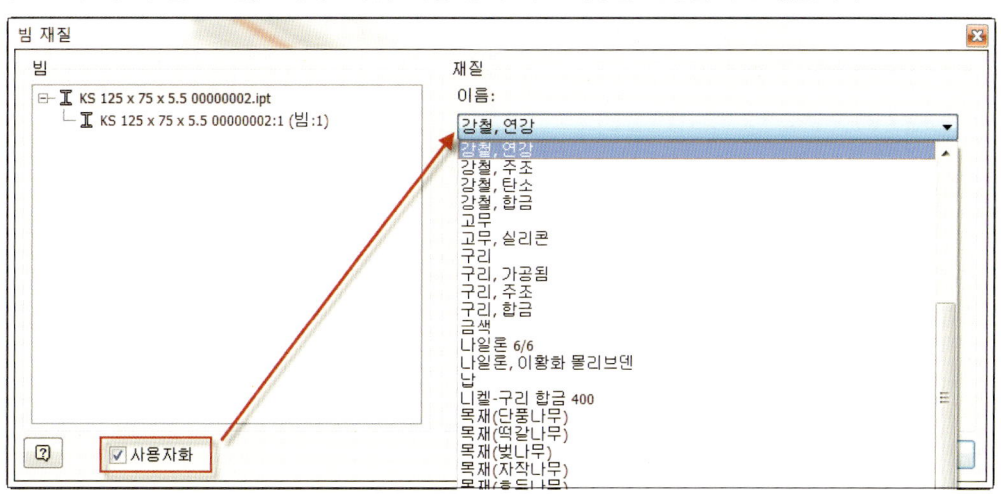

06 구속 조건 패널

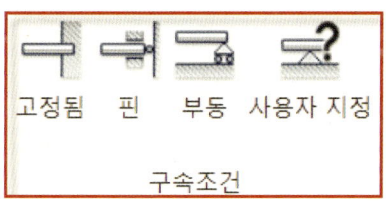

구속 조건은 아래 그림과 같이 헤드 업 디스플레이 (HUD) 또는 구속 조건 대화 상자를 사용하여 만들 수 있습니다. 빔을 선택하면 구속 조건을 배치하기 위해 구속 조건을 빔에 연결하는 내부 절점이 작성됩니다.

고정됨 구속 조건

리본 메뉴/ 프레임 분석 탭/ 구속 조건 패널/ 고정됨 구속 조건

　　　　FEA의 고정됨 구속 조건과 마찬가지로, 적용되는 빔 또는 절점의 모든 이동을 제한합니다. 고정됨 구속 조건을 사용하려면 프레임 분석 탭의 구속 조건 패널에서 고정됨 구속 조건을 선택합니다. 또는 프레임 해석 검색기 막대에서 구속 조건 절점을 마우스 오른쪽 버튼으

로 클릭하여 표시되는 바로 가기 메뉴에서 고정 구속 조건을 선택합니다. 고정됨 구속 조건은 선택된 절점 또는 빔의 모든 병진 및 회전 DOF를 제거합니다. 원점을 지정하기 위해 절점과 빔을 모두 선택할 수 있습니다. 간격 띄우기 매개 변수는 원점을 정의하기 위해 빔을 선택한 경우에만 활성화됩니다. 옵셋은 절대 값 또는 상대 값으로 지정할 수 있습니다. 상대적(Relative)을 선택하면 0.5의 값으로 구속 조건이 빔의 중간에 배치됩니다. 고정됨 구속 조건은 볼트 및 용접 연결 부위를 시뮬레이트를 할 때 적용하여 아래 그림처럼 접합됩니다.

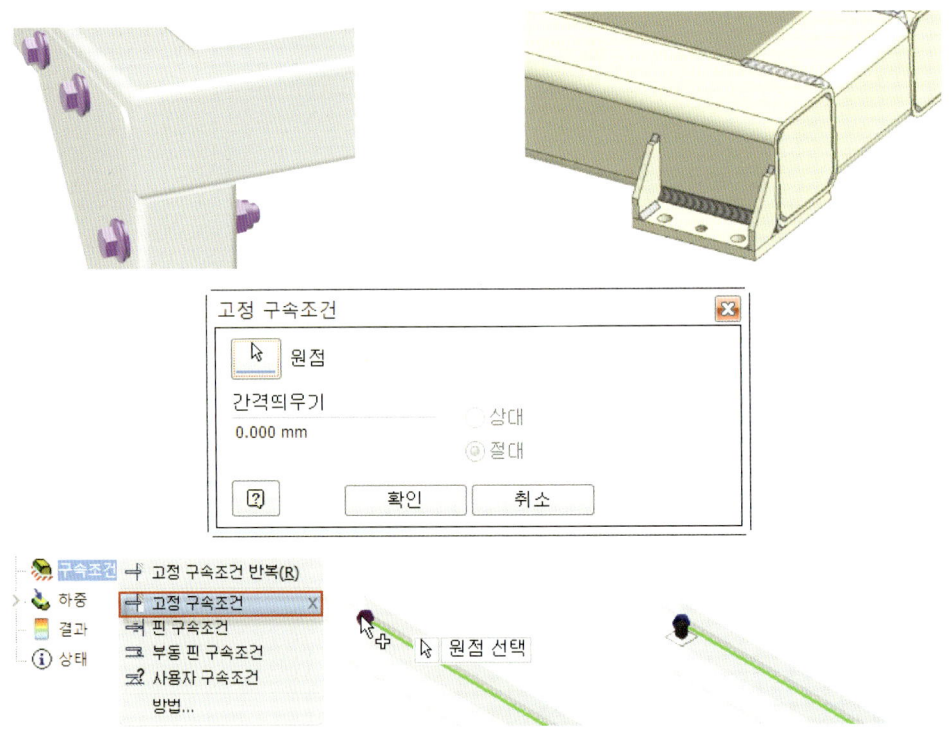

부여된 고정 구속 조건을 편집하기 위해서는 아래와 같이 프레임 해석 검색기 막대에서 부여된 고정됨 구속 조건을 선택하고 마우스 오른쪽 버튼을 클릭하여 편집을 선택하면 됩니다.

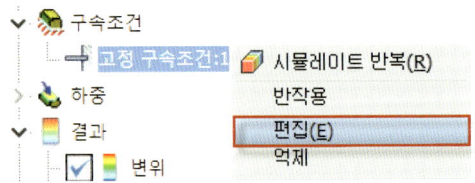

핀 구속 조건

리본 메뉴/ 프레임 분석 탭/ 구속 조건 패널/ 핀 구속 조건

빔 또는 구속 조건에 고정된 구속 조건을 적용하면 선택한 요소를 중심으로 회전할 수 있지만 공간에서는 이동할 수는 없습니다. 절점과 빔을 선택하여 원점을 지정할 수 있습니다. 간격 띄우기 매개 변수는 원점을 정의하기 위해 빔을 선택한 경우에만 활성화됩니다. 간격 띄우기는 절대 또는 상대 값으로 지정할 수 있습니다. 100mm의 절대 값은 구속 조건을 200mm 빔의 중간에 배치합니다. 핀 구속 조건은 아래 그림과 같이 힌지 및 핀 연결 및 접합을 시뮬레이션할 때 적용합니다.

 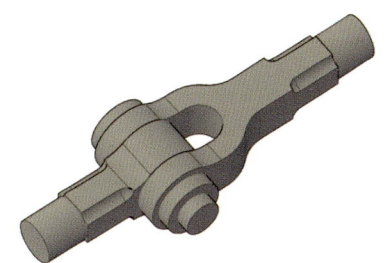

단일 핀 유형 구속 조건은 회전 각도가 3이므로 구형 조인트 구속 조건처럼 동작합니다. 그러나 대부분의 응용 프로그램에서는 두 가지 이상의 구속 조건이 있으며 이러한 상황에서는 구속 조건이 핀 구속 조건과 유사하게 작동되는데, 이것은 회전 조건이 제한되어 있기 때문입니다.

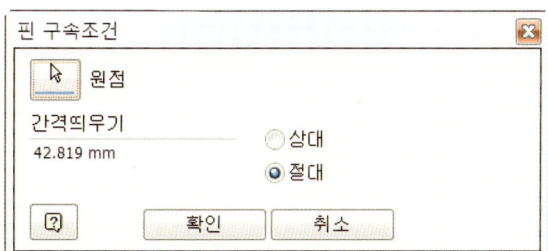

부동 구속 조건

리본 메뉴/ 프레임 분석 탭/ 구속 조건 패널/ 부동 구속 조건

부동 고정 구속 조건은 선택된 절점 또는 빔에 대해서만 한 평면에서 회전 및 평행 이동을 제한합니다. 절점과 빔을 모두 선택하여 원점을 지정할 수 있습니다. 또한 방향은 작업 축, 작업 평면 또는 빔을 직접 선택하여 지정할 수 있습니다. 간격 띄우기 매개 변수는 원점을 정의하기 위해 빔을 선택한 경우에만 활성화됩니다. 간격 띄우기 값은 절대 값 또는 상대 값으로 지정할 수 있습니다. 100mm의 절대 값은 300mm 빔을 따라 길이의 1/3에 구속 조건을 배치합니다. 구속 조건이 한 변위인 평면의 각도는 구속 조건의 각도에 추가하여 기본 Z 축을 기준으로 지정

할 수 있습니다. 부동 구속 조건은 아래 그림과 같이 롤러, 휠 및 매끄러운 표면 유형 접합을 시뮬레이션 할 때 적용합니다.

아래 표는 사용된 표준 구속 조건의 유형에 따라 자유도(D.O.F)가 고정된 지원 및 연결에 대한 요약을 설명하는 것입니다.

	병진 자유도			회전 자유도		
	X	Y	Z	Rx	Ry	Rz
고정됨 구속 조건	O	O	O	O	O	O
핀 구속 조건	O	O				
부동 구속 조건		O		O		O

마지막으로, 사용된 표준 구속 조건의 유형에 따라 반응하는 힘 및 모멘트를 포함하여 사용 가능한 결과 유형에 대한 요약은 아래와 같습니다.

	반응 력			반응 모멘트		
	Rx	Ry	Rz	Mx	My	Mz
고정됨 구속 조건	O	O	O	O	O	O
핀 구속 조건	O	O				
부동 구속 조건		O				

※ Y축에 수직인 평면에 고정이 되거나 하중이 로드가 됩니다.

사용자 지정 구속 조건

리본 메뉴/ 프레임 분석 탭/ 구속 조건 패널/ 사용자 지정

 사용자 지정 구속 조건은 6 자유도(D.O.F)를 제어할 수 있는 유일한 제한 조건입니다. 예를 들어 사용자 구속 조건을 사용하여 2도 회전 및 3도 변환을 고정하여 핀 구속 조건을 정의 할 수 있습니다. 맞춤형 구속 조건을 사용하면 강성 (탄성)을 지정하여 움직이는 구성 요소 간의 연결을 시뮬레이션 할 수 있습니다.

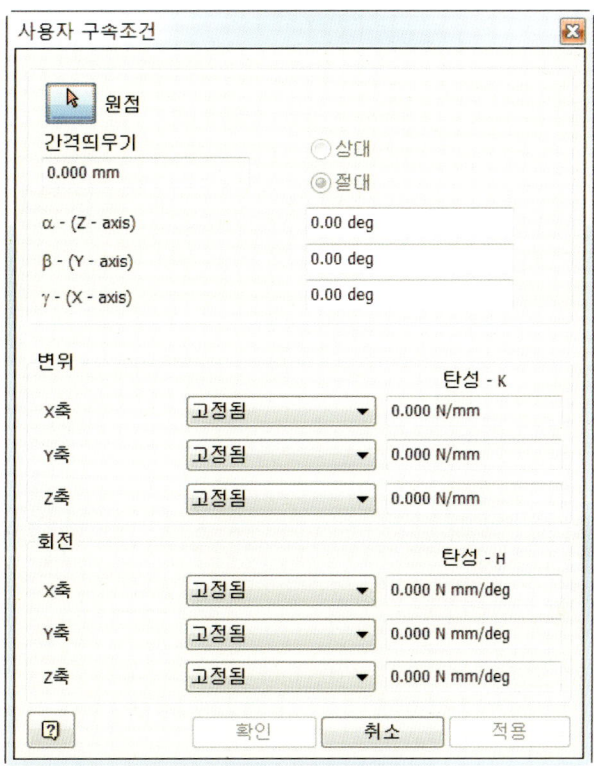

다음은 모든 옵션의 세부 사항입니다.

- α - (Z 축) - Z 축에 대한 구속 조건 회전 각도를 지정합니다.
- β - (Y 축) - Y 축에 대한 구속 조건 회전 각도를 지정합니다.
- ɤ - (X 축) - X 축에 대한 구속 조건 회전 각도를 지정합니다.

- 고정됨: 접합 조건을 고정된 구속 조건처럼 동작하게 하는 것을 의미합니다.
- 상향 리프트 없음: 자유도(D.O.F) (회전 및 변위)가 자유롭고 제한되지 않는다는 것을 의미합니다.
- 상향 리프트 +: 자유도(D.O.F) (회전 및 변위)가 빔 좌표계(로컬)에 대해 양의 방향에서만 자유롭

다는 것을 의미합니다.
- 상향 리프트 -: 자유도(D.O.F) (회전 및 변위)가 빔 좌표계 (로컬)에 대해 음의 방향에서만 자유롭다는 것을 의미합니다.

07 하중 조건 패널

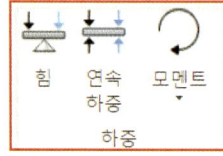

구속 조건은 아래 그림과 같이 헤드 업 디스플레이 (HUD) 또는 구속 조건 대화 상자를 사용하여 만들 수 있습니다.

※ 빔을 선택하면 구속 조건을 배치하기 위해 구속 조건을 빔에 연결하는 내부 절점이 작성됩니다.

 힘

리본 메뉴/ 프레임 분석 탭/ 하중 패널/ 힘

 힘을 완전히 정의하려면 원점, 크기 및 방향이 필요합니다. 방향은 빔 또는 축 중 하나를 선택하여 지정할 수 있습니다. 또는 평면에서의 각도 및 지정한 평면 각도에 의해 방향을 지정할 수 있습니다. 평면 각도는 하중이 정의된 XY 평면을 회전하고 평면에서의 각도는 Z 축으로부터 힘의 각도를 정의하는 것입니다. 간격 띄우기는 빔을 모두 선택하고 절대 값과 상대 값으로 정의할 수 있는 경우에만 사용할 수 있습니다. 예를 들어 상대 값이 0.5이면 빔의 가운데에 힘이 위치합니다.

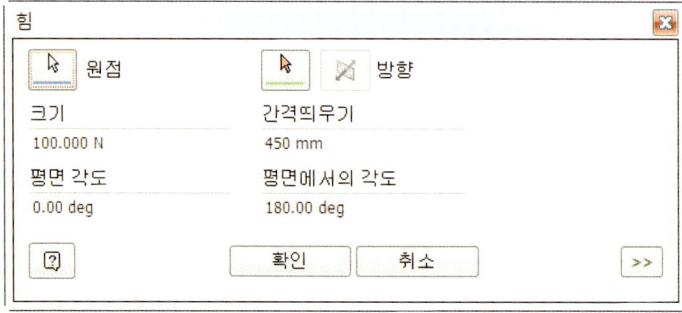

아래는 벡터 구성 요소 값을 사용하여 정의된 힘의 예입니다.

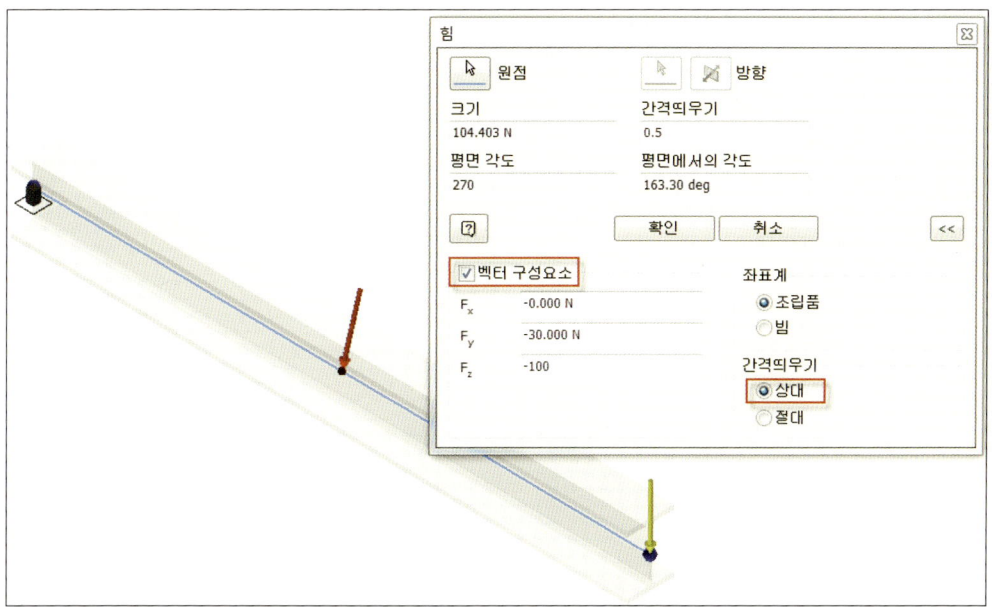

연속 하중

리본 메뉴/ 프레임 분석 탭/ 구속 조건 패널/ 연속 하중

　　　연속 하중을 완전히 정의하려면 원점, 크기 및 방향이 필요합니다. 방향은 빔 또는 축 중 하나를 선택하여 지정할 수 있습니다. 또는 평면에서의 각도와 평면의 각도를 지정하여 방향을 지정할 수도 있습니다. 여기서 평면 각도는 하중이 정의되는 XY 평면을 회전하고, 평면에서의 각도는 Z축의 힘의 각도를 정의하는 하는 것입니다.

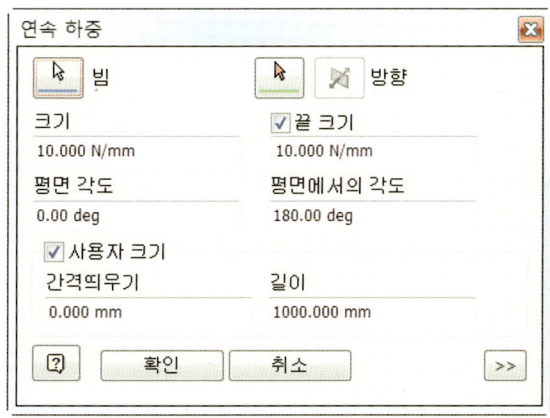

아래는 벡터 구성 요소 값을 사용하여 정의된 연속 하중의 예입니다.

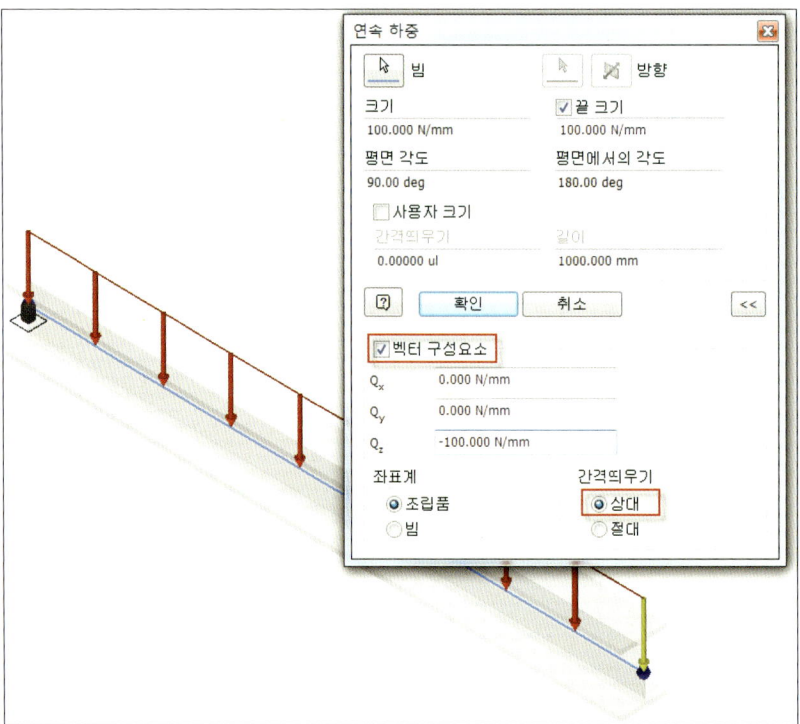

※ 빔의 일부에 연속 하중을 적용해야 하는 경우 프레임을 여러 개로 분할해야 합니다.

모멘트(일반)

리본 메뉴/ 프레임 분석 탭/ 하중 패널/ 모멘트

일반적인 순간을 완전히 정의하려면 원점, 크기 및 방향이 필요합니다. 빔 또는 조립품 좌표계에서 모멘트를 지정하는 것을 포함하여 빔 또는 축을 선택하여 방향을 지정할 수 있습니다. 또는 평면에서 면과 각도를 지정하여 방향을 지정할 수 있다. 여기서 평면의 각도는 모멘트가 작용하는 XY평면을 회전하고 평면에서의 각도는 Z축의 모멘트 각도를 정의합니다. 간격 띄우기는 빔을 선택하고 절대 및 상대 값으로 정의할 수 있는 경우에만 사용할 수 있습니다. 예를 들어, 상대 값 0.5는 빔의 중간에 힘을 배치합니다. 굽힘 및 축 모멘트는 일반 모멘트를 사용하여 정의할 수도 있습니다.

chapter 16 프레임 해석

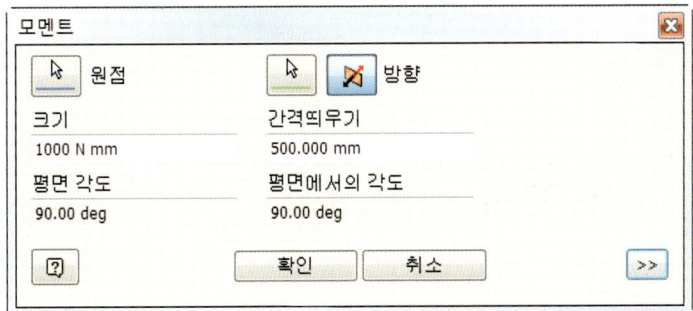

축 방향 모멘트

리본 메뉴/ 프레임 분석 탭/ 하중 패널/ 축 방향 모멘트

지정된 빔에 축 방향 모멘트를 작성하고 빔 축에 수직인 평면에 적용됩니다. 빔 좌표계에서만 작동하며 일반 모멘트 대화 상자입니다. 적은 입력 값이 필요합니다.

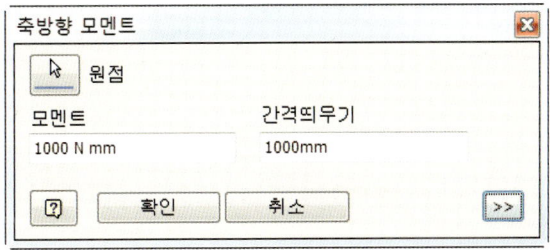

굽힘 모멘트

리본 메뉴/ 프레임 분석 탭/ 하중 패널/ 굽힘 모멘트

선택한 빔에 굽힘 모멘트를 작성하고 빔 축에 평행한 평면에 적용됩니다. 빔 좌표계에서만 작동하며 일반적인 모멘트 대화 상자입니다 적은 입력 값이 필요합니다.

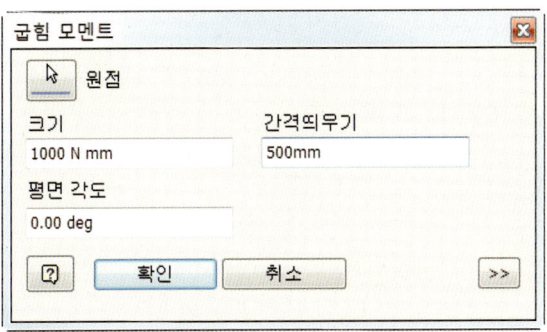

08 예제1

1 SJS_Single_Beam1.iam 파일을 선택한 다음 열기를 합니다.

다음 예는 외팔 빔의 한쪽 끝은 힘이 가해지고 다른 쪽 끝이 고정된 것입니다. 연강 (E = 220 GPa)으로 만들어진 빔은 길이 200 mm, 지름 10 mm입니다. 100N 하중이 가해질 때, 최대 처짐 및 굽힘 응력은 각각 2.469mm 및 203.7MPa입니다.

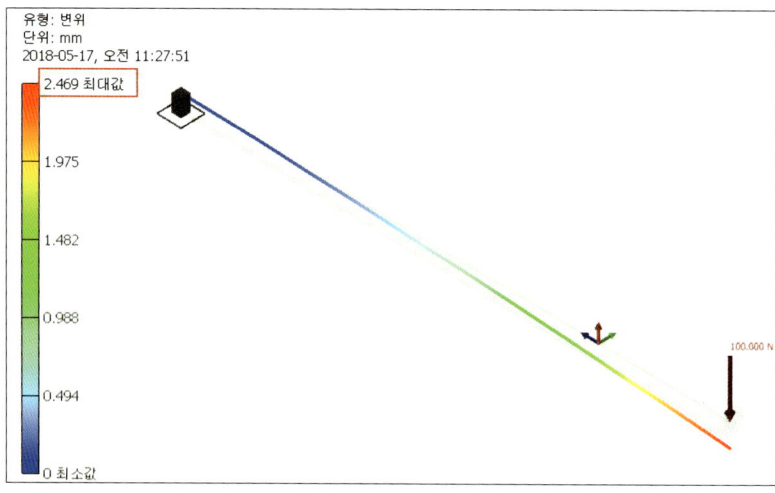

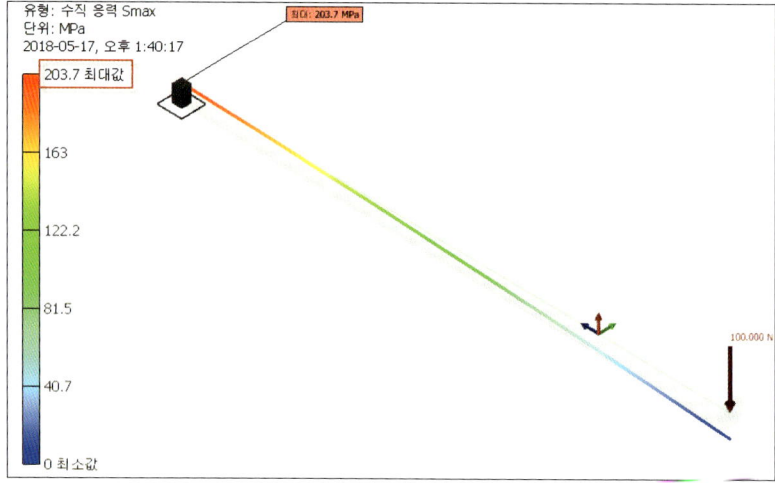

이에 비해 이론직 결과에 기조한 최대 처짐 및 힘 응력은 각각 2.469 mm및 203.7 Mpa이다. 여기서,

- W =하중 (Load)
- L =길이 (Length)
- E =탄성계수 (Young's modulus)
- I = 단면 2차 모멘트(Second moment of area)

원에 대한 I는

$$\frac{\pi D^4}{64} = \frac{\pi X 0.04^4}{64} = 4.908 X 10^{-10}$$

고전적인 굽힘 응력 공식에 기초한 것이다.

$$\frac{M}{I} = \frac{\sigma}{y}$$

최대 변형 = $\frac{WL^2}{3EI}$ = $\frac{100 X 0.2^2}{3 X 220 X 10^9 X 4.908 X 10^{-10}}$ = 0.002469m = 2.469mm

- M = 최대 굽힘 모멘트 = F X L = 100 X 0.2 = 20Nm
- σ = 최대 응력
- y = 중립 축으로부터 거리

최대 응력 = $\frac{20 X 0.005}{4.908 X 10^{-2}}$ = $203.7 X 10^6 \, N/m^2$ = 203.7Mpa

09 예제2

1 SJS_Single_Beam2.iam 파일을 선택한 다음 열기를 합니다.

여기에서 사용되는 외팔 빔 모델은 양쪽 끝이 핀 구속 조건에 의해 구속되어 있고, 중앙에 하중이 적용된다는 점을 제외하고는 예제 1과 동일합니다.

100N의 힘을 적용한 경우, 최대 처짐 및 휨 응력은 각각 0.1543mm 및 50.93Mpa 입니다. 비록 결과가 이론적 결과를 기반으로 정확한 것이지만 빔이 축을 중심으로 자유롭게 회전할 수 있다는 경고가 나타납니다.

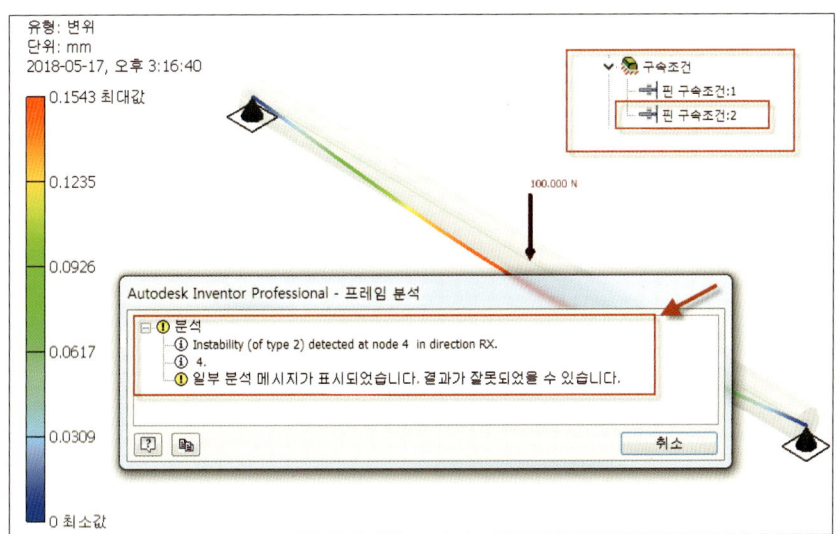

이것은 빔의 다른 쪽 끝에 두 번째 고정 구속 조건을 적용하면 두 구속 조건의 Y및 Z회전 자유도(D.O.F)가 모두 구속된다는 사실 때문입니다. 그러나 구속 조건 중 어느 것도 빔의 축에 대한 움직임을 제한하지는 않습니다. 경고가 표시되지 않도록 고정된 구속 조건 중 하나를 사용자 구속 조건으로 바꿀 수 있으며 빔의 축에 대한 모든 변위와 회전이 고정됩니다.

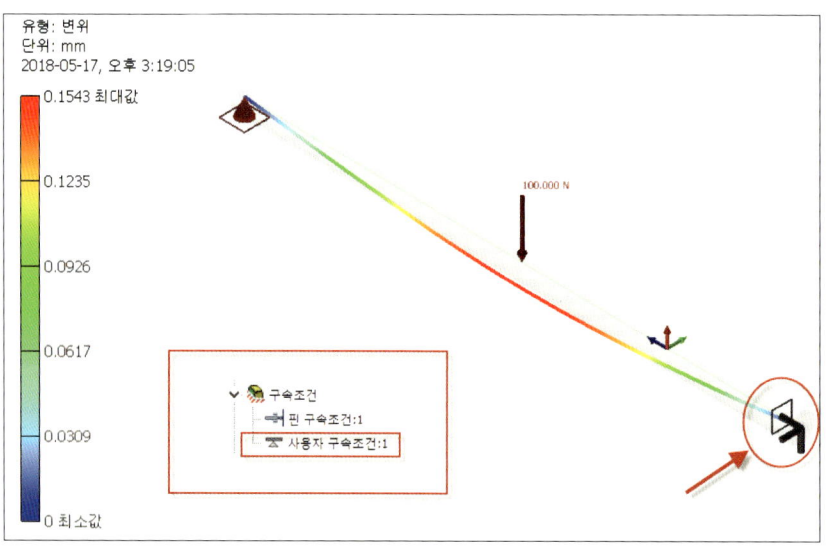

◆ 연결 패널

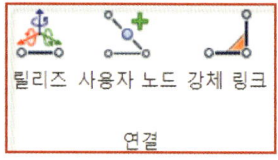

• 빔 릴리즈

빔 릴리즈는 자동으로 작성된 빔 연결에서 회전 및 평행 이동 자유도(D.O.F)를 해제할 수 있습니다. 기본적으로 빔 끝 연결은 단단합니다. 예를 들어 회전 자유도(D.O.F)를 해제하면 고정된 연결이 빔 끝에서 고정된 연결로 변환되어 빔의 모멘트가 제거됩니다. 빔 릴리즈 예제를 참조하시기 바랍니다. 자유도(D.O.F)를 해제하는 것 외에도 탄성 계수를 지정하여 빔 끝에서 강성을 생성하여 연결 시 유연성을 확인 할 수 있습니다. 부분 강성 계수를 선택하면 1.0 값은 릴리즈가 없음을 의미하고 값 0은 최대 릴리즈를 의미합니다.

※ 두 개 이상의 인접한 빔이 있는 경우, 구속 조건에는 인접한 빔의 경계 조건에 대한 빔이 이미 포함되어 있으므로 해당 빔의 끝에서 해제하지 않고 이 빔 중 하나를 고정해야 합니다.
※ 편집하는 동안 빔 좌표계가 빔의 시작점 근처에 표시됩니다.

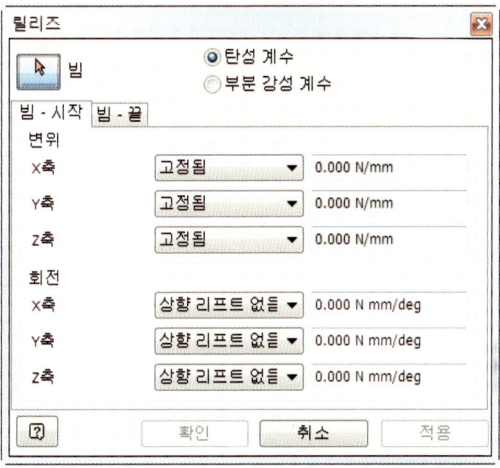

- 고정됨 - 조인트가 고정된 구속 조건처럼 동작하는 것을 의미합니다.
- 상향 리프트 없음- 자유도(D.O.F) (회전 및 변위)가 자유롭고 제한되지 않는다는 것을 의미합니다.
- 상향 리프트 +: 자유도(D.O.F) (회전 및 변위)가 빔 좌표계(로컬)에 대해 양의 방향에서만 자유롭다는 것을 의미합니다.
- 상향 리프트 -: 자유도(D.O.F) (회전 및 변위)가 빔 좌표계(로컬)에 대해 음의 방향에서만 자유롭다는 것을 의미합니다.

10 예제3

1 SJS_Truss.iam 파일을 선택한 다음 열기를 합니다.

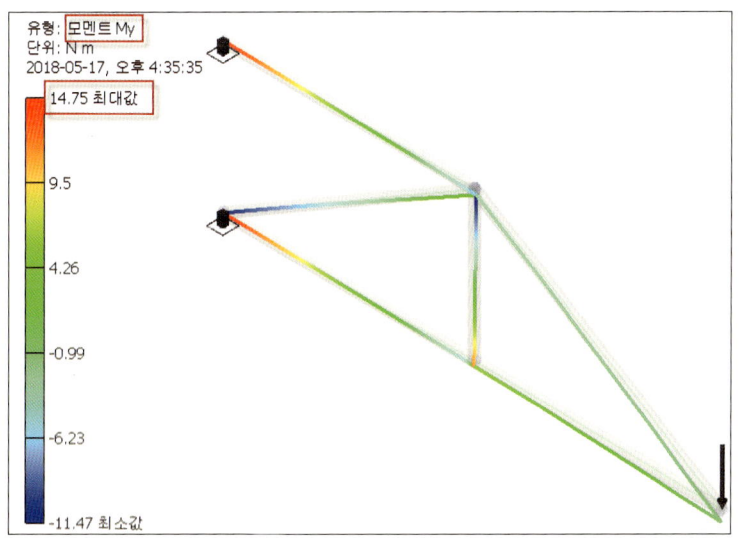

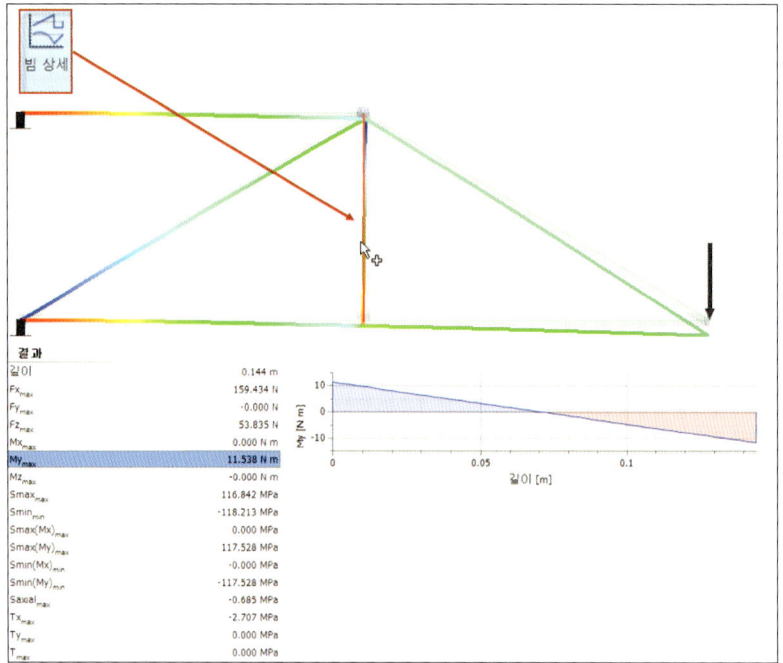

수직 부재의 Y축 방향으로 최대 굽힘 모멘트는 11.538Nm이며, 다시 말하면 이것은 회전 부재가 없는 프레임 부재에 기인한 것이라고 할 수 있습니다. 이 예제에서는 이전 예제에서처럼 회전 자유도(D.O.F)가 해제된 강체 링크가 없습니다. 이것은 이 트러스 프레임에 끝 처리가 없는 부재가 있기 때문입니다.

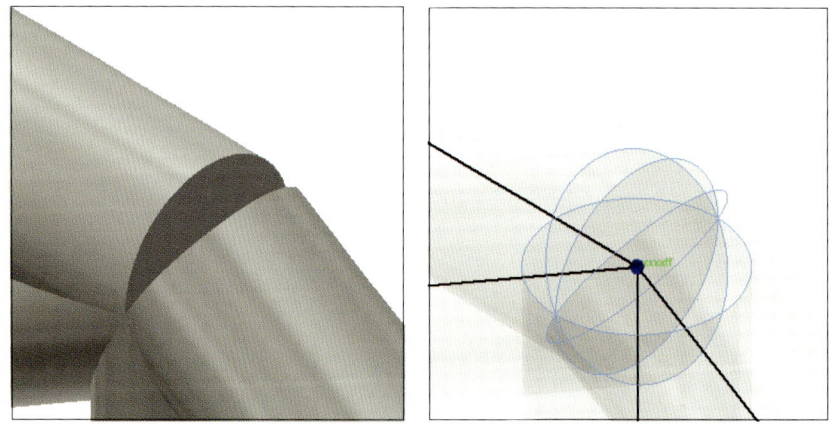

그러므로, 부재들 사이에 아무런 격차도 생기지 않은 것입니다. 그럼에도 불구하고 빔 릴리즈 명령을 사용하여 동일한 효과를 얻을 수 있습니다.

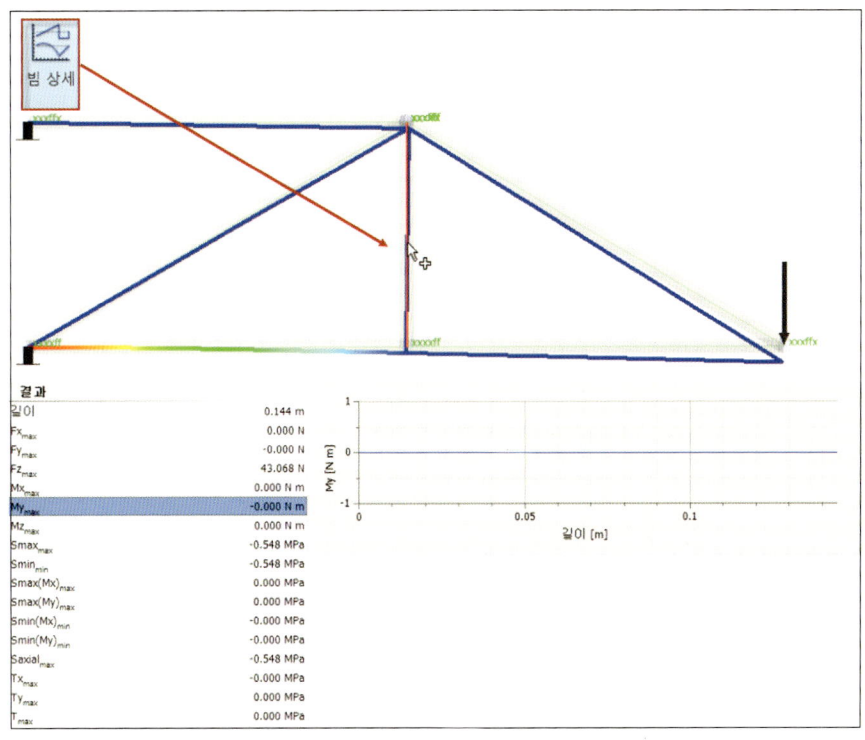

보시다시피 빔의 양 끝단에 대한 Y 및 Z 축의 회전을 해제하면 빔의 모멘트가 0이 됩니다.

• **사용자 노드**

사용자 노드는 빔을 따라 어디에서나 만들 수 있으며 힘을 가하거나 고정 링크를 만드는 데 사용할 수 있습니다. 검색기 막대에서 자동으로 변환된 노드와 그래픽으로 다르지는 않습니다. 그러나 프레임 분석 설정에서 다른 색상을 지정할 수 있습니다.

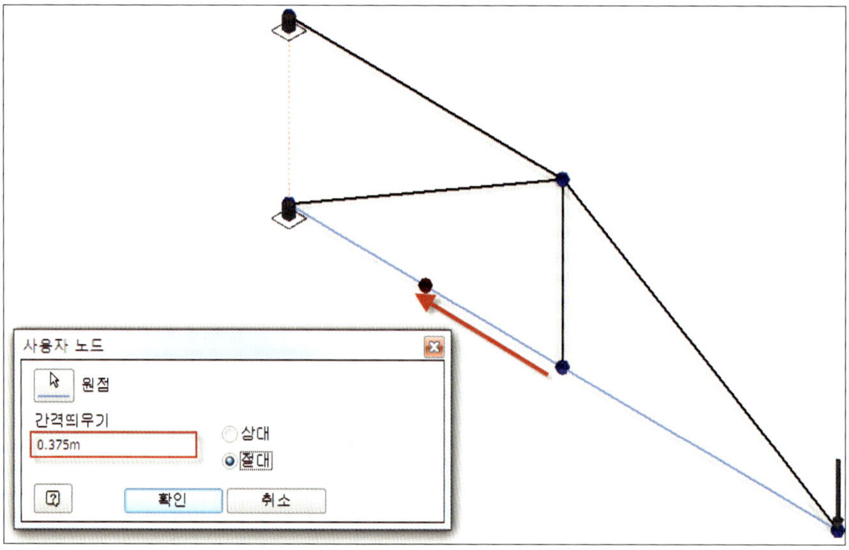

• 강체 링크

　　　　강체 링크는 분리된 빔을 함께 결합하는데 사용됩니다. 강체 링크는 부모 노드와 자식 노드로 구성됩니다. 부모 노드의 모든 변위와 회전은 자식 노드로 전달됩니다. 예를 들어, 양 노드 간의 호환성은 상위 노드에 의해 유지됩니다. 강체 링크에 대해 정의된 변위 및 회전은 변경 될 수 있습니다. 예를 들어, 아래의 강체 링크 설정은 노드 사이의 변환만 유지하는 것입니다.

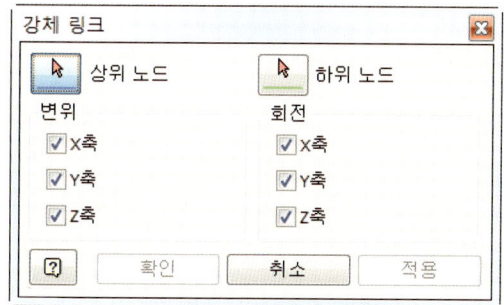

- 강체 링크는 노드 사이에서만 작동합니다.
- 강체 링크는 조립품 좌표계에서만 정의됩니다.
- 강체 링크는 두 개의 노드 (한 부모와 한 자식)를 필요로 합니다.

다음은 두 개의 간단한 빔이 강체 링크를 사용하여 함께 연결되는 예입니다.

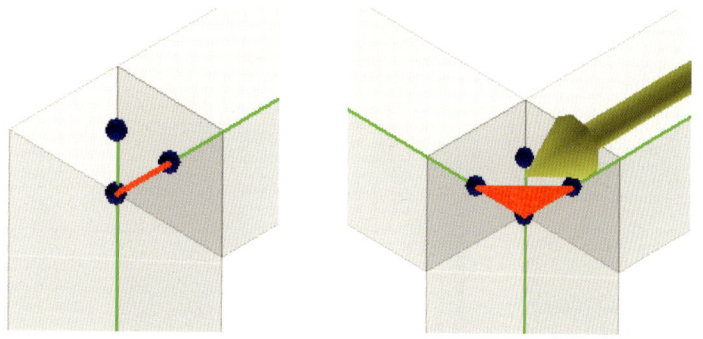

※ 프레임에 끝 처리가 필요한 경우에는 프레임 생성기를 사용합니다. 이로 인해 데이터 연결 고리 사이에 강체 연결을 생성하는 데 영향을 주게 되는 것입니다.

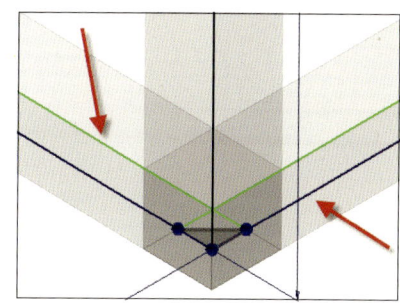

파란색 선은 프레임 생성기를 사용하여 오프셋 프레임을 만드는 데 사용되는 축이며 녹색 선은 광선의 실제 중립 축을 기반으로 프레임 분석에서 작성된 빔 요소입니다. 따라서 광선 요소는 프레임이 원래 작성된 동일한 축에서 작성되지 않아도 된다는 점에 유의해야 합니다.

단, 원형 및 사각형 멤버는 반드시 이 원칙에 귀결되지는 않습니다.

11 예제4

1. SJS_Simple_Frame.iam 파일을 선택한 다음 열기를 합니다.

   이 예제는 가벼운 링크를 사용하여 빔이 연결되는 간단한 프레임 구조물입니다. 한쪽 끝에 힘이 로드되고 다른 쪽 끝은 고정되어 있는 구조입니다. 또한 이 예제는 끝 처리가 없는 프레임 생성기를 사용하여 만들어졌습니다. 변형 결과는 1.849 mm의 최대 처짐과 89 MPa의 최대 수직 응력을 보여줄 것입니다.

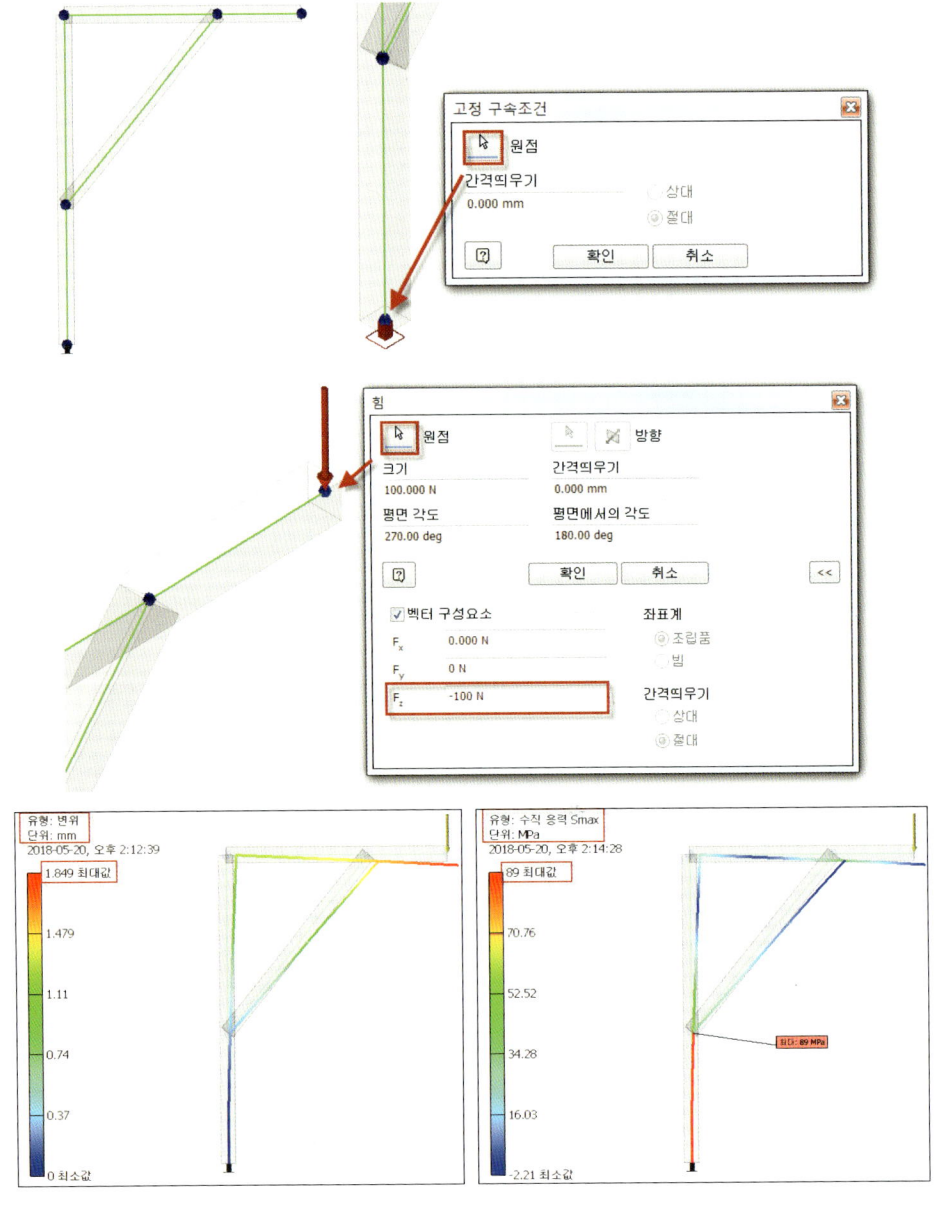

chapter 16 프레임 해석

다음은 같은 형태의 예제로, 프레임 생성기를 사용하여 생성한 다음 끝 처리를 한 조립품입니다. 변형 결과는 1.854 mm의 최대 처짐과 89 MPa의 최대 수직 응력을 보여줄 것입니다.

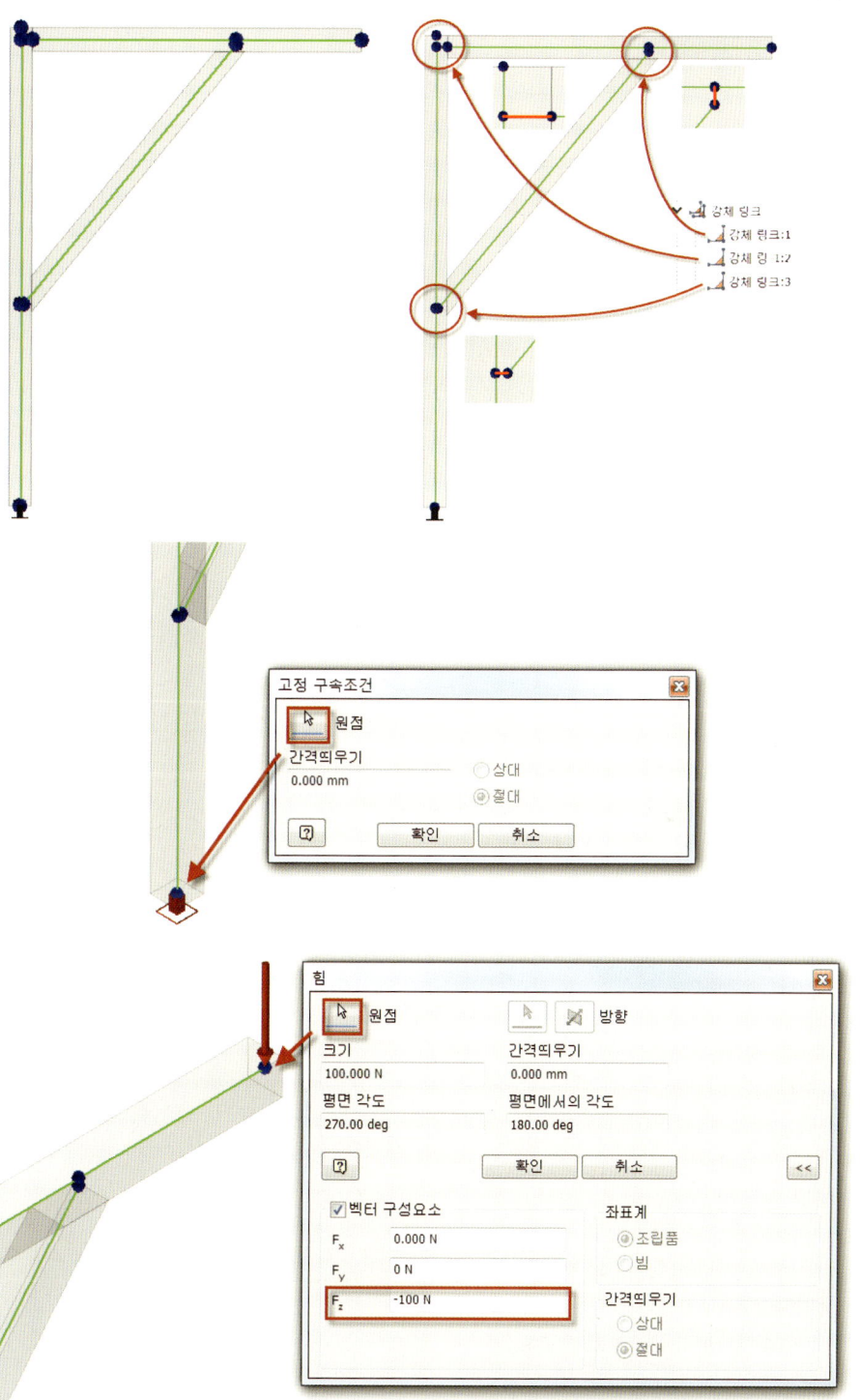

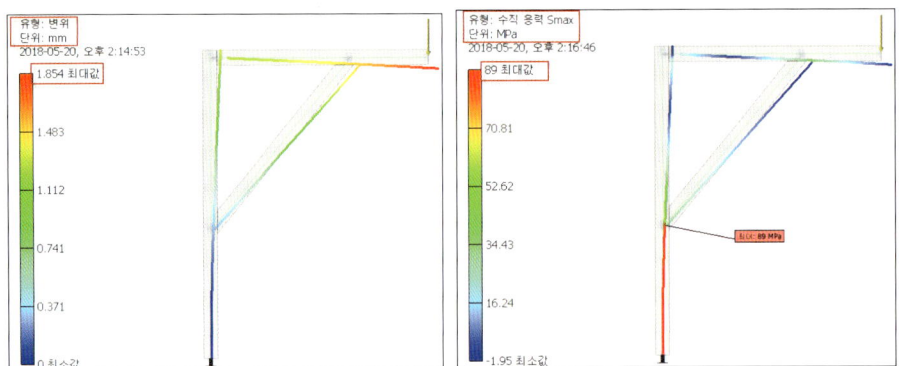

위 두 가지 형태의 조립품에 대한 프레임 해석의 즉각적인 차이점은 분석을 실행하기 전에도 빨간색 고정 링크를 만드는 것입니다. 이러한 링크는 끝 처리로 인해 자동으로 만들어지고 분리된 빔에 연결됩니다. 빔은 중립 축 위치를 기준으로 추출되며 길이는 중실 축에 수직인 평면과 솔리드 빔의 가장 긴 면이 교차하여 정의됩니다. 그 결과, 가능한 가장 짧은 거리를 사용하여 빔 요소 사이에 강체 링크가 만들어집니다. 그러나 최대 변위 및 최대 응력이 각각 1.854mm 및 89Mpa로 끝 처리가 없는 상태와 결과의 차이는 무시할 수 있는 정도라 할 수 있습니다.

이와 유사한 결과를 얻은 이유는 빔의 단면적이 빔의 길이에 비해 매우 작기 때문입니다. 대부분의 구조적 응용 프로그램에서는 항상 그렇습니다. 따라서 솔리드 요소가 아닌 빔 요소를 사용하는 이유입니다. 예제를 더 자세히 분석하면 수평 및 수직 빔을 연결하는 빔에 다음과 같은 모멘트가 표시됩니다.

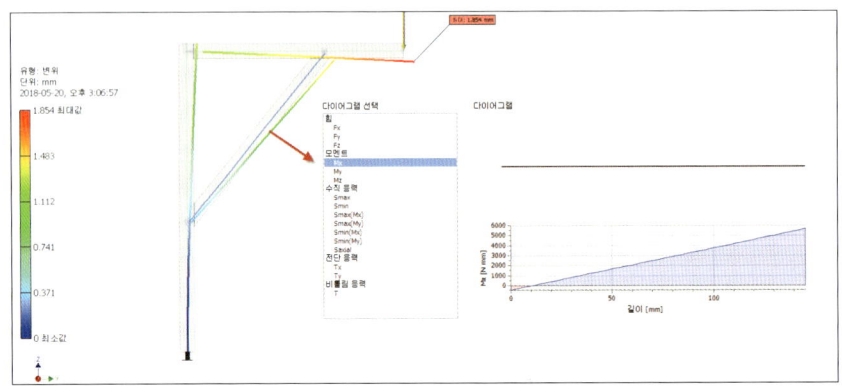

이러한 차이의 원인은 빔이 완전히 고정되어 있기 때문에 고정되어 연결되어 있는 것처럼 빔 회전을 허용하지 않기 때문입니다. 빔에서 모멘트를 분리하기 위해 회전 자유도(D.O.F)를 해제 수 있습니다.

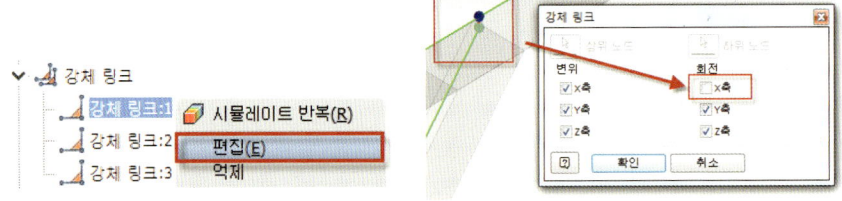

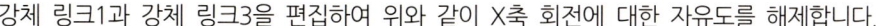

강체 링크1과 강체 링크3을 편집하여 위와 같이 X축 회전에 대한 자유도를 해제합니다.

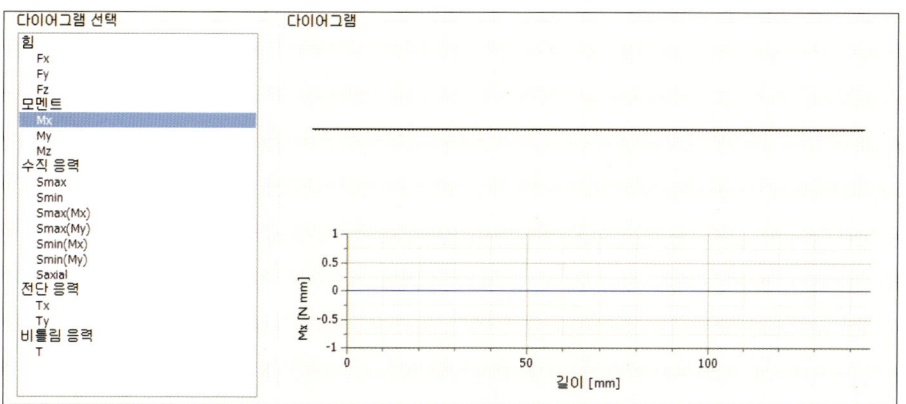

X축 (글로벌 좌표계)을 중심으로 회전이 해제되므로 빔에서 모멘트가 완전히 제거됩니다. 빔에 유도된 응력 (축 방향)은 축 방향 하중의 결과이며 굽힘이 아닙니다.

12 결과 패널

빔 상세

빔 상세는 최대 굽힘 및 힘을 포함하여 선택된 빔에 대한 결과의 세부 정보를 신속하게 분석할 수 있습니다.

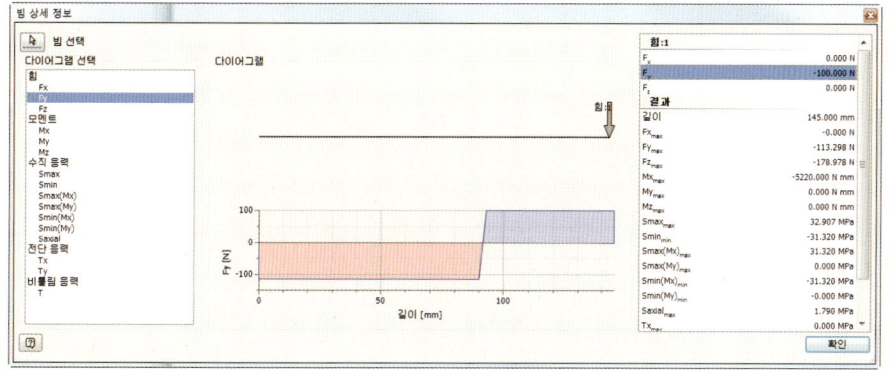

애니메이트

애니메이션의 비디오 파일을 만듭니다.

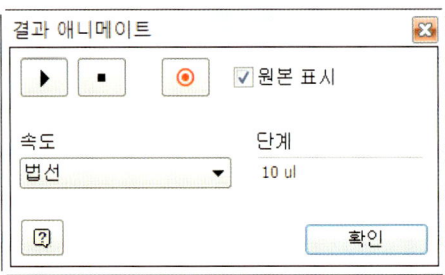

원본 표시를 선택하면 애니메이션 재생 중에 원래 모델 모양이 표시됩니다. 반면 옵션을 선택하지 않으면 원래 와이어 프레임이 변형된 모델의 오버레이로 표시됩니다. 이 옵션은 기본적으로 선택되어 있는 것입니다. 더 부드러운 디스플레이를 위해서는 단계 수를 늘리면 됩니다. 1에서 100 사이의 값을 지정할 수 있습니다.

다이어그램

빔 모델에서 특정 결과를 다이어그램으로 플롯을 할 수 있습니다. 결과 유형에는 최대 힘과 모멘트가 포함됩니다.

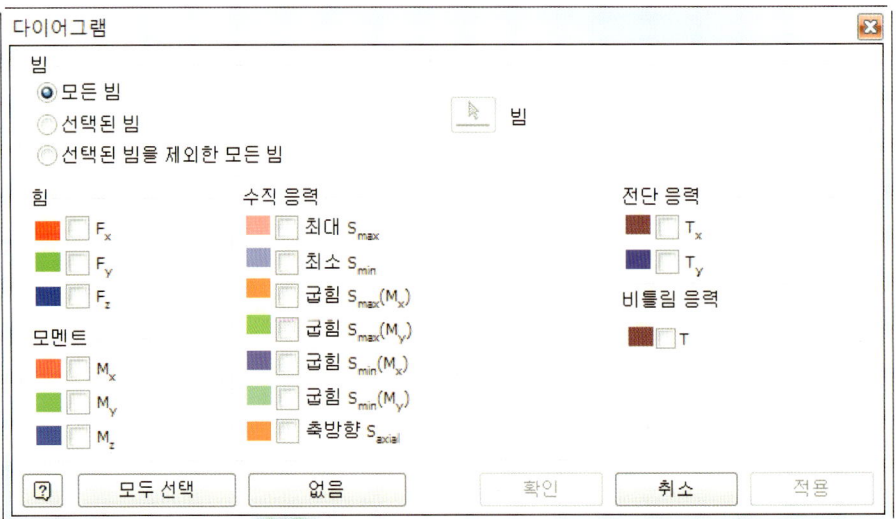

선택한 빔에 대해 여러 다이어그램을 동시에 적용 할 수 있습니다. 다이어그램은 빔 로컬 좌표계와 변형되지 않은 빔에 따라 플롯이 됩니다. 일반적으로 빔 축을 따라 표시되는 그래프는 빔 좌표계의 Y 또는 Z 축 (XY 또는 XZ 평면)을 따라 표시됩니다.

다음은 구조 빔 모델의 다이어그램입니다.

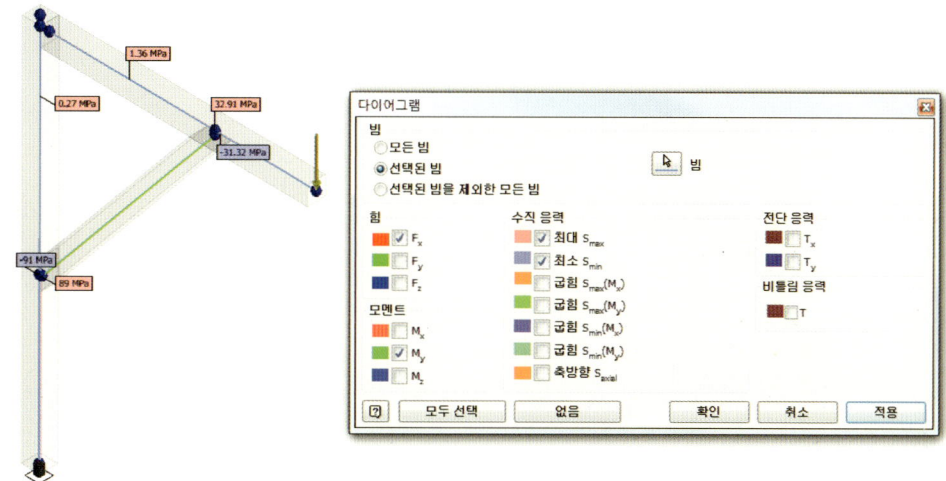

검색기 막대의 다이어그램 폴더에서 생성된 다이어그램을 선택한 다음 마우스 오른쪽 버튼을 클릭하여 다이어그램 축척을 선택하면 다이어그램의 축척 형태로 시뮬레이션 결과 내에서 확인해 볼 수 있습니다.

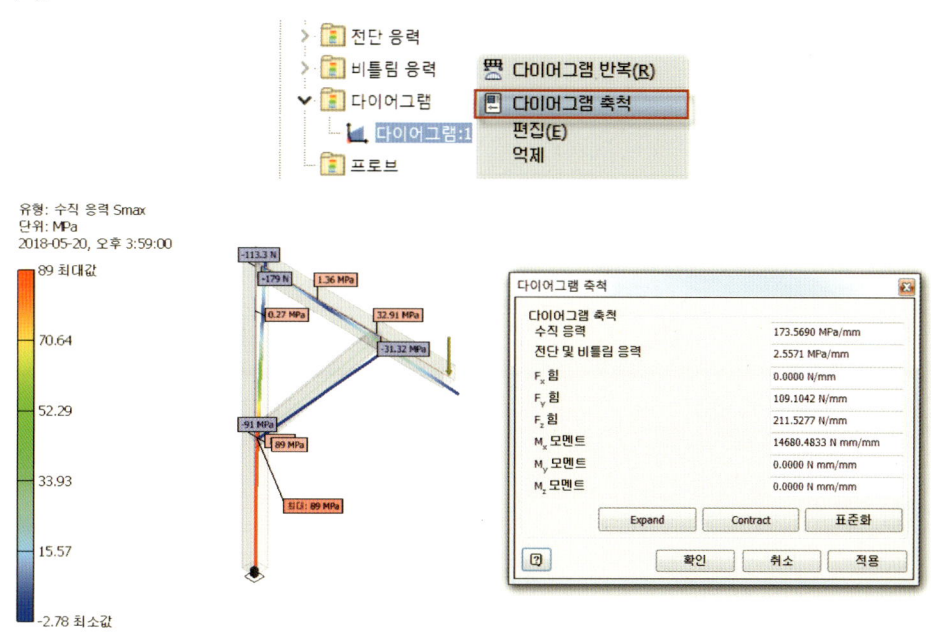

- 확장(Expand): 선택한 수량의 다이어그램에 대해 1cm당 단위 수를 줄입니다.

- 축소(Contract): 선택한 수량의 다이어그램에 대해 1cm당 단위 수를 늘립니다.
- 표준화(Standardization): 강조 표시된 수량의 최대값 및 최소값으로 축척을 조정하는 방식으로, 선택한 수량의 다이어그램을 표시합니다.

프로브

시뮬레이션 결과를 측정할 수 있습니다. 모형에 있는 빔 상의 모든 위치나 노드를 클릭하면 시뮬레이션 결과는 각 프로브 위치 별로 나타낼 수 있습니다.

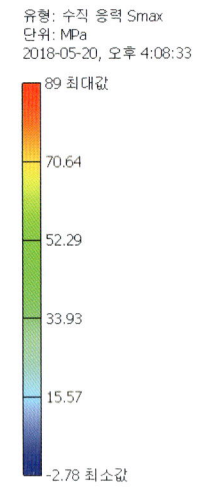
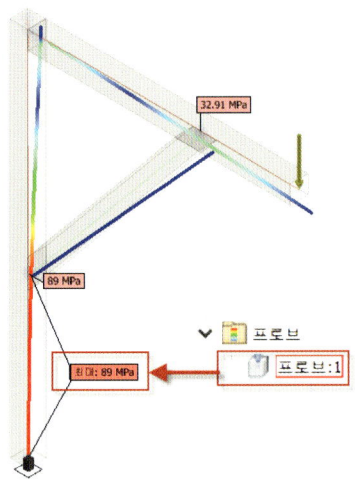

13 화면 표시 패널

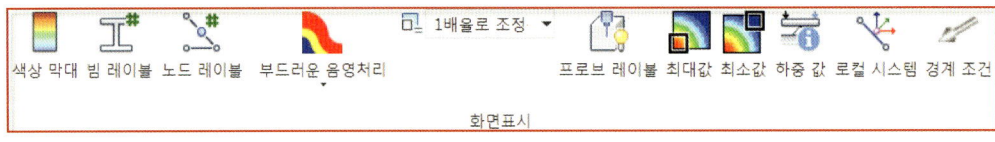

색상 막대

색상 막대는 아마도 디스플레이 패널에서 가장 중요한 도구일 것이며, 효과적으로 사용하면 결과를 쉽게 이해하는데 많은 도움이 될 수 있을 것이라고 생각합니다. 위치 설정을 사용하여 그래픽 창의 다양한 위치에 표시 할 수 있습니다. 최대 및 최소 임계 값은 최대 및 최소 값의 선택을 취소하거나 변경할 수 있습니다.

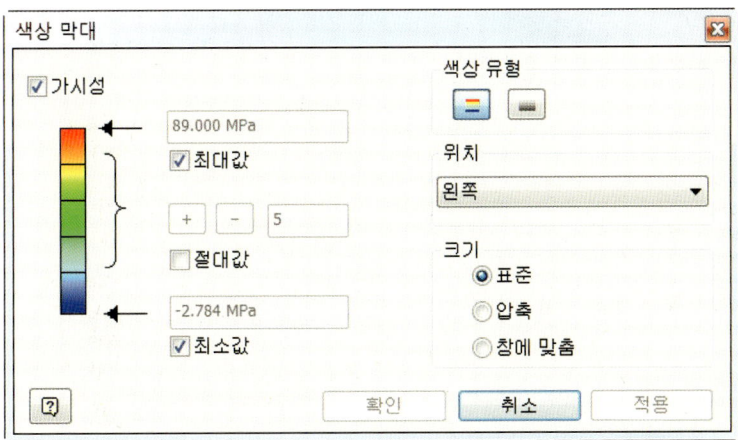

절대 값을 선택하면 모든 결과 값이 절대 값으로 표시되고 색상 막대는 그 값을 반영합니다. 절대 값을 확인하면 최대 및 최소 임계 값의 음수 값이 유효하지 않습니다. 색상 범례의 수는 윤곽선 음영을 선택한 경우에만 변경할 수 있습니다. 매끄러운 음영은 기본적으로 최대 값을 사용합니다.

- 가시성: 활성 결과 유형의 색상 막대 가시성을 제어합니다. 선택하면(기본값) 색상 막대가 표시됩니다. 색상 막대를 숨기려면 체크 표시를 지웁니다. 이 설정은 활성 결과에만 영향을 줍니다.
- 최대 값: 계산된 최대 임계 값을 표시합니다. **최대값**의 선택을 취소하여 수동 임계 값 설정을 활성화합니다. 필요한 대로 원하는 값을 입력합니다. 최대값을 다시 선택하면 최대 임계 값이 계산된 값에 다시 설정됩니다. 최대 임계 값은 항상 최소 임계 값보다 커야 합니다.

Note

색상 수 설정은 부드러운 음영처리일 경우 비 활성화 되어 있습니다.

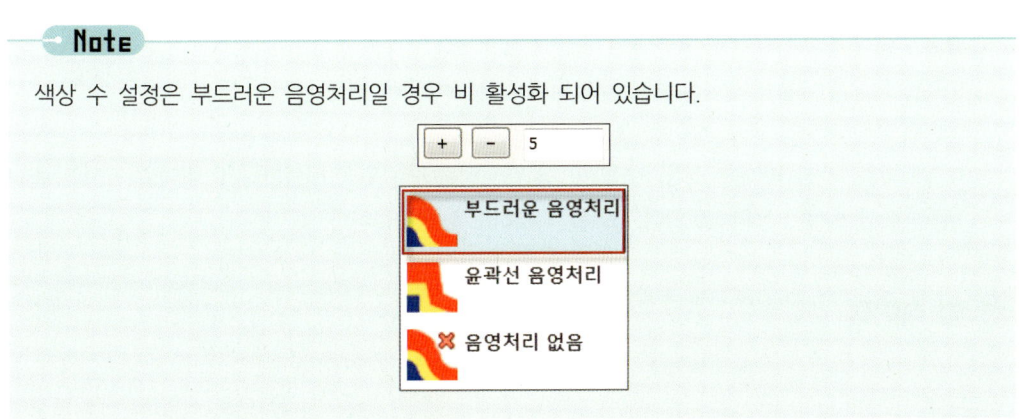

- 색상 수: 색상 막대에 표시할 색상 또는 단색 음영 수를 지정합니다. 유효한 입력 범위는 2-12입니다. 숫자를 입력하거나 +(증가) 또는 -(감소)를 사용하여 값을 변경할 수 있습니다.
- 절대값: 이 옵션은 기본적으로 선택 취소가 되어 있으며, 선택하면 모든 결과 값을 절대값으로 표시하고 색상 막대는 해당 값을 반영합니다. 이 옵션을 선택하면 최대 및 최소 임계 값에 대한 음수 값은 유효하지 않습니다.

- 최소값: 계산된 최소 임계 값을 표시합니다. **최소값**의 선택을 취소하여 수동 임계 값 설정을 활성화합니다. 필요한 대로 원하는 값을 입력합니다. 최소값을 다시 선택하면 계산된 값에 최소 임계 값이 다시 설정됩니다. 최소 임계 값은 항상 최대 임계 값보다 작아야 합니다.
- 색상 유형

  - 색상: 막대 축척을 색상으로 표시하도록 설정하는 것입니다.
  - 막대 축척을 단색 또는 그레이스케일로 표시하도록 설정하는 것입니다.
- 위치
  - 맨 위: 색상 막대를 그래픽 영역의 맨 위 중심에 수평으로 배치합니다.
  - 맨 아래: 색상 막대를 그래픽 영역의 맨 아래 중심에 수평으로 배치합니다.
  - 오른쪽: 색상 막대를 그래픽 영역의 오른쪽을 따라 수직으로 배치합니다.
  - 왼쪽: 색상 막대를 그래픽 영역의 왼쪽을 따라 수직으로 배치합니다.
  - 오른쪽 위 수평: 색상 막대를 그래픽 영역의 오른쪽 위에 수평으로 배치합니다.
  - 오른쪽 위 수직: 색상 막대를 그래픽 영역의 오른쪽 위에 수직으로 배치합니다.
  - 왼쪽 위 수평: 색상 막대를 그래픽 영역의 왼쪽 위에 수평으로 배치합니다.
  - 왼쪽 위 수직: 색상 막대를 그래픽 영역의 왼쪽 위에 수직으로 배치합니다.
  - 오른쪽 아래 수평: 색상 막대를 그래픽 영역의 오른쪽 아래에 수평으로 배치합니다.
  - 오른쪽 아래 수직: 색상 막대를 그래픽 영역의 오른쪽 아래에 수직으로 배치합니다.
  - 왼쪽 아래 수평: 색상 막대를 그래픽 영역의 왼쪽 아래에 수평으로 배치합니다.
  - 왼쪽 아래 수직: 색상 막대를 그래픽 영역의 왼쪽 아래에 수직으로 배치합니다.
- 크기
  - 표준: 색상 막대를 고정 높이로 설정합니다. 기본적으로 설정됩니다.
  - 압축: 색상 막대를 최소 높이로 설정합니다.
  - 창에 맞춤: 색상 막대를 크기가 그래픽 영역의 비율이 되도록 설정합니다. 영역의 크기가 변경되면 색상 막대가 업데이트되어 크기를 비례하도록 변경합니다.

빔 레이블

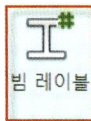

아래 그림과 같이 빔 레이블을 표시하여 선택한 빔을 시각적으로 식별하는 데 도움이 됩니다.

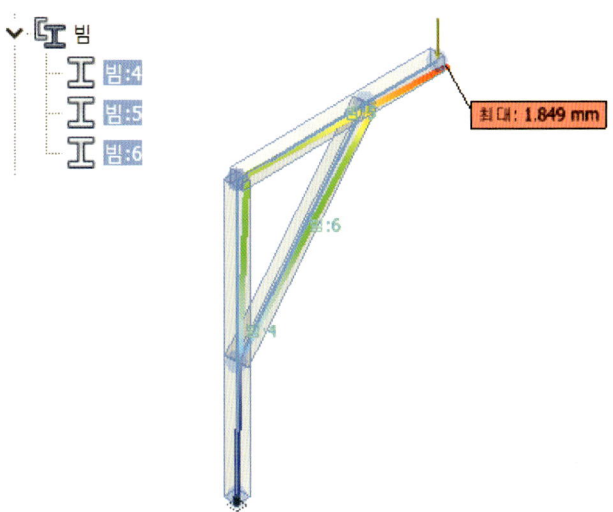

노드 레이블

아래 그림과 같이 노드 레이블을 표시하여 선택한 빔을 시각적으로 식별하는 데 도움이 됩니다.

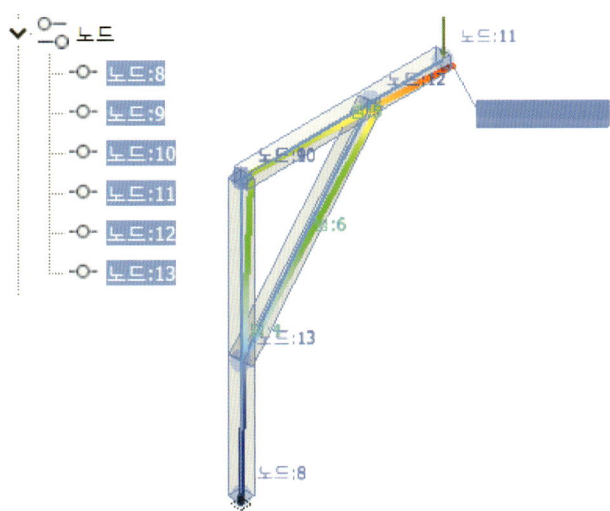

화면 표시 결과

아래 그림과 같이 노드 레이블을 표시하여 선택한 빔을 시각적으로 식별하는 데 도움이 됩니다.

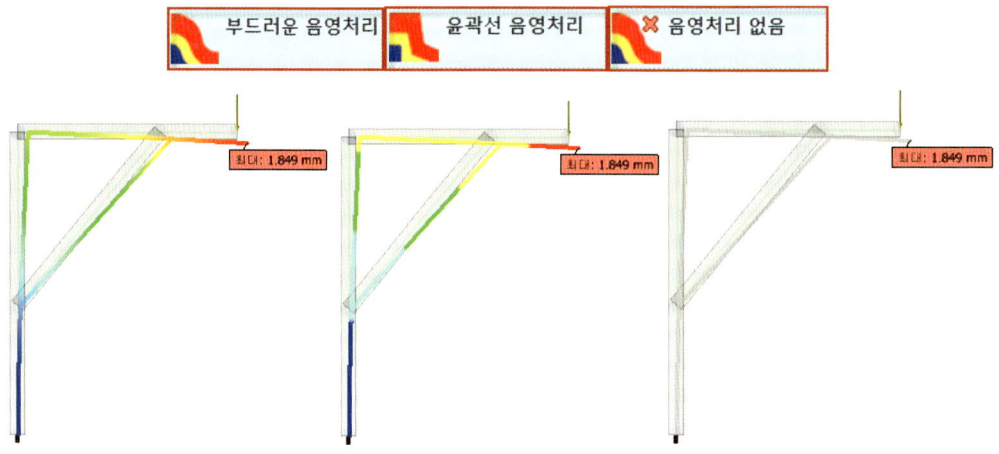

변위 디스플레이 조정

여기에서 적용된 경계 조건이 올바른지 더 잘 알 수 있도록 결과의 척도를 조정할 수 있습니다.

※ 눈에 보이는 변형이 없는 애니메이션은 시각적으로 보이지 않으므로 애니메이션 결과를 선택하기 전에 변형이 표시되도록 눈금을 조정하는 것이 좋습니다.

최대 값

선택한 결과 유형의 최대 값을 표시하여 모델에서의 위치를 찾습니다. (아래 그림 참조)

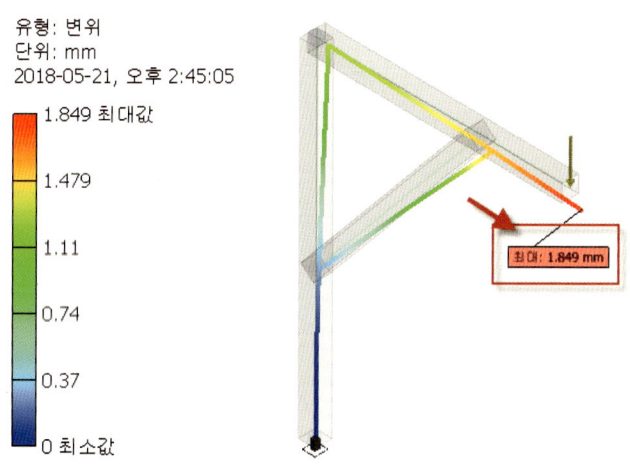

최소 값

선택한 결과 유형의 최소 값을 표시하여 모델에서의 위치를 찾습니다. (아래 그림 참조)

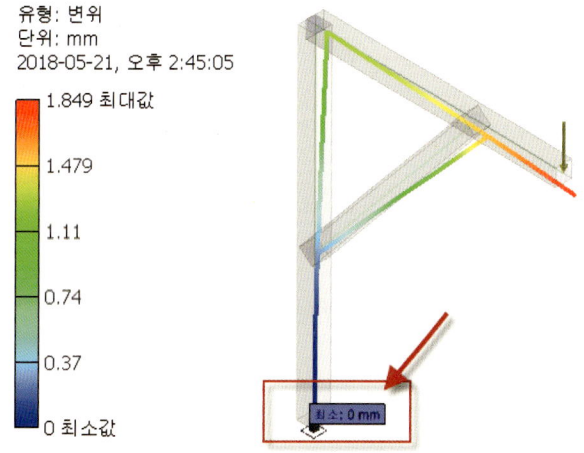

경계 조건

모델에 적용된 모든 하중 및 구속 조건을 표시합니다.

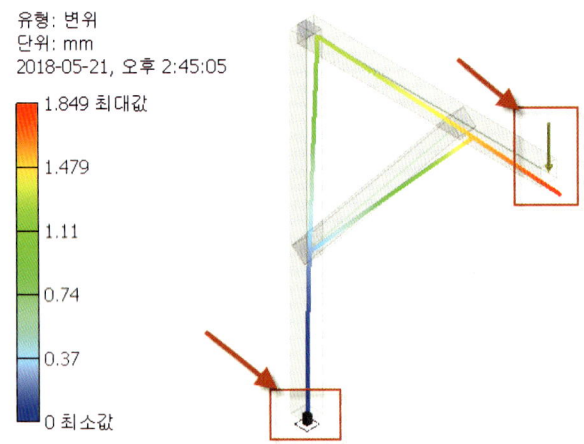

로컬 시스템

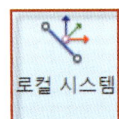

모든 빔에 대한 로컬 좌표계를 표시합니다.

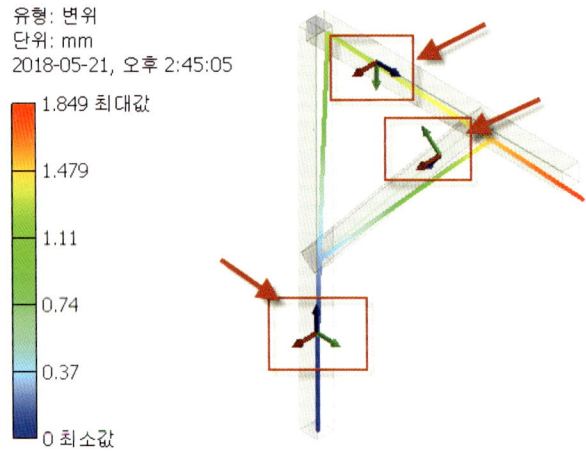

chapter 16 프레임 해석

하중 값

모델에 적용된 모든 하중과 연관된 하중 값을 표시합니다.

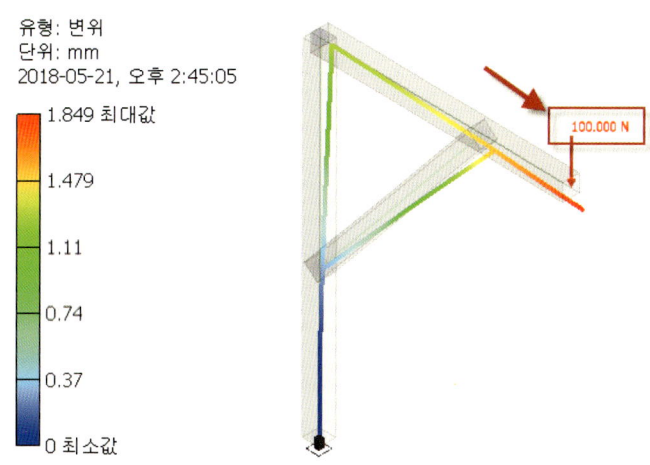

※ 경계 조건 (Boundary Conditions)은 하중 값을 볼 수 있도록 활성화되어 있어야 합니다.

14 게시 패널

보고서

Autodesk Inventor Professional 2019는 표준 HTML 형식 외에도 mhtml (단일 웹 페이지) 및 서식이 있는 텍스트 형식 (Word 문서)으로 보고서를 만들 수 있으므로 보고서를 특정 요구 사항에 맞게 쉽게 사용자 지정하여 생성할 수 있습니다.

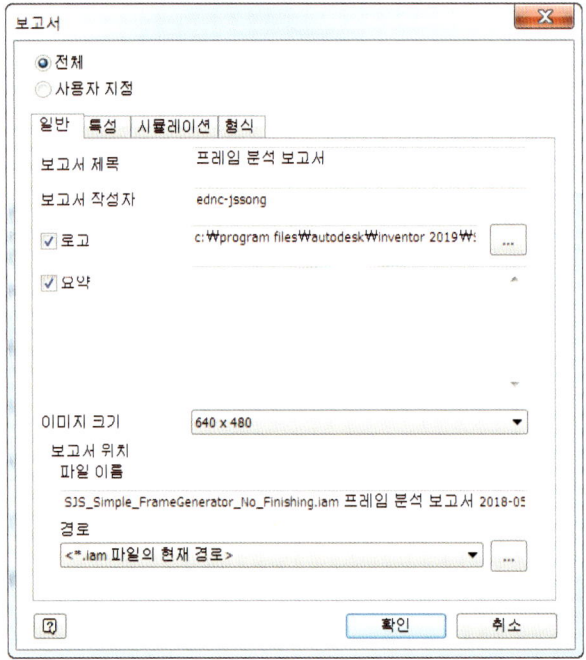

다음 옵션은 활성화와 관계없이 표시되는 것입니다.

- 전체: 보고서에 게시할 모든 기본 필드를 선택합니다.
- 사용자 지정: 보고서 출력을 수정할 수 있습니다. 대화상자의 각 탭에서 보고서에 표시할 정보 상자를 선택합니다.

- **일반 탭 제어**

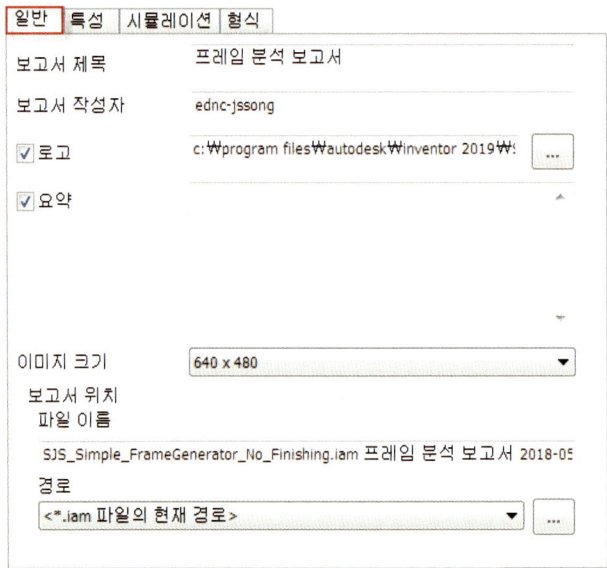

- 보고서 제목: 보고서의 제목을 지정합니다. 제목 기본값은 사용자가 < > 기호 안의 내용을 완료해야 하는 부분이 포함되어 있는 불완전한 제목입니다.
- 보고서 작성자: 보고서 작성자를 지정합니다. 기본적으로 응용프로그램 옵션 대화상자의 일반 탭에 사용자 이름이 표시됩니다. 다른 이름을 입력할 수 있습니다.
- 로고: 로고 이미지를 표시합니다. 기본적으로 이 이미지는 설치 경로에 저장되어 있는 Autodesk.bmp 이미지입니다.
- 요약: 기본적으로 이 영역은 비어 있습니다. 주석을 추가했고 동일한 데이터에서 다른 보고서를 생성하는 경우에는 이전 보고서의 주석이 포함됩니다.
- 이미지 크기: 결과에서 작성된 이미지에 대한 해상도를 지정합니다. 50~1900의 값만 지원됩니다.
- 보고서 위치:

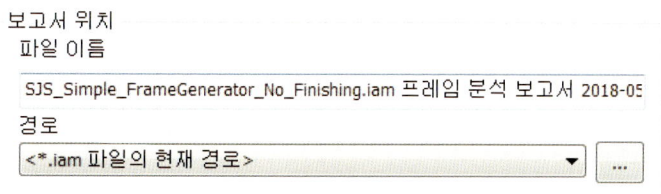

  - 파일 이름: 대화상자의 보고서 위치 섹션에서 보고서 파일 이름을 지정합니다. HTML 확장명은 자동으로 지정됩니다.
  - 경로: 찾아보기를 사용하여 컴퓨터 또는 네트워크 서버에 보고서가 저장된 위치 경로를 지정합니다. 또는 경로를 알고 있는 경우에는 필드에 경로를 입력할 수 있습니다. 필드는 모든 UFC 유효 경로를 승인합니다.

- **특성 탭 제어**

기본적으로 null이 아닌 값이 있는 모든 특성은 보고서에 게시되도록 선택됩니다.

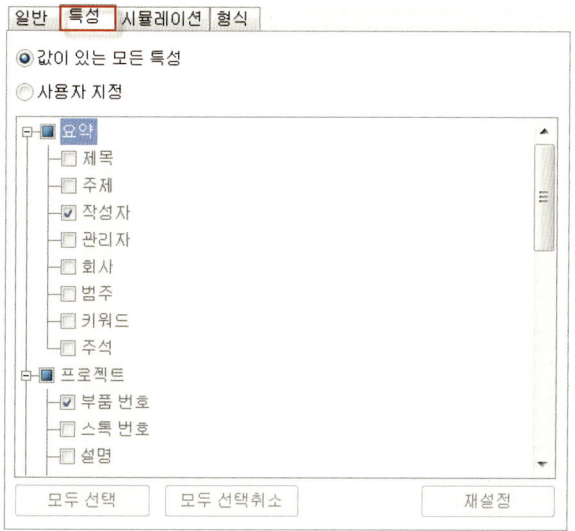

- 값이 있는 모든 특성: 값이 있는 모든 특성이 보고서에 포함되도록 지정합니다. 기본적으로 설정됩니다.
- 사용자 지정: 확인란이 있는 특성 리스트를 표시합니다. 일부 상자는 기본적으로 선택되어 있습니다. 보고서에 포함할 특성의 확인란을 선택합니다. 보고서에 포함하지 않을 특성의 확인란은 선택을 취소합니다.
- 트리 뷰 리스트: 보고서에 포함할 모든 특성이 확인란이 선택된 상태로 표시됩니다. 원하는 대로 특성을 선택 또는 선택 취소합니다.
- 모두 선택: 모든 특성을 선택하고 특성 옆의 상자에 체크 표시를 합니다. 모든 특성을 신속하게 선택할 수 있습니다. 이 명령을 사용한 후에는 모든 특성을 선택 취소할 수 있습니다.
- 모두 선택 취소: 모든 특성을 선택취소하고 특성 옆의 상자에서 체크 표시를 제거합니다. 모든 특성을 신속하게 선택 취소할 수 있습니다. 이 명령을 사용한 후에는 모든 특성을 선택할 수 있습니다.
- 재설정: 선택했든 선택을 취소했든지 간에 처음으로 대화상자를 표시한 경우 모든 특성을 해당 상태로 재설정합니다.

● **시뮬레이션 탭 제어**

시뮬레이션 속성 및 결과가 트리 뷰에 표시됩니다. 모두 선택 및 모두 선택 취소 옵션이 제공됩니다. 시뮬레이션을 선택하지 않고 보고서 명령을 활성화하는 경우 문서의 모든 시뮬레이션이 보고서에 포함되도록 나열 및 선택됩니다. 특정 시뮬레이션의 상황에 맞는 메뉴를 사용하여 보고서 명령에 액세스하는 경우 해당 시뮬레이션에만 체크 표시가 표시됩니다. 나머지 모든 시뮬레이션의 확인란은 선택 취소됩니다. 모든 컨텐츠를 선택하여 현재 보고서 요청을 통해 게시합니다. 둘 이상의 시뮬레이션을 지정할 수 있습니다. 보고서에 대해 캡처된 뷰 이외에 반대 카메라 뷰가 제공되고 기본적으로 선택되어 있습니다. 이 뷰를 포함하지 않으려면 확인란의 선택을 취소합니다.

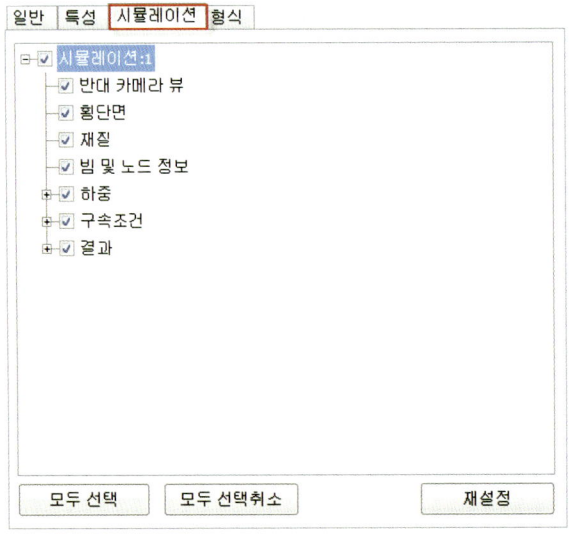

- 트리 뷰 리스트: 시뮬레이션 속성 및 결과를 표시합니다. 기본적으로 모두 선택되어 있습니다. 보고서에 포함하지 않을 모든 항목의 선택 표시를 지웁니다. 이러한 설정은 파일에서 유지됩니다.
- 모두 선택: 모든 속성 및 결과를 선택하고 항목 옆의 상자에 선택 표시를 표시합니다. 이 명령을 사용한 후에는 개별 항목을 선택 취소할 수 있습니다.
- 모두 선택 취소: 모든 항목의 선택을 취소하면 상자에서 선택 표시가 제거됩니다. 이 명령을 사용한 후에는 개별 항목을 선택 취소할 수 있습니다.
- 재설정: 선택했든 선택을 취소했든지 간에 처음으로 대화상자를 표시했을 때의 상태로 모든 항목을 재설정합니다.

● **형식 탭**

프레임 분석 보고서의 형식을 선택합니다. 기본 형식은 HTML이지만 단일 RTF(서식 있는 텍스트) 또는 MHTML(MIME HTML) 파일로 출력할 수 있습니다. RTF 또는 MHTML을 선택하면 모형을 보고서 파일에 링크할 수도 있습니다.

보고서를 생성한 후에는 파일 컨텐츠를 편집하여 결과 프리젠테이션을 사용자화할 수 있습니다.

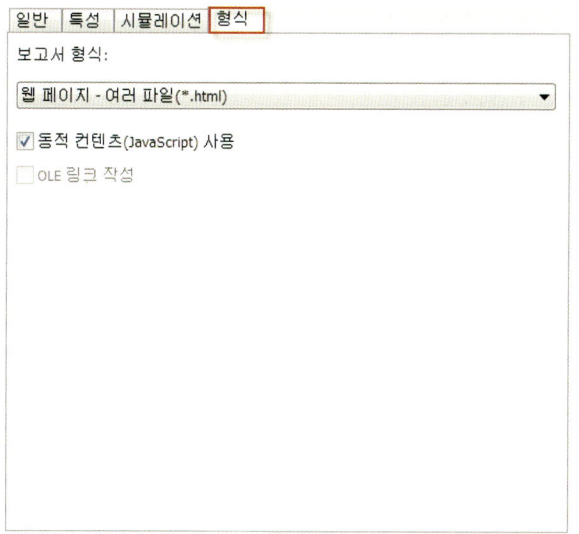

- 보고서 형식:

  - **웹 페이지 - 여러 파일(*.html)** 각 결과 세트를 여러 HTML 파일로 보고하려면 이 설정을 사용합니다.
  - **웹 페이지 - 단일 파일(*.mhtml)** 모든 결과를 단일 MHTML 파일로 보고하려면 이 설정을 사용합니다.
  - **서식 있는 텍스트(*.rtf)** 모든 결과를 단일 RTF 파일로 보고하려면 이 설정을 사용합니다.

  주: RTF 파일을 생성하려면 Microsoft Word가 필요합니다.

- 동적 컨텐츠 사용: 이미지 폭에 사용할 크기 버튼을 선택하거나, 연관된 섹션을 축소 또는 확장할

수 있는 버튼을 선택하여 포함합니다.

주: RTF 형식에는 사용할 수 없습니다.

- OLE 링크 작성: 모형 검색기에서 보고서로 연결되는 OLE 링크를 작성하려면 이 옵션을 선택합니다. 모형 검색기의 써드 파티 폴더에 보고서 아이콘이 표시됩니다. 보고서를 편집하려면 아이콘을 두 번 클릭하거나 마우스 오른쪽 버튼을 클릭하고 편집을 선택합니다.

주: HTML 형식에는 사용할 수 없습니다

chapter 16 프레임 해석

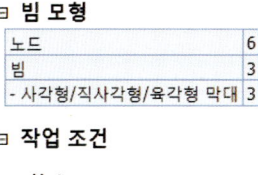
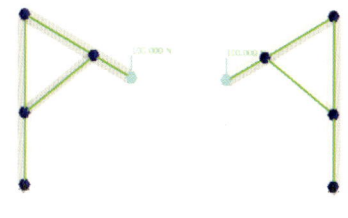

- 내보내기

Autodesk Inventor에서는 프레임 분석 데이터를 RTD 파일 형식의 Autodesk 로봇 구조 해석 2019 데이터로 내보낼 수 있습니다.

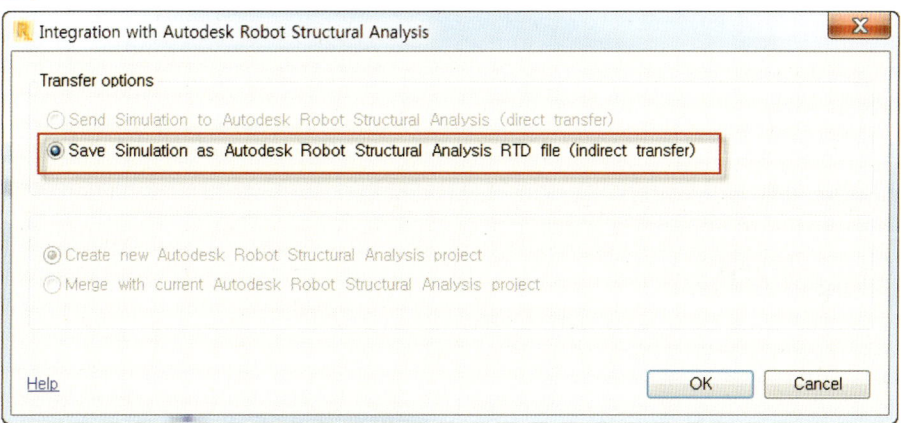

이 옵션은 활성화된 Robot Structural Analysis 라이센스가 설치된 경우에만 사용할 수 있습니다. RTD 파일에는 정의된 모든 하중, 구속 조건, 강체 링크, 릴리즈, 보 재료 및 보 단면이 포함됩니다.

다음 내보내기 옵션을 사용할 수 있습니다.
- 시뮬레이션을 RTD 파일로 저장합니다.
- Autodesk Robot Structural Analysis에 시뮬레이션 보내기 - Autodesk Inventor의 현재 프레임 분석 데이터를 기반으로 Autodesk Robot Structural Analysis에 계산 모델을 직접 생성합니다.
- 새로운 Autodesk Robot Structural Analysis 프로젝트를 작성합니다.
- 현재 Autodesk Robot Structural Analysis 프로젝트와 병합합니다.

- **프레임 분석 설정**

현재 및 이전 분석에 대한 설정을 미리 정의할 수 있습니다.

- **일반 탭 제어**

응용 프로그램에서 헤드 업 디스플레이(HUD) 사용: 기본적으로 선택됩니다. 경계 조건을 편집하고 생성하기 위해 대화 상자를 사용하려는 경우 선택을 취소하면 됩니다. HUD가 활성화된 상태에서 경계 조건을 생성하는 동안 마우스 오른쪽 버튼을 클릭하고 추가 옵션을 선택할 수 있습니다. 대화 상자를 사용하여 편집 할 수 있습니다.

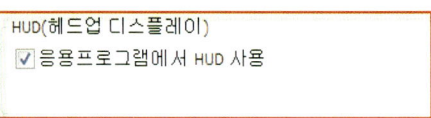

- 색상: 여기서는 하중, 구속 조건, 노드 등에 대한 특정 색상을 정의 할 수 있습니다.

- 축척: 노드, 로드 및 구속 조건의 시각적 스케일을 변경할 수 있습니다.

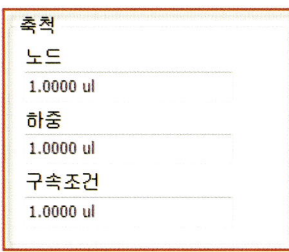

- **빔 모형 탭 제어**
- 빔 모형: 연결되지 않은 빔 사이에 단단한 링크를 만들지 여부를 결정하는 공차입니다. 기본값은 2 %입니다. 두 빔 사이의 거리가 이 공차를 곱한 섹션 크기보다 작으면 가장 가까운 노드 사이의 최단 거리를 통해 강체 링크가 생성됩니다. -100 % ~ 500 % 사이의 값을 지정할 수 있습니다. 음수 값은 강체 링크를 만들 때 빔이 교차해야 함을 의미합니다.

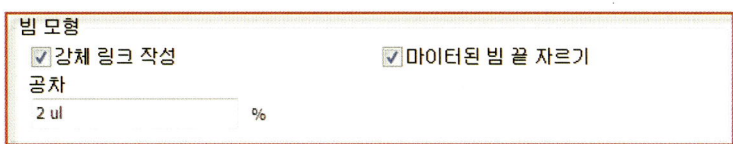

- 원본 모형: 프레임 분석에서 원본 모델이 표시되는 방식을 정의 할 수 있습니다. 기본적으로 원본 모델은 투명하게 설정됩니다.

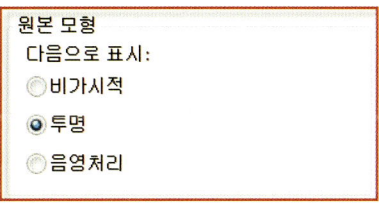

- **분석 탭 제어**
- 분석 기본값: 구조에 보 릴리스가 포함되어 있으면 DSC 알고리즘 (보 릴리스)을 확인해야 합니다.

알고리즘은 다음 작업을 수행합니다.
1. 새 노드가 구조에서 생성됩니다 (구조 모델 생성 도중).
2. 릴리스가 있는 입력 요소가 새 노드가 요소의 이전 요소 대신 사용되는 방식으로 수정됩니다 (이전 노드는 다른 구조 요소에 남아 있음).
3. 이전 노드와 새 노드 사이에서 프로그램은 소위 DSC 요소를 만듭니다.

아래 이미지를 참조하면 이해가 될 것입니다.

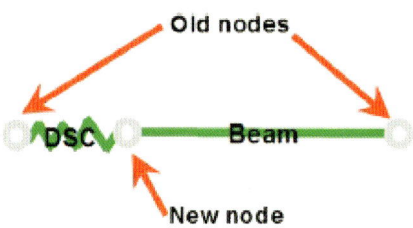

- 결과: 여기를 통해 계산된 빔 포인트 수를 지정할 수 있습니다. 이것은 기본적으로 빔을 더 작은 선형 빔 요소로 분할한다는 것입니다. 5와 1000 사이의 값을 지정할 수 있으며 기본값은 50입니다. 이 값은 소프트웨어가 곡선 빔 요소를 지원하지 않으므로 빔을 여러 작은 선형 요소로 분할하여 정확한 결과를 제공해야 하므로 곡선 빔을 분석할 때 매우 중요해질 수 있습니다.

- **다이어그램 탭 제어**

양수 및 음수 값: 여기에서 양수 값과 음수 값을 시각적으로 표시하는 방법을 지정할 수 있습니다.

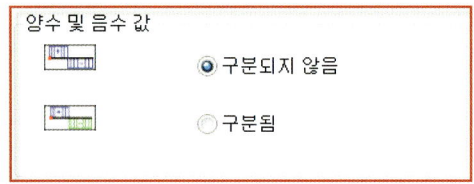

- 구분되지 않음: 양수와 음수가 구별되지 않음
- 구분됨: 양수 및 음수 값 표시

채우기: 다이어그램 작성 방법을 지정할 수 있습니다.

- 울타리 - 울타리 스타일 음영을 사용하여 다이어그램을 표시합니다.
- 채움 - 다이어그램을 완전 음영/ 채움으로 표시합니다.
- 색상: 그래픽 다이어그램에 표시된 하중 및 응력의 색상을 변경하려면 선택합니다.

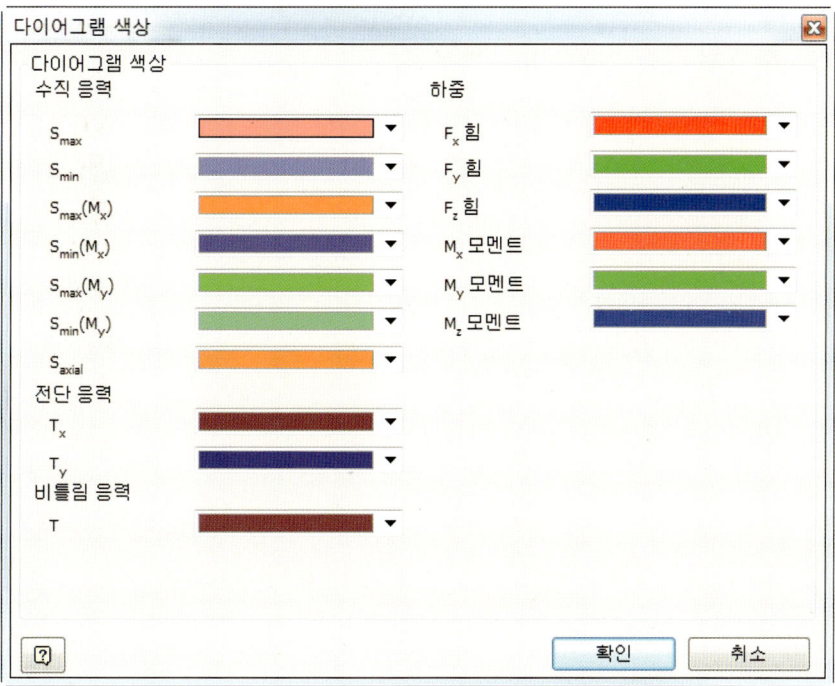

Chapter 17
다이나믹 시뮬레이션

01 다이나믹 시뮬레이션 소개

다이나믹 시뮬레이션은 서로 상호 작용하는 부품의 성능을 시험하거나 상호 작용하는 부품 사이에서 응력이 가해지는 부품에 대한 고장 분석에 사용하기 위해 설계의 프로토타이핑 단계에서 매우 유용하게 이용되고 있습니다.

일반적인 설계 과정에서 설계자는 다음과 같은 일련의 일반적인 질문을 수행합니다.
- 부품들이 잘 움직이는가?
- 간섭이 있습니까?
- 파트가 올바른 방향을 따르고 있습니까?

이러한 질문의 대부분은 3D CAD 및 렌더링 소프트웨어에 의해 제공될 수 있지만 다른 질문들은 없을 수 있습니다. 예를 들어, 설계자는 기계의 작동 시간 주기 및 수명 주기를 알고 싶어할 수 있습니다.
- 액츄에이터가 충분히 강력합니까?
- 링크가 충분히 강력합니까?
- 무게를 줄일 수 있을까요?

이 모든 질문은 작동하는 프로토타입이나 일련의 프로토타입을 작성해야만 정확한 대답을 할 수 있을 것입니다. 이 방법의 주요 문제점은 시간과 비용이 많이 든다는 점입니다. 대안적인 비용 효율적인 방법은 Autodesk Inventor Professional 2019의 다이나믹 시뮬레이션을 사용하여 가상의 프로토타입을 생성하는 것입니다. 설계자가 Autodesk Inventor Professional 2019의 다이나믹 시뮬레이션을 사용하면 조립품 구속 조건을 자동으로 기계적인 접합으로 변환시킬 수 있고, 중력을 포함한 외력을 적용할 수 있으며 접촉 마찰, 댐핑 및 관성 효과를 충분히 고려할 수 있습니다. 그 결과, Autodesk Inventor Professional 2019의 다이나믹 시뮬레이션은 작용하는 힘에 대한 반력, 속도 및 가속도 등을 추출할 수 있습니다. 이 정보를 사용하여 설계자는 반력을 자동으로 재사용하여 유한 요소 해석을 수행함으로써 제품 설계에서의 위험성 및 추정들을 줄일 수 있습니다. 궁극적으로 이 모든 정보는 설계자가 다음 예제와 같이 최적의 제품을 만드는데 도움이 될 것입니다.

다이나믹 시뮬레이션을 구현하기 위해서는 다음과 같은 기본 작업 흐름 방식을 따르면 매우 쉽습니다.

1. 구성 요소 관계를 설정하기 위해 접합을 정의합니다.
2. 중력, 힘, 부과된 동작, 접합 마찰 및 접합 토크와 같은 환경 구속 조건을 정의합니다.
3. 시뮬레이션을 실행합니다.
4. 주어진 시간 단계, 최대 또는 최소 속도 등에서 최대 또는 최소 응력을 결정하기 위해 출력 그래프를 분석합니다.
5. 다이나믹 응력 분석 시뮬레이션을 위해 결과를 응력 해석 환경으로 내보냅니다.

chapter 17 다이나믹 시뮬레이션

다이나믹 시뮬레이션 도구에 액세스하려면 먼저 시뮬레이션을 생성할 조립품을 연 다음 환경 탭에서 동적 시뮬레이션 버튼을 클릭합니다.

시뮬레이션 – 기본 이론

다이나믹 시뮬레이션을 통해 메커니즘의 운동 학적 및 동적 동작을 이해할 수 있습니다. '운동 역학 (kinetic)'은 위치, 속도 및 가속도를 결정하는 것을 포함하여 메커니즘의 모션을 단순히 참조하는 반면, '운동학(Kinematic)'은 메커니즘에 작용하는 질량 및 관성력을 연구합니다.

쉽게 다시 정리하면,

"Kinetic"은 질량과 관계가 있고, "Kinematic"은 질량과 관계가 없는 것으로 정의할 수 있습니다.

정확하게 설명하자면, Kinetic은 운동방정식인 *F=ma*를 고려하는 것을 의미하고, Kinematic은 그냥 운동 방정식 없이 가속도와 속도, 그리고 초기 위치 등으로 현상을 기술하는 것을 말하는 것입니다.

- $F = M \times a$

여기서,
- F=외부 힘
- M=질량
- a=가속도

이것은 뉴턴의 운동 법칙으로, 다음과 같이 표현할 수도 있습니다.
- $F = M \times \frac{dv}{dt}$

두 방정식 모두에서 속도의 함수로 가속도를 결정할 수 있습니다.
- $a = \frac{dv}{dt} = \frac{F}{M}$

가속도를 통합함으로써 속도를 결정할 수 있습니다.
- $v = \frac{dx}{dt} = \frac{F}{M}t^2$

속도를 적분함으로써 위치를 결정할 수 있습니다.
- $x = \frac{1}{2} \times \frac{F}{M}t^2$

Autodesk Inventor Professional 2019의 다이나믹 시뮬레이션은 가속도, 속도 및 각 시간 단계에서 구성 요소/ 조립품의 위치를 계산합니다.

Autodesk Inventor Professional 2019의 Dynamic Simulation은 가속도, 속도 및 각 시간 단계에서 부품 구성 요소/ 조립품의 위치를 계산할 수 있습니다. 이것을 사용자 인터페이스에서 이미지 프레임이라고 합니다.

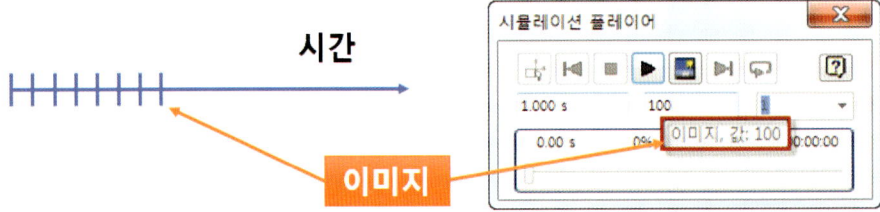

접촉 속성

가능한 현실과 가깝게 시뮬레이션을 하려면 마찰 및 복원을 포함한 접촉 특성을 정확하게 정의해야 합니다. 시뮬레이션에는 2 차원 (2D) 및 3 차원 (3D)으로 지정할 수 있는 두 가지 유형의 접촉이 있습니다. 두 구성 요소 사이의 접촉이 접촉 전후에 평면으로 유지되고 구성 요소에 수직이 아닌 경우 2D 접촉을 사용해야 합니다. 반면에 3D 접촉은 두 구성 요소 사이의 접촉이 접촉 전후에 하나의 2D 평면에 남아 있지 않은 경우에만 사용해야 합니다. 접촉은 두 가지 중요한 물성치, 즉 복원력과 마찰에 의해 정의됩니다. 3D 접촉과 비교할 때 2D 접촉의 복원 특성을 제어하는 것이 더 쉽습니다. 3D 접촉에서 탄성과 강성을 사용하여 충격과 바운스에 대해서 시뮬레이션을 해야 하므로 0과 1 사이의 값을 지정하여 보정을 정의 할 수 없습니다. 즉, 두 구성 요소가 접촉 할 때 항상 진동이 발생하여 튀어 나오므로 0의 복원 값은 불가능하지는 않더라도 3D 접촉으로 시뮬레이션하는 것이 어렵다는 것을 의미합니다. 두 접촉 부에서 마찰 특성을 쉽게 지정할 수 있습니다. 2D 접촉 투영을 사용하여 2D 접촉을 정의 할 수 있습니다.

복원

반발은 충격을 받으면 두 구성 요소 간의 법선 속도가 어떻게 변하는지를 나타냅니다. 예를 들어, 반발 값을 1로 설정하여 공을 떨어뜨리면 공이 원래 위치로 되돌아오고 튀어 오를 것입니다. 다른 말로 하면, 공은 완전히 신축성이 있습니다. 아마도 플라스틱으로 만들었을 것입니다. 반대로 반발 값을 0으로 설정하여 공을 떨어뜨리면 공은 튀어 나오지 않고 떨어집니다. 이 경우 볼은 비 탄력적입니다 - 아마도 납과 같은 재질로 만들어집니다. 연락처를 처음 만들 때 기본값은 0.8로 설정됩니다.

마찰

마찰 계수 (μ)는 서로 접촉하는 다른 물체와 관련하여 움직임에 저항하는 힘을 정의하는 비율입니다. 이 비율은 재료 특성에 따라 다르며 대부분의 재료는 0과 1 사이의 값을 가집니다. 시뮬레이션에서 0과 2 사이의 값을 지정할 수 있습니다. 값이 1보다 크면 마찰 계수 이외에 열, 습기, 나이 등을 고려할 수 있습니다.

개방 및 폐쇄 루프기구

더 나아가서 메커니즘은 어떤 두 몸체 사이의 상대 운동을 제한하지 않고 제한하는 관절에 의해 서로 연결된 강체의 집합적 개념으로 볼 수 있습니다. 메커니즘에서 사용되는 일반적인 접합은 회전, 원통형, 각형 및 구형을 포함하고 있습니다. 아래의 슬라이더 메커니즘은 세 개의 회전, 하나의 프리즘형 및 하나의 고정식 (접지된) 접합으로 구성됩니다.

〈그림 17-1〉 개방 및 폐쇄 기구 슬라이더 메커니즘

접촉 특성

가능한 한 가깝게 현실처럼 시뮬레이션을 하려면 마찰 및 복원을 포함한 접촉 특성을 정확하게 정의해야 합니다. Autodesk Inventor Professional 2019의 다이나믹 시뮬레이션에는 2차원 및 3 차원으로 지정할 수 있는 두 가지 유형의 접촉이 있습니다. 두 구성 요소 사이의 접촉이 접촉 전후에 평면으로 유지되고 구성 요소에 수직이 아닌 경우 2D 접촉을 사용해야 합니다. 반면에 3D 접촉은 두 구성 요소 사이의 접촉이 접촉 전후의 하나의 2D 평면에 남아 있지 않은 경우에만 사용해야 합니다. 접촉은 다음과 같이 두 가지 중요한 물성치에 의해 정의되는데, 바로 복원력과 마찰입니다. 3D 접촉과 비교할 때 2D 접촉의 복원 특성을 제어하는 것이 더 쉽습니다. 3D 접촉에서 탄성과 강성을 사용하여 충격과 바운스를 시뮬레이션하므로 0과 1 사이의 값을 지정하여 보정을 정의 할 수 없습니다. 즉, 두 구성 요소가 접촉 할 때 항상 진동이 발생하여 튀어 나오므로 0의 복원 값은 불가능하지는 않더라도 3D 접촉으로 시뮬레이션하는 것이 어렵다는 것을 의미합니다. 두 접촉 부에서 마찰 특성을 쉽게 지정할 수 있습니다. 2D 접촉 투영을 사용하여 2D 접촉을 정의 할 수 있습니다.

02 다이나믹 시뮬레이션 환경

리본 메뉴/ 환경 탭/ 시작 패널/ 다이나믹 시뮬레이션

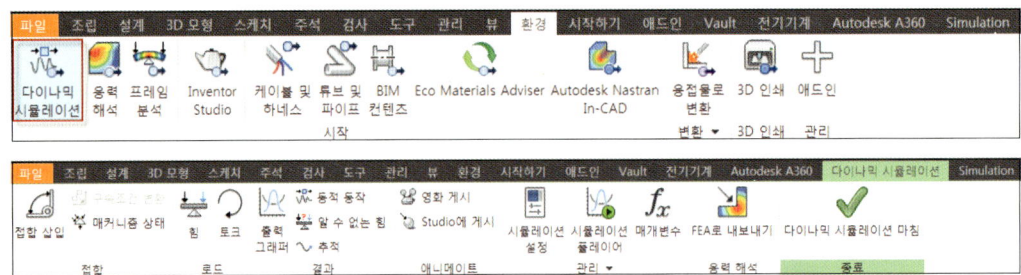

접합 작업

    다이내믹 시뮬레이션 환경에서 접합은 구성 요소가 서로 상대적으로 이동할 수 있는 방법을 정의하는데 사용됩니다. 처음에는 조립품 관계에서 접합과 구속 조건을 연관시켜서 생각할 수 있겠지만, 실제로는 접합과 구속 조건은 별개의 두 가지 개념입니다.

    조립품 환경에서 모든 구성 요소는 자유도 (DOF: Degree of Freedom)의 일부 또는 전체가 제거되는 방식으로 고정되거나 구속될 때까지 6개의 자유도가 있다고 가정합니다. 표준 접합은 반대편 끝에서 자유도(DOF)의 문제에 접근합니다.

    다이내믹 시뮬레이션 환경에서는 자유 동작을 추가하기 위해 접합이 적용될 때까지 모든 구성 요소에 0개의 자유도가 있다고 가정합니다. 그런 다음 특수 접합 유형을 수동으로 추가하여 자유도(DOF)를 제한할 수 있습니다.

    접합으로 작업할 때에는 조립품 관계와 접합의 차이점을 이해하는 것이 매우 중요합니다. 그러나 적절하게 구속된 모델을 사용하는 경우 시뮬레이션 설정 옵션에서 "구속 조건을 표준 접합으로 자동 변환"을 체크하여 자동으로 접합 조건을 생성할 수 있습니다.

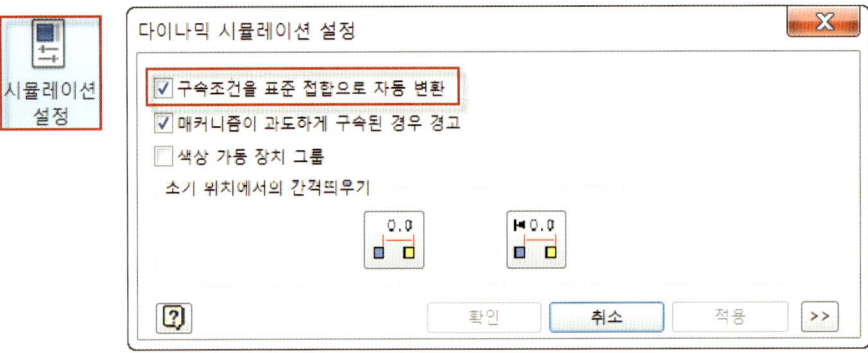

〈그림 17-2〉 다이나믹 시뮬레이션 설정

다이나믹 시뮬레이션 탭에서 시뮬레이션 설정 버튼을 클릭하면 됩니다. 〈그림 17-2〉은 "구속 조건을 표준 접합으로 자동 변환" 옵션을 보여줍니다.

구속 조건 변환 옵션이 켜지면 변경된 조립품 관계가 자동으로 업데이트되고 가능한 경우 표준 접합으로 변환됩니다. 다이나믹 시뮬레이션 환경에서 조립 탭으로 전환하여 관계를 적용할 수 있습니다. 접합이 조립품 관계에서 자동으로 작성되는 경우에 변환기를 끄면 접합을 모델에 그대로 유지시킬 수 있습니다. 이렇게 하면 처음부터 새로 시작하지 않고도 관계를 통해 구축된 표준 접합을 사용자화하여 새로운 표준 접합을 작성할 수도 있습니다. "구속 조건을 표준 접합으로 자동 변환" 옵션이 꺼져 있으면 구속 조건 변환 버튼을 사용하여 조립품 관계를 수동으로 변환 할 수 있습니다.

수동으로 구속 조건을 변환하려면 자동 구속 조건 옵션을 해제하고 조립품 구속 조건 변환 버튼을 활성화해야 합니다.

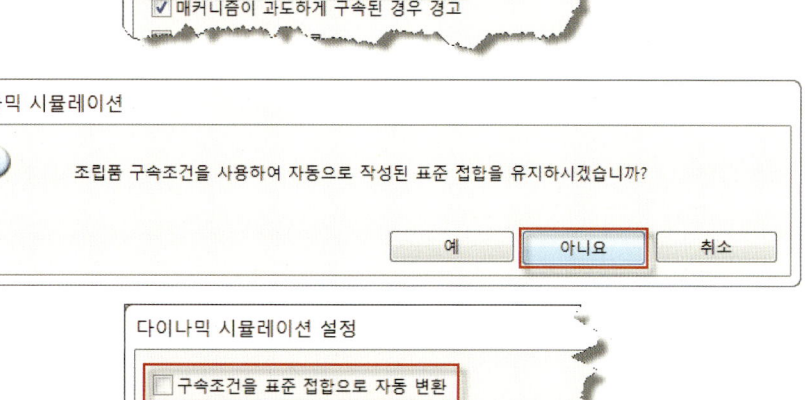

조립품 구속 조건 변환 도구를 사용하여 접합을 적용할 부품을 선택하기만 하면 두 부품 사이에 존재하는 조립품 구속 조건이 대화 상자에 나타납니다. 하나 이상의 구속 조건을 선택 취소하여 덜 제한적인 접합 솔루션을 적용 할 수 있습니다.

자동 접합 생성 외에도 수동으로 모델에 접합을 적용할 수 있습니다. 접합 삽입 단추를 클릭하여 접합 도구에 액세스 할 수 있습니다.

리본 메뉴/ 환경 탭/ 시작 패널/ 다이나믹 시뮬레이션
다이나믹 시뮬레이션 탭/ 접합 패널/ 접합 삽입

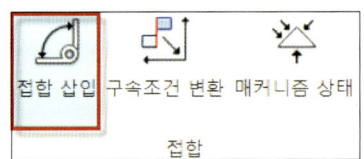

<그림 17-3>은 접합 삽입 대화 상자를 보여줍니다.

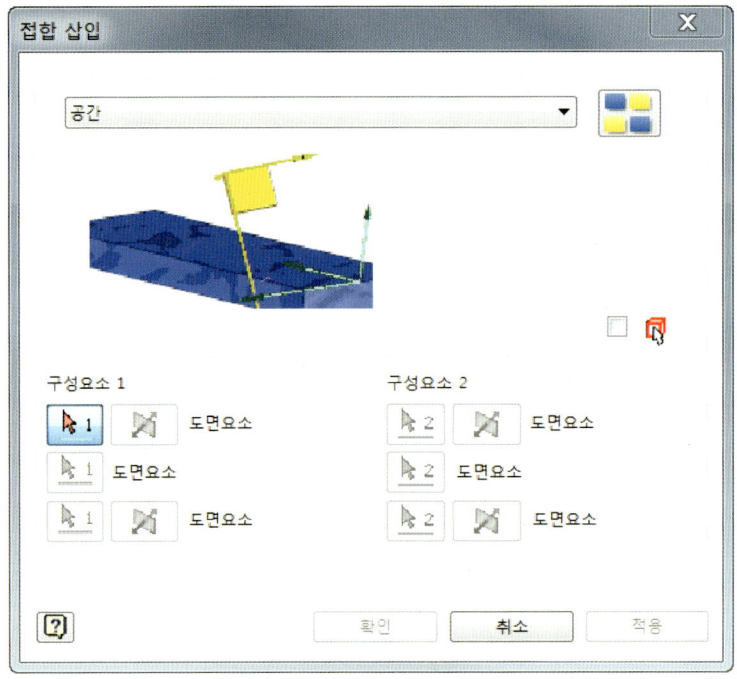

<그림 17-3> 접합 삽입 대화상자

이렇게 하면 접합 삽입 대화 상자는 모든 접합 유형이 나열된 드롭-다운 메뉴를 제공합니다. 또는 드롭-다운 메뉴 옆에 있는 접합 테이블 표시 버튼을 클릭하여 테이블 상단에 버튼으로 다섯 개의 관절 카테고리를 표시 할 수 있습니다. 카테고리 버튼을 클릭하면 해당 카테고리에 사용할 수 있는 접합 유형이 표시됩니다.

chapter 17 다이나믹 시뮬레이션

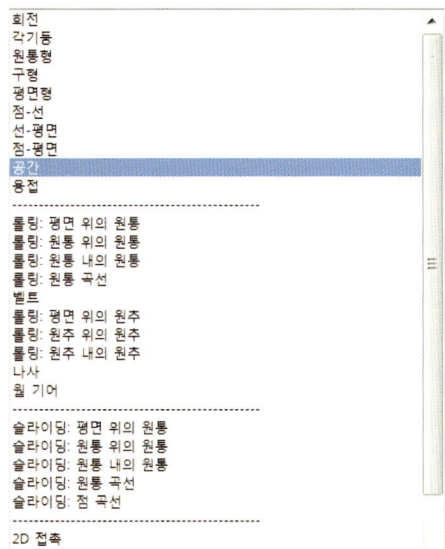
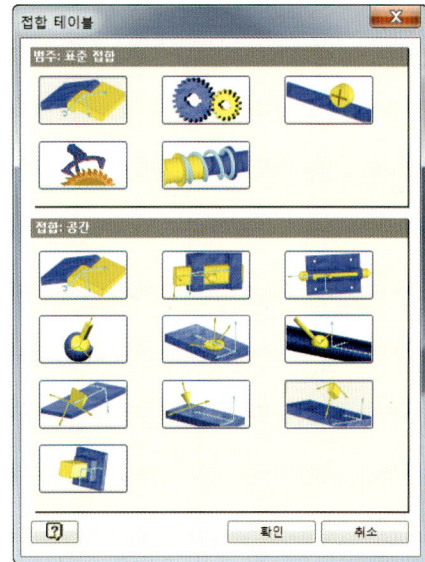

03 접합의 종류

다이나믹 시뮬레이션에는 표준 접합, 롤링 접합, 슬라이딩 접합, 2D 접촉 접합 및 힘 접합의 다섯 가지 주요 카테고리가 있습니다. 이에 대해서는 다음 섹션에서 자세히 설명할 것입니다.

표준 접합

표준 접합은 조립품 관계를 자동 또는 수동으로 접합으로 변환하여 만듭니다. 자동으로 구속 조건을 설정하는 옵션이 켜져 있는 경우 공간이라는 표준 접합의 한 유형만 접합 테이블에 표시됩니다.

다음은 모든 표준 접합의 목록입니다.

아이콘 모양	접합 이름	사용되는 원리	동일한 조립품 구속 조건	자유도 (D.O.F)
	회전 접합	원통형 면과 두 구성 요소 축 사이의 회전 관계를 만드는 데 사용됩니다. • 이동은 없음 • Z축을 중심으로 회전	삽입 메이트 축과 축 메이트 점과 점	1
	각기둥 접합	한 구성 요소의 가장자리를 다른 구성 요소의 가장자리로 구속하는 데 사용됩니다. • Z축을 따라 이동 • 회전은 없음	메이트 면과 면 메이트 축과 축	1

425

아이콘 모양	접합 이름	사용되는 원리	동일한 조립품 구속 조건		자유도 (D.O.F)
	원통형 접합	원통형 구성 요소의 축을 다른 원통형 구성 요소의 축에 구속하므로 두 번째 구성 요소가 첫 번째 구성 요소의 축을 따라 미끄러질 수 있습니다. • Z축을 따라 이동 • Z축을 중심으로 회전		메이트 축과 축	2
				메이트 모서리와 모서리	
	구면 접합	두 구성 요소 사이에서 볼 및 소켓 접합을 만드는 데 사용됩니다. • 이동 없음 • 모든 축을 중심으로 회전		메이트 점과 점	3
	평면형 접합	한 구성 요소의 평면을 다른 평면의 평면으로 제한하는 데 사용됩니다. 첫 번째 구성 요소는 움직이지 않는 구성 요소이고 두 번째 구성 요소는 첫 번째 구성 요소의 면을 따라 이동할 수 있습니다. • X축과 Z축을 따라 이동 • Y축을 중심으로 회전		메이트 면과 면	2
				플러쉬 면과 면	
	점-선 접합	구의 중심점을 원통의 축 또는 다른 구성 요소의 점에 구속하는 데 사용됩니다. • Z축을 따라 이동 • 모든 축을 중심으로 회전		메이트 점과 모서리	4
				메이트 점과 축	
	선-평면 접합	한 구성 요소의 평면을 다른 구성 요소의 한 지점으로 제한하는 데 사용됩니다. 점 평면 접합 점 하나의 구성 요소 점을 다른 구성 요소의 평면에 구속하는 데 사용됩니다. • X축과 Z축을 따라 이동 • Y축을 중심으로 회전		메이트 면과 모서리	3
				메이트 면과 축	
	점-평면 접합	한 구성 요소의 점을 다른 구성 요소의 평면에 구속하는 데 사용됩니다. • X축과 Z축을 따라 이동 • 모든 축을 중심으로 회전		메이트 면과 점	4
				접선	
	공간 접합	시뮬레이션에서 중복 오류를 일으키지 않고 6개의 자유도가 모두 허용되는 두 구성 요소 사이의 관계를 만드는 데 사용됩니다. • 모든 축을 따라 이동 • 모든 축을 중심으로 회전	구속되지 않은 상태		6

아이콘 모양	접합 이름	사용되는 원리	동일한 조립품 구속 조건	자유도 (D.O.F)
	용접 접합	두 구성 요소 사이의 관계를 만들 때 사용되므로 두 구성 요소 사이에 자유도가 없으며 시뮬레이션에서 단일 본문으로 간주됩니다. • 이동이 없음 • 회전이 없음	완전 구속 상태 구성 요소 간의 자유도 없음	0

- 표준 접합은 자동으로 구속 조건을 표준 접합으로 변환 도구를 사용하여 조립품 구속 조건에서 자동으로 변환 할 수 있습니다.
- 구속 조건을 표준 접합으로 자동 변환 도구를 사용하면 시뮬레이션 환경에서 더 많은 조립품 구속 조건을 만들어 표준 접합을 계속 작성할 수 있습니다.
- 접촉은 시뮬레이션 중에 영구적으로 유지됩니다.
- 동등한 조립품 구속 조건의 목록은 완전하지 않습니다.

롤링 접합

롤링 조인트에는 10 가지 유형이 있습니다. 롤링 접합은 자유도(D.O.F)를 제한하는 데 사용됩니다. 다음은 롤링 접합 유형 목록입니다.

아이콘 모양	접합 이름	사용되는 원리	자유도 (D.O.F)
	평면 위의 원통	평면 접합점 회전 원통형 면을 2D 평면형 면으로 제한하는 데 사용됩니다. 두 개의 선택된 구성 요소 사이의 상대적인 동작은 2D가 되어야 합니다. 이 연결 유형에는 기본 연속 원통형 면이 필요합니다. → 실린더와 평면 사이의 모션을 허용하는 것입니다. 예) 기어와 랙	No
	원통 위의 원통	하나의 회전 원통형 면을 다른 회전 원통형 면에 구속하는 데 사용됩니다. 두 개의 선택된 구성 요소 사이의 상대적인 동작은 2D가 되어야 합니다. 이 연결 유형에는 기본 연속 연속 원통형 면이 필요합니다. → 반대 방향으로 두 원통형 원통형 구성 요소 사이의 모션을 허용하는 것입니다. 예) 스퍼 기어	No
	원통 내의 원통	하나의 회전 원통형 면을 다른 회전 원통형 면의 내부로 구속하는 데 사용됩니다. 두 개의 선택된 구성 요소 사이의 상대적인 동작은 2D가 되어야 합니다. 이 연결 유형에는 기본 연속 연속 원통형 면이 필요합니다. → 회전하지 않는 실린더 내부에서 회전하는 실린더 사이의 모션을 허용하는 것입니다.	No

아이콘 모양	접합 이름	사용되는 원리	자유도 (D.O.F)
	원통 곡선	회전 원통형 면이 캠과 같은 곡면과의 접촉을 유지하도록 제한하는 데 사용됩니다. 두 개의 선택된 구성 요소 사이의 상대적인 동작은 2D가 되어야 합니다. → 회전하는 실린더와 회전하는 캠 사이의 움직임을 허용하는 것입니다	No
	벨트	회전하는 두 개의 원통형 구성 요소에 벨트 구성 요소를 구속하는 데 사용됩니다. 면, 모서리 및 스케치를 선택할 수 있습니다. → 동일한 속도로 두 실린더의 모션을 생성합니다. 옵션을 사용하면 같은 방향이나 교차 된 벨트로 회전 할 수 있습니다	No
	평면 위의 원추	회전 원추형 면을 2D 평면형면으로 제한하는 데 사용됩니다. 면, 모서리 및 스케치를 선택할 수 있습니다. → 이렇게 면 원추형 과 평면형 사이의 모션이 가능합니다	No
	원추 위의 원추	회전 원뿔면을 다른 회전 원뿔면으로 제한하는 데 사용됩니다. 면, 모서리 및 스케치를 선택할 수 있습니다. → 두 개의 외부 원추형 면 사이에서 동작 할 수 있습니다. 예) 베벨 기어	No
	원추 내의 원추	회전 원추형 면을 회전하지 않는 구성 요소의 내부 면으로 제한하는 데 사용됩니다. 면, 모서리 및 스케치를 선택할 수 있습니다 → 고정된 원추형 구성 요소 내에서 회전 원추형 구성 요소의 동작을 허용하는 것입니다	No
	나사	회전 당 이동 거리를 정의하기 위해 나사 피치를 지정하여 함께 결합되는 구성 요소를 제한하는 데 사용됩니다. 면, 모서리 및 스케치를 선택할 수 있습니다. → 원통형 구성 요소와 동일하지만 사용자가 피치를 지정할 수도 있습니다.	No
	웜 기어	스레드 피치를 지정하여 구성 요소를 헬리컬 기어로 제한하는 데 사용됩니다. 회전 당 이동 량을 정의해야 합니다. 면, 모서리 및 스케치를 선택할 수 있습니다. → 기어 구성 요소와 헬리컬 기어 구성 요소 사이의 동작을 허용합니다.	No

Note

❑ 기어 및 롤링 접합

설계 가속기를 사용하여 기어를 작성한 경우 부품 모델에 기본 곡면 실린더가 표시됩니다. 롤링 접합 생성에 곡면을 사용할 수 있게 하려면 부품을 편집하고 곡면이 표시되도록 설정합니다.

- 롤링 접합은 Design Accelerator를 사용하여 설계된 평 기어에 자동으로 생성 될 수 있습니다.
- 원시적 곡면은 Design Accelerator에서 만들어지며 롤링 접합을 만들기 위해 선택할 수 있도록 표시해야 합니다.
- 구성 요소 사이에는 슬라이딩이 없으며 모션은 2D 만 있는 것입니다.
- 접촉은 시뮬레이션 중에 영구적으로 유지됩니다.

슬라이딩 접합

슬라이딩 범주의 5 가지 접합 유형은 선택된 두 구성 요소 사이의 자유도를 제한하는 데 사용됩니다. 다섯 가지 모두에서 선택된 두 개의 구성 요소 사이의 상대적인 동작은 2D가 되어야 합니다. 슬라이딩 접합의 다섯 가지 유형은 아래와 같습니다.

아이콘 모양	접합 이름	사용되는 원리	자유도 (D.O.F)
	평면 위의 원통	원통형 면을 2D 평면으로 제한하여 회전 없이 평면을 따라 슬라이드 되도록 하는 데 사용됩니다. → 비 회전 실린더와 평면 사이에서 미끄러질 수 있습니다.	No
	원통 위의 원통	원통형 면이 다른 원통형 면에서 미끄러지도록 제한하는 데 사용됩니다. → 하나의 실린더가 회전하지 않는 2 개의 원시 원통형 구성 요소 사이에서 슬라이딩을 허용합니다.	No
	원통 내의 원통	원통형 면을 다른 원통형 면 내부로 밀기 위해 사용됩니다. → 다른 비 회전 실린더 내부의 비 회전 실린더 사이에서 미끄러짐을 허용합니다.	No
	원통 곡선	원통형 면이 캠과 같은 곡면을 따라 움직이도록 제한하는 데 사용됩니다. → 비 회전 실린더와 회전 캠 사이의 움직임을 허용합니다.	No
	점 곡선	두 번째 구성 요소의 점을 첫 번째 구성 요소의 선택한 면, 모서리 또는 스케치로 정의 된 곡선을 따라 슬라이드 하도록 제한하는 데 사용됩니다. → 하나의 구성 요소에 있는 점의 움직임이 곡선에 머물러 있어 면, 모서리 또는 스케치로 정의 할 수 있습니다.	No

- 스케치, 면 및 모서리를 선택하여 접합을 작성할 수 있습니다.
- 원시 곡면은 Design Accelerator에서 만들어지며 롤링 접합을 만들기 위해 선택할 수 있도록 표시해야 합니다.
- 구성 요소 사이에는 회전이 없으며 모션은 2D 만 있는 것입니다.
- 접촉은 시뮬레이션 중에 영구적으로 유지됩니다.

2D 접촉 접합

이 카테고리에는 단 하나의 접합 유형만 있으며 자유도를 제한하는 데 사용됩니다.

아이콘 모양	접합 이름	사용되는 원리	자유도 (D.O.F)
	2D 접촉 접합	두 개의 선택된 구성 요소에서 곡선 사이의 접촉을 작성합니다. 곡선은 면, 모서리 또는 스케치일 수 있지만, 선택 항목 사이의 상대적인 동작은 평면이어야 합니다. 접촉은 이 접합 유형에 대해 영구적일 필요는 없습니다. → 구성 요소의 곡선과 다른 구성 요소 사이의 동작을 허용합니다.	No

- 스케치, 면 및 모서리를 선택하여 접합을 작성할 수 있습니다.
- 동작은 2D 전용입니다.
- 접촉은 시뮬레이션을 통해 비 영구적 일 수 있습니다.

3D 접촉 접합

3D 접촉 접합은 적용될 때 작용 또는 반력을 생성합니다. 이 카테고리는 두 가지 유형으로 구성됩니다.

아이콘 모양	접합 이름	사용되는 원리	자유도 (D.O.F)
	스프링/ 댐퍼 잭 접합	힘에 저항하고, 충격을 흡수 하고, 힘을 들어 올리기 위한 접합을 만듭니다. → 이를 통해 스프링, 댐퍼 또는 잭을 만들 수 있습니다.	No
	3D 접촉 접합	두 개의 선택된 부품의 모든 곡면 사이의 접촉과 간섭을 감지합니다. 이 접합 유형에서는 부분 조립품을 고려하지 않습니다. → 두 구성 요소간에 접촉을 만들 수 있습니다. 그것은 스프링/ 댐퍼 힘에 기초합니다.	No

- 3D 접촉 설정은 변경에 매우 민감합니다. 모델이 작동하지 않는 경우에만 필요에 따라 변경해야 합니다.
- 3D 접촉은 하위 조립품이 선택 되었더라도 단일 구성 요소만 고려합니다. 따라서 하위 조립품과 접촉하는 모든 구성 요소 사이에 접촉을 생성해야 합니다.

접합 작업에 대한 추가 정보

　구성 요소에 수동 또는 자동으로 접 조건이 지정되면 검색기 막대에 접합 조건 적용 결과에 따라 그룹화가 이루어집니다. 예를 들어, 조립품에서 구성 요소가 서로 완전히 구속된 경우에 용접 접합 조건이 지정되고 검색기 막대에 용접 접합으로 구성된 그룹으로 나열이 됩니다. 해당 구성 요소 중 하나가 접지되어 있으면 용접된 그룹이 검색기 막대의 접지된 폴더에 나열됩니다. 그 중 하나가 동작 접합에 사용되면 모바일 그룹 폴더에 나열됩니다.
　다음은 접합 조건을 만들 때 기억해야 할 중요한 몇 가지 사항입니다.
접합 삽입 테이블에는 사용할 접합 조건의 결정을 돕기 위해서 각 접합 조건에 대한 유형의 그림이 표시됩니다. 조립품 관계는 일대일 방식의 접합으로 변환되지 않습니다. 대신, 접합은 종종 조립품 관계를 결합하여 작성됩니다. 예를 들어, 두 부품 사이에 두 개의 메이트 및 플러시 구속 조건이 용접 접합으로 변환될 수도 있습니다. 다이나믹 시뮬레이션 성능은 접합의 수에 영향을 받습니다. 대규모 조립품에서 특정 구성 요소 세트를 시뮬레이션하는 경우 수동으로 대부분의 구성 요소를 용접하고 필요한 세트에만 동작을 고려하는 것이 좋습니다. 접합을 배치 할 때 종종 접합의 Z 축을 두 구성 요소에 정렬해야 합니다. 그렇게 하지 않으면 경고 메시지가 나타나게 되어 있습니다. 선택한 조립품 관계를 자동으로 변환하는 옵션이 있는 경우 다이나믹 시뮬레이션 환경에 배치한 조립품 관계가 자동으로 표준 접합으로 변환됩니다. 접합 조건을 배치 할 때 좌표 삼각 좌표를 주시하고 필요한 경우 화살표가 정렬되도록 해야만 합니다. 배치 한 접합을 보다 쉽게 검토하려면 검색기 막대 또는 디자인 창에서 구성 요소를 선택하면 연관된 접합 조건이 검색기 막대에서 강조되어 표시됩니다.

중복 작업

　다이나믹 시뮬레이션 환경에서 접합은 과도하게 구속되어 있거나 해결할 수 있는 미지수가 너무 많으면 중복을 포함한다고 합니다. 만약에 접합 조건을 부여하는 데 있어서 중복되는 현상이 발생하면 Autodesk Inventor Professional 2019에서는 수리 중복 도구를 사용하여 접합을 수리하라는 메시지를 표시합니다. 대부분의 경우 이 도구는 하나 이상의 솔루션을 제안합니다.
　〈그림 17-4〉는 점-선 접합4에 중복성이 있는 링크 조립품을 보여줍니다.

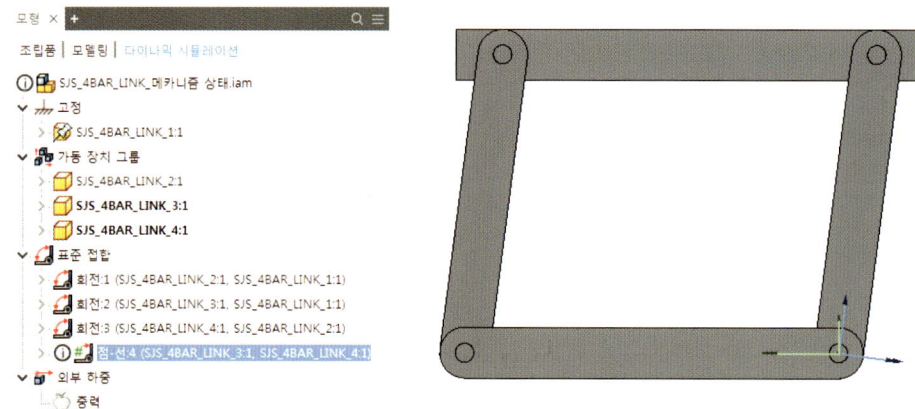

〈그림 17-4〉 접합 조건의 중복성이 있는 링크 상태

이 문제를 해결하기 위해 메커니즘 상태 도구를 선택합니다.

다이나믹 시뮬레이션 탭/ 접합 패널/ 메커니즘 상태

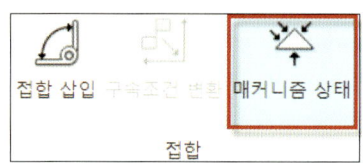

메커니즘 상태 및 중복 대화 상자에서 >> 단추를 사용하여 중복성 해결 옵션을 확장 할 수 있습니다. 일반적으로 중복 접합에는 새로운 접합 유형을 제안합니다. 이 대화 상자는 시뮬레이션이 실행되는 동안 표시 될 수도 있습니다. 또한 메커니즘 상태 및 중복 대화 상자에는 중복 제약 조건이 나열됩니다. Tx, Ty 및 Tz는 병진 (선형) 구속 조건이며 Rx, Ry 및 Rz는 회전 구속 조건입니다. 원통형 접합이 회전 X (Rx)와 회전 Y (Ry)가 중복되는 것을 보여줍니다.

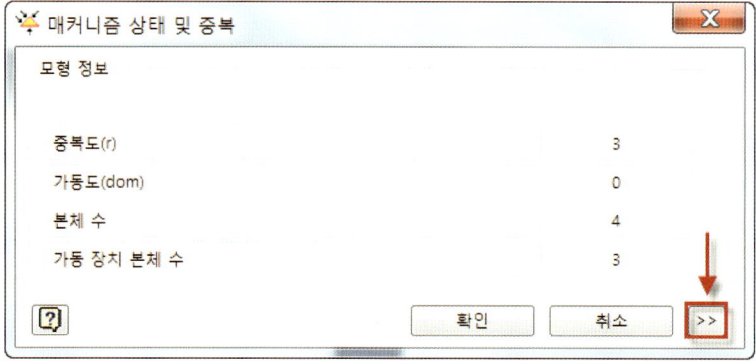

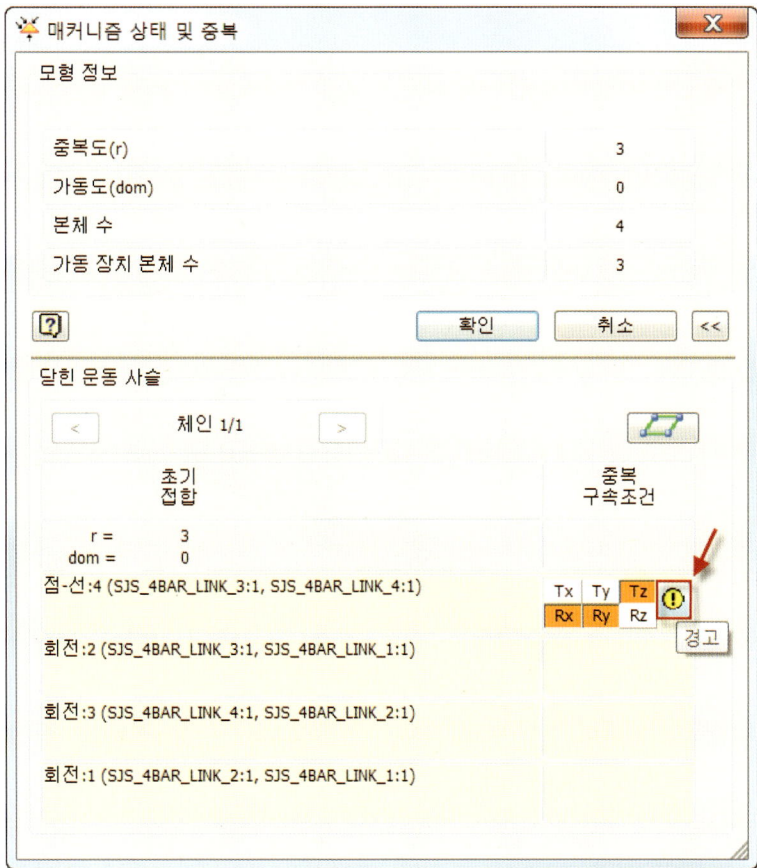

05 예제1

환경 구속 조건 작업

접합이 모델에 적용되면 접합을 보다 현실적으로 수행하거나 시뮬레이션을 보다 효율적으로 설정하기 위해 환경 구속 조건을 적용해야 하는 경우가 종종 있습니다. 예를 들어 레일과 선형 베어링 패드 사이에 프리즘 형태의 접합을 적용하면 특정 마찰이 예상되므로 접합을 수정하고 마찰 계수 값을 적용해야 합니다. 또한 부과된 스프링을 만들어 슬라이드 채널에서 스프링 쿠션을 모방하거나 시뮬레이션을 위한 슬라이드의 시작 위치를 설정해야 합니다. 그런 다음 접합에 부과된 동작을 적용하여 예상대로 시뮬레이션 중에 움직일 수 있도록 할 수 있습니다. 이 모든 작업은 접합을 마우스 오른쪽 버튼으로 클릭하고 특성을 선택하여 수행 할 수 있습니다.

초기 위치 수정

종종 접합에 포함된 구성 요소의 초기 위치를 변경하여 시뮬레이션이 구속된 방식과 다르게 실행되기를 원할 것입니다. 예를 들어서 레일 및 베어링 패드 예제는 베어링이 시작 위치에 있도록 제한 될 수 있지만 시뮬레이션 시간을 줄이려면 사이클 중간에서 끝까지 실행해야 합니다.

초기 위치를 설정하면 이를 허용합니다. 조인트의 초기 위치를 조정하려면 다음과 같이 합니다.

1 열기 버튼을 클릭하고 SJS_Picture 17-2_Rail_Bearing PAD Assy.iam 파일을 선택한 다음 열기를 합니다.

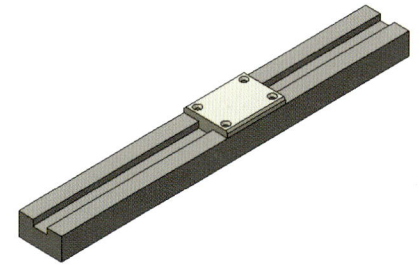

2 검색기 막대에서 각기둥:1 접합을 마우스 오른쪽 버튼으로 클릭하고 특성을 선택합니다.

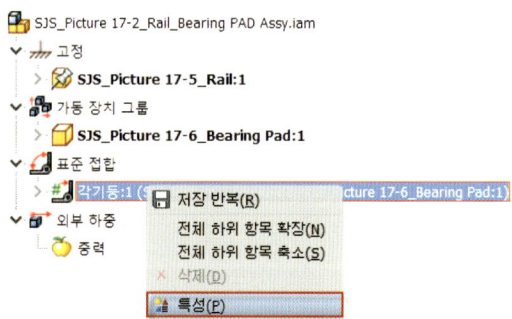

3 자유도1 탭을 선택합니다. 그리고 아래와 같이 초기 조건 편집 버튼을 클릭합니다.

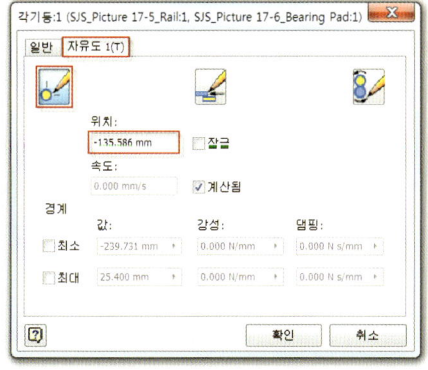
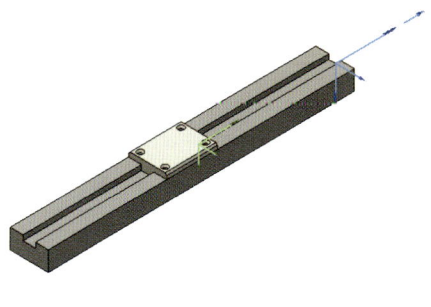

4 입력 상자에 새 위치 값을 -200mm 입력합니다.

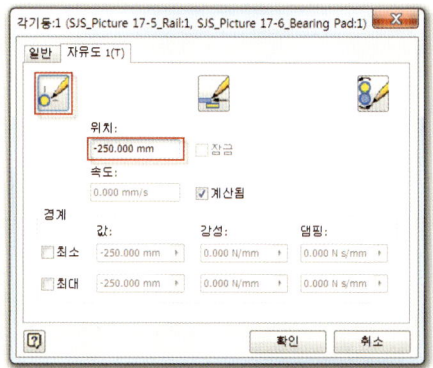 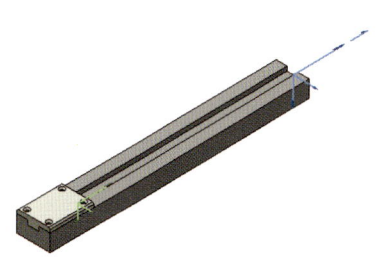

5 확인 버튼을 클릭합니다.

다음은 달성하려는 시뮬레이션 및 결과에 따라 적용될 수 있는 몇 가지 추가 옵션입니다.
- 시뮬레이션에서 조인트를 수정할 수 없도록 잠금을 선택합니다.
- 이 자유도의 초기 속도를 수동으로 설정하거나 소프트웨어가 초기 속도를 자동으로 계산할 수 있도록 선택하려면 속도 확인란의 선택을 취소합니다. 이 설정을 계산된 상태로 그대로 두고 부과하는 모션 옵션을 사용하여 속도를 지정하는 것이 좋습니다.
- 원한다면 자유도에 대한 초기 최소값 또는 최대 경계 값을 설정합니다. 값은 이 DOF의 힘 또는 토크의 경계를 설정하고 강성은이 DOF의 강성을 설정하며 댐핑은 이 DOF의 댐핑 경계를 설정합니다.

접합 토크

접합 토크는 댐핑 및 마찰을 제어하고 스프링 쿠션을 부과하도록 설정할 수 있습니다. 시뮬레이션에 따라 이러한 것들을 몇 개의 주요 접합에 적용하고 다른 종속 접합을 반작용으로 만들 수 있습니다. 물론 이것은 메커니즘과 시뮬레이션에 달려 있습니다. 이 작업을 위해 접합을 조정하려면 다음과 같이 합니다.

1 검색기 막대에서 각기둥:1 접합을 마우스 오른쪽 버튼으로 클릭하고 특성을 선택합니다.

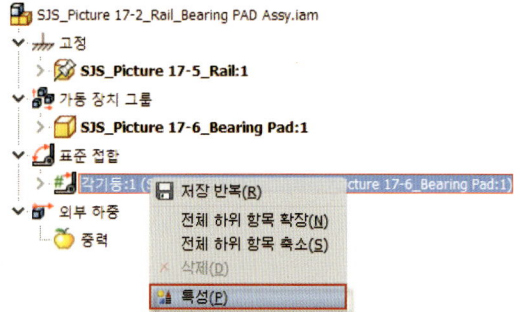

2 자유도1 탭을 선택합니다. 그리고 아래와 같이 접합력 편집 버튼을 클릭합니다. (이 버튼의 모양은 회전 조인트와 병진 조인트에 따라 다릅니다). 접합력 작동 체크 확인란을 선택합니다.

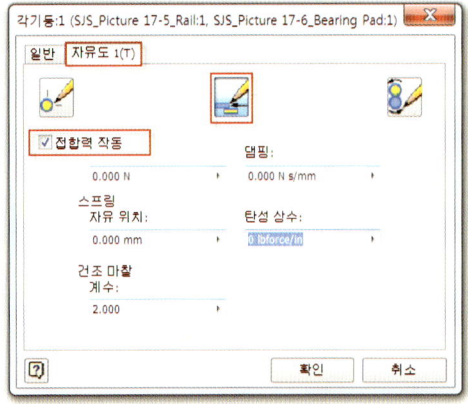 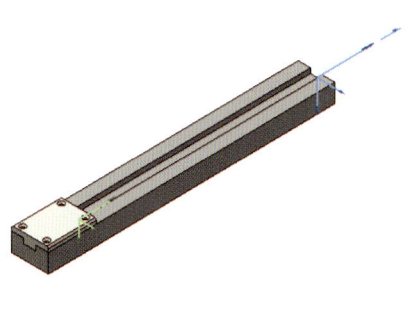

3 입력 상자를 마우스 오른쪽 단추로 클릭하고 필요한 입력 유형을 선택합니다. 값이 시간이 지나도 변경되지 않으면 상수 값을 사용하거나 입력 그래퍼를 사용하여 눈금이 매겨진 입력을 입력합니다. 여기서는 상수 값을 사용하겠습니다.

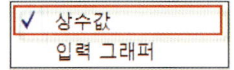

댐핑 값과 건조 마찰 계수 값도 다음과 같이 입력합니다.

접합력: 100 N, 댐핑: 5 N s/mm, 건조 마찰 계수: 1

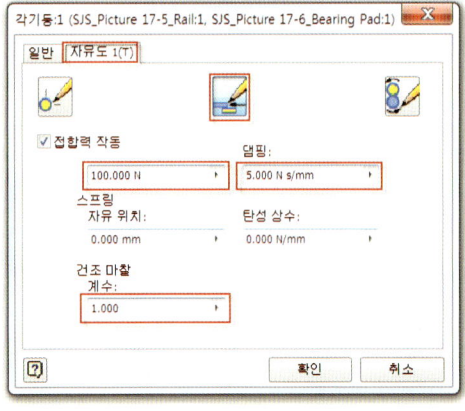 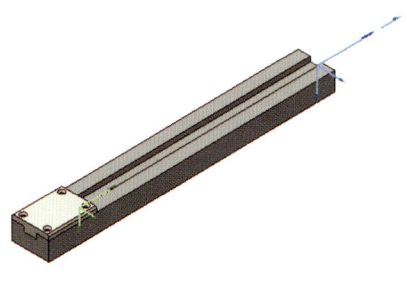

4 확인 버튼을 클릭합니다.

댐핑, 탄성 상수 및 건조 마찰에 대한 입력 범위는 다음과 같습니다.
- 댐핑은 DOF의 속도에 비례합니다.
- 자유 위치는 부과 된 스프링이 힘을 주지 않는 위치를 설정합니다.

- 탄성 강성은 강요 된 강성을 설정합니다.
- 마찰은 0과 2 사이의 계수로 추가됩니다.

부과된 모션

운동이 중요 할 때 외력을 가함으로써 운동이 생성될 수 있지만, 종종 외력에 관여되지 않는 구성 요소의 타이밍 및 위치를 제어할 수 있도록 접합에 부과된 동작이 요구됩니다. 예를 들어, 레일 및 베어링 패드 예에서 베어링은 외부 힘에 의해 구동되는 다른 구성 요소의 방향에서 미끄러져 나와야 할 수도 있습니다. 접합 속성에 부과된 동작을 설정하면 베어링 패드에 외력을 가할 필요 없이 이 작업을 수행할 수 있습니다. 부과된 동작을 포함하도록 접합을 조정하려면 다음과 같이 합니다.

1 검색기 막대에서 접합을 마우스 오른쪽 버튼으로 클릭하고 특성을 선택합니다.

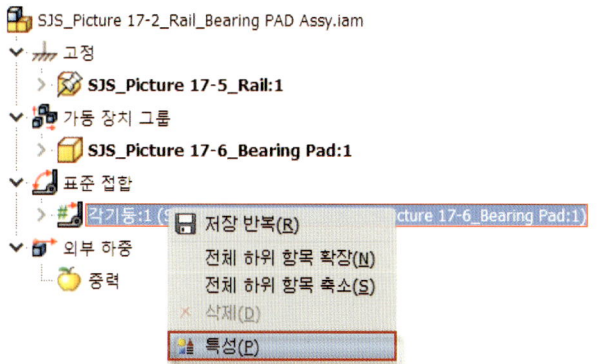

2 자유도1 탭을 선택합니다. (접합에 따라 배수가 있을 수 있음).

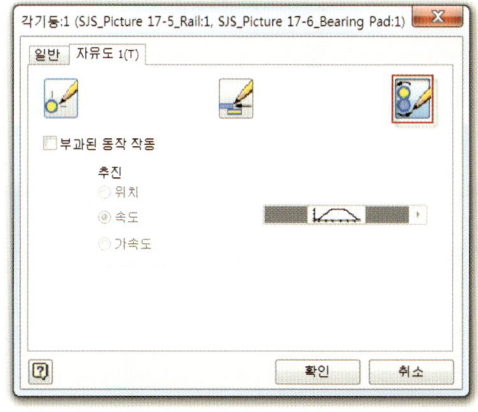
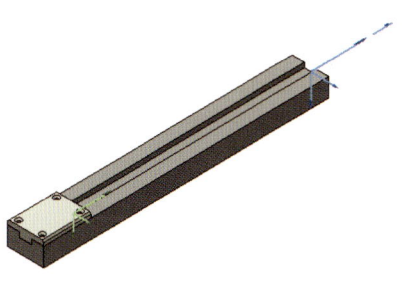

3 부과된 동작 편집 버튼을 클릭합니다. 부과된 동작 작동 확인란을 선택합니다.

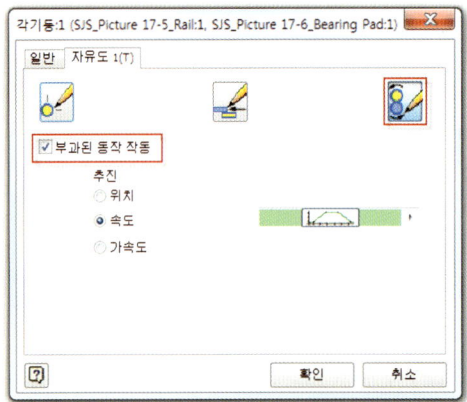 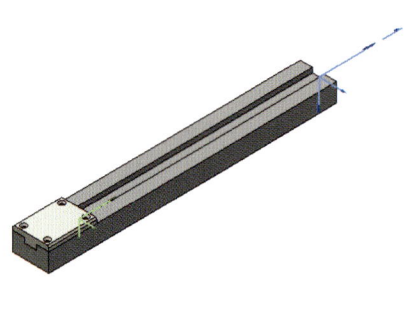

4 추진 모션 매개 변수 유형을 선택하고 값을 입력합니다. 여기서는 속도 매개 변수를 선택하고 dlq입력 그래퍼를 클릭합니다.

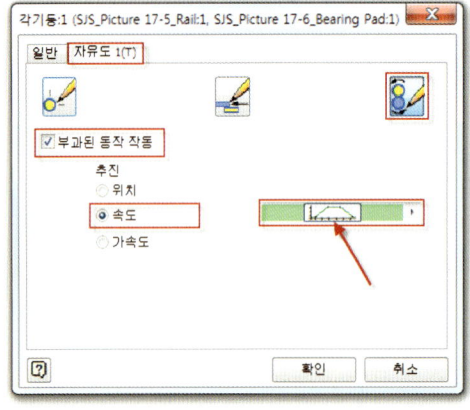 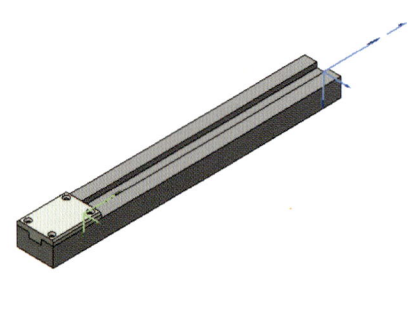

- **추진 매개 변수 유형**
- **위치**

  지정된 위치로 동작을 부과합니다. 일반적으로 입력 그래퍼를 사용하여 시간 간격을 기준으로 위치를 지정합니다. (예: 10 초에 100cm 이동).

- **속도**

  지정된 속도로 동작을 부과합니다. 상수 입력을 사용하거나 입력 그래퍼를 사용하여 시작 시간 등을 설명하기 위해 가변 속도를 입력합니다.

- **가속**

  지정된 가속도로 동작을 부과합니다. 일정한 입력을 사용하거나 입력 그래퍼를 사용하여 다양한 가속을 입력합니다.

입력 그래퍼 사용

입력 그래퍼는 동적 시뮬레이션 환경에서 사용되는 여러 입력 상자에서 사용할 수 있습니다. 입력 그래퍼를 사용하도록 입력을 설정하면 그래프 버튼이 입력 상자에 나타납니다. 그래프 버튼이 없으면 입력 상자를 마우스 오른쪽 버튼으로 클릭하고 상황에 맞는 메뉴에서 입력 그래퍼를 선택합니다. 입력 그래퍼를 열려면 그래프 버튼을 클릭하기만 하면 됩니다. 일반적으로 입력 그래퍼는 시간에 따라 변하는 값을 지정하는데 사용됩니다. 위의 상태에서 속도는 0 mm/ s에서 시작하여 처음 10 초 동안 100 mm/s까지 도달하는 접합에 부과되도록 합니다. 이 때 속도는 다음 10 초 동안 수평을 유지한 다음 0 mm/s로 돌아갑니다. 30 초에 사용자가 그래프에서 마우스 오른쪽 버튼을 클릭하여 제어 점을 추가합니다. 점 사이의 그래프의 각 부분은 그래프를 클릭하여 섹터로 선택할 수 있습니다. 첫 번째 섹터가 선택되고 음영 처리됩니다. 섹터를 선택하면 입력 그래퍼 대화 상자의 아래쪽 절반에 있는 입력이 해당 섹터에만 적용됩니다. 해당 섹터에 적용되는 법칙뿐만 아니라 섹터의 시작 지점과 끝점을 편집할 수 있습니다. X 축 변수, 적용되는 법칙, 자유 섹터 조건 등을 변경하여 입력 그래프를 수정할 수 있습니다.

1 입력 그래퍼를 클릭하여 첫 번째 영역을 선택한 다음 아래와 같이 입력합니다.

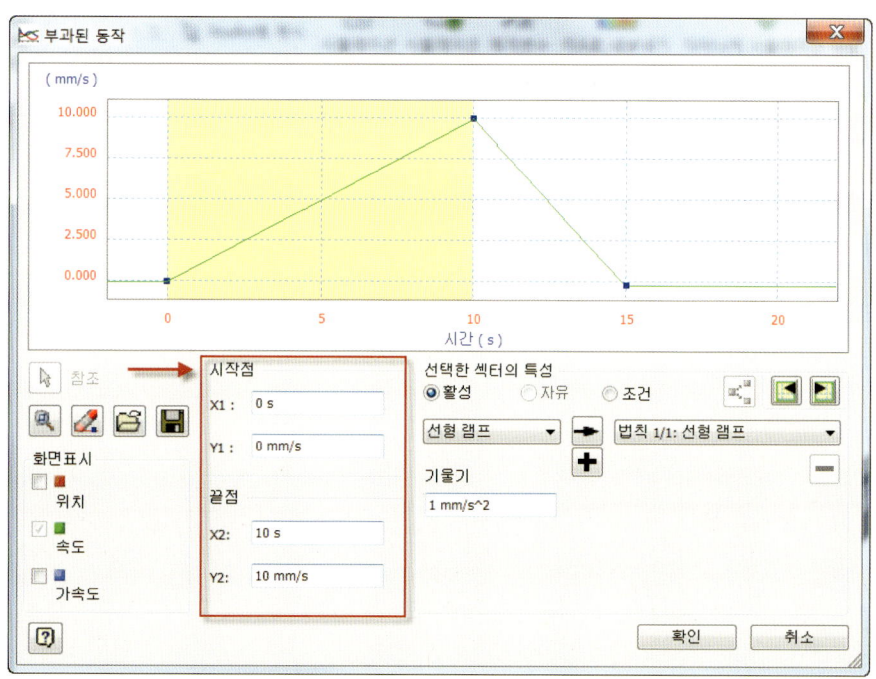

2 그리고 다음 섹터 버튼을 클릭합니다.

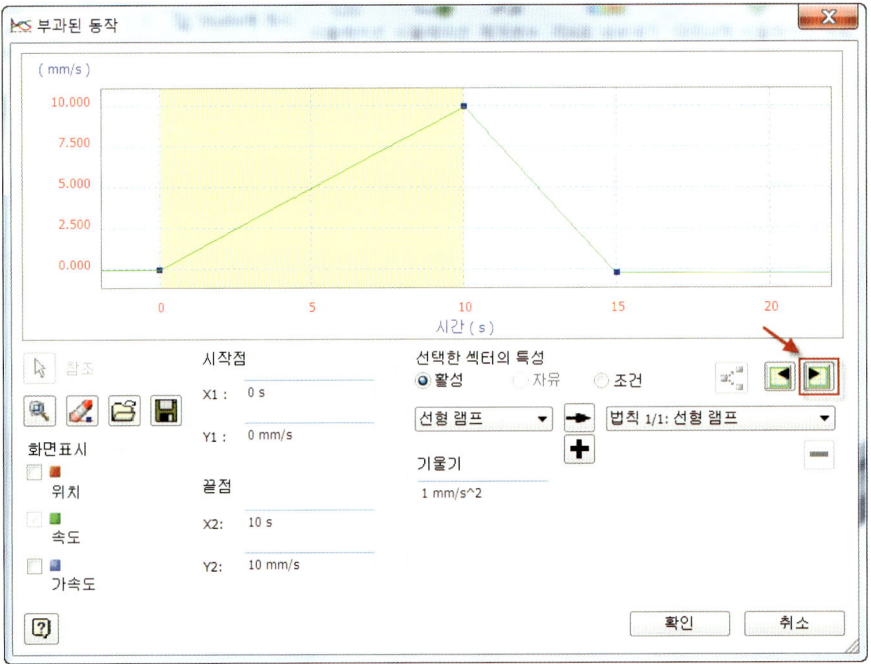

3 두 번째 영역을 선택한 다음 아래와 같이 입력합니다.

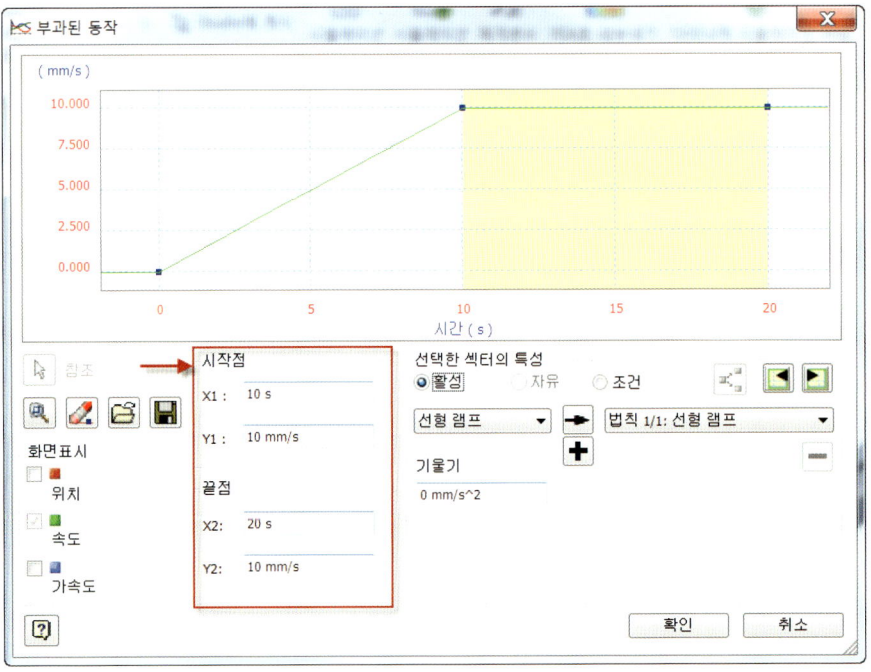

4 그래프에서 마우스 오른쪽 버튼을 클릭하여 제어 점을 추가합니다. 제어 점을 추가할 때 점의 위치에 따라 두 번째 영역을 다시 설정해야 하는 경우도 있습니다.

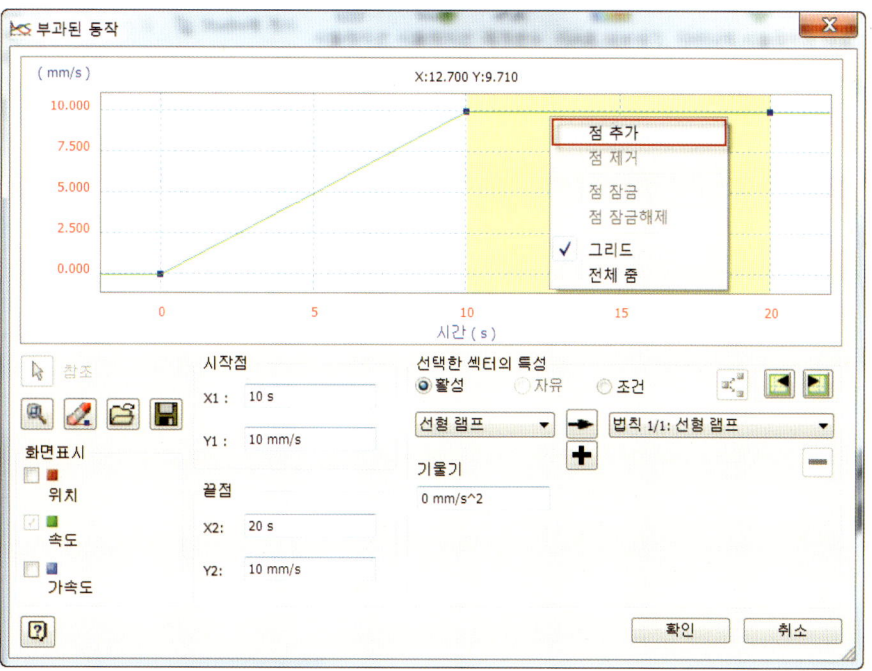

5 다시 세 번째 영역을 선택한 다음 아래와 같이 입력합니다.

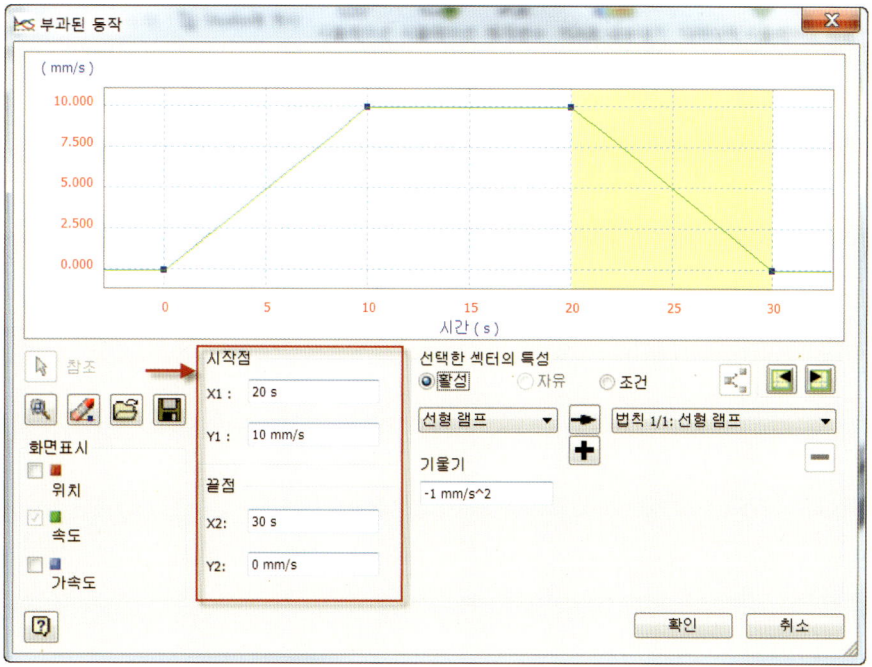

6 첫 번째 영역을 선택한 다음 선택한 섹터의 특성에서 아래와 같이 사용 가능한 법칙 리스트에서 스플라인으로 변경한 다음 현재 법칙 대체 화살표 버튼을 클릭합니다.

7 그러면 첫 번째 선택 영역이 아래와 같이 바뀐 법칙에 의해서 적용됩니다.

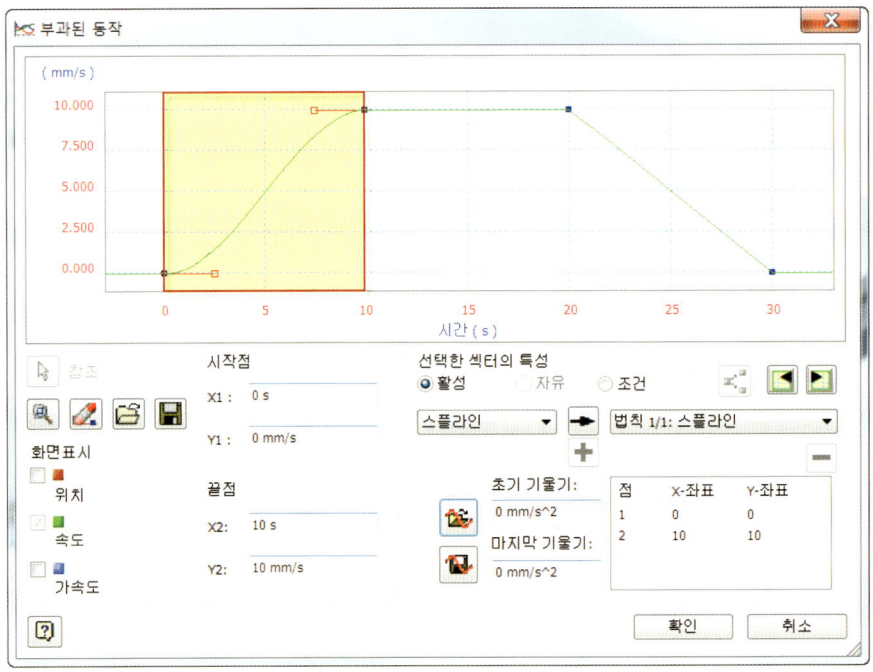

8 세 번째 영역도 같은 작업을 반복합니다.

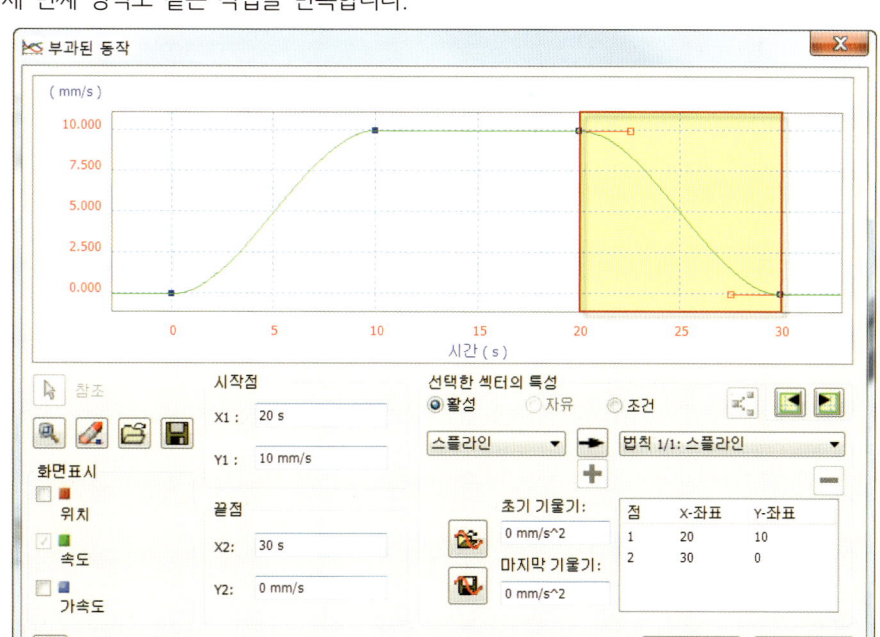

9 부과된 동작 대화 상자의 확인 버튼을 클릭합니다. 확인

10 특성 대화 상자의 확인 버튼을 클릭합니다. 확인

- **입력 참조**

기본적으로 시간은 입력 그래퍼의 곡선 그래프에 대한 X축 변수입니다. 많은 입력에서 다른 X축 참조를 지정할 수 있습니다. 참조 버튼을 클릭하면 커브 그래프에서 X축 변수로 사용할 수 있는 모든 변수가 표시됩니다. 부과된 동작은 시간 이외의 X축 참조를 사용할 수 없습니다.

- **법칙**

곡선의 각 섹터를 정의하려면 수학 함수 또는 법칙을 할당할 수 있습니다. 이 법칙은 섹터 곡선을 완전히 정의하기 위해 필요에 따라 개별적으로 또는 조합하여 적용할 수 있습니다. 특정 부문에 특정 법칙을 지정하려면 드롭-다운 목록에서 법칙을 선택한 다음 화살표 버튼을 사용하여 법칙을 적용합니다. 섹터에 법칙을 추가하려면 더하기 버튼을 사용하고 섹터에서 법칙을 제거하려면 빼기 버튼을 사용하면 됩니다.

다음은 사용 가능한 법칙 목록입니다.
- 선형 램프
- 3차원 램프
- 사이클로이드
- 사인

- 다항식
- 파형
- 수정된 사인
- 수정된 사다리꼴
- 스플라인
- 포뮬러

• **자유와 적용 조건**

각 섹터는 활성, 자유 또는 조건으로 설정할 수 있습니다.
- 활성은 해당 섹터에 조건이 없음을 나타냅니다.
- 자유는 섹터에 정의된 값이 없음을 나타냅니다.
- 조건은 섹터에 하나 이상의 조건이 할당되었음을 나타냅니다.

조건을 만들려면 조건 라디오 버튼을 클릭하면 됩니다.
기본적으로 해제 조건 대화 상자가 나타납니다.
조건을 편집하거나 추가하려면 조건 정의 버튼을 클릭한 다음 변수, 같음 또는 값 링크를 클릭하여 해당 옵션을 설정합니다. 조건을 추가하거나 제거하려면 더하기 및 빼기 기호를 사용하면 됩니다.

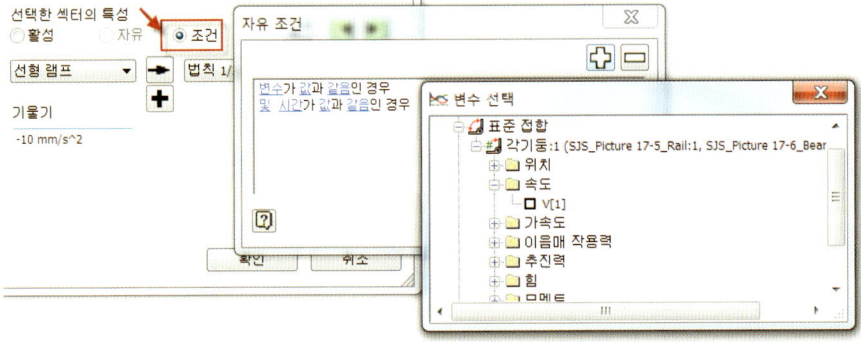

• **추가 기능**

입력 그래퍼는 분명하지는 않지만 설정하고 사용할 때 알 수 있는 몇 가지 기능이 있습니다.
- 하단 디스플레이는 그래프에서 선택된 것에 따라 다릅니다. 점을 선택하면 해당 점에 대한 입력이 제공되고 섹터를 선택하면 섹터 옵션이 제공됩니다. 모든 섹터 외부의 그래프를 클릭하면 처음과 마지막의 왼쪽 또는 오른쪽에 있는 곡선 부분을 설명하는데 사용되는 정의를 벗어남이라는 옵션이 제공됩니다.
- 마우스의 휠 버튼을 사용하여 그래프를 이동하고 확대/ 축소 할 수 있습니다. 극적으로 규모가 다른 섹터를 다룰 때 유용할 수 있습니다. 입력 그래퍼 대화 상자의 줌 창 버튼 을 사용할 수도

chapter 17 다이나믹 시뮬레이션

있습니다.

- 곡선 정의는 곡선 저장 버튼 및 곡선 로드 버튼 을 사용하여 정의를 할 수도 있습니다.

● 외부 하중

구성 요소를 동작으로 설정하려면 접합에 부과된 동작을 적용하거나 구성 요소 자체에 외부 힘을 적용할 수 있습니다. 외부 힘은 하중과 중력으로 구성됩니다. 외력은 운동을 시작, 보완 또는 저항하는 데 사용될 수 있습니다. 예를 들어 레일 및 베어링 패드 예제에서 베어링이 역행 방지를 위해 설계된 캐치 정지 메커니즘을지나 이동한 경우 최대 저항을 극복 할 수 있도록 해당 위치의 베어링 패드에 외력을 가할 수 있습니다. 외부 힘은 모션 시뮬레이션을 설정하기 위해 종종 사용됩니다. 하중과 중력은 여기에서 더 자세히 정의됩니다.

● 힘

리본 메뉴/ 다이나믹 시뮬레이션 탭/ 로드 패널/ 힘

 필요한 만큼의 힘 및 토크 하중을 적용 할 수 있으며 일단 생성된 모든 하중 및 토크 하중이 나열된 외부 하중 검색기 노드에서 하중 및 토크 하중을 관리할 수 있습니다. 외부 하중 힘을 적용하려면 하중 패널에서 힘 또는 토크 버튼을 클릭하고 여기에 설명한 바와 같이 위치, 방향, 크기 등을 설정합니다.

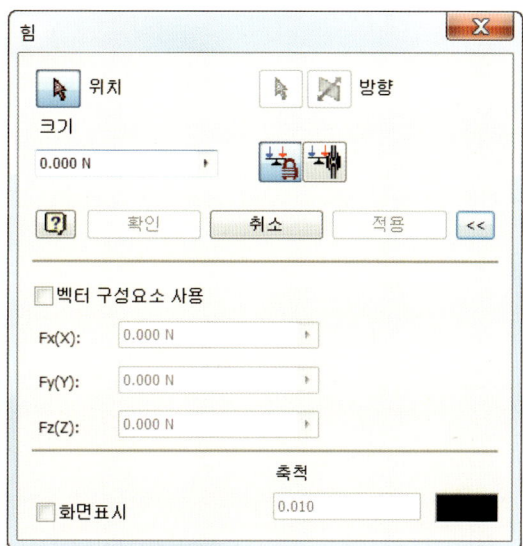

● 위치

위치 설정의 경우 꼭지점을 선택해야 합니다. 정점, 원형 모서리, 스케치 점, 작업 점 등을 선택할 수 있습니다.

● 방향

방향 설정의 경우 가장자리 또는 면을 선택한 다음 필요에 따라 반전 버튼을 사용하여 변경합니다.

- 크기

크기 설정을 상수로 입력하거나 입력 그래퍼를 선택합니다.

- 고정 하중 방향 및 연관 하중 방향 버튼

고정 및 연관 하중 버튼을 사용하여 로드 방향 방법을 지정하십시오. 고정은 정의된 방향으로 일정한 하중을 설정합니다. 연관 체는 시뮬레이션 중에 이동하는 구성 요소를 따르는 방향을 설정합니다. 예를 들어 힌지의 가장자리를 사용하여 연관 방향을 설정하면 힌지가 흔들릴 때 방향이 해당 가장자리에 맞춰 유지됩니다.

- 자세히 버튼

버튼을 사용하여 필요에 따라 벡터 구성 요소를 설정합니다. 표시 확인란을 설정하여 힘 또는 토크 화살표를 표시 한 다음 화살표의 눈금과 색을 설정합니다.

- 중력

검색기 막대의 외부 하중 노드를 확장하고 중력 버튼을 마우스 오른쪽 버튼으로 클릭하고 중력 정의를 선택하여 전체 시뮬레이션에 대한 중력을 정의 할 수 있습니다.

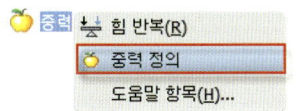

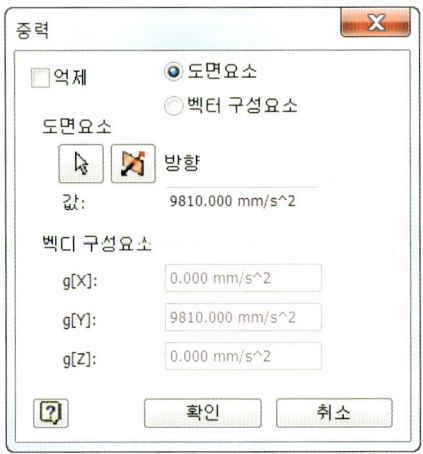

기본 값은 9810.000 mm/ s2 제공되지만 필요한 모든 값으로 편집할 수 있습니다. 중력을 정의하려면 객체의 면이나 모서리를 선택한 다음 반전 버튼을 사용하여 방향을 설정하기만 하면 됩니다. 중력을 정의하려면 정적 구성 요소를 선택해야 합니다.

- **시뮬레이션 실행**

모델이 접합, 하중 및 환경 구속 조건으로 정의되면 시뮬레이션을 실행할 준비가 된 것입니다. 시뮬레이션 실행에는 두 가지 기본 제어 방법인 시뮬레이션 플레이어와 출력 그래퍼가 포함됩니다. 도구는 일반적으로 함께 사용됩니다.

- **시뮬레이션 플레이어**

 시뮬레이션 플레이어를 사용하여 시뮬레이션을 실행하고 중지합니다. 시뮬레이션 플레이어는 기본적으로 표시되지만 다이나믹 시뮬레이션 탭의 관리 패널에 있는 시뮬레이션 플레이어 버튼을 사용하여 켜고 끌 수 있습니다.

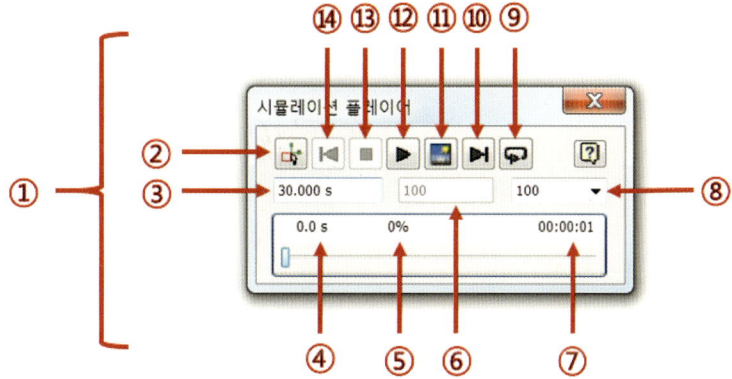

① 시뮬레이션 플레이어 제어판
② 구성모드
③ 끝나는 시간
④ 시뮬레이션 시간
⑤ 시뮬레이션 완료율
⑥ 이미지
⑦ 실시간 계산
⑧ 필터
⑨ 현재 시뮬레이션 연소 순환 재생
⑩ 시뮬레이션 끝으로 이동
⑪ 시뮬레이션 도중 화면 갱신 비활성화
⑫ 시뮬레이션 실행 또는 재생
⑬ 현재 시뮬레이션 중지
⑭ 시뮬레이션 처음으로 돌아가기

06 Cam Valve 조립품을 이용한 다이나믹 시뮬레이션 소개

이 예제에서는 스프링 저항을 극복하기 위해 캠을 돌리는데 필요한 토크를 결정하기 위해 이미 설정된 캠 밸브 조립품 시뮬레이션을 실행합니다. 시뮬레이션 중에 회전 캠에서 마찰이 있는 상태와 마찰이 없는 상태의 결과를 비교할 것입니다.

1 열기 버튼을 클릭하여 SJS_Picture 17-3_Cam Valve Assy.iam 파일을 선택하고 열기를 합니다.

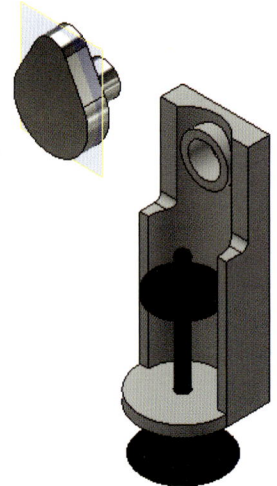

2 리본 메뉴/ 환경 탭/ 시작 패널/ 다이나믹 시뮬레이션 도구를 클릭합니다.

3 다이나믹 시뮬레이션 검색기 막대를 검토하고 3개의 구성 요소가 접지 그룹 노드 아래에 나열된 방법을 확인합니다.

4 검색기 막대의 외부 하중 노드를 확장하여 중력을 선택하고 마우스 오른쪽 버튼을 클릭하여 중력 정의를 선택해 보면, 중력을 위한 외부 하중이 음의 Y 축 방향으로 추가되어 있음을 확인할 수 있습니다.

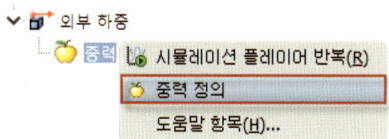
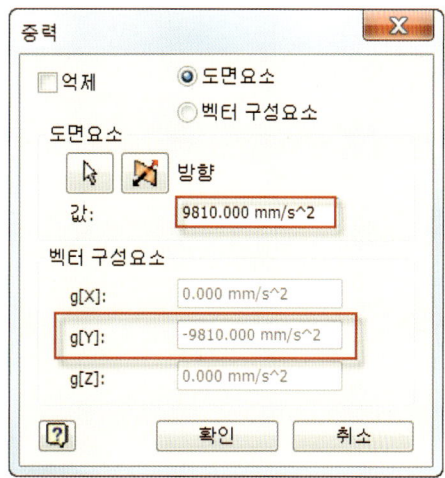

5 모델을 아래 표시된 이미지와 비슷한 보기 위치로 궤도를 이용하여 돌려봅니다.

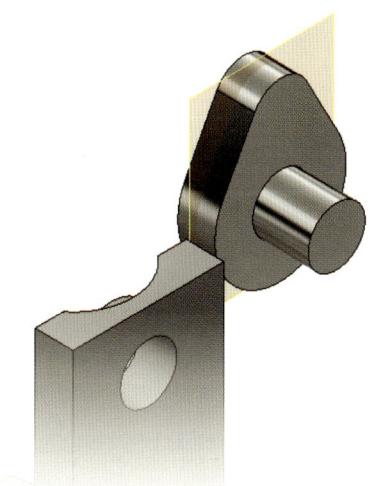

6 표준 기계 접합을 만드는 프로세스를 시작하기 위해서 리본 메뉴/ 다이나믹 시뮬레이션 탭/ 접합 패널/ 접합 삽입 도구를 클릭합니다.

7 접합 유형으로 회전을 선택합니다. 그러면 자유도 (DOF)가 있는 접합이 만들어져 부품이 Z축에

서 회전할 수 있습니다.

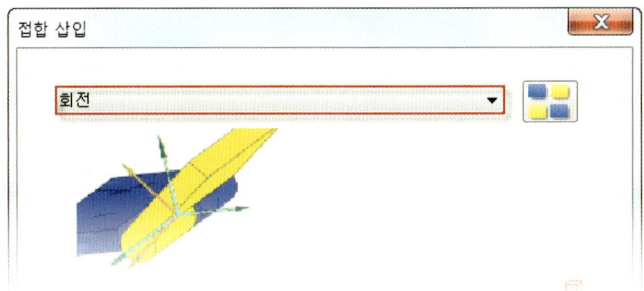

8 구성 요소 1 부품의 Z축 선택을 위하여 아래 그림과 같이 SJS_Picture 17-8_CamValve_Support 부품의 원통형 표면을 선택합니다. 원점 배치는 기본적으로 원통의 중심에 있습니다.

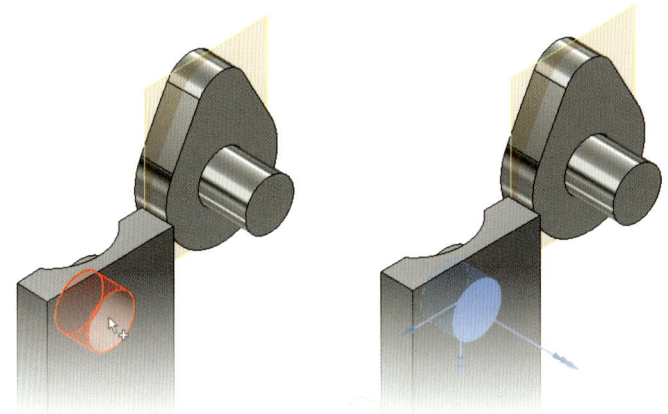

9 구성 요소 1 부품의 원점 선택 버튼을 선택한 다음 원점 평면에 대해 아래와 같이 SJS_Picture 17-8_CamValve_Support 부품의 뒷면을 선택합니다.

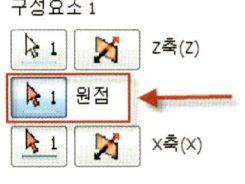
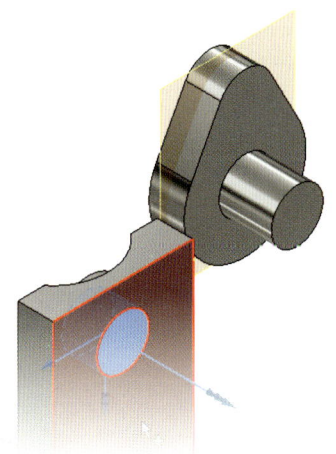

chapter 17 다이나믹 시뮬레이션

10 그러면 홀의 중심에 정렬된 상태에서 SJS_Picture 17-8_CamValve_Support 부품 뒷면에 대한 접합 좌표계가 이동합니다.

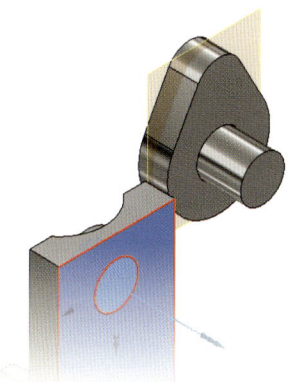

11 이제 구성 요소 2의 Z축 선택 버튼을 선택하고 아래와 같이 SJS_Picture 17-7_CamValve_Cam 부품의 바깥 쪽 원통형의 모서리를 선택합니다.

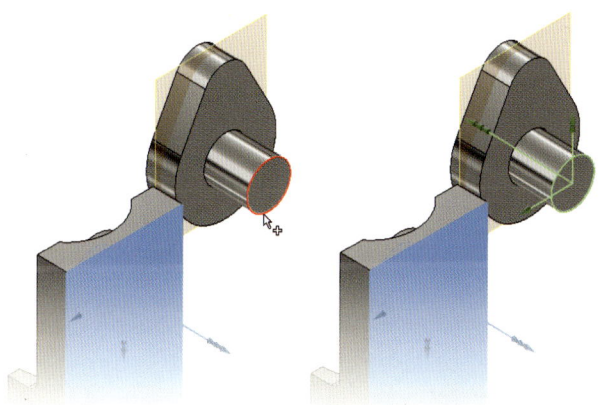

12 좌표계 정렬을 수정하려면 구성 요소 2의 Z 축 반전 버튼을 클릭합니다.

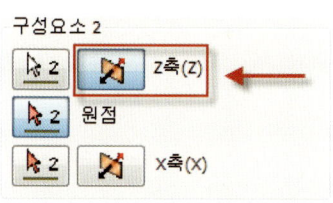
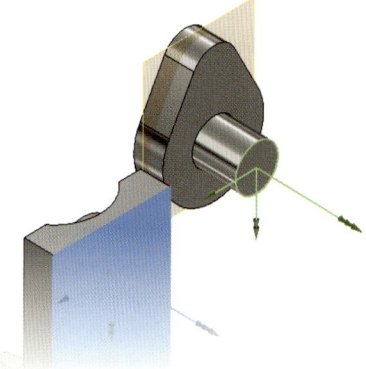

451

13. 이제 두 접합 좌표계가 정렬됩니다. 이것은 접합을 만들 때 핵심 요소이며 접합을 만들 때 검토할 가장 중요한 항목 중 하나입니다. 확인을 클릭하여 회전 접합 작성을 완료합니다.

14. 이제 아래와 같이 접합이 만들어지면 두 부품이 좌표계를 정렬하여 함께 스냅되어 접합이 형성됩니다.

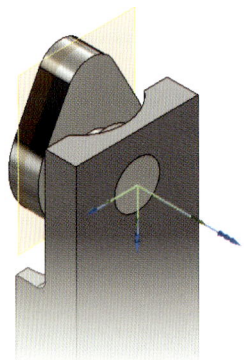

15. 모델을 아래 표시된 이미지와 비슷한 보기 위치로 궤도를 이용하여 돌려봅니다.

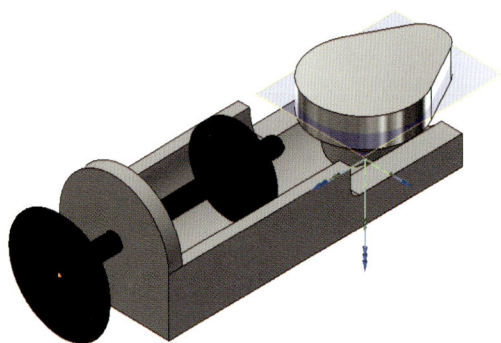

16. 표준 기계 접합을 만드는 프로세스를 시작하기 위해서 리본 메뉴/ 다이나믹 시뮬레이션 탭/ 접합 패널/ 접합 삽입 도구를 클릭합니다.

chapter 17 다이나믹 시뮬레이션

17 접합 유형으로 각기둥을 선택합니다. 자유도 (DOF)가있는 조인트가 만들어져 Z 축을 따라 부품이 전이됩니다.

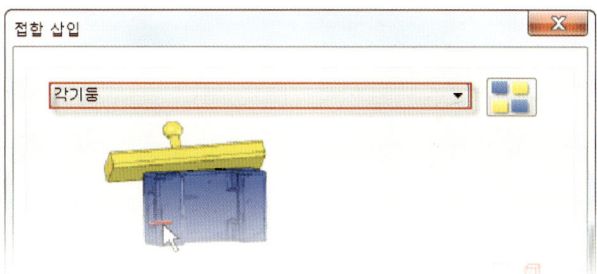

18 구성 요소 1의 Z축 선택 버튼을 선택하고 아래 그림과 같이 SJS_Picture 17-8_CamValve_Support 부품 의 아래쪽 원형 모서리를 선택합니다.

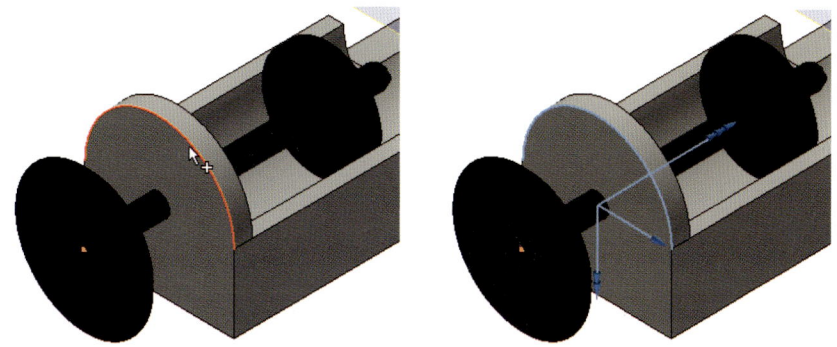

19 구성 요소 1의 Z 축 반전 버튼을 클릭하여 아래 이미지와 같이 좌표계를 정렬합니다.

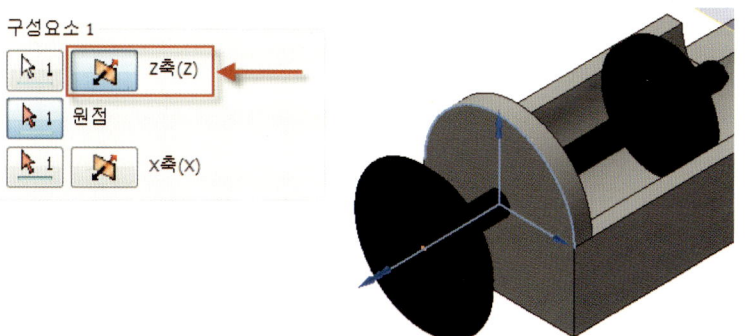

453

20 구성 요소 2의 Z 축 선택을 클릭하고 아래 그림과 같이 SJS_Picture 17-9_CamValve_Valve 부품의 아래쪽 원형 모서리를 지정합니다.

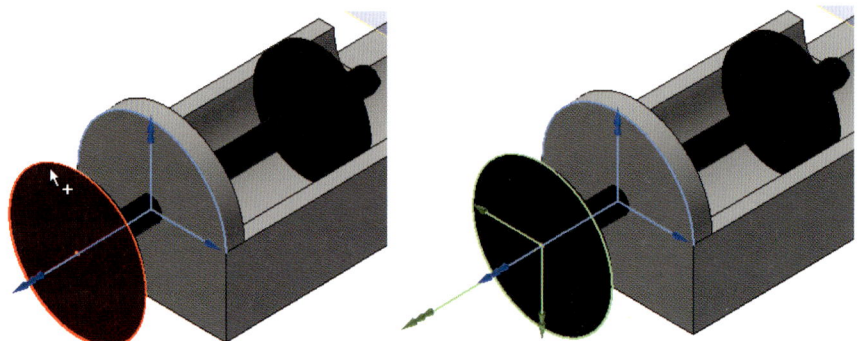

21 두 좌표 시스템이 정렬되므로 확인을 클릭하여 접합 작성을 완료합니다. 확인

22 그러면 SJS_Picture 17-9_CamValve_Valve 부품은 두 좌표계를 정렬하기 위해 아래 그림과 같은 위치로 이동합니다.

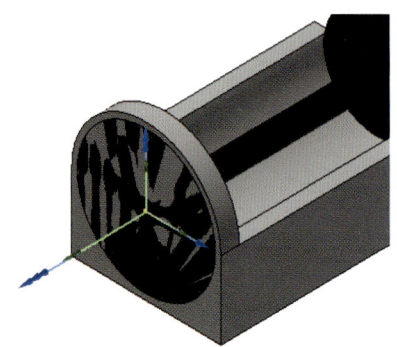

23 다이나믹 시뮬레이션 검색기 막대에서 생성된 두 개의 회전 및 각기둥 접합이 이제 표준 접합 노드 아래에 나열되는지 확인합니다. 또한 지원 부분에 링크 된 두 부분이 가동 장치 그룹 아래에 나열되는지도 확인을 합니다.

chapter 17 다이나믹 시뮬레이션

24 검색기 막대에서 각기둥: 2 접합을 선택하고 마우스 오른쪽 버튼을 클릭하여 특성을 선택합니다.

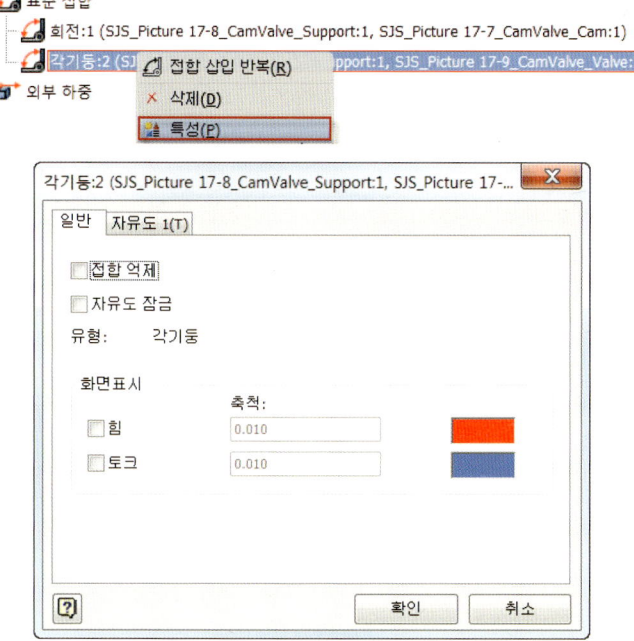

25 각기둥: 2 대화 상자에서 다음 항목을 완료하여 위치 부분의 값을 아래와 같이 입력하여 초기 위치를 변경합니다.
- 자유도1 (T) 탭을 클릭합니다. 탭 이름의 "T"는 번역 정보임을 나타냅니다.
- 초기 조건 편집 버튼을 선택합니다. 그러면 구성 요소의 시작 위치가 제어됩니다.
- 위치 값으로 20mm를 입력합니다.
- 확인을 클릭합니다.

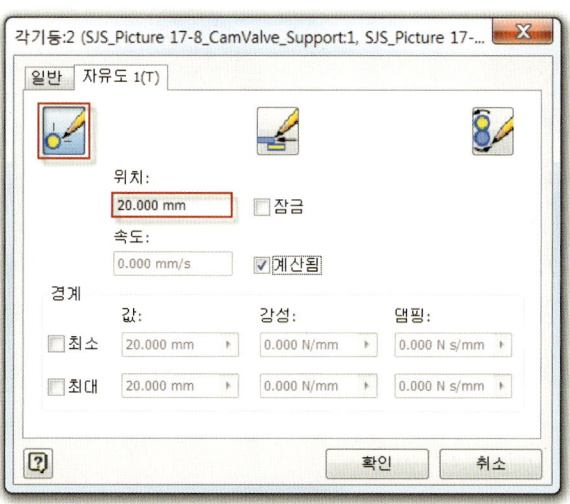

455

26 조립품을 검토하고 각기둥 접합의 좌표계가 이제 20mm만큼 떨어져 움직였는지 확인합니다.

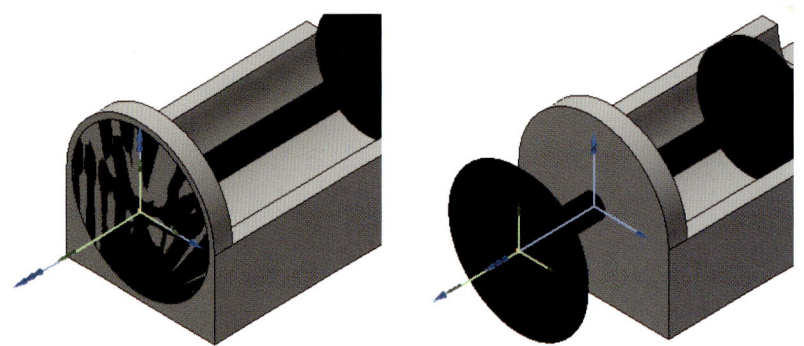

27 리본 메뉴/ 다이나믹 시뮬레이션 탭/ 접합 패널에서 접합 삽입 도구를 클릭하여 접합 삽입 대화 상자를 엽니다. 그런 다음 접합 유형으로 스프링/ 댐퍼/ 잭을 선택합니다.

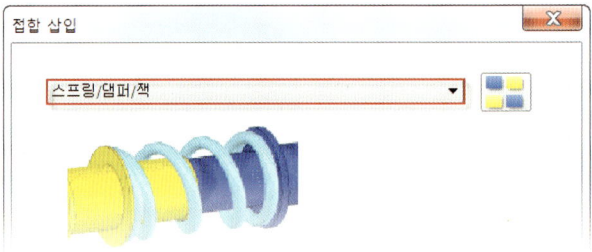

28 이 접합은 두 개의 구성 요소 사이에 스프링 객체를 생성할 수 있게 합니다. 구성 요소 1 선택에 대해 아래에 표시된 것처럼 SJS_Picture 17-8_CamValve_Support 부품의 아래쪽 내부 원 모서리를 선택합니다.

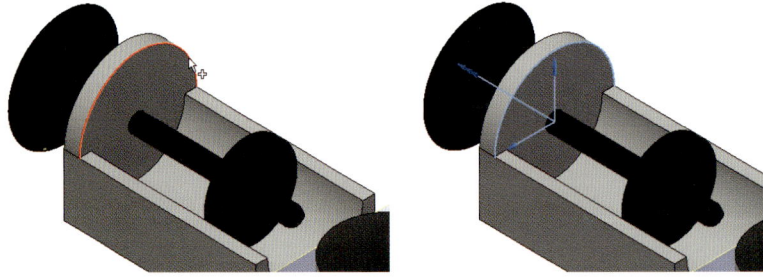

㉙ 구성 요소 2에 대해 아래와 같이 SJS_Picture 17-9_CamValve_Valve 부품의 아래쪽 원형 모서리를 선택합니다.

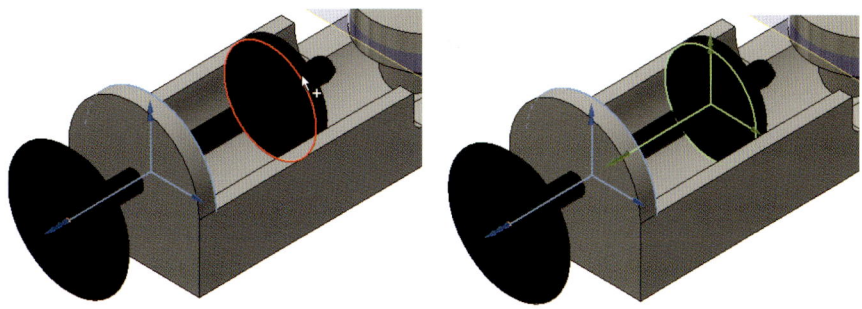

㉚ 확인을 클릭하여 접합 생성을 완료합니다.

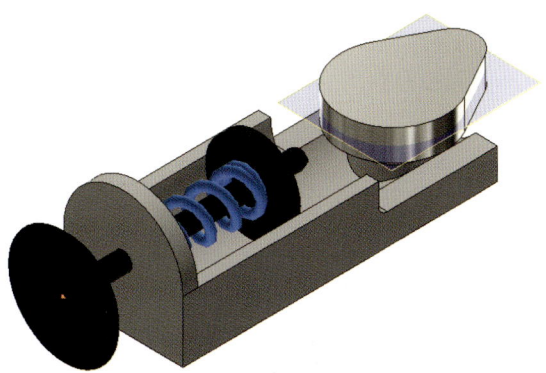

㉛ 검색기 막대에서 스프링 힘을 선택하고 오른쪽 클릭하고 특성을 선택합니다.

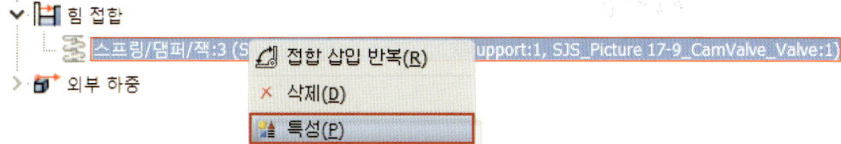

㉜ 강성의 경우 1 N / mm, 스프링의 자유 길이의 경우 50 mm를 입력합니다. 그러면 스프링의 특성과 크기가 조정됩니다.

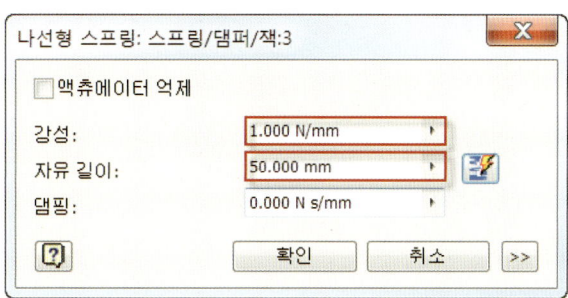

33 나선형 스프링 대화 상자에서 >> 자세히 버튼을 클릭한 다음 반지름 치수에 11mm를 입력하고 확인을 클릭하여 스프링 작성을 완료합니다.

34 확인을 클릭하여 접합 생성을 완료합니다. 확인
35 생성된 접합을 나타내기 위해 현재 표시된 스프링 객체를 확인합니다. 이 스프링은 SJS_Picture 17-9_CamValve_Valve 부품을 SJS_Picture 17-7_CamValve_Cam 부품으로 밀어서 올리고 내릴 것입니다.

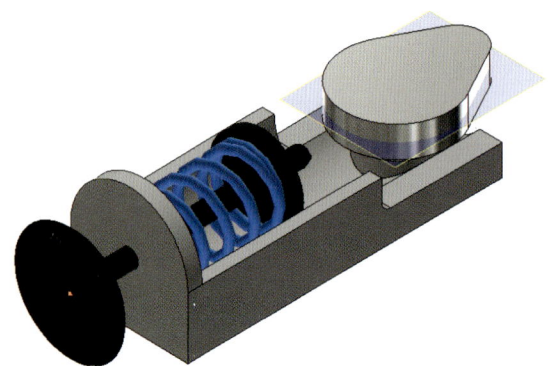

36 이제 SJS_Picture 17-7_CamValve_Cam 부품을 두 번 클릭하여 SJS_Picture 17-7_CamValve_Cam 부품 모델을 활성화합니다.

37 SJS_Picture 17-7_CamValve_Cam 부품에 접촉할 SJS_Picture 17-9_CamValve_Valve 부품에 대한 경로를 제공하기 위해 2D 스케치를 생성합니다. **3D 모형델 탭/ 스케치 패널/ 2D 스케치 시작** 도구를 클릭하여 새 스케치 작성을 시작하고 이미 SJS_Picture 17-7_CamValve_Cam 부품의 중간에 있는 작업 평면 2를 선택합니다.

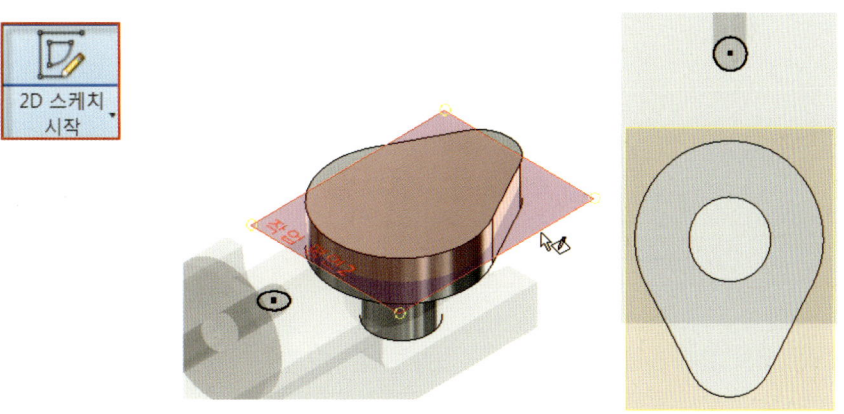

38 스케치가 활성화된 상태에서 **스케치 탭/ 수정 패널/ 형상 투영** 도구를 클릭한 다음 아래 그림과 같이 SJS_Picture 17-7_CamValve_Cam 부품의 4 개의 외부 모서리를 선택합니다.

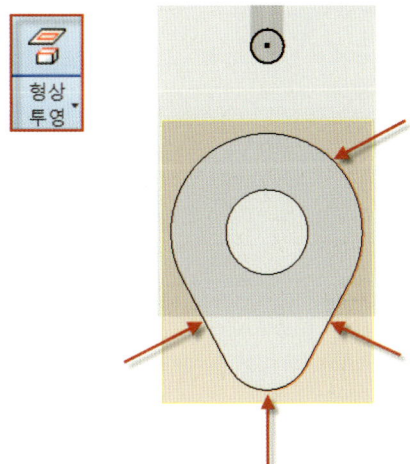

39 종료 패널/ 스케치 마무리 도구를 클릭하여 스케치 작성을 완료합니다.

40 3D 모형 탭/ 복귀 패널/ 복귀 도구를 클릭하여 SJS_Picture 17-7_CamValve_Cam 부품의 편집을 완료합니다.

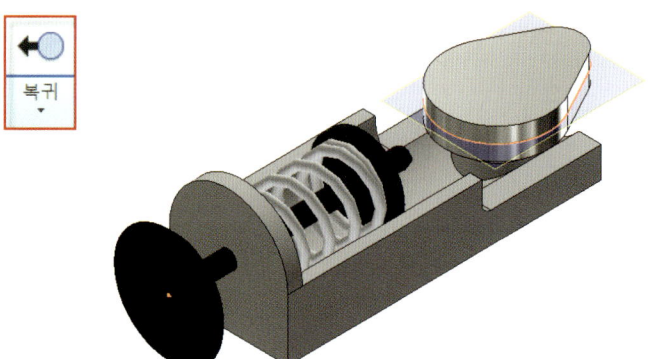

41 다이나믹 시뮬레이션 탭/ 접합패널/ 접합 삽입 도구를 클릭하여 2D 접촉을 선택합니다.

42 아래 그림과 같이 SJS_Picture 17-7_CamValve_Cam 부품에서 새로 만들어진 스케치 4를 곡선 1로 선택합니다.

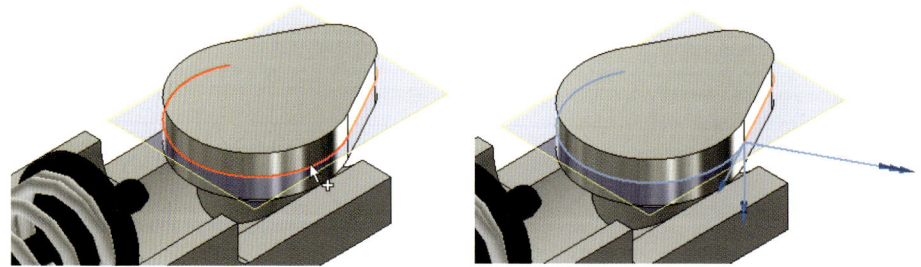

43 아래 그림과 같이 SJS_Picture 17-9_CamValve_Valve 부품의 맨 위에 있는 기존 스케치 2를 곡선 2로 선택합니다.

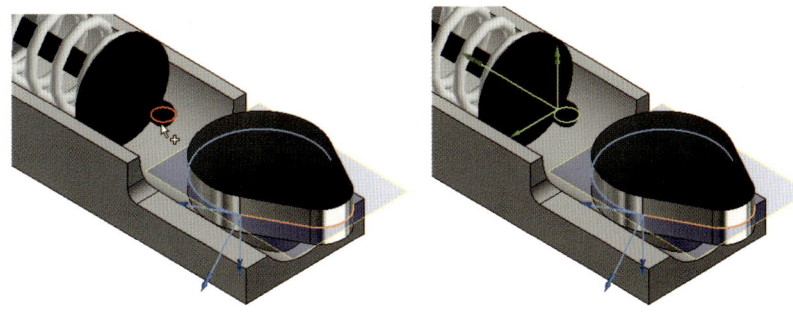

44 확인을 클릭하여 접합 생성을 완료합니다. 모델은 아래 이미지처럼 보일 것입니다.

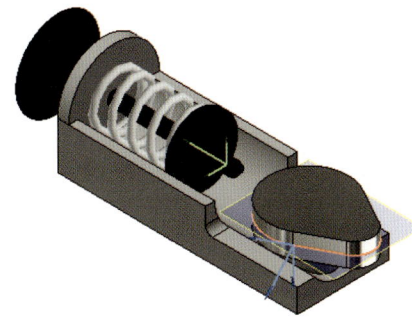

45 이제 2D 접촉 접합의 특성을 조정할 것입니다. 검색기 막대에서 2D 접촉: 4 접합을 선택하여 마우스 오른쪽 버튼으로 클릭하고 접점 접합 노드 아래의 특성을 선택합니다.

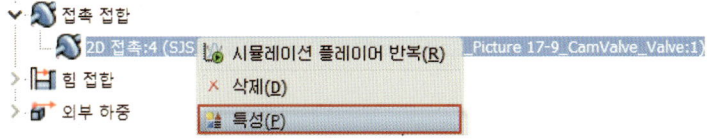

46 마찰 값을 0으로 변경하고 원상 복구 값을 0.8로 유지합니다. 원상 복구 값을 0.8로 유지하면 SJS_Picture 17-9_CamValve_Valve 부품이 SJS_Picture 17-7_CamValve_Cam 부품에 접촉하는 동안 SJS_Picture 17-7_CamValve_Cam 부품이 바운스가 됩니다.

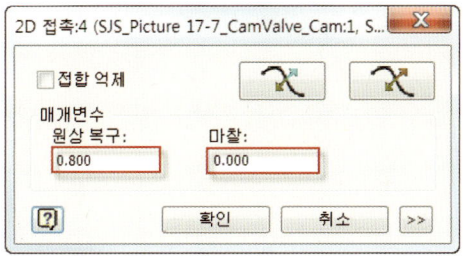

47 계속하려면 확인을 클릭합니다.

48 이제 SJS_Picture 17-7_CamValve_Cam 부품에 회전 동작을 설정합니다. 검색기 막대에서 회전: 1 접합을 선택하고 마우스 오른쪽 버튼을 클릭하여 특성을 선택합니다.

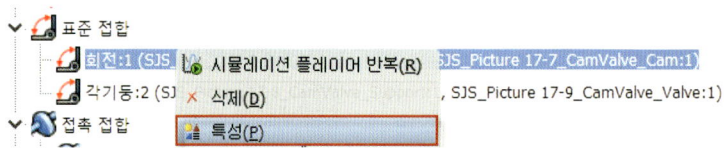

49 회전: 1 대화 상자에서 다음 항목을 완성합니다.
- 부과된 동작 편집을 선택합니다.
- 부과된 동작 작동 확인란을 선택합니다.
- 추진 옵션에 속도 라디오 버튼을 선택합니다.
- 상수 값으로 360 deg/s를 입력합니다. 이렇게 하면 SJS_Picture 17-7_CamValve_Cam 부품이 초당 하나의 풀 타임으로 회전합니다.
- 확인을 클릭합니다.

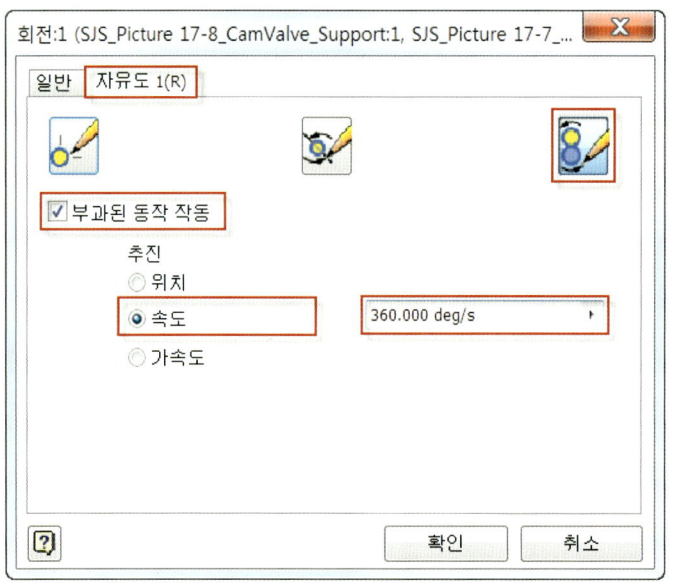

50 시뮬레이션 플레이어에서 시뮬레이션 실행 또는 재생을 클릭합니다. 그러면 시뮬레이션이 한 번 순환되고 끝 위치로 돌아와서 유지될 것입니다.

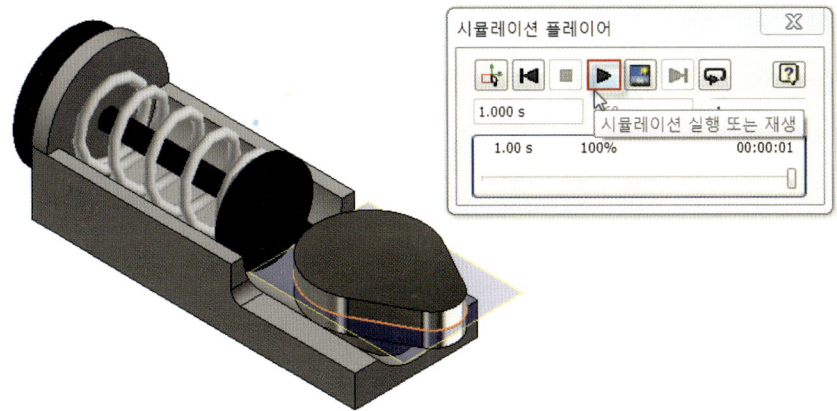

51 시뮬레이션을 처음으로 돌아가기 버튼을 클릭하여 시뮬레이션을 처음 시작으로 되돌리기를 합니다.

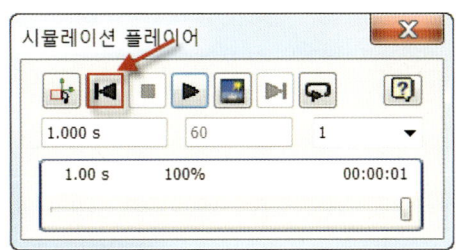

52 시뮬레이션을 추가로 보려면 실행 버튼을 다시 클릭합니다. SJS_Picture 17-9_CamValve_Valve 부품이 바운스가 되는 것을 알 수 있습니다. 이 부분에 대한 문제는 뒷부분에서 해결할 것입니다.

53 시뮬레이션 플레이어에서 구성 모드를 클릭합니다. 그러면 실행 모드가 종료되고 시뮬레이션을 변경할 수 있습니다.

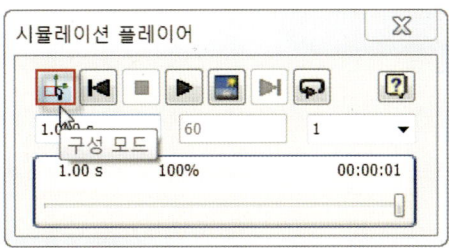

54 다이나믹 시뮬레이션 탐색기에서 접촉 접합을 확장합니다. 2D 접촉: 4 (SJS_Picture 17-7_CamValve_Cam:1, SJS_Picture 17-9_CamValve_Valve:1)를 마우스 오른쪽 버튼으로 클릭하여 특성을 클릭합니다.

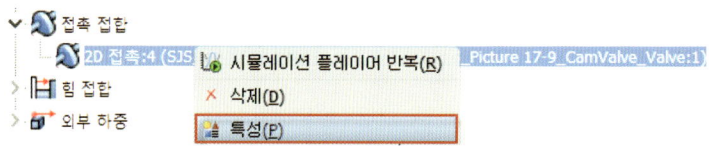

55 2D 접촉: 4 (SJS_Picture 17-7_CamValve_Cam: 1, SJS_Picture 17-9_CamValve_Valve: 1)의 특성 대화 상자에서 원상 복구를 위해 0을 입력합니다. 원상 복구를 0으로 설정하면 두 부품 간의 접촉이 비 정상적으로 반응되어 탄력적이지 않습니다. 이 값은 0과 1 사이에서 설정할 수 있으며, 이것은 접촉 후 두 구성 요소 간의 법선 속도의 비율입니다. 1로 설정하면 탄력적이어서 바로 바운스가 됩니다.

56 계속하려면 확인을 클릭합니다.

57 시뮬레이션 플레이어에서 실행을 클릭하고 SJS_Picture 17-9_CamValve_Valve 부품이 접촉 후 바운스가 발생되지 않는지 확인합니다.

58 다이나믹 시뮬레이션 탭/ 결과 패널/ 출력 그래퍼 도구를 클릭합니다. 그런 다음 회전: 1 접합 앞의 플러스 마크를 클릭하여 아래를 확장합니다. 추진력 폴더를 확장하고 U(강제)[1]를 선택합니다. 그러면 SJS_Picture 17-7_CamValve_Cam 회전 접합 상에 토크가 표시됩니다.

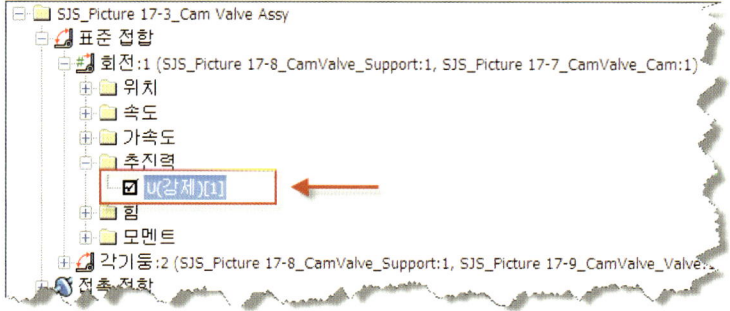

59 출력 그래퍼를 크기 조정하고 그래픽 창에서 SJS_Picture 17-7_Cam Valve Assy 조립품 모델을 확대/ 축소 및 이동하여 두 가지를 모두 볼 수 있습니다.

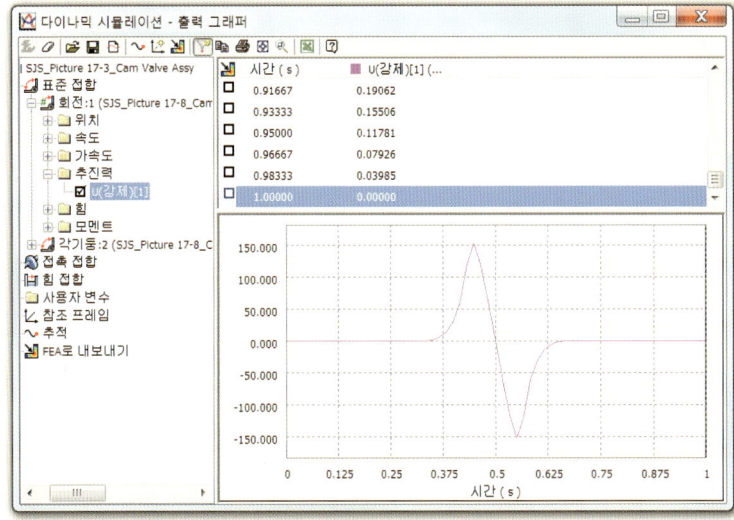 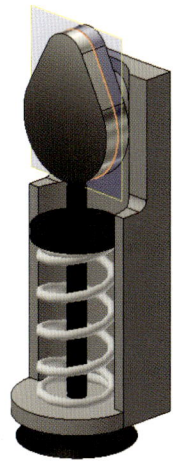

60 출력 그래퍼에서 0.25 (1)에서 점선을 두 번 클릭합니다. 시간 표시 막대 (2)가 표시되고 캠 위치 (3)가 시뮬레이션의 해당 지점에서 위치를 표시하도록 업데이트됩니다.

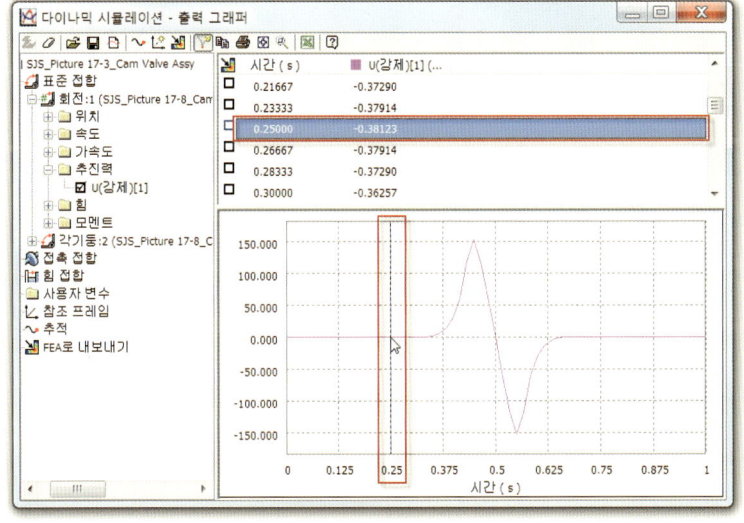 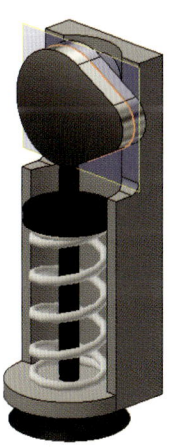

61 시뮬레이션을 반복하려면 키보드의 오른쪽 및 왼쪽 화살표 키를 사용하여 시뮬레이션에서 앞뒤로 이동합니다. 시뮬레이션을 1.00으로 순환시켜 시뮬레이션이 끝날 때 캠을 표시합니다.

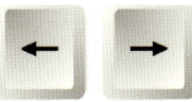

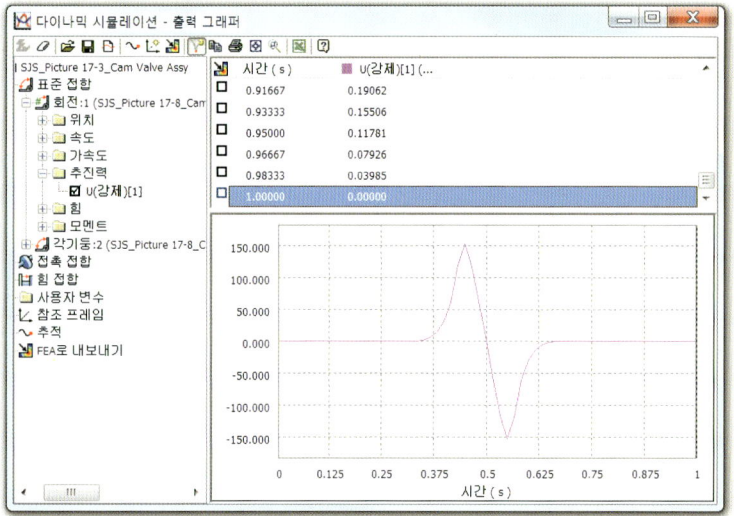 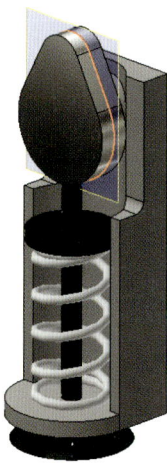

62 출력 그래퍼에서 시뮬레이션 저장을 클릭합니다. SJS_Picture 17-3_Cam Valve Assy.iaa로 파일을 저장합니다. 그러면 현재 시뮬레이션 실행 결과가 나중에 출력 그래퍼로 다시 가져올 수 있는 파일로 저장됩니다.

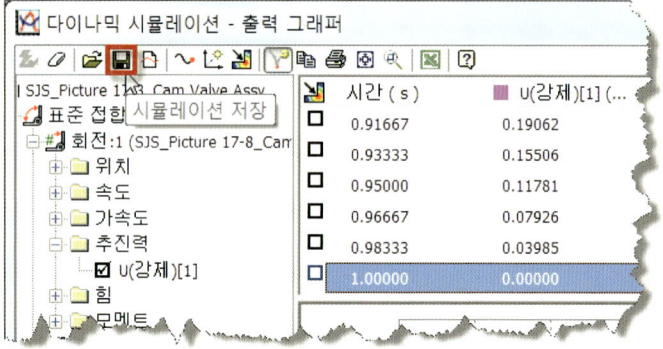

63 시뮬레이션 플레이어에서 구성 모드를 클릭합니다.

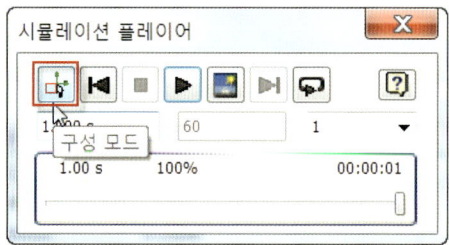

64 다음 단계는 마찰 계수를 추가하여 SJS_Picture 17-7_CamValve_Cam을 회전시키고 스프링 힘과 마찰력을 극복하는데 필요한 토크에 미치는 영향을 계산하는 방법을 설명할 것입니다.
다이나믹 시뮬레이션 검색기 막대의 접촉 접합에서 2D 접촉:4 (SJS_Picture 17-7_CamValve_Cam:1, SJS_Picture 17-9_CamValve_Valve:1)를 마우스 오른쪽 버튼으로 클릭합니다. 특성을 클릭합니다.

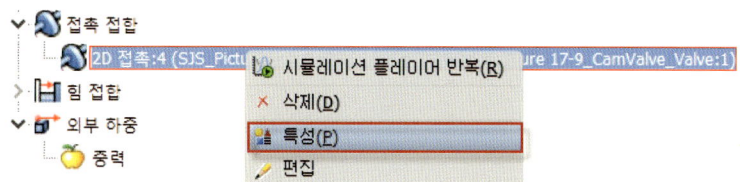

65 2D 접촉:4 (SJS_Picture 17-7_CamValve_Cam:1, SJS_Picture 17-9_CamValve_Valve:1) 대화 상자에서 마찰에 대해 0.15를 입력합니다. 이것은 마찰 계수 값을 입력하여 두 몸체의 움직임에 저항하는 힘을 다른 몸체와 관련시켜 할당하려는 것입니다. 가장 일반적인 값의 범위는 0 - 10이며 Autodesk Inventor는 고유한 경우에도 1 - 2의 값을 지원합니다.

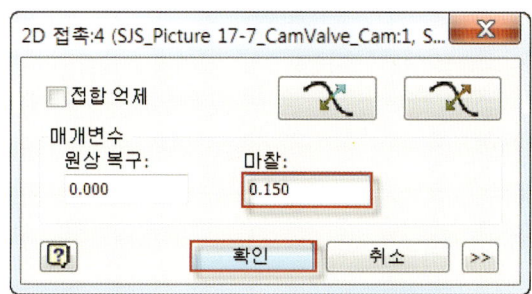

66 확인을 클릭합니다. [확인]

67 시뮬레이션 플레이어에서 시뮬레이션 실행 또는 재생을 클릭합니다. 출력 그래퍼가 아직 열려 있으므로 시뮬레이션이 실행 중일 때 그래프가 생성됩니다.
다음 단계에서는 새로 생성된 곡선의 색상을 변경합니다. 저장된 그래프 곡선을 이 새로운 커브와 비교할 때 두 그래프를 구별 할 수 있습니다

68 출력 그래퍼에서 U(강제) [1]/ Nmm 열 머리글을 마우스 오른쪽 버튼으로 클릭합니다. 곡선 특성을 클릭합니다.

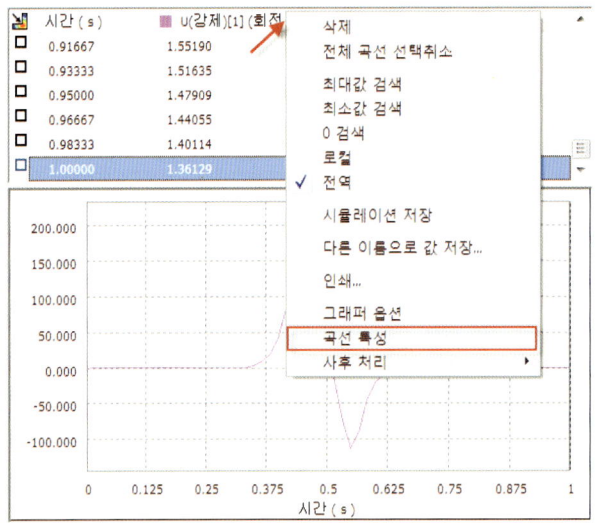

69 다이나믹 시뮬레이션 - 특성 대화 상자에서 색상 상자를 클릭합니다.

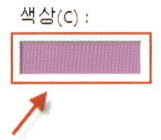

70 색 대화 상자에서 빨강색 견본을 클릭하고 확인 버튼을 클릭합니다

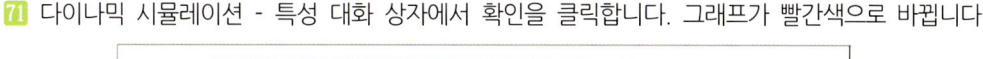

71 다이나믹 시뮬레이션 - 특성 대화 상자에서 확인을 클릭합니다. 그래프가 빨간색으로 바뀝니다.

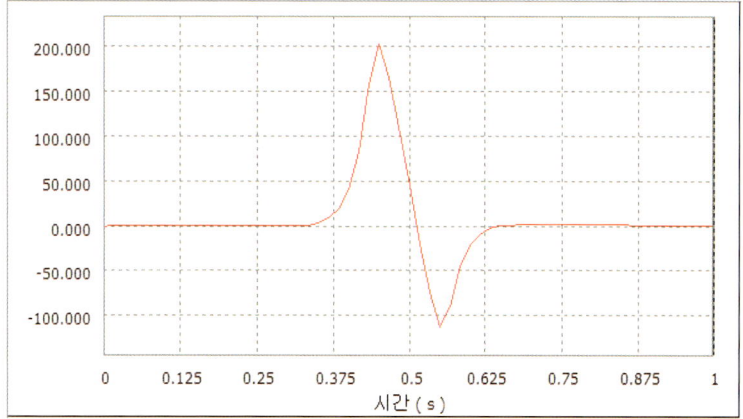

72 출력 그래퍼 도구 막대에서 시뮬레이션 가져 오기를 클릭합니다. 이렇게 하면 저장된 시뮬레이션 결과를 로드하여 현재 결과와 함께 볼 수 있습니다.

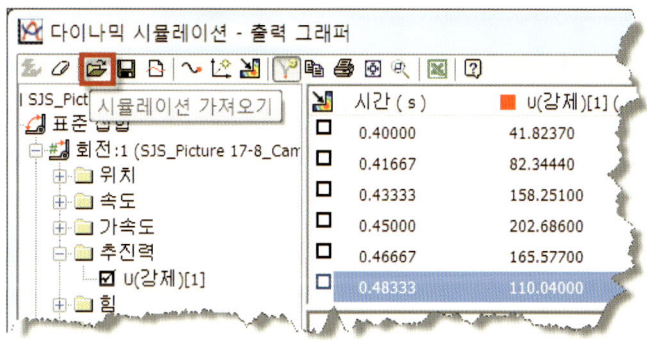

73 다이나믹 시뮬레이션 - 파일로드 대화 상자에서 SJS_Picture 17-3_Cam Valve Assy.iaa를 선택한 다음 열기를 클릭합니다.

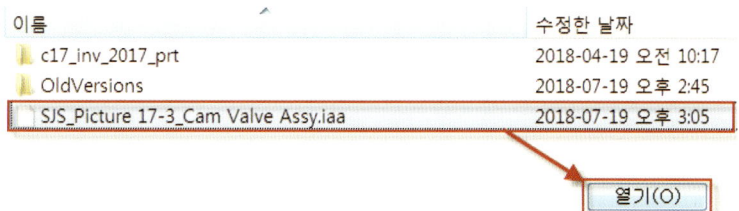

74 다이나믹 시뮬레이션 검색기 막대를 확인해 보면 SJS_Picture 17-3_Cam Valve Assy.iaa 요소가 출력 그래퍼에 추가되어 있는 것을 확인하실 수 있습니다.

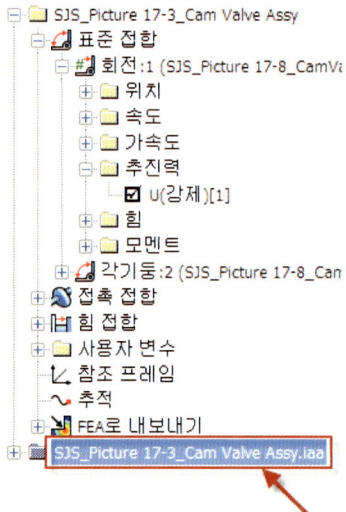

75 출력 그래퍼에서 SJS_Picture 17-3_Cam Valve Assy.iaa 를 확장합니다. 회전:1 (SJS_Picture 17-8_CamValve_Support:1, SJS_Picture 17-7_CamValve_Cam:1)을 확장합니다. 추진력을 확장하고 U_강제[1] 확인란을 선택합니다.

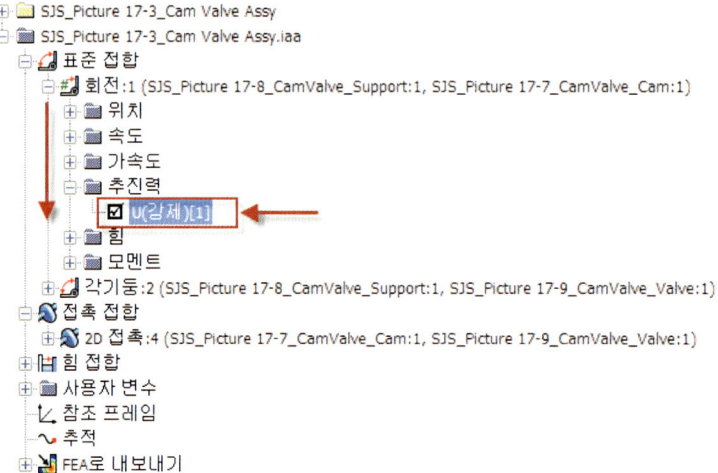

76 출력 그래퍼는 마찰 없음(진한 파란색) 및 마찰 있음 (빨간색) SJS_Picture 17-7_CamValve_Cam을 회전시키는데 필요한 토크 그래프를 표시합니다. 또한 각 힘의 수치 값에 대해 시간 단계 창에 새 열이 추가됩니다. 마찰에 필요한 최대 토크는 200N이며 마찰없이 150N 정도입니다.

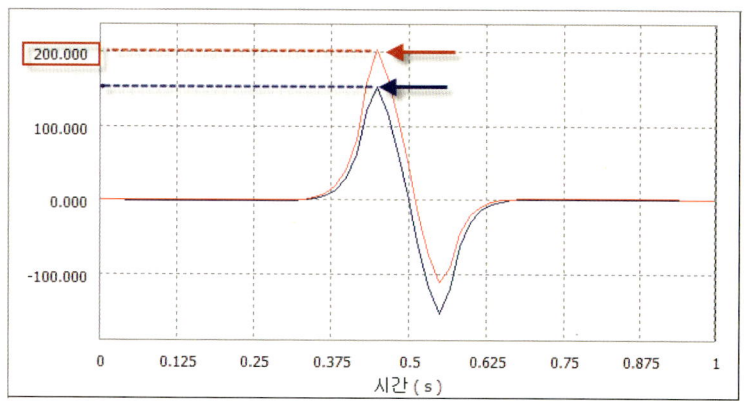

77 더 연습을 하시려면 저장하지 않고 닫습니다.

Chapter **18**

라우팅 시스템

01 라우팅 시스템 소개

이 장에서는 Autodesk Inventor Professional 2019의 Inventor Routed Systems에 있는 라우팅된 시스템 환경의 설계 도구에 대한 것입니다. Inventor 라우팅 시스템은 튜브 및 파이프, 케이블 및 하네스의 두 가지 기본 도구 세트로 구성되어 있습니다. 튜브 및 파이프 도구는 파이프 및 호스를 기계 조립품 설계를 통해 라우팅을 하는데 사용됩니다. 케이블 및 하네스 도구는 장치 주변의 배선 및 케이블 작업을 통해 적합 여부 확인이 중요한 전기 설계에 사용됩니다.

이 장에서는
- 경로 및 실행 만들기
- 튜브 및 파이프 구성 요소 작성
- 전기 구성 요소 작성
- 조립품 상에서 케이블 및 하네스 작성 및 문서화 작업

02 튜브 및 파이프

튜브 및 파이프 도구는 스윕, 3D 스케치 경로, 가변 부품들, 하위 조립품 구조 등과 같은 Autodesk Inventor Professional 2019 기본 모델링 개념을 기반으로 합니다. 튜브 및 파이프 도구는 이러한 기본 모델링 요소를 자동화하여 튜브 및 파이프 경로의 설계를 보다 빠르고 직관적으로 수행할 수 있게 해줍니다. 그러나 튜브 및 파이프 도구를 사용하기 전에 이러한 기본 개념을 이해하는 것이 가장 좋으므로 Autodesk Inventor Professional 2019를 활용한 3D 모델링 및 3D 설계 방법을 이해하고 설계를 수동으로 조정하거나 수정해야 할 때 어떻게 진행해야 하는지 이해할 수 있습니다. 이러한 기본 사항에 대한 이해가 부족한 경우에 종종 경험이 없는 Autodesk Inventor Professional 2019 사용자가 튜브 및 파이프 작업을 갑자기 중단하고 도구가 제대로 작동하지 않는다는 인식을 가지게 되는 경우가 많이 생길 수 있습니다. 따라서 다음 섹션에서는 경로, 런 및 일반 튜브 및 파이프 조립품 구조를 작성하는 방법과 튜브 및 파이프 스타일에 대한 작업 방법을 살펴볼 것입니다.

경로, 런 및 조립품 구조의 이해

튜브 및 파이프 조립품 구조의 작성 방법을 이해하는 것은 튜브 및 파이프 설계를 성공적으로 작성하고 관리하는 데 있어서 매우 중요한 부분입니다. 튜브 및 파이프 조립품에는 다음과 같은 세가지 기본 레벨이 있습니다.

- 최상위 조립품
- 튜브 및 파이프 런 조립품
- 런 조립품

모든 튜브 및 파이프 설계는 런으로 구성됩니다. 런은 하나 이상의 경로, 파이프 또는 호스 세그먼트 및 부속품류를 포함하는 부품 조립품입니다. 예를 들어, 표준 온수 공급 라인은 런입니다.

튜브 및 파이프 설계를 시작하려면 새 조립품 템플릿을 열어서 환경 탭/ 시작 패널/ 튜브 및 파이프 버튼을 클릭합니다.

이렇게 하면 튜브 및 파이프 실행 작성 대화 상자가 열리고 튜브 및 파이프 런 조립품 파일의 이름과 위치 및 첫 번째 런 조립품 파일을 설정을 해야 합니다. 〈그림 18-1〉에는 생성 중인 최상위 조립품의 이름이 SJS_TAP_18_1인 튜브 및 파이프 런 작성 대화 상자가 나와 있습니다. 새 튜브 및 파이프 조립품을 기존 조립품에 추가할 수도 있습니다.

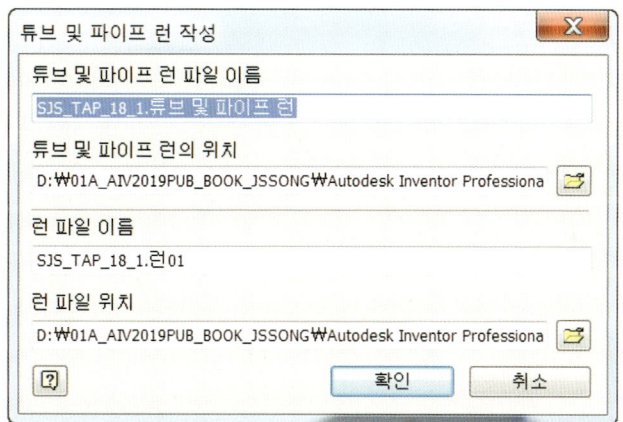

〈그림 18-1〉 튜브 및 파이프 런 작성 대화 상자

기본 경로는 최상위 조립품이 저장된 위치를 기반으로 만들어집니다. 이 경우 SJS_TAP_18_1.iam은 SJS_TAP_18_1이라는 폴더의 하위 폴더에 저장됩니다. 튜브 및 파이프 런 조립품은 설계에서 여러 번 실행될 수 있도록 만들어진 단순한 컨테이너 조립품입니다. 최상위 조립품 이름으로 미리 설정되고 최상위 조립품과 동일한 이름의 폴더 아래에 ₩AIP 폴더₩ 튜브 및 파이프가 기본값으로 설정됩니다.

예를 들면 제가 작성하고 있는 경로는 아래와 같습니다.

D:₩01A_AIV2019PUB_BOOK_JSSONG₩Autodesk Inventor Professional 2019_Working Folder₩Chapter_18_라우팅 시스템₩SJS_TAP_18_1₩AIP₩튜브 및 파이프

런 조립품에는 최상위 조립품의 이름 접두사가 붙고 증분 접미사가 주어지며 기본적으로 런이라는

하위 폴더와 조립품과 같은 경로에 있는 증분 번호가 기본값으로 사용됩니다. 튜브 및 파이프 조립품마다 이 파일 구조를 변경할 수 있지만 기본값을 사용하면 구조의 특정 표준화를 유지할 수 있습니다.
런이 만들어지면 런으로 루트를 만들 수 있습니다. 루트는 따라야 할 파이프, 튜브 또는 호스의 경로를 정의하기 위해 작성된 3D 경로입니다.
다음은 튜브 및 파이프 런 작업을 할 때에 주의해야 할 몇 가지 사항입니다.

- 둘 이상의 세그먼트가 같은 길이라고 하더라도 실행중인 파이프, 튜브 및 호스 세그먼트마다 고유 한 파트 파일이 작성됩니다. 이 방법이 기대했던 것과는 다른 것으로 보일 수도 있지만 런을 다운 스트림으로 편집하는 것이 중요합니다.
- 런 및 루트를 작성할 때 의미가 있는 이름을 입력해야 합니다. 보다 복잡한 설계를 하고자 할 때 여러 루트01을 조립품 전체에 흩어지게 하면, 편집에 어려움이 생길 수 있습니다.

튜브 및 파이프 스타일 탐색

런 및 루트는 튜브 및 파이프 스타일에 의해서 결정됩니다. 재질, 직경 및 부속품유형과 같은 특성이 튜브 및 파이프 스타일로 설정됩니다. 스타일에 최소 및 최대 세그먼트 길이와 같은 규칙을 설정할 수도 있습니다. Inventor 튜브 및 파이프 도구에는 ANSI, DIN, ISO 및 JIS 튜브 및 파이프 표준과 Parker 호스 및 부속을 기반으로 하는 몇 가지 기본 스타일이 적용됩니다.
스타일은 크게 세 가지 범주로 나뉩니다.

> 부속품이 있는 강체 파이프
> 절곡부가 있는 튜브
> 플랙시블 호스

- **부속품이 있는 강체 파이프:** 이 스타일은 90도 엘보우 부속품류를 포함해야 하며 45도 엘보우, 플레인 및 커플링을 포함 할 수 있습니다.

  강체 파이핑 스타일에는 다음과 같이 네 가지 범주가 있습니다.

  - 자체 배수: 이러한 스타일에는 파이프, 커플 링, 45도 엘보, 90도 엘보우 및 원하는 경사 각도에 맞는 사용자 정의 엘보우 또는 티가 필요합니다.
  - 맞대기 용접: 이러한 스타일에는 파이프와 90도 엘보우가 필요합니다. 맞대기 용접 스타일에는 용접 틈새 크기가 필요합니다.
  - 플랜지: 이 스타일에는 파이프, 엘보우, 플랜지 및 선택적으로 가스켓이 필요합니다.
  - 혼합 단위: 단단한 파이프에 플랜지 스타일을 선택한 경우 혼합 단위 옵션이 최종 처리 스타일 선택으로 활성화됩니다. 이 옵션은 스타일에 야드파운드번 단위 및 미터법 단위를 사용하는 플랜지가 있는 부속품이 포함되어 있음을 나타냅니다.

- **절곡 부가 있는 튜브:** 여기에는 엘보우가 포함되지 않고 기본 절곡 반경을 따릅니다. 반경은 필요에 따라 굽힘마다 설정할 수 있습니다. 스타일에 최소 및 최대 세그먼트 길이가 설정되고 세그먼트가 연결되는 곳에 커플링이 배치됩니다.

- **플랙시블 호스:** 이 호스는 시작점과 끝점 선택으로 연결된 단일 호스 세그먼트입니다. 호스 스타일에는 출발점과 정지 점을 위한 부속이 포함될 수 있지만 필수는 아닙니다.

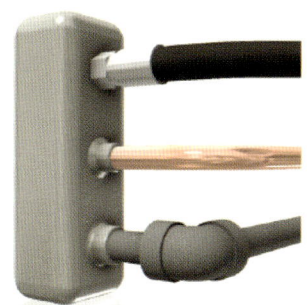

〈그림 18-2〉 위에서부터 플랙시블 호스, 절곡부가 있는 튜브, 부속품이 있는 강체 파이프

튜브 및 파이프 스타일 대화 상자

마스터 튜브 및 파이프 런 조립품을 사용, 런 조립품을 사용, 리본의 튜브 및 파이프 스타일 버튼을 클릭하기 및 기본 마우스 오른쪽 버튼 클릭을 하여 컨텍스트 메뉴를 사용하여 튜브 및 파이프 스타일 대화 상자에 접속할 수 있습니다. 대화 상자는 왼쪽에 스타일을 나열하는 창과 오른쪽에 일반 설정 및 스타일 규칙을 제어하는 두 개의 탭으로 구분되어 있습니다.

〈그림 18-3〉 튜브 및 파이프 스타일 대화 상자를 보여줍니다.

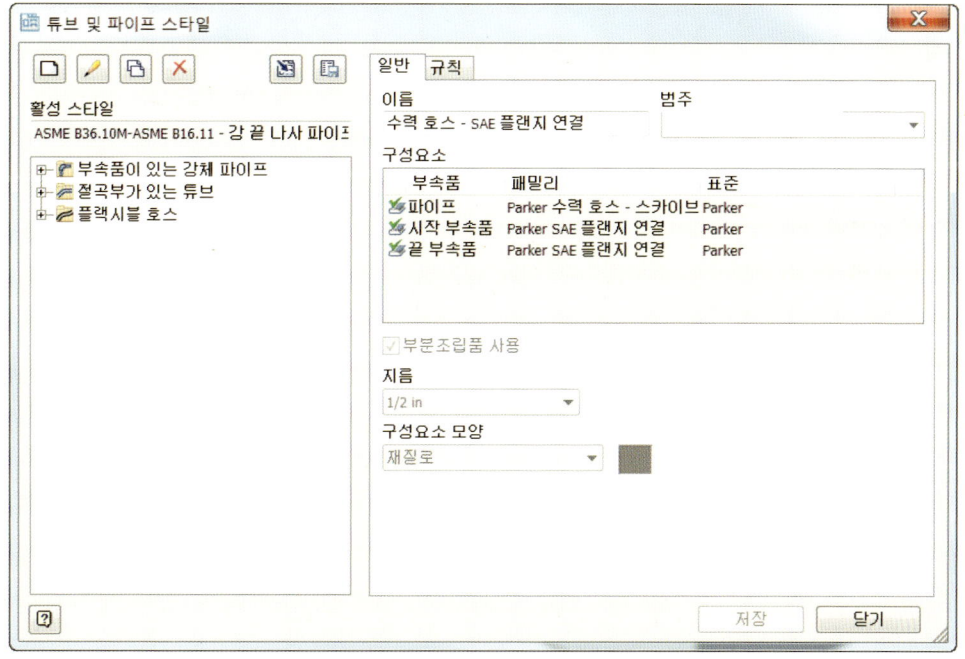

〈그림 18-3〉 튜브 및 파이프 스타일 대화 상자

새 스타일을 편집, 복사 또는 만들 때 스타일 유형에 따라 일부 구성 요소가 필수 또는 선택적일 수 있습니다. 구성 요소가 지정되어 있지 않고 필수 요소인 경우 일반 탭의 구성 요소 옆에 빨간색 화살

표가 표시됩니다. 비어 있고 회색 화살표가 표시되면 선택 사항입니다. 구성 요소가 선택되면 화살표가 녹색으로 표시됩니다.

여기서 다음과 같이 새 스타일을 생성해 보겠습니다.

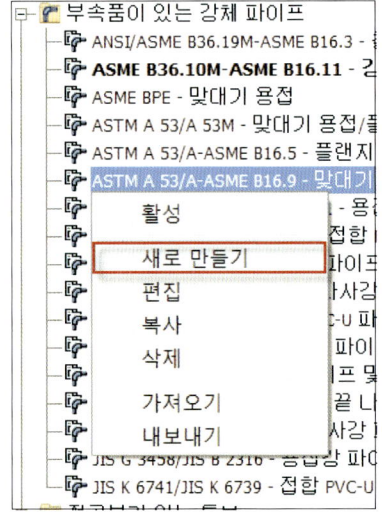

이 새 스타일은 부속품이 있는 강체 파이프에서 ASTM A 53/A-ASME B16.9-맞대기 용접 강 파이프를 선택한 다음 마우스 오른쪽 버튼을 클릭하여 새로 만들기를 하여 생성합니다.

이것은 맞대기 용접 스타일이며 파이프와 90도 엘보가 필요합니다. 파이프가 선택되었지만 빨간색 (어두운) 화살표로 표시된 것처럼 엘보우가 여전히 필요합니다. 45도 엘보우는 필요하지 않으며 옵션 상태는 회색 (밝은) 화살표로 표시됩니다. 필요한 엘보우 유형을 지정하기 위해 엘보우 90 행을 마우스 오른쪽 버튼으로 클릭하고 찾아보기를 선택했습니다. 행을 두 번 클릭하여 스타일 라이브러리 검색기 막대를 열 수도 있습니다.

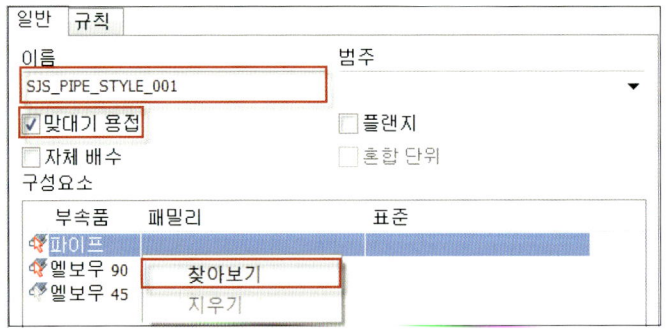

스타일 라이브러리 검색기 막대에서 일반 탭의 크기, 일정 및 재료 설정과 컨텐츠 센터 라이브러리의 사용 가능성을 기준으로 사용 가능한 스타일 목록에서 선택할 수 있습니다. 스타일 라이브러리 검색기 막대에서 추가 필터링을 설정할 수 있습니다. 필터를 특정 표준으로 설정하면 특정 표준에 사용할 수 있는 재료가 나열됩니다. 별표가 표시되면 해당 설정의 모든 내용이 표시됩니다.

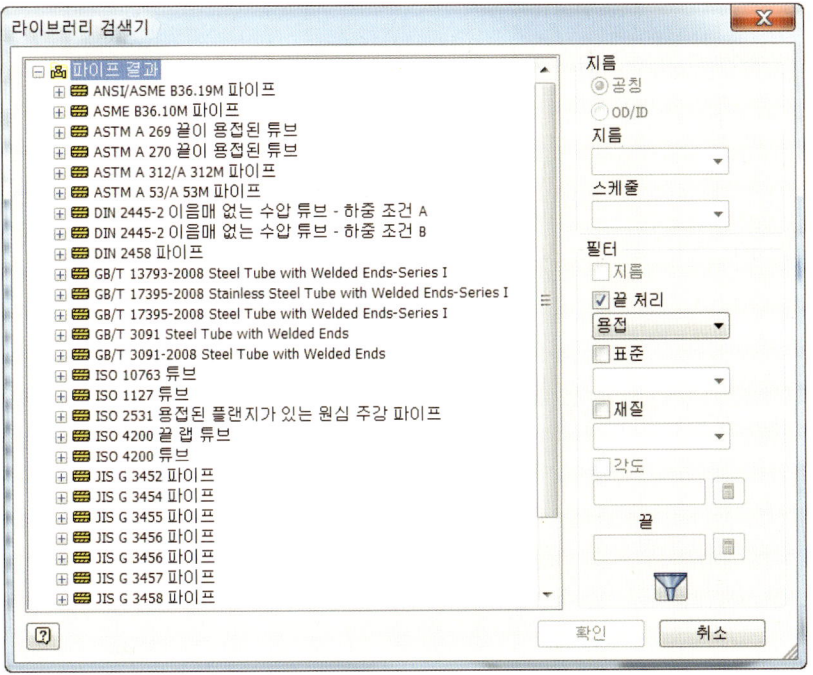

튜브 및 파이프 스타일 대화 상자로 돌아가서 규칙 탭에서 경로 세그먼트를 작성하기 위한 최소 및 최대 크기 범위를 지정할 수 있습니다. 파이프 세그먼트가 공칭 직경과 비교하여 너무 작을 때 발생하는 최소 세그먼트 길이 위반을 피하기 위해 최소 세그먼트 길이를 공칭 직경 값의 1.5 배 이상으로 설정하는 것이 좋습니다.

각 스타일 유형에는 서로 다른 규칙 기준이 있습니다.

- 고정식 튜브의 경우 굽힘에 대한 기본 절곡부 반지름을 설정할 수 있습니다.
- 플렉시블 호스의 경우 최소 굴곡 반경과 호스 길이 반올림 값을 설정할 수 있습니다.
- 맞대기 용접 파이프 스타일의 경우 그루브 용접에 대한 간격 크기를 설정하고 그래픽 디스플레이 및 도면에서 간격 표시를 제어 할 수 있습니다.
- 맞대기 용접 플랜지 파이프의 경우 커플링 스타일을 지정할 수 있습니다.
- 부속품 연결은 특정 부속품에 대한 최종 처리 설정에 의해 결정됩니다.
- 다른 모든 종말 처리는 세그먼트와 부속품 조인트에서 갭을 사용합니다.

일반적으로 경로를 작성하고 부속을 배치하기 전에 스타일을 설정하는 것이 좋습니다. 그러나 언제든지 스타일을 만들고 적용할 수 있습니다. 스타일은 여러 가지 방법으로 설정할 수 있습니다. 모든 새로운 런이 스타일을 따르도록 튜브 및 파이프 조립품의 활성 스타일을 변경할 수 있습니다. 스타일 드롭-다운에서 스타일을 선택하여 이 작업을 수행할 수 있습니다. 또는 활성 경로를 활성으로 설정하고 스타일 드롭-다운을 사용하여 다른 스타일을 선택하여 활성 경로의 스타일을 변경할 수 있습니다. 강체 파이프 경로를 유연한 호스 스타일로 또는 그 반대로 변경할 수 없습니다. 이러한 변경을 수행하려면 경로를 삭제하고 다시 만들어야 합니다.

03 제작 튜브 및 파이프 구성 요소

다른 응용 프로그램의 구성 요소와 같이 튜브 및 파이프 구성 요소에는 컨텐츠 센터에 게시하기 전에 제작해야 합니다. 라우터가 구성 요소 형상을 사용하기 때문에 튜브 및 파이프 제작 과정이 복잡합니다. 예를 들어 라우터는 티와 엘보우의 차이점을 알아야 하며 커넥터가 파이프와 겹치는 정도를 알아야 합니다.

1 SJS_TAP_18_01.ipt 파일을 선택한 다음 열기를 합니다.

2 관리 탭/ 작성자 패널/ 튜브 및 파이프 제작 버튼을 클릭합니다. 튜브 및 파이프 제작 대화 상자가 표시되고 부품이 음영 처리된 와이어 프레임 표시로 변경이 됩니다.

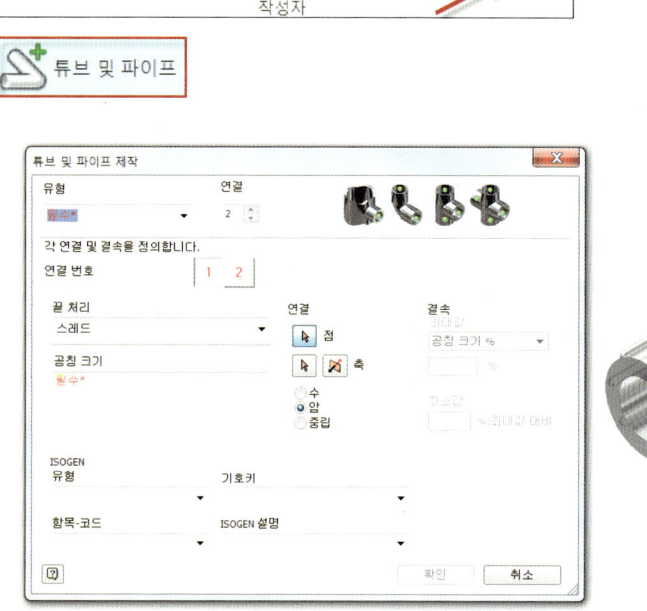
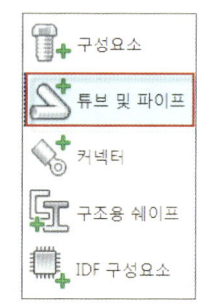

480

3 유형 드롭-다운 메뉴에서 어댑터를 선택합니다. 연결 수를 변경하고 연결 단추가 일치하도록 갱신해야 합니다. 연결을 2로 설정합니다.

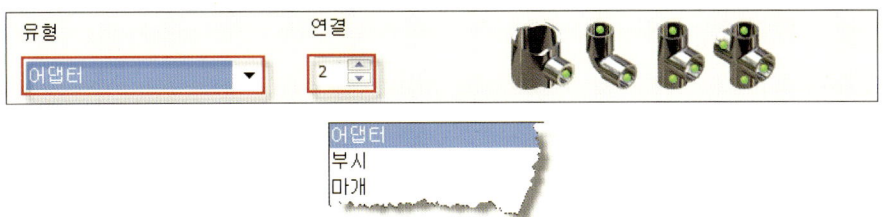

4 끝 처리가 나사산으로 설정되어 있는지 확인하고 공칭 크기 설정에 1/2in를 입력합니다. 기본적으로 연결 1 버튼이 활성화되어 있습니다. 원형 모서리 중 하나를 선택하여 연결 지점을 정의합니다. 축 단추를 클릭하고 브라우저의 원본 폴더에서 z 축을 선택합니다. 그러면 연결 방향을 나타내는 화살표가 나타납니다. 기본 연결 유형은 암이지만 수 또는 중립 (암나사 또는 맞대기 부속품의 경우)으로 설정할 수 있습니다.

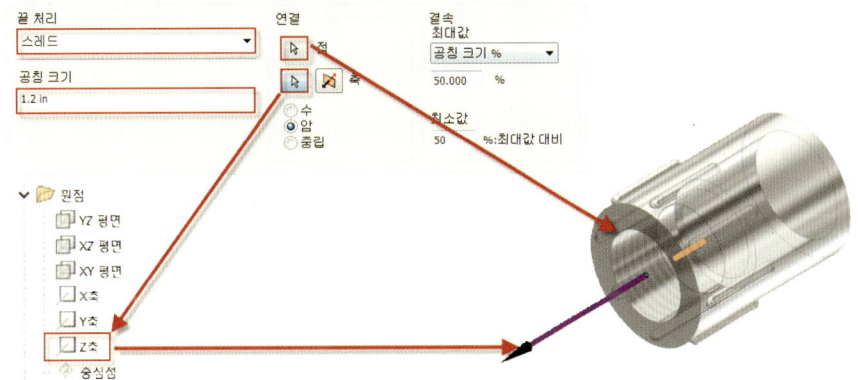

5 결속 설정은 커넥터와 파이프 사이의 최대 및 최소 중첩을 정의합니다. 파이프에는 일반적으로 최소 길이 증분이 있기 때문에 라우터에 범위가 필요합니다. 연결 범위는 라우터가 부속품에서 파이프의 위치를 조정할 수 있게 합니다.

6 결속 설정에 대한 결정을 하기 위해서는 Design Data 폴더 (기본 위치는 C: ₩Users ₩Public ₩Documents ₩Autodesk ₩Inventor 2019 ₩Design Data ₩XLS ₩ko-KR)로 이동한 다음 threads.xls을 선택하여 열기를 한 다음에 NPT for PVC Pipe and Fitting을 선택합니다. 테이퍼 나사의 경우, 체결 값은 부속품이 파이프에 얼마나 단단히 조여졌는지에 따라 달라집니다. 최대 결속 가치가 필요하기 때문에 Handtight Engagement 값 (0.32)과 Wrench Makeup, Internal (0.1429)이 존재하는지 확인한 다음 없으면 추가를 해줍니다.

2	Beginning External Pitch Diameter	Handtight Engagement		Effective Thread, External		Wrench Makeup, Internal		Vanish Thread	Overall Length, External	Nominal Perfect External Threads		Height of Thread	Basic Minor Diamete Small E of Pip
3		Length	Diameter	Length	Diameter	Length	Diameter			Length	Diameter		
4	0.27118	0.16	0.28118	0.2611	0.2875	0.0741	0.2656	0.1285	0.3896	0.187	0.28287	0.02963	0.24
5	0.36351	0.1615	0.3736	0.2639	0.38	0.0741	0.35889	0.1285	0.3924	0.1898	0.37537	0.02963	0.3
6	0.47739	0.2278	0.49163	0.4018	0.5025	0.1111	0.47045	0.1928	0.5946	0.2907	0.49556	0.04444	0.4
7	0.61201	0.24	0.62701	0.4078	0.6375	0.1111	0.60507	0.1928	0.6006	0.2967	0.63056	0.04444	0.56
8	0.75843	0.32	0.77843	0.5337	0.79179	0.1429	0.74951	0.2478	0.7815	0.3909	0.78286	0.05714	0.70
9	0.96768	0.339	0.98887	0.5457	1.00179	0.1429	0.95876	0.2478	0.7935	0.4029	0.99286	0.05714	0.9
10	1.21363	0.4	1.23863	0.6828	1.2563	0.1739	1.20277	0.3017	0.9845	0.5089	1.24543	0.06957	1.14
11	1.55713	0.42	1.58338	0.7068	1.6013	0.1739	1.54627	0.3017	1.0085	0.5329	1.59043	0.06957	1.48
12	1.79609	0.42	1.82234	0.7235	1.8413	0.1739	1.78523	0.3017	1.0252	0.5496	1.83043	0.06957	1.72

7 최대 값을 거리로 설정하고 전체 값으로 0.4629를 입력합니다. 최소 값의 경우 Handtight Engagement 0.32를 최대값 0.4629로 나눠서 69%가 됩니다.

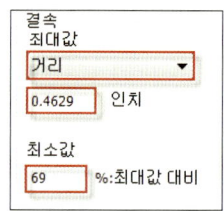

8 연결 2 버튼을 클릭하여 다른 연결을 정의합니다.

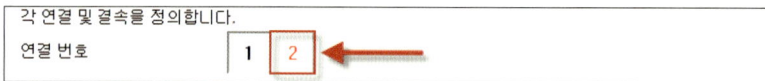

9 이 예에서는 가장 적합한 설명으로 보여주는 소켓 용접을 끝 처리 설정으로 선택했습니다. 다른 부품과 일치하는 끝 처리를 선택해야 합니다. 연결 지점에 대해 부품의 반대쪽 끝에 있는 원을 선택하고 Z축을 다시 선택합니다. 화살표가 어댑터를 가리키며 결속을 나타내는 주황색 선이 부품 외부에 있음을 알 수 있습니다. 축 버튼 옆에 있는 법선 반전/ 화살표 버튼을 사용하여 화살표가 바깥 쪽을 향하게 하고 방향을 바꿉니다.

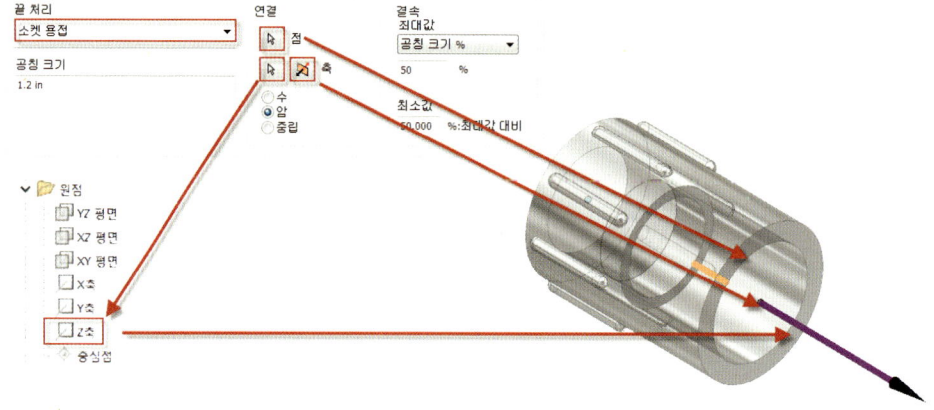

10 소켓의 깊이는 0.84 인치입니다. 공차로 인해 전체 깊이로 설계하지 않으려면 최대값을 거리로 설정하고 깊이는 0.75로 지정합니다. 최소값의 경우 기본값 인 50%를 그대로 사용합니다.

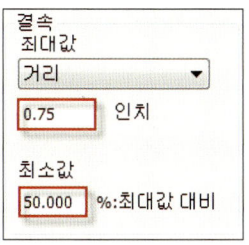

11 ISOGEN 데이터는 선택 사항입니다. 여기서는 이 정보에 대해 기입하지 않겠습니다. 확인 버튼을 클릭하여 어댑터 작성을 완료합니다.

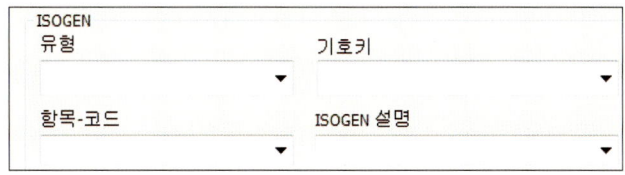

12 확인 버튼을 클릭하면 다음과 같이 제작 결과에 대한 대화 상자가 나타납니다.

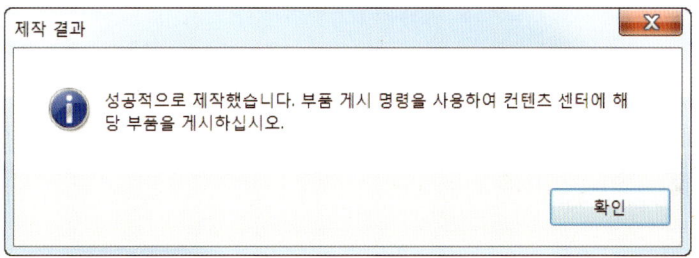

13 이 대화 상자의 문구를 읽어본 다음 확인 버튼을 클릭합니다.

이제 부품이 튜브 및 파이프 어댑터로 제작되었으므로 읽기/ 쓰기 컨텐츠 센터 라이브러리에 게시할 준비가 된 것입니다.

04 배치 부속품

부속품은 컨텐츠 센터 또는 작성된 부속품 부품의 사용자 작성 경로에서 배치할 수 있습니다. 일반적으로 일반적인 조립품 상에서 일반적인 부품처럼 부속품 부품을 배치하는 것이 아니라 튜브 및 파이프 탭에 있는 배치 도구를 사용해야 합니다. 튜브 및 파이프 탭의 작업 영역 옵션은 제작된 연결이 의도 한대로 사용되고 있는지를 확인해야 합니다. 콘텐츠 센터 또는 제작된 부품의 사용자 정의 라이브러리에서 부속품을 배치하면 부속품을 경로 세그먼트 또는 노드 위로 끌면 배치 점이 나타납니다. 스페이스 바를 사용하면 사용할 수 있는 방향이 여러 개 있는 경우에 전환 할 수 있습니다. 부속품을 클릭하면 오리엔테이션 선택 도구가 나타나서 방향을 원하는 위치로 회전 할 수 있습니다. 편집을 위해 경로가 활성화되어 있는 동안 마우스 오른쪽 버튼을 클릭하고 부속품 연결 편집을 선택하여 연결을 편집 할 수 있습니다. 연결 편집 대화 상자에서 세그먼트를 선택한 다음 X 단추를 사용하여 연결을 제거 할 수 있습니다.

> **Note**
>
> ❑ 신속하게 부속품 배치

이전에 배치되었거나 채워진 부속품과 동일한 추가 부속품이 필요한 경우 부속품을 선택한 다음 루트 패널에서 부속품 배치 버튼을 선택할 수 있습니다. 그러면 기존 부속품과 일치하는 새 부속품이 배치됩니다.

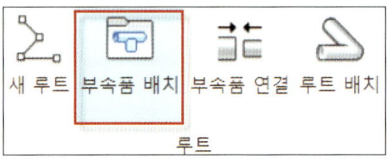

부속품을 선택하고 마우스 오른쪽 버튼을 클릭하고 부속품 배치를 선택하여 동일한 작업을 수행할 수 있습니다. 모델에 특정 크기의 부속이 포함되어 있고 동일한 부속품 패밀리를 다른 크기로 배치하려는 경우 기존 부속품을 선택한 다음 컨텐츠 패널에서 대체 버튼을 선택할 수 있습니다. 이렇게 하면 해당 부속품 제품 군이 활성화된 상태로 컨텐츠 센터가 열리며 제품 군을 두 번 클릭하고 새 크기를 선택할 수 있습니다.

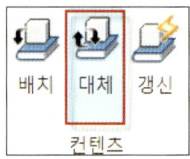

05 루트 만들기

루트는 파이프 및 호스 세그먼트 및 해당 부속품에 대한 경로를 정의합니다. 루트 경로는 간단한 시작점과 끝점을 가질 수도 있고 필요한 중간 지점을 포함 할 수도 있습니다. 루트 경로를 시작하고 만드는데 몇 가지 도구와 옵션이 사용됩니다.

chapter 18 라우팅 시스템

1 환경 탭/ 시작 패널/ 튜브 및 파이프를 클릭합니다.

2 런 작성 대화 상자가 나타나면 런 조립품 파일 이름과 파일 위치를 확인합니다.

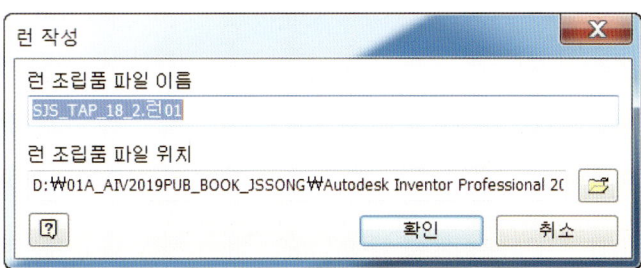

3 확인 버튼을 클릭합니다.
4 파이프 런 탭/ 루트 패널/ 새 루트를 클릭합니다.

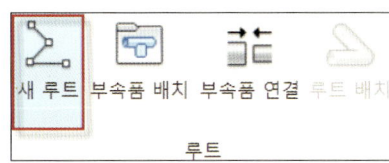

5 작성 패널/ 루트를 클릭합니다.

- 작성된 연결 지점: 라이브러리 부속품 또는 사용자 작성 부품에 대해 사전 정의된 연결점을 사용할 수 있습니다. 마우스 포인터를 라이브러리 부속 위로 이동하면 연결 지점이 강조 표시됩니다.
- 원형 모서리: 조립품의 원형 모서리를 사용하여 부속품과 같은 작성된 부품을 제외하고 중앙에 루트 점을 설정할 수 있습니다. 이러한 부분의 경우 제작된 연결 지점만 사용할 수 있습니다.

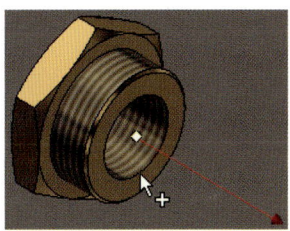

- 정확하게 간격 띄우기가 된 시작점: 마우스 포인터를 가장자리 위로 가져 가면 방향 화살표가 표

485

시됩니다. 화살표를 따라 마우스 포인터를 움직이면 해당 거리에서 간격 띄우기를 설정하기 위해 화살표를 선택하거나 마우스 오른쪽 버튼을 클릭하고 거리 입력을 선택할 수 있습니다.

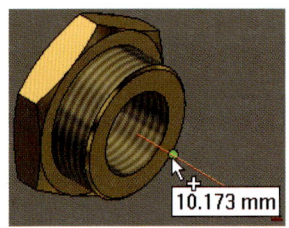 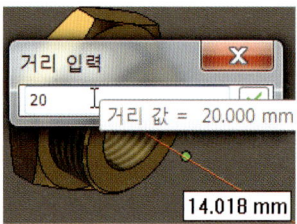

- 화살표가 잘못된 방향을 가리킨 경우 스페이스 바를 사용하여 토글하거나 마우스 오른쪽 버튼을 클릭하고 다른 방향 선택을 선택할 수 있습니다.

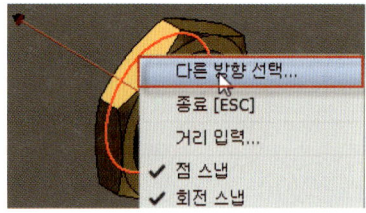

Note

❏ 동적 프롬프트 켜기

화면의 왼쪽 하단을 보면서 Autodesk Inventor Professional 2019에서 도구를 선택하고 화면의 객체 위로 마우스를 올리거나 동적 프롬프트를 체크하여 사용하면 마우스 커서에서 이러한 팁을 표시하여 눈에 더 잘 띄도록 할 수 있습니다.

동적 프롬프트를 켜려면 도구 탭으로 이동하여 응용 프로그램 옵션 버튼을 클릭합니다. 그런 다음 일반 탭을 클릭하고 상호 프롬프트 영역을 찾은 다음에 명령 프롬프트 표시 (다이나믹 프롬프트) 옵션을 선택하여 체크합니다.

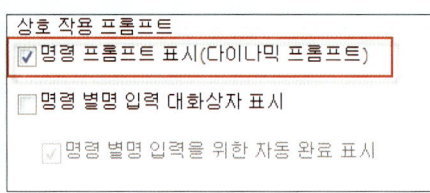

3D 직교 루트 도구

시작점이 선택되면 투영된 축을 따라 마우스 포인터를 움직여 클릭하거나 컨텍스트 메뉴의 거리 입력 옵션을 사용하여 두 번째 점의 값을 설정합니다. 그런 다음 3D 직교 루트 도구가 나타납니다. 컨트롤 핸들을 사용하여 각도를 변경하거나 컨트롤을 회전 할 수 있습니다. 십자 화살표는 90도와 45도 솔루션 간을 전환하고 호 화살표는 사용자가 경로 도구를 회전 할 수 있게 합니다. 90 또는 45 이외의 각도를 입력하기 위해 오른쪽 클릭하고 사용자 정의 굽힘을 선택할 수도 있습니다. 엘보우 부속품으로 조정할 수 없는 사용자 굽힘 각도를 입력하면 Inventor가 튜브 또는 파이프 세그먼트에 굽힘을 배치합니다. 3D 직교 경로 도구가 표시되면 + 및 - 키를 사용하여 화면의 크기를 변경할 수 있습니다.

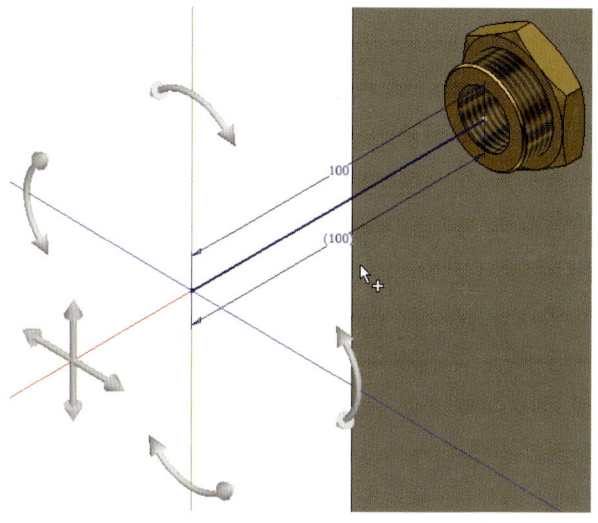

루트 노드

경로를 따라 점을 설정하거나 간격 띄우기 시작점을 설정하면 루트 도구를 따라 색 점 추적이 표시됩니다. 노란색 X이면 간격 띄우기를 사용하여 스타일 규칙에 설정된 최소 세그먼트를 만들 수 없으며 해당 점을 선택할 수 없습니다. 파란색 점인 경우 세그먼트가 너무 짧아서 엘보우를 수용할 수는 없지만 선택할 수는 있습니다. 녹색 점인 경우 위치가 모든 스타일 규칙에 만족합니다. 마우스 오른쪽 버튼을 클릭하고 입력 거리를 선택하여 입력 상자를 표시할 수 있습니다.

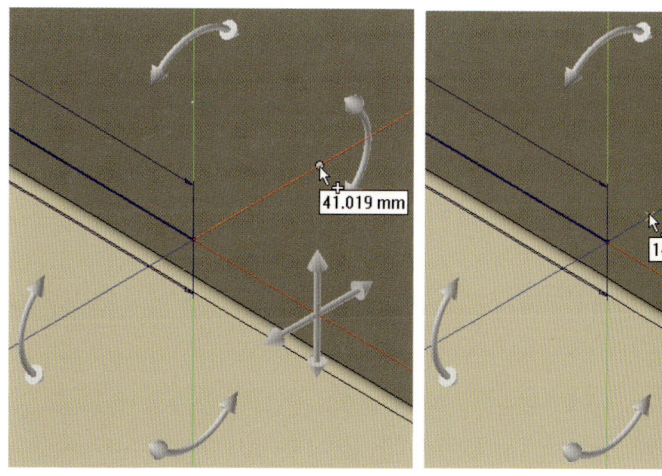

- **자동 응답 옵션**

경로의 시작점과 끝점을 선택하고 자동 루트 도구를 사용하여 사용 가능한 자동 경로 솔루션을 찾아 볼 수 있습니다. 또한 이미 생성된 경로의 두 부분을 닫을 때 사용할 수 있습니다. 다른 자동 선택 도구를 사용하여 모든 자동 경로 변경을 전환할 수 있습니다. 자동 라우팅이 만들어지면 세그먼트 이동 버튼을 사용하여 세그먼트를 조정하고 새로운 솔루션을 만듭니다.

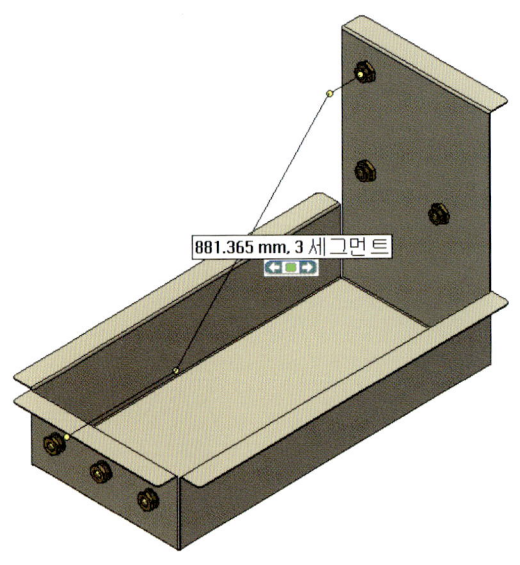

스케치된 루트

루트 경로는 기존 3D 스케치를 기반으로 할 수도 있습니다. 이 3D 스케치는 루트에 기학학적 형상 구조를 유도하여 루트로 사용됩니다. 3D 스케치를 변경하면 경로가 자동으로 업데이트됩니다. 형상 포함 도구를 사용하여 경로에 기존 부품 모서리를 포함시킬 수 있습니다. 루트를 생성하는 동안 3D 스케치 탭으로 전환하고 표준 3D 스케치 도구를 사용하여 필요에 따라 루트 형상을 생성할 수도 있습니다. 도구에서 라우팅을 하거나 파생 루트를 사용하는 경우에는 스케치에서 제공되는 시각적 단서를 확인해야 합니다.

06 기존 스케치에서 루트 작성

이제 기존 스케치를 기반으로 한 파이프 및 튜빙 작업을 하기 위한 루트를 작성하기 위해 여러 도구를 조합하여 사용할 것입니다.

1 시작하기 탭/ 열기/ SJS_TAP_18_1.iam 파일을 선택한 다음 열기를 합니다.

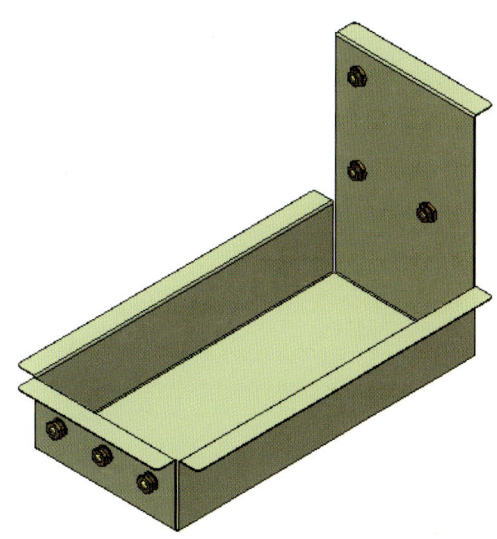

2 환경 탭/ 시작 패널/ 튜브 및 파이프를 클릭합니다.

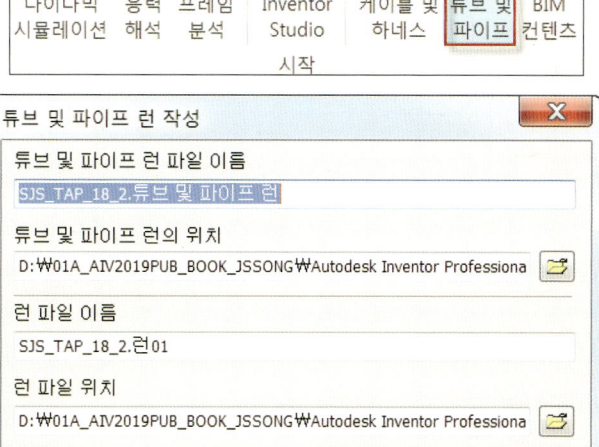

3 튜브 및 파이프 런 작성 대화 상자가 나타나면 튜브 및 파이프 런 파일 이름 및 튜브 및 파이프 런의 위치, 런 파일 이름 및 런 파일 위치를 확인한 다음 확인 버튼을 클릭합니다.

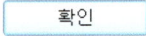

※ 여기서는 기본 생성 이름 및 위치로 하겠습니다.

검색기 막대에서 활성 상태가 되었음을 알 수 있고, 리본 메뉴에 파이프 런이라는 특수 탭이 추가된 것을 확인하실 수 있을 것입니다.

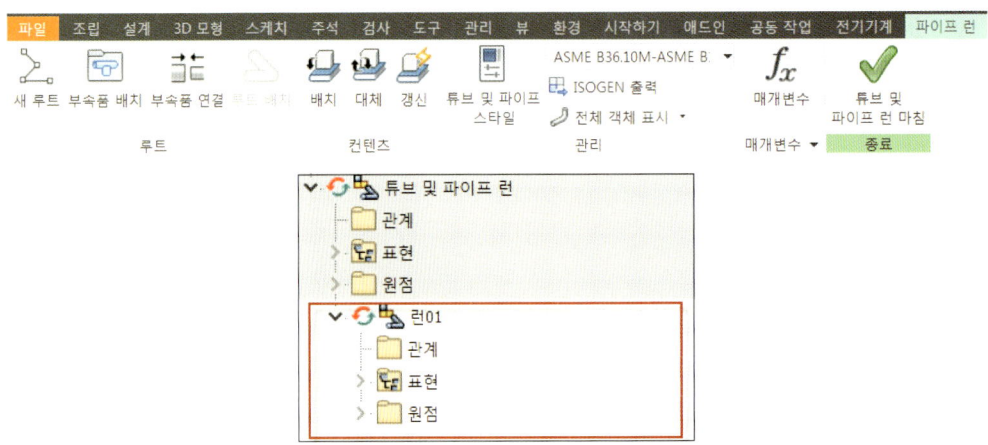

4 파이프 런 탭/ 관리 패널/ 풀 다운 메뉴/ ASME B36.10M-ASME B16.11 - 강 끝 나사 파이프를 선택합니다.

5 파이프 런 탭/ 루트 패널/ 새 루트를 클릭합니다. 런 조립품 파일 이름과 파일 위치를 확인한 다음 확인 버튼을 클릭합니다.

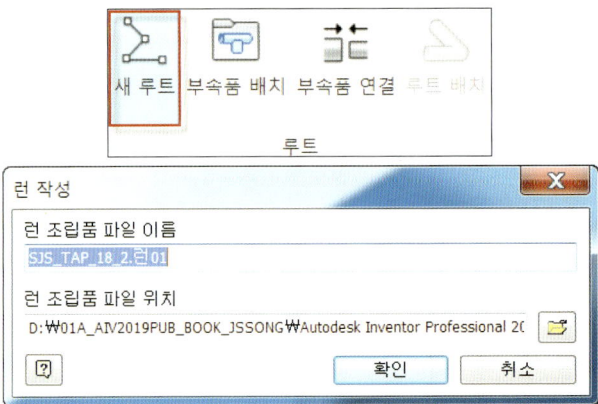

6 작성 패널/ 루트를 클릭합니다.

7 또 다른 새 루트라는 탭이 리본 메뉴에 나타납니다. 작성 패널/ 파생 루트를 선택합니다.

8 SJS_TAP_18_1.iam 파일에 이미 있는 기존 3D 스케치를 선택한 다음에 마우스 오른쪽 버튼을 클릭하고 컨텍스트 메뉴에서 종료를 선택하여 파이프 루트의 일부로 선택한 3D스케치를 사용합니다.

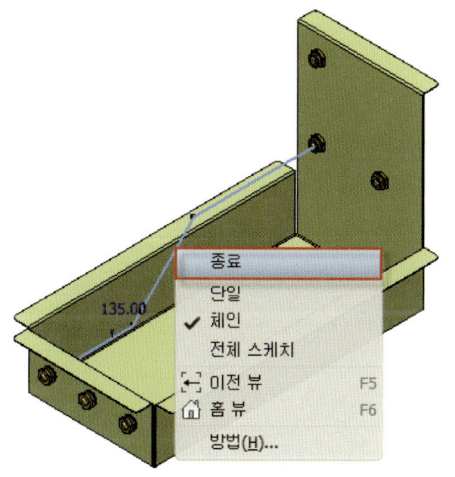

9 루트 탭/ 종료 패널/ 루트 마침을 클릭합니다.

10 이렇게 하면 검색기 막대에 루트01에 4개의 루트 점이 추가된 것을 확인하실 수 있을 것입니다. 이것은 모든 형상에 초점을 맞추기보다는 점만 사용하여 초기 계산 및 업데이트를 위한 조립품 성능을 향상시키기 위한 것입니다.

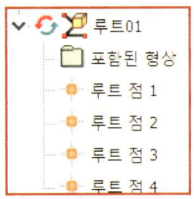

11 파이프 런 탭/ 루트 패널/ 루트 배치를 클릭합니다.

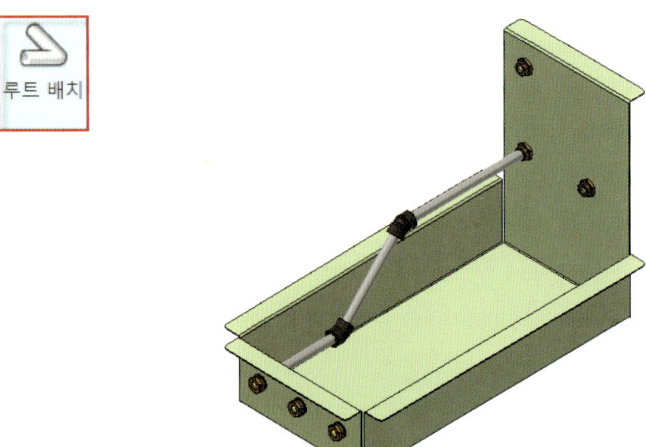

12 루트가 채워지면 **파이프 런 탭/ 종료 패널/ 튜브 및 파이프 런 마침** 버튼을 선택합니다.

13 **튜브 및 파이프 탭/ 종료 패널/ 튜브 및 파이프 마침** 버튼을 선택하여 튜브 및 파이프 환경을 종료하고 조립품의 최상위 레벨로 돌아갑니다.

chapter 18 라우팅 시스템

14 검색기 막대에서 SJS_TAP_01_3DSketch:1 부분을 확장하고 3D 스케치를 두 번 클릭하여 편집합니다.

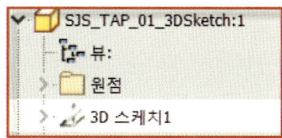

15 스케치의 225mm 치수를 230mm로 변경하고, 135도 치수를 90도로 변경합니다.

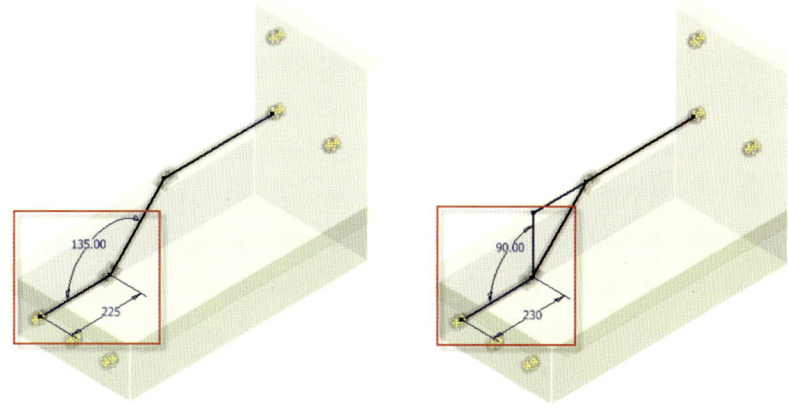

16 3D 스케치 탭/ 종료 패널/ 스케치 마무리 버튼을 클릭합니다.

17 3D 모형 탭/ 복귀 패널/ 복귀 버튼을 클릭합니다. 그러면 조립품이 이를 기반으로 작성한 파이프 루트를 업데이트하게 됩니다.

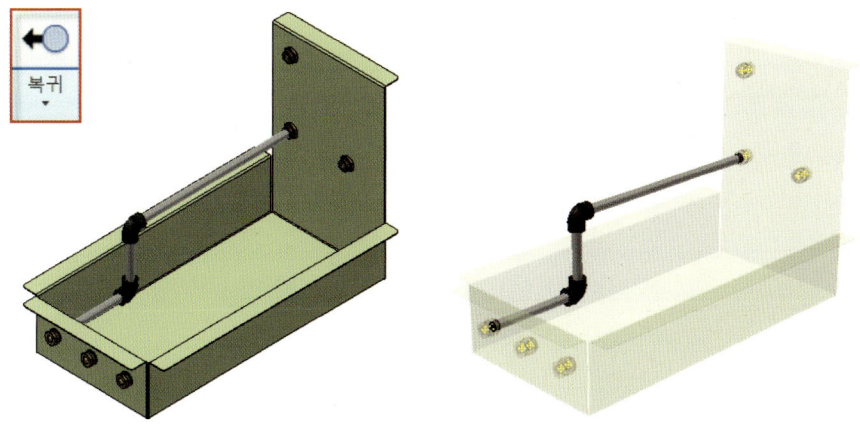

493

18 스케치 완료 버튼을 클릭 한 다음 리턴 버튼을 클릭하여 조립품과 이를 기반으로 작성한 파이프 루트를 업데이트합니다.

3D 스케치를 사용하여 이와 같이 실행하지 않아도 되지만 일부 사용자는 라우팅 도구를 시작하기 전에 경로를 시각화하는 것이 더 쉬울 수 있습니다. 또한 3D 스케치 및 스윕 피쳐를 사용하여 과거 파이프 런을 작성한 사람들에게도 유용한 도구입니다.

07 3D 직교 루트 도구를 사용하여 루트 만들기

이제 3D 스케치 도구가 없는 3D 직교 루트 도구를 사용하여 튜빙 단면을 작성하는 방법을 살펴 보겠습니다.

1 **시작하기 탭/ 열기/ SJS_TAP_18_2.iam** 파일을 선택한 다음 열기를 합니다.

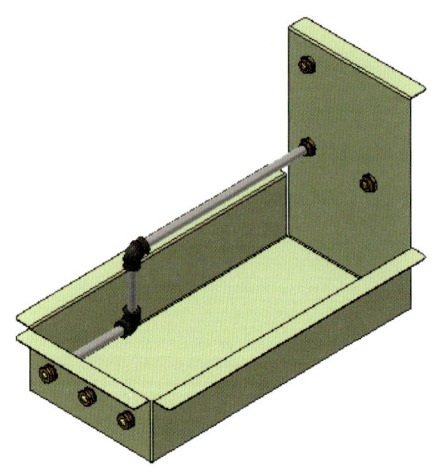

2 **환경 탭/ 튜브 및 파이프 버튼**을 선택하고 대화 상자에서 확인 버튼을 클릭하여 새 실행을 작성합니다. 이때 실행 이름이 이전 실행에서 증가된 것을 알 수 있습니다.

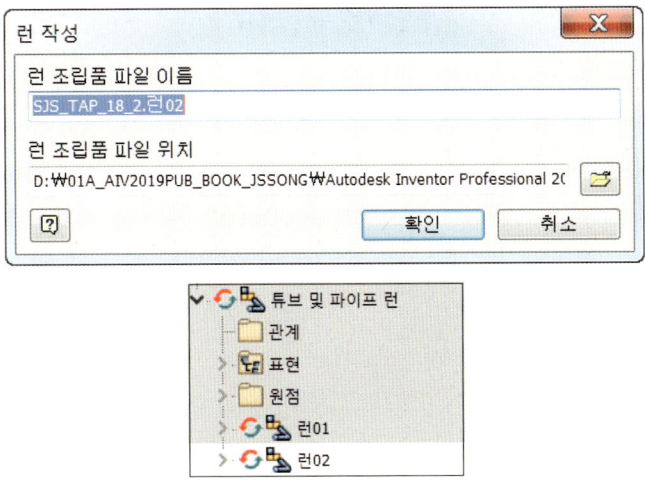

3 **파이프 런 탭/ 관리 패널**에서 스타일을 ASTM B 88-ASME B16.22 - 납땜 구리 튜빙으로 설정합니다.

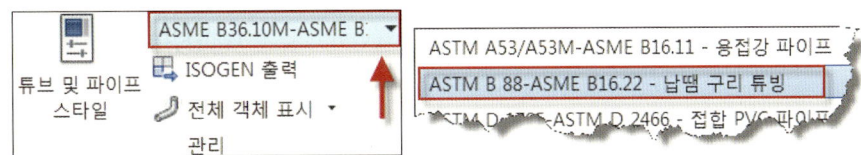

4 **파이프 런 탭/ 루트 패널/ 새 루트**를 클릭합니다. 런 조립품 파일 이름과 파일 위치를 확인한 다음 확인 버튼을 클릭합니다.

5 **작성 패널/ 루트**를 클릭합니다.

6 기본 부품의 짧은 플랜지 안쪽을 볼 수 있도록 조립품을 아래와 같이 돌립니다. 부속품의 결속 지점 근처에서 런의 초기 방향을 나타내는 화살표가 나타납니다. 커서의 다양한 원형 모서리 위로 커서를 가져 가면 화살표가 방향을 반전합니다. 기본 부품의 다른 플랜지에 있는 부속을 향해 방향을 설정하는 옵션을 선택하고 강조 표시된 상태에서 마우스 버튼을 클릭합니다.

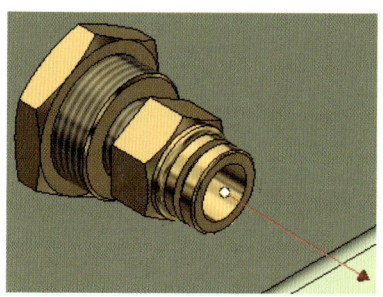

7 선택이 완료되면 중심선이 표시됩니다. 커서를 선을 따라 이동하면 선택한 점으로부터의 거리가 표시됩니다. 키보드의 + 키를 눌러 선의 길이를 늘리거나 키보드를 사용하여 명시적 값을 입력할 수 있습니다. 커서를 50.8mm 위치 또는 그보다 낮은 값의 위치로 이동하면 선택 표시기가 노란색 X로 변경됩니다. 50.8mm 이상이면 선택 표시기가 녹색 점으로 바뀝니다. 이 문제는 튜브 및 파이프 스타일 대화 상자의 규칙 탭에 나열된 절곡부 반지름 기본값으로 인해 발생되는 것입니다.

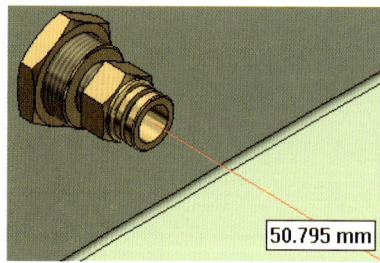 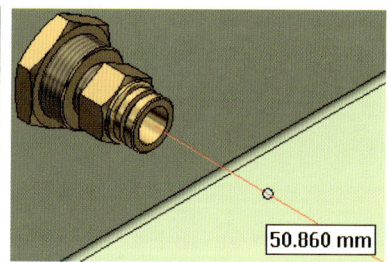

8 키보드에서 180mm을 입력하여 길이를 설정하고 Enter 키를 눌러 180mm에 첫 번째 세그먼트를 만듭니다.

9 첫 번째 세그먼트가 나타나고 경로 노드가 나타나면 설계 창의 열린 영역을 마우스 오른쪽 버튼으로 클릭하고 컨텍스트 메뉴에서 회전 스냅을 선택합니다.

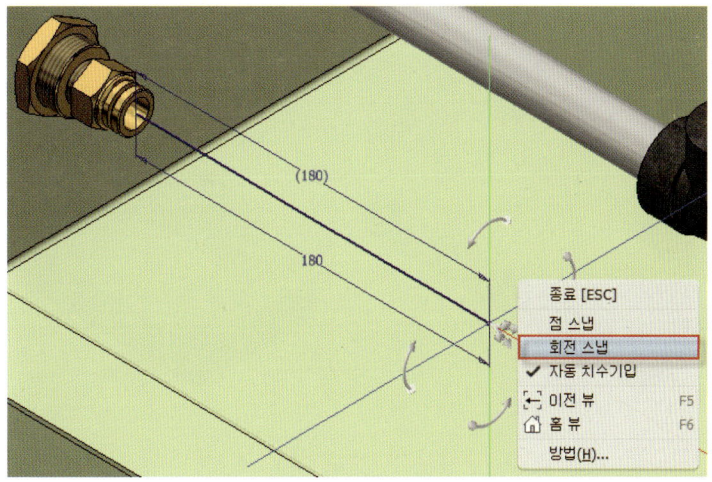

> **Note**
>
> ❑ 회전 스냅
>
> 회전 스냅 옵션을 사용하면 회전 동작 중간에 다른 부속품에 스냅하여 각도에서 선택 사항을 파생시킬 수 있습니다. 필요한 각도를 알고 있는 경우, 곡선 회전 화살표를 클릭하고 끌어 각도를 입력할 수 있습니다.

10 녹색 축의 곡선 화살표를 클릭하여 드래그하고 마우스를 반대쪽 부속품으로 이동한 다음 해당 부속품을 선택합니다. 이 방법은 루트 노드를 두 번째 부속품에 정렬하고 복잡한 루트를 구축할 때 많은 유연성을 얻을 수 있습니다. 두 번째 부속품의 끝을 클릭하여 경로의 끝점을 설정합니다. 그러면 경로 미리보기가 나타납니다. 미리보기에는 세그먼트 수와 다른 도구 선택이 포함되어 옵션 사이를 순환 할 수 있습니다. 세 개의 세그먼트를 생성하는 옵션이 나타날 때까지 다른 도구 선택의 녹색 화살표를 클릭한 다음 다른 도구 선택의 중심에 있는 녹색 아이콘을 클릭하여 경로를 설정합니다.

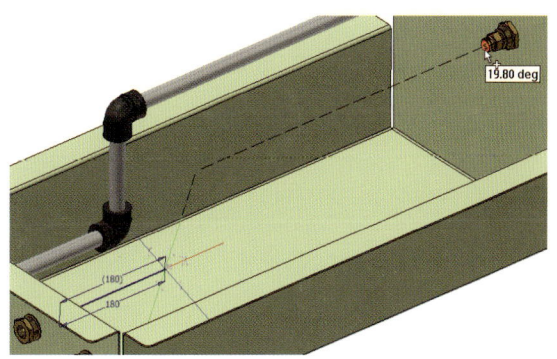

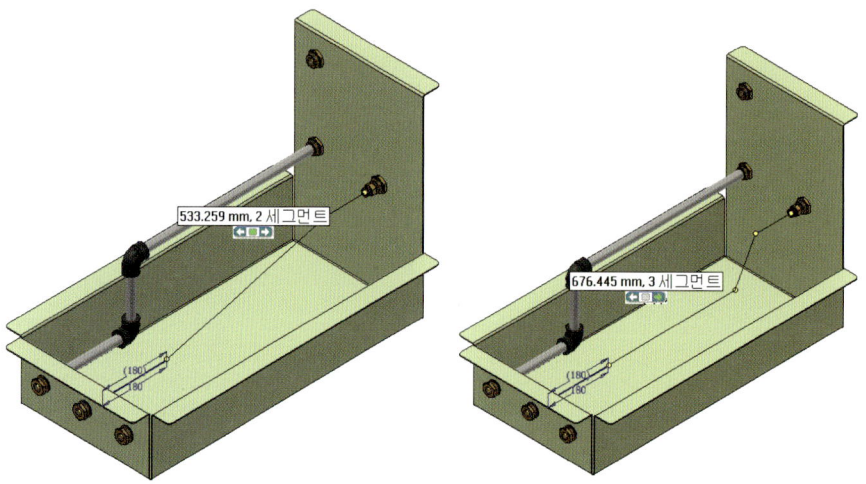

11 아래와 같이 세그먼트를 확정하면 루트가 완성됩니다.

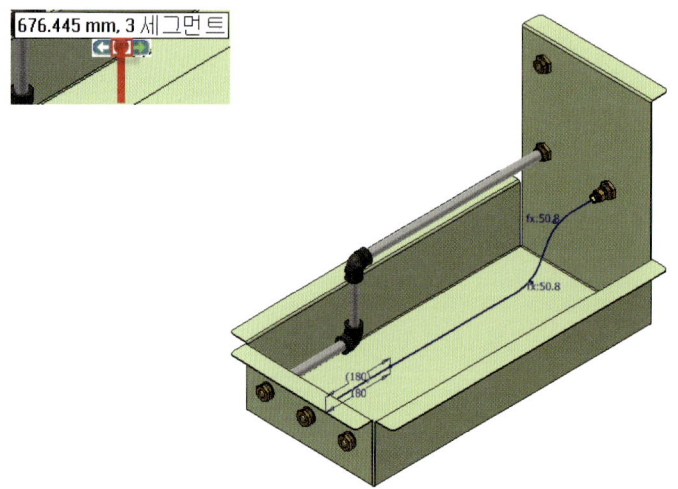

> **Note**
>
> ❏ 루트 작성 다시하기
>
> 경로 작성 중 언제든지 선택에 실수를 하면, 실행 취소 단추를 사용하여 단계를 백업하고 경로 도구를 다시 클릭 한 다음 마지막 경로 세그먼트의 끝을 클릭하기만 하면 됩니다.

12 루트 탭/ 종료 패널/ 루트 마침을 클릭합니다.

13 파이프 런 탭/ 루트 패널/ 루트 배치를 클릭합니다.

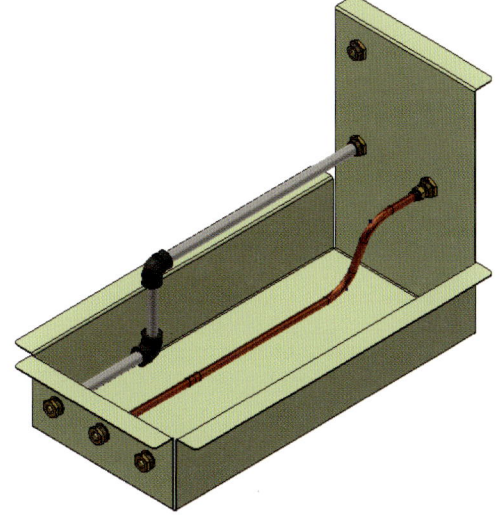

14 루트가 채워지면 파이프 런 탭/ 종료 패널/ 튜브 및 파이프 런 마침 버튼을 선택합니다.

15 튜브 및 파이프 탭/ 종료 패널/ 튜브 및 파이프 마침 버튼을 선택하여 튜브 및 파이프 환경을 종료하고 조립품의 최상위 레벨로 돌아갑니다.

3D 직교 루트 도구를 사용하면 기존 스케치를 사용할 필요가 없이 기존 기하 형상을 기반으로 루트를 작성할 수 있습니다. 이렇게 하면 레이아웃 설계의 프로세스 속도를 높이고 단순화할 수 있습니다.

08 플렉시블 호스 경로 만들기

플렉시블 호스 루트는 강체 파이프 루트와 유사하지만 몇 가지 예외가 있습니다. 강체 파이프 루트는 호 또는 점으로 연결된 일련의 선 세그먼트이지만 유연한 호스 루트는 단일 스플라인 세그먼트로 구성됩니다. 유연한 루트는 서피스를 마우스 오른쪽 버튼으로 클릭하고 간격 띄우기 입력을 선택한 다음 호스 길이를 조정하는 기능과 같은 이 유형의 경로와 관련된 몇 가지 도구 및 옵션을 제공합니다.

1 시작하기 탭/ 열기/ SJS_TAP_18_3.iam 파일을 선택한 다음 열기를 합니다.

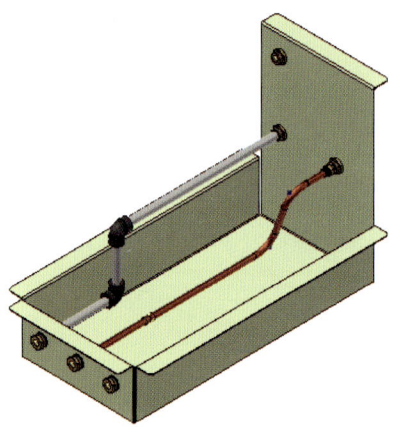

2 검색기 막대에서 튜브 및 파이프 런을 찾아 마우스 오른쪽 버튼으로 클릭하고 편집을 선택합니다.

3 튜브 및 파이프 탭/ 실행 패널/ 파이프 런 작성 버튼을 선택하고, 런 조립품 파일 이름과 런 조립품 파일 위치는 기본값을 적용합니다.

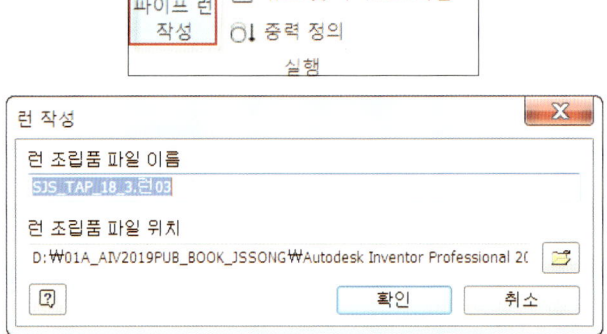

4 파이프 런 탭/ 관리 패널에서 스타일을 수력 호스 - 수 테이퍼 스레드로 설정합니다.

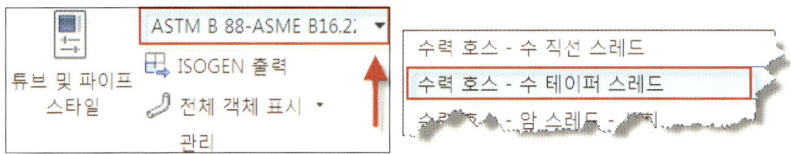

chapter 18 라우팅 시스템

5 **파이프 런 탭/ 루트 패널/ 새 루트**를 클릭합니다. 런 조립품 파일 이름과 파일 위치를 확인한 다음 확인 버튼을 클릭합니다.

6 **작성 패널/ 루트**를 클릭합니다.

7 판금 기본 부품의 플랜지에 남아 있는 사용하지 않은 앵커 부속품에 첫 번째 배치할 부속품을 놓습니다. 그리고 반대편 플랜지에 남아 있는 사용하지 않은 앵커 부속품에 두 번째 부속품을 마주 보는 나머지 부속품을 놓습니다

8 두 번째 부속품을 배치하면 호스의 스플라인 중심선이 생성됩니다.

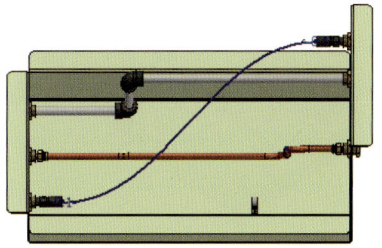

501

9 이 시점에서 부품의 면에서 간격 띄우기가 된 추가 점을 만들거나 굽은 면의 자연 중심선을 사용하여 호스를 통과시킬 수도 있습니다.

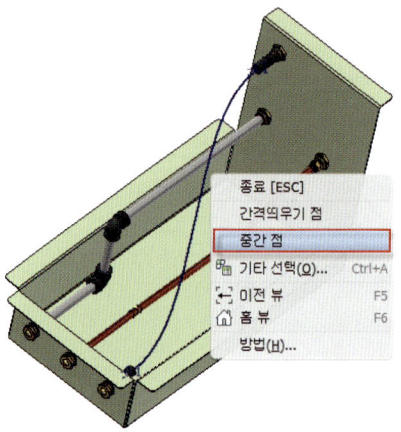

10 호스 고정 장치의 곡선 가장자리를 선택하여 호스를 고정 장치 리테이너를 통과하도록 합니다.

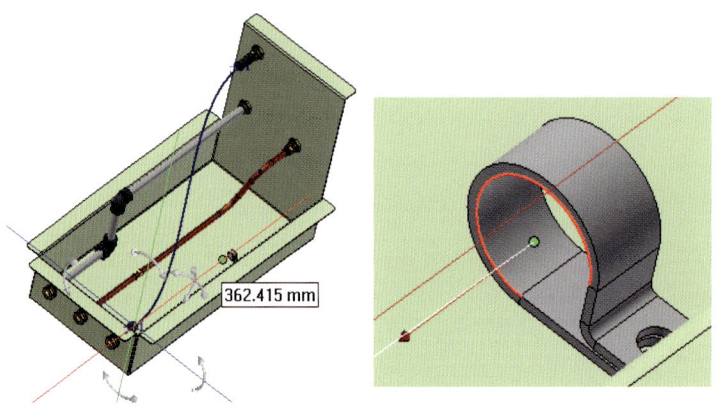

11 그러면 다음과 같이 호스 중심이 스플라인으로 표시됩니다.

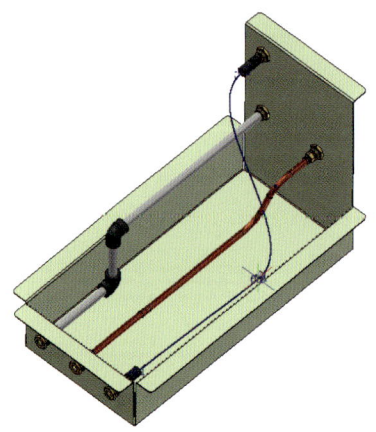

12 루트 탭/ 관리 패널의 호스 길이 도구를 클릭한 다음 슬라이드 막대를 사용하여 호스 길이를 1117.6mm로 설정합니다.

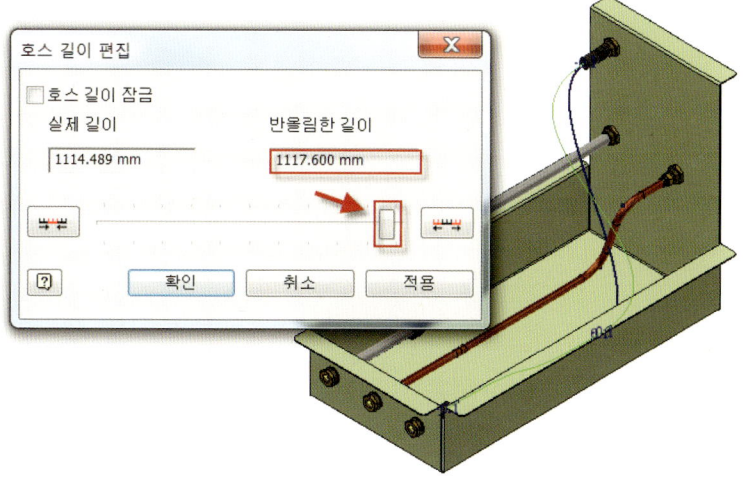

13 확인 버튼을 클릭하여 호스 경로를 완료합니다.
14 루트 탭/ 종료 패널/ 루트 마침을 클릭합니다.

15 파이프 런 탭/ 루트 패널/ 루트 배치를 클릭합니다.

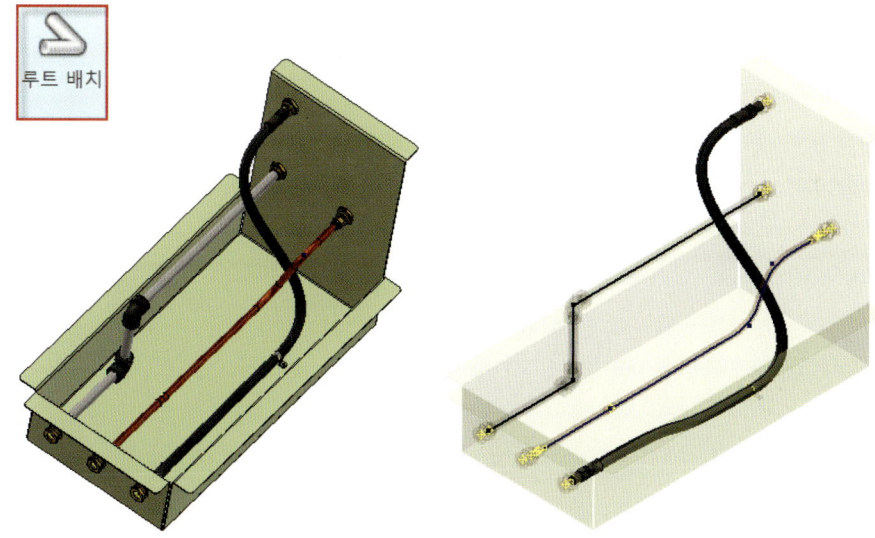

16 루트가 채워지면 **파이프 런 탭/ 종료 패널/ 튜브 및 파이프 런 마침** 버튼을 선택합니다.

17 **튜브 및 파이프 탭/ 종료 패널/ 튜브 및 파이프 마침** 버튼을 선택하여 튜브 및 파이프 환경을 종료하고 조립품의 최상위 레벨로 돌아갑니다.

이러한 경로를 만드는 데는 탐색해야 할 여러 가지 옵션이 있습니다. 또한 부속품을 선 안쪽으로 추가 할 수 있습니다. 이렇게 추가된 부속품은 파이프 및 튜브 세그먼트를 파손시켜 부속품을 위한 공간을 만들고 부속품과의 결속을 자동으로 설정할 수 있습니다. 나중에 부속품을 제거하면 파이프가 원상으로 복귀되면서 단일 세그먼트로 복원시킬 수 있습니다.

09 ISOGEN 파일 내보내기

종종 등각 투영 중심선 도면은 튜브 및 파이프 설계 문서화에 필요합니다. ISOGEN 출력 도구는 튜브 및 파이프 탭과 파이프 런 탭에서 사용할 수 있습니다. 튜브 및 파이프 런은 모두 마스터 실행 조립품에서 직접 ISOGEN (* .pcf) 파일로 저장할 수 있습니다. 튜브 및 파이프 탭에서 ISOGEN 출력 버튼을 클릭하기만 하면 됩니다. 또는 개별 실행 수준에서 ISOGEN 출력 버튼을 사용하여 해당 실행만 저장할 수도 있습니다. 플랜지 루트가 작성될 때 ISOGEN 파일을 생성하려면 플랜지 연결에 가스켓이 필요합니다.

1 **튜브 및 파이프 탭/ 관리 패널/ ISOGEN 출력** 버튼을 클릭합니다.

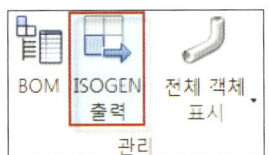

chapter 18 라우팅 시스템

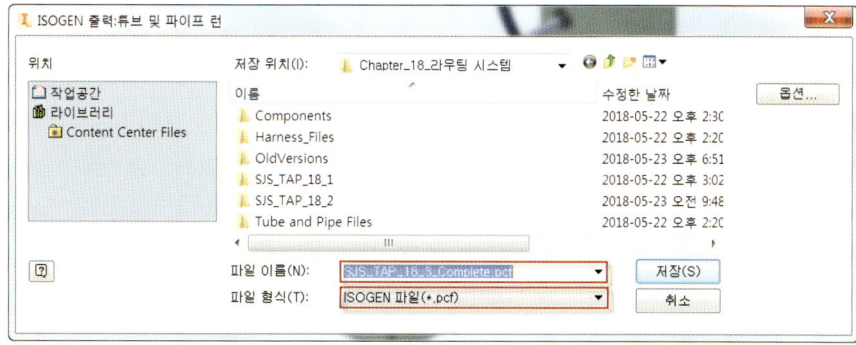

단, 플랙시블 호스는 ISOGEN 파일에서 정확하게 지원하지는 않습니다.

2 옵션 버튼을 클릭합니다. 생성된 런에 대하여 선택적으로 ISOGEN 파일로 출력할 수 있습니다.

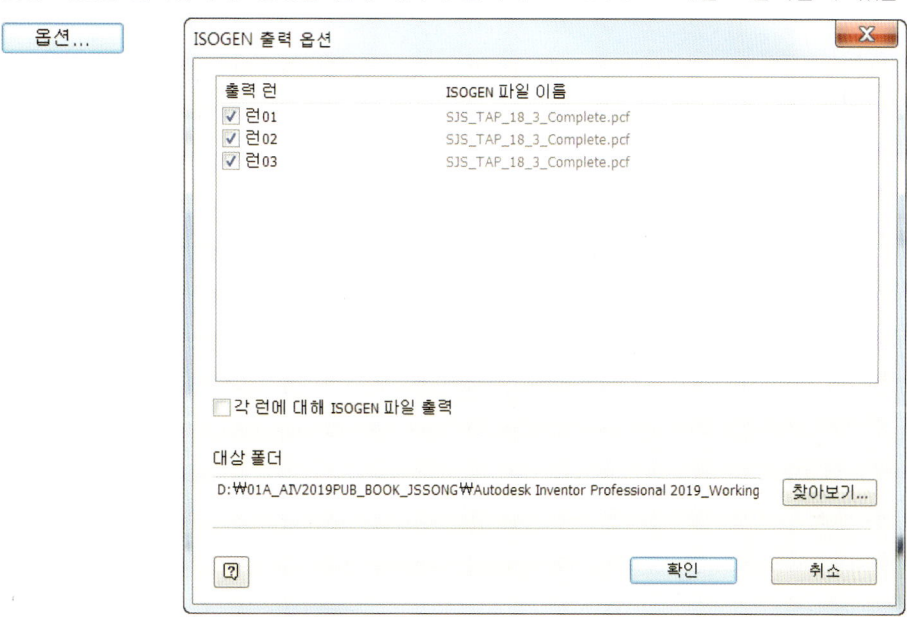

10 전체 객체 표시와 루트만 표시

루트, 런, 및 위치 표현에 대한 변경 사항은 자동으로 업데이트가 됩니다.

1 튜브 및 파이프 탭/ 관리 패널/ 전체 객체 표시 버튼을 클릭합니다.

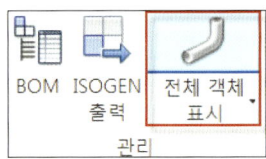

- 전체 객체 표시: 런 및 부속품을 솔리드 객체로 표시합니다.

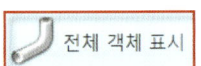

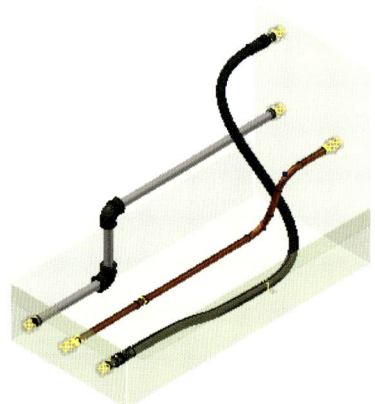

2 튜브 및 파이프 탭/ 관리 패널/ 루트만 표시 버튼을 클릭합니다.

- 루트만 표시: 런 및 부속품을 중심선으로 표시합니다.

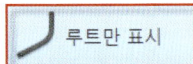

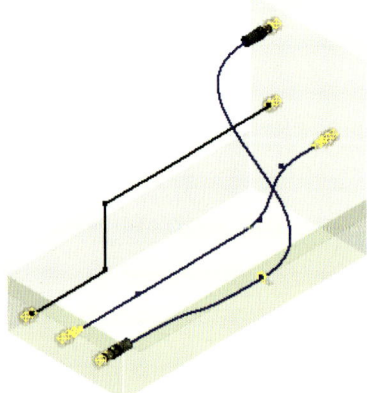

11 BOM

형식이 지정된 테이블에 조립품 컨텐츠를 표시해 줍니다. BOM에는 수량, 이름, 비용, 공급업체를 비롯하여 조립품을 구축하는 사람이 필요로 할 수 있는 모든 기타 정보가 포함될 수 있습니다. 조립품에서 구성요소를 추가하거나 제거할 때 수량이 BOM에 자동 업데이트가 됩니다.

1 튜브 및 파이프 탭/ 관리 패널/ BOM 버튼을 클릭합니다.

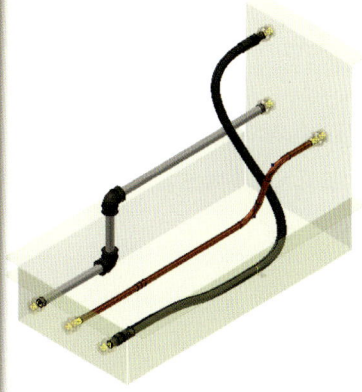

12 케이블 및 하네스

Autodesk Inventor Professional 2019의 케이블 및 하네스 도구는 부품 및 조립품 생성의 기본 도구를 기반으로 합니다. 그러나 케이블 및 하네스 도구로 생성된 부품 및 조립품은 표준 부품 및 조립품 모델과 다르게 특별한 구조로 이루어집니다. 이러한 차이점을 이해하려면 표준 부품 및 조립품을 작성하고 특별한 구조로 만드는 방법을 확실하게 이해해야 합니다.

이번 장에서는 전기 부품, 하네스, 와이어, 케이블 및 세그먼트의 생성 및 배치는 물론 케이블 및 하네스 설계를 작성하고 문서화하는 방법을 살펴볼 것입니다.

전기 부품 생성 및 배치

Autodesk Inventor Professional 2019에서 작성한 모델 데이터는 케이블 및 하네스의 특정한 핀 기능을 추가하여 전기 커넥터로 사용할 수 있습니다. 표준 모델링 기법을 사용하여 부품을 처음부터 만들거나 다수의 3D 컨텐츠 웹 사이트 및 공급 업체 웹 사이트에서 다운로드를 하여 사용할 수 있습니다.

(예: http://autodesk.partcommunity.com/3d-cad-models/?page=PARTcommunity/Portal/autodesk)
위와 같은 인터넷 웹 사이트에서 컨텐츠를 다운로드 할 때 종종 STEP, IGES, SolidWorks 파일 등과 같은 다른 형식의 모델을 자주 찾을 수 있고, 그것을 사용할 수도 있습니다. 이러한 파일들은 다른 시스템과 데이터 교환에서 설명한 방법을 사용하여 Inventor 파일로 변환할 수 있습니다.

전기 부품 제작

표준 Inventor부품을 전기 구성 요소로 변환하는 기본 단계는 다음과 같습니다.

1. Inventor에서 부품 파일을 선택하여 열기를 합니다.
2. **3D모형 탭/ 하네스 패널/ 핀 배치** 버튼을 클릭합니다.

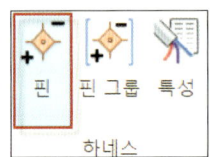

3. 다음 중 하나를 선택하여 핀을 배치합니다.
   - 원형 가장자리, 면 또는 구멍의 중심점
   - 표시되는 스케치 점
   - 작업 점
   - 모든 모델의 정점
   - 모든 모델의 면
4. 고유한 핀 이름 및 번호를 입력합니다.
5. 필요한 경우 추가로 핀에 대한 특성을 입력하려면 핀 이름 입력 상자에서 하네스 특성 버튼을 클릭하여 합니다.
6. 각 핀에 대해 3단계와 5단계를 반복합니다.
7. **3D모형 탭/ 하네스 패널/ 하네스 특성** 버튼을 클릭합니다.
8. 참조 지정자(Re.es)자리 표시자를 입력합니다. RefDes 속성은 조립품 수준에서 사용하기 위해 설계된 것이며 각각의 커넥터 각 인스턴스에는 고유한 Re.es가 있습니다.
9. 젠더 옵션(수, 암 또는 없음)을 선택합니다.

chapter 18 라우팅 시스템

10 필요한 경우 와이어 간격 띄우기 점을 설정합니다.

커넥터 만들기

다음 단계에서는 기존에 만들어진 Inventor 부품 파일을 열고 방금 설명을 한 것처럼 핀을 생성합니다.

다음 단계에 따라 커넥터를 만드는 데 사용되는 단계를 살펴보겠습니다.

1 **시작하기 탭/ 열기** 버튼을 클릭합니다.
2 SJS_CAH_18_01.ipt파일을 찾아서 선택한 다음 열기를 합니다.
3 **3D모형 탭/ 하네스 패널/ 핀 배치** 버튼을 클릭합니다.

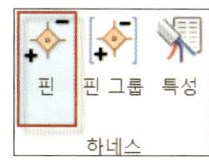

4 표시된 스케치4에 있는 스케치 점을 선택합니다.

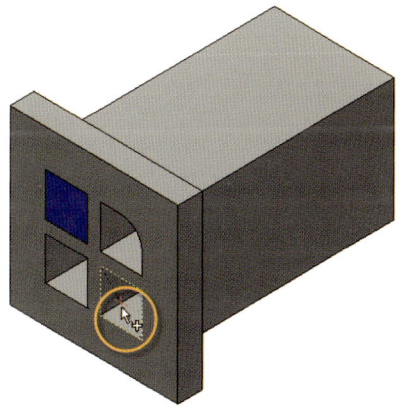

5 핀 배치 입력 상자에 A1을 입력하고 하네스 특성 버튼을 클릭합니다.

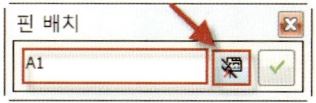

6 사용자 지정 탭을 선택하고 이름 드롭-다운을 클릭한 다음 포함 길이를 선택합니다.

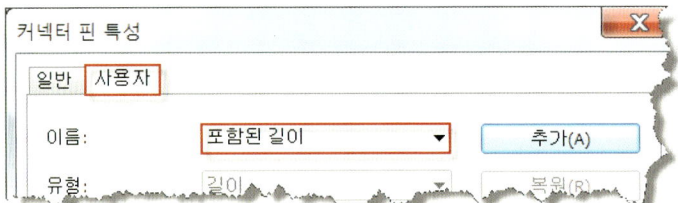

7 값 입력 상자에 5mm를 입력하고 추가를 클릭합니다.

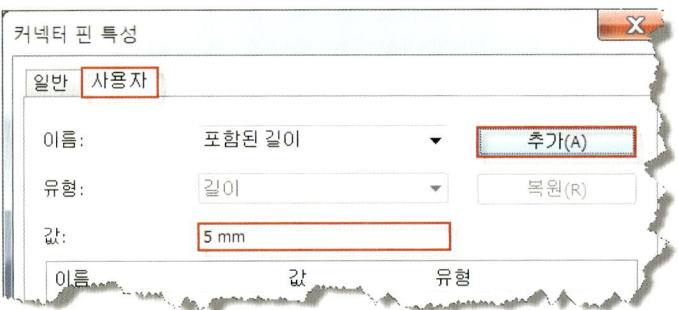

8 확인 단추를 클릭합니다.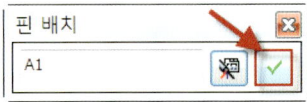
9 그런 다음 녹색 확인 표시를 클릭하거나 키보드에서 Enter키를 눌러 핀을 설정합니다.

10 다음 핀을 배치하려면 상단 잘라내기 중 하나에서 둥근 모서리를 클릭하고 핀 이름으로 A2를 입력한 다음 하네스 속성을 입력하지 않고 녹색 체크 표시를 클릭하여 핀을 설정합니다.

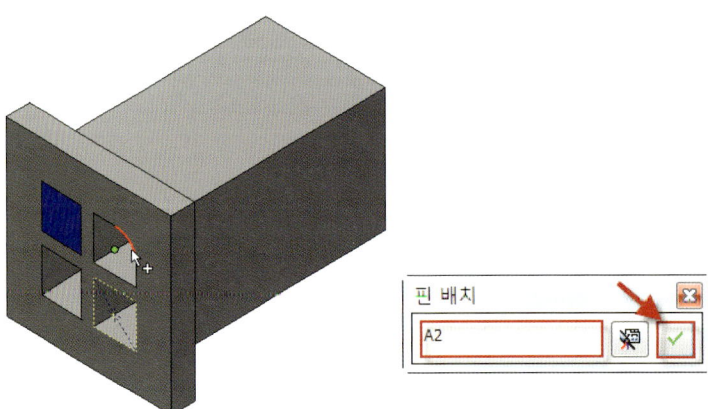

11 파란 색 사각형 면 중앙을 대략적으로 클릭하여 세 번째 핀을 설정하고 B1을 입력하여 이름을 입력한 다음 하네스 속성을 입력하지 않고 녹색 체크 표시를 클릭하여 핀을 설정합니다.

12 마우스 오른쪽 버튼을 클릭하고 완료를 선택하여 핀 배치 도구를 종료합니다.

13 **3D모형 탭/ 작업 피쳐 패널/ 점** 버튼을 클릭하여 작업 점을 만듭니다.

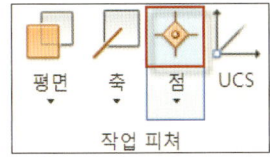

14 마우스 오른쪽 버튼을 클릭하고 루프 선택을 선택합니다.

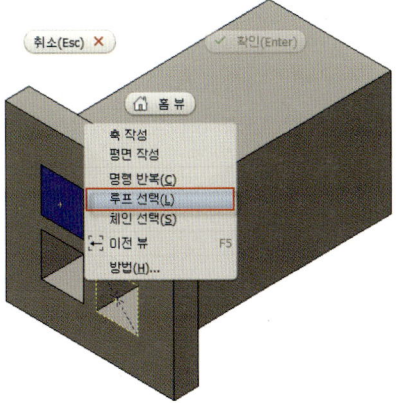

15 다음 남은 잘라내기에 대한 사각형 프로파일 모서리를 클릭합니다.

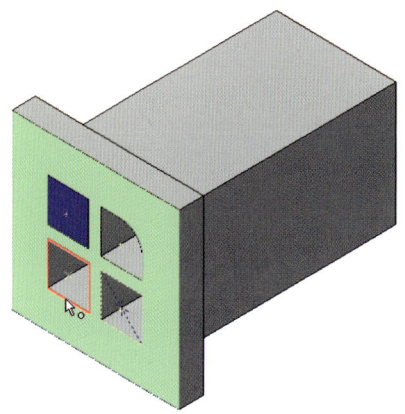

16 안쪽 루프가 아니라 바깥쪽 가장자리 루프를 선택하고 있는지 확인합니다.

17 핀 배치 도구를 다시 선택하고 방금 작성한 작업 점을 선택합니다. 이름을 B2로 설정하고 마우스 오른쪽 버튼을 클릭한 다음 완료를 선택합니다.

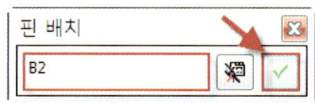

18 돌출1을 편집하고 거리를 10mm에서 15mm로 변경합니다.

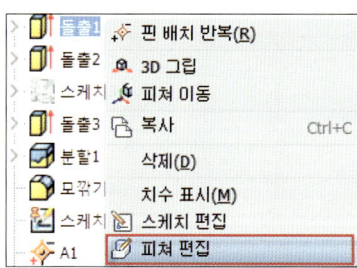

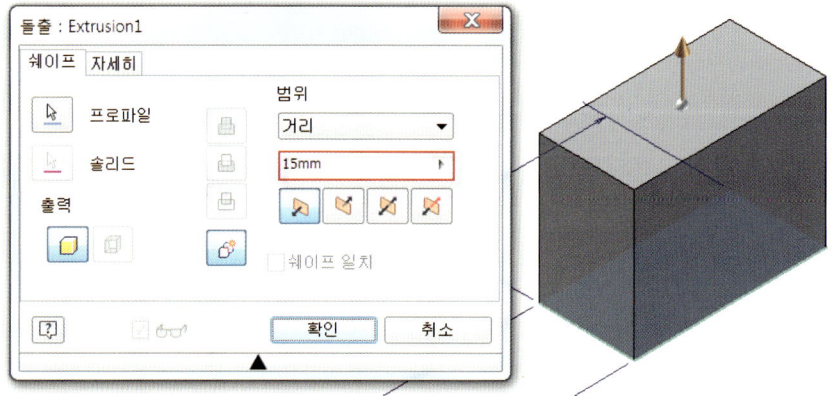

19 확인 버튼을 클릭합니다. 확인

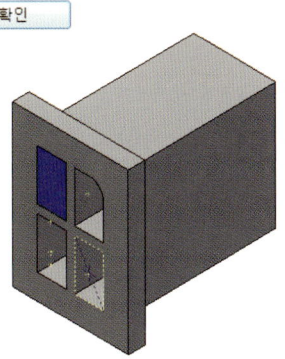

어떤 작업 점이 기하 형상에 상대적인 위치를 유지하고 어떤 작업 점이 작성된 위치에 남아 있는지 확인합니다. 예상대로 업데이트되지 않은 핀을 마우스 오른쪽 버튼으로 클릭하고 형상 재정의 또는 3D이동/ 회전을 선택하여 조정할 수 있습니다.

다른 핀 크기가 생성될 때 핀 위치가 업데이트되도록 iPart생성 시 사용할 커넥터 부분을 정의할 때 핀 위치 업데이트 방법을 이해하는 것이 중요합니다. 변경되지 않는 정적 핀 의 경우, 비 연관성 핀은 정상적으로 작동합니다. 핀 위치를 다시 제장의 하는 것 외에도 검색기 막대에서 핀을 선택한 다음 마우스 오른쪽 버튼으로 클릭하고 하네스 특성을 선택하여 이름을 변경하거나 속성을 추가할 수 있습니다. 핀의 이름은 고유해야 합니다.

핀 그룹 배치

핀 배치 도구는 패턴으로 배열되지 않은 핀이나 패턴이 적은 핀을 정의하는데 적합하지만 핀 그룹 배치 도구를 사용하여 많은 수의 패턴이 있는 핀을 배치할 수 있습니다.
다음 단계에서는 핀 그룹 배치 도구를 살펴볼 것입니다.

1 시작하기 탭/ 열기 버튼을 클릭합니다.
2 SJS_CAH_18_01.ipt 파일을 찾아서 선택한 다음 열기를 합니다.

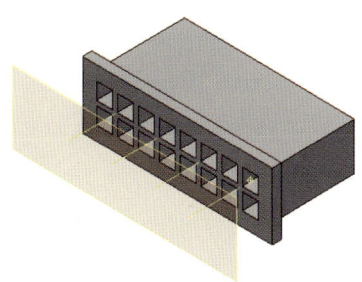

3 3D모형 탭/ 하네스 패널/ 핀 그룹 배치 버튼을 클릭합니다.

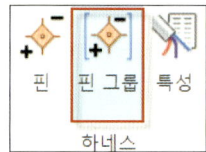

4 시작 위치에서 작업 점1을 선택합니다. 한 줄에 핀 개수를 8로 입력합니다. 핀 피치(간격)에 4.5mm를 입력한 다음 가장자리를 선택하여 핀 방향을 설정합니다. 필요한 경우 방향 반전 화살표를 사용합니다. 행 수를 2로 입력합니다. 행 피치에 4.5mm를 입력한 다음 가장자리를 선택하여 핀 방향을 설정합니다. 필요한 경우 방향 반전 화살표를 사용합니다. 접두사 x문자에 A를 입력하고 시작 번호에 101을 입력합니다. 번호 매기기 구성표 옵션의 라디오 버튼을 순차 열로 전환합니다.

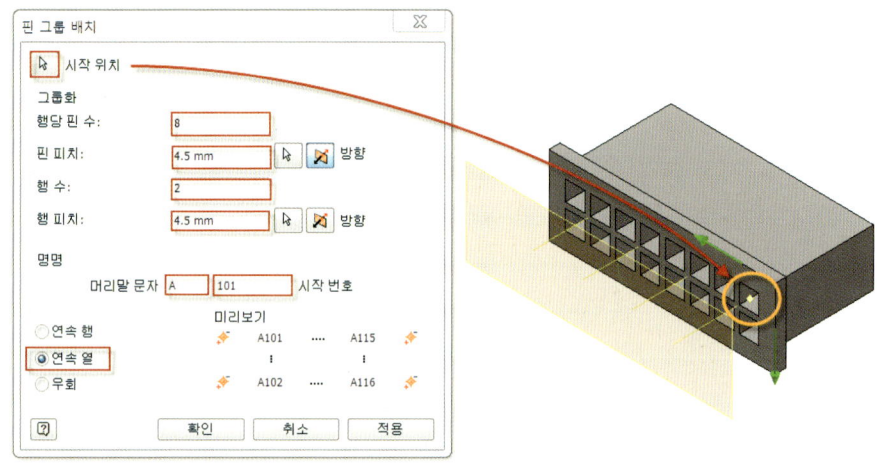

5 확인 버튼을 클릭하여 핀을 설정합니다.

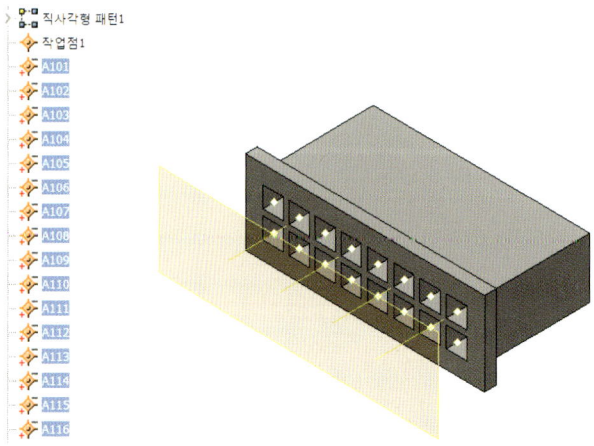

위와 같이 모델 검색기 막대에 생성되어 나열된 16개의 핀이 있습니다. 이 핀들 중 하나를 선택하고 마우스 오른쪽 버튼으로 클릭하여 편집 핀 그룹을 선택하여 필요한 경우 시작점, 간격 및 방향을 변경할 수 있습니다.

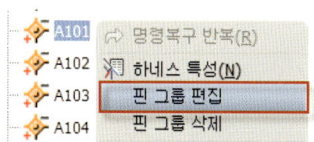

마우스 오른쪽 버튼을 클릭하고 핀 그룹 삭제를 선택하여 다시 시작하거나 삭제를 선택하여 개별 핀을 제거할 수도 있습니다. 핀들 중 하나를 마우스 오른쪽 버튼으로 클릭하고 피쳐 재정의를 선택하여 개별 핀을 비 패턴 위치로 설정할 수도 있습니다. 마지막 단계로, 나중에 와이어 또는 케이블 세그먼트의 정지 지점으로 사용할 수 있도록 커넥터 앞에 네 개의 작업 지점을 만듭니다.

6 **3D모형 탭/ 작업 피쳐 패널/ 점** 버튼을 클릭합니다.

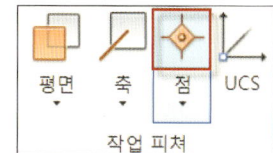

7 마우스 오른쪽 버튼을 클릭하고 루프 선택이 선택되어 있지 않은지 확인합니다. 만약에 선택되어 있다면 다시 한 번 루프 선택을 클릭하여 선택 해제 해야합니다.

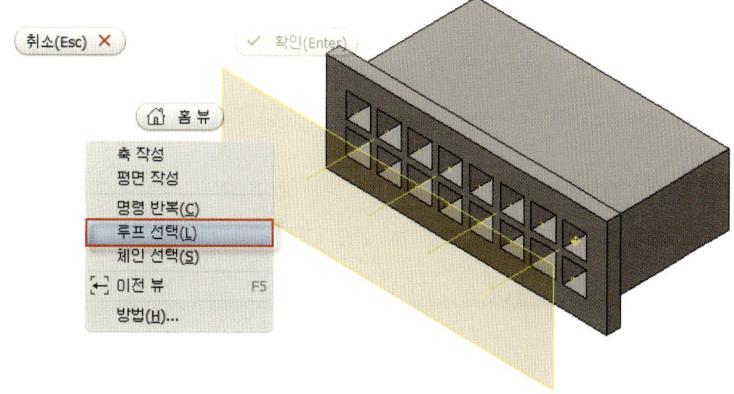

8 표시된 작업 기준면의 가장자리를 클릭한 다음 작업 축 중 하나를 클릭합니다. 교차로에 작성된 작업 점이 표시됩니다.

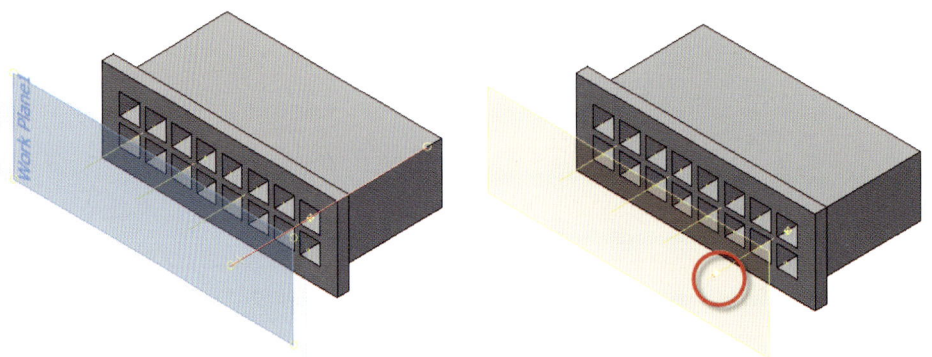

9 나머지 축 3개에 대해서도 동일하게 한 다음 각 축과 평면을 선택한 다음 마우스 오른쪽 버튼을 클릭하여 가시성을 끕니다.

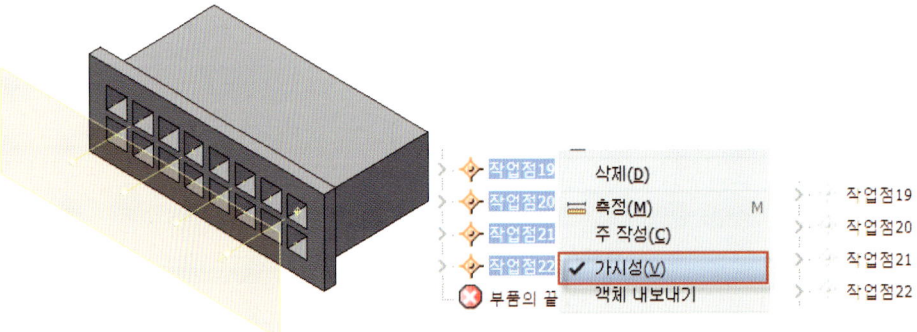

10 작업 점을 사용하여 커넥터 끝에서부터 끝 단 세그먼트를 적절하게 배치할 수 있습니다.

13 하네스 만들기

커넥터, 와이어 및 케이블을 포함한 전기 부품은 하네스의 하위 조립품 내에 조립 및 구성됩니다. 조립품 내의 임의의 구조 레벨에 커넥터를 배치하고 와이어를 라우팅할 수 있시만, 일반적으로 하네스와 커넥터를 함께 구매할 때 BOM이 하네스 조립품의 품목으로 반영될 수 있도록 하네즈 조립품 내에 커넥터를 배치하게 됩니다.

와이어 하네스 생성 및 라우팅 단계는 다음과 같습니다.

1. 조립품 구조에서 하네스 조립품의 일부가 아닌 커넥터 부품을 최상위 레벨 또는 하위 조립품 내에서 배치하고 구속합니다.
2. **환경 탭/ 시작 패널/ 케이블 및 하네스** 버튼을 클릭합니다.

3. 작성할 하네스 하위 조립품 구성 요소 파일의 이름과 위치를 입력합니다.

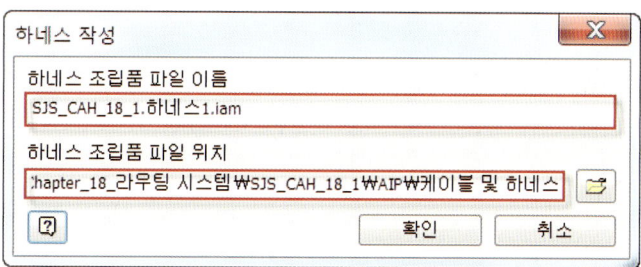

4. 커넥터를 하네스의 구성 요소로 배치하고 구속합니다.
5. 작성 패널의 와이어 작성, 케이블 작성 또는 리본 케이블 작성 등의 도구를 사용하여 커넥터의 핀을 연결합니다.

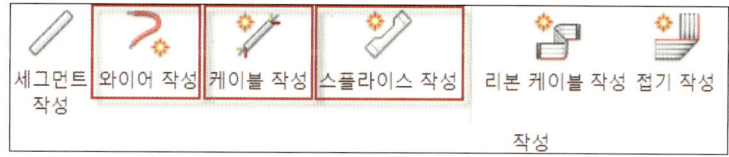

6. 세그먼트 작성 도구를 사용하여 와이어 번들을 생성하고 조립품의 다른 부품의 기하학적 장애물 주위로 라우팅을 합니다.

7. 루트 또는 자동 루트 도구를 사용하여 와이어 또는 케이블을 세그먼트 (와이어 번들)를 통해 루트 작성을 합니다.

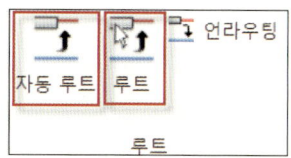

8 필요한 경우 와이어 또는 세그먼트 스플라이어스를 작성하려면 스플라이어스 작성 도구를 사용하면 됩니다.

하네스가 생성되면 같은 이름의 하네스 조립품 파일과 하네스 부품 파일로 구성됩니다. 부품 파일은 와이어, 케이블 및 세그먼트가 추가될 때 작성되는 컨테이너입니다. 두 파일이 모두 전체 하네스를 구성하며 하네스가 작동하는 데 필요합니다. 와이어 하네스 도구를 사용하여 최상위 조립품 및 하위 조립품을 사용하지 않고, 이러한 파일을 직접 편집하려고 하면 Inventor에서는 경고를 표시합니다.

다음 단계에서는 기존 Inventor 조립품 파일을 열고 간단한 하네스 조립품을 생성한 다음에 커넥터를 배치해 볼 것입니다.

1 **시작하기 탭/ 열기** 버튼을 클릭합니다.

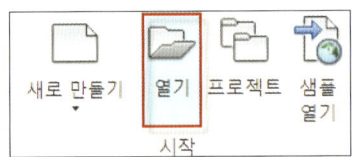

2 SJS_CAH_18_1.iam 파일을 찾아서 선택한 다음 열기를 합니다.

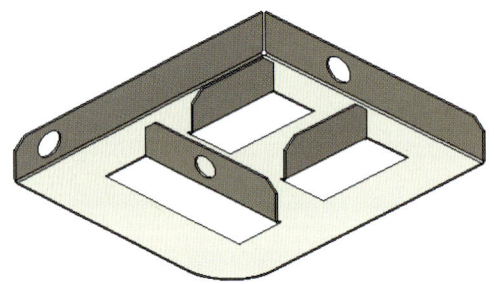

3 **환경 탭/ 시작 패널/ 케이블 및 하네스** 버튼을 클릭합니다.

518

chapter 18 라우팅 시스템

4 새 하네스 조립품의 기본 이름과 위치를 그대로 사용하고 확인 버튼을 클릭합니다. 하네스 하위 조립품 및 부품 구성 요소의 노드가 검색기 막대에 나열되어 있습니다.

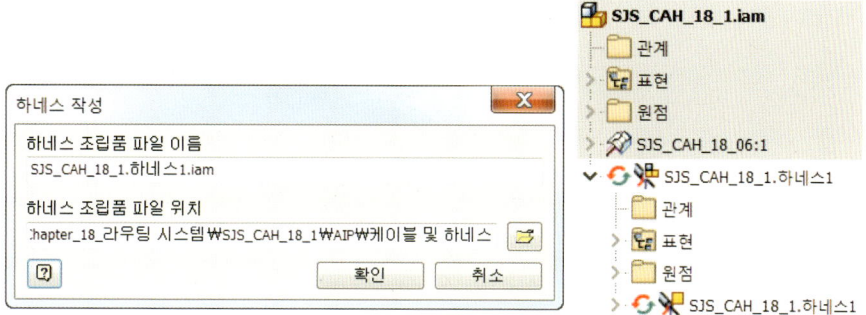

5 조립품 탭을 클릭한 다음 구성 요소 배치 버튼을 클릭합니다.

6 커넥터 파일 SJS_CAH_18_05.ipt를 찾아 찾은 후 열기 버튼을 클릭합니다.

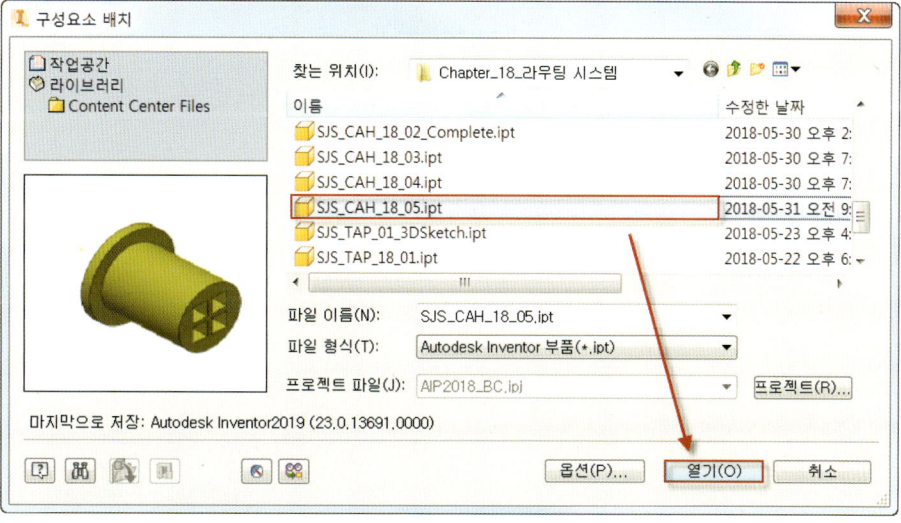

7 그래픽 영역에서 두 번 클릭하여 커넥터의 두 개의 인스턴스를 배치한 다음 마우스 오른쪽 버튼을 클릭하고 취소를 선택합니다.

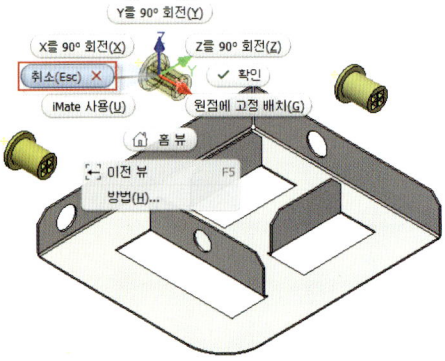

하위 조립품에 있는 커넥터를 기본 부품 (최상위 조립품에 상주)에 조립하려면 최상위 조립품으로 돌아가서 구속 조건을 배치해야 합니다. 하네스 하위 조립품이 가변적이기 때문에 하네스 내의 부품이 최상위 조립품의 부품에 구속 될 수 있습니다.

8 케이블 및 하네스 완료 버튼을 클릭하여 최상위 조립품으로 돌아갑니다.

9 **조립 탭/ 관계 패널/ 구속 조건** 버튼을 클릭합니다.

10 삽입 구속 조건을 이용하여 커넥터를 기준 부품인 외부 플랜지의 구멍에 조립을 합니다. 솔루션은 반대를 이용하여 조립을 합니다.

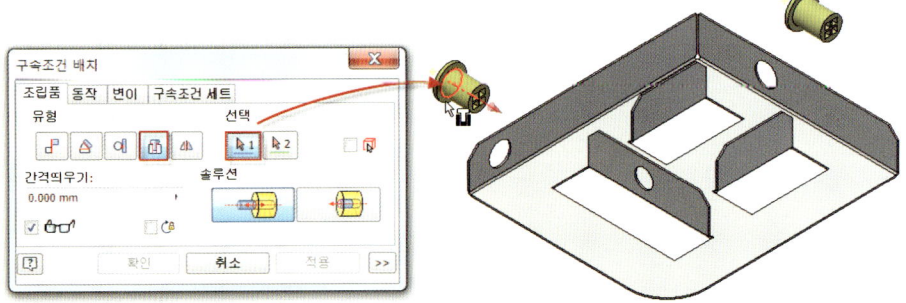

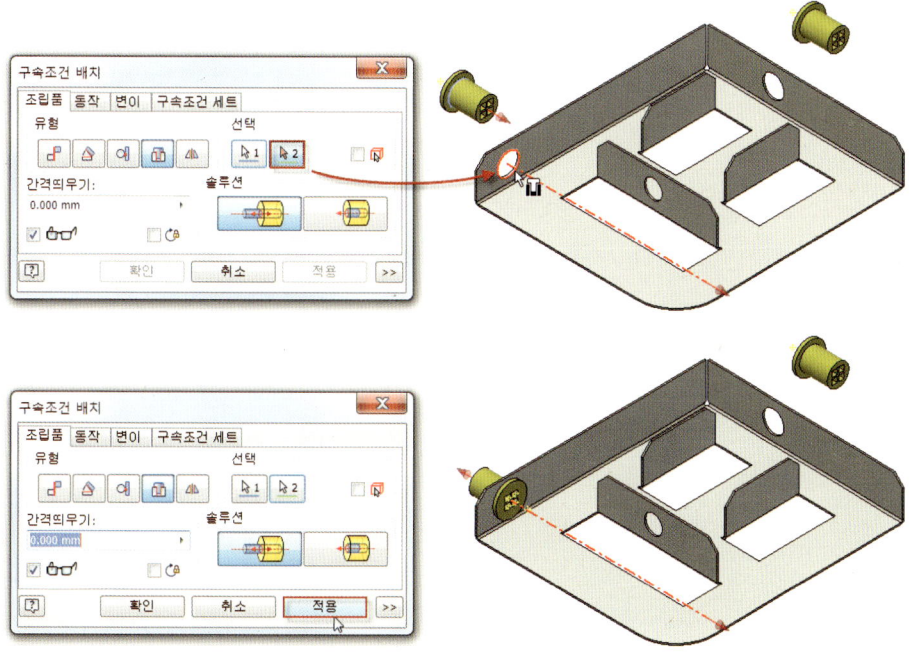

11 적용 버튼을 클릭하여 첫 번째 커넥터의 조립을 완성합니다.

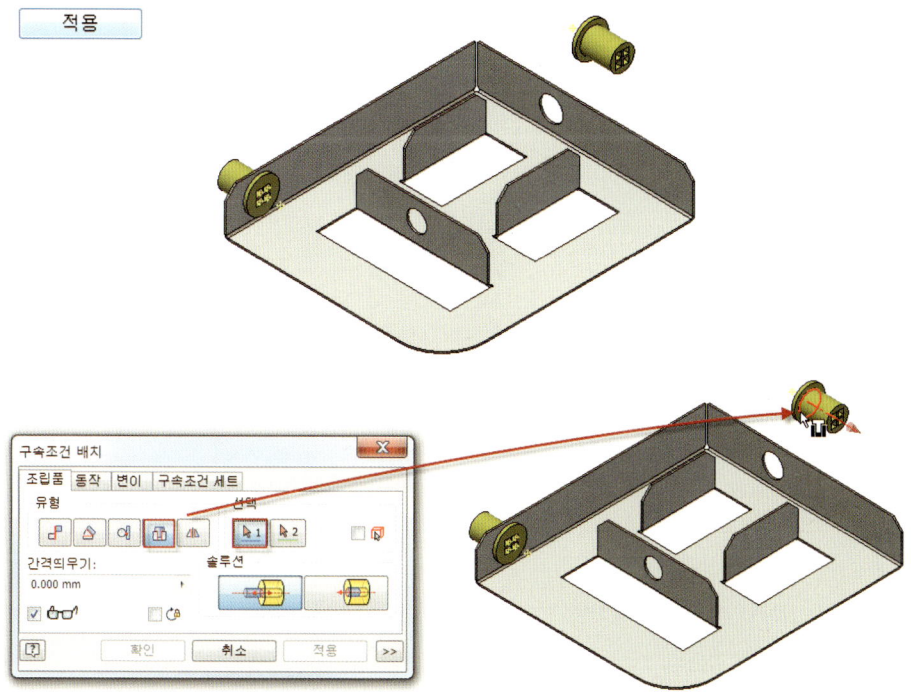

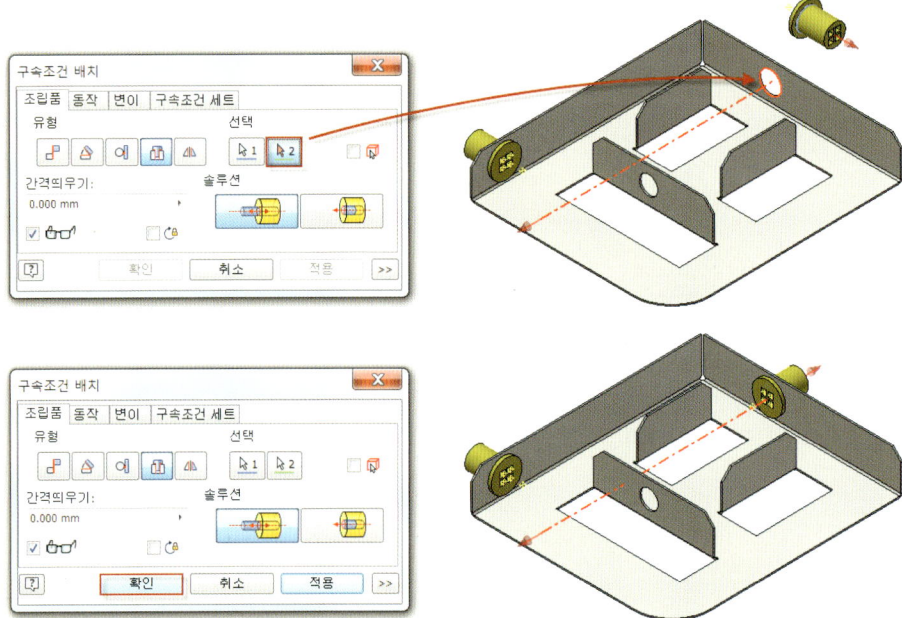

12 확인 버튼을 클릭하여 두 번째 커넥터의 조립을 완성합니다.

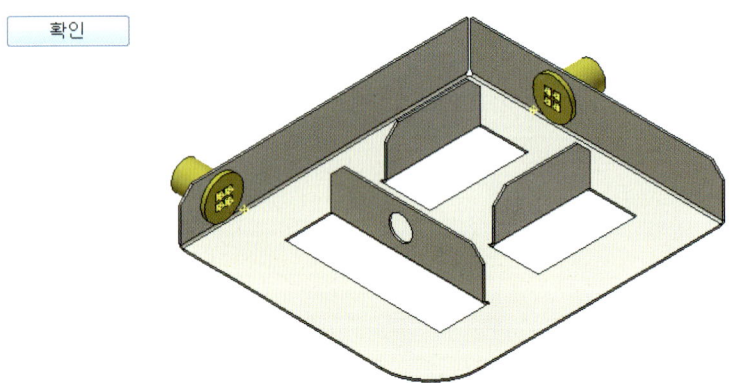

이 간단한 연습은 하네스 하위 조립품을 작성하고 그 안에 커넥터를 배치하는 데 필요한 단계를 보여주는 예제입니다. 하네스 조립품을 작성하기 전에 최상위 레벨 조립품에 커넥터를 배치 한 다음 최상위 레벨 조립품의 구성 요소를 하네스 하위 조립품으로 강등 할 수도 있습니다.

그렇게 하려면 아래와 같이 하면 됩니다.
1 커넥터를 최상위 조립품에 배치합니다.
2 하네스 조립품을 만듭니다.
3 하네스 하위 조립품이 활성화된 상태에서 검색기 막대를 확장합니다.
4 검색기 막대에서 커넥터 구성 요소를 클릭하고 하네스 조립품 아래로 마우스로 드래그하여 내리시면 됩니다.

chapter 18 라우팅 시스템

Note

□ 하네스 설정

검색기 막대에서 하네스 최상위 조립품이 활성화된 상태에서 하네스의 최상위 노드를 마우스 오른쪽 버튼으로 클릭하여 하네스의 설정에 액세스 하여 편집할 수 있습니다.

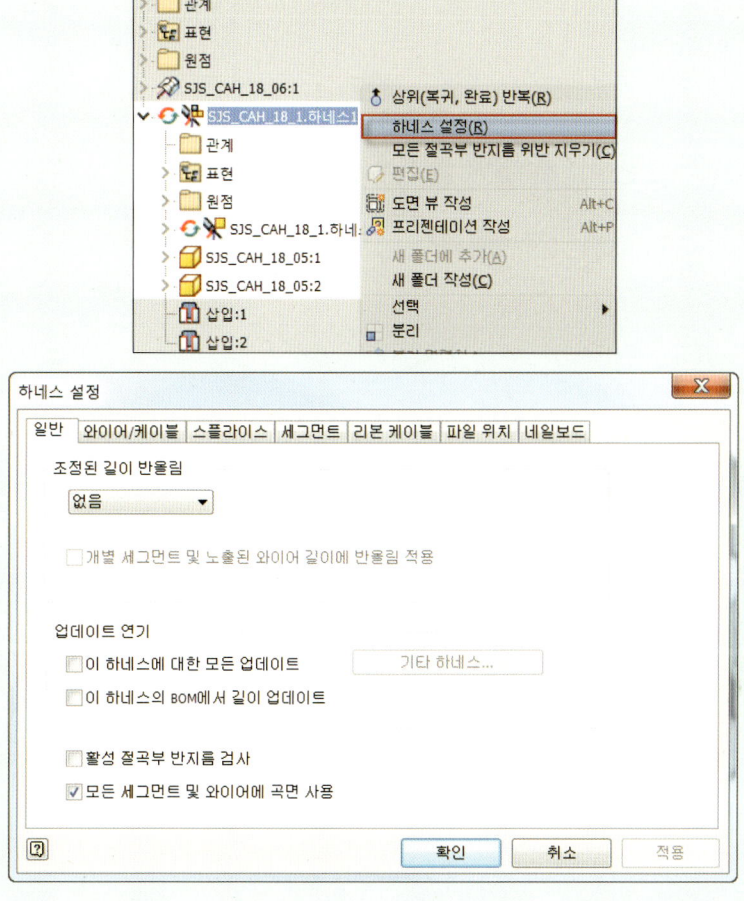

◆ 와이어 배치

하네스 조립품이 만들어지고, 전기 커넥터 부품이 추가되고, 구속되면 와이어 또는 케이블을 추가할 수 있습니다. 와이어가 작성되면 고유한 와이어 ID 이름을 입력하고, 와이어 카테고리를 선택하고, 와이어 이름 (유형)을 설정합니다. 그런 다음 와이어를 실행하려는 두 개의 핀을 선택합니다. 와이어 만들기 도구의 작동 방식을 아래의 예제를 통해 확인해 보겠습니다.

1 시작하기 탭/ 열기 버튼을 클릭합니다.

2 SJS_CAH_18_2.iam 파일을 찾아서 선택한 다음 열기를 합니다.

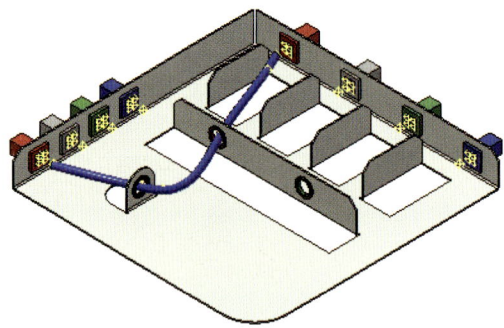

3 하네스 하위 조립품을 두 번 클릭하여 편집을 활성화합니다. (또는 마우스 오른쪽 버튼으로 클릭하고 편집을 선택합니다).

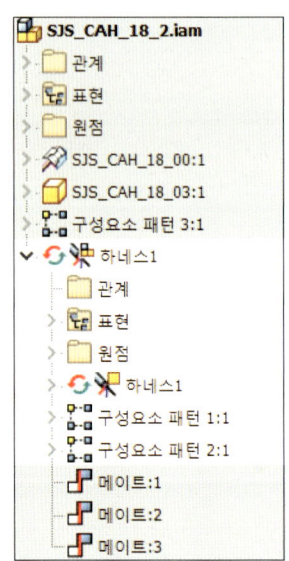

4 케이블 및 하네스 탭/ 와이어 만들기 버튼을 클릭합니다.

chapter 18 라우팅 시스템

5 와이어 ID를 와이어101로 설정하고, 범주 드롭-다운에서 Generic을 선택하고, 이름 드롭-다운을 14AWG-BLK로 설정합니다. 그리고 아래와 같이 핀 1 선택을 위해 빨간색 커넥터 중 하나에서 핀 1 (작업 지점)을 선택합니다. 마우스 포인터를 핀 위에 놓으면 핀 번호가 표시되는 것을 확인할 수 있습니다.

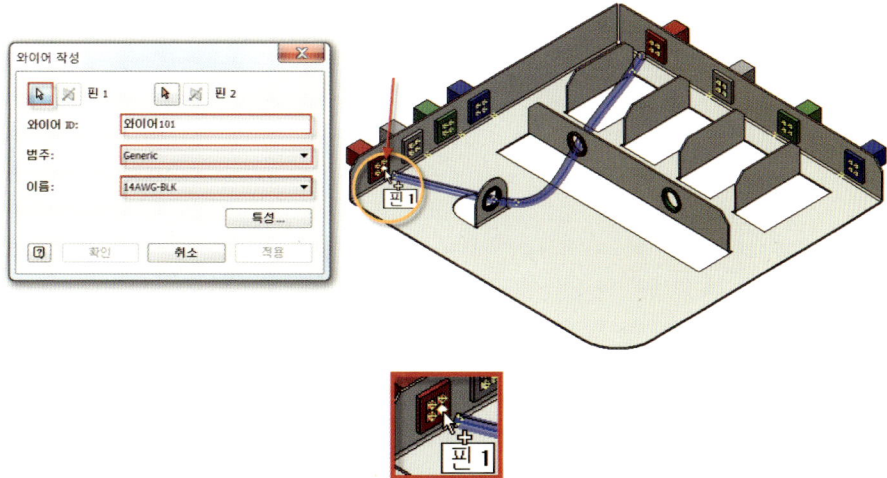

6 두 번째 핀선택을 위해서 다른 빨간색 커넥터의 핀1을 선택합니다.

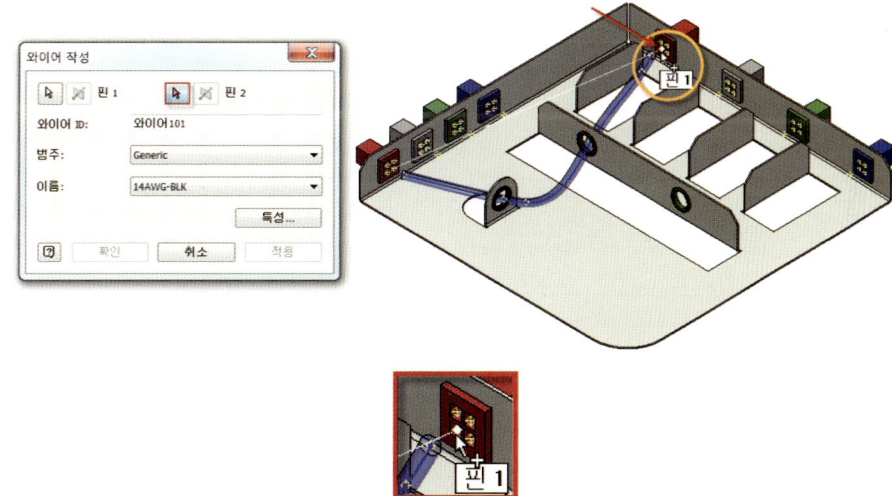

7 적용을 클릭하여 와이어를 설정합니다. 두 개의 커넥터 사이를 직선으로 연결합니다.

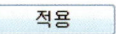

8 여기에 나열된 빨간색 커넥터의 나머지 세 핀을 설정합니다.
- 핀 2 = 와이어 102, 일반 14AWG-RED

525

- 핀 3 = 와이어 103, 일반 14AWG-WHT
- 핀 4 = 와이어 104, 일반 14AWG-GRN

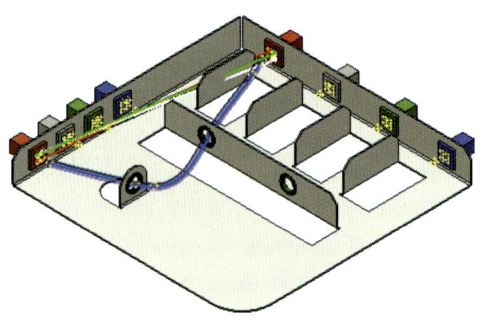

9 취소 버튼을 클릭하여 와이어 만들기 대화 상자를 종료합니다.

10 이 조립품에는 세그먼트 (파란색 와이어 묶음)가 이미 생성되어 있는 것을 확인하실 수 있습니다. 와이어를 세그먼트 안으로 라우팅하려면 **루트 패널/ 루트** 버튼을 클릭합니다.

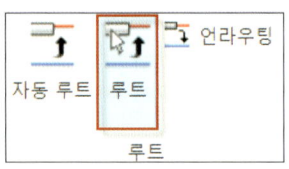

11 와이어 선택을 위해 와이어101~와이어104를 선택한 다음 첫 번째 세그먼트 선택을 위한 세그먼트를 클릭합니다. 여기서는 세그먼트가 하나만 있기 때문에 단일 세그먼트 확인란을 선택해야 합니다. 그런 다음 적용 버튼을 클릭합니다. 세그먼트는 와이어를 기준으로 크기가 줄어들 것입니다.

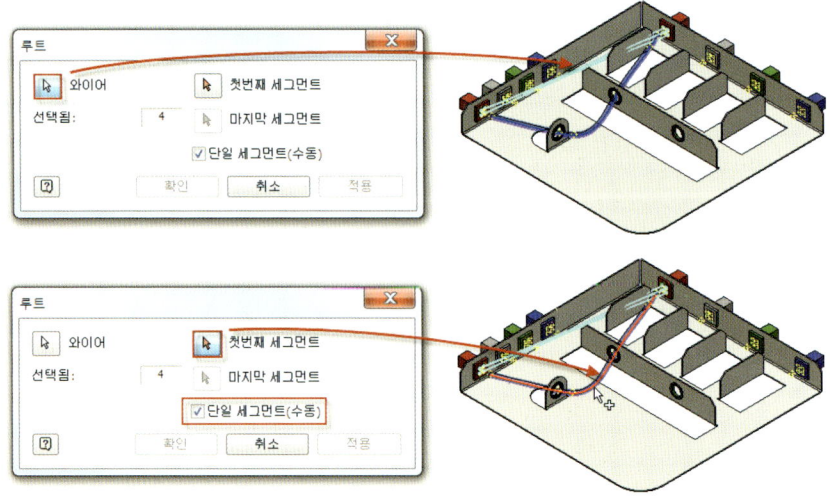

12 취소 버튼을 클릭하여 경로 대화 상자를 종료합니다.

13 이번에는 **루트 패널/ 자동 루트** 버튼을 클릭해 봅니다.

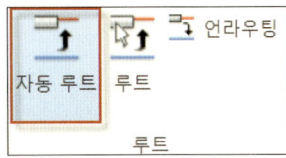

14 자동 루트 대화 상자에서 언라우팅된 모든 와이어 확인란을 선택하고 확인 버튼을 클릭합니다.

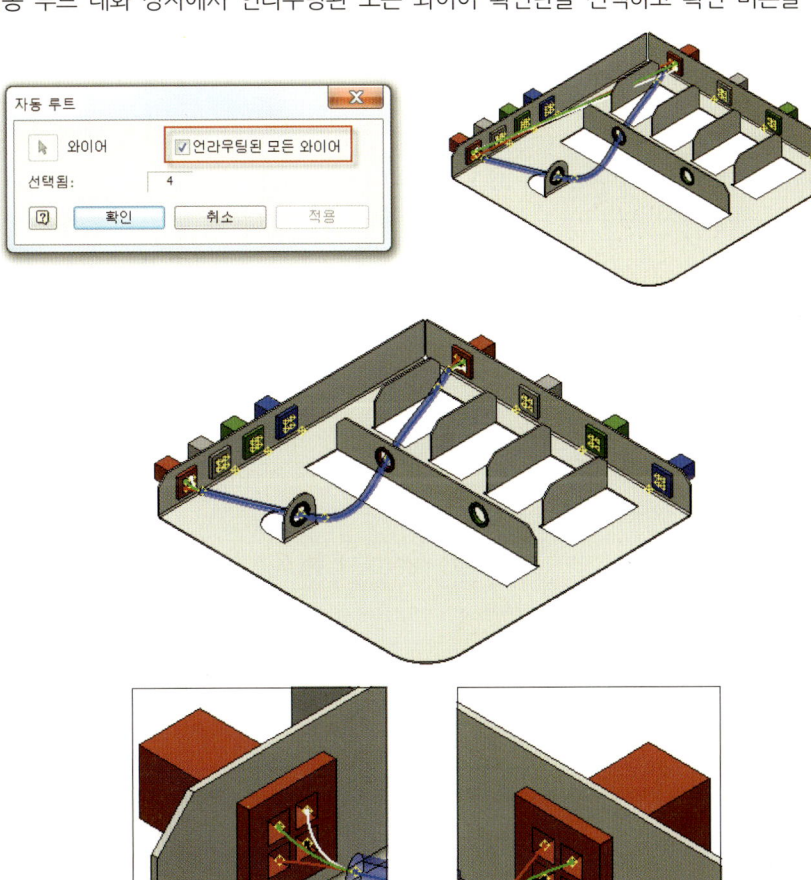

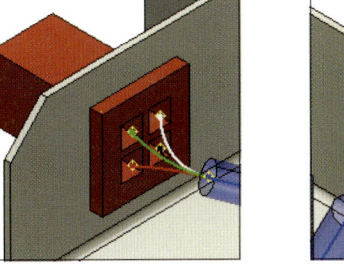
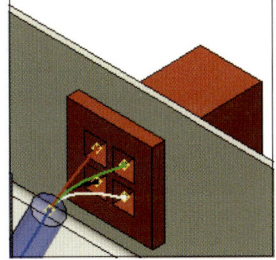

15 검색기 막대에서 하네스1 부품 노드를 확장하면 작성한 모든 와이어가 포함된 와이어 폴더가 표시됩니다. 와이어101을 마우스 오른쪽 버튼으로 클릭하고 하네스 특성을 선택합니다.

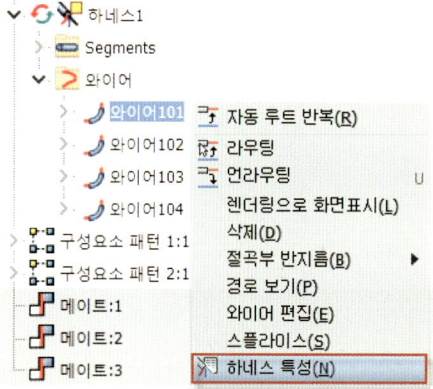

16 이 와이어에서 사용 가능한 읽기/ 쓰기 및 읽기 전용 속성이 어떤 것이 있는지를 검사하려면 발생 탭부터 사용자 탭까지 클릭하여 탐색을 통해 확인해 봅니다. 탐색 확인 작업이 끝나면 발생 탭으로 돌아가서 절곡부 반지름을 2 × 지름으로 설정한 다음 확인 버튼을 클릭합니다.

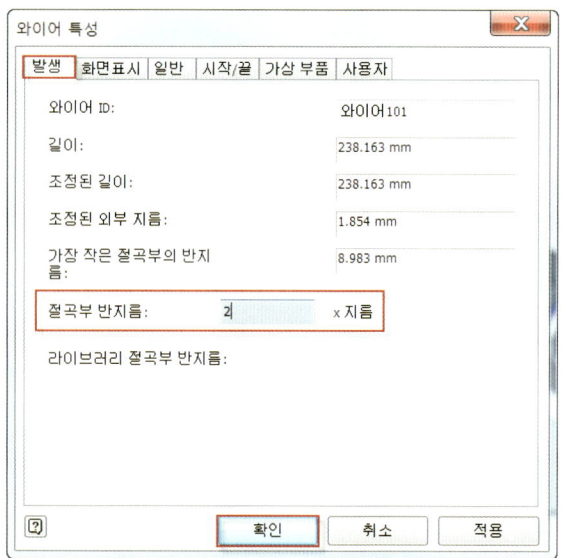

17 검색기 막대에서 와이어 폴더를 마우스 오른쪽 버튼으로 클릭하고 절곡부 반지름 ➤ 모든 절곡부 반지름 확인을 선택합니다.

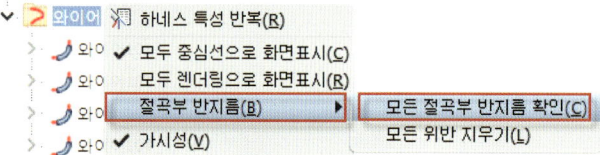

또는 **케이블 및 하네스 탭/ 관리 패널/ 절곡부 반지름 확인** 버튼을 클릭하여 확인할 수도 있습니다.

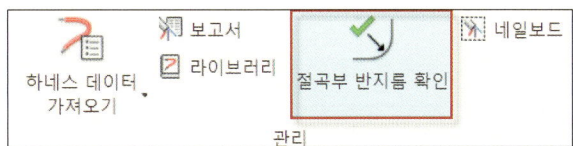

18 하나 이상의 객체에 빈 절곡부 반지름이 포함되어 있다는 경고가 표시됩니다.

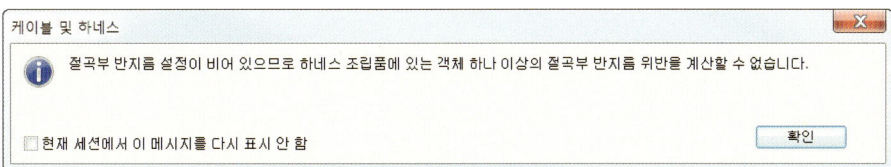

19 확인 단추를 클릭하고 102-104 선은 브라우저에서 경고 아이콘으로 표시됩니다. 이 경우 경고는 절곡부 반지름이 설정되지 않았음을 나타내는 것입니다. 경고가 뜬 와이어를 선택한 다음 마우스 오른쪽 버튼으로 클릭하고 하네스 특성을 선택합니다.

절곡부 반지름을 2 x 지름으로 설정한 다음 절곡부 반지름 검사를 반복하면 경고 메시지가 사라질 것입니다. 모델의 각 와이어에 대한 절곡부 반지름이 해당 와이어의 설정과 일치하면 더 이상 검사를 하지 않아도 됩니다.

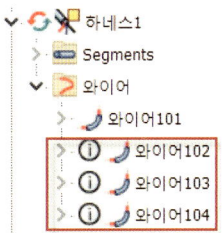

20 케이블 및 하네스 완료 버튼을 클릭하여 최상위 조립품으로 돌아갑니다.

※ 세그먼트 관련 편집은 나중에 "세그먼트 배치 및 편집"섹션에서 다룰 것입니다.

◆ **케이블 및 하네스 라이브러리 사용**

케이블 및 하네스 라이브러리는 설계 데이터 폴더에 있지만 하네스 별로 설정할 수 있습니다. 대부분의 경우 Inventor Design Data 폴더 별로 구성을 해야 합니다. 설정한 다음 파일 위치 탭을 선택할 수 있습니다. 기본적으로 설치되는 라이브러리 파일은 C:\Users\Public\Documents\Autodesk\Inventor 2019\Design Data\Cable & Harness\ko-KR\Cable&HarnessDefaultLibrary.iwl입니다. Inventor 프로젝트 파일 (* .ipj)의 설계 데이터 경로를 확인하거나 응용 프로그램 옵션 대화 상자의 파일 탭을 선택하여 이 파일을 찾을 수 있습니다. 설정된 경우 프로젝트 디자인 데이터 경로가 응용 프로그램의 옵션 경로보다 우선한다는 사실을 반드시 알아야 합니다.

케이블 및 하네스 라이브러리에 객체를 추가하려면 케이블 및 하네스 탭/ 관리 패널/ 라이브러리 버튼을 클릭합니다. 새로운 와이어, 케이블 및 세그먼트 객체를 추가할 수 있습니다. 이름을 지정하고 사용자만의 객체 유형을 만들 수 있습니다.

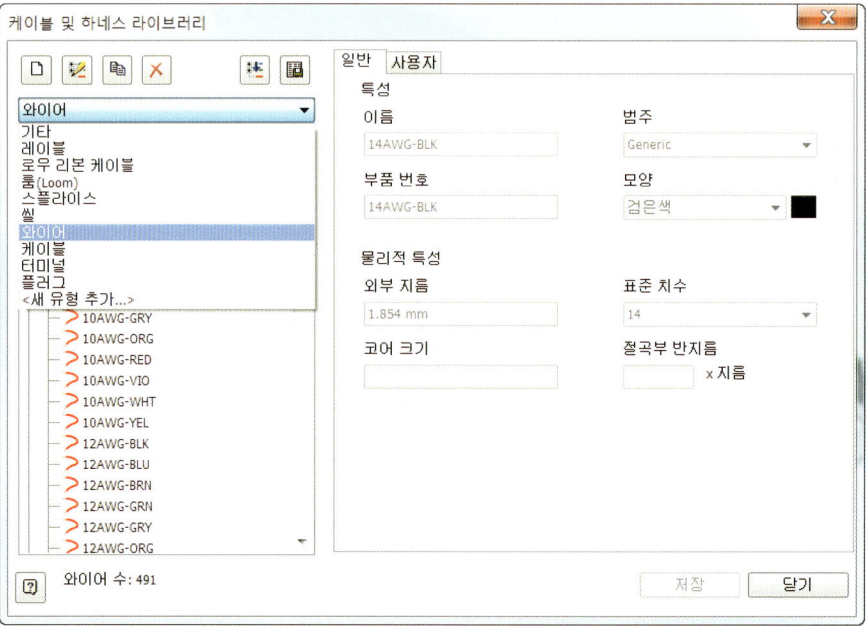

◆ 케이블 배치

케이블 추가 방법은 와이어 추가 방법과 같습니다.

1 시작하기 탭/ 열기 버튼을 클릭합니다.

chapter 18 라우팅 시스템

2 SJS_CAH_18_3.iam 파일을 찾아서 선택한 다음 열기를 합니다.

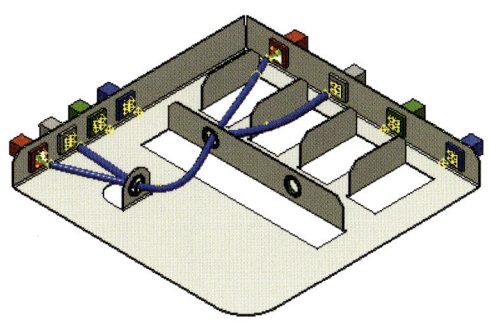

3 하네스 하위 조립품을 두 번 클릭하여 편집할 활성 상태로 설정하거나 마우스 오른쪽 버튼을 클릭하고 편집을 선택합니다.

4 **케이블 및 하네스 탭/ 케이블 작성** 버튼을 클릭합니다.

5 Cable ID를 케이블201로 설정하고 범주를 Alpha로 설정합니다. 이름 드롭-다운에서 2254/4를 선택을 합니다. 도체 ID 1이 활성으로 설정됨에 유의해야 합니다.

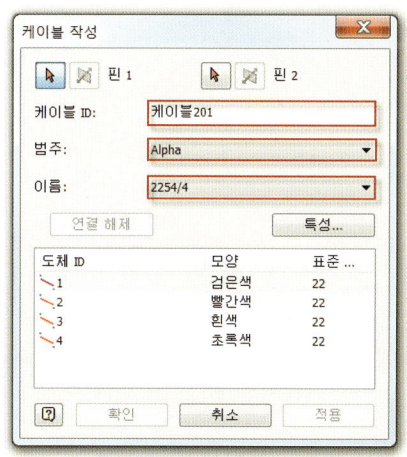
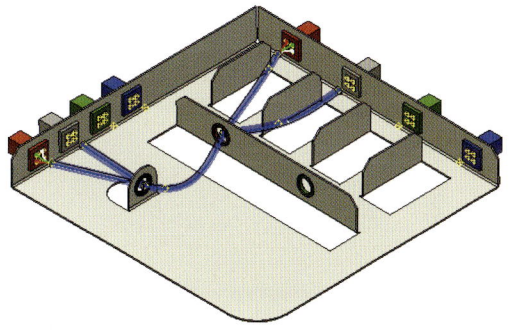

531

6 핀1 선택을 위해 회색 커넥터 중 하나에서 핀1 (작업 점)을 선택합니다. 마우스 포인터를 핀 위에 놓으면 핀 번호가 표시될 것입니다.

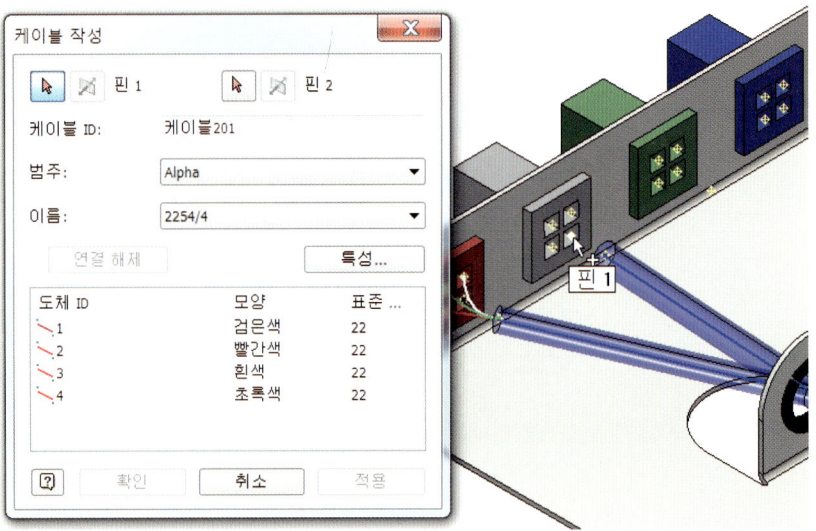

7 두 번째 선택을 위해 다른 회색 커넥터의 핀1 (작업 점)을 선택합니다. 도체 ID는 자동으로 다음 줄로 진행됩니다.

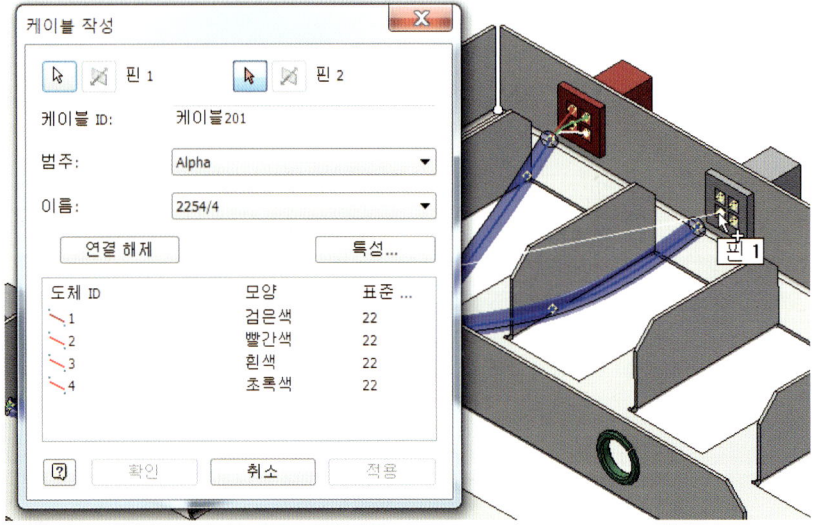

8 적용 버튼을 클릭합니다.

9 여기에 나열된 나머지 커넥터의 케이블을 아래와 같이 설정합니다.
- 핀 2 = 케이블201: 2, 빨간색
- 핀 3 = 케이블201: 3, 흰색
- 핀 4 = 케이블201: 4, 녹색

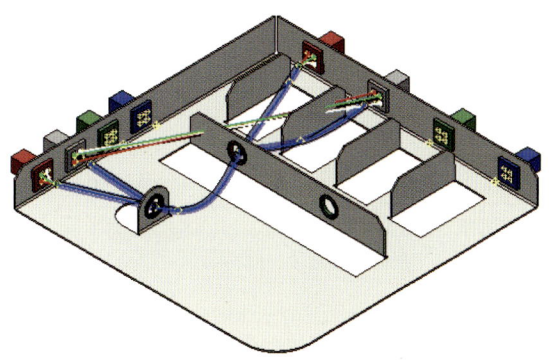

10 확인 단추를 클릭하여 케이블 작성을 완료합니다.

11 루트 패널/ 자동 루트 버튼을 클릭합니다.

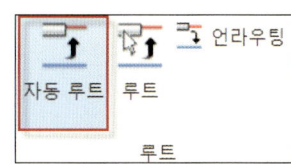

12 자동 루트 대화 상자에서 언라우팅된 모든 와이어 확인란을 선택하고 확인 버튼을 클릭합니다.

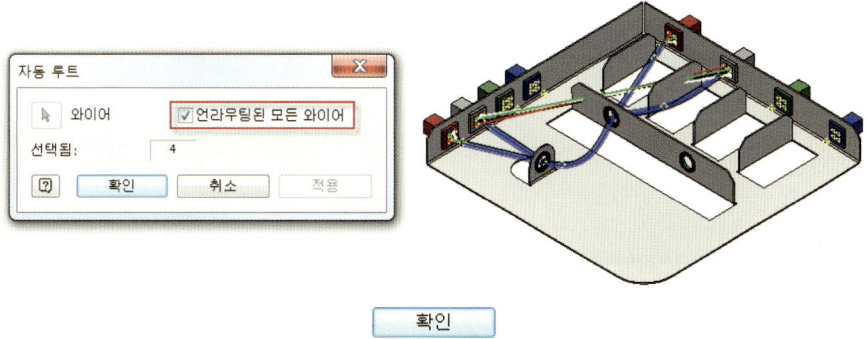

13 검색기 막대에서 케이블 폴더를 확장한 다음 나열된 케이블을 마우스 오른쪽 단추로 클릭하고 하네스 특성을 선택합니다. 절곡부 반지름을 10 × 지름으로 설정합니다. 입력 상자를 클릭하면 케이블 및 하네스 라이브러리에서 값이 추출되고 있음을 알 수 있습니다.

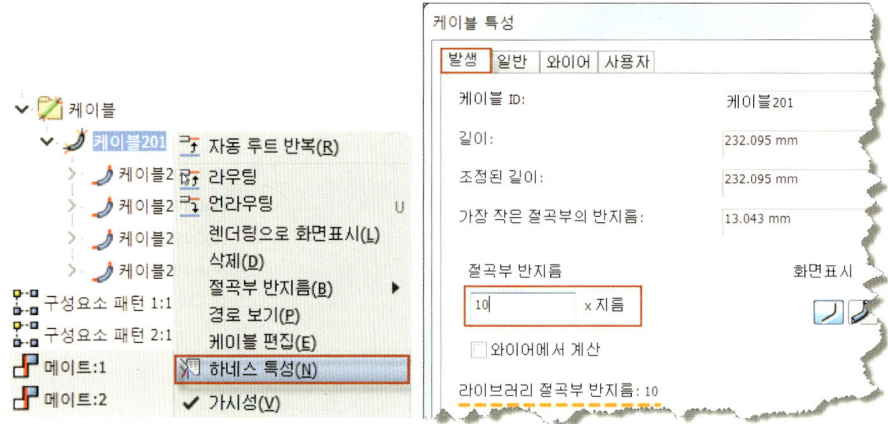

14 대화 상자를 종료하려면 확인 버튼을 클릭합니다.

15 케이블을 마우스 오른쪽 버튼으로 클릭하고 절곡부 반지름 ➤ 확인을 선택합니다. 경고 대화 상자에서 확인 버튼을 클릭합니다.

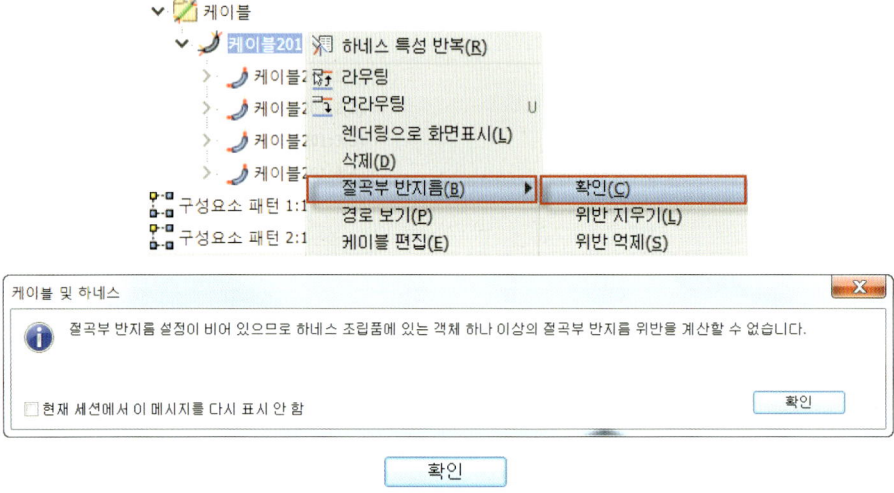

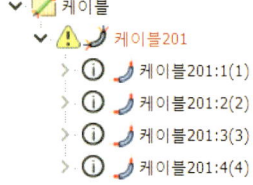

16 검색기 막대에서 케이블 노드가 빨간색으로 변하고 옆에 경고 기호가 표시되어 문제를 나타냅니다.

chapter 18 라우팅 시스템

17 검색기 막대에서 마우스 오른쪽 버튼을 클릭하고 절곡부 반지름 ➤ 위반 표시를 선택합니다. 그 래픽 영역의 세그먼트에 빨간색 마커가 대화 상자와 함께 표시될 것입니다. 확인 버튼을 클릭합니다.

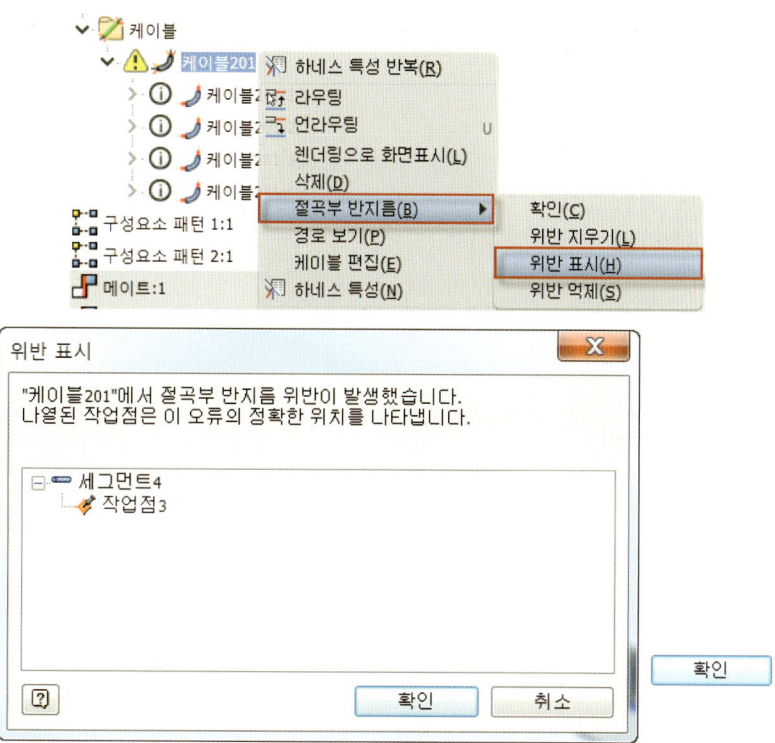

18 검색기 막대에서 각각의 케이블을 선택 후 마우스 오른쪽 버튼을 클릭하여 하네스 특성을 클릭합니다. 절곡부 반지름을 10x지름으로 수정합니다.

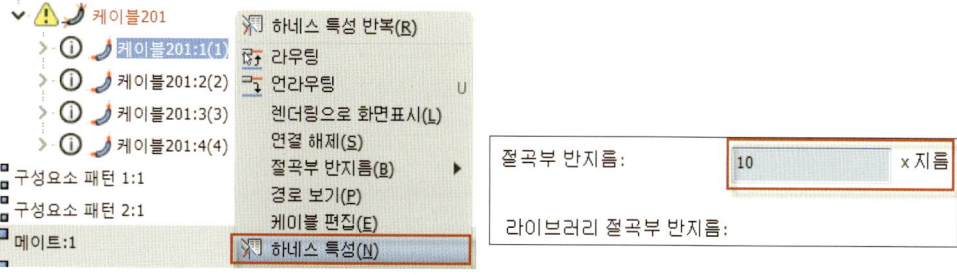

19 확인 버튼을 클릭합니다.

20 검색기 막대에서 케이블을 선택 후 마우스 오른쪽 버튼을 클릭하여 절곡부 반지름 ➤ 확인을 클릭합니다.

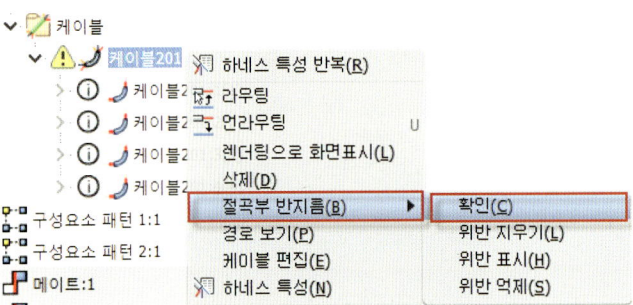

21 다시 검색기 막대에서 케이블을 선택 후 마우스 오른쪽 버튼을 클릭하여 절곡부 반지름 ➤ 위반 지우기를 클릭합니다.

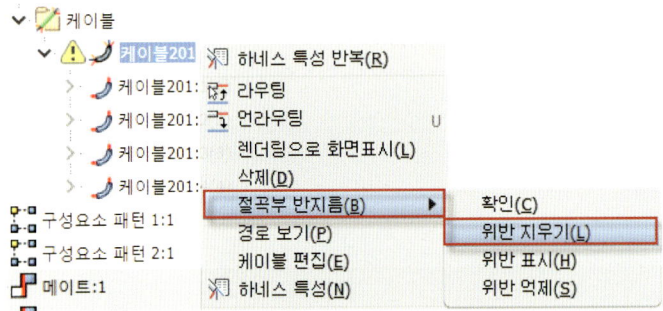

22 그러면 아래와 같이 표시될 것입니다.

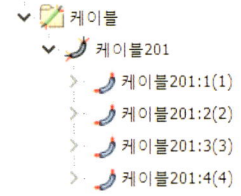

23 케이블 및 하네스 완료 버튼을 클릭하여 최상위 조립품으로 돌아갑니다.

절곡부 반지름 확인 기능을 사용하면 설계 시 문제가 되는 영역을 찾을 수 있습니다. 케이블 루트의 상태를 수정하거나 조립품의 구성 요소 및 피쳐를 이동하여 세그먼트 점을 조정하여 위반 사항을 해결

할 수 있습니다. 종종 설계는 조립품 배치와 케이블 라우팅 모두를 조정해야 할 수도 있습니다. 그러나 절곡부 반지름 위반 여부를 확인할 수 있어야 조정 대상을 결정할 수 있는 것입니다.

다음 섹션에서는 세그먼트 생성 및 편집에 대해 살펴 보겠습니다.

◆ **세그먼트 배치 및 편집**

세그먼트는 간섭을 피하고 벤드 반경이 너무 좁을 수 있는 문제 영역을 식별하기 위해 와이어 및 케이블을 설계를 통해 실행할 루트를 정의하는 데 사용됩니다. 선상 또는 옵셋 기하학을 화면 상에 선택하여 세그먼트를 생성합니다. 각 선택 점 또는 옵셋 점에 대해 작업 점이 만들어집니다. 세그먼트가 생성되면 점을 추가하거나 기존 점을 다시 정의하여 세그먼트를 다시 정의할 수 있습니다. 케이블 도구를 탐색하려면 Mastering Inventor 2015 폴더의 18 장 디렉토리에서 파일 mi_18a_024.iam을 엽니다.

그런 다음 다음 단계를 따르십시오.

1 시작하기 탭/ 열기 버튼을 클릭합니다.

2 SJS_CAH_18_4.iam 파일을 찾아서 선택한 다음 열기를 합니다.

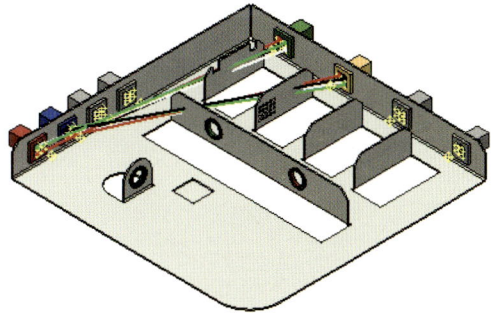

3 하네스 하위 조립품을 두 번 클릭하여 편집할 활성 상태로 설정하거나 마우스 오른쪽 버튼을 클릭하고 편집을 선택합니다.

4 케이블 및 하네스 탭/ 작성 패널/ 세그먼트 생성 버튼을 클릭합니다.

5 먼저 빨간색에서 녹색 커넥터로 루트 세그먼트를 실행할 것입니다.

6 세그먼트의 시작점에 빨간색 커넥터 앞의 작업 점을 선택합니다.

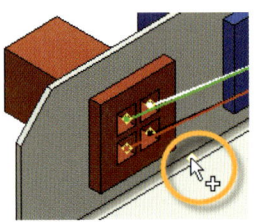

7 검은 색 고리 모양 부품의 구멍에서 둥근 모서리를 클릭합니다. 그러면 고리의 중심이 선택됩니다.

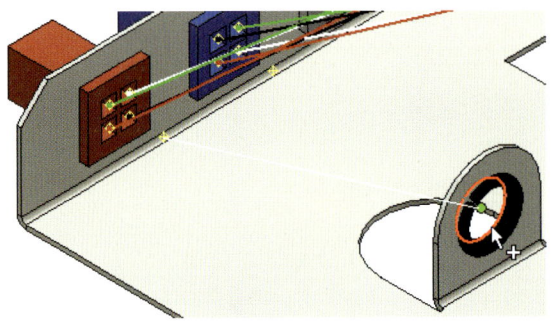

8 녹색 고기 모양 부품의 구멍에서 이 작업을 반복합니다.

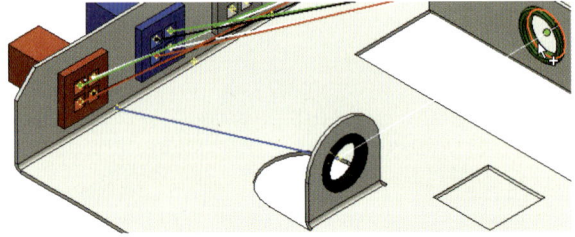

9 세 번째 점에 대해 두 개의 정사각형 노치가 있는 플랜지의 면에 마우스 커서를 놓고 마우스 오른쪽 버튼을 클릭한 다음 간격 띄우기를 선택합니다. 간격 띄우기 값을 10mm로 변경 후 확인 버튼을 클릭합니다. 그리고 두 개의 정사각형 노치가 있는 플랜지의 중앙에서 대충 면을 선택합니다.

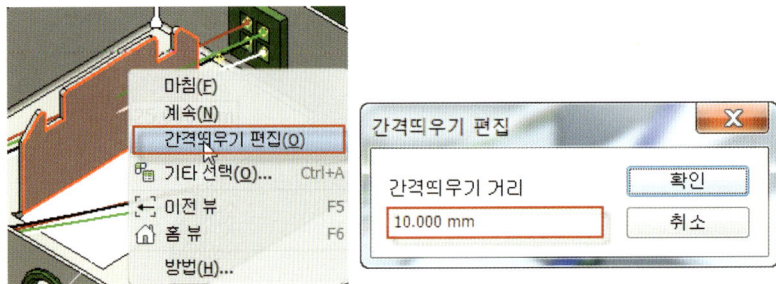

chapter 18 라우팅 시스템

10 녹색 커넥터 앞의 작업 점을 선택합니다.

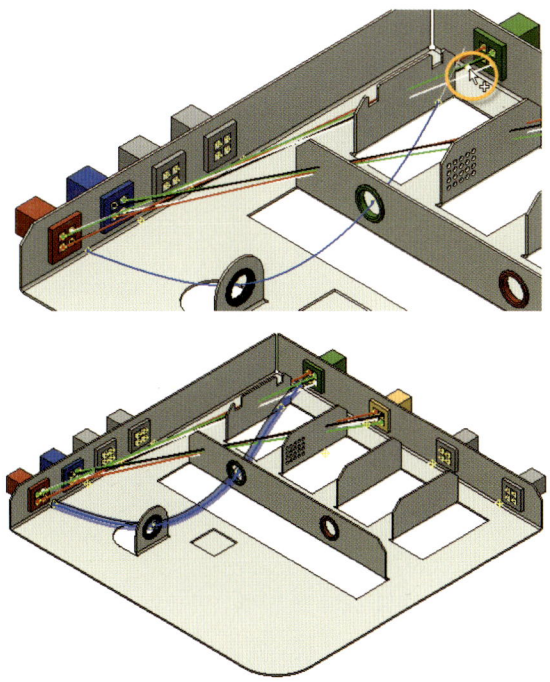

11 마우스 오른쪽 단추를 클릭하고 계속을 선택합니다.

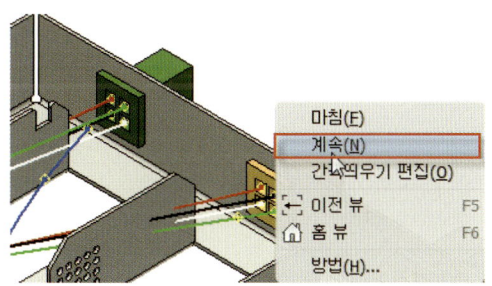

12 주황색 커넥터 앞의 작업 점을 선택합니다.

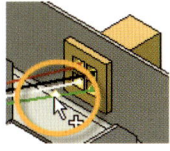

13 두 번째 점에 대해 구멍이 있는 플랜지의 면에 마우스 커서를 놓고 마우스 오른쪽 버튼을 클릭한 다음 간격 띄우기를 선택합니다. 간격 띄우기 값을 10mm로 변경 후 확인 버튼을 클릭합니다. 그리고 구멍이 있는 플랜지의 중앙에서 대충 면을 선택합니다.

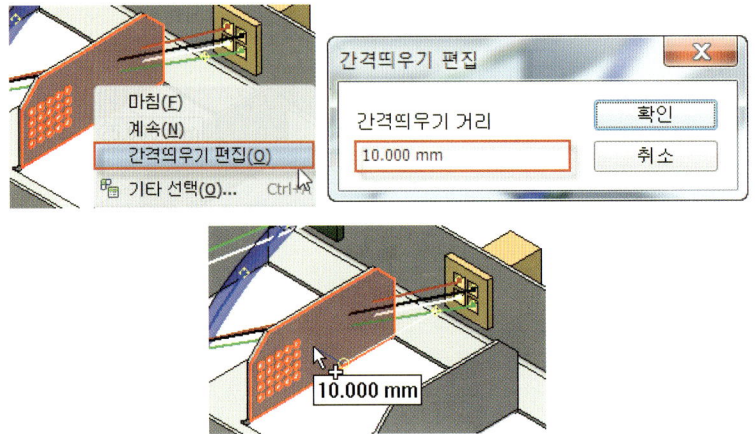

14 녹색 고리 구멍의 가운데에서 작업 점을 클릭하고 마우스 오른쪽 버튼을 클릭하고 마침을 선택합니다.

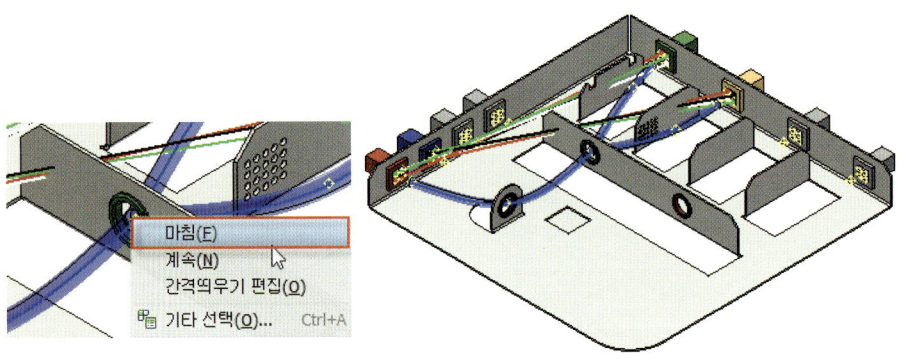

자동 루트 도구를 사용하여 모든 배선되지 않은 전선 옵션을 선택하여 전선을 세그먼트를 통해 라우팅을 합니다.

1 케이블 및 하네스 탭/ 루트 패널/ 자동 루트 버튼을 클릭합니다.

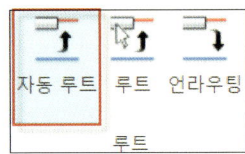

chapter 18 라우팅 시스템

2 이렇게 하면 다음과 같은 두 가지 사실을 알게 될 것입니다.
- 와이어 지름을 보정하기 위해 세그먼트가 조정됩니다.
- 파란색 커넥터에서 나오는 케이블이 바람직하지 않은 방식으로 연결되었습니다.

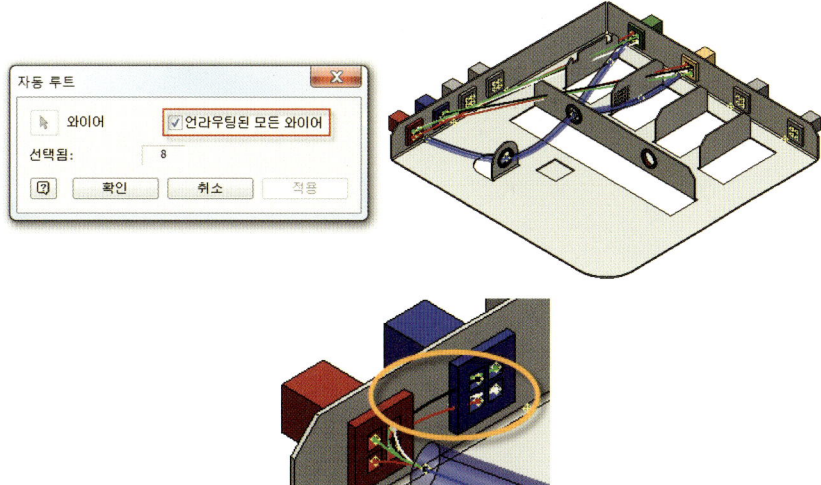

3 **케이블 및 하네스 탭/ 루트 패널/ 언라우팅** 버튼을 클릭합니다.

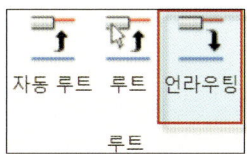

연결 해제 도구를 사용하고 파란색 커넥터에서 와이어를 선택합니다. 그들은 모두 케이블에 속해 있기 때문에 하나만 선택하면 모든 것이 강조됩니다.

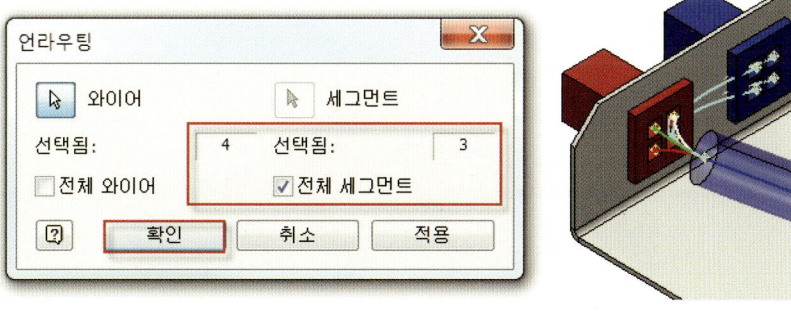

4 확인 버튼을 클릭합니다.

541

5 그러면 아래와 같이 다시 파란색 커넥터의 와이어들이 언라우팅이 됩니다.

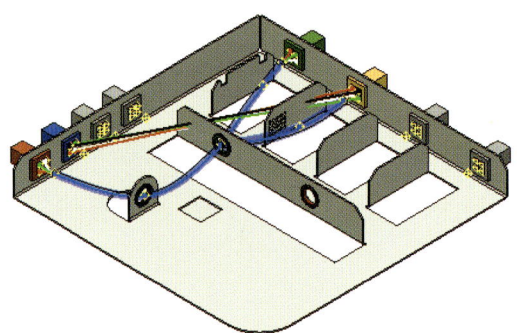

케이블을 연결 해제 한 후에는 세그먼트 생성 도구를 사용하여 파란색 커넥터에서 검은색 고리 모양 부품의 구멍까지 새 세그먼트를 만든 다음 경로 또는 자동 루트를 사용하여 케이블을 다시 라우팅을 할 수 있습니다.

◆ 네일 보드 도면 만들기

하네스 문서화는 전통적인 네일 보드 도면과 같이 하네스를 상세히 설명하기 위한 목적으로 제작된 도구를 사용하면 매우 간단합니다.

1 시작하기 탭/ 열기 버튼을 클릭합니다.

2 SJS_CAH_18_4_Complete.iam 파일을 찾아서 선택한 다음 열기를 합니다.

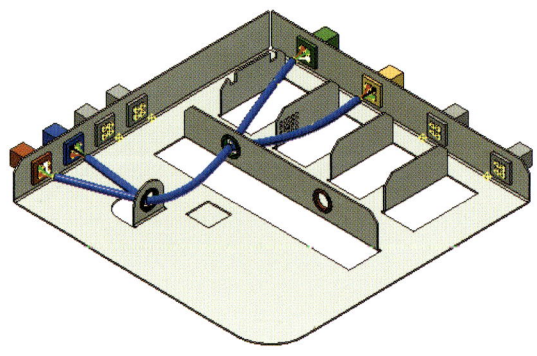

3 하네스 하위 조립품을 두 번 클릭하여 편집을 활성화하거나 마우스 오른쪽 버튼으로 클릭하고 편집을 선택합니다.

chapter 18 라우팅 시스템

4 케이블 및 하네스 탭/ 네일 보드 버튼을 클릭합니다.

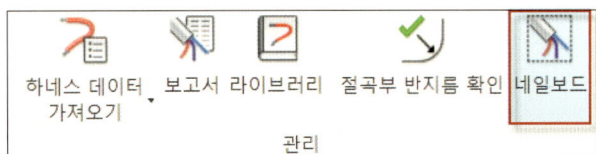

5 템플릿 열기 대화 상자에서 원하는 도면 템플릿을 선택하고 확인 버튼을 클릭합니다.

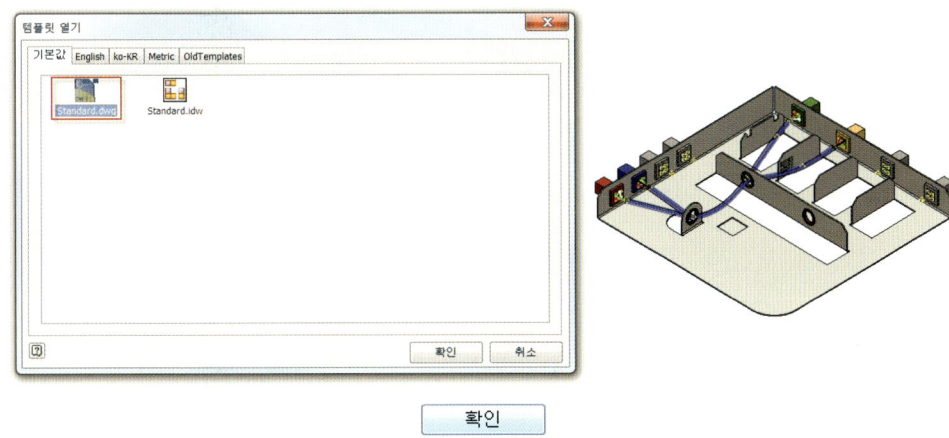

6 도면 내에서 활성 스케치로 들어갑니다. 네일 보드 스케치 도구로 전환하려면 네일 보드 탭을 클릭합니다.

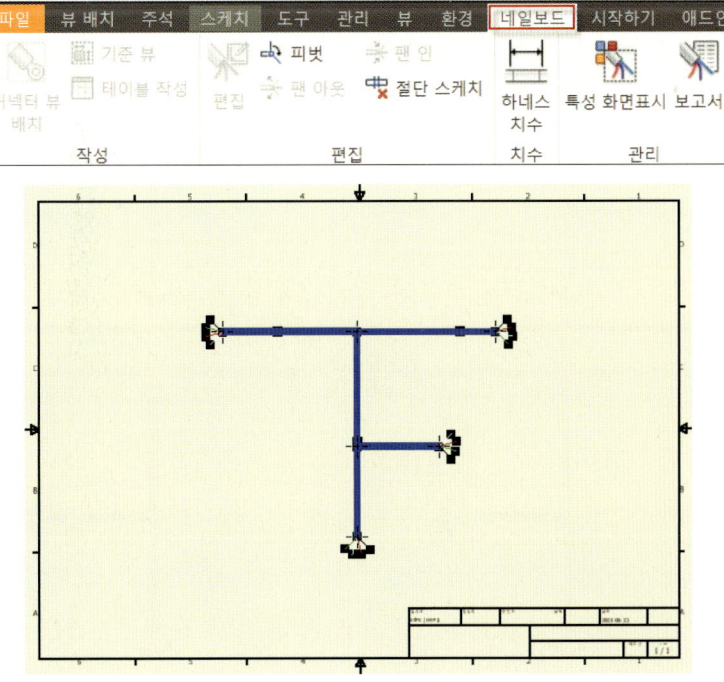

7 하네스 치수 도구를 사용하여 하네스의 점에서 치수를 배치합니다. 이들은 현재 구동 스케치 치수로 표시되지만 스케치 모드에서 벗어나 일단 도면 스타일 치수로 표시됩니다.

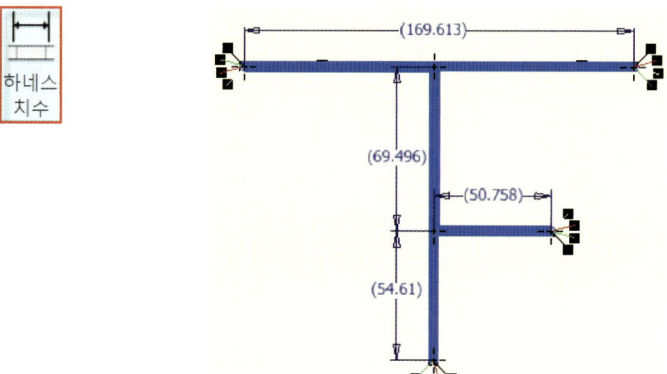

8 네일 보드 탭/ 편집 패널/ 피벗 버튼을 클릭합니다.

9 90도 교차점 중 하나에서 스케치 점을 선택합니다. 그런 다음 하네스 다리의 스케치 끝점을 클릭하고 각도를 회전하여 끕니다. 마우스 오른쪽 버튼을 클릭하고 마침을 선택합니다.

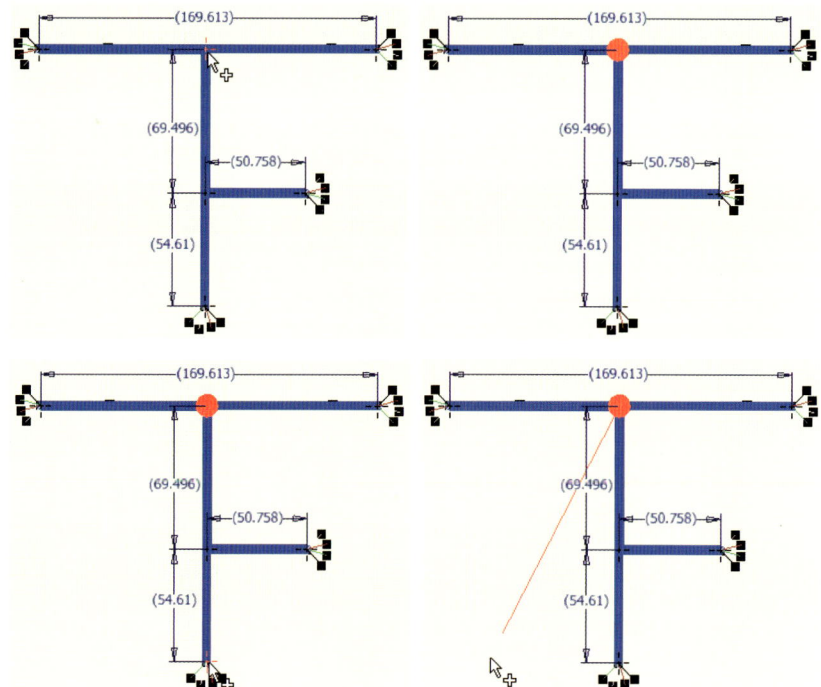

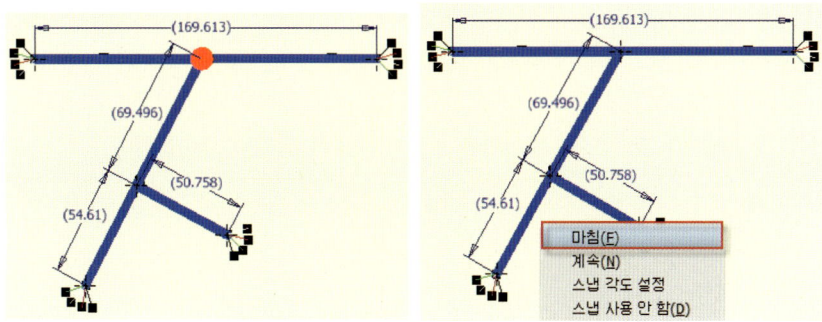

10 하네스의 끝까지 확대하고 모든 와이어를 선택합니다.

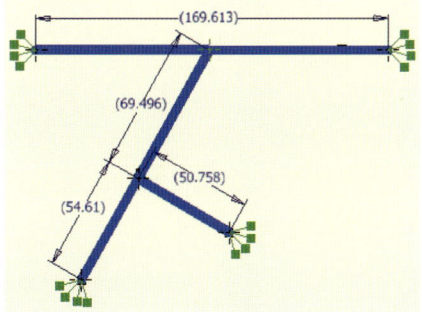

11 모든 와이어가 선택되면 네일 보드 탭에서 팬 인 및 팬 아웃 버튼을 사용할 수 있습니다. 팬 아웃 버튼을 클릭하고 180을 입력한 다음 확인 버튼을 클릭합니다.

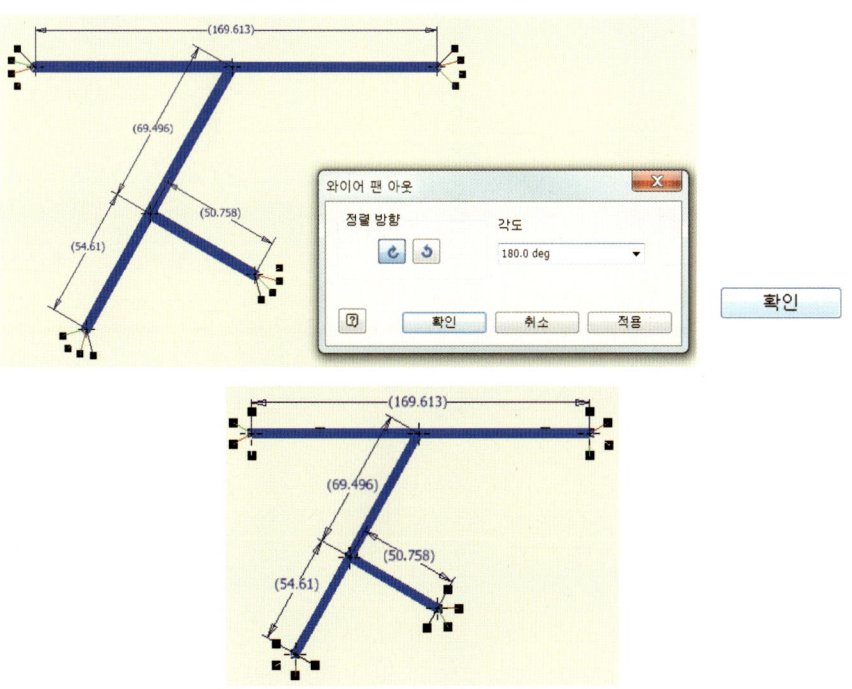

545

⓬ 와이어 팬 각도의 변화에 유의해야 합니다. 전체 하네스를 창에 배치하고 팬 인/ 팬 아웃 도구를 사용하여 모든 팬을 동일한 각도로 설정할 수 있습니다. 필요한 경우 각 와이어를 수동으로 클릭하고 끌 수도 있습니다.

⓭ 치수, 다리 피봇 및 팬 각도가 충족되면 스케치 마무리 버튼을 클릭합니다.

⓮ 네일 보드 탭/ 작성 패널/ 커넥터 배치 버튼을 클릭합니다.

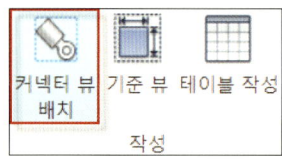

⓯ 기본값을 수락하고 확인 버튼을 클릭합니다.

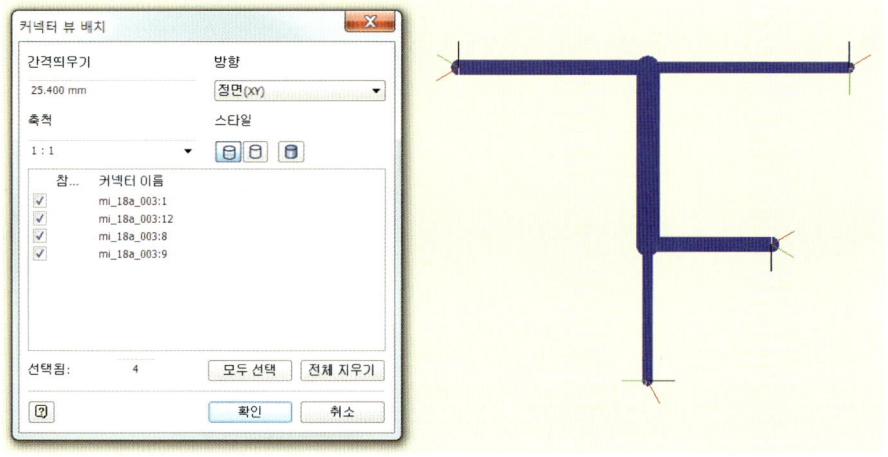

⓰ 각 커넥터의 도면은 각 선 팬 근처에 배치되어 있습니다.

Chapter **19**

플라스틱 부품 (소성 부품) 설계

01 플라스틱 부품 설계상의 특징

얇은 벽체를 가지는 플라스틱 부품을 만들 때에는 다음의 두 가지 일반적인 방법 중 하나를 선택하여 시작할 수 있습니다. 첫 번째 접근 방법은 단단한 솔리드 형태에서 얇은 부품으로 살 두께를 만드는 방법이고, 두 번째 접근 방법은 표면으로 시작하여 살 두께를 두껍게 하는 방법입니다.

이러한 방법이 서로 다른 시작 점에서 얇은 벽체 형상에 접근하더라도 최종 결과는 동일하게 만들 수 있습니다. 또한 필요에 따라 두 가지 방법을 혼합하고 일치시켜서 플라스틱 부품 설계를 완성 할 수 있습니다. 일반적으로 기본 형상 피쳐를 설정하면 다른 플라스틱 부품 형상 피쳐가 추가됩니다. Autodesk Inventor Professional 2019는 부품 모델링 환경에서 작업 할 때 플라스틱 부품을 작성하기 위한 여러 가지 특수 도구를 가지고 있습니다. 이러한 도구는 3D 모델 탭의 플라스틱 부품 패널에서 찾을 수 있습니다.

두껍게 하기/ 간격 띄우기(Thicken/ Offset) 및 쉘(Shell)과 같은 이 장에서 다루는 많은 도구들이 모든 유형의 부품을 설계하는데 사용되지만 일반적으로 플라스틱 전용 도구와 함께 많이 사용되고 있습니다.

이 장에서는 다음과 같은 내용을 배우게 될 것입니다.

- 두껍게 하기/ 간격 띄우기 기능 활용하기
- 쉘 기능 활용하기
- 분할 피쳐 기능 활용하기
- 그릴 기능 활용하기
- 규칙 모깎기 기능 활용하기
- 보스 피쳐 기능 활용하기
- 레스트 피쳐 기능 활용하기
- 립 및 그루브 피쳐 기능 활용하기
- 스냅 맞춤 기능 활용하기
- 립 및 웹 기능 활용하기
- 구배(드래프트) 기능 활용하기
- 사출 성형 금형 제작

 두껍게 하기/ 간격 띄우기 기능 활용하기

Autodesk Inventor Professional 2019에서는 두껍게 하기/ 간격 띄우기 기능을 사용하여 곡면 피쳐에 두께를 추가하여 얇은 벽체의 3D 솔리드 모델을 작성할 수 있습니다. 이 도구를 사용하여 곡면을 만들고 솔리드 형태의 재질을 제거 할 수는 있지만, 일반적으로 두껍게 하기/ 간격 띄우기 기능을 사용하여

얇은 벽체의 플라스틱을 만들 때에는 기존 곡면 피쳐를 선택하여 두껍게 한 다음 출력 유형을 3D 솔리드 형상으로 생성하는 것입니다.

두껍게 하기/ 간격 띄우기 형상 피쳐 사용하기

두껍게 하기 방법을 사용하여 얇은 벽체를 가지는 부품을 만들려면 다음과 같은 방법으로 하시면 됩니다.

1 시작하기 탭에서 열기 명령어를 클릭하고 자주 사용하는 하위 폴더 목록에서 Chapter_19_플라스틱 설계 폴더를 선택한 다음 SJS_Plastic_Model_Profile_Open.ipt를 찾아서 선택하고 열기를 합니다.

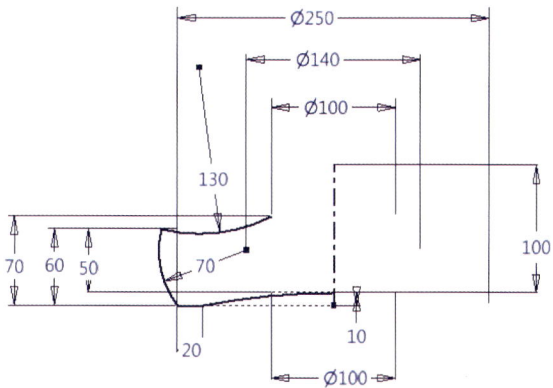

2 3D 모형 탭/ 작성 패널/ 회전 도구를 선택하고 스케치가 열려있는 프로파일이기 때문에 출력이 곡면으로 기본 설정되어 있는 것을 확인할 수 있습니다.

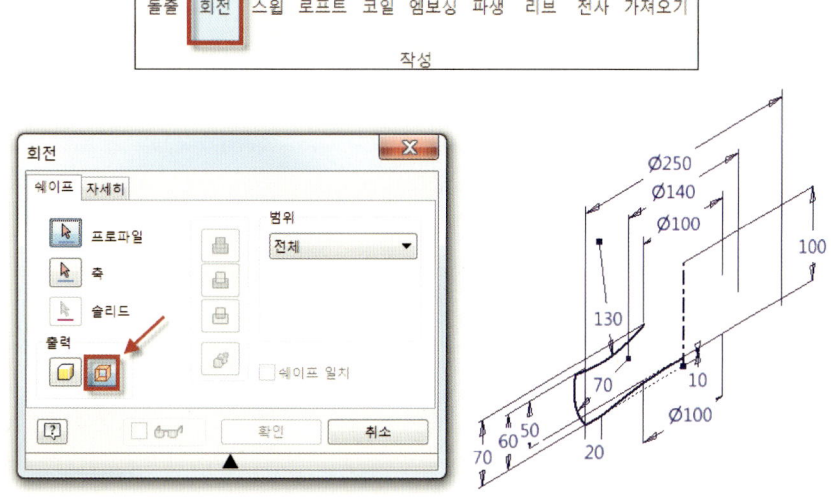

3 프로파일 선택의 경우 스케치에서 실선을 클릭합니다.

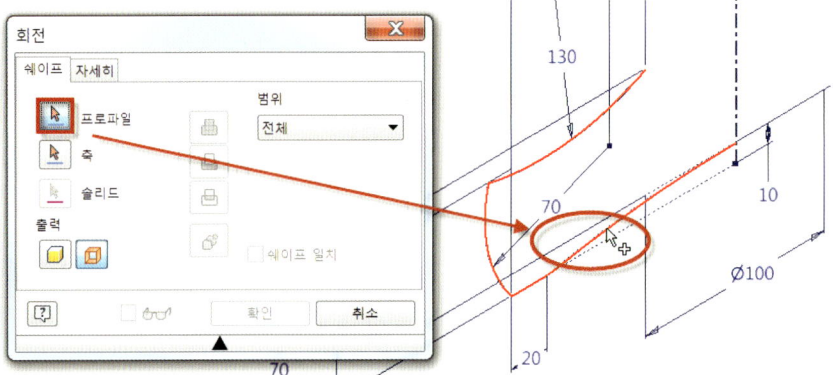

4 축의 경우 대시로 되어 있는 중심선을 선택합니다.

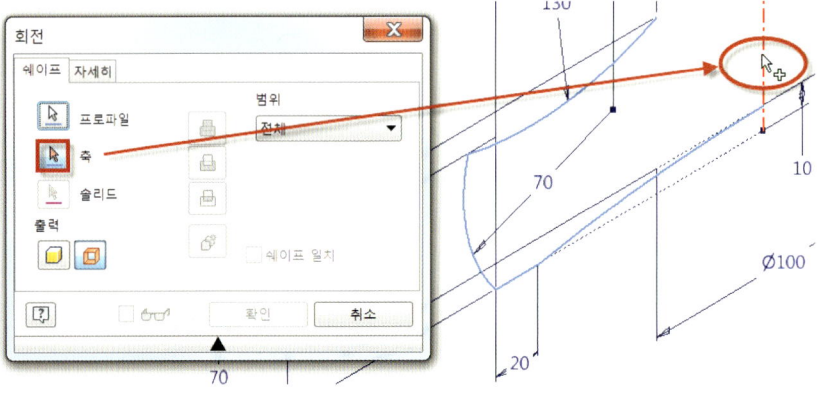

5 범위 솔루션을 전체로 설정한 채로 두고 확인 버튼을 클릭합니다.

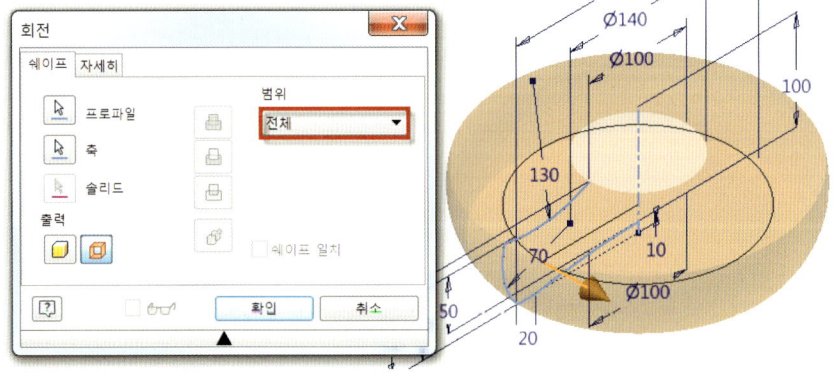

chapter 19 플라스틱 부품(소성 부품) 설계

6 3D 모형 탭/ 수정 패널/ 모깎기 도구를 선택합니다.

7 반지름을 8mm로 설정하고, 피쳐 모드를 선택하고 회전 곡면 피쳐를 선택하면 각진 모서리 3개가 아래와 같이 자동 선택됩니다.

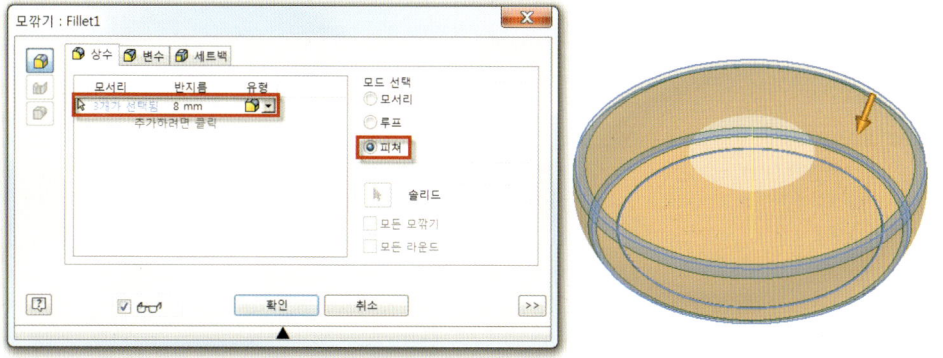

8 확인 버튼을 클릭합니다.
9 3D 모형 탭/ 수정 패널/ 두껍게 하기/간격 띄우기 도구를 선택합니다.

10 선택 모드를 면에서 퀼트로 전환한 다음 회전된 면에서 면을 선택합니다.
11 거리를 2mm로 설정하고 두꺼운 재료가 되도록 방향 화살표를 변경합니다.

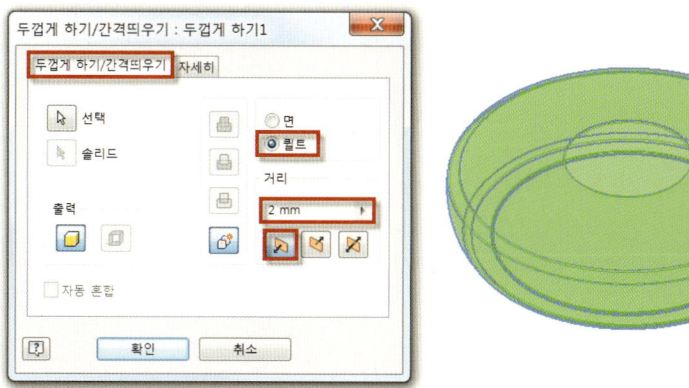

12 출력이 단색으로 설정되어 있는지 확인한 다음 확인 버튼을 클릭합니다.

13 검색기 막대에서 회전 기능을 마우스 오른쪽 버튼으로 클릭하고 가시성을 끕니다.

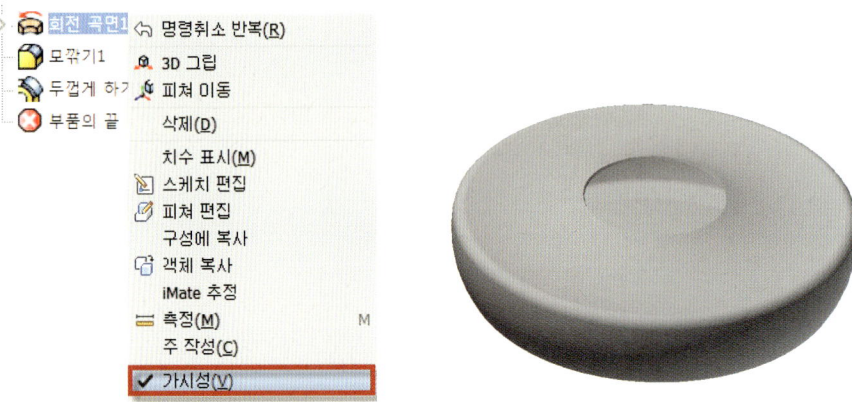

14 〈그림 19-1〉은 회전 곡면에 두껍게 하기 기능을 적용하여 솔리드 형상으로 만들어진 완성된 부품을 보여주고 있습니다.

〈그림 19-1〉 회전 곡면에 두껍게 하기 도구를 이용하여 생성한 두께가 있는 솔리드 부품

chapter 19 플라스틱 부품(소성 부품) 설계

> **Note**
>
> ❑ 플라스틱 부품 템플릿 사용하기
>
> 얇은 벽체를 가지는 플라스틱 부품을 사용하여 금형 제작 작업을 할 때, 플라스틱 부품을 금형 안에서 밖으로 빼낼 때 균일하지 않은 냉각으로 인하여 수축 및 공동 현상(Void) 문제를 피하기 위해서 부품 모델링의 생성 과정 전반에서 특정 설계 매개 변수를 적용하는 것이 좋습니다. 이를 돕기 위해 설계 매개 변수가 이미 설정된 플라스틱 부품 템플릿을 만들 수 있습니다. 설계 규칙이 이미 설정되어 있고 사용 준비가 된 템플릿의 매개 변수의 예는 다음과 같이 사용자 매개 변수를 미리 설정하는 방식입니다.

매개변수 이름	다	단위/유형	방정식	공칭값	공차	모형 값	키	내보내기 매개변수	주석
─사용자 매개변수									
SJS_Wall_Thickness	SJ...	mm	2 mm	2.000000	○	2.000000	☐	☐	벽 두께
SJS_Rib_Thickness		mm	SJS_Wall_Thickness * 0.7 ul	1.400000	○	1.400000	☐	☐	
SJS_Out_Radius		mm	SJS_Wall_Thickness + SJS_Inner_Radius	2.500000	○	2.500000	☐	☐	바깥쪽 반지름
SJS_Inner_Radius	SJ...	mm	SJS_Wall_Thickness * 0.25 ul	0.500000	○	0.500000	☐	☐	안쪽 반지름
SJS_Draft_Angle_Min		deg	0.5 deg	0.500000	○	0.500000	☐	☐	최소 구배각도
SJS_Draft_Angle_Max		deg	2 deg	2.000000	○	2.000000	☐	☐	최대 구배각도
SJS_Boss_Thickness_Under		mm	SJS_Wall_Thickness * 0.6 ul	1.200000	○	1.200000	☐	☐	3mm 이하 보스 두께
SJS_Boss_Thickness_Over		mm	SJS_Wall_Thickness * 0.4 ul	0.800000	○	0.800000	☐	☐	3mm 초과 보스 두께

쉘 형상 피쳐 사용하기

얇은 벽체 피쳐 및 부품을 작성하는 또 다른 방법은 솔리드를 작성한 다음 쉘 도구를 사용하는 방법입니다. 쉘 형상 피쳐를 작성할 때에는 벽 두께를 설정하고 제거할 면을 선택하면 됩니다. 그러면 부품 내부 요소가 제거되어 공동(Void)이 생깁니다.

쉘 형상 피쳐를 사용하여 얇은 벽체를 가지는 부품을 만들려면 다음과 같은 방법으로 하시면 됩니다.

1 시작하기 탭에서 열기 명령어를 클릭하고 자주 사용하는 하위 폴더 목록에서 Chapter_19_플라스틱 설계 폴더를 선택한 다음 SJS_Plastic_Model_Profile_Close.ipt를 찾아서 선택하고 열기를 합니다.

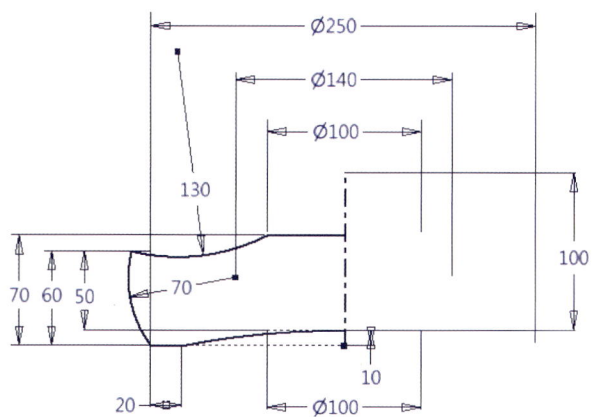

2 3D 모형 탭/ 작성 패널/ 회전 도구를 선택합니다. 스케치가 닫혀 있기 때문에 출력이 솔리드로 기본 설정되어 있는 것을 확인할 수 있습니다. 프로파일과 축 선택은 각각에 대해 가능한 솔루션이 하나만 있기 때문에 자동으로 선택됩니다.

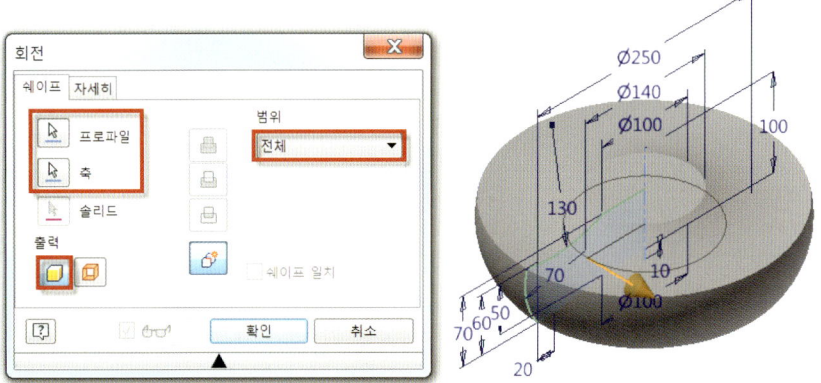

3 범위 솔루션을 전체로 설정한 채로 두고 확인 버튼을 클릭합니다.

4 3D 모형 탭/ 수정 패널/ 모깎기 도구를 선택합니다.

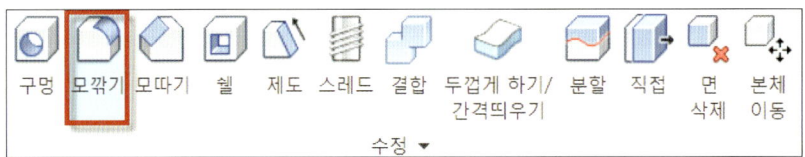

5 반지름을 8mm로 설정하고, 모서리 선택 모드를 선택하고 회전 곡면 피쳐를 선택하면 각진 모서리 3개를 아래와 같이 선택합니다.

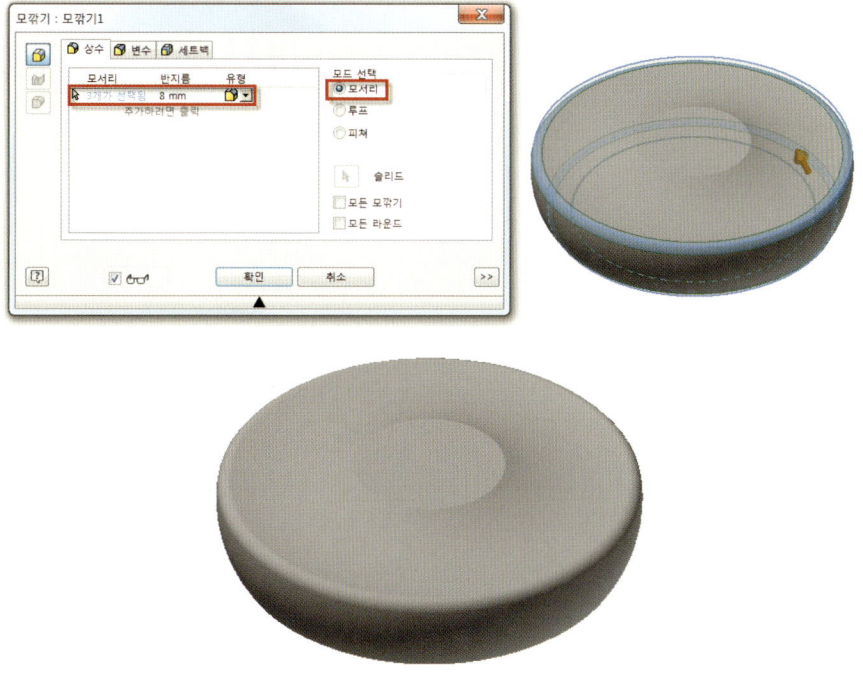

6 3D 모형 탭/ 수정 패널/ 쉘 도구를 클릭합니다.

7 회전 피쳐 상단의 원형 면을 면 제거 선택 항목으로 선택합니다. 이때 자동 면 체인 부분을 체크 해제해야 모깎기로 연결된 면을 개별 선택할 수 있습니다. 방향을 내부로 설정하고 두께를 2mm로 설정 한 다음 확인 버튼을 클릭합니다.

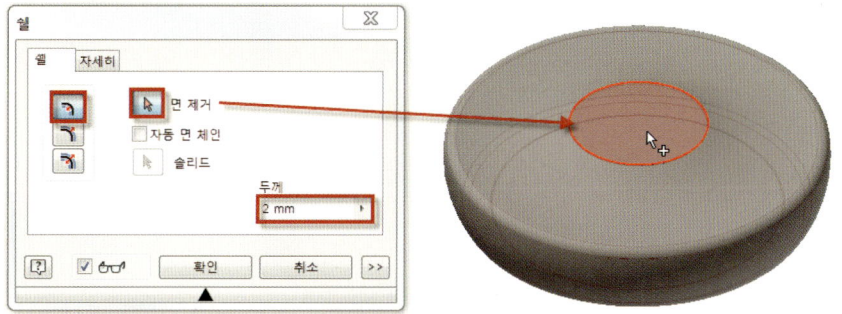

8 3D 모형 탭/ 곡면 패널/ 패치 도구를 선택합니다.

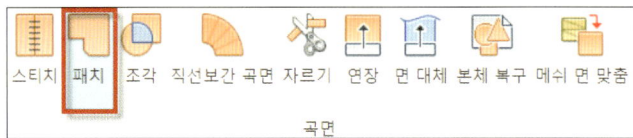

9 경계루프1 선택을 위해 중심 구멍의 더 큰 직경의 모서리를 아래와 같이 클릭하고 확인 버튼을 클릭합니다.

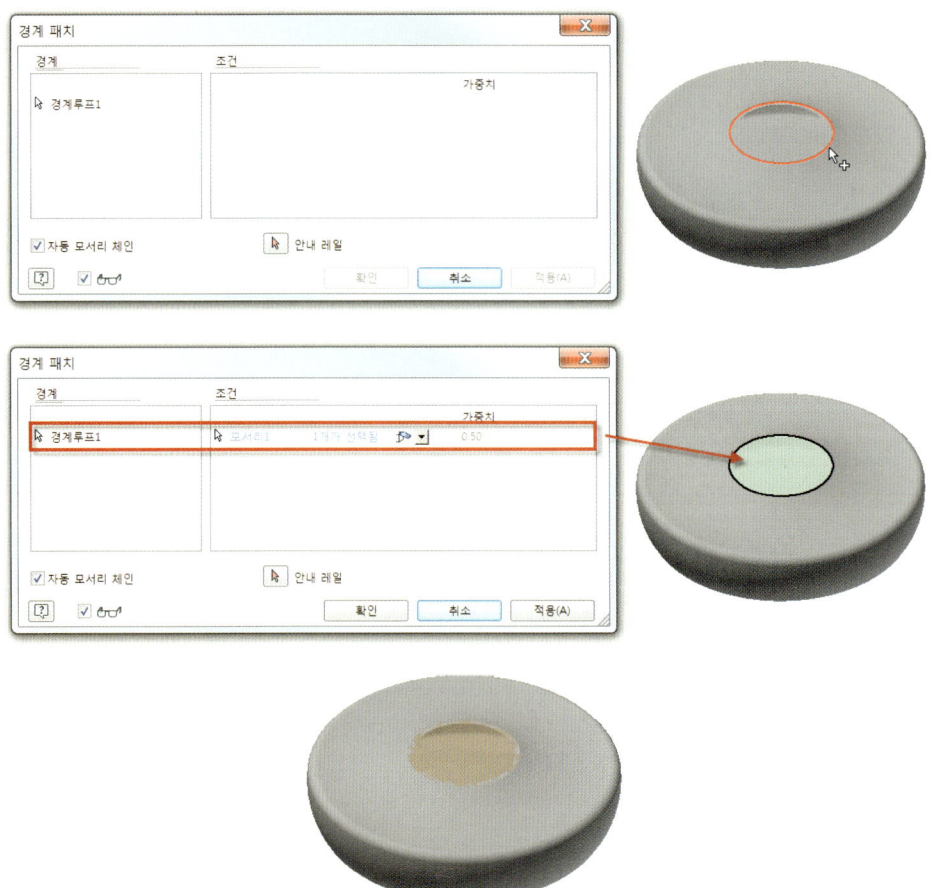

chapter 19 플라스틱 부품(소성 부품) 설계

10 3D 모형 탭/ 수정 패널/ 두껍게 하기/간격 띄우기 도구를 선택합니다.

11 선택 모드를 면으로 선택한 다음 경계패치1로 작성된 면을 선택합니다.
12 자르기를 위해 차집합을 선택하고, 거리를 2mm로 설정하고, 부품 안쪽 방향으로 화살표를 변경한 다음 확인 버튼을 클릭합니다.

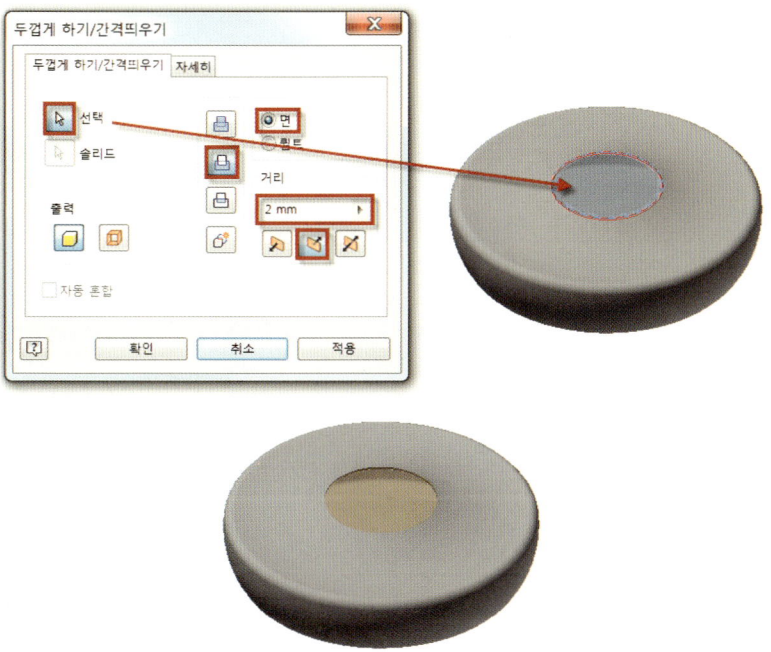

13 검색기 막대에서 회전 기능을 마우스 오른쪽 버튼으로 클릭하고 가시성을 끕니다.

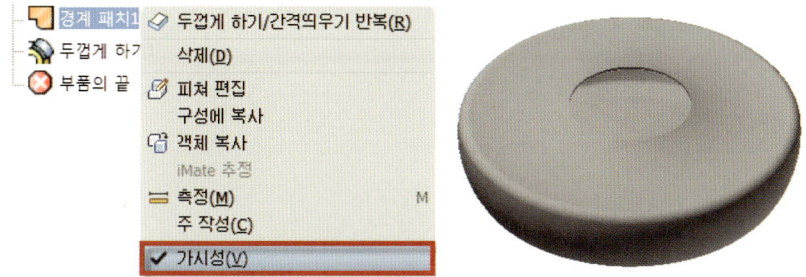

557

14 <그림 19-2>은 회전 도구를 이용하여 솔리드를 생성한 다음 쉘 도구를 사용하여 내부에 공동을 만들어 완성된 부품을 보여주고 있습니다.

<그림 19-2> 쉘 도구를 사용하여 솔리드 내부를 제거하여 생성한 솔리드 부품

두껍게 하기/ 간격 띄우기 도구와 쉘 도구로 생성된 부품을 비교할 경우에 이 두 가지 도구로 생성된 부품이 완전히 동일하지 않다는 것을 알 수 있습니다. 그 차이는 형상의 위에 있는 구멍 부분의 컷 아웃에 있습니다. 쉘 도구로 생성한 부품에서는 경계 패치를 사용하여 이 부분을 y축을 따라서 다시 잘라낸 것입니다.

면 생성 후 두껍게 하기 도구로 생성한 부품에서는, 컷 아웃 작업 없이 구멍의 크기가 유지되면서 생성한 것입니다.

Note

❑ 피쳐 형상의 이동을 통한 부품 생성 순서 변경하기 - 쉘 기능 재정렬

나중에 설계에서 쉘 형상 피쳐를 만들 때 잘못된 결과를 만들어 주게 되는 형상 피쳐를 쉘 형상 피쳐 작업 전에 추가했음을 알 수 있습니다. 흔히 쉘 형상 피쳐를 클릭하고 다른 형상 피쳐 위로 드래그하여 다시 형상 피쳐 작업 순서를 만들 수 있습니다. 이것을 탐색하려면 Chapter_19_플라스틱 설계 폴더에서 파일 SJS_Shell Feature_Sequence_Change.ipt를 열고 브라우저에서 쉘1을 클릭한 다음 돌출2 위로 드래그하면 돌출 형상 피쳐 기능 후에 쉘이 생성 된 시점과 다른 결과 부분을 볼 수 있습니다.

이 두 방법 중 하나를 사용하는 경우, 금형에서 부품을 분리할 때 방향성에 따라 벽의 구배 각도를 고려하는 것이 매우 중요해 지는 요인인 것입니다.

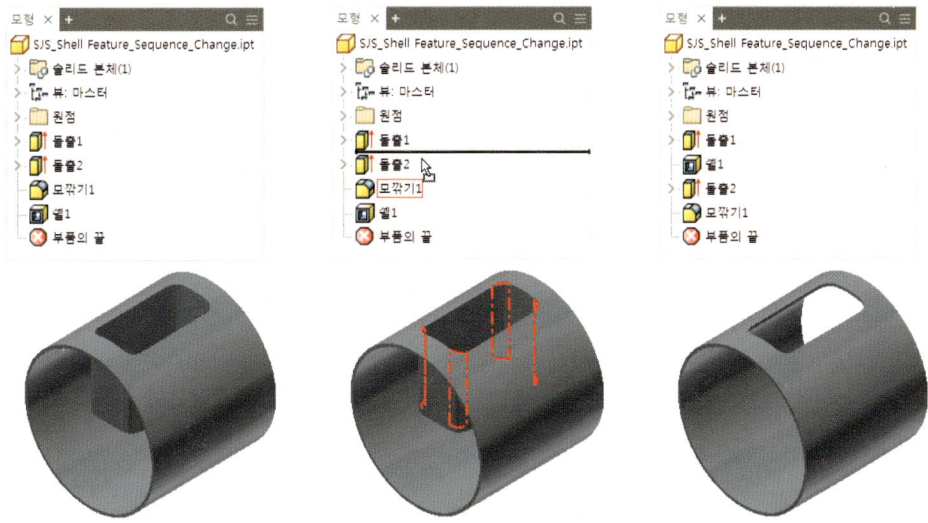

분할 형상 피쳐 생성하기

종종 플라스틱 부품을 설계 할 때 동일한 파일 내에 짝짓기 부품을 만드는 것이 매우 유용할 때가 있습니다. 이렇게 하려면 분할 도구를 사용하여 단일 본체 부품을 두 개의 짝을 이룬 본체 부품으로 나누는 방식을 적용합니다. 분할 도구를 사용하여 곡면을 솔리드로 분할하여 개별적으로 조작할 수도 있습니다. 분할 도구를 사용하는 방법을 보려면 Chapter_19_플라스틱 설계 폴더에서 파일 SJS_Split Feature_Solid_Divide.ipt 파일을 열고 다음 단계를 수행합니다.

1 검색기 막대에서 솔리드 본채 폴더를 확장하고 현재 폴더에 단 하나의 솔리드만 표시되어 있는지 확인합니다. 분할 도구를 사용하여 이를 두 개의 개별 솔리드로 나눌 것입니다.

2 3D 모형 탭/ 수정 패널/ 분할 도구를 선택합니다.

3 분할 도구 선택의 경우 부품을 통해 검색기 막대의 스케치2 프로파일을 클릭합니다. 방법의 경우 솔리드 분할 단추 (위에서 세 번째)를 클릭하면 기존 부품을 두 개의 솔리드로 나누어집니다.

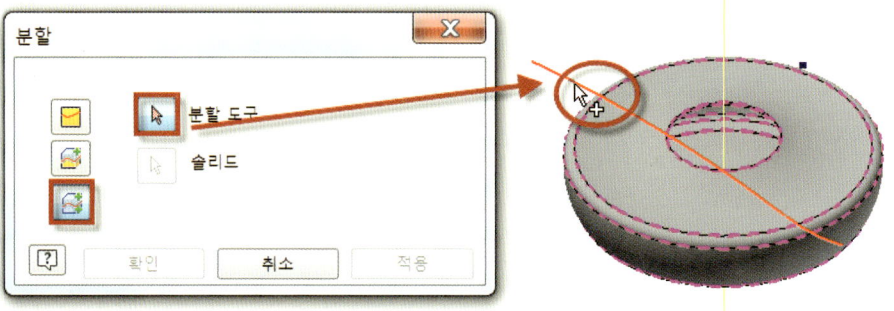

4 확인 버튼을 클릭하고 솔리드 본체 폴더에서 솔리드1이 두 개의 새로운 솔리드로 대체되었는지 확인합니다.

 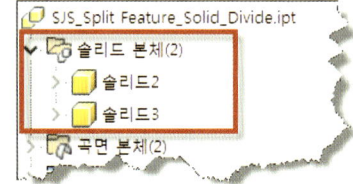

5 상단 솔리드2로 작업하려면 검색기 막대의 솔리드 바디 폴더에서 솔리드3를 선택한 다음 마우스 오른쪽 버튼을 클릭하고 기타 숨기기를 선택하십시오.

6 그런 다음 솔리드의 표면을 분할하는 3D 스케치를 만들 것입니다.
   3D 모형 탭/ 스케치 드롭-다운 클릭/ 3D 스케치 시작을 선택합니다.

560

chapter 19 플라스틱 부품(소성 부품) 설계

7 **3D 스케치 탭/ 윤곽선 곡선** 도구를 선택하고 솔리드를 본문 선택 사항으로 선택하고 표시되는 Y 축을 방향 선택 사항으로 선택한 다음 확인 버튼을 클릭합니다.

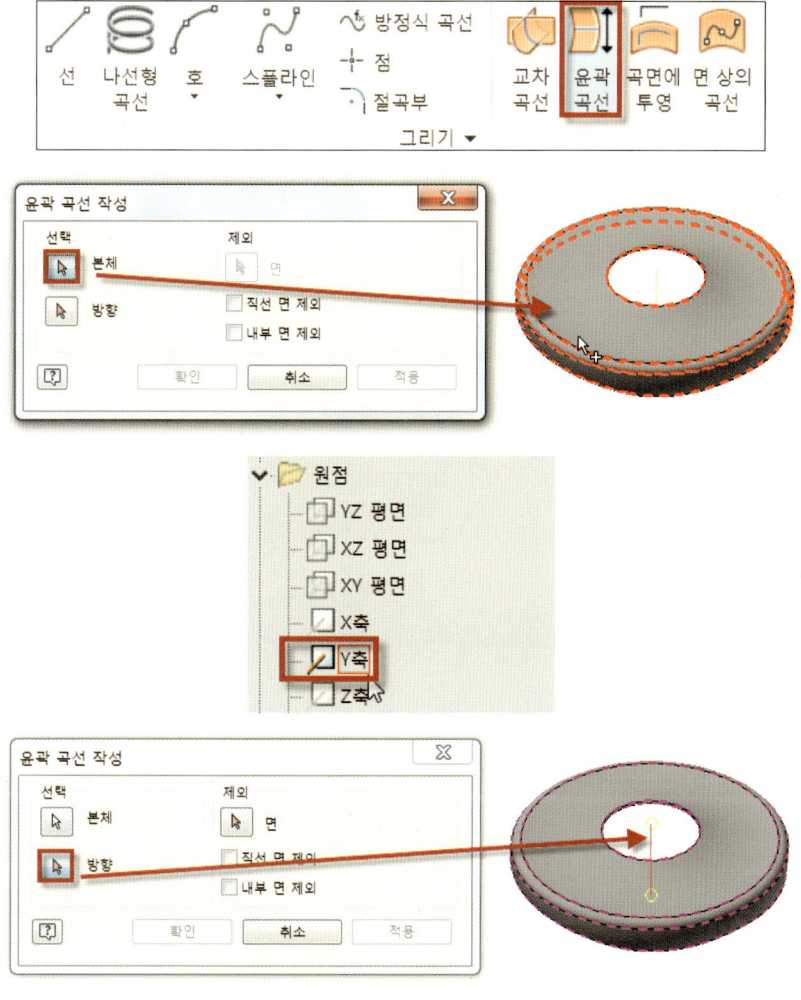

8 확인 버튼을 클릭합니다,

※ 이것은 위에서 아래로 비추는 빛의 광선이 그림자를 만들어 내는 얼굴을 따라 스케치 곡선을 만들어 내는 것입니다.

561

9 종료 패널/ 스케치 마무리를 클릭하여 3D 스케치를 종료합니다.

10 다시 분할 도구를 선택하고 분할 도구 선택에 3D 스케치 곡선을 선택합니다.

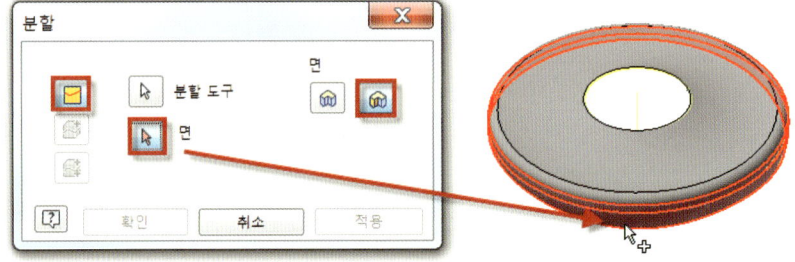

11 면 선택에서 3D 스케치 커브가 둘러싸는 면을 선택합니다. 면 선택 옵션이 전체가 아닌 선택으로 설정되어 있는지 먼저 확인합니다. 면 선택 옵션은 부품의 외부 면만 분할되지만 전체는 외부 면과 내부 면을 모두 분할합니다. 면 분할과 면 선택 옵션으로 설정합니다.

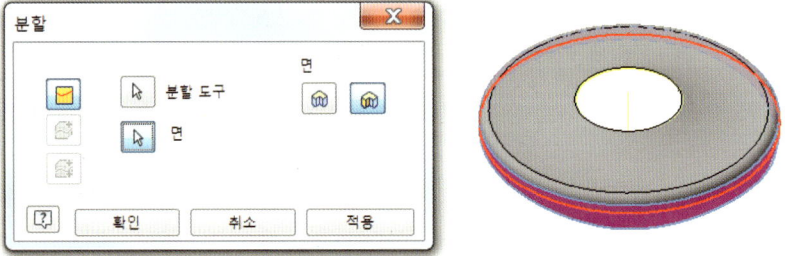

12 확인 버튼을 클릭합니다.

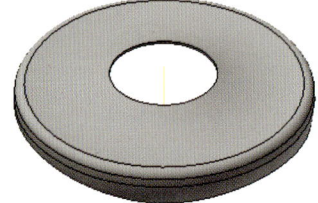

13 이제 두껍게 하기/ 간격 띄우기 도구를 선택하고, 방금 분할한 면의 아래쪽 절반을 선택하고, 거리를 1mm로 설정합니다. 출력을 솔리드로 설정하고 솔루션을 결합으로 설정하고 방향이 부품에서 두꺼워 지도록 설정합니다.

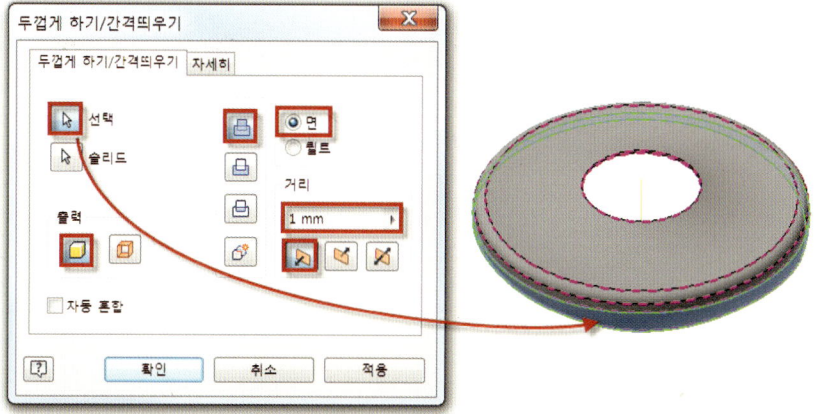

14 확인 버튼을 클릭합니다.

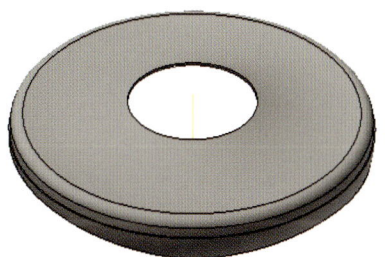

15 검색기 막대에서 방금 작성한 두꺼운 부분을 마우스 오른쪽 단추로 클릭하고 특성을 선택합니다. 피쳐 특성 대화 상자가 나타나면 피쳐 모양에서 파란색-벽페인트-광택을 선택하고 확인 버튼을 클릭합니다.

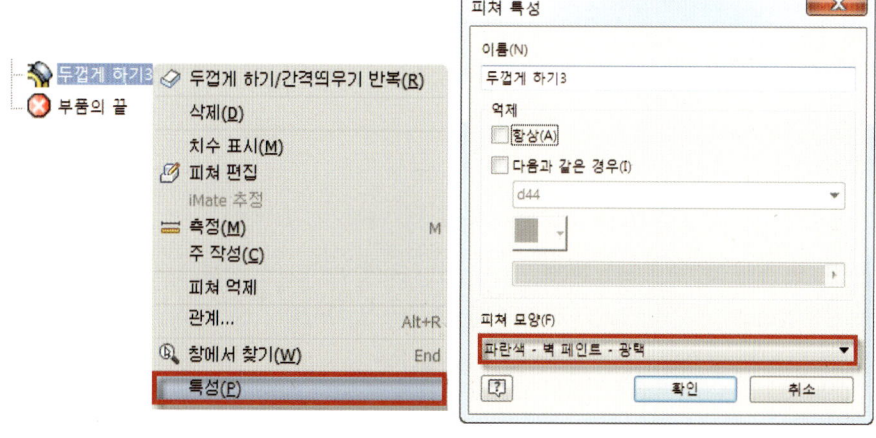

16 솔리드 본체 폴더에서 솔리드를 오른쪽 클릭하고 속성을 선택하십시오. 이름에 커버 부품을 입력하고, 업데이트 버튼을 클릭하여 이 솔리드의 일반 속성을 설정합니다. 전체 솔리드 본체의 색상을 설정할 수 있음을 알 수 있습니다.

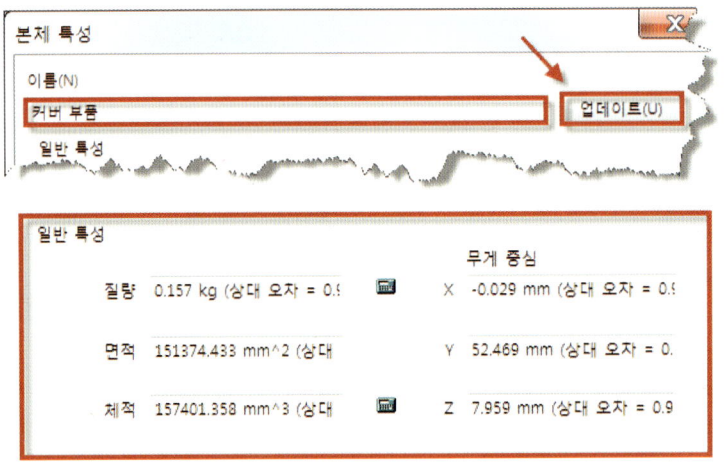

17 모든 재지정 지우기 체크 박스를 선택하면 파란색-벽페인트-광택 색상을 무시하도록 재설정됩니다. 원하는 색상을 자유롭게 선택하려면 이 부분을 체크하고 사용하면 됩니다.

18 솔리드 본체 폴더에서 솔리드2를 선택하고 마우스 오른쪽 버튼을 클릭하여 가시성을 클릭합니다. 그러면 솔리드의 모든 형상을 표시할 수 있습니다.

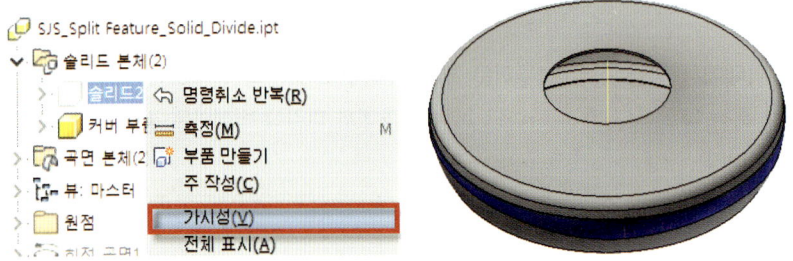

〈그림 19-3〉 분할 도구를 이용하여 단일 솔리드 부품을 다중 솔리드 부품으로 생성

Note

❏ 플라스틱 부품 도구 패널을 3D 모형 탭에 배치하는 방법

3D 모형 탭에 플라스틱 부품 도구 패널이 표시되지 않으면 탭의 아무 곳이나 마우스 오른쪽 버튼으로 클릭한 다음 패널 표시 및 플라스틱 부품을 선택하여 활성화해야 할 수 있습니다. 이 작업이 완료되면 3D 모형 탭에 플라스틱 부품 패널이 표시됩니다.

chapter 19 플라스틱 부품(소성 부품) 설계

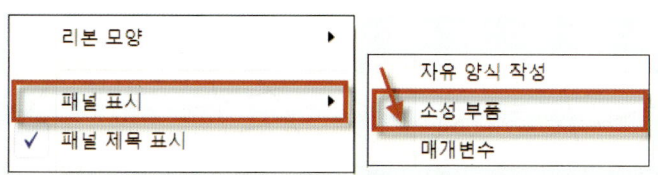

또는, 아래와 같이 패널 표시 아이콘의 플라이 아웃 메뉴를 클릭하여 소성 부품을 선택하면 됩니다.

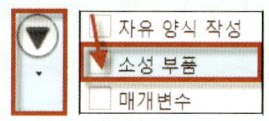

그릴 형상 피쳐 만들기

그릴 도구를 사용하여 얇은 벽체 부품에 통풍구와 개구부를 만들어 외부 부품에 들어있는 부품에 접근하고 공기 흐름을 제공 할 수 있습니다. 그릴 형상 피쳐를 생성하려면 그릴 도구를 사용하여 부품의 표면에 2D 스케치를 투영하여 다양한 돌출 또는 오목한 피쳐를 작성하면 됩니다. 경계 스케치가 유일한 그릴 요소이지만 섬, 갈빗대 및 스파를 만들 수 있으며 모든 구배 각을 제공 할 수 있습니다. 개구부의 흐름 영역을 확인하여 필요한 영역을 충족하는지 확인할 수도 있습니다.

Chapter_19_플라스틱 설계 폴더에서 파일 SJS_Grill Feature_Create.ipt를 연 다음 다음 단계에 따라 그릴 기능을 만듭니다.

1 3D 모형 탭/ 플라스틱 부품 패널/ 그릴 도구를 선택합니다. 그 안에 그릴이 될 다양한 요소가 모두 포함된 스케치가 보일 것입니다. 〈그림 19-4〉는 그릴 요소로 분리 된 스케치 요소에 대한 의미와 정의를 설명하고 있는 것입니다.

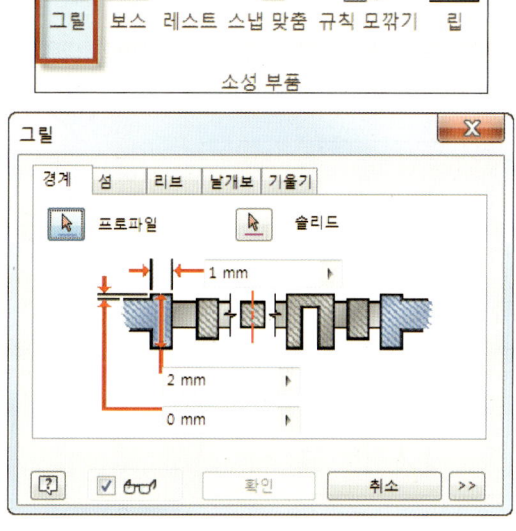

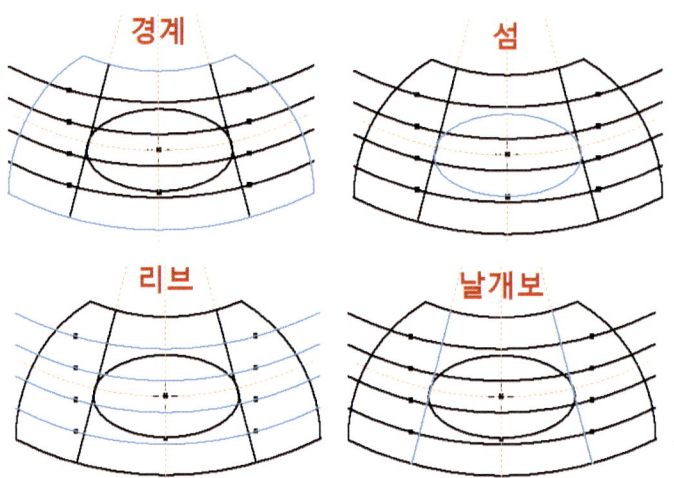

〈그림 19-4〉 그릴 요소로 분리 된 스케치 요소에 대한 의미와 정의

2️⃣ 경계 탭에서 〈그림 19-4〉에서 식별한 것처럼 스케치의 외부 윤곽을 선택합니다. 두께를 2mm, 높이를 6mm, 바깥 쪽의 높이를 2mm로 설정합니다.

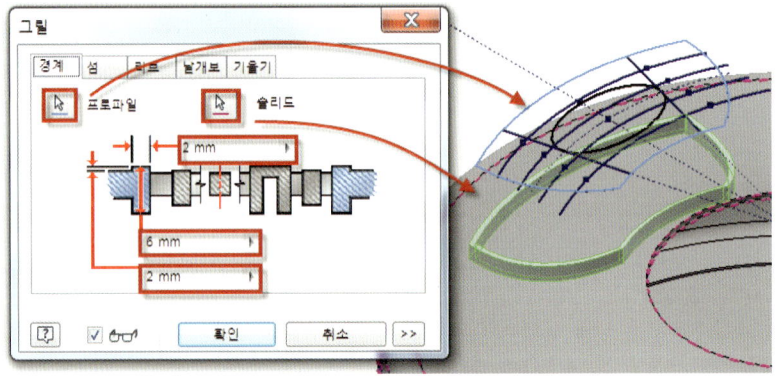

3️⃣ 섬 탭을 클릭하고 〈그림 19-4〉에서 식별된 것처럼 스케치의 타원형 윤곽을 선택합니다. 섬이 단색으로 채워지도록 두께를 0 mm로 설정합니다.

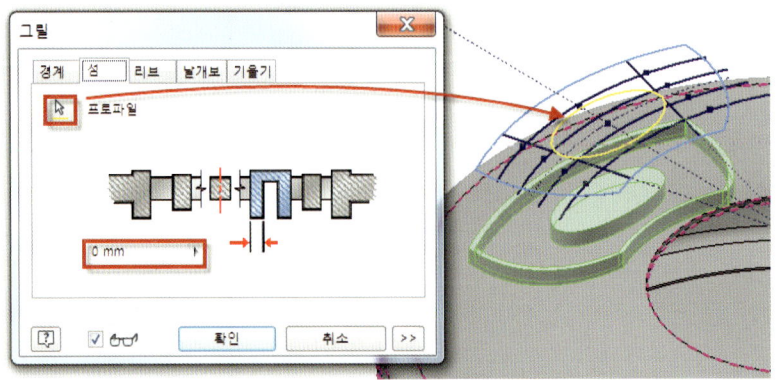

4 리브 탭을 클릭하고 <그림 19-4>에서 리브로 식별된 4개의 호를 선택합니다. 두께를 2mm, 높이를 4mm, 상단 간격을 2mm로 설정합니다.

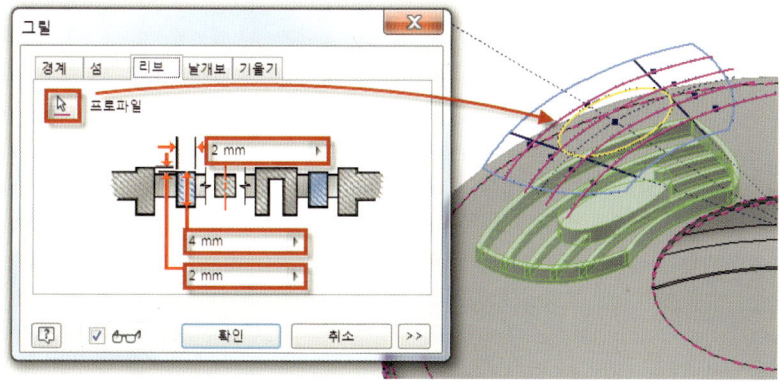

5 날개보 탭을 클릭하고 <그림 19-4>에서 날개보로 식별된 2개의 선을 선택합니다. 면 위 간격 띄우기를 2mm, 두께를 6mm, 면 아래 간격 띄우기를 0mm로 설정합니다.

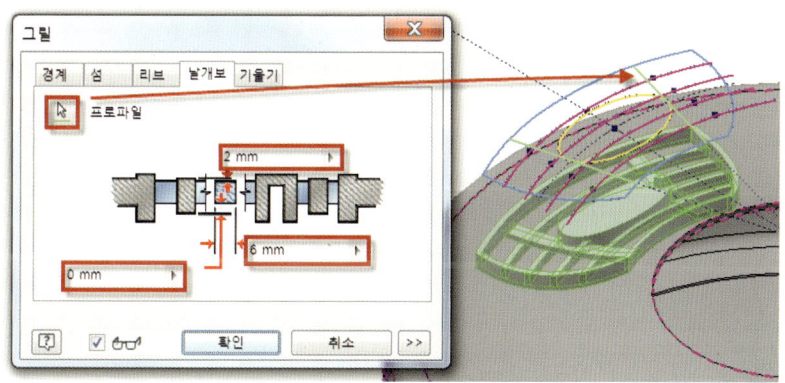

6 대화 상자 아래쪽에 있는 자세히 버튼 >> 을 클릭하고 유속 영역 설정을 기록해 둡니다. 그런 다음 확인 버튼을 클릭하여 그릴 기능을 완성합니다.

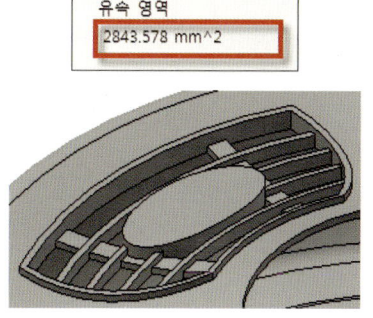
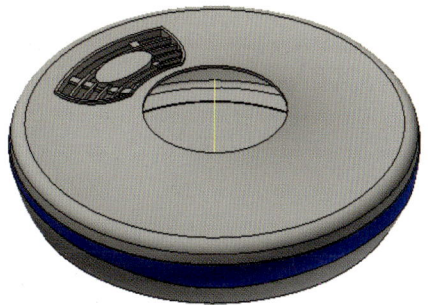

7 그 다음 생성한 그릴 형상 피쳐를 원형 패턴을 이용하여 부품에 패턴 형상을 생성합니다. 3D 모형 탭/ 패턴 패널/ 원형 패턴 도구를 클릭합니다.

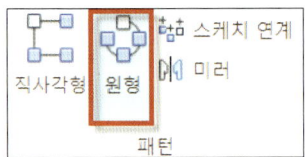

8 선택에 대한 그릴 피쳐를 선택한 다음 회전 축 선택에 대해 표시된 Y축을 클릭합니다. 발생 개수에 3을 입력하고 발생 각도에 90 °를 입력합니다. 중간 평면 버튼을 클릭하여 원래 그릴 형상 피쳐의 각 면에 발생을 설정합니다. 자세히 버튼 >> 을 클릭합니다. 위치 지정 방법 영역에서 증분을 선택하여 그릴 간격을 90 도로 설정 한 다음 확인 버튼을 클릭합니다.

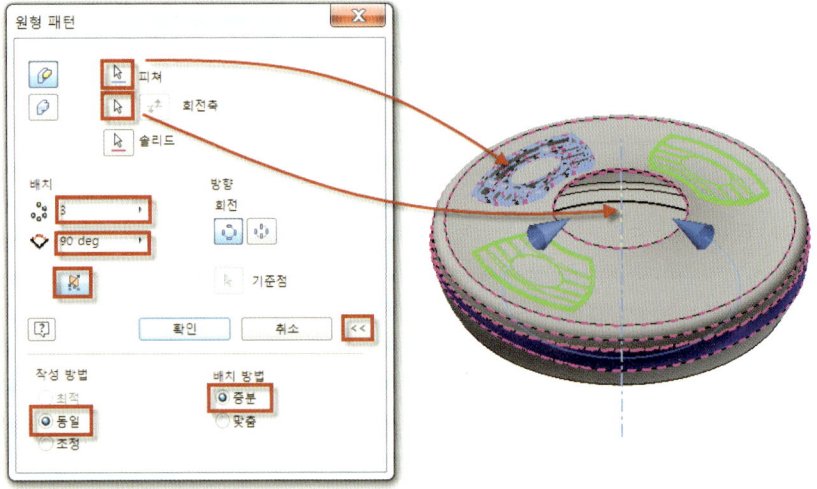

9 <그림 19-5>는 원형 패턴이 적용된 그릴 형상 피쳐를 보여줍니다.

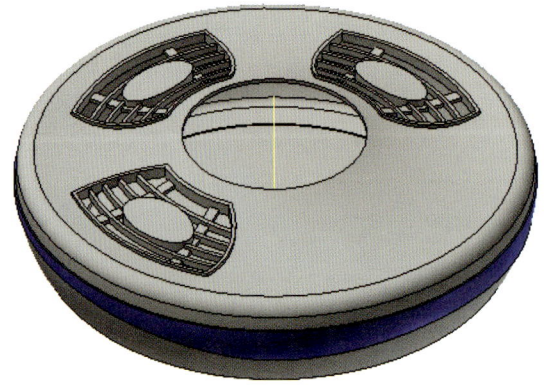

<그림 19-5> 완성된 그릴 형상 피쳐

chapter 19 플라스틱 부품(소성 부품) 설계

그릴 기능을 자유롭게 편집하고 옵션을 시험해보고 기울기 각도 등을 추가해 보는 작업도 해보는 것이 좋습니다. 부품의 끝(EOP: End of Part) 마커를 패턴 피쳐 위로 드래그하여 편집을 보다 신속하게 수행 할 수도 있습니다. 편집이 완료되면 다시 드래그하면 됩니다.

규칙 기반 모깎기 피쳐 적용하기

규칙 모깎기를 사용하면 어떤 모서리를 결정할 지 결정한 규칙 목록을 기반으로 핏트를 작성할 수 있습니다. 이 방법은 플라스틱 부품으로 작업할 때 아주 강력한 효과를 발휘합니다. 각 모서리를 선택하지 않고 한꺼번에 많은 모깎기를 작성할 수 있기 때문입니다. 부품 피쳐가 적용된 규칙 기반 모깎기에 의미가 있게 변경되면 규칙이 평가되어 여전히 부품 피쳐에 적용되는지 여부를 결정합니다. 그렇다면, 규칙은 규칙에 맞는 새로운 모서리에 대해 재생성이 되고 그렇지 않은 모서리에 대해서는 삭제가 됩니다. 규칙 모깎기 도구는 플라스틱 피쳐 도구로 분류되지만, 설계를 하는 모든 부품에 규칙 기반 모깎기를 사용할 수 있습니다. Chapter_19_플라스틱 설계 폴더에서 파일 SJS_Rull Fillet_Create.ipt 를 연 다음 다음 단계에 따라 규칙 기반 모깎기 기능을 적용해 보겠습니다.

1 검색기 막대에서 솔리드 본체 폴더를 확장하고 커버 부품이라는 솔리드를 마우스 오른쪽 버튼으로 클릭한 다음 기타 항목 숨기기를 선택합니다.

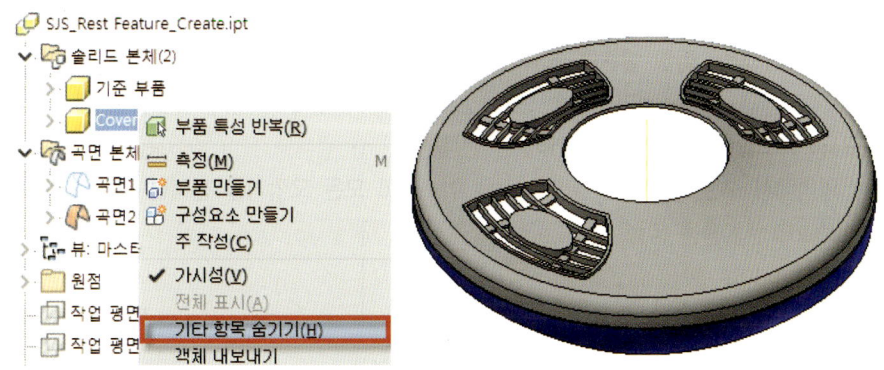

2 플라스틱 부품 패널에서 규칙 모깎기 도구를 선택합니다.

569

3 원본 열의 드롭-다운 메뉴를 클릭하여 면을 선택합니다.

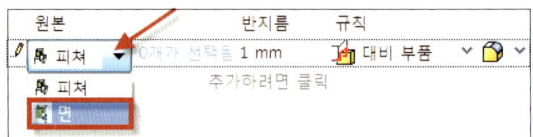

4 부품을 돌려서 그릴 피쳐의 밑면을 선택합니다. (식별이 쉽도록 노란색으로 표시되었습니다).

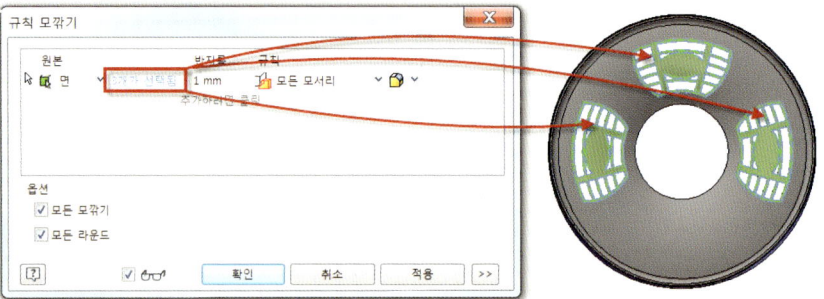

5 반경을 2mm로 설정하고 규칙 열의 드롭-다운 메뉴를 클릭하여 인서던트 모서리로 설정합니다.

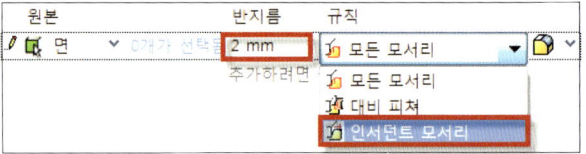

6 옵션 영역에서 모든 라운드 확인란을 선택 취소하고 모든 모깎기를 선택한 상태로 둡니다.

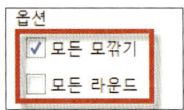

7 인서던트 모서리 영역에서 방향 선택으로 보이는 Y축을 선택한 다음 확인 버튼을 클릭하여 미리 보기된 모든 파일을 만듭니다.

8 〈그림 19-6〉은 그릴 생성 피쳐에 규칙 기반 모깎기를 적용하여 완성된 형상을 보여줍니다.

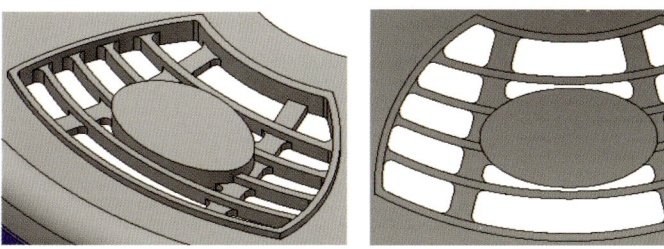

〈그림 19-6〉 완성된 그릴 형상 피쳐

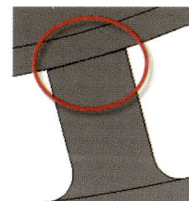
날개보 중 하나가 상단의 그릴 경계를 만나는 모서리가 모깎기를 받지 않았음을 알 수 있습니다. 이러한 모서리는 인시던트 모서리의 규칙에 따라 한정되지 않기 때문입니다. 규칙 모깎기가 오작동 한 것처럼 보일 수 있지만 그릴 기능을 면밀히 검사하면 날개보와 경계면 사이에 작은 틈이 있음을 알 수 있습니다.

이 문제를 해결하려면 날개보에 사용되는 그릴 스케치의 선을 경계 모서리를 지나 확장해야 합니다. 스케치3를 편집하면 문제가 어디에 있는지 알 수 있습니다.

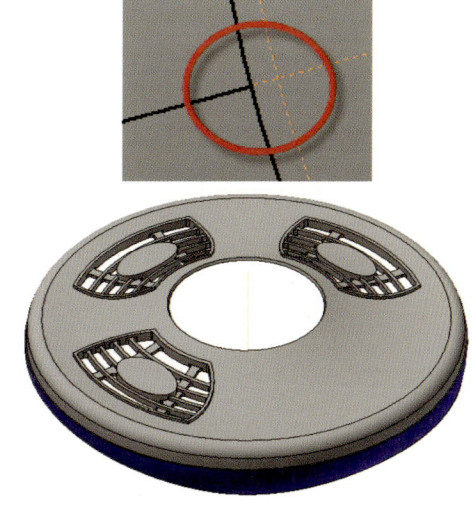

〈그림 19-7〉 스케치3 수정 후 완성된 그릴 형상 피쳐

면을 선택한 경우의 규칙 모깎기 도구의 결과에 대한 간략한 설명은 다음과 같습니다.
- **모든 모서리:** 선택된 면과 부품 본체의 다른 면에 의해 생성된 모든 모서리에 모깎기가 적용됩니다.
- **인시던트 모서리:** 지정된 축에 평행한 (지정된 공차 내에서) 소스면과 만나는 모서리만 모깎기가 적용됩니다.
- **대비 피쳐:** "소스"선택과 "범위"선택의 두 가지 선택 세트가 생성됩니다. 범위 선택의 피쳐와 소스의 면이 교차하여 형성된 모서리만 모깎기가 적용됩니다.

피쳐를 선택한 경우의 규칙 모깎기 도구의 결과에 대한 간략한 설명은 다음과 같습니다.
- **대비 부품:** 피쳐의 면과 부품 본체의 면이 교차하여 형성된 모서리만 모깎기가 적용됩니다.
- **대비 피쳐:** "소스"선택과 "범위"선택의 두 가지 선택 세트가 생성됩니다. 범위 선택의 피쳐와 소스의 면이 교차하여 형성된 모서리만 모깎기가 적용됩니다.
- **연결되지 않은 모서리:** 선택한 피쳐의 면으로 형성된 모서리만 모깎기가 적용됩니다
- **모든 모서리:** 선택한 모서리 및 파트 본문에 의해 생성된 모서리가 모깎기가 적용됩니다.

◆ 레스트 형상 피쳐 만들기

레스트 형상 피쳐는 플라스틱 부품의 곡면 또는 경사면에 적용되는 선반(거치대) 또는 착륙 영역으로, 다른 부품을 장착하는 표면으로 종종 사용됩니다. 레스트 형상 피쳐의 결과는 대상 주로 본체와 관련하여 레스트 스케치의 방향과 선택한 설정 및 선택 사항의 조합에 크게 좌우됩니다. Through All 옵션은 대상 몸체의 범위를 통해 나머지 프로파일을 확장하며 그림 19.9와 그림 19.10을 비교하여 볼 수 있듯이 방향 화살표는 결과를 변경합니다.

나머지 대화 상자의 기타 탭을 사용하여 테이퍼 각도 및 종료 설정과 같은 랜딩 옵션을 설정할 수 있습니다. Chapter_19_플라스틱 설계 폴더에서 파일 SJS_Rest Feature_Create.ipt를 연 다음 다음 단계에 따라 레스트 형상 피쳐를 만듭니다.

1 검색기 막대에서 솔리드 본체 폴더를 확장하고 커버 부품이라는 솔리드를 마우스 오른쪽 버튼으로 클릭한 다음 기타 항목 숨기기를 선택합니다.

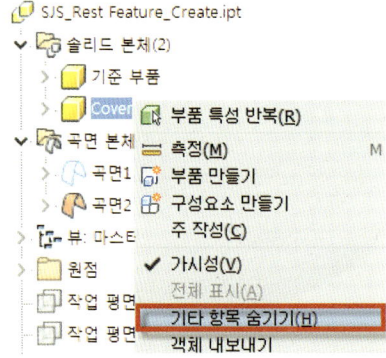

chapter 19 플라스틱 부품(소성 부품) 설계

2 플라스틱 부품 패널에서 레스트 도구를 선택합니다. 보이는 스케치에서는 하나의 프로파일만 사용할 수 있으므로 자동으로 선택됩니다.

3 방향 화살표를 가리키도록 설정합니다. (왼쪽에 화살표를 사용하면 됩니다.) 두께를 2mm로 설정하고 두께 방향을 바깥쪽으로 설정합니다.

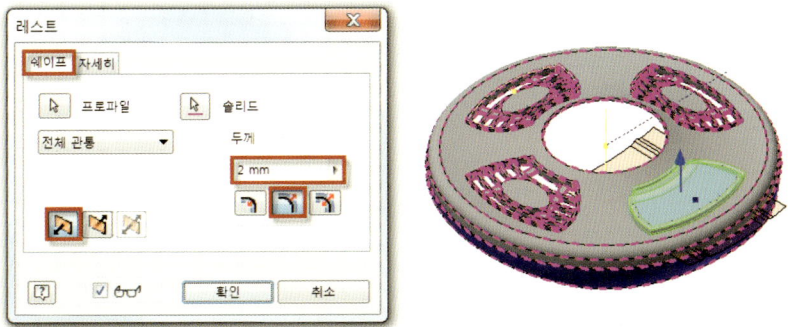

4 자세히 탭을 클릭하고 계단 모양 옵션 드롭-다운을 끝 곡면으로 설정한 다음 보이는 표면을 선택합니다. 랜딩 테이퍼를 12 deg로 설정합니다.

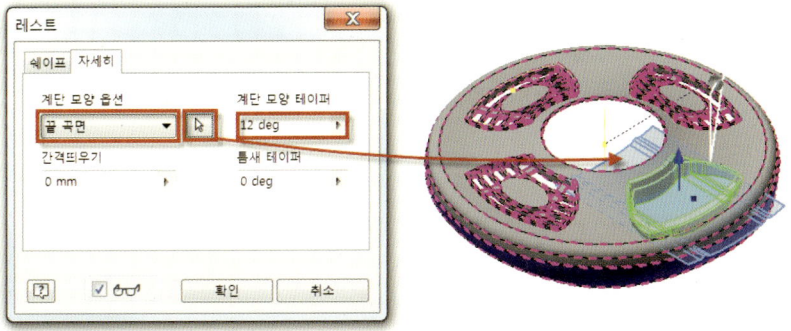

5 확인 버튼을 클릭합니다.

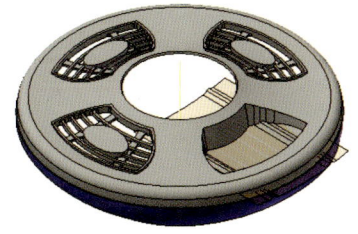

573

6 안착 면의 가시성을 끄고 결과를 검사해 봅니다. 표면 윤곽선이 테이퍼면으로 변환됩니다. 원하는 결과가 아니라면 면 삭제 옵션을 사용하여 윤곽선을 정리할 수 있습니다.

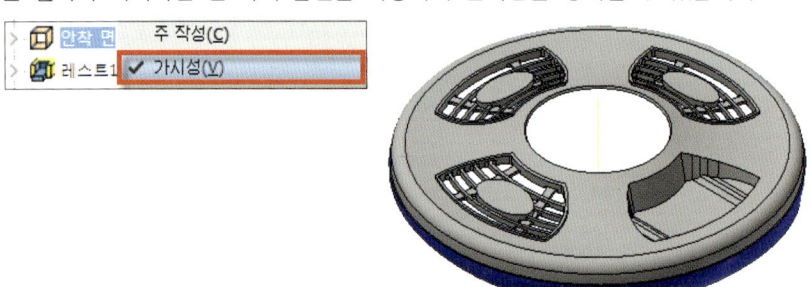

7 수정 패널에서 작은 검은 색 화살표를 클릭하여 불투명 메뉴를 표시 한 다음 면 삭제 도구를 선택합니다. 수정 확인란을 선택합니다. 그런 다음 아래와 같이 4개의 윤곽이 형성된 면을 선택합니다.

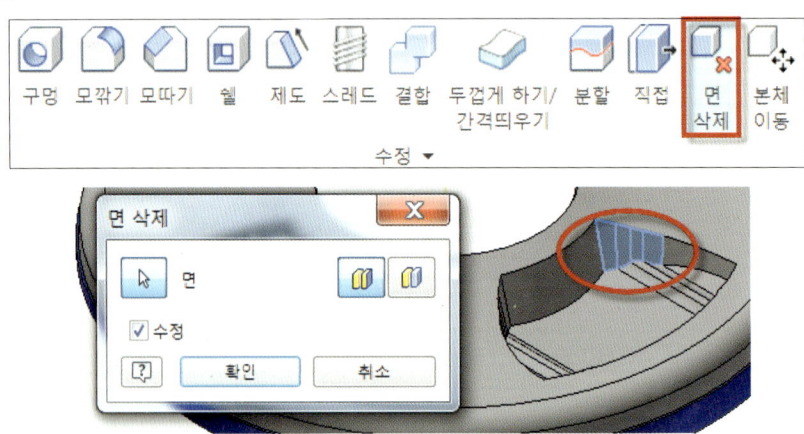

8 확인 버튼을 클릭합니다.

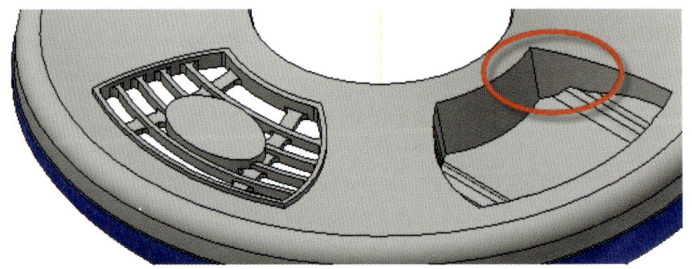

chapter 19 플라스틱 부품(소성 부품) 설계

9 다시 면 삭제 도구를 선택한 다음 반대 편의 4개의 윤곽이 형성된 면을 선택합니다.

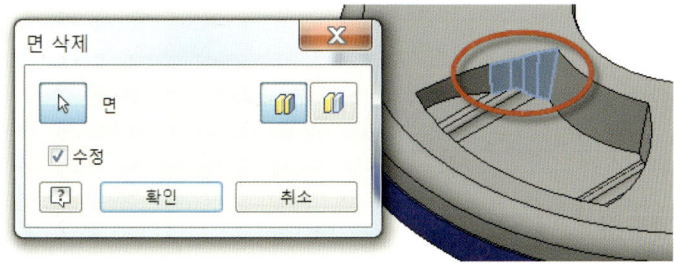

10 확인 버튼을 클릭합니다.

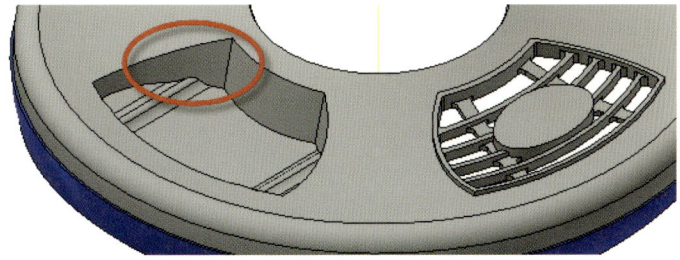

11 다시 면 삭제 도구를 선택한 다음 반대 편의 4개의 윤곽이 형성된 면을 선택합니다.

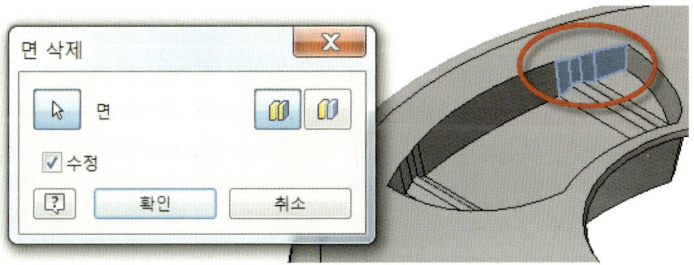

12 확인 버튼을 클릭합니다.

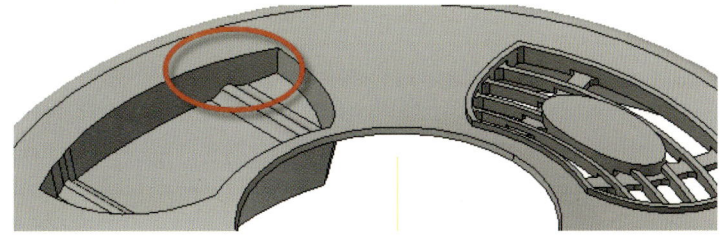

575

13 다시 면 삭제 도구를 선택한 다음 반대 편의 4개의 윤곽이 형성된 면을 선택합니다.

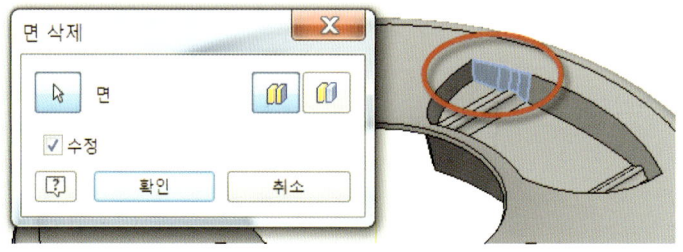

14 확인 버튼을 클릭합니다.

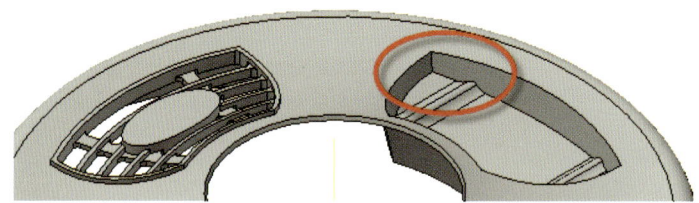

15 〈그림 19-8〉은 레스트 형상 피쳐를 생성한 완성한 결과물입니다.

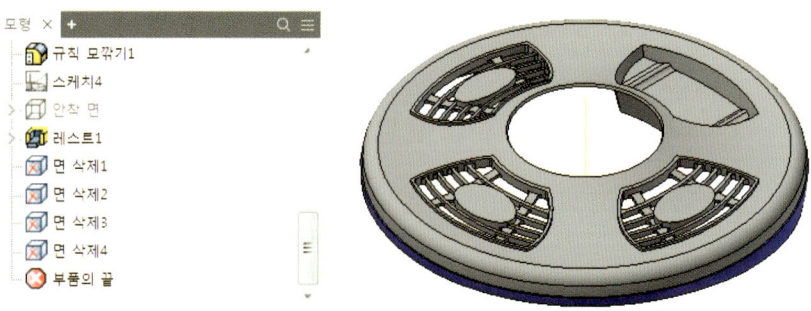

〈그림 19-8〉 완성된 레스트 형상 피쳐

　　면 삭제 도구는 필요한 경우 기하학적 형상(Geometry)를 정리하는 좋은 방법이지만 피쳐 편집 중에 예기치 않은 결과가 발생할 수 있기 때문에 무차별적으로 사용하면 안됩니다. 기존 스케치 또는 피쳐를 편집하여 면 삭제 도구를 사용할 때와 동일한 결과를 얻는 옵션을 활용하는 경우가 일반적으로 가장 좋습니다. 또한 기하학적 형상(Geometry)에 대한 정리가 다른 기술을 사용하여 생략될 수 있는 경우도 있습니다. 모서리를 정리하기 위해 내부 모서리를 정리하는 대신 두 면 사이 모깎기를 적용하여 모깎기 피쳐가 일치하지 않는 면을 "흡수"하는 방법을 적용할 수 있습니다. 또한 한 번에 모두 삭제하지 않고 여러 면을 삭제하는 작은 선택 세트를 만드는 것이 좋습니다. 즉, 면 삭제 도구를 이용 시 부분적으로 선택 면을 삭제하는 방법이 좋은 것입니다. 예를 들어, 이 설계에서는 윤곽선을 완전히 제거하기 위해 안쪽 및 바깥쪽 면의 나머지 피쳐 측면에 있는 윤곽선을 삭제하는 방식을 사용하는 것이 가장 좋은 방법이라고 할 수 있습니다.

레스트 형상 피쳐 옵션

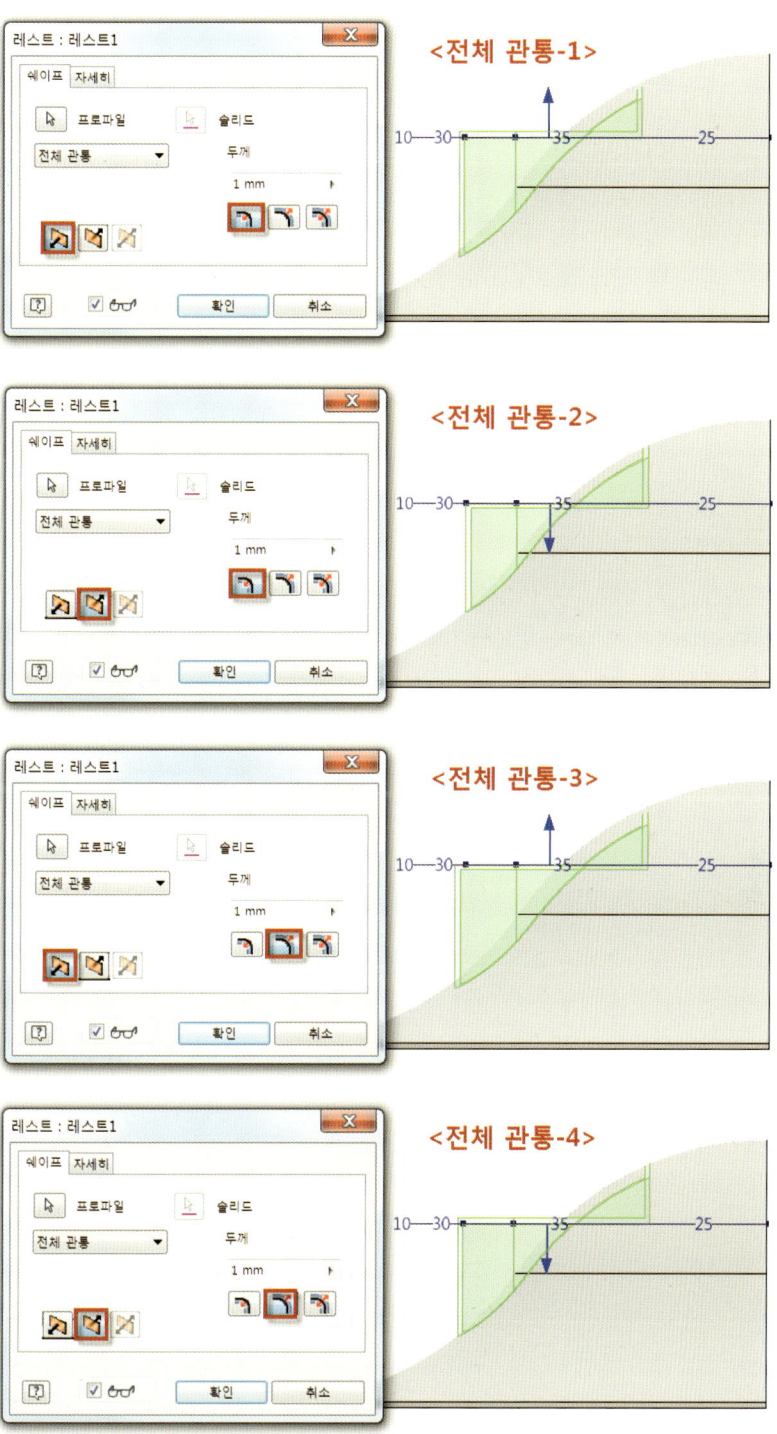

보스 형상 피쳐 만들기

얇은 벽체 형상에 손상을 주지 않으면서 플라스틱 부품을 함께 고정시키기 위해서 보스 피쳐가 단순한 구멍보다 더 단단한 연결 지점을 제공하기 위해 종종 사용됩니다.
Inventor에서 보스 도구를 사용하여 짝짓기 부품에 일치하는 보스 쌍을 생성할 수 있습니다. 화스너를 받는 반은 머리이고 나머지 반은 나사산입니다. 보스 도구를 사용하여 두 유형의 보스를 모두 생성할 수 있습니다. 필요한 경우 강도 립을 추가하여 보스 피쳐가 하중을 받지 않도록 할 수 있습니다. 일반적으로 보스의 길이가 지름의 3배 이상을 초과하는 경우 리브를 추가하는 것을 고려해야 합니다.
Chapter_19_플라스틱 설계 폴더에서 파일 SJS_Boss Feature_Create.ipt를 연 다음 다음 단계에 따라 보스 형상 피쳐를 만듭니다.

1 검색기 막대에서 솔리드 본체 폴더를 확장하고 기준 부품이라는 솔리드 본체를 마우스 오른쪽 버튼으로 클릭한 다음 기타 항목 숨기기를 선택합니다.

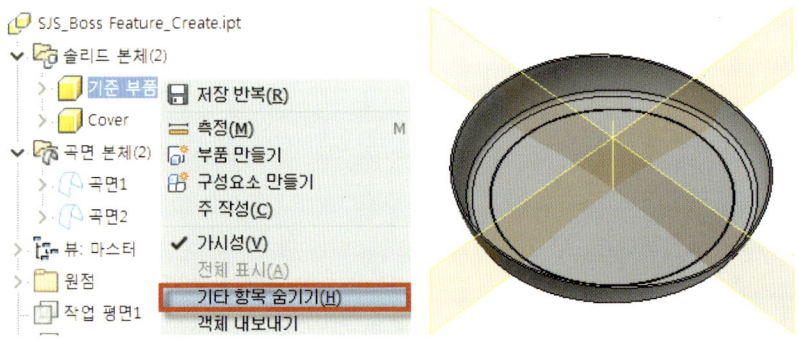

2 기준 부품의 모서리가 고르지 않기 때문에 생성되는 보스 피쳐의 높이가 달라집니다. 보스를 찾으려면 먼저 작업 지점을 작성해야 합니다. **3D 모형 탭/ 작업 피쳐 패널/ 점** 도구를 선택합니다.

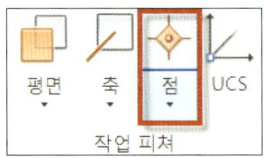

3 작업 점을 작성하려면 작업 평면4의 모서리를 선택한 다음 작업 평면과 모서리의 교차점 근처에 있는 기준 부품의 내부 모서리를 선택합니다.

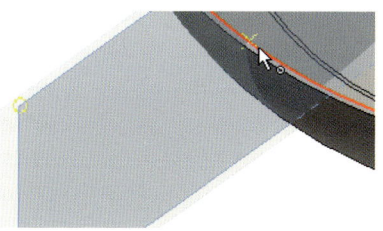 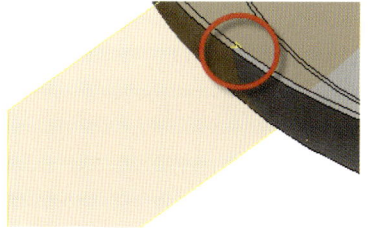

4 작업 평면5와 부품의 내부 모서리에 대해 이 작업을 반복합니다. 작업 점은 기본 부품의 아래쪽에서 다른 높이에 배치됩니다.

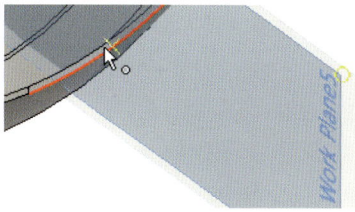 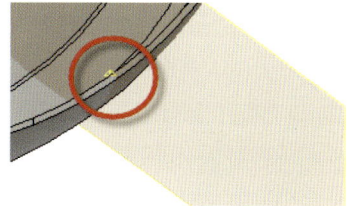

5 그런 다음 보스 피쳐의 삽입 위치를 설정하기 위해 고정된 작업 점을 작성합니다. **3D 모형 탭/ 작업 피쳐 패널/ 고정점** 도구를 선택합니다.

6 부품 모서리와 작업 평면4의 교차점에서 작성한 첫 번째 작업 점1을 선택합니다. **3D 이동 / 회전 대화 상자**가 표시되고 작업 점1 위치에 트라이어드가 나타납니다.

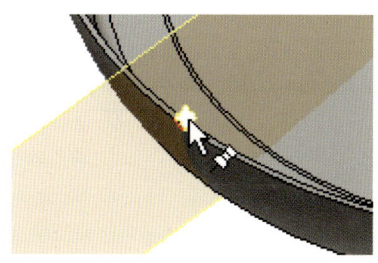 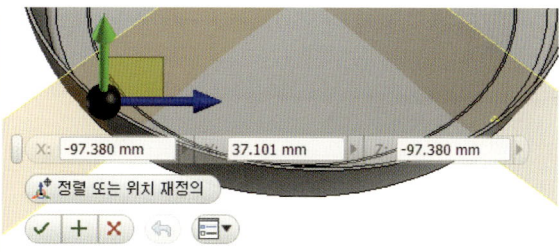

7 대화 상자에서 정렬 또는 위치 재정의 버튼을 클릭합니다. 그런 다음 녹색 Y축과 빨간색 X축 사이에서 실행되는 트라이어드에서 작은 평면을 선택합니다. (보기를 뷰 큐브를 이용하여 아래 그림과 같이 회전합니다.) 그런 다음 작업 평면4의 모서리를 선택합니다. 트라이어드는 작업 평면으로 다시 정렬됩니다.

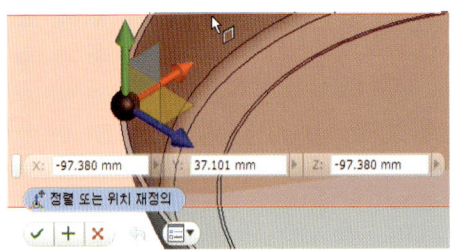
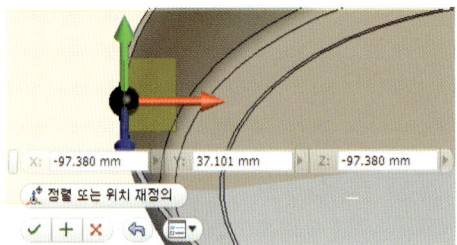

8 이제 고정된 작업 점을 배치할 준비가 되었습니다. 이렇게 하려면 먼저 X축에 대한 삼각형의 빨간색 원뿔 모양 (화살촉)을 클릭합니다. 그러면 대화 상자에서 X축 입력이 분리됩니다. 15 mm를 입력하고 적용을 클릭합니다. 그러면 고정 작업 점이 만들어집니다.

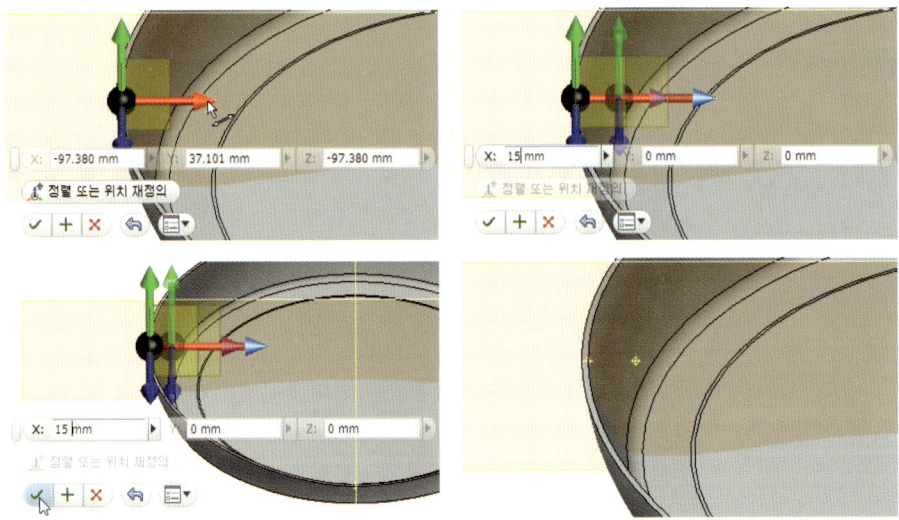

9 그런 다음 보스 피쳐의 삽입 위치를 설정하기 위해 고정된 작업 점을 작성합니다. 3D 모형 탭/ 작업 피쳐 패널/ 고정점 도구를 선택합니다.

chapter 19 플라스틱 부품(소성 부품) 설계

10 부품 모서리와 작업 평면5의 교차점에서 작성한 두 번째 작업 점2을 선택합니다. 3D 이동 / 회전 대화 상자가 표시되고 작업 점 위치에 트라이어드가 나타납니다. **3D 이동 / 회전 대화 상자**가 표시되고 작업 점2 위치에 트라이어드가 나타납니다.

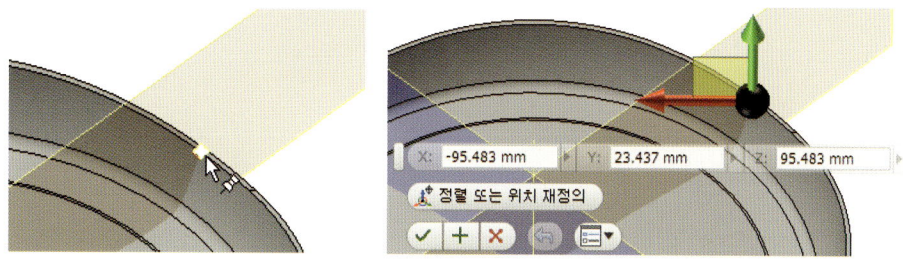

11 대화 상자에서 정렬 또는 위치 재정의 버튼을 클릭합니다. 그런 다음 녹색 Y축과 빨간색 X축 사이에서 실행되는 트라이어드에서 작은 평면을 선택합니다. (보기를 뷰 큐브를 이용하여 아래 그림과 같이 회전합니다.) 그런 다음 작업 평면4의 모서리를 선택합니다. 트라이어드는 작업 평면으로 다시 정렬됩니다.

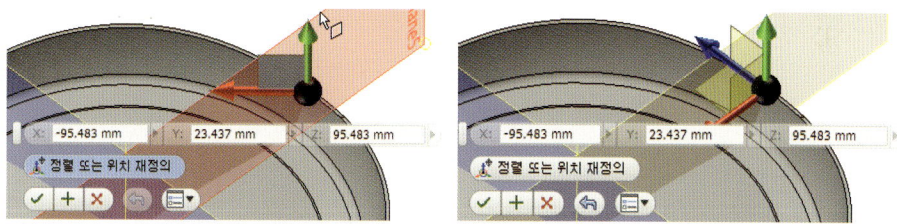

12 이제 고정된 작업 점을 배치할 준비가 되었습니다. 이렇게 하려면 먼저 X축에 대한 삼각형의 빨간색 원뿔 모양 (화살촉)을 클릭합니다. 그러면 대화 상자에서 X축 입력이 분리됩니다. 15 mm 를 입력하고 적용을 클릭합니다. 그러면 고정 작업 점이 만들어집니다.

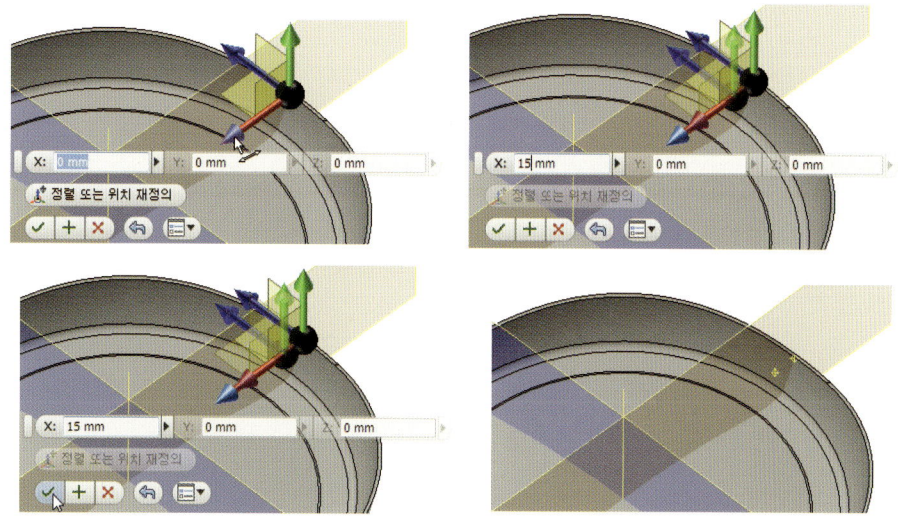

13 검색기 막대에서 작업 평면4와 작업 평면5를 선택한 수 마우스 오른쪽 버튼을 클릭하여 가시성을 끕니다.

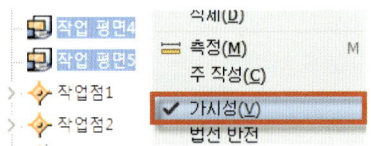

14 이제 보스 기능을 만들 준비가 되었습니다. 3D 모형 탭/ 소성 부품 패널/ 보스 도구를 선택합니다.

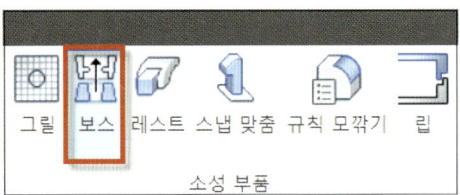

15 배치 드롭-다운이 점으로 설정되어 있는지 확인한 다음 중심 선택으로 작성한 두 개의 고정 작업점을 선택합니다. 방향 옵션으로 표시된 Y축을 클릭하고 미리 보기에서 보스가 파트 기준으로 아래로 확장되는지 확인합니다. 그렇지 않은 경우 반전 화살표를 사용하여 방향을 변경합니다.

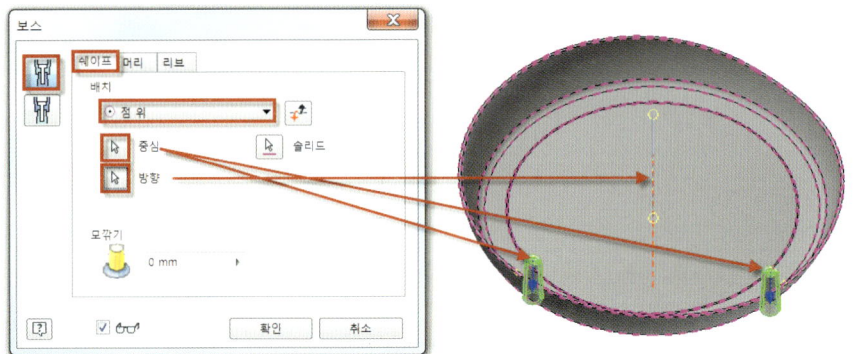

16 머리 탭을 클릭합니다. 대화 상자의 왼쪽에 있는 단추를 확인해 봅니다. 다시 위쪽을 선택하여 머리 탭에서 기본 옵션 영역 옆에 있는 (+) 플러스 버튼을 클릭하여 적용할 수 있는 기울기 옵션 입력 값들이 있는지 확인해 봅니다. 입력 값들을 그냥 기본 값으로 둡니다.

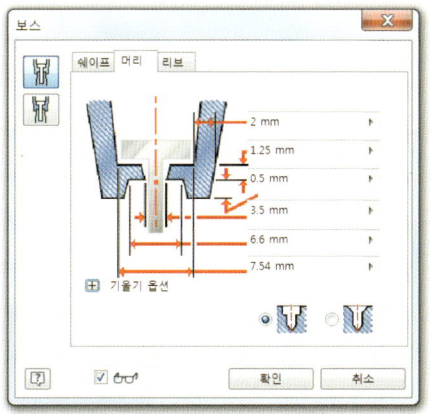 

17 리브 탭을 클릭합니다. 강화 리브 확인란을 체크하여 이 옵션을 활성화합니다. 강화 리브 수에 4를 입력하고, 맨 위 간격 띄우기 4mm, 숄더 반지름 6mm를 입력합니다. 그리고 시작 각도에 45deg를 입력합니다. 추가적으로 모깎기 옵션 영역 옆에 있는 (+) 플러스 버튼을 클릭하여 적용할 수 있는 모깎기 입력 값이 있는지 확인해 봅니다. 입력 값들을 그냥 기본 값으로 둡니다.

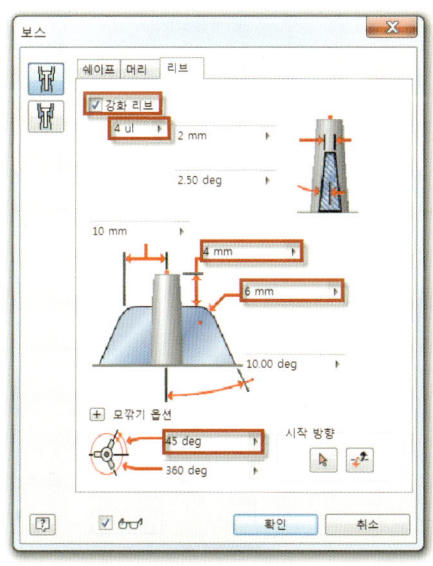 

18 대화 상자의 아래쪽에 있는 시작 방향 버튼을 클릭한 다음 작업 평면4 또는 작업 평면5를 선택하여 방향을 설정할 수도 있습니다.

19 확인 버튼을 클릭하여 보스 피쳐를 생성합니다. 각각의 높이가 다른 것을 볼 수 있습니다.

20 검색기 막대에서 원점 폴더를 확장하여 YZ평면을 선택한 다음 마우스 오른쪽 버튼을 클릭하여 가시성을 켭니다.

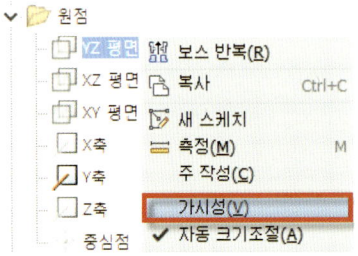

21 3D 모형 탭/ 패턴 패널/ 미러 도구를 선택하여 YZ 원점 평면을 미러 평면으로 사용하여 보스 피쳐를 대칭 적용합니다.

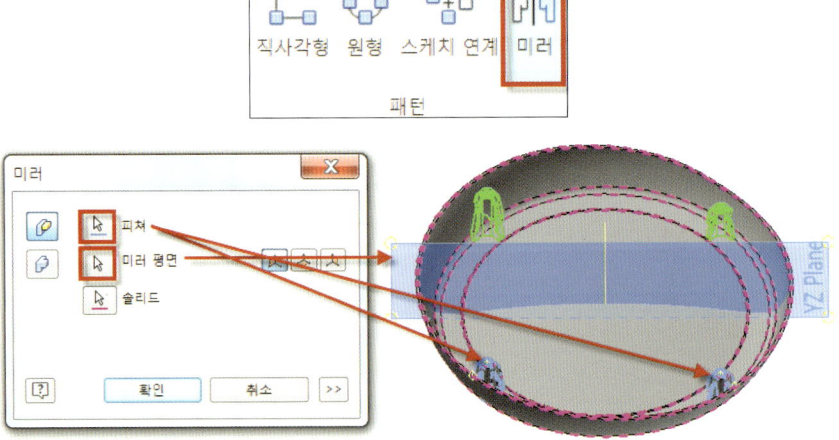

584

㉒ 확인 버튼을 클릭합니다.

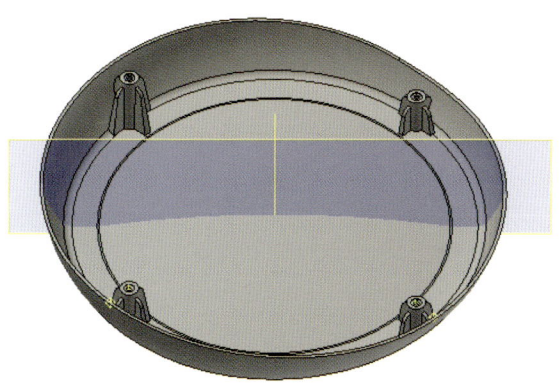

㉓ 〈그림 19-9〉는 완성된 보스 형상 피쳐를 보여줍니다.

〈그림 19-9〉 완성된 보스 형상 피쳐

이 설계의 기본 절반에 헤드 보스 피쳐가 완성되었으므로 각 보스의 중심에서 스케치 또는 작업 점을 만들고 기준 부품과 커버 부품의 가시성을 켜서 커버 부품이 보이게 한 다음, 위 작업 방법과 같은 순서로 기준 부품에 스레드 보스를 작성할 수 있습니다.

립 및 그루브 기능 만들기

립 및 그루브 피쳐는 두 부품을 서로 정확하게 조립이 되도록 하기 위해 사용되는 형상입니다. Autodesk Inventor Professional 2019에 있는 립 도구를 사용하여 접선, 연속 경계 가장자리로 구성된 경로를 지정하여 부품의 립 또는 홈을 작성할 수 있습니다. 또한 작업 평면을 사용하여 전체 가장자리에서 립이 필요하지 않은 경로 범위를 설정할 수도 있습니다. Chapter_19_플라스틱 설계 폴더에서 파일 SJS_Lip Groove Feature_Create.ipt를 연 다음 다음 단계에 따라 보스 형상 피쳐를 만듭니다.

1 검색기 막대에서 솔리드 본체 폴더를 확장하고 기준 부품이라는 솔리드를 마우스 오른쪽 버튼으로 클릭한 다음 기타 항목 숨기기를 선택합니다.

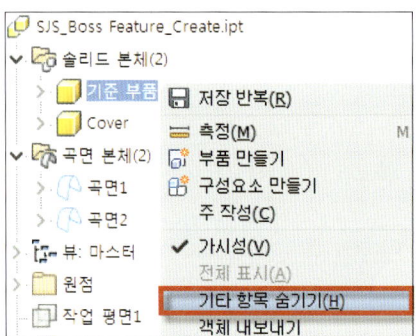

2 3D 모형 탭/ 플라스틱 부품 패널/ 립 도구를 선택하고 대화 상자의 왼쪽에 있는 립 버튼을 클릭하여 유형을 립으로 설정합니다.

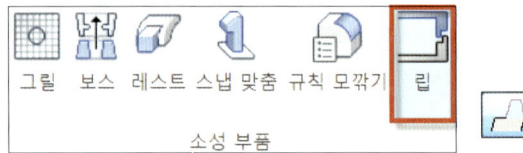

3 경로 모서리 선택을 위해 부품의 상단을 따라 내부 모서리를 선택합니다.

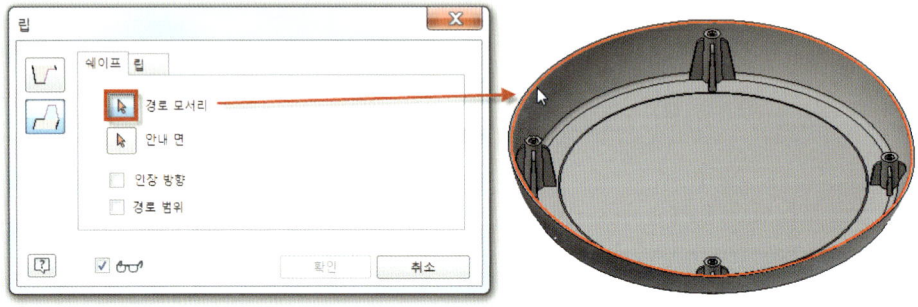

4 그런 다음 안내 면 설정을 위해 윗면을 선택합니다.

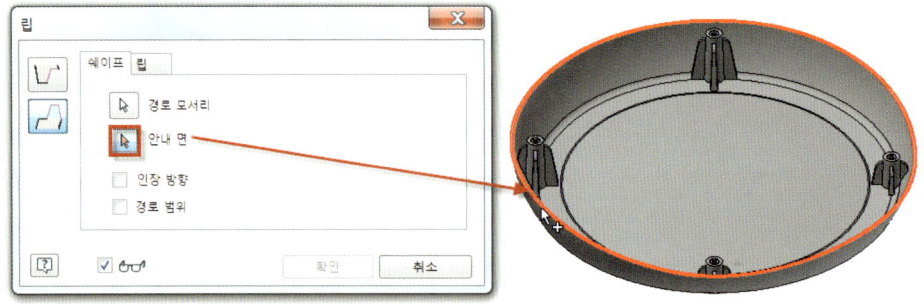

chapter 19 플라스틱 부품(소성 부품) 설계

5 립 탭을 클릭하고 외부 각도를 10deg로 설정하고 틈새를 0.5 mm로 설정한 다음 확인 버튼을 클릭합니다.

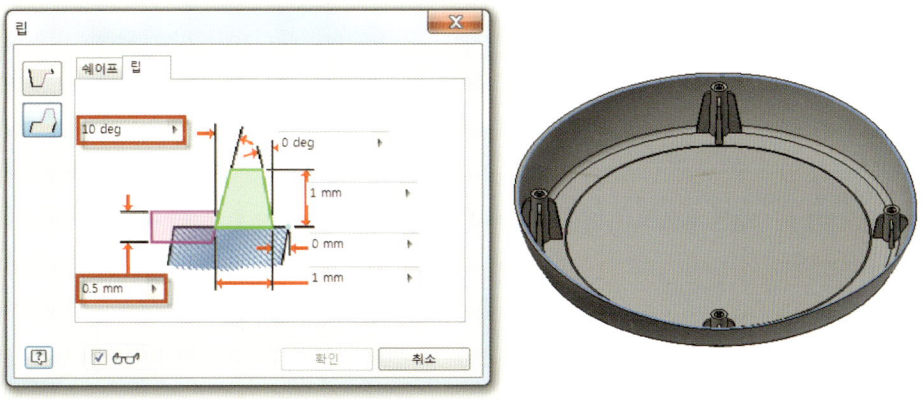

6 <그림 19-10>은 완성된 립 형상 피쳐를 보여줍니다.

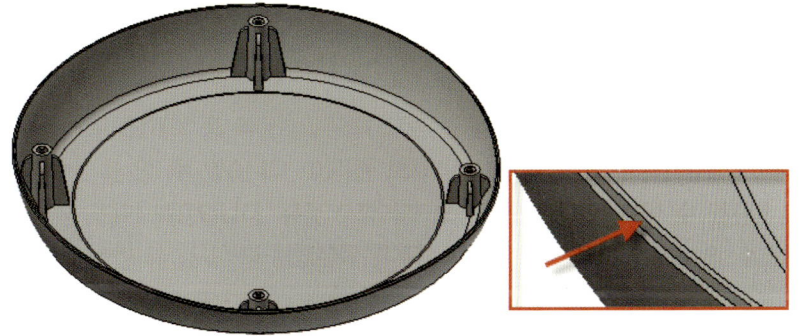

〈그림 19-10〉 완성된 립 형상 피쳐

7 그런 다음 커버 부품 솔리드에 홈을 만듭니다. 검색기 막대에서 솔리드 본체 폴더를 확장하고 커버 부품 솔리드를 마우스 오른쪽 버튼으로 클릭한 다음 기타 항목 숨기기를 선택합니다.

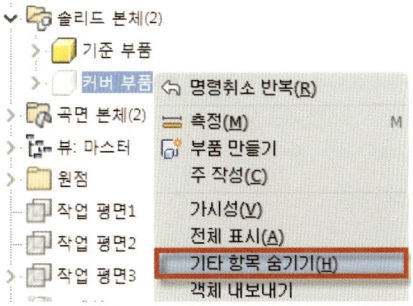

587

8 3D 모형 탭/ 플라스틱 부품 패널/ 립 도구를 선택하고 대화 상자의 왼쪽에 있는 립 버튼을 클릭하여 유형을 그루브로 설정합니다.

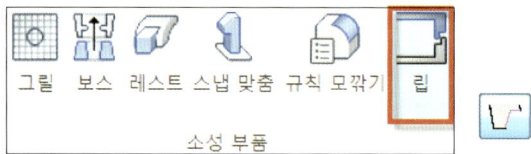

9 경로 모서리 선택을 위해 파트의 내부 모서리를 선택합니다.

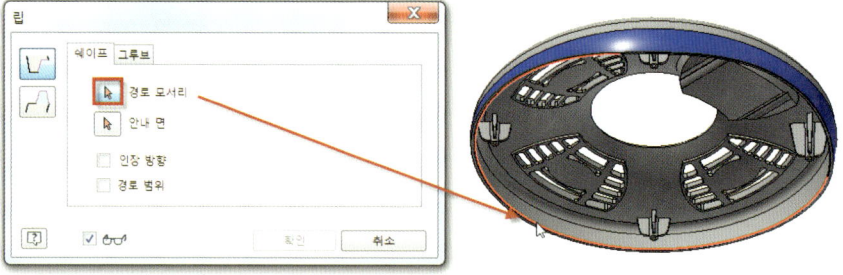

10 그런 다음 안내 면 설정을 위해 윗면을 선택합니다.

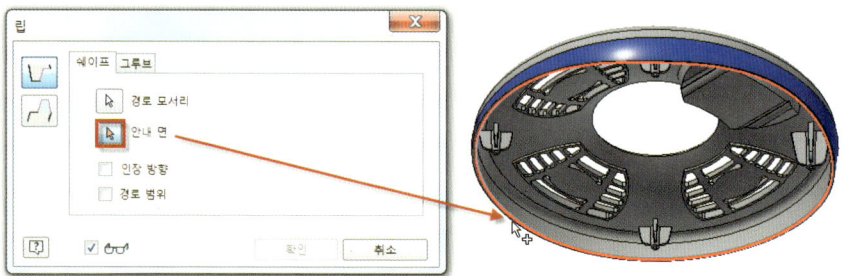

11 그루브 탭을 클릭하고 외부 각도를 10deg로 설정하고 틈새를 0.5mm로 설정한 다음 확인 버튼을 클릭합니다.

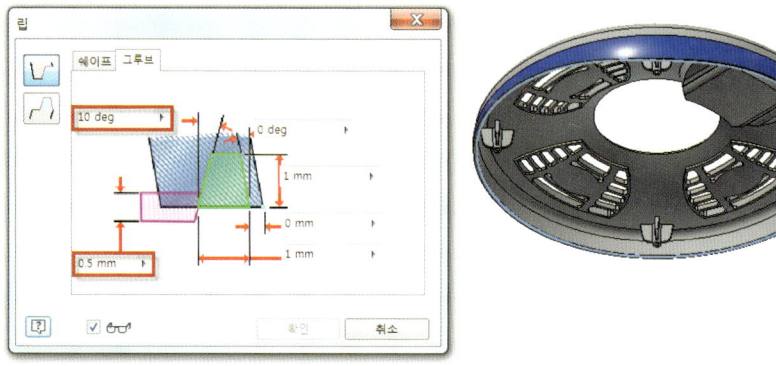

⑫ 〈그림 19-11〉은 완성된 그루브 형상 피쳐를 보여줍니다.

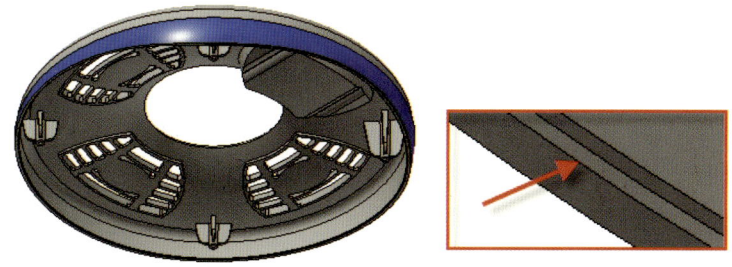

〈그림 19-11〉 완성된 그루브 형상 피쳐

스냅 맞춤 기능 만들기

스냅 맞춤 기능은 플라스틱 부품을 다른 부품에 고정하는 데 사용됩니다. 표준 모델링 도구를 사용하여 원하는 수의 스냅 맞춤 연결을 모델링 할 수 있지만 Autodesk Inventor Professional 2019에서는 일반적인 후크 및 루프 캔틸레버용 스냅 맞춤을 만들 수 있는 도구가 포함되어 있습니다.

① 〈그림 19-12〉는 맞추기 도구 및 표준 모델링 도구를 사용하여 생성할 수 있는 몇가지 일반적인 스냅 맞춤 형태를 보여주는 것입니다.

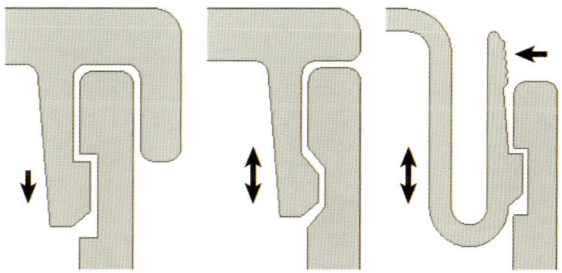

〈그림 19-12〉 일반적인 스냅 맞춤 형태

스냅 파일을 삽입하려면 스케치 점 또는 작업 점으로 만든 삽입 지점을 선택합니다.
Chapter_19_플라스틱 설계 폴더에서 파일 SJS_SnapFits Feature_Create.ipt를 연 다음 다음 단계에 따라 스냅 맞춤 형상 피쳐를 만듭니다.

① 3D 모형 탭/ 작성 패널/ 파생 도구를 선택합니다. 사용하여 기존 부품을 설계에 가져오기를 합니다. 관리 탭에서 삭제 단추를 클릭합니다.

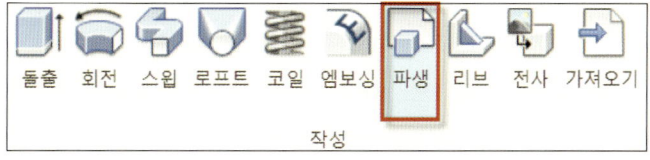

2 모든 것 19장 폴더에 SJS_SnapFis Drive Part.ipt를 찾아 선택한 다음 열기 버튼을 클릭합니다.

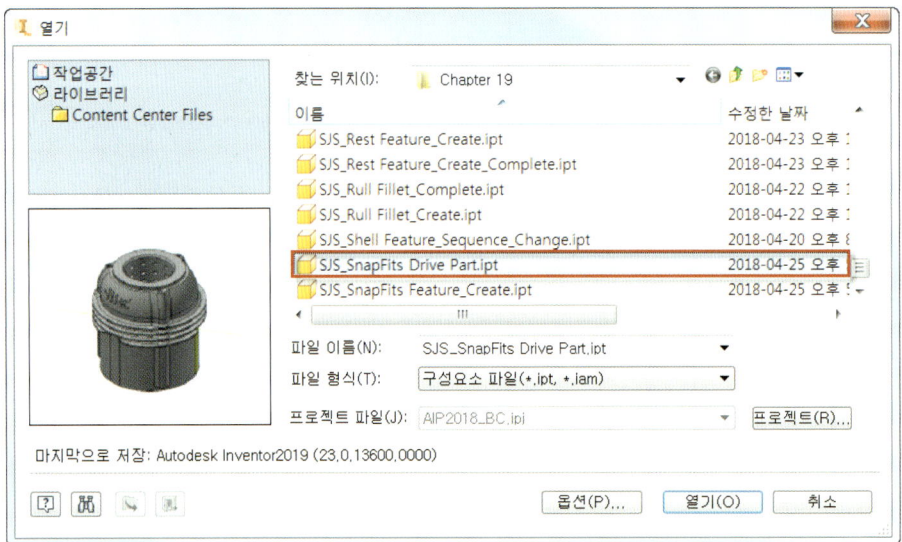

3 파생 부품 대화 상자에서 파생 스타일의 첫 번째 버튼을 선택하여 평면 사이에 병합된 솔기가 있는 단일 솔리드 본체 부품을 작성합니다. 다음으로 솔리드 본체 폴더를 확장하고 솔리드1이 노란색으로 표시되어 있는지 확인합니다. 이는 현재 설계 부품에 파생이 되도록 설정되었음을 나타냅니다. 작업 형상 폴더를 확장하고 작업 축1을 파생되도록 설정한 다음 확인 버튼을 클릭합니다.

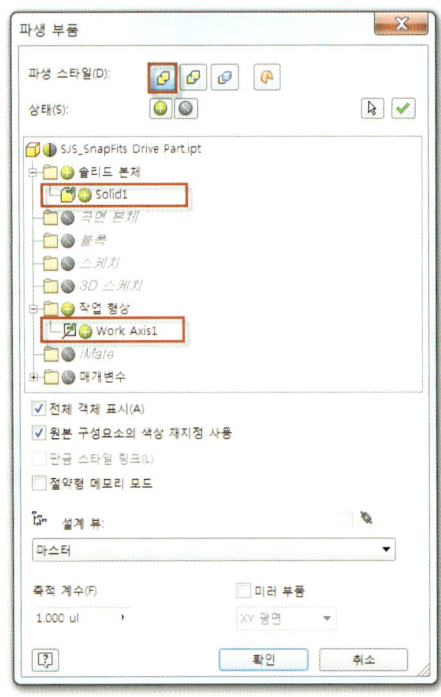

chapter 19 플라스틱 부품(소성 부품) 설계

4 이제 파생 부품을 사용하여 커버 부품에서 재료를 빼내어 개구부에 들어가도록 할 것입니다.
3D 모형 탭/ 수정 패널/ 결합 도구를 선택합니다.

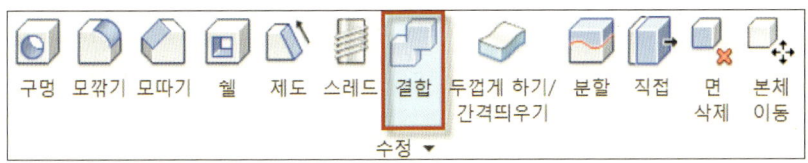

5 가준 선택은 솔리드 본체에서 커버 부품 솔리드를 선택하고 도구 본체는 파생 부품을 선택합니다. 솔루션을 자르기로 설정하고 툴 바디 유지 확인란을 클릭한 다음 확인 버튼을 클릭합니다.

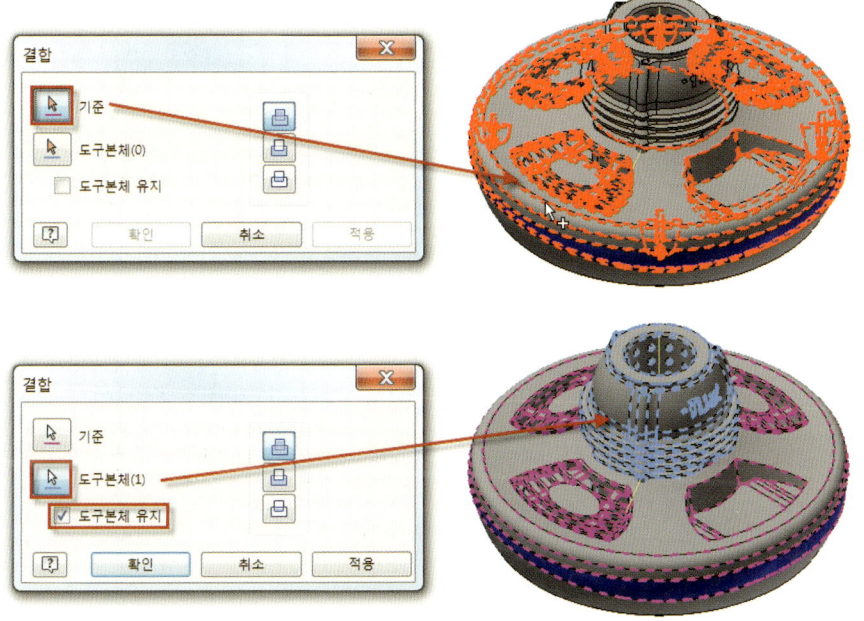

6 도구 본체 구성 요소(이 경우 파생 부품)가 커버 부품과 결합되면 가시성이 자동으로 해제됩니다. 솔리드 본체 폴더를 확장하면 파생 부품이 솔리드로 표시되고 가시성이 해제됩니다.

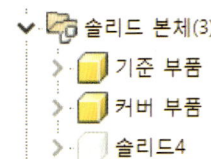

7 다음으로 작업 점을 만들어 스냅 피쳐의 위치를 설정합니다. **3D 모형 탭/ 작업 피쳐 패널/ 점** 도구를 선택하고 커버 부품에 있는 노란색 면을 확대합니다. 작업 영역을 설정하려면 노란색 면의 위쪽 가장자리를 따라 중간 점을 선택합니다.

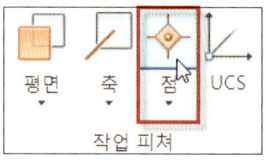

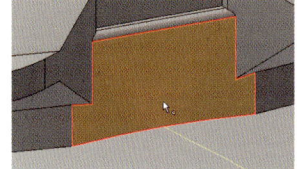 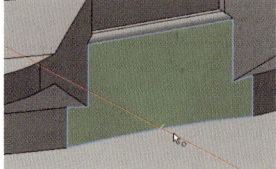 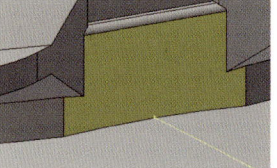

8 이제 스냅 끼워 맞춤을 만들 준비가 되었습니다. **3D 모형 탭/ 작업 피쳐 패널/ 스냅 맞춤** 도구를 선택합니다.

9 배치 드롭-다운이 점 위로 설정되고 캔틸레버 스냅 맞춤 후크 버튼이 선택되었는지 확인합니다. (대화 상자의 왼쪽에 있음) 그런 다음 중심 선택에 대해 작성한 작업 점을 클릭합니다.

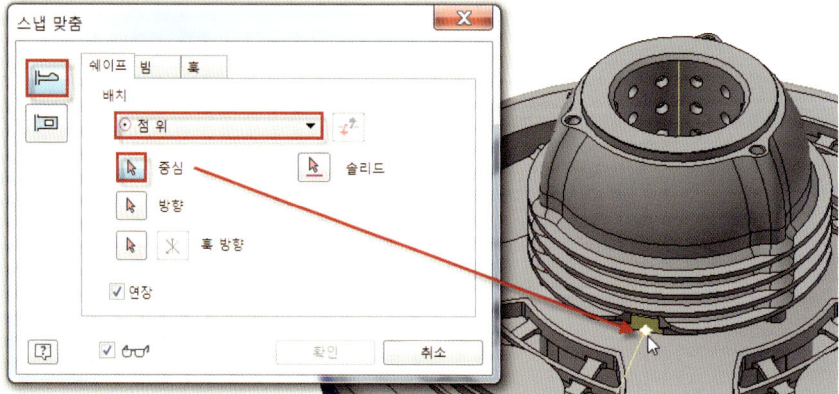

chapter 19 플라스틱 부품(소성 부품) 설계

10 방향 선택에서 보이는 Y축을 클릭합니다. 후크 방향 선택에서 노란색 면을 통해 실행되는 파생 작업 축을 클릭합니다. 미리 보기에서 방향이 아래로 향하고 있으면 플립 (Flip) 버튼을 사용하여 방향을 올바르게 설정하면 됩니다.

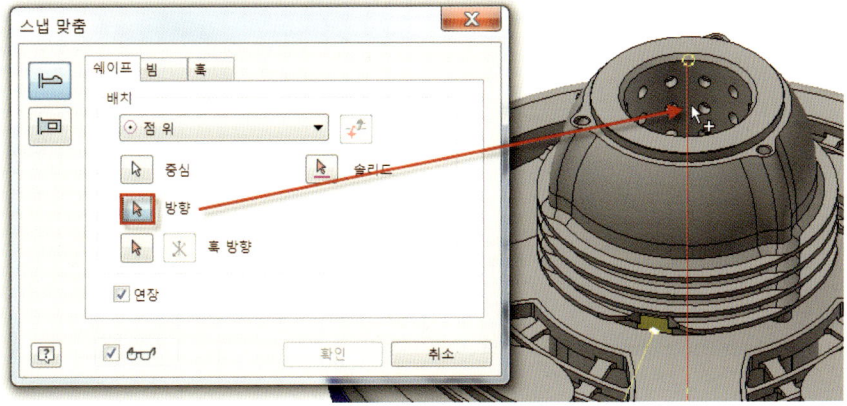

11 스냅이 생성되는 곡면의 윤곽과 일치하도록 확장 확인란이 선택되어 있는지 확인합니다. 확장 확인란을 선택하면 스냅 맞춤 기능의 미리 보기가 노란색 면의 잘못된 면으로 구성되는 것처럼 보이지만 이전 단계를 수행한 경우 올바른 모양입니다.

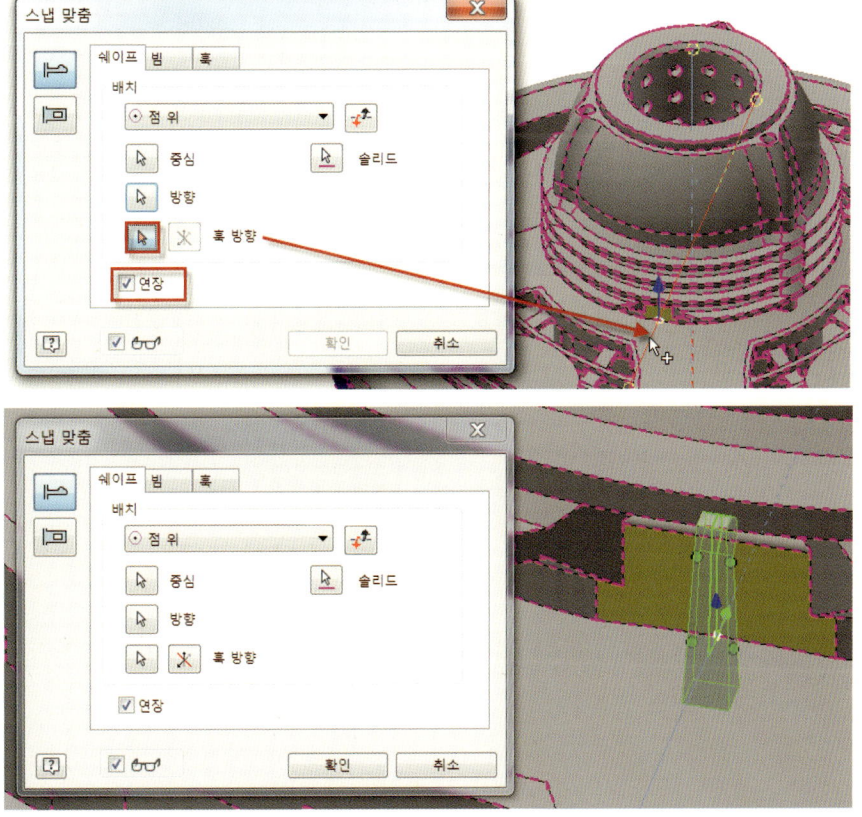

12 빔 탭을 클릭하고 빌 길이를 7mm, 후크에서 빔 너비를 9mm, 벽에서 빔 너비를 10mm로 설정합니다.

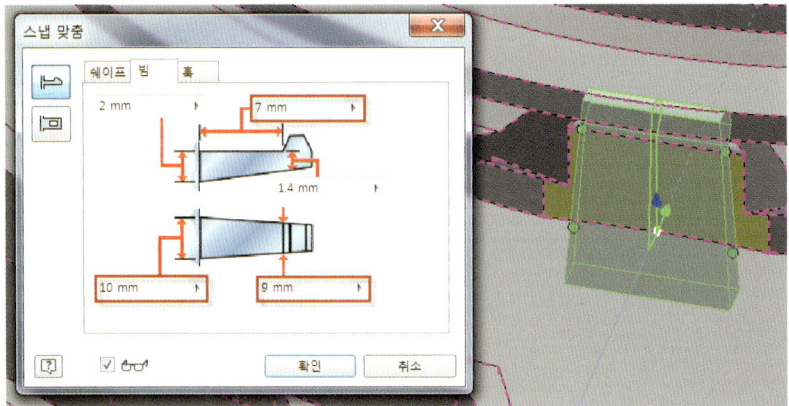

13 후크 (Hook) 탭을 클릭하고 설정을 살펴본 다음, 이 설정은 기본 값으로 두고 확인 버튼을 클릭합니다.

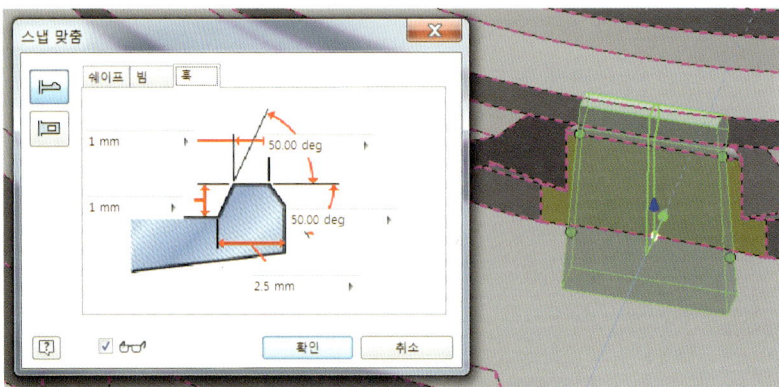

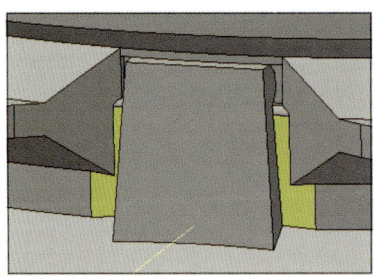

chapter 19 플라스틱 부품(소성 부품) 설계

14 원형 패턴 도구를 사용하여 개구부 주변의 후크를 총 3개의 패턴으로 패턴화한 다음 확인 버튼을 클릭합니다.

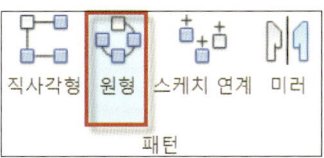

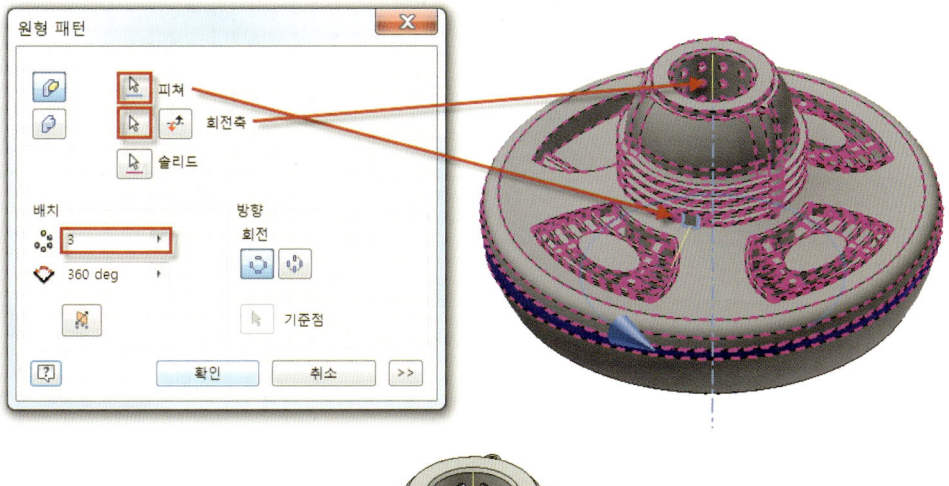

MEMO

Chapter 20

인벤터 스튜디오

제품의 초기 디자인 또는 제품을 판매하기 위해 하는 실제로 디자인을 전달하는 방법은 고객이 회사 내부 업무 또는 외부 업무와 무관하게 매우 중요한 가치가 있습니다. 정적 이미지 또는 애니메이션을 통한 시각화는 고객에게 디자인의 개념적 또는 실용적인 데모를 제공함으로써 커뮤니케이션을 향상시킬 수 있습니다. Inventor Studio는 Autodesk Inventor 프로그램의 렌더링 및 애니메이션 환경으로, 조립품 및 부품 환경에 내장된 시각화 도구라고 보시면 됩니다. Autodesk Inventor Studio를 사용하면 구성 요소의 사실성을 향상시키고 디자인의 특정 측면에 주의를 끌 수 있는 조명 스타일 및 모양 스타일을 만들고 적용할 수 있습니다. Autodesk Inventor Studio는 다양한 곡면 스타일과 적당한 조명 및 장면 스타일 세트를 제공합니다. 전달된 스타일을 수정하거나 필요한 만큼 새로운 스타일을 만들 수 있습니다. 목표는 이미지를 원하는 형태로 초기 디자인에 맞게 만드는 것입니다. Autodesk Inventor Studio는 애니메이션을 위해 조립품 구속 조건과 위치 표현 등을 사용합니다. 단일 부품 또는 조립품을 애니메이션으로 만들 수 있습니다. 이 장에서는 Autodesk Inventor Studio를 사용하여 디자인을 대상 고객에게 전달하는 이미지 및 애니메이션을 만드는 방법에 대한 설명을 할 것입니다.

이 장에서는 아래와 같은 내용을 다루어 볼 것입니다.
- 카메라 생성 및 애니메이션 적용하기
- 새 애니메이션 시작, 애니메이션 수정 및 다양한 애니메이션 도구 사용법
- 여러 카메라를 사용하여 애니메이션의 비디오 작품 제작하기
- 소품을 사용하여 장면을 향상 시키는 방법
- 음영 처리 및 설명 이미지 렌더링하기
- 애니메이션 및 비디오 제작 렌더링하기

01 Inventor Studio 환경 탐색하기

Autodesk Inventor Studio 환경에는 기계적 동작의 사실적인 이미지 및 애니메이션을 만드는데 필요한 도구가 포함되어 있습니다. 이 섹션에서는 Inventor Studio 환경의 다양한 도구, 환경 설정 및 검색기 막대에 대해 다룰 것입니다. Inventor Studio를 시작하기 전에 이미지에 사용할 자원 (확산 맵, 범프 맵, 데칼 등)을 고려해야 합니다. Inventor에는 확산 및 범프 맵이 포함되어 있지만, 텍스처 또는 범프 맵용 이미지가 따로 있는 경우 해당 파일이 프로젝트 파일에 있는 경로를 함께 포함시켜야 합니다. 이렇게 하면 Inventor Studio에서 작업할 때 해당 자원을 사용할 수 있습니다. 그런 다음 애니메이션을 스토리 보드에 저장하여 카메라 위치와 설정, 조명 및 애니메이션에 대해 생각해야 합니다. 부품 파일이나 조립품 파일에서 Inventor Studio 환경으로 들어가려면 리본 메뉴/ 환경 탭/ 시작 패널/ Inventor Studio 도구 버튼을 클릭하면 됩니다.

Inventor Studio 환경으로 들어가기

리본 메뉴/ 환경 탭/ 시작 패널/ Inventor Studio

렌더링 영역이 그래픽 영역의 상단을 따라 활성화되고 모형 검색기 막대 대신 Inventor Studio 장면 검색기 막대가 열립니다.

 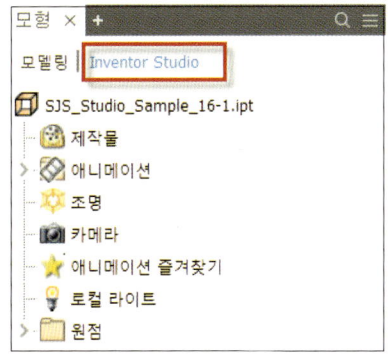

아래 그림은 렌더링 탭으로 작업 렌더링, 전개도, 애니메이트 및 관리 패널로 구성된 네 개의 패널로 나뉘며 각 패널에는 이러한 작업을 위한 도구가 들어 있습니다.

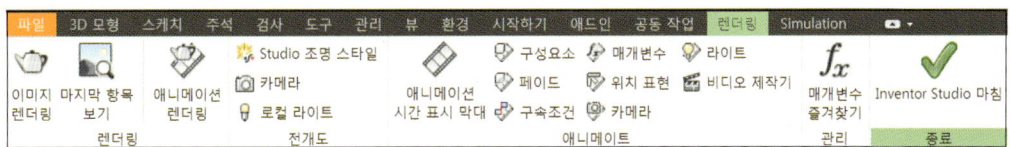

전개도 검색기 막대는 Inventor Studio에 특정한 폴더 노드가 포함된 사용자 정의 검색기 막대입니다. 폴더 노드를 마우스 오른쪽 버튼으로 클릭하면 동일한 파일 내에서 하나 이상의 제작물, 애니메이션, 카메라 및 로컬 표시 등을 만들 수 있습니다. 인스턴스는 해당 폴더에 유지 관리됩니다.

02 스타일 생성 및 관리

Inventor Studio에는 모양, 조명 및 장면 스타일의 세 가지 유형의 스타일이 사용됩니다. 각각은 다른 목적을 가지고 있으며 최종 이미지에 기여합니다. 조명 및 장면 스타일은 Inventor Studio 환경에 고유한 도구를 사용하여 작성 및 수정되지만 나머지는 Autodesk Inventor에서 사용되는 것과 동일한 도구를 사용하여 모양 스타일이 작성 및 수정됩니다.

모양 스타일 적용

모양 스타일은 구성 요소의 색상, 패턴 및 텍스처를 만들고 수정하는데 사용됩니다. 모양 스타일 인터페이스에는 선택한 면이나 피처 또는 전체 구성 요소를 기반으로 모델에 색상, 패턴 및 질감을 지정하는 다양한 컨트롤이 있습니다.

모델의 면에 모양 조정 및 덮어 쓰기 적용

좀 더 사실적인 외관을 위해 특정 면에 색상이나 질감을 적용하는 것이 종종 유용합니다. 이렇게 하려면 다음 방법 중 하나를 사용할 수 있습니다.

• **마우스 오른쪽 버튼으로 클릭**

모델에서 면을 선택한 다음 마우스 오른쪽 버튼을 클릭하고 특성을 선택합니다. 그런 다음 드롭-다운 목록에서 모양을 선택합니다.

• **빠른 접속 도구 막대**

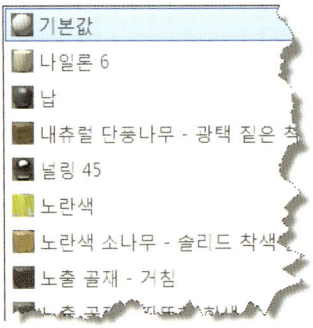

모델에서 면을 선택한 다음 화면 상단의 빠른 접속 도구 막대에서 모양 재정의 드롭-다운 목록을 사용합니다.

chapter 20 인벤터 스튜디오

- **모양 조정 도구 버튼**

모델링 상태에서 면을 선택한 다음 도구 탭/ 재질 및 모양 패널/ 모양 조정 도구 버튼을 클릭합니다.

[모양 조정] 버튼을 사용하면 단순히 모양 색상과 질감을 변경하는 것보다 우선 적용을 제어 수 있습니다.

[모양 조정] 버튼을 클릭하면 아래 그림과 같이 캔버스 조정 도구가 나타납니다.

- **모양 드롭-다운 목록 사용**

모양 조정 도구가 표시되면 드롭-다운 목록을 사용하여 선택한 면에 사용할 기존 모양 스타일을 선택할 수 있습니다. Inventor 프로젝트 파일 (.ipj)은 목록에서 접근할 수 있는 재질 및 모양 라이브러리를 지정합니다.

- **착색 휠 사용하기**

모양 스타일을 선택한 후에는 색상 환을 클릭하고 끌기로 색조 재정의를 적용할 수 있습니다. 이렇게 하면 RGB 값이 조정되어 컨트롤에 표시됩니다. 또는 HSL 값을 사용하도록 컨트롤을 설정할 수 있습니다. 색상 환을 사용하여 색상을 선택하면 색상 환의 중앙에 있는 십자선을 클릭하고 드래그하여 색상 농담의 밝기를 조정할 수 있습니다.

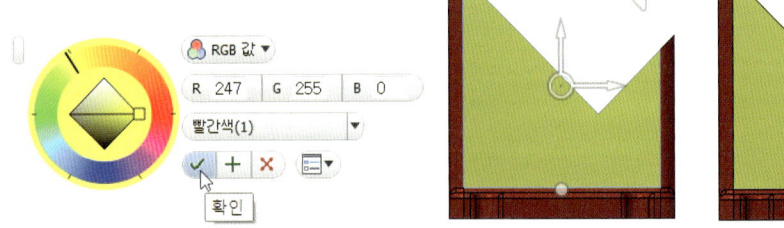

- **축척 및 회전 컨트롤 사용**

선택한 모양에 텍스처가 사용되는 경우 선택한 면에 표시된 배율 및 회전 컨트롤을 사용하여 텍스처의 각도와 크기를 조정할 수 있습니다. 이러한 컨트롤은 커서를 위에 놓으면 강조 표시됩니다.

동시에 여러 면의 모양을 조정하려면 키보드의 **Ctrl** 키를 누른 상태에서 각 면을 클릭하면 됩니다. 변경한 내용을 적용하려면 적용 버튼 (녹색 더하기 부호) 또는 녹색 확인 표시를 클릭하면 됩니다. 조정을 취소하려면 취소 버튼 (빨간색 X)을 클릭합니다.

모양 텍스처의 크기와 회전을 보려면 텍스처를 표시하는 옵션을 활성화해야 합니다. 리본 메뉴/ 뷰 탭/ 텍스처 켜짐/ 꺼짐 드롭-다운 메뉴 도구를 클릭하여 텍스처 표시를 활성화 및 비활성화 할 수 있습니다.

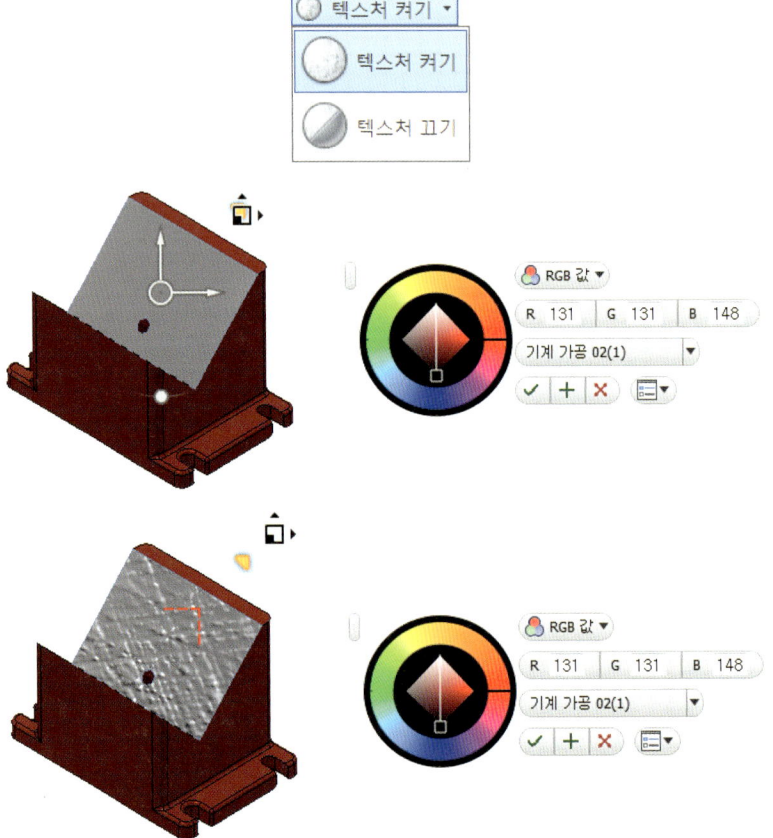

모양 조정 및 재지정 지우기

모양 재지정을 제거하려면 아래와 같이 리본 메뉴/ 도구 탭/ 재질 및 모양 패널/ 모양 지우기 도구 버튼을 클릭합니다. 지우기 컨트롤이 활성화되면 기존 모양 재지정을 취소할 면을 선택하거나, 모두 지우기 버튼을 사용하여 모든 모양 재정의를 제거하고 현재 재질에 지정된 모양 스타일을 사용하도록 모델을 설정할 수 있습니다.

피쳐, 솔리드 또는 부품에 따라 모양 조정 적용

모양 재지정을 면에 적용하는 것 외에도 특정 피쳐에 적용할 수 있습니다. 이렇게 하려면 리본 메뉴/ 도구 탭/ 재질 모양 패널/ 모양 조정 도구 버튼을 클릭합니다. 그런 다음 검색기 막대에서 조정할 피쳐를 선택합니다. 조정 및 지우기 도구는 면과 마찬가지로 피쳐에 동일한 방식으로 작동합니다. 부품 모델링 환경에서 작업할 때 전체 솔리드에 모양 조정을 적용하려면 바깥 쪽 가장자리를 선택하거나 검색기 막대에서 선택합니다. 부품 모델링 환경에서 전체 부품을 선택하려면 검색기 막대에서 최상위 노드를 선택합니다. 조립품 파일로 작업 할 때에는 그래픽 창이나 검색기 막대에서 개별 부품을 선택하여 조정을 적용할 수 있습니다. 전체 하위 조립품에 조정을 적용하려면 검색기 막대에서 하위 조립품을 선택합니다. 조립품 환경의 모양 조정 지우기는 부품 환경에서와 동일하게 작동합니다.

◆ 모양 스타일 vs 재질 스타일

Autodesk Inventor를 사용하고 있는 사용자라면 모양 스타일과 재질 스타일의 차이점에 대해 상당히 궁금해 할 것입니다. 재질 스타일은 재질의 물리적 특성에 대한 정보를 포함하고 기본 모양 스타일을 지정합니다. 예를 들어, 알루미늄 5052-O라는 재질 스타일은 알루미늄-연마라는 모양 스타일을 사용할 수 있습니다. 따라서 재질 스타일은 모양 스타일을 사용합니다. 모양 조정을 모델에 적용하면 마치 다양한 곡면과 피쳐를 도장하는 것처럼 보이지만 모델은 여전히 원래 재질을 사용하여 물리적 특성을 결정하는 것입니다.

◆ 모양 스타일 및 모양 라이브러리 만들기

모양 스타일을 만들거나 수정하려면 도구 탭의 모양 버튼을 클릭하면 됩니다. 그러면 모양 검색기 창이 아래와 같이 보입니다.

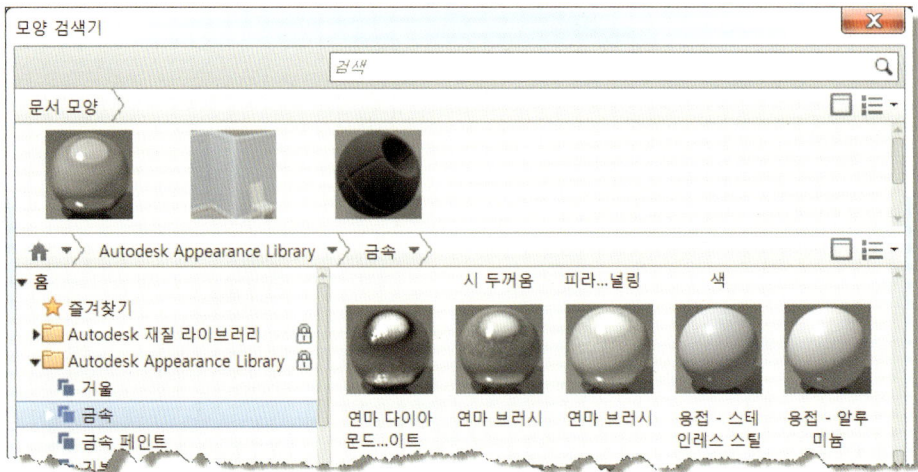

　　상단에는 문서 모양 영역이 있으며 활성 모델에 캐시된 모양이 표시됩니다. 아래는 Autodesk Material Library, Autodesk Appearance Library 및 존재하는 모든 사용자 라이브러리입니다. 사용자 지정 라이브러리 또는 사용자 지정 모양 스타일을 만들려면 모양 브라우저의 왼쪽 아래 모서리에 있는 버튼을 사용하여 새 라이브러리 작성으로 만들 수 있습니다. 사용자 정의 모양을 만들 때 아래와 같이 모양 편집기로 속성을 설정하고, 범주 작성으로 분류를 할 수 있습니다.

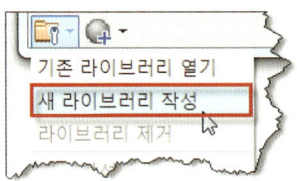

 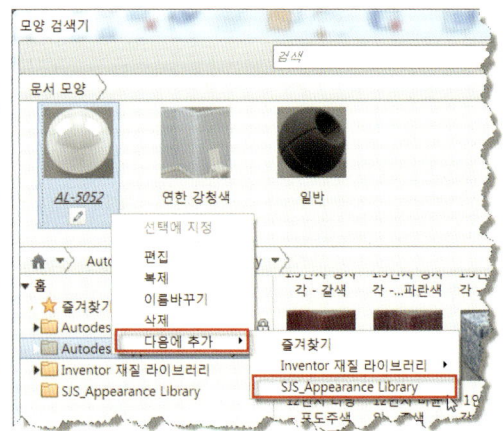

chapter 20 인벤터 스튜디오

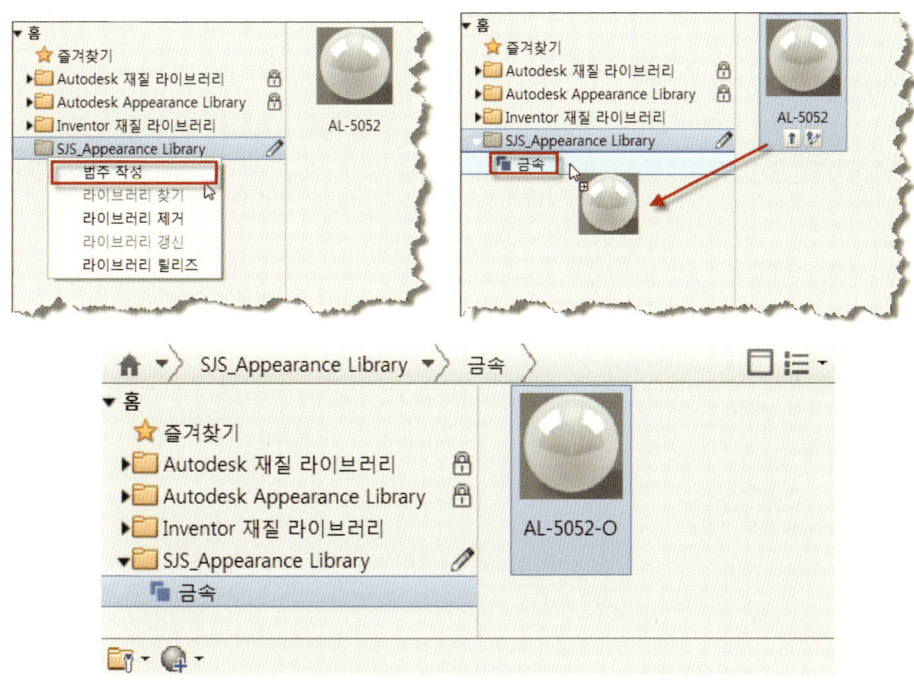

03 조명 및 조명 스타일 탐색

　Autodesk Inventor에는 몇 가지 조명 스타일이 제공되며, 사용자는 필요에 따라 그대로 사용하거나 수정할 수 있습니다. 또한 사용자의 필요에 맞게 새로운 조명 스타일을 만들 수 있습니다. 조명 스타일은 모양 및 장면 스타일과 다릅니다. 조명 스타일에는 스타일의 모든 조명에 영향을 주는 설정이 있으며, 개별 조명에는 선택한 조명에 대한 설정만 있습니다. 그러나 개별 조명 스타일 설정을 사용하도록 설정하여 여러 조명에서 일관된 제어가 가능하도록 할 수 있습니다.

 　　　　　Inventor Studio 환경의 렌더링 탭/ 전개도 패널/ Studio 조명 스타일 도구를 찾습니다. 클릭하여 활성화하고 조명 스타일 대화 상자를 표시합니다. 　 새 조명 버튼 (대화 상자의 맨 위에 있는 전구)는 선택한 조명 스타일에 새로운 조명을 추가합니다. 새 조명 대화 상자가 나타나고 설정을 지정할 수 있습니다. 다음으로 조명 스타일과 조명 스타일을 탐색합니다.

조명 스타일

　조명 스타일 설정은 스타일의 모든 조명에 영향을 줍니다. 조명 스타일 대화 상자에서 조명 스타일 목록이 왼쪽에 표시됩니다.

- **전역 조명 스타일**

설계 데이터 경로에 스타일 라이브러리로 설치됩니다. 이는 리본 메뉴/ 도구 탭/ 옵션 패널/ 응용프로그램 옵션/ 파일 탭에서 스타일 라이브러리 사용 옵션을 읽기-쓰기로 설정한 경우 스타일 대화 상자에 나열됩니다.

- **로컬 조명 스타일**

활성 문서에 저장되며 스타일 대화 상자에서 이름 앞에 별표가 표시된 상태로 나열됩니다. 로컬 스타일은 같은 이름의 전역 스타일보다 우선합니다.

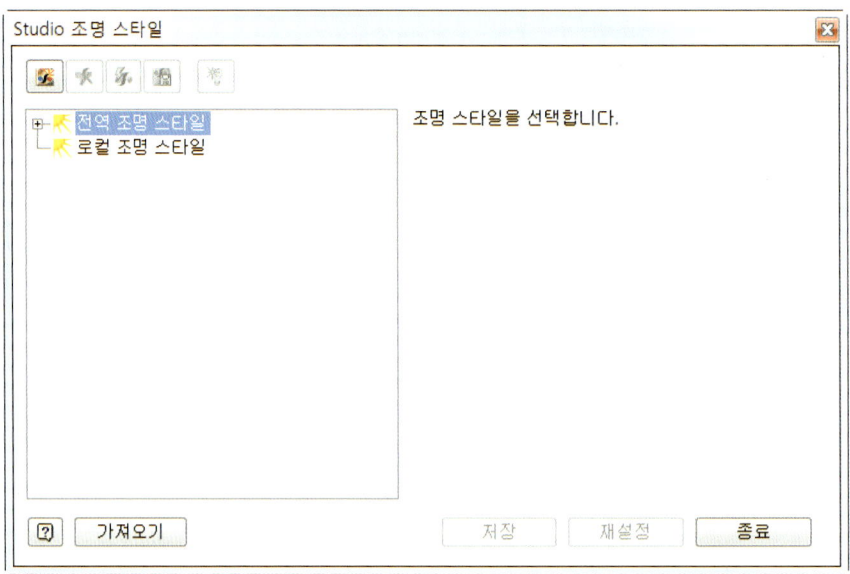

카메라를 이미지와 일치시키기

모델을 사진과 일치 시키려면 장면 스타일에 이미지 배경 유형을 사용해야 합니다. 배경에 사용할 사진을 분석한 다음 빛이 어디서 나오고 얼마나 그림자가 드리워졌는지 확인해야 합니다. 그런 다음, 원근 카메라를 사용하도록 뷰를 설정합니다. 수평선과 소실점이 이미지와 비슷하도록 모델의 방향을 지정한 다음 조명 스타일을 만들거나 수정하여 사진에 있는 것과 비슷한 밝기와 그림자를 생성합니다. 몇 가지 테스트 렌더링을 수행하고 카메라 위치와 조명을 조정하여 원하는 것처럼 보이는 것을 얻을 수 있습니다.

chapter 20 인벤터 스튜디오

1 열기 버튼을 클릭하여 SJS_Studio_Image_16-1.ipt 파일을 선택하여 열기를 합니다.

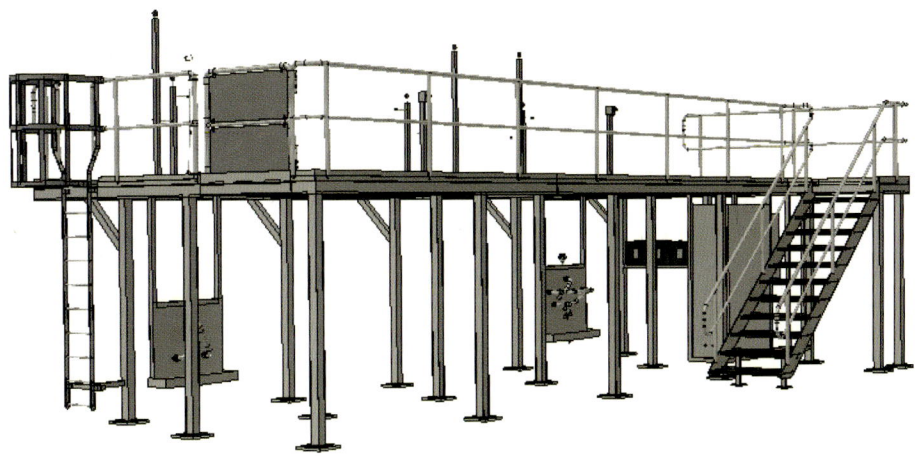

2 이미지를 선택하고 이미지 배경 유형을 사용하여 장면 스타일을 만듭니다. 응용프로그램 옵션/색상 탭에서 배경 이미지를 아래와 같이 Studio_Image.tif 파일을 선택해서 적용합니다.

3 배경 이미지에 맞게 모델링의 크기와 위치를 조정합니다. 그림자가 가까이 있는지 확인하려면 산의 그림자 각도와 일치하도록 스타일 방향을 수정합니다.

4 렌더링 탭/ 렌더링 패널/ 이미지 렌더링 도구를 클릭합니다.

5 설정이 끝났으면 렌더링 버튼을 클릭합니다. [렌더링]

 **카메라 생성 및 사용**

카메라가 애니메이션에 가장 적합하다고 결론 내릴지라도 이미지로 작업하는데 유용합니다. 카메라를 사용하면 보기 방향을 쉽게 호출할 수 있으며 애니메이션으로 만들 수 있습니다. 카메라 도구를 사용하고 보기 상황에 맞는 메뉴를 사용하여 카메라를 만드는 방법에는 두 가지가 있습니다.

1 리본 메뉴/ 렌더링 탭/ 전개도 패널/ 카메라 도구 버튼을 클릭합니다.

2 대상인 구성 요소의 면을 선택합니다. 카메라 방향 선은 면 미리 보기 및 선택에 수직으로 표시됩니다. 클릭하여 대상을 선택합니다. 그런 다음 공구가 카메라 위치 입력으로 순환합니다.

3 마우스 포인터를 카메라 방향 선을 따라 이동한 다음 선을 따라 이동하여 카메라 위치를 지정합니다. 미리 보기가 만족스러우면 클릭하여 카메라 위치를 선택합니다.

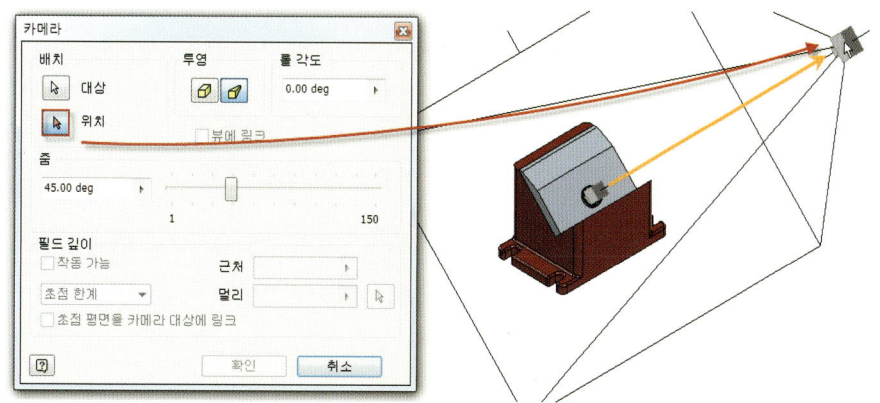

4 뷰애 링크 확인란을 선택하면 카메라 그래픽이 숨겨지고 보기가 카메라의 표시로 변경됩니다. 이 확인란을 선택하지 않으면 카메라 그래픽이 복원됩니다. 이렇게 하면 설정을 쉽게 확인할 수 있습니다.

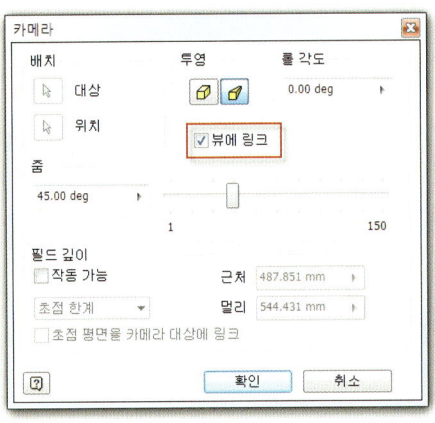
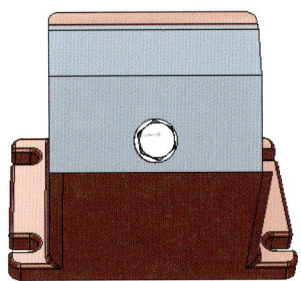

5 카메라 줌 값을 요구 사항에 맞게 설정합니다.

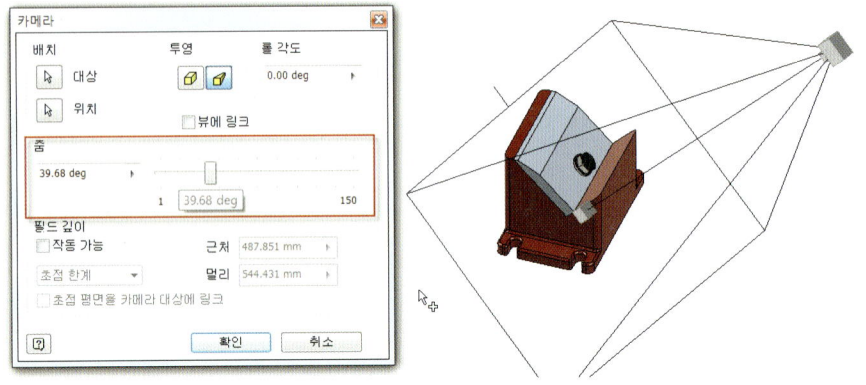

6 필드 깊이는 초점 범위를 설정하는 두 가지 방법, 즉 초점 한계 및 F 스톱을 제공합니다. 사용 옵션을 클릭한 다음 초점 범위 설정의 피사체 심도 (초점 한계 또는 F 스톱) 중 하나를 선택합니다. 초점 한계 설정은 모델 단위로 근거리 및 원거리 값을 제공합니다. 가까운 값과 먼 값 사이의 내용에 초점이 맞춰집니다. 이러한 값을 벗어나는 내용은 비례적으로 초점이 맞지 않습니다. 다른 방법 인 F 스톱은 F 스톱 값과 초점 평면 설정을 사용합니다. 카메라 설정을 좀 더 쉽게 하려면 초점 평면을 카메라 타겟에 연결할 수 있습니다. 그런 다음 대상을 움직일 때마다 피사체 심도가 카메라에 맞게 조정됩니다.

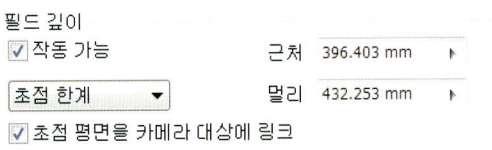

chapter 20 인벤터 스튜디오

7 확인 버튼을 클릭하면 카메라가 생성됩니다. 검색기 노드 슬로우 클릭 방식으로 카메라의 이름을 바꿀 수 있습니다. 확인

05 Inventor Studio로 애니메이션 하기

Inventor Studio는 조립품 구속 조건을 사용하여 조립품 내에서 기계적 동작을 구동하도록 설계되었습니다. Inventor Studio로 애니메이션을 만들 때 다음과 같은 기본 개념을 고려해야 합니다.

Inventor Studio 환경에 들어갈 때 모형은 그냥 현재의 모형 상태로 간주됩니다. 이 말은 즉, 부품 또는 조립품 환경에서 Inventor Studio 환경으로 전환할 때 모형이 있던 조건에 관계없이 원래의 3D 모형 상태로 있다는 것입니다. 즉, Inventor Studio를 종료하고 조립품을 수정한 다음 Inventor Studio로 다시 전환하면 조립품 변경 사항이 모형 상태에 반영됩니다. 여기에는 뷰 표현, 위치 표현, 구성 요소 가시성, 위치, 색상 등이 포함됩니다. 애니메이션의 경우 모형 상태는 프레임 0을 나타냅니다. 따라서 모형 상태에 영향을 주는 모든 수정 사항은 프레임 0이 변경 되었기 때문에 해당 문서의 모든 애니메이션에도 영향을 줍니다. 애니메이션의 프레임 0에서 변경된 사항이 해당 애니메이션의 시작점이 됩니다.

1 열기 버튼을 클릭하여 SJS_Studio_Sample_16-1.iam 파일을 선택하여 열기를 합니다.

2 뷰 탭을 선택하여 아래와 같이 조정합니다.

- 비주얼 스타일

- 그림자

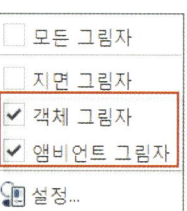

- 원근

3 리본 메뉴/ 환경 탭/ Inventor Studio 도구 버튼을 클릭합니다.

4 리본 메뉴/ 렌더링 탭/ 렌더링 패널/ 이미지 렌더링 도구 버튼을 클릭합니다.

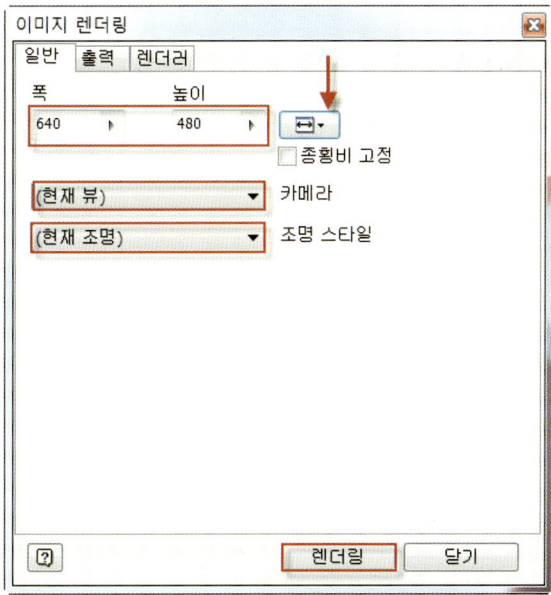

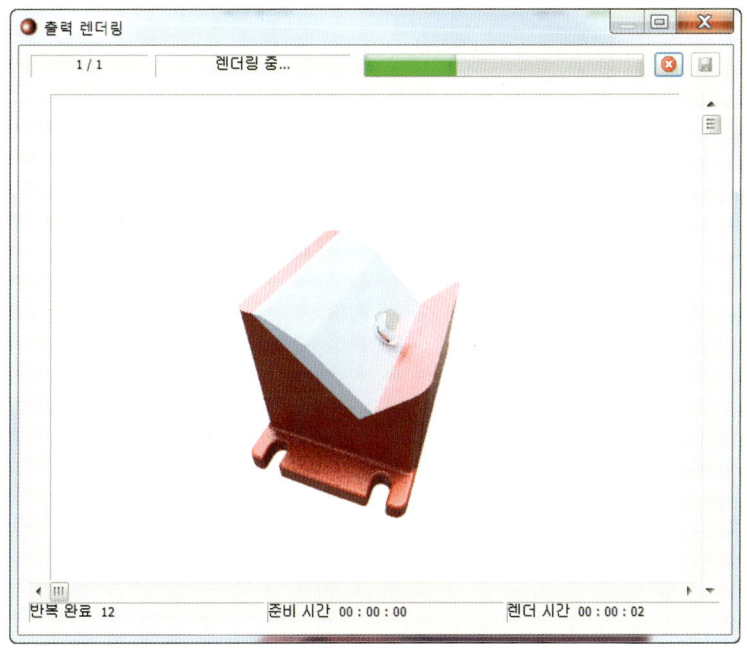

5 아래와 같이 검색기 막대에서 SJS_Studio_Sample_16-1:1을 선택한 다음 모양 리스트에서 텍스처-하늘색을 선택해 변경해줍니다. (여기서 텍스처-하늘색은 만들어준 것입니다.)

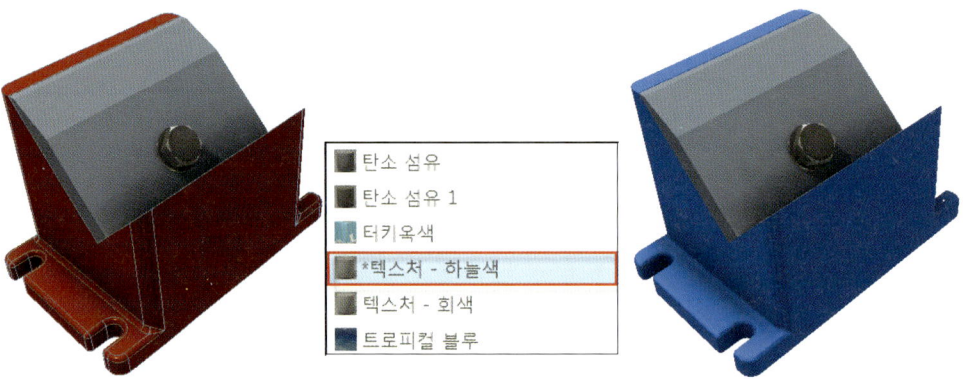

6 리본 메뉴/ 렌더링 탭/ 전개도 패널/ Studio 조명 스타일

도구 버튼을 클릭한 다음 이미지 렌더링시 사용했던 Sample 1 Lighting*을 선택한 다음 마우스 오른쪽 버튼을 클릭하여 조명 스타일 복사를 선택합니다. 그리고 이름을 SJS 1으로 변경한 다음 확인 버튼을 클릭합니다.

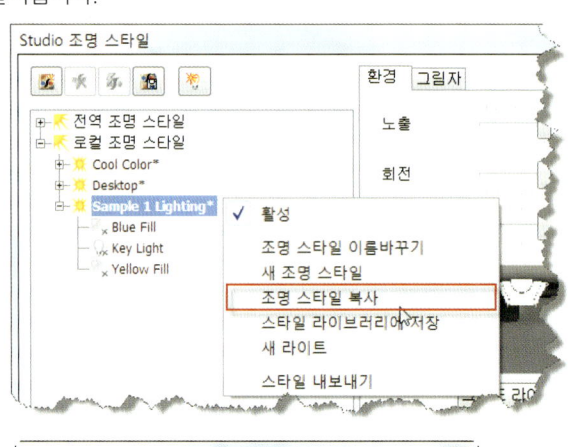
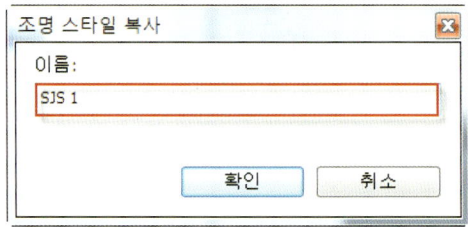

chapter 20 인벤터 스튜디오

7 SJS 1을 선택한 다음 마우스 오른쪽 버튼을 클릭하여 활성으로 변경합니다.

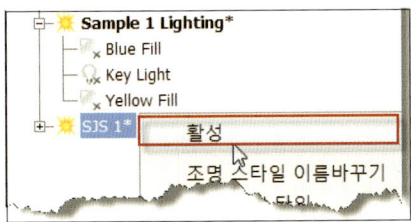

8 Blue Fill을 선택한 다음 조명 탭에서 색상 변경 버튼을 클릭하여 색상을 흰색으로 변경합니다. 그리고 광도를 80으로 변경합니다.

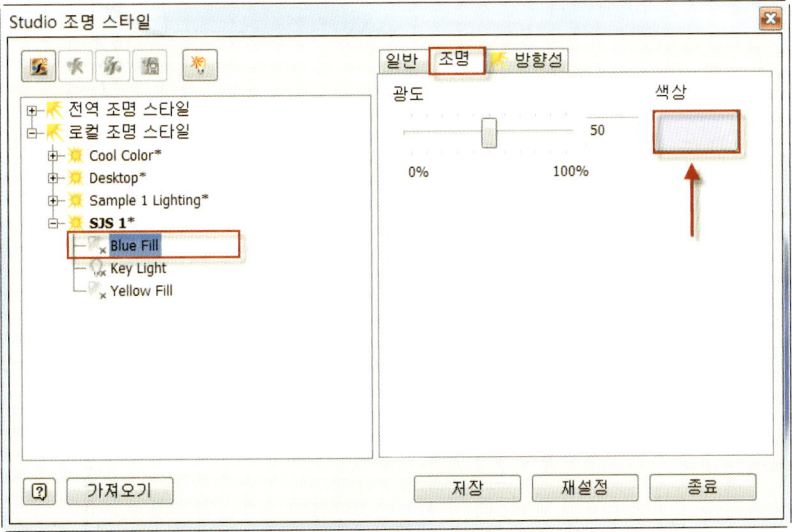

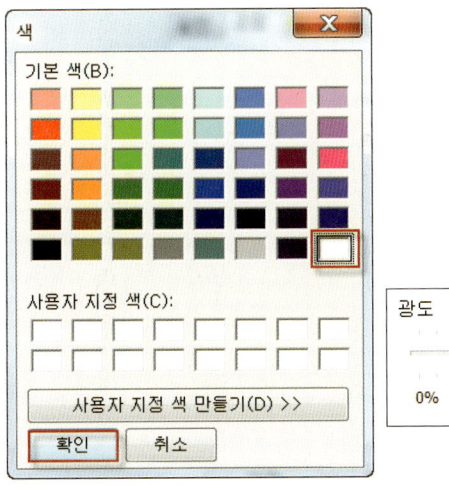

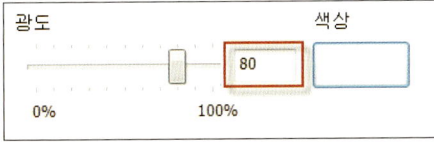

615

⑨ 방향성 탭을 클릭하여 위도와 경도를 아래와 같이 35deg로 변경합니다.

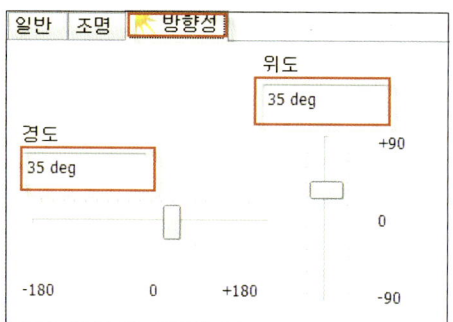

⑩ 저장 버튼을 클릭합니다.

⑪ 뷰 탭에서 고정 평면과 반사를 켠 다음 다시 이미지 렌더링을 한 번 해봅니다.

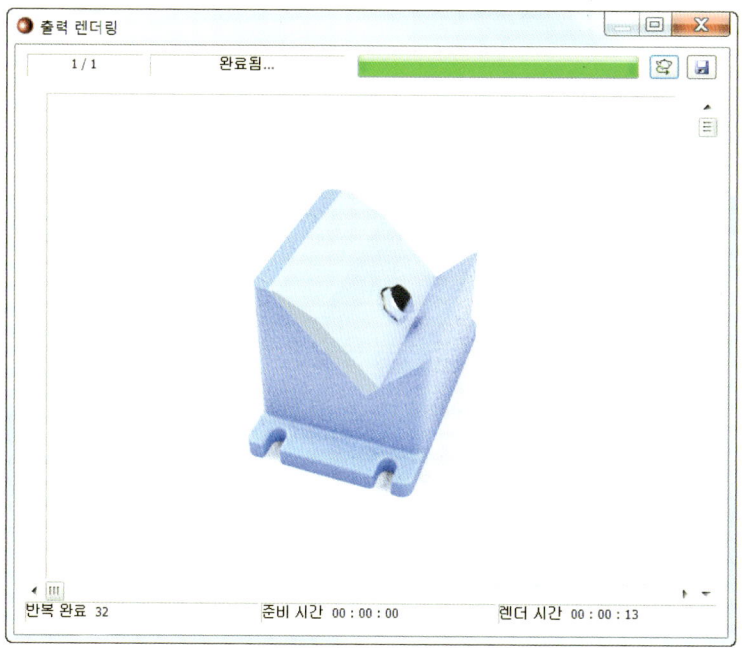

chapter 20 인벤터 스튜디오

12. Inventor Studio 검색기 막대에서 카메라 SJS 1을 선택한 다음 마우스 오른쪽 버튼을 클릭하여 편집을 선택한 다음 아래와 같이 입력을 합니다.

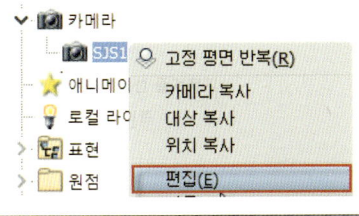

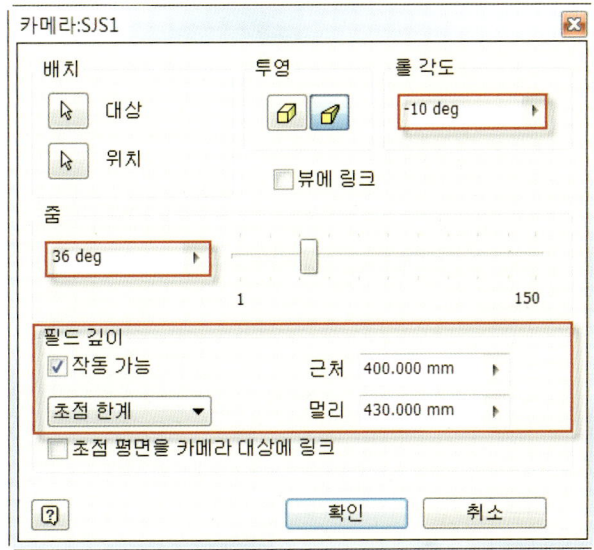

13. 확인 버튼을 클릭합니다. [확인]

14. Inventor Studio 검색기 막대에서 애니메이션 폴더를 선택 후 마우스 오른쪽 버튼을 클릭하여 새 애니메이션을 만듭니다.

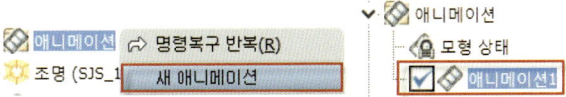

15. 리본 메뉴/ 렌더링 탭/ 애니메이트 패널/ 애니메이션 시간 표시 막대 도구 버튼을 클릭합니다. 그리고 현재 뷰 대신 SJS 1로 변경합니다.

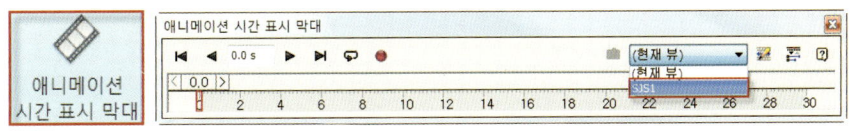

617

16 애니메이션 옵션 버튼을 클릭하여 아래와 같이 길이를 5초로 변경하고 확인 버튼을 클릭합니다.

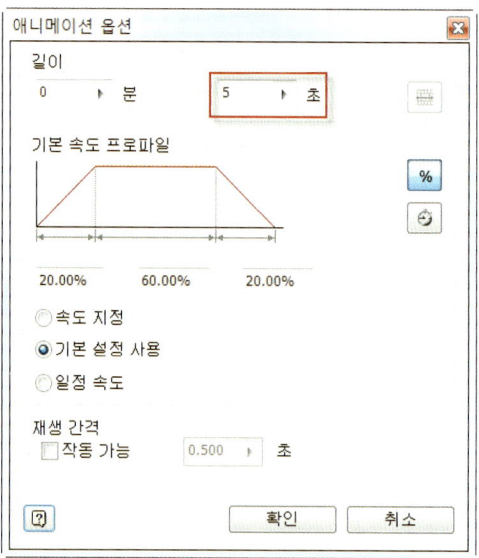

17 아래와 같이 그래픽 창의 뷰를 조절한 다음 애니메이션 막대 시간을 4초로 움직입니다. 그런 다음 카메라 작업 추가 버튼을 클릭합니다.

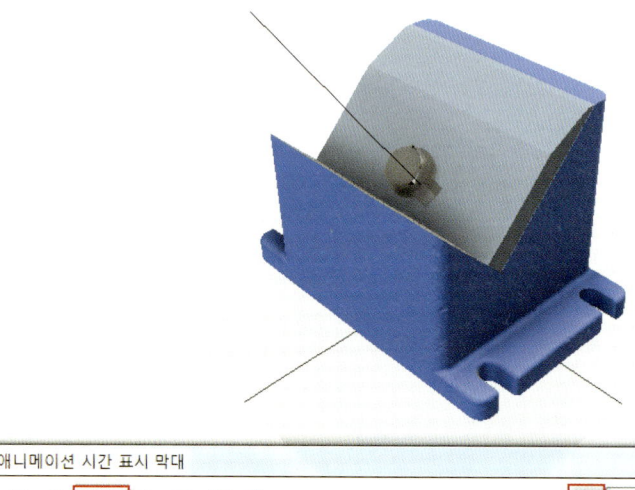

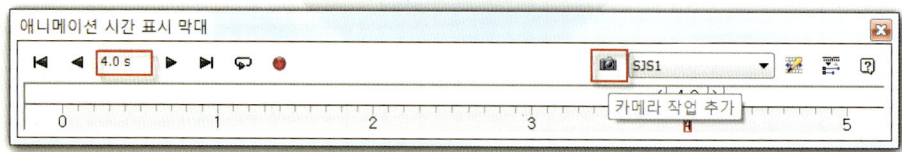

chapter 20 인벤터 스튜디오

18 **리본 메뉴/ 렌더링 탭/ 애니메이트 패널/ 위치 표현** 도구 버튼을 클릭합니다. 그런 다음 아래와 같이 애니메이트 탭에서 끝 부분을 열림으로 놓고 시간 설정을 합니다.

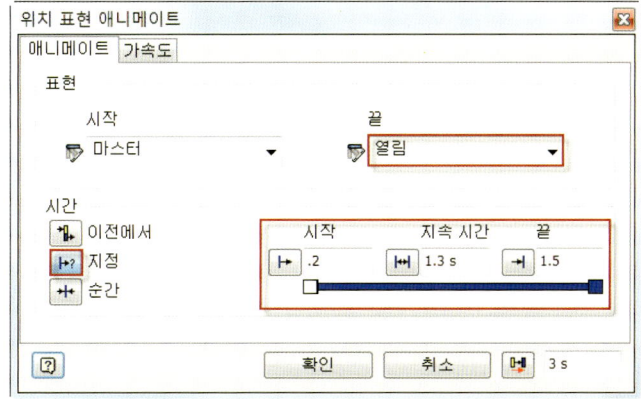

애니메이션 시간 표시 막대에 아래와 같이 위치 표현이 추가된 것을 볼 수 있습니다.

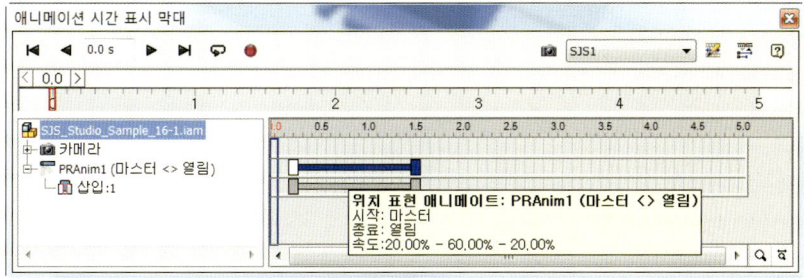

19 아래와 같이 미러를 선택합니다.

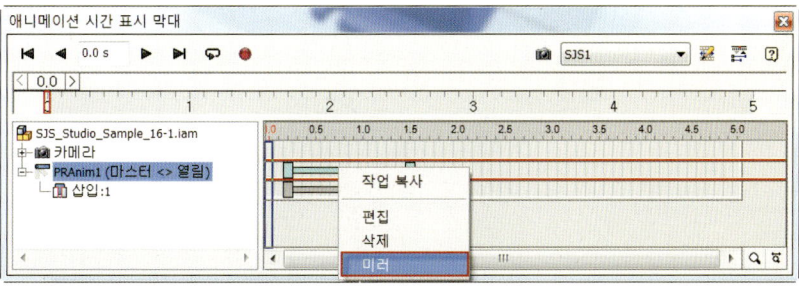

아래와 같이 미러 막대가 생성됩니다.

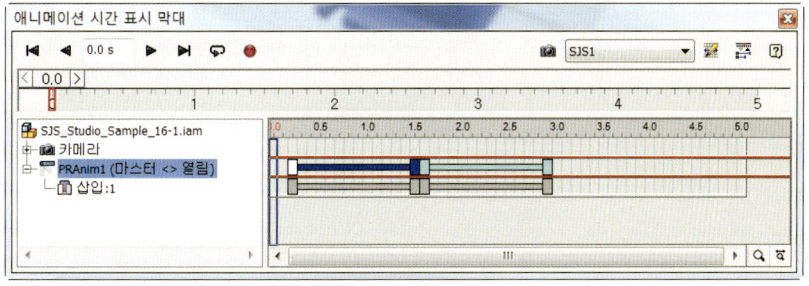

619

드래그하여 아래와 같이 미러가 된 막대를 이동시킵니다.

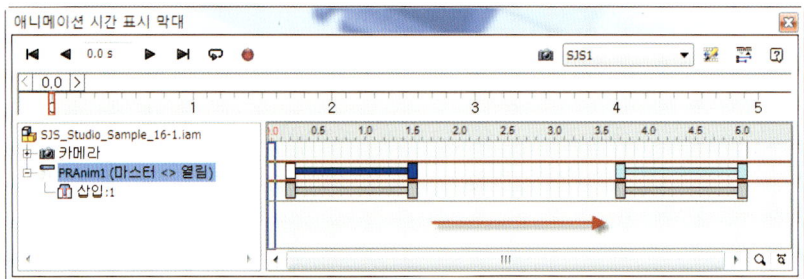

⑳ **렌더링 탭/ 애니메이트 패널/ 구속 조건** 도구 버튼을 클릭하여 볼트 각도를 선택한 다음 아래와 같이 설정한 후 확인 버튼을 클릭합니다.

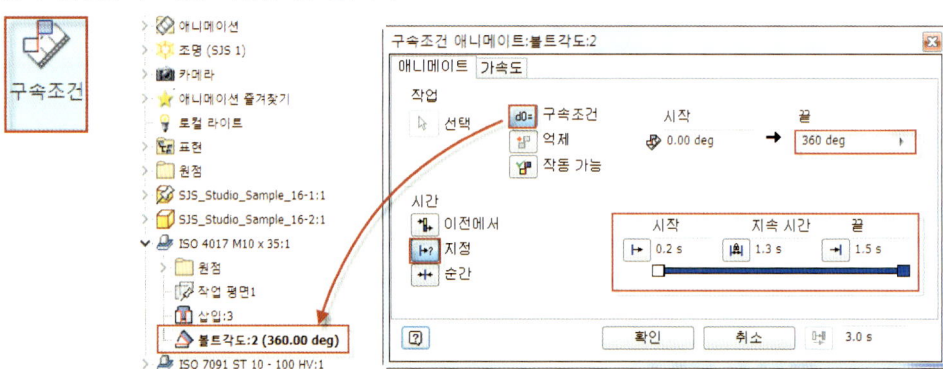

㉑ 애니메이션 시간 표시 막대에 아래와 같이 위치 표현이 추가된 것을 볼 수 있습니다.

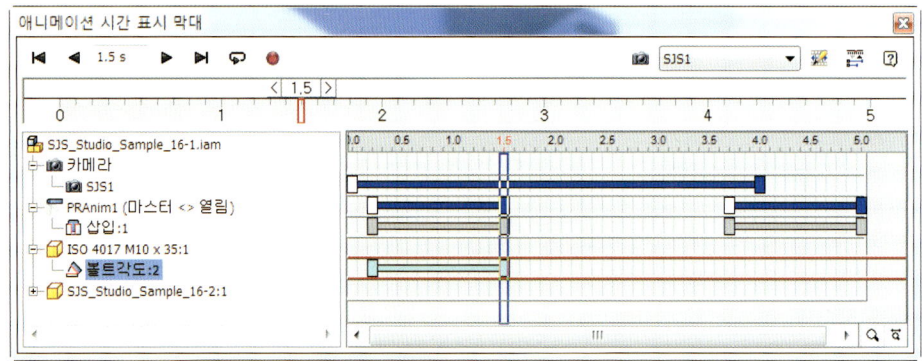

chapter 20 인벤터 스튜디오

22 아래와 같이 미러를 선택합니다.

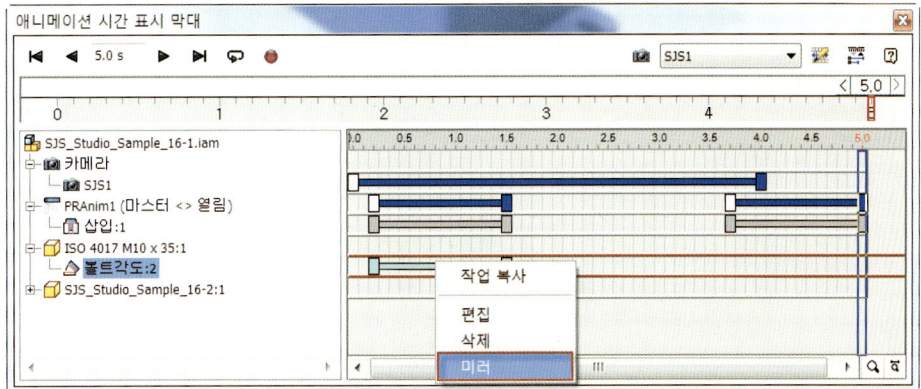

아래와 같이 미러 막대가 생성됩니다.

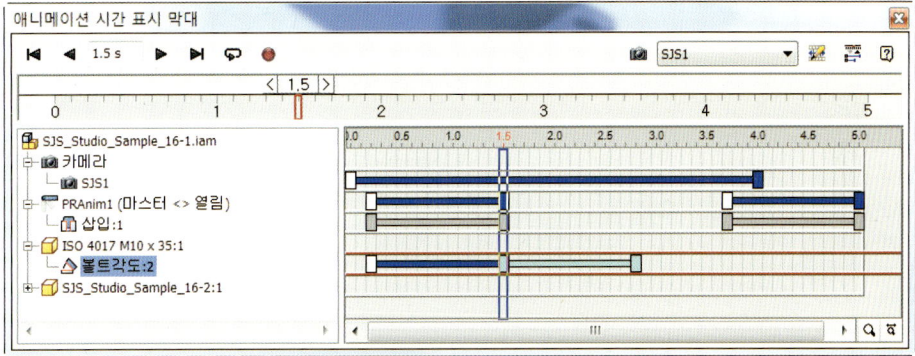

드래그하여 아래와 같이 미러가 된 막대를 이동시킵니다.

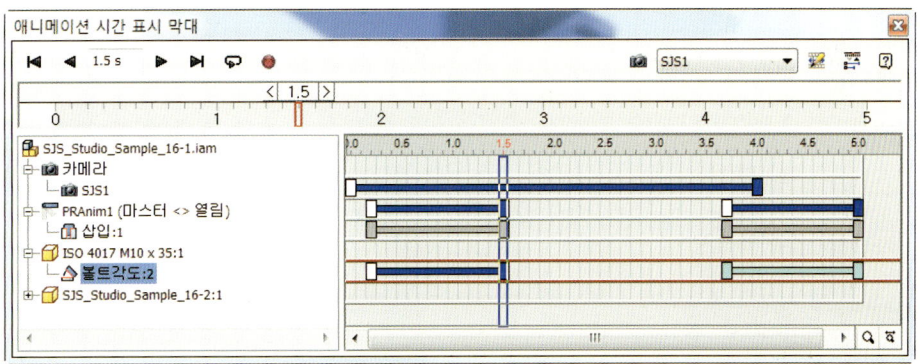

621

23 리본 메뉴/ 렌더링 탭/ 애니메이트 패널/ 페이드 도구 버튼을 클릭한 다음 검색기 막대에서 SJS_Studio_Sample_16-2:1을 구성요소로 선택하고 끝 부분을 30%로 변경합니다. 시간은 0.2s~5s로 설정합니다. 그런 다음 확인 버튼을 클릭합니다.

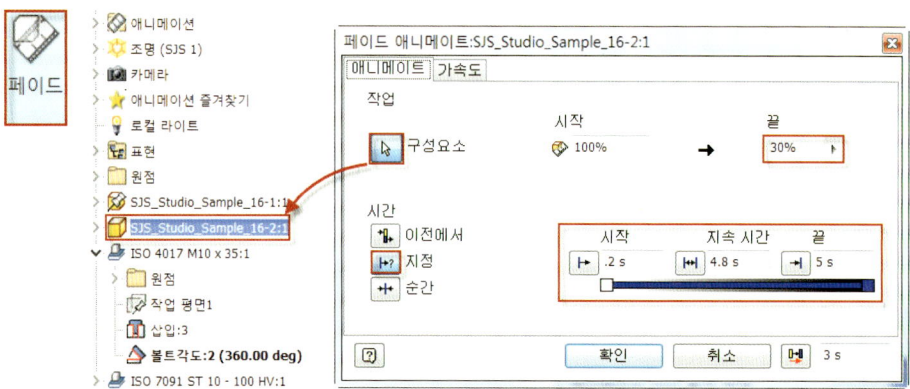

24 리본 메뉴/ 렌더링 탭/ 렌더링 패널/ 애니메이션 렌더링 도구 버튼을 클릭한 다음 아래와 같이 설정합니다.

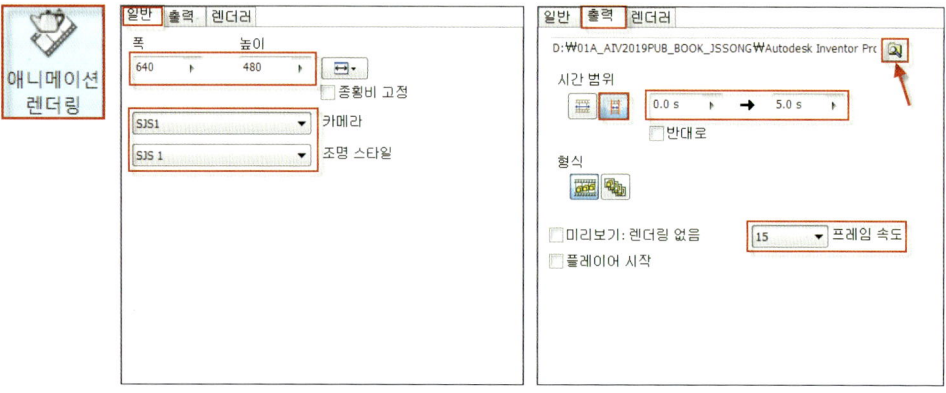

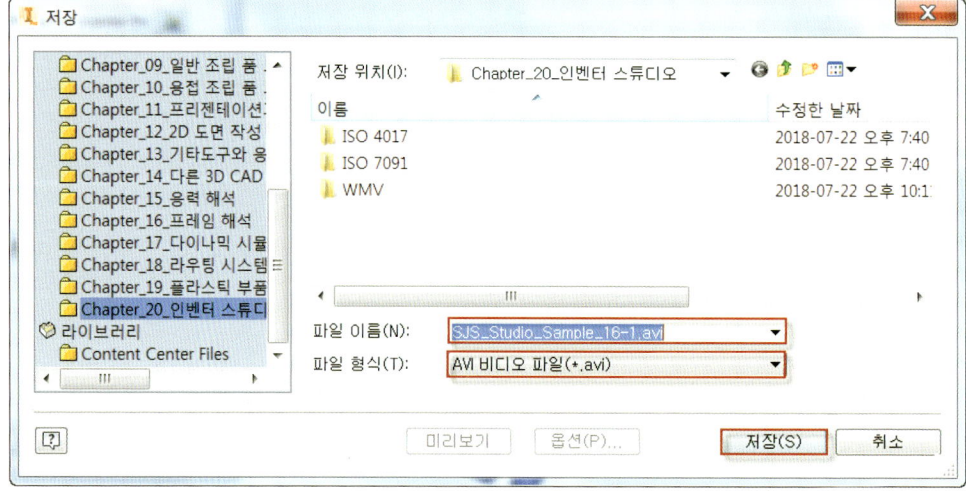

chapter 20 인벤터 스튜디오

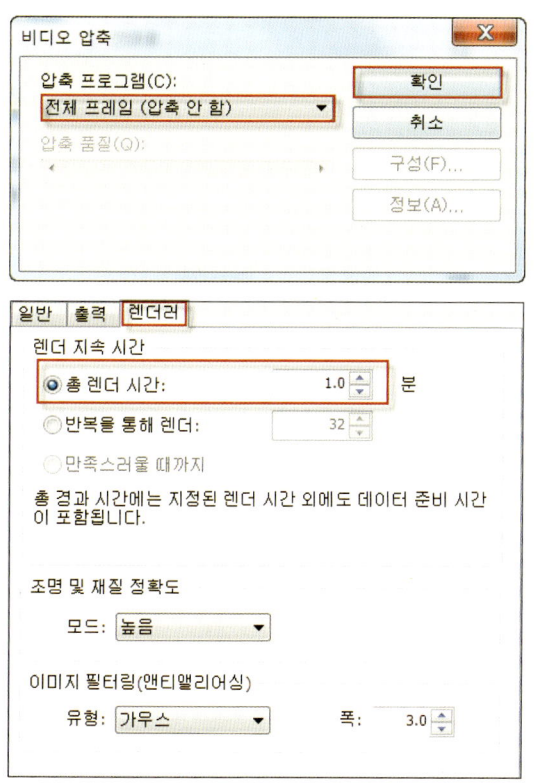

25 렌더링 버튼을 클릭합니다. 렌더링

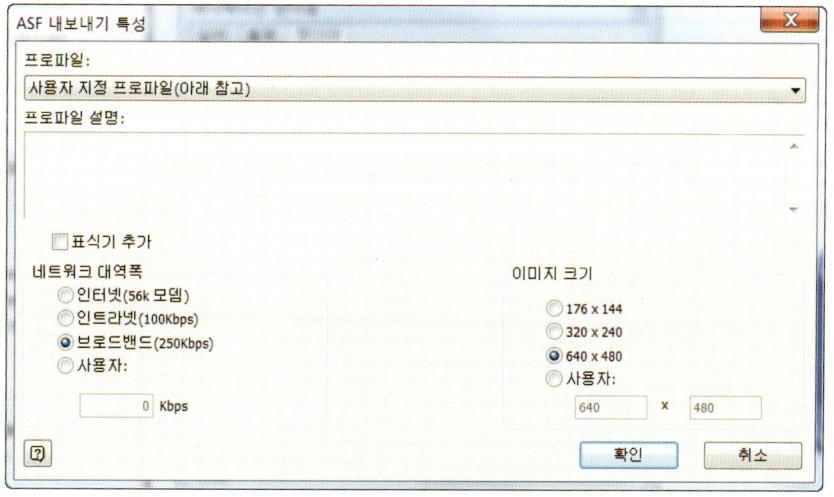

26 확인 버튼을 클릭합니다.

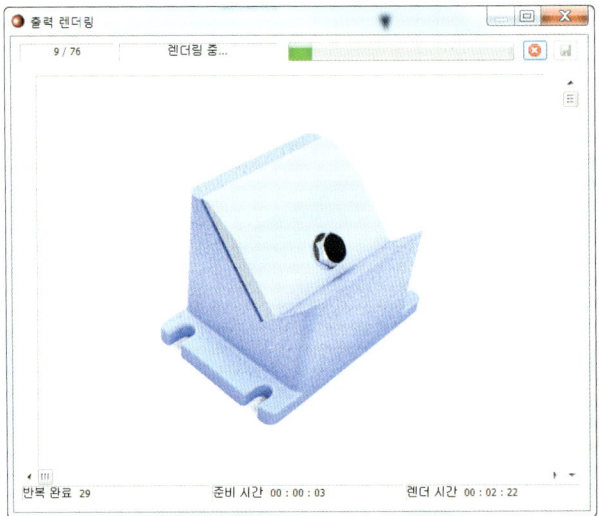

27 생성된 동영상 파일이 아래와 같이 저장되었습니다.

AUTODESK
INVENTOR PROFESSIONAL
2019 Master Book

초판 1쇄 인쇄 2018년 10월 2일
초판 1쇄 발행 2018년 10월 7일

저　자	송정식
발행인	유미정
발행처	도서출판 청담북스
주　소	(우)10909 경기도 파주시 하우3길 100-15(야당동)
전　화	(031) 943-0424
팩　스	(031) 600-0424
등　록	제406-2009-000086호
정　가	32,000원
ISBN	978-89-94636-94-8 93550

※이 책은 저작권법에 따라 보호를 받는 저작물이므로 무단 전재나 복제를 금지하며,
　이 책 내용의 전부 또는 일부를 이용하려면 반드시 저작권자나 발행인의 서면동의를 받아야 합니다.

※잘못된 책은 구입하신 서점에서 바꾸어드립니다.

AUTODESK
INVENTOR PROFESSIONAL 2019
Master Book